Joachim Rückert

August Ludwig Reyschers
Leben und Rechtstheorie. 1802—1880

Münchener Universitätsschriften · Juristische Fakultät

Abhandlungen zur rechtswissenschaftlichen Grundlagenforschung

herausgegeben im Auftrag der Juristischen Fakultät

von

Sten Gagnér

Arthur Kaufmann

Dieter Nörr

Band 13

1974

J. Schweitzer Verlag · Berlin

Berichtigungen zu: J. Rückert: A. L. Reyschers Leben und Rechtstheorie

S. XXIV, 17. Zeile: lies: 63. Zusatz zu statt 53. Zusatz zu

S. XXIV, r. Spalte unten: lies zwischen Nr. 18 und 20: 19. Bundesbeschluß 1839 (e)

S. XXV, r. Spalte: lies: 74a. Rückblick 1861 (e) statt (b)

S. 106, 3. Zeile: lies: germanistische statt geramistische

S. 123, 1. Zeile: lies: „Diener, im Dienen wieder Freye" statt „Diener", im Dienen wieder „Freye"

S. 125, 2. Zeile von unten: lies: Äußerung der Hallischen Jahrbücher und der Jenaischen statt Äußerung der Jenaischen

S. 151, 2. Zeile von unten: lies: Einfluß. Die statt Einfluß, die

S. 155 Fn 463: lies: (1797, alt 73 Jahre) (sc. statt (1797), alt 73 Jahre (sc.

S. 197, 5. Zeile: lies: 1843, „Volksrecht und Juristenrecht", statt 1843 „Volksrecht und Juristenrecht"

S. 198, Mitte: lies: ziemlich aktive statt ziemliche aktive

S. 200, 6. Zeile: lies: Gesellschaft (. . .) begleiten (S. 5) statt Gesellschaft begleiten (S. 54)

S. 231, 9. Zeile: lies: despotismo statt despotimo

S. 242, 4. Zeile von unten: lies: dort näher untersucht statt dort untersucht

S. 246, 14. Zeile von unten: lies „feststellt", nach welchen allgemeinen Gesichtspunkten statt feststellt „nach welchen allgemeinen Gesichtspunkten"

S. 266 Fn 548: lies: Gründen; vgl. schon Publ. Versuche 199f

S. 277, 2. Zeile: lies: (1804—28) statt (1804—10)

S. 309 Fn 846: lies: ergänzen um statt ergänzen , um

S. 332 Fn 119: lies: ZDR 10,164 u. 166; Sperrung von mir. statt Alles ZDR 10, 164

S. 359, 10. Zeile: lies: Volkes gemäßen statt Volkes gemäße

S. 362 Fn 363: lies: ZDR 1,5; Sperrung von mir. statt ZDR 1, 6.

S. 389, 2. Zeile: lies: und ‚Publicisten' statt und „Publicisten'

S. 390, Fn 1. Zeile: lies: Theorie (1972) statt Theorie (7972)

Joachim Rückert

August Ludwig Reyschers Leben und Rechtstheorie. 1802–1880

1974

J. Schweitzer Verlag · Berlin

Gedruckt mit Unterstützung aus den Mitteln der Münchener Universitätsschriften

ISBN 3 8059 0319 7

Satz und Druck: Sellier GmbH Freising.

für Angelika

INHALTSVERZEICHNIS

Quellen- und Literaturverzeichnis XIII

1. Schriften Reyschers XIII
   - *a) Selbständige Schriften* XIII
   - *b) Aufsätze* XV
   - *c) Rezensionen* XVIII
   - *d) Editionen* XXIII
   - *e) Zusätze, Anmerkungen und Ähnliches* XXIII
   - *f) Chronologische Übersicht* XXIV
2. Ungedruckte Quellen XXV
3. Rezensionen zu Schriften Reyschers XXVII
4. Schriften über Reyscher XXIX
5. Periodica XXX
6. Quellen XXXI
7. Darstellungen XLVIII

Die Problematik 1

I. Literarische Fühlungnahme 2

II. Reyschers Leben 16

1. Elternhaus. Kinderzeit. Schreiberausbildung (1802—21) . 16
2. Studium (1821—24) 20
   - *a) Logik bei H. Chr. W. Sigwart* 20
   - *b) Deutsches Privatrecht, Staatsrecht und Kirchenrecht bei Adolf Michaelis. Hallische Jahrbücher* 22
   - *c) Zivilprozeßrecht bei K. Fr. Scheurlen* 27
   - *d) Pandekten und württ. Privatrecht bei J. F. Malblanc* 28
   - *e) Naturrecht bei K. Wächter-Spittler* 30
   - *f) Römische Rechtsgeschichte und Exegese bei Ed. Schrader* 31
   - *g) Institutionen, Pandekten, Strafrecht und Strafprozeß bei C. G. Wächter* 35
   - *h) Resümee* 46
3. Beendigung des Studiums 50
4. Praktisches Intermezzo (1825—29) 53
5. Professorenzeit (1829—51) 57
6. Berufswechsel und Anwaltsjahre (1851—80) 66
7. Abschluss 74

III. Reyschers literarische Tätigkeit und ihr Echo 78

1. Einige Bedingungen 78
2. 1824—1831 83
3. 1832—1836 89
4. 1837—1842 95
   a) *Württembergisches Privatrecht (1836—48)* 95
   b) *Einführung. Hannoversches Gutachten (1839)* 100
   c) *Zeitschrift für Deutsches Recht (1839)* 105
   d) *Für und Wider (1842)* 125
   e) *Weitere Quellenlage* 127
   f) *Einige Erwägungen zur Gesamtlinienführung und zu Reyschers Nationalismus* 128
5. Festigung und Verteidigung der Grundpositionen (1839/42—54) 149
   a) *Der „Daseyn"-Aufsatz. Einige Bedingungen (1839)* 149
   b) *„Einheit des gemeinen deutschen Rechts" (1845)* 156
   c) *Diskussionsstand. „Begriff des gemeinen deutschen Rechts" (1846)* . . 163
   d) *Frankfurter Reden auf der 1. Germanistenversammlung. Wissenschaft und Politik (1846)* 170
   e) *Zurückweisung Gerbers (1852). „Quellen des deutschen Rechts" (1854)* 179
6. Überblick 185

IV. Kodifikationsfrage und Rechtstheorie 191

1. Die Rolle der Gesetzgebung 198
   a) *Reyschers Konzeption* 198
   b) *Ein Blick auf Savignys Konzeption im „Beruf"* 203
   c) *Kurze Wortschatzprüfung des „Beruf"* 206
   d) *Vergleich beider Konzeptionen* 213
2. Die Rolle der Wissenschaft 223
   a) *Das Problem Geschichte* 228
   b) *Das Problem Ordnung-System* 236
   c) *System und Willkürabwehr* 240
   d) *Resümee* 245
3. Der Lebensbezug. Folgen. Ergebnisse 247
4. Motive und Faktoren für Reyschers Einstellungen in „Bedürfnisse" 257
   a) *Persönliche Bezüge* 257
   b) *Paul Pfizer* 262

c) Württembergisches Lokalkolorit 267
d) Frühliberal. National. Geschichtlich 273
e) Oppositionell 281
f) Montesquieuverwendung. Frankreich- und Englandbild 289
g) A. F. J. Thibaut 293
h) Bezüge zu Kant. Doppelte Kant-Verwendung der Zeit 297
i) Bezüge zu Fichte, Schelling und Hegel 315

V. Umrisse einer pragmatisch-liberalen allgemeinen Rechtslehre . 319

1. Reyschers Rechtsbegriff im Spiegel der Kontroversen . . 320
a) Absage an einen formalen Rechtsbegriff 320
b) Absage an einen rein „geschichtlichen" Rechtsbegriff 325
c) Resümee. C. G. Wächter. K. Th. Welcker. Hegelianisches 341

2. Reyschers eigene Lösung 350
a) „Natur der Sache": Verwendung in der Zeit 351
b) Verwendung bei Reyscher: Lückenergänzung. Reales Recht . . . 353
c) Doppelnatur des Rechts. Bürgerlich-liberale Prämissen des realen Rechtsbegriffs 359
d) Lösung der Geltungsfrage 363

3. Wissenschaftsbegriff — Rolle der Juristen 365
a) Reyschers Auffassung 366
b) Verhältnis zu Savigny, Puchta, Maurenbrecher, Mittermaier, K. Th. Welcker, Thibaut, C. G. Wächter, Beseler 370

4. Rechtsquellenlehre und Methodik 384

Schluß 389

Anhang 391
a) Brief Reyscher — Gervinus, vom 15. 10. 1845 392
b) Brief Reyscher — Gervinus, vom 1. 9. 1847 392
c) Brief Eichhorn — Reyscher, vom 13. 11. 1837 393
d) Brief Maurenbrecher — Reyscher, vom 27. 11. 1837 393
e) Brief Beseler — Reyscher, vom 20. 12. 1840 393
f) Brief Beseler — Reyscher, vom 9. 7. 1846 395
g) Brief Beseler — Reyscher, vom 12. 1. 1851 395
h) Brief Beseler — Reyscher, vom 10. 5. 1851 396
i) Brief Beseler — Reyscher, vom 19. 11. 1853 397
j) Vorlesungen Reyschers 397
k) Beachtliche Artikel in den „Hallischen Jahrbüchern" (1838-1842) 398
l) Kodifikationsschriften, besonders zwischen 1821 und 1865 . . . 399

m) Stellungnahme des Finanzministeriums Stuttgart zur Statutarrechtssammlung, vom 4. 6. 1839 400

n) Persönliches Schreiben des Außenministers von Beroldingen an den Archivdirektor wegen Archiverlaubnis für Reyscher, vom 11. 1. 1833 401

Personen- und Sachverzeichnis 402

QUELLEN- UND LITERATURVERZEICHNIS

Die wesentlichen nicht allgemein verständlichen *Abkürzungen* ergeben sich aus dem folgenden, insbes. auch Abschnitt 5: *Periodica*. Bei den Titeln enthalten *runde* Klammern Angaben, die anderen Stellen der jeweiligen Schrift als dem Titel entnommen wurden, *eckige* Klammern enthalten Angaben aus sonstigen zusätzlichen Hilfsmitteln, *Winkel*klammern entsprechen Klammern im Original selbst. Vgl. zu diesem usus BANGEN, Die schriftl. Form germanistischer Arbeiten, Stuttgart, 1962, S. 46.

I. SCHRIFTEN REYSCHERS

Innerhalb der Rubriken wurden die Schriften chronologisch geordnet. Die Gesamtchronologie sieht man aus der Übersicht unter f). Die Nummern entsprechen denen im Schriftenverzeichnis von Reyschers „Erinnerungen". Ich behielt sie bei, um doppelte Benutzung und Vergleiche zu erleichtern. Das Verzeichnis in „Erinnerungen", das Riecke zusammenstellte, wurde genau überprüft und durchweg ergänzt. Die bibliographischen Angaben wurden vervollständigt bis zur Seitenangabe, damit die Titel besser abschätzbar sind. Neue Titel, die ich ergänzen konnte, sind mit nachgesetzten kleinen Buchstaben chronologisch eingeordnet, z. B. 4a, nach Nr. 80 mit weiteren Nummern fortgeführt. Teilweise habe ich zur Klärung auch einzelne alte Nummern mit mehreren Teilen auseinandergezogen. Die Titel sind durchweg im alten Satz wiedergegeben.
Der Kursivdruck ergibt die Zitierweise.

a) Selbständige Schriften

1. *Dissertatio* praemio regio ornata de confessione limitata in causis criminalibus. Tubingae, 1824
3. Über die *Bedürfnisse* unserer Zeit in der Gesetzgebung. Mit besonderer Rücksicht auf den Zustand der letztern in Württemberg. Stuttgart und Tübingen, Cotta, 1828, VI u. 56 S.
3a. *Ankündigung* einer „vollständigen, historisch und kritisch bearbeiteten Sammlung der württembergischen Gesetze". Als Beilage zu Nr. 3, S. 57—62
4a. (Historische) *Einleitung* in die Staats-Grund-Gesetze, in: Gesetzessammlung [= Nr. 4 unter d], Band I (1828) 1—464 und Band III (1830) 1—236.
5. Grundriß der württembergischen Staats- und Rechts-Geschichte. Zum Gebrauche bei akademischen Vorlesungen. Tübingen, Guttenberg, 1831, XIV u. 53 S. (*Geschichtsgrundriß*)
6. Grundriß zu Vorlesungen über das Naturrecht mit Hinweisung auf v. Gros, Lehrbuch der philos. Rechtswissenschaft, fünfte Ausg. 1829. Tübingen, Guttenberg, 1831, XXXVI u. 40 S. (*Naturrechtsgrundriß*)
7. *Publicistische Versuche*. Stuttgart, Metzler, 1832, XIV u. 349 S.
8. Über die *Symbolik* des germanischen Rechts. Tübingen, Fues, 1833, IV u. 102 S. (= Beiträge zur Kunde des deutschen Rechts. Erster Beitrag) [Mehr nicht ersch.][1]

---

[1] Ursprünglich als Inauguralrede ausgearbeitet, s. Vorrede III „nur dieser (...)"

10. Die *grundherrlichen Rechte* des Württembergischen Adels, zur Würdigung der Schrift: „die Souveränitätsrechte der Krone Württemberg in ihrem Verhältnisse zu den standesherrlichen Eigenthumsrechten des fürstlichen Gesamthauses Hohenlohe" von D. K. S. Zachariä ⟨Heidelberg 1836⟩. Tübingen, Fues, 1836, 193 S.
11. Das gesammte württembergische *Privatrecht*. Tübingen, Fues, 1836—1848[2]:
Band I (1837) XIV u. 518 S. (Vorrede III—VI)[3]
Band II (1843) XVI u. 458 S. (Vorrede III—VI)[4]
Band III (1848) XX u. 488 S. (Vorrede III—XIV), Gesamtregister
2. Auflage u. d. T.: Das gemeine und württembergische Privatrecht:
Band I (1846) XXII u. 570 S. (Vorreden III—XIV)
Band II (1847) X u. 474 S. (keine Vorrede)
[Von Band III erschien nur die erste Auflage]
12. Über die *Einführung* der württembergischen Gesetze in den neuen Landen und die hilfsweise Anwendbarkeit der dortigen besonderen Rechtsquellen. Akademisches Programm zum königlichen Geburtsfeste am 27. September 1838. Tübingen, Eifert, (Sept. 1838), 83 S.
13. *Consultation* dans le procès entre la regie des domaines et le Sr. Grandgirard sur le question de validite de l'acensement d'un moulin de Montbeillard. Tubingue le 6 Mars 1838
14. Gutachten der Juristenfakultät Tübingen, in: Gutachten der Juristenfakultäten in Heidelberg, Jena und Tübingen, die hannoversche Verfassungsfrage betreffend, hg. von Fr. Chr. Dahlmann. Jena, Frommann, 1839, S. 131—358 (*Hann. Gutachten*)
29. Rechtliches Gutachten der Juristen-Fakultät in Tübingen über sieben Rechtsfragen aus dem Lehensrechte, mit besonderer Beziehung auf die bäuerlichen Verhältnisse im Hohenlohischen. Bekannt gemacht durch Dr. Christian Friedrich Tafel. Rechtsconsulent in Oehringen. Oehringen, Maurer, 1843, 60 S.[5] (*Lehnsr. gutachten*)
29a. Titel wie Nr. 29, nur nach „Tafel": Doctor der Rechte und der Philosophie. Rechts-Consulent in Oehringen. Heilbronn, Drechsler, 1846, 60 S. [Ein völlig unveränderter Abdruck von Nr. 29 ohne jeden Hinweis auf Nr. 29]
40. Die *Aufgabe* der deutschen Nationalversammlung. Drei Reden gesprochen vor Wählern des vierten württembergischen Wahlbezirks. Nebst einem offenen Sendschreiben an Herrn Staatsrath F. Römer. Tübingen, Fues, 1848, 48 S.
44. Drei verfassungsberatende Landesversammlungen und mein *Austritt* aus dem Staatsdienste. Ein Beitrag zum Verfassungsrecht und zur parlamentarischen Praxis. Tübingen, Fues, 1851, XL u. 162 S.
60. Der *Rechtsstreit* zwischen den Verwandten des zu Paris gestorbenen Karl Friedrich von *Mecklenburg*, Erbfolgerecht, zunächst gerichtliche Zuständigkeit und den Wohnsitz des Erblassers betreffend, als Handschrift gedruckt. Stuttgart, Metzler, 1856, 96 S.
62. Rechtliches Gutachten in Betreff der *Holzgerechtigkeiten* der vormaligen Klosterorte Königsbronn, Itzelberg usw. Cannstatt, Bosheuyer, 1857

---

2 Zitiert wird in der Regel und daher *ohne* Zusatz die *zweite* Auflage von Band I u. II, die erste mit bes. Zusatz
3 Eine 1. Abteilung von 240 S. erschien bereits 1836
4 Eine 1. Abteilung von 173 S. erschien bereits 1840
5 Nach Tafels Vorrede ist Reyscher der Verfasser. Eine Inhaltsanzeige mit billigenden Bemerkungen in Sarweys Monatsschrift 8 (1843) 250—61

64. Das österreichische und das württembergische *Konkordat* nebst den separaten Zugeständnissen, verglichen und beleuchtet. Erste und zweite Auflage, Tübingen, Fues, 1858, 60 S.
70. *Familiengesetz* im Geschlecht der Freiherren von Leutrum-Ertingen. Karlsruhe 1860
72. *Württemberg.* Geschichte und Übersicht seiner Verfassung und Gesetzgebung. Leipzig, Wigand, 1861, 72 S. (= Sonderabdruck aus: Weiskes Rechtslexikon Bd. 15 (1861) S. 66—132)
75. Die Bundeskriegsverfassung. Coburg, 1861. [Eine 3. Auflage erschien 1862. Laut Oncken, Bennigsen 505 und Reyscher, Kriegsfolgen 59 Fn, geschrieben als Flugschrift 3 des Nationalvereins in 15000 Exemplaren].
76. Die Rechte des Staats an den Domänen und Kammergütern nach dem deutschen Staatsrecht und nach den Landesgesetzen, insbesondere der sächsischen Lande. Leipzig, Hirzel, 1863, 372 S. (*Domänen I*)
77. Der Rechtsstreit über das Eigenthum an den Domänen des Herzogthums Sachsen-Meiningen. Gegen Zöpfl, Zachariä und eine anonyme Regierungsschrift. Leipzig, Hirzel, 1865, 243 S. (*Domänen II*)
78. Die wahren Ursachen des deutschen Kriegs. Was werden wir thun? Stuttgart, Kröner, 1866, 24 S. (*Kriegsursachen*) [Zuerst in der Schwäbischen Volkszeitung vom 20.—26. Juli 1866, sodann in mehreren besonderen Ausgaben, s. Nr. 80]
79. Die staatsrechtlichen Folgen des deutschen Kriegs. Wo stehen wir nun? Stuttgart, Kröner, 1866, 79 S. (*Kriegsfolgen*)
80. Die Ursachen des deutschen Kriegs und seine Folgen. Stuttgart, Kröner, 1.—4. Aufl. 1867 (Enthält Nr. 78 und 79) (*Kriegsursachen*)
81. Das *Zollparlament* und die deutsche Einheit. Cannstatt, Bosheuyer, 1. u. 2. Aufl. 1868
82. *Familienbuch.* Zur Erinnerung für die Familie Reyscher angelegt. Cannstatt, Bosheuyer, 1869, 148 S. und 4 Stammtafeln[6]

b) Aufsätze

2. Einiges über das *Beweisverfahren* vor den württembergischen Gerichten im ordentlichen bürgerlichen Processe, in: (Hofackers) Jahrbücher der Gesetzgebung im Königreich Württemberg, Bd. 2 (1827) 329—46
15a. Über den *Zweck* dieser Zeitschrift, in: ZDR 1 (1839) 1—10
16. Über das *Daseyn* und die Natur des deutschen Rechts, in: ZDR 1 (1839) 11—53[7] [auf Grund einer Rede zum königl. Geburtsfest am 27. 9. 38][8]
17. *Hannöversche Verfassungsfragen*, in: ZDR 2 (1839) 1—176
18. Ein paar Worte über den neuesten *Angriff* auf die gemeine Staatsrechtslehre in Mohl's Staatsrecht des Königreiches Württemberg, 2. Aufl. [1840], in: ZDR 3 (1840) 193—5
20a. *Vorrede* zu: Der *Schwabenspiegel* (Nr. 20 unter d)
21. Die *Realgewerberechte* im Hinblick auf einen Rechtsfall, in: ZDR 5 (1841) 53—89
22. Die Überlieferung der Rechte durch *Sprichwörter*, in: ZDR 5 (1841) 189—209 [auf Grund einer Rede vom Anfang 1837 beim Antritt des ordentl. Lehramtes]

---

6 Laut Erinnerungen III u. 298 in 100 Exemplaren gedruckt

7 Erschien im ersten, schon bei Schwetschke in Halle gedruckten Heft, im Juni 1839, s. ZDR 16, 450 u. Druckvermerk ZDR 1, 350

8 Im Programm über „Einführung" (Nr. 12 unter a) steht S. 83 eine Einladung zur „Rede über die Natur des deutschen Rechts" am 27. 9. 1838

23. Das Erbrecht der *adeligen Töchter* und deren Verzichte, in: ZDR: 6 (1841) 257—334
24. Das preußische und das k. württembergische Justizministerium über *Öffentlichkeit* und Mündlichkeit der Rechtspflege. Nebst einigen Worten für gemischte Gerichte, in: ZDR 6 (1841) 335—76
24a. Über die hilfsweise Anwendbarkeit der statutarischen Gesetze Neuwürttembergs, in: Sarweys Monatsschrift 5 (1841) 219—62 (*Statutargesetze/Anwendbarkeit*)
25. Das *Volksrecht* der Alemannen, in: Ludwig Bauer (Hg.), Schwaben, wie es war und ist. 1. Abteilung, Karlsruhe, Maklot, 1842, 439 S., dort S. 381—404
26. *Für und wider* das deutsche Recht, in: ZDR 7 (1842) 121—56
27. Die neuesten *Ausgaben* des Schwabenspiegels. Nebst einer Erklärung des Freiherrn Joseph von Laßberg, in: ZDR 7 (1842) 157—72
30. Über das *Vorzugsrecht* vierter Klasse nach dem württembergischen Prioritätsgesetze—ein rechtliches Gutachten, in: Sarweys Monatsschrift 9 (1844) 218—34
31. Die preußische allgemeine *Gewerbeordnung* und das damit verbundene Entschädigungsgesetz vom 17. 1. 45, in: ZDR 9 (1845) 323—29
32. Die *Einheit* des gemeinen deutschen Rechts und dessen Verhältnis zu den fremden Rechten, in: ZDR 9 (1845) 337—410
32a. Erinnerung an Dr. Griesinger, in: ZDR 9 (1845) 506—21 (*Griesingernachruf*)[9]
33b. *Vom Neckar* (zur Einladung nach Frankfurt),, in: Augsburger Allgemine Zeitung, 1846, 24. August
33c. Was wollen die *Germanisten?*, in: Augsburger Allgemeine Zeitung 1846, 24. August, Beilage Nr. 261
34. Der *Begriff* des gemeinen deutschen Rechts, in: ZDR 10 (1846) 153—80
36. *Bericht* über die Germanistenversammlung zur Frankfurt a.M. am 24.—26. Sept. 1846, in: ZDR 10 (1846) 494—527
37. Einige Bemerkungen über die *preußische Verfassung* vom 3. Februar 1847, in: ZDR 11 (1847) 146—60
38. *Das alte gute Recht*, in: Deutsches Volksblatt aus Schwaben, hrsgg. von Süskind, 1847, S. 97
39. Die Entwürfe einer deutschen Verfassung und die Beschlüsse einer vorbereitenden Versammlung, des Vorparlaments, zu Frankfurt a.M. vom 31. März bis 3. April 1848, in: ZDR 12 (1848) 168—84 (*Verf.entwürfe*)
41. Der Entwurf einer allgemeinen deutschen *Wechselordnung*, angezeigt von Reyscher, in: ZDR 12 (1848) 295—302
42. Das Gesetz über die Einführung einer provisorischen *Zentralgewalt* und die künftige Territorial-Eintheilung Deutschlands, in: ZDR 12 (1848) 303—14
43. Die deutsche *National-Versammlung* in Stuttgart und die sog. Regentschaft, in: ZDR 12 (1848) 448—74 [Letztes Heft, ausgeliefert im Herbst 1849, s. ZDR 13, 1] (auf Grund eines von Reyscher erstatteten Berichts der staatsrechtlichen Commission der württ. Kammer, ausgegeben am 17. 7. 49, s. aaO 455)
45. *Rückblick* (auf die Jahre 1848—50), in: ZDR 13 (1852) 1—8 (1. Heft, lt. Unterschrift geschrieben am 8. 3. 51)
47. Die Rechte des Staates an den *Eisenbahnen*, in: ZDR 13 (1852) 243—302
48. Über die Unfähigkeit der *Geisteskranken* zur Vornahme von Rechtsgeschäften, in: ZDR 13 (1852) 303—18

[9] Infolge eines Versehens in der Numerierung fehlen S. 505 und 506. Der Anfang liegt unnumeriert zwischen S. 504 und 507

49. Über das Verhältnis der Aktionäre zu den Gläubigern der *Aktiengesellschaft*, in: ZDR 13 (1852) 382—413
50. Zur Frage über die Gültigkeit der das *Religionsbekenntnis* betreffenden Verträge. Ein Rechtsfall (aus dem königlich württembergischen Hause), in: ZDR 13 (1852) 414—430
51. Ein peinliches Verfahren unter Anwendung der *Carolina*, nach Gerichtsakten vom Jahr 1548, in: ZDR 13 (1852) 431—443
52. Über den Werth der Praxis als Rechtsquelle [10], in: (Kieler) Allgemeine Monatsschrift, Dezember 1852
53. Der Erlaß des Bischofs Arnoldi zu Trier, in Betreff der *gemischten Ehen*, in: ZDR 14 (1853) 68—89
54. Nichtigkeit der Ehe wegen mangelnder Beiziehung des parochus proprius, in: Archiv für praktische Rechtswissenschaft, hg. von Elvers, Schäffer und Hoffmann, Band 2 (1854)
55. Die *Quellen* des deutschen Rechts, in: Weiskes Rechtslexikon Band 8 (1854) 844—65
56. Die *Erbverzichte* der adeligen Töchter und die Versuche der Reichsritterschaft zur Regelung derselben, in: ZDR 15 (1855) 1—56
56a. Karl Friedrich Eichhorn, in: ZDR 15 (1855) 436—54 (*Eichhornnachruf*)
57. *Gemeindesachen* und Rechte der Einzelnen, in: ZDR 16 (1856) 133—200
58. *Streitberechtigung* der Gemeinden bei Nutzungen der Gemeindegenossen als solche, in: ZDR 16 (1856) 411—28
59. Von den *Holznutzungen* der Gemeindegenossen und den Rechten einzelner Klassen auf erhöhte Theilnahme. Im Hinblick auf zwei Entscheidungen württembergischer Administrativbehörden, in: ZDR 16 (1856) 428—43
59a. Wilhelm Eduard Wilda. Lebensabriß, in: ZDR 16 (1856) 444—63, davon durch Reyscher S. 488—63, davor J. W. Planck (*Wildanachruf*)
61. Die Klagbarkeit der *Nebenforderungen*, in: ZDR 17 (1857) 1—28
68. Das *Telegraphenrecht*, insbesondere die Haftpflicht aus unrichtiger oder verspäteter Telegraphierung, in: ZDR 19 (1859) 271—321
69. *Urteil* des Landgerichts zu *Köln* v. 22. Juli 1856, die Haftpflicht bei telegraphischen Briefen betreffend mit Anm. von Reyscher, in: ZDR 19 (1859) 456—78
69a. Christian Friedrich Wurm. Professor d. Geschichte in Hamburg, gestorben den 2. Febr. 1859, in: ZDR 19 (1859) 478—84 (*Wurmnachruf*)
71. Überreste alten *Gerichtsverfahrens* (sc. in Holstein und Lübeck), in: ZDR 20 (1861) 97—100
73. Der *Bundesfeldherr*, in: ZDR 20 (1861) 101—7
74. Der deutsche *Juristentag* in Berlin, in: ZDR 20 (1861) 303—10
78. Die wahren Ursachen des deutschen Kriegs. Was werden wir thun? Stuttgart, Kröner, 1866, 24 S. (*Kriegsursachen*) [Zuerst in der Schwäbischen Volkszeitung vom 20.—26. Juli 1866, sodann in mehreren besonderen Ausgaben, s. Nr. 80]
83. Johann Friedrich *Cotta* (1764—1832), in: ADB 4 (1876) 526—33
84. Christian Gottfried *Elben* (1754—1829), in: ADB 6 (1877) 1—3

---

10 Der vom Titel her so interessante Aufsatz war weder an diesem von Riecke angegebenen Ort zu ermitteln, noch im Jahrgang 1853; auch sonst begegnete mir kein klärender Hinweis.

c) Rezensionen

Riecke verzeichnet Rezensionen nicht. Da die wenigsten damaligen Zeitschriften Verfasserregister haben und zumeist noch anonym rezensiert wurde, war es mehr oder weniger Zufall, Rezensionen Reyschers festzustellen. Für die Zeit ab Herausgabe der ZDR, also etwa 1839, sind Rezensionen Reyschers in anderen Zeitschriften wenig wahrscheinlich, da er in der ZDR Literaturübersichten gab (s. u. Nr. 17a, 20b, 28a). Eher könnte man seit 1843, dem Band mit der letzten Übersicht, wieder Rezensionen erwarten. Die Übersichten in der ZDR sind meist eine Art Minimalrezensionen. Da sie zahlreiche Stellungnahmen Reyschers enthalten, sind sie wertvoll. Die folgende Zusammenstellung soll sie zugänglicher machen. Ich führe daher in Kurztiteln alle Titel auf, die nicht bloß ohne Stellungnahme angezeigt wurden, auch wenn die Bemerkungen nur einige Worte ausmachen. Ich folge dabei der Reihenfolge der Übersichten.

11a. Zu: Christian Ludwig Runde, Patriotische Phantasien eines Juristen. Oldenburg, Schulze, 1836, 359 S., in: Kritische Jahrbücher für deutsche Rechtswissenschaft (Richter/Schneider) 1837 I, 537—49 (*Runderez.*)

11b. Zu: C. G. Homeyer, Verzeichnis deutscher Rechtsbücher des Mittelalters und ihrer Handschriften. Berlin, Akademieverlag, 1836, in: Krit. Jb. 1837 I, 23—32 (*Homeyerrez.*)

11c. Zu: Friedrich Ortloff (Hg), Das Rechtsbuch nach Distinctionen, nebst einem Eisenachischen Rechtsbuch. Jena, Cröker, 1836, LXXVII, 778 S., in: Krit. Jb. 1837 I, 23—32 (mit Nr. 11b) (zit. wie Nr. 11b)

13a. Zu: Monumenta Germania hist. ed. Pertz, in: Krit. Jb. 1838 I, 131—41 (*Monumentarez.*)

13b. Zu: Ludwig Timotheus Freiherr von Spittler, Vermischte Schriften über württembergische Geschichte, Statistik und öffentliches Recht, hg. von Karl Wächter (sc.-Spittler). 2 Bände, Stuttgart und Tübingen, Cotta, 1837, in: Krit. Jb. 1838 II, 827—41 (*Spittlerrez.*)

17a. *Übersicht* über die deutschrechtliche Literatur, in: ZDR 2 (1839) 194—229:

I.	Allgemeine Werke	: 194—7
	Krit. Jahrbücher (Richter/Schneider), Bd. 3	: 194f
	Krit. Zeitschrift Ausland (Mittermaier), Bd. 11, 12	: 195
	Weiskes Rechtslexikon, Bd. 1, 2. bis 4. Heft	: 196f
II.	Naturrecht und Gesetzgebungswissenschaft	: 197—202
	Warnkönig: Rechtsphilosophie als Naturlehre des Rechts. Freiburg 1839	: 197f
	v. Rotteck: Naturrecht, 2. Aufl. 1840	: 198
	Thibaut: Der Streit über die sog. historische und nicht-historische Rechtsschule, AcP 21 (1838)	: 199
	Maurenbrecher: De auctoritate prudentum. Bonn 1839	: 199
	Gans: Über die Grundlage des Besitzes. Berlin 1839	: 199f
	Kierulff: Theorie des gemeinen Civilrechts, Bd. 1	: 200f
	J. E. G. Kirstetter: Das System des Privatrechts, aus der Natur der Sache entwickelt und in seinen Grundzügen im Hinblick auf das römische Civilrecht dargestellt. Würzburg, Selbstverl., 1839	: 201
	W. H. Puchta: Etwas zur Beruhigung (...), ZCP 13, Nr. 6	: 210f
	Mayer: Über römisches Recht und neue Gesetzgebung	: 202—11
III.	Quellen des deutschen Rechts u. dessen Geschichte	: 202
	G. Maurer: Das Stadt- und das Landrechtsbuch Ruprechts von Freysing (...), 1839	: 204f

J. Fr. Hach: Das alte lübische Recht. Lübeck 1839 : 206
H. Zöpfl: Das alte Bamberger Recht als Quelle der Carolina (...), 1839 : 206f
H. Kausler: Les Livres des Assises et des Usages du Royaume de Jerusalem (...) Bd. 1, Stuttgart 1839 : 207—9
IV. Privatrecht : 211—21
Phillips: Grundsätze (...) 2. A., 2 Bde, 1838 : 212f
Einert: Das Wechselrecht (...), Leipzig 1839 : 213
C. A. Weiske: Handbuch des allg. deutschen Gewerberechts (...) Leipzig, 1839 : 214
Scholz III: Das Baurecht (...), Braunschweig, 1839 : 214
Roßhirt: Über das System der Verträge. Heidelberg, 1839 : 214f
G. C. Treitschke: Rechtsgrundsätze vom Commisionshandel. Leipzig 1839 : 215
C. F. Dieck u. F. H. Eckenberg: Abdruck der Duplikschrift für den Herrn Reichsgrafen G. A. Bentink zu Varel gegen den Herrn Reichsgrafen W. F. C. Bentink im Haag, betreffend die Successionsrechte (...) Leipzig : 216—8
Bornemann: Preussisches Civilrecht (...) Bd. 6 : 219
V. Staatsrecht ; 221—9
G. Gärtner: Über die wiss. Behandlung d. dt. Staatsrechts. Bonn 1839 : 221f
Stüve: Vertheidigung des Staatsgrundgesetzes für das Königr. Hannover, hg. von Dahlmann, 1838 : 223
Hann. Gutachten, hg. Dahlmann : 223f
Hannoversches Portfolio, eine Sammlung von Actenstücken zur Geschichte des hann. Verfassungskampfes. 2 Bde : 224
Maurenbrecher: Die deutschen regierenden Fürsten und die Souveränität. Frankfurt 1839 : 224f
v. Nebelthau: Wahrheit und Irrtum in der Maurenbrecherschen Schrift: Die deutschen regierenden Fürsten (...). Kassel 1839 : 225
Fr. Milhauser: Das Staatsrecht des Königreichs Sachsen (...) Bd. 1, Leipzig. : 225f
v. Rotteck: Die cölnische Sache (...) 2. Aufl., Speier 1839 : 226f
(Anonym): Der gegenwärtige Streit zwischen Staats- und Kirchengewalt von einem norddeutschen Publicisten. Halle 1839 : 226f
Richter: Das Kirchenrecht und die Symbole (...). Leipzig 1838 : 229
20b. *Übersicht* der deutschrechtlichen Schriften vom Jahr *1840*, in: ZDR 4 (1840) 345—373
I. Allgemeine Werke : 344—6
II. Naturrecht und Gesetzgebungswissenschaft : 346—51
Hegel: Grundlinien der Philosophie des Rechts, 2. Einzelaufl. : 346—8
Bitzer: Philosophie des Privatrechts. Stuttgart 1840 : 348
Thibaut: Über die Nothwendigkeit, 3. Aufl. 1840 : 349f
Savigny: Über den Beruf, 3. Aufl. 1840 : 349f
F. Purgold: Die Gesetzgebungswissenschaft. Darmstadt 1840 : 350f
III. Quellen des deutschen Rechts und dessen Geschichte : 351—7
Wackernagel: Der Schwabenspiegel in der ältesten Gestalt : 351—2

J. Weiske: Der Sachsenspiegel. Leipzig 1840 : 352
J. Grimm: Weisthümer, Bd. 1. 2 : 352f
Richthofen: Friesische Rechtsquellen : 353
O. Göschen: Goslarsche Statuten : 353
F. Auer: Das Stadtrecht von München : 354
Fr. Chr. Arnold: Beitr. zum dt. Privatrechte, Bd. 1 : 354
H. Müller: Der lex Salica und der lex Angliorum et Werinorum Alter und Heimath : 355
Eichhorn: Über die technischen Ausdrücke, mit welchen im 13. Jhdt. die verschiedenen Classen der Freien bezeichnet wurden. Zur Erklärung einer Stelle (...), Berlin, Akademieverlag : 355f
Laboulaye: Histoire du droit de propriété foncière en Occident, Paris 1839 : 357
IV. Deutsches Privatrecht : 357—65
Savigny: System, Bd. 1. 2. 3 : 357
Maurenbrecher: Dt. Privatrecht, Bd. 1, 2. Aufl. : 358f
Heffter: Die gegenwärtige Lage des (...) Bentinkschen Rechtsstreits : 360f
Thibaut: Besitz, AcP 23 (1840) 168ff : 361
K. Pfeifer: Was ist u. gilt im röm. Recht der Besitz? Tübingen : 361
L. Schröter: Das Eigenthum im Allg. und das geistige Eig. insbes., für Gelehrte und Laien, natur- u. rechtsgeschichtl. darg., Breslau, 62 S. : 362
Koch: Das Recht der Forderungen : 363
Entwurf eines HGB mit Motiven, Stuttgart 1839f : 363f
V. Staatsrecht : 365—73
Klüber: Öffentliches Recht, 4. A. : 365f
Deutsches Staatsarchiv, Bd. 1, Jena : 366
(Anonym): Die Trennung der Justiz und Administration, Leipzig. : 367—9
Denkschrift der Prälaten u. Ritterschaft des Herzogthums Holstein (...). Stuttgart : 369f
F. J. Stahl: Die Kirchenverfassung nach Lehre und Recht der Protestanten. Erlangen : 370
G. F. Puchta: Recht der Kirche, Leipzig : 371
K. Wolff: Die Zukunft d. protestantischen Kirche in Dtschl. (...) : 371f
28a. *Bücherschau* von den Jahren 1842 und 1843, in: ZDR 8 (1843). 346—416 : 346—46
I. Allgemeine Schriften (mit Naturrecht und Gesetzgebungstheorie) : 347—61
Beseler: Volksrecht u. Juristenrecht, 1843 : 349
Tönsen: Beiträge zur Kritik u. zur Basis (...) Bd. 1, Heft 1, 1842 : 350—2
Kaulfuß: Das römische Recht am Hermannsdenkmale (...). Berlin 1842 : 352
Christ: Über deutsche Nationalgesetzgebung. Carlsruhe 1842 : 352—4
Sonnenschmidt: Über die Redaction eines allg. dt. Gesetzbuchs, und in dieser Hinsicht dem Zollverein beizulegende Bedeutung. Greifswald 1843 : 354

F. Purgold: Über die Möglichkeit eines allg. dt. Gesetzbuchs (...) : 354f
J. Grimm: Vorlesungseröffnung (...) 1841 : 354
K. v. Sparre: Die Lebensfragen im Staate, in Beziehung auf das Grundbesitzthum. 1. Theil, Gießen 1842 : 355f
C. v. Giech: Ansichten über Staats- u. öffentl. Leben. 2. A., Nürnberg 1843 : 356f
P. Pfizer: Gedanken über Recht, Staat u. Kirche. 2. Tle. 1842 : 357f
W. H. Puchta: Erinnerungen, Nördlingen 1842 : 358f
K. E. Zachariä: Nachlass von K. S. Zachariä. 1843 : 359—61
II. Quellen des deutschen Rechts und dessen Geschichte : 361—73
J. M. Pardessus: Loi salique (...). Paris 1843 : 361f
Homeyer: Des Sachsenspiegels zweiter Theil, Berlin 1842 : 362—4
J. Grimm: Weisthümer, 3. Theil, Gött. 1842 : 364f
Michelsen: Sammlung altdithmarscher Rechtsquellen (...), Altona 1842 : 365f
Bunge: Die Quellen des Revaler Stadtrechts 1. Lief. Dorpat 1842 : 366
Code historique et diplomatique de la Ville de Strasbourg, I, Straßb. 1843 : 368
J. S. Seibertz: Urkundenbuch zur Landes- und Rechtsgeschichte des Herzogthums Westfalen, 2. Bd., 1300—1400, Amberg 1843 : 369
F. C. Arnold: Beitr. zum dt. Privatrechte, 2. T., 1842 : 369
G. Emminghaus: Corp. iur. germ., 2. A., 1. Lief., Jena 1844 : 371
Eichhorn: Rechtsgeschichte I, 5. A., 1843 : 371
Wilda: Gesch. d. dt. Strafrechts. Bd. 1, Halle 1842 : 372
III. Privatrecht : 373—94
Mittermaier: Grundsätze (...), 6. A., 2 Bde., 1842f : 373f
Wächter: Handbuch (...) Bd. I 2 u. II 1, 1842 : 375f
Bornemann: Preussisches Civilrecht (...) 2. A., 1842 : 376f
Civilgesetzbuch für den Canton Solothurn 1. T., (...), Solothurn 1842 : 377f
Bolley: Entwurf zur Aufhebung d. privatr. Vorrechte des Fiscus (...) : 378f
Felix: Traité du droit internaitonal privé, ou du conflit des lois de différentes natioss en matiere de droit privé, Paris 1843 : 379f
Holzschuher: Theorie und Casuistik des gemeinen Civilrechts. Ein Handbuch für Praktiker. 1. Bd., 1843 : 380
Entscheidungen des herzoglich Nassauischen OAG zu Wiesbaden (...), hg. von C. Flach, 1. T., Gießen 1842 : 380f
Neue Sammlung bemerkenswerter Entscheidungen des OAG zu Cassel, hg. von Strippelmann, 2 Tle, Cassel 1842 : 381f
Interessante civilrechtl. Entsch. der höchsten deutschen und anderen Spruchbehörden. Ges. u. hg. von G. v. Hellfeld, Weimar 1843 : 382
Leonhardt: Zur Lehre von den Rechtsverhältnissen am Grundeigenthum. Hannover 1843 : 383f
Dunker: Das Gesammteigenthum. Marburg 1843 : 386
C. G. Schwab: Die Conflicte zwischen der Flösserei auf öff. Flüssen und den Mühlenberechtigten, erörtert nach gemei-

nem deutschen u. württ. Rechte. Ein Beitrag zu der Lehre von dem Wasserrecht. Stuttgart 1844 : 387
F. E. A. Grein: Die Rechtsverhältnisse der Nachbarn in Bauangelegenheiten (...). Berlin 1842 : 389
Buchka: Der unvordenkliche Besitz (...). Heidelberg 1841 : 390
Friedländer: Die Lehre v. d. unvordenklichen Zeit. 2 Tle, Marburg 1843 : 390
Budde: Über die Rechtlosigkeit, Ehrlosigkeit und Echtlosigkeit. Eine Abh. aus dem dt. Rechte. Bonn 1842 : 391f
Ed. Laboulaye: Recherches sur la condition civile et politique des femmes, depuis les Romains jusqu' à nos jours. Paris 1843 : 392f
Schmitthenner, C.: Deutsches Güterecht der Ehegatten (...). Neuwied 1842 : 393f

IV. Öffentliches Recht : 395—416
K. S. Zachariä: Vierzig Bücher, 2. A., 7 Tle, 1839—43 : 395
Fr. Schmitthenner: Zwölf Bücher, Teil 7, 1843 : 395f
A. v. Krauß: Das christliche Staatsprinzip (...), Wien 1842 : 396f
F. W. Carové: Über das sog. germ. u. d. sog. christl. Staatsprinzip, mit bes. Beziehg. auf Maurenbrecher (...), Siegen/Wiesbaden 1843 : 397f
Dönniges: Das deutsche Staatsrecht (...), Berlin 1842 : 399
H. A. Zachariä: Deutsches Staats- u. Bundesrecht, 2. A., 1842 : 399
Weiss: System des dt. Staatsrechts. Regensburg 1843 : 399f
Mohl: Lit. d. dt. Staatsrechte, in: DVjS 1843, 63 : 400f
Schaffrath: Theorie der Auslegg. konstitutioneller Gesetze (...), Leipzig 1842 : 401
Hüllmann: Gesch. d. Ursprungs der deutschen Fürstenwürde. Bonn 1842 : 402
Neumann: Geschichte der Landstände des Markgrafenthums Niederlausitz und deren Verfassung. Abt. 1, Lübden 1843 : 403f
Die am 3. März 1843 erfolgte Auflösung der Ständeversammlung des Herzogthums Sachsen-Coburg betr. Gotha 1843 : 404f
Versuch über einige Streitfragen des baierischen Staatsrechts. Mannheim 1843 : 405
Die Erübrigungsfrage des baierischen Staatsrechts. Mannheim 1843 : 405
Wiest: Die Notwendigkeit u. die Bedingungen der Mündlichkeit im Strafverfahren. Schaffhausen 1844 : 406f
O. Kuhn: Das Wesen der dt. Administrativ-Justiz (...), Dresden/Leipzig 1843 : 407f
Über die Notwendigkeit, das kräftige Fortbestehen des Staats durch neue Verwaltungsgrundsätze zu sichern. Breslau 1842 : 409f
Walter: Lehrbuch d. Kirchenrechts, Bonn, Marcus 1842 : 411f
Helfert: Die Rechte und Verfassung der Akatholiken (...), 3. A., Prag 1843 : 412f
Die Staatsgewalt in ihrem Verhältnis zur katholischen und protestantischen Kirche aus deutschem Gesichtspunkt, Stuttgart 1842 : 413f
Köhle: Über die Reform der protest. Kirchenverfassg. Tübingen 1843 : 414
Wasserschleben): Die evangelische Kirche, Breslau 1843 : 414f

37a. Zu: Archiv für Entscheidungen der obersten Gerichte in den deutschen Staaten, hrsg. von J. A. Seuffert. Bd. 1, Heft 1, München 1847, in: ZDR 11 (1847) 312—6 (*Seuffertrez.*)

d) Editionen

4. Vollständige, historisch und kritisch bearbeitete Sammlung der württembergischen Gesetze. 19 Theile in 22 Bänden, Stuttgart und Tübingen, Cotta, später Fues, Band 1—22, 1828—1851 (*Gesetzessammlung*):

Bd. 1—3	: Staats-Grund-Gesetze von Reyscher, 1828. 29. 30
Bd. 4—6	: Gerichts-Gesetze bis 1805 von Chr. H. Riecke, 1831.32.35
Bd. 7a/b	: Gerichts-Gesetze von 1806—1838 von F. Kappler, 1839.41
Bd. 8—9	: Protest. Kirchen-Gesetze v.Th. Eisenlohr, 1834.35
Bd. 10	: Kath. Kirchen-Gesetze v. J. J. Lang, 1836
Bd. 11a/b	: Schul-Gesetze von Th. Eisenlohr u. C. Hirzel, 1839.47
Bd. 11c	: Universitäts-Gesetze v.Th. Eisenlohr, 1847
Bd. 12—14	: Regierungs-Gesetze bis 1805 v. G. Zeller, 1841—43
Bd. 15a/b	: Anhang: Regierungs-Gesetze von 1806—1838. Gesetze in Betreff der Israeliten v. F. F. Mayer, 1846.47
Bd. 16a/b	: Cameral-Gesetze v. C. H. C. Hoffmann (bzw. C. H. L. Hoffmann) 1845.46
Bd. 17a/b,18	: Finanz-Gesetze von Rudolf Moser, 1839.40.36
Bd. 19a/b/c	: Kriegs-Gesetze v. Kapff. 1849—51

8. Beiträge zur Kunde des deutschen Rechts (s. Nr. 8 unter a)
9. Sammlung altwürttembergischer *Statutarrechte*. Erster Band, Tübingen, Fues, 1834, XX u. 643 S. [mehr nicht ersch.[11]].
15. Zeitschrift für deutsches Recht und deutsche Rechtswissenschaft (*ZDR*). 20 Bände, 1839—1861, Bd. 1—8 Leipzig, Wigand; Bd. 9—20 Tübingen, Fues. Hg. v. A. L. Reyscher (Bd. 1–20), W. E. Wilda (Bd. 1—16), G. Beseler (Bd. 9—20) und Otto Stobbe (Bd. 17—20). Die Jahrgänge sind:

1 (1839)	5 (1841)	9 (1845)	13 (1852)	17 (1857)
2 (1839)	6 (1841)	10 (1846)	14 (1853)	18 (1858)
3 (1840)	7 (1842)	11 (1847)	15 (1854)	19 (1859)
4 (1840)	8 (1843)	12 (1848)	16 (1856)	20 (1861)

(Die Auslieferung der einzelnen Hefte entsprach nicht immer dem Titelblattjahrgang, Heft 3 zu Bd. 12 kam z. B. erst 1849)

20. Der *Schwabenspiegel*, oder schwäbisches Land- und Lehen-Rechtsbuch, nach einer Handschrift vom Jahre 1287, hg. von Dr. F. L. A. Freiherrn v. Laßberg, mit einer Vorrede von Dr. A. L. Reyscher. Tübingen, Fues, 1840, CX, VIII u. 256 S., Register. (Vorrede III—VIII zu Laßbergs Person, VIII—XXVIII zur Ausgabe)

e) Zusätze, Anmerkungen und Ähnliches

Reyschers redaktionelle Tätigkeit veranlaßte vielfach kleinere Beiträge. Da sie zu sehr Gelegenheitsprodukt sind, um Aufsatz oder Rezension genannt werden zu können, fasse ich sie hier mit ähnlichem zusammen.

19. Zusatz der Redaktion betreffend die Auslegung des *Bundesbeschlusses* vom 5. September 1839 in der hannoverschen Verfassungssache, in: ZDR 3 (1840) 320—6

---

11 Über die Gründe der Unvollständigkeit unten 93.

28. Zusatz der Herausgeber (sc. zur *Folgefähigkeit* der vorehelichen Kinder), in: ZDR 7 (1842) 341—4 (gez. Reyscher)
33. Vorrede zu: Das Recht der *Steuerverwilligung* in Württemberg. Inauguraldissertation von P. Georgii, praes. Reyscher. Tübingen, Fues, 1845, VI u. 30 S., dort S. III—VI
33a. Erläuternde Bemerkungen von Reyscher zur: *Einladung* an die Germanisten zu einer Gelehrtenversammlung in Frankfurt a./M. [= ZDR 10, 181f], in: ZDR 10 (1846) 183f
35. Anmerkung zu: Über die rechtliche Wirkung des *Raths* und der Empfehlung. Ein Rechtsfall mitgetheilt von Dr. Euler, in: ZDR 10 (1846) 148—52
46. Zusatz zu: Der Verfassungsstreit in *Kurhessen* von Fr. Pfeiffer, in: ZDR 13 (1852) 87—93
46a. Anmerkung zu: Über die rechtliche Natur der *Realgemeinden* und Realgemeinderechte, in: ZDR 13 (1852) 111, 117, 122—4
51a. *Erklärung*, Stuttgart den 31. Januar 1853 (sc. zum Austritt und gegen Gerbers Angriffe), in: ZDR 13 (1852) 444—5
53. Zusatz zu: Die neuesten *Vereinbarungen* mit Rom von Warnkönig, in: ZDR 17 (1857) 398—405
65. Zusatz zu: Lehre von der rechtlichen Natur der *Kirchenlasten*, in: ZDR 18 (1858) 74—82
66. Anmerkung zu: Über die rechtliche Natur der *Reallasten* v. C. F. W. Häberlin, in: ZDR 18 (1858) 170—72
67. Zusatz zu: Das neue System der Einschreibung und Umschreibung des Grundeigenthums und der dinglichen Rechte, insbes. des Pfandrechts in Frankreich und Belgien von Warnkönig, in: ZDR 19 (1859) 267—70 (*Grundbücher*)
73a. Zusatz zu: Zur Erinnerung an Dr. Ernst Theodor Gaupp von Hermann Schulze, in: ZDR 20 (1861) 117f (*Gauppnachruf*)
74a. Rückblick, in: ZDR 20 (1861) 311f, gez. „Cannstatt, Ende Januar 1861", (*Rückblick 1861*)

f) Chronologische Übersicht zu Reyschers Schriften

Die vollen Titel findet man jeweils oben unter der durch die in Klammern nachgesetzten Buchstaben bezeichneten Gruppe.

1. Dissertatio (a)
2. Beweisverfahren (b)
3. Bedürfnisse (a)
3a. Ankündigung (a)
4. Gesetzessammlung (d)
4a. Hist. Einleitung (a)
5. Geschichtsgrundriß (a)
6. Naturrechtsgrundriß (a)
7. Publ.Versuche (a)
8. Symbolik (a)
9. Statutarrechte (d)
10. Grundherrl. Rechte (a)
11. Privatrecht (a)
11a. Runderez. (c)
11b. Homeyerrez. (c)
11c. Ortloffrez. (c)
12. Einführung (a)
13. Consultation (a)
13a. Monumentarez. (c)
13b. Spittlerrez. (c)
14. Hann. Gutachten (a)
15. Zeitschrift (ZDR) (d)
15a. Zweck (b)
16. Daseyn (b)
17. Hann. Verfassungsfragen (b)
17a. Lit.übersicht 1839 (c)
18. Angriff (b)
20. Schwabenspiegel (d)
20a. Vorrede Schwabenspiegel (b)
20b. Übersicht 1840 (c)
21. Realgewerberechte (b)
22. Sprichwörter (b)
23. Adelige Töchter (b)
24. Öffentlichkeit (b)

24a. Anwendbarkeit (b)
25. Alemannen (b)
26. Für und wider (b)
27. Ausgaben (b)
28. Folgefähigkeit (e)
28a. Bücherschau 1843 (c)
29. Lehnsrechtgutachten (a)
29a. Lehnsrechtgutachten II (a)
30. Vorzugsrecht (b)
31. Gewerbeordnung (b)
32. Einheit (b)
32a. Griesingernachruf (b)
33. Steuerverwilligung (e)
33a. Einladung (e)
33b. Vom Neckar (b)
33c. Germanisten (b)
34. Begriff (b)
35. Rath (e)
36. Bericht (b)
37. Preuß. Verfassung (b)
37a. Seuffertrez. (c)
38. Altes gutes Recht (b)
39. Verf. entwürfe (b)
40. Aufgabe (a)
41. Wechselordnung (b)
42. Zentralgewalt (b)
43. Rumpfparlament (b)
44. Austritt (a)
45. Rückblick (b)
46. Kurhessen (e)
46a. Realgemeinden (e)
47. Eisenbahnen (b)
48. Geisteskranke (b)
49. Aktiengesellschaft (b)
50. Religionsbekenntnis (b)
51. Carolina (b)
51a. Erklärung (e)
52. Praxis (b)
53. Gemischte Ehen (b)
54. Ehenichtigkeit (b)
55. Quellen (b)
56. Erbverzichte (b)
56a. Eichhornnachruf (b)
57. Gemeindesachen (b)
58. Streitberechtigung (b)
59. Holznutzungen (b)
59a. Wildanachruf (b)
60. Rechtstr. Mecklenburg (a)
61. Nebenforderungen (b)
62. Holzgerechtigkeiten (a)
63. Vereinbarungen (e)
64. Konkordat (a)
65. Kirchenlasten (e)
66. Reallasten (e)
67. Grundbücher (e)
68. Telegraphenrecht (b)
69. Urteil/Köln (b)
69a. Wurmnachruf (b)
70. Familiengesetz (a)
71. Altes Gerichtsverf. (b)
72. Württemberg (a)
73. Bundesfeldherr (b)
73a. Gauppnachruf (e)
74. Juristentag (b)
74a. Rückblick 1861 (b)
75. Bundeskriegsverfassung (a)
76. Domänen I (a)
77. Domänen II (a)
78. Kriegsursachen (a,b)
79. Kriegsfolgen (a)
80. Kriegsursachen (a)
81. Zollparlament (a)
82. Familienbuch (a)
83. Cotta (b)
84. Elben (b)

2. Ungedruckte Quellen

1. Württembergische Landesbibliothek Stuttgart:
Nachlaß Reyschers, cod. hist. fol. 767: darin vor allem zahlreiche Briefe aus der Korrespondenz betr. die Redaktion der ZDR, u.a.:
35 Briefe an W. E. Wilda zw. 1842 und 1855
1 Brief Eichhorns von 1837 (s. Anhang c)
1 Brief Maurenbrechers von 1837 (s. Anhang d)
10 Briefe Beselers zwischen 1840 u. 1861 (s. Anhang e—i)
5 Briefe Warnkönigs zw. 1827 u. 1854 (auch cod. hist. fol. 1006)
4 Briefe A. L. Richters zwischen 1838 und 1841,
weiter einige zusammengestellte Zeitungsartikel

Etliche Briefe Reyschers u. a. an:
Hölder, bes. 1859ff, cod. hist. fol. 880
Uhland, cod. hist. fol. 771
Elben, cod. hist. fol. 815

2. Hauptstaatsarchiv Stuttgart:

Die wichtigsten, *primären* Akten zu Reyscher sind bis auf die Benutzer-Akte im Krieg verbrannt. Gedacht ist dabei an die Personalakten im Justiz- und Kultusdepartment, insbesondere die Entlassung betreffend, sowie an Landtagsakten. Der Versuch einer *Sekundär*dokumentation aus Beständen anderer Behörden und Resten war ziemlich unergiebig. Bearbeitet wurden insbesondere folgende Akten, wobei ich Vorgänge zu Reyscher kurz anmerke:

R 27	Kanzleiakte über Reyschers Archivbenutzung
E 5	Kabinettsakten. In Büschel (Bü) 169 und 173 Begleitschreiben Reyschers zu dem Ministerium überreichten Schriften
E 6	Kabinettsakten
E 7	Dto.
E 9	Dto.
E 10	Dto.
E 11	Dto. In Bü 57 erwähnt bei Fakultätspreise, in Bü 168 (Universitätslehrer) die Ernennung zum ao. Prof., in Bü 169 die Ernennung zum o. Prof. mit Bericht an den König v. 24. 1. 1837, in Bü 170 eine Gehaltserhöhung von 1835
E 14	Kabinettsakten. In Bü 790 viel zur Hann. Frage, nicht aber ein erwähnter Bericht des Innenministeriums über Reyschers Tübinger Gutachten. In Bü 903 Begleitbriefe u. Korrespondenz in Sachen Gesetzessammlung (= Nr. 4). In Bü 1471 Gutachten zu den Neuberufungen 1851
E 33	Akten des Geheimen Rats Insbes. nichts bei Bü 335—337: Entlassungen, Untersuchungen gegen Staatsdiener. In Bü 260 ist Reyscher in den Verzeichnissen der Mitglieder der ständischen Kommissionen der Kammer erwähnt.
E 141—52	Akten der Verwaltung des Innern
E 143	Dto. In Bü 3420 finden sich ausführliche Stellungnahmen versch. Ministerien zu Reyschers Bitte um archivalische und finanzielle Unterstützung bei der Statutarrechtsedition
E 201 ff	Akten des Kultusdepartments
E 301	Akten des Justizdepartments
J 16	Sammlung von (bereits angefertigten, aber nicht zur Veröffentlichung zugelassenen) Abschriften von Statutarrechten Württembergs
J 26	Materialiensammlung zur württ. Geschichte von Gelehrten des 19.—20. Jhdts., darin Nachlaß des Familienforschers A. Rentschler, der auf Stammbaumblättern einige Verwandtschaftsbeziehungen Reyschers verzeichnet
Q 1/2	Nachlaß des Liberalen C. Haußmann

3. Universitätsbibliothek Tübingen

a) Vor allem Briefe, u.a. an
R. Mohl, zwischen 1824 und 1860, Md 613/699, Mi XVIII/3
Ad. v. Keller, zwischen 1839 und 1850, Md 760/807

b) Vorlesungsmitschriften
Naturrecht und Geschichte des Naturrechts, Vorlesung im WS 1838/39, gehalten von August Ludwig Reyscher, geschrieben von Carl Belser, 62 S., Mh II 31 (Diese Vorl. habe ich zu 80% in ein maschinenschriftl. Ms gebracht)
Gemeines und württembergisches Lehenrecht, Vorlesung im SS 1840, geschrieben von Carl Belser, 48 S., Mh II 32
Gemeines deutsches Privatrecht, Vorlesung im WS 1839/40, geschrieben von Carl Belser, 119 S., Mh II 33
Gemeines deutsches Privatrecht, Vorlesung im WS 1843/44, geschrieben von Th. Mörike, 322 S., Mh II 34
Deutsches Staatsrecht und Bundesrecht, Vorlesung im SS 1843, gechrieben von Otto Sarwey, 170 S., Mh II 35, Teil 1
Gemeines deutsches Privatrecht, Vorlesung im WS 1843/44, geschrieben von Otto Sarwey, 137 S., Mh II 35, Teil 2

4. Universitätsarchiv Tübingen
Zuhörerverzeichnisse für Reyscher von 1829/30 bis 1850/51, Nr. 51/529; sie enthalten die wertvollen Urteile über die Hörer, vor allem die genannten Verf. der Mitschriften, weiter genaue Zahlen u. die Vorlesungen, die wirklich gehalten wurden.
Akten zu Reyschers Universitätszeit, u.a. Nr. 47/29, 70/8, 76/3
Spruchbuch der Juristischen Fakultät, Nr. 79/1, 81/5

5. Universitätsbibliothek München
Ein Collegienheft: Deutsches Staats- und Bundesrecht, Vorlesung im SS 1844, geschrieben von A. Obermüller, im Nachlaß des Münchner Staatsrechtlers Pözl, Pözl 1000

6. Universitätsbibliothek Heidelberg
8 Briefe an G. G. Gervinus zwischen 1844 und 1860, Hs 2528 (s. Anhang a,b)
1 Brief an Viktoria Gervinus vom 25. 6. 1871, Hs 2565 (Beileidsbrief)
5 Briefe an L. Häusser zwischen 1859 und 1864, Hs 3741, (bes. politische Fragen)
1 Brief an einen unbek. Empfänger vom 17. 12. 1831, Hs 1333 (enthält eine Anzeige der Gesetzessammlung Bd. 1, gerichtet an „Eure Exzellenz", s. wahrsch. an Mittermaier)
17 Briefe an Mittermaier zwischen 1843 und 1859, Hs 2746 (leider zumeist nur Begleitschreiben zu Bücherübersendungen u.ä., Bitten um Beiträge zur ZDR, organisatorisches wegen der Frankfurter Versammlung 1846, für rein wissenschaftliches wenig ergiebig; hier war wohl wenig Dissens)

3. Rezensionen und Äusserungen zu wichtigen Arbeiten Reyschers

Die Zusammenstellung beruht auf einer Überprüfung der meisten der zeitgenössischen Periodica. Die zahlreichen Fehlanzeigen werden nicht im einzelnen nachgewiesen.

Zu „*Bedürfnisse*":
C. G. Wächter, in: TüKrZ 6 (1829) 305—15, identisch mit dem Sonderabdruck in „Die Literatur des württembergischen Privatrechts", 1830, S. 164—74
ders., in: Privatrecht I 1 (1839) 293 Fn 1, I 2 (1842) 1059 Fn 15

Zur „*Gesetzessammlung*":
R. Mohl, in: TüKrZ 6 (1829) 85—7
C. G. Wächter, in: Privatrecht I 1 (1839) XII, 23, I 2 (1842) 1069

Zur „*Hist. Einleitung*":
R. Mohl, in: TüKrZ 6 (1829) 96—8

Zu „*Publ. Versuche*":
R. Mohl, in: J. A. L. Z. 1833, Nr. 30ff, Sp. 233—71, dort Sp. 260—4
Anonym, in: Hd. Jb. 1832, S. 118—24
J. L. Klüber: vgl. seinen Brief in Reyschers „Erinnerungen" 93
R. Mohl, in: Gesch./Lit. II (1856) 262, 273

Zu „*Symbolik*":
„Tk." [Türk], in: J. A. L. Z. 1834, Nr. 73, April, Sp. 97—100
G. Homeyer, in: Bln. Jb. 1834 I, Nr. 15, Jan., Sp. 118f

Zu „*Statutarrechte*":
K. F. Eichhorn, in: H. A. L. Z. 1834, Nr. 182, Oct., Sp. 233—6
G. Homeyer, in: Bln. Jb. 1834, Nr. 15, Jan., Sp. 119f
Anonym, in: B. L. Z. 1834, lfd. Nr. 158, Sp. 38
C. G. Wächter, in: Gersdorfs Repertorium 1834 I, S. 100—2

Zu „*Grundherrliche Rechte*":
Anonym, in B. L. Z. 1836, lfd. Nr. 1706
R. Moser, in: Der Nationalökonom 1836 I, S. 237—54

Zum „*Privatrecht*":
Anonym, in: B. L. Z. 1838, lfd. Nr. 181, Sp. 95
H. v. Bolley, in: Sarweys Monatsschrift 2 (1838), als Beiheft, S. 1—63
ders., in: Krit. Jb. 1838 I 438—53 (gekürzte Fassung)
C. G. Wächter, in: Privatrecht I 1 (1839) Vorrede, I 2 (1842) 1140
Hch. Zoepfl, in: Hd. Jb. 1843 II 508—10
K. F. Hufnagel, in: Krit. Jb. 1847 I 498—560
Vgl. noch Beselers freundliche Bemerkung, in: System I, (1847) VI

Zu *ZDR 1 (1839) und „Daseyn*":
F. W. Bornemann, in: Augsburger Allg. Zeitung 1839, Nr. 325, Nov., Beilage, S. 2543 (zuerst in: Preuß. Staatszeitung 1839)
ders., in: Civilrecht I (1842, 2. A.) 24
Anonym, in: Hall. Jb. 1840, Nr. 206, August, Sp. 1641—8
G. Beseler, in: Krit. Jb. 1840 II (Sept.) 809—25
G. F. Puchta, in: Krit. Jb. 1840 II (August) 675—8
ders., in: Institutionen I (1841) 107
ders., in: Pandekten I (1844, 2. A.) Vorrede IVff
J. C. Bluntschli, in: Rechtsschulen, Hall. Jb. 1839, Nr. 239ff, dort Sp. 1924 (kurz)
„R-Z.", in: J. A. L. Z. 1841, Erg. bl., Nr. 69—74, Sp. 545—90
Savigny, in: System I (1840) Vorrede XIII (Anspielung), vgl. seine Briefe an Bluntschli, bei Stoll II 359f
Mittermaier, in: Grundsätze I (1842, 6. A.) bes. § 37
C. G. Wächter, in: Gem. Recht (1844) bes. 208—19 (Zu „Daseyn")
Herrmann, in: H. A. L. Z. 1845, Nr. 118, Sp. 940f (in einer Rez. zu Wächter, Gem. Recht)
Gerber, in: Princip (1846), bes. 310ff (Daseyn)
C. G. Bruns, in: Gegenwart (1843) 3, 7f (allg. gehalten)

Zum „*Hann. Gutachten*":
G. Beseler, in: Krit. Jb. 1840 II 819
„R-Z.", in: J. A. L. Z. 1841 (aaO bei ZDR 1) Sp. 574ff

Dahlmann, im Vorwort zu den von ihm hgg. Gutachten (1839)
Martin, in: Brief, abgedruckt bei Dahlmann: Gutachten
J. L. Klüber: Öff. Recht (1840, 4. A. ph) S. 925
E. Kade, in: Hall. Jb. 1840, Nr. 122ff, Sp. 977 (in einer Rez. zu „Hannoversches Portfolio")
Anonym, in: Die Universität Tübingen, Hall./Dt. Jb. 1841 I 449, II 225
C. G. Wächter, in einem Brief an v. Kamptz, abgedruckt in: Leben 54
W. E. Albrecht, nach v. Ippel I 332 (Brief Dahlmanns)
J. Grimm, in: v. Ippel II 14 (Brief)

Zu „*Schwabenspiegel*"
Bluntschli, in: Krit. Jb. 1842 I
Unger, in: G. G. A. 1841, St. 1ff, Jan., S. 1—19

Zu „*Für und Wider*":
G. F. Puchta, in: Pandekten (1844, 2. A.) IVff (Replik)
Anonym, in: Krit. Jb. 1845 I 465—73, 470 (zu ZDR 3-8)
Gerber, in: Princip (1846) 20 Fn 1

Zu „*Einheit*":
Gerber, in: Princip (1846) 103f
Anonym, in: Krit. Jb. 1847 II 753
Beseler, in: System I (1847) 6, 8 u.ö.
Stobbe, in: Dt. Privatrecht I (1871) § 4

Zu „*Begriff*":
Gerber, in: Princip (1846) 310—3
Anonym, in: Krit. Jb. 1847 II 753
Anonym, in: B. L. Z. 1846, lfd. Nr. 59, Sp. 942 (kurz billigend erwähnt)

Zu „*Domänen II*":
Frensdorff, in: ADB 44, 617—32, 624 im Art. H. A. Zachariae
R. Mohl, in: LE I 208

Zu „*Kriegsursachen*":
H. Treitschke: Brieflich, bei Cornicelius III 153f
Anonym, in: Preuß. Jb. 19, 358ff

4. Schriften über Reyscher

Anonym	August Ludwig Reyscher, in: Im Neuen Reich 10 (1880) S. 716—20 (*Im Neuen Reich*)
—	August Ludwig Reyscher, in: Schwäbischer Merkur 1880, S. 597f, 733f, 745f (*Schwäb. Merkur*)
Landsberg, Ernst	In: Geschichte der deutschen Rechtswissenschaft, Teil III 2 (1910), Text 501—3, Noten 223—5 (*Landsberg*)
Mayer, Hans-Otto	August Ludwig Reyscher als Politiker. Borna/Leipzig, Noske, 1928, VIII u. 103 S. (= Diss. phil. Tübingen 1927) (*Mayer*)
Reyscher, August Ludwig	*Erinnerungen* aus alter und neuer Zeit. 1802—1880. Hgg. von Karl Riecke. Freiburg/Tübingen, Mohr, VIII u. 323 S. (mit Bild, Schriftenverzeichnis und Personenregister)

Riecke, Karl	Reyscher, August Ludwig, in: ADB 28 (1889) 360—68 (*Riecke*)
Ruck, Erwin	August Ludwig Reyscher, in: Burschenschaftliche Lebensläufe. Quellen und Darstellungen zur Geschichte der Burschenschaft, hg. von H. Haupt, Bd. 7 (1921) 134—42 (*Ruck*)
Thudichum, Friedrich	Robert von Mohls Angriffe auf die Universität Tübingen und insbesondere auf Professor Ludwig Reyscher, in: Tübinger Chronik vom 5. u. 7. März 1902 (je 3 Spalten) (*Thudichum*)

5. Periodica

A.A.Z.	Augsburger Allgemeine Zeitung
AcP	Archiv für die civilistische Praxis, Hg. von Gensler, Mittermaier, Schweitzer, später Löhr, Thibaut u.a., Bd. 1ff (1818ff) Heidelberg, Mohr
Bln. Jb.	Jahrbücher für wissenschaftliche Kritik. Hg. von der Societät für wissenschaftliche Kritik zu Berlin. Berlin 1827—1846
B.L.Z.	(Berliner) Literarische Zeitung. Hg. von Karl Buchner, später E. Meyen und Brandes, 1834—1849, 1.—16. Jahrgang
DVjS	Deutsche Vierteljahresschrift. Stuttgart, Cotta, 1838—1870
G. G. A.	Göttingische Gelehrte Anzeigen, unter der Aufsicht der königl. Gesellschaft der Wissenschaften. Göttingen, 1753ff
Gersdorfs Repertorium	E. G. Gersdorf, Repertorium der gesamten deutschen Literatur, Leipzig, Brockhaus, Bd. 1—34, 1834—1842 (fortges. bis 1860 als Leipziger Repertorium)
H.A.L.Z.	(Hallische) Allgemeine Literatur-Zeitung. Halle und Leipzig, 1785—1849
Hall. Jb.	Hallische Jahrbücher für deutsche Wissenschaft und Kunst. Hg. von Th. Echtermeyer und A. Ruge, Leipzig, Wigand, 1838—Juli 1841 Fortges. als „Deutsche Jahrbücher (...)“, August 1841—1843; nach Nr. 24 unterdrückt; fortgesetzt als „Deutsch-französische Jahrbücher (...)“ von Ruge und K. Marx, Paris, 1844, 1., 2. Lieferung
Hd. Jb.	Heidelbergische Jahrbücher der Literatur. Heidelberg, 1808—1872
HZ	Historische Zeitschrift, Begr. von Hch. von Sybel, fortges. von Fr. Meinecke, hg, von Th. Schieder und Th. Schieffer, München 1859ff, Bd. 1ff
J.A.L.Z.	Jenaische Allgemeine Literatur-Zeitung. Jena und Leipzig, 1804—1849
Jher. Jb.	Jahrbücher für die Dogmatik des heutigen römischen und deutschen Privatrechts. Hg. von Gerber und Jhering, seit Bd. 7 nur Jhering, seit Bd. 10 von Jhering und Unger usw., Bd. 1ff (1857ff)
Kieler Monatsschrift	(Kieler) Allgemeine Monatsschrift für Wissenschaft und Literatur. Hg. von J. G. Droysen u.a., Halle, Schwetschke, 1851—1854 (1851 Jan. bis Juni nicht ersch., Vorläufer hg. von L. Roß, 1850)
Krit. Jb.	Kritische Jahrbücher für deutsche Rechtswissenschaft, hg. von A. L. Richter, dann mit R. Schneider, Leipzig, Focke, später Tauchnitz, 24 Bände, 1837—1848

Krit. Überschau	Kritische Überschau der deutschen Rechtswissenschaft und Gesetzgebung, hg. von Arndts, Bluntschli und Pözl, München, 6 Bände, 1853—1859
Krit. Z. Ausl.	Kritische Zeitschrift für Rechtswissenschaft und Gesetzgebung des Auslandes, hg. von Mittermaier und C. S. Zachariä, Heidelberg, Mohr, Bd. 1—28, 1828—1856
L.L.Z.	Leipziger Literatur-Zeitung
Neues Archiv	Neues Archiv des Criminalrechts. hg. von Kleinschrod, Konopack und Mittermaier, Halle, Schwetschke, Bd. 1—14, 1816—1857
Preuß. Jb.	Begr. von R. Haym, H. v. Treitschke u. H. Delbrück. Bd. 1ff, Berlin 1858ff
Sarweys Monatsschrift	Monatsschrift für die Justizpflege in Württemberg, redigiert durch A. Sarwey, 20 Bände, 1837—1858
Schunck	Jahrbücher der gesamten deutschen juristischen Literatur, hg. von Chr. Fr. K. Schunck, Erlangen, Palm, Bd. 1—30, 1826—1836
TüKrZ	Kritische Zeitschrift für Rechtswissenschaft, hg. von R. Mohl, A. Rogge, C. Scheurlen, E. Schrader, C. G. Wächter, K. Wächter, Tübingen, Laupp, Bd. 1—6, 1826—1829
WüVjsh	Württembergische Vierteljahreshefte für Landesgeschichte
ZCP	Zeitschrift für Civilrecht und Proceß, hg. von Linde, Marezoll, Wening u.a., Gießen, Bd. 1—20, 1828—1844, n. F. Bd. 1—20, 1845—1864
ZDR	Zeitschrift für deutsches Recht und deutsche Rechtswissenschaft, oben XXIII
ZgeschRw	Zeitschrift für geschichtliche Rechtswissenschaft, hg. von Savigny, Eichhorn und Göschen, später Klenze u.a., Bd. 1—20, 1815—1850
ZHR	Zeitschrift für das gesamte Handelsrecht, hg. von L. Goldschmidt u.a., Erlangen, später Stuttgart, 1858ff
ZRG	Zeitschrift für Rechtsgeschichte, begr. von Rudorff, Bruns, Roth, Merkel und Böhlau, Bd. 1—13, 1861—1878
ZSGerm	Zeitschrift der Savigny-Stiftung für Rechtsgeschichte, begr. von Roth, Bekker, Böhlau, Pernice, R. Schröder, Bd. 1ff, 1880ff, germanistische Abteilung
ZSRom	dto, romanistische Abteilung
ZWLG	Zeitschrift für württembergische Landesgeschichte

6. Quellen[1]

Albrecht, C. A.	Die Stellung der römischen *Aequitas* in der Theorie des Civilrechts, mit Rücksicht auf die zeitgemäße Frage der Codification. Dresden/Leipzig, Arnold, 1834, VIII und 90 S.
Anonym	Verschiedene Artikel und Rezensionen aus Zeitschriften, besonders:
—	Rezension zu *Albrecht*, Aequitas, in: J.A.L.Z. 1836, Nr. 43, März, Sp. 337—41

[1] Erfaßt sind hier Titel bis 1900. Mehrere Titel des gleichen Verfassers sind alpha betisch nach dem ersten Substantiv im Titel geordnet. Auch hier wurden damit die Titel besser abschätzbar sind, fast durchweg volle bibliographische Angaben gegeben.

— Rezension zu *Albrecht*, Aequitas, in: B.L.Z. 1834, lfd. Nr. 3576, Sp. 648

— Artikel: Die neueren *Angriffe* auf das römische Recht. 2 Teile: I. Der Rationalismus, in: B.L.Z. 1843, Nr. 58, Juli, lfd. Nr. 1554, Sp. 921—7, II. Der Purismus, in: aaO, Nr. 95, Nov., lfd. Nr. 2520, Sp. 1517—22

— Rezension zu P.J.A. *Feuerbach*, Kl. Schriften (1833), in: J.A.L.Z. 1834, Erg. bl., Nr. 30, Sp. 233—45, von „R-Z"

— Rezension zu N. Th. *Gönner*, Archiv für die Gesetzgebung und Reform des juristischen Studiums (Bd. 2. 3., 1809), in: Hd. Jb. 1810 II 65ff

— Artikel: Über die *Hindernisse* einer gesetzmäßigen Entwicklung des öffentlichen Geistes in Deutschland, in: H.A.L.Z. 1844, Nr. 93ff, April ff, Sp. 737—68 und Nr. 266ff, Oct. ff, Sp. 777—816

— Rezension zu G. *Hugo*, Enzyklopädie (4. A. 1811), in: Hd. Jb. 1812 I 1—15

— Rezension zu G. *Hugo*, Rechtsgeschichte (4. A. 1810), in: Hd. Jb. 1811 I 97ff

— Artikel: Das deutsche *Journalwesen*, in: DvjS 1839 I 1—32

— Artikel: Korrespondenz aus *Kiel*, in: Hall. Jb. 1838, Sp. 1036—47

— Rezension zu *Ignaz Rudhardt*, Über das Studium der Rechtsgeschichte (1811), in: Hd. Jb. 1811 II 814ff

— Rezension zu *Chr. L. Runde*, Gemeines Recht (1845), in: B.L.Z. 1846, Nr. 11, Febr., lfd. Nr. 384, Sp. 169—79

— Rezension zu *C. F. Sintenis*, Handbuch des gemeinen Pfandrechts (1836), in: J.A.L.Z. 1838, März, Sp. 337—51

— Rezension zu *Tellkampf*, Über die Verbesserung des Rechtszustandes (1835), in: B.L.Z. 1835, lfd. Nr. 4071

— Artikel: Die *Universität Freiburg*, in: Hall. Jb. 1838, Sp. 1529—51 (von Warnkönig, laut Nerrlich: Ruge I 145 Fn)

— Artikel: Die *Universität Göttingen*, in: Dt. Jb. 1841, S. 241—71 und 495—554

— Artikel: Die *Universität Jena*, in: Hall. Jb. 1839, Sp. 801—35

— Artikel: Die *Universität Königsberg*. Vorläufiges, in: Hall. Jb. 1840, Sp. 621—3, 953—9

— Artikel: Die *Universität Leipzig*, in: Hall. Jb. 1839, Sp. 1169—89 und 1201—39

— Artikel: Die *Universität Tübingen*, in: Hall. Jb. 1841, S. 441—74 und Dt. Jb. 1841, S. 205—28

— Rezension zu *C. G. Wächter*, Gemeines Recht (1844), in: B.L.Z. 1844, lfd. Nr. 2466, Sp. 1361—3

Austin, John — Lectures on Jurisprudence or the philosophy of positive law. 5th ed., revised and ed. by Robert Campbell. 2 vls., London, Murray, 1885

1. The Province of Jurisprudence determined (u.a.), XIII u. 507 S.

2. Law in relation to its sources. Law: Its purposes and subjects. (usw.). XIII und S. 509—1132 (zit.: Einzeltitel, Band, Seite)

Benfey, Theodor	Geschichte der Sprachwissenschaft und orientalischen Philologie in Deutschland seit dem Anfange des 19. Jahrhunderts mit einem Rückblick auf die früheren Zeiten. München, Cotta, 1869, X und 836 S. (= Geschichte der Wissenschaften in Deutschland, Neuere Zeit, Bd. 8) (*Gesch. d. Sprachwissenschaft*)
Bergbohm, Karl	*Jurisprudenz* und Rechtsphilosophie. Kritische Abhandlungen. 1. Bd.: Einleitung — Erste Abhandlung: Das Naturrecht der Gegenwart. Leipzig, Duncker, 1892, XVI und 566 S. [mehr nicht ersch.]
Beseler, Georg	*Erlebtes* und Erstrebtes. 1809—1859. Mit 12 Anlagen. Berlin, Hertz, 1884, VIII und 302 S.
—	Festrede auf der Friedrich-Wilhelms-Universität zu Berlin am 3. August 1880 (Über die Bedeutung der Hist. Schule), in: Erlebtes, Anlage 4, S. 131—40 (*Rektoratsrede 1880*)
—	Rezension zu: Phillips, Grundsätze des gemeinen deutschen Privatrechts, Bd. 1, 2. A. 1838, in: Bln. Jb. 1839, Febr., Sp. 209—29 (*Phillipsrez.*)
—	Über die Stellung des römischen Rechts zu dem nationalen Recht der germanischen Völker. Academische Antrittsrede. Basel, Schweighauser, 1836, 18 S. [gehalten im Herbst 1835, als Anlage 3 auch in „Erlebtes"] (*Röm. Recht*)
—	*System* des gemeinen deutschen Privatrechts. Bd. 1—3, Leipzig, Weidmann, 1847. 1853. 1855, besonders: 1. Erstes Buch. Allgemeiner Theil (...). X und 387 S.
—	*Volksrecht* und Juristenrecht. Leipzig, Weidmann, VI und 364 S.
—	Volksrecht und Juristenrecht. Erster Nachtrag: G. F. *Puchta*. aaO, 1844, 30 S.
—	Rezension zu: Zeitschrift für deutsches Recht (...). Bd. 1. 2, in: Krit. Jb. 1840 II 809—25 (*ZDR-Rez.*)
Bethmann-Hollweg, Moritz August von	Rezension zu: Savigny, System I (1840), in: G.G.A. 1840, St. 158—63, Oct., S. 1573—1620 (*Savignyrez.*)
Bluntschli, Johann Caspar	*Denkwürdiges* aus meinem Leben. Auf Veranlassung der Familie durchges. und veröff. von R. Seyerlen. Teil 1—3, Nördlingen, Beck, 1884: 1. Die schweizerische Periode. 1808—1848 2. Die deutsche Periode. 1. Hälfte: München. 1848—1861 3. Die deutsche Periode. 2. Hälfte: Heidelberg. 1861—1881
—	*Geschichte* der neueren Staatswissenschaft, Allgemeines Staatsrecht und Politik. Seit dem 16. Jahrhundert bis zur Gegenwart. 3. Aufl., München/Leipzig, Oldenbourg, 1881, VIII und 763 S. (= Geschichte der Wissenschaften in Deutschland, Neuere Zeit, Bd. 1)
—	Deutsches *Privatrecht*. Bd. 1—2, München, Lit. Anstalt, 1853. 1854
—	Die neueren *Rechtsschulen* der deutschen Juristen überhaupt und die historische Schule insbesondere, in: Hall. Jb. 1839, Nr. 239ff, Oct., Sp. 1905—60
Bornemann, Friedrich Wilhelm	Systematische Darstellung des preußischen *Civilrechts*, mit Benutzung der Materialien des Allgemeinen Landrechts. Bd. 1—5, Berlin, Jonas, 1834—37, davon besonders:

1. Enthaltend die geschichtliche Einleitung, die Fundamentallehren des preußischen Rechts, und die Lehre von Besitz. 1834, XIV, 592 S.

— dto., 2. vermehrte und verb. Aufl. 1842

— Die *Rechtsentwicklung* in Deutschland und deren Zukunft, mit besonderer Rücksicht auf Preußen. Berlin, Reimer, 1856, 83 S.

— Rezension zu: Zeitschrift für deutsches Recht (...), Bd. 1, in: A.A.Z. 1839, Nr. 325, Nov., Beilage, S. 2543f (zuerst in: Preuß. Staatszeitung 1839) (*ZDR-Rez.*)

Brinz, Aloys — Festrede zu Fr. C. von *Savigny*'s hundertjährigem Geburtstage, gehalten am 21. Februar 1879 in der Aula der kgl. Ludwigs-Maximilians-Universität München. München, Rieger, 1879, 20 S.

— Lehrbuch der *Pandekten*. 1. Band, 2. veränderte Auflage, Erlangen, Deichert, 1873, VII und 826 S.

Bruns, Carl Georg — Zur Erinnerung an Fr. C. von *Savigny*. Vortrag, gehalten in der Friedrich-Wilhelms-Universität zu Berlin am 21. Febr. 1879. Berlin, Akademieverlag, 1879, 24 S.

— Über *Gegenwart* und Zukunft unseres Privatrechts, in: Kl. Schriften I 1—20 (zuerst in: Jb. d. Gegenwart, 1843, Nr. 33—6)

— Gemeines Recht, in: Kl. Schriften I 20—48 (zuerst in: Ersch-Gruber, Enzyklopädie, Bd. 57, 1853, S. 208—20) (*Gem. Recht*)

— Das Recht des Bestizes im Mittelalter und in der Gegenwart. 1848, nach dem reprograf. Nachdr., Osnabrück, Zeller, 1965, X u. 507 S. (*Besitz*)

— Kleinere Schriften, hg. von Ivo Bruns, Bd. 1—2, Weimar, Böhlau, 1882 (*Kl. Schriften*)

— Rezension zu: C. A. Schmidt, Der principielle Unterschied zwischen dem römischen und germanischen Rechte, Bd. 1 (1853), in: Kl. Schriften II 326—8 (*Schmidtrez.*)

Bursian, Conrad — Geschichte der classischen Philologie in Deutschland von den Anfängen bis zur Gegenwart. Bd. 1. 2, München/Leipzig, Oldenbourg, 1883, VIII und 1271 S. (durchpag.) (= Geschichte der Wissenschaften in Deutschland, Neuere Zeit, Bd. 19) (*Gesch. d. class. Philol.*)

Christ, Anton — Über deutsche *Nationalgesetzgebung*. Ein Beitrag zur Erzielung gemeinsamer für ganz Deutschland gültiger Gesetzbücher und zur Abschaffung des römischen und des französischen Rechts insbesondere. Karlsruhe, Müller, 1842, 160 S.

Christiansen, Johannes — Die Wissenschaft der römischen Rechtsgeschichte im Grundrisse. Bd. 1 [mehr nicht ersch.]. Altona, Hammerich, 1838

Conversationslexikon — Allgemeine deutsche Realenzyklopädie für die gebildeten Stände. 9. Originalauflage in 15 Bänden. Leipzig, Brockhaus, 1843—48 (*Convers. lex. Brockhaus, Artikel*), darin besonders die Artikel:
— Deutsches Recht, Bd. IV
— Nikolaus Falck, Bd. V
— Immanuel Kant, Bd. VIII

	— C. J. A. Mittermaier, Bd. IX — Rechtsschulen, Bd. XII — Fr. C. von Savigny, Bd. XII — Württemberg, Bd. XV
Conversationslexikon	der neuesten Literatur-, Völker- und Staatengeschichte. Ein umfassendes Gemälde der Jahre 1830—1844 (...). Bearbeitet von einer Gesellschaft deutscher Gelehrten. Bd. 1. 2, Leipzig, Wigand (*Convers. lex. Wigand, Artikel*): 1. A—G. 1841, 850 S. 2. H—Z. 1845, 580 S. darin besonders die Artikel: — Deutschland, I S. 460—522 — Nikolaus Falck, I S. 619—621 — Hallische Jahrbücher II S. 6—10 — Hegel'sche Philosophie, II S. 40—42 — Franz Hermann Hegewisch, II S. 42f — Historische Rechtsschule, II S. 73—78 — Literatur und Leben, II S. 218f — Württemberg, II S. 571—74
Dahlmann, Friedrich Christoph	(Hg.) Gutachten der Juristen-Facultäten in Heidelberg, Jena und Tübingen, die Hannoversche Verfassungsfrage betreffend. Jena, Fromman, 1839, XVI und 366 S. (*Hann. Gutachten*)
—	Die *Politik*, auf den Grund und das Maß der gegebenen Zustände zurückgeführt. Bd. 1 [mehr nicht ersch.]: Staatsverfassung, Volksbildung. Neu hg. von M. Riedel, Frankfurt/M., 1968, nach der 1. Aufl., Göttingen, 1835
Echtermeyer, Theodor	Die Universität Halle, in: Hall. Jb. 1838, S. 1—6, 305—12, 665—81 (*Uni. Halle*)
Eichhorn, Karl Friedrich	*Einleitung* in das deutsche Privatrecht mit Einschluß des Lehenrechts. Göttingen, Vandenhoeck, 1823, XXIV und 933 S.
—	dto., 5. verb. Aufl., 1845, 951 S.
—	Deutsche Staats- und Rechtsgeschichte. Teil 1—4, Göttingen, Vandenhoeck, (*Rechtsgeschichte*), besonders: 1. 5. verb. Ausgabe, 1843, XXVIII und 773 S. (mit der Vorrede zu Band 1 (1808) 4. 5. verb. Ausgabe, 1844, XVIII und 786 S.
—	Rezension zu: Reyscher, Statutarrechte (1834), in: H.A.L.Z. 1834, Oct., Sp. 223—6 (*Statutarrez.*)
—	Über das geschichtliche *Studium* des Deutschen Rechts, in: ZgeschRw 1 (1815) 124—46
Entscheidungen	Rechtliche Entscheidungen und Gutachten der Württembergischen Handels-Schiedsgerichte und Privathandelskammern. Erste Lieferung. 1843—1850. Stuttgart, Metzler, 1851, X und 148 S. (*Entsch. Handelsschiedsger.*)
Esmarch, Karl	Römisches und germanisches Recht, in: (Kieler) Allgemeine Monatsschrift für Wissenschaft und Literatur, Jahrgang 1853, Dez., S. 1012—54 (*Röm/Germ. Recht*)
Falck, Nikolaus	Einige allgemeine juristische Betrachtungen, in seinem: Archiv für Geschichte, Statistik, Kunde der Verwaltung und Landesrecht 4 (1845) 213ff (*Allg. Betr.*)

— Juristische *Enzyklopädie*, auch zum Gebrauch bei academischen Vorlesungen. (Erste Aufl.), Kiel, Acad. Buchhdlg., 1821, XIV und 336 S. (benutzt wurde idR die 2. A.)

— dto., 2. verb. Aufl., 1825, Kiel, Hesse, XVIII und 348 S.

— dto., 3. verb. Aufl., aaO, XVI und 366 S.

— dto., 4.verb. Aufl., Leipzig, Bösenberg, XVI und 319 S. (engerer Satz, daher weniger Seiten)

Feuerbach, Paul Johann Anselm — *Blick* auf die teutsche Rechtswissenschaft. Vorrede zu Unterholzner, Juristische Abhandlungen (1810), nach: Kl. Schriften 152—77

— Kann die Gerichtsverfassung eines constitutionellen Staates durch bloße Verordnungen rechtsgültig geändert werden?, nach: Kl. Schriften 178—227

— Über *Philosophie und Empirie* in ihrem Verhältnis zur positiven Rechtswissenschaft. Landshut, Attenkofer, 1804, 100 S., nach dem reprogr. Nachdruck, Darmstadt, 1969

— Kleine Schriften vermischten Inhalts. Abteilung 1. 2, Nürnberg, Otto, 420 S. (durchpag.) (*Kl. Schriften*)

— *Einige Worte* über historische Rechtsgelehrsamkeit und einheimische Gesetzgebung. Vorrede zu Nepomuk Borst, Über die Beweislast im Civilproceß (1816), nach: Kl. Schriften 133—51

Fichte, Johann Gottlieb — Gesamtausgabe der Bayr. Akademie der Wissenschaften, hg. von R. Lauth und H. Jakob, Bd. 1ff, Stuttgart, 1964ff (bisher Bd. 1, 1—4 = Werke 1791—1798) (*Akad.ausg., Band*)

— Sämtliche Werke. Hg. von I. H. Fichte, Bd. 1—11, Berlin, 1845—46

Fries, Jacob Friedrich — Rezension zu Hegel, Wissenschaft der Logik, Bd. 1, 1812f, in: Hd. Jb. 1815, Nr. 25. 385—93 (*Hegelrez.*)

Gans, Eduard — Das *Erbrecht* in weltgeschichtlicher Entwicklung. Eine Abhandlung der Universalrechtsgeschichte. Bd. 1—4, Berlin, Maurer, 1824. 1825. 1829. 1835, besonders:
1. Das römische Erbrecht in seiner Stellung zu vor- u. nachrömischem. XLI und 416 S.
2. dto., XIV und 471 S.

— *Vermischte Schriften*, juristischen, historischen, staats-wissenschaftlichen und ästhetischen Inhalts. Bd. 1. 2, Berlin, Duncker, 1834

Gaupp, Ernst Theodor — Rezension zu: K. F. Eichhorn, Einleitung (3. A. 1829), in: H.A.L.Z. 1831, Nr. 7—13, Jan., Sp. 49—100 (*Eichhornrez.*)

— Rezension zu: N. Falck, Enzyklopädie (2. A. 1825), in: Schuncks Jb. 5 (1827) S. 111—39

— Kritische Untersuchungen über die *Gewere* des deutschen Rechts, in: ZDR 1 (1839) 86—143

— Über die *Zukunft* des deutschen Rechts. Eine germanistische, mit besonderer Rücksicht auf die großen Gesetzbücher der neueren Zeit verfaßte Abhandlung. Breslau, Max & Co., 1847, VIII und 113 S.

Gerber, Carl Friedrich — Zur *Charakteristik* der deutschen Rechtswissenschaft. Eine akademische Rede. Tübingen, Laupp, 1851

— Das wissenschaftliche *Princip* des gemeinen deutschen Pri-

	vatrechts. Eine germanistische Abhandlung. Jena, Cröker, 1846, VIII, 313 S.
—	Über öffentliche Rechte. Tübingen, 1852, nach dem reprogr. Nachdruck der Aufl. 1913, Darmstadt, 1968, 87 S. (*Öff. Rechte*)
—	*System* des deutschen Privatrechts. 12. verb. Aufl., Jena, Dufft, 1875, XXXII und 759 S.
Gönner, Nicolaus Thaddäus	Über *Gesetzgebung* und Rechtswissenschaft in unserer Zeit. Erlangen, Palm, 1815, IV und 291 S. (= Beiträge zur neuen Gesetzgebung in den Staaten des deutschen Bundes, Abt. 1) [mehr nicht ersch.]
—	Über die *Notwendigkeit* einer gründlichen Reform in Bearbeitung des in Deutschland geltenden Privatrechts, als Nachwort, in: F. L. Wirschinger: Theorie über das iuramentum in litem (...), Landshut 1806, S. 161—88
Goldschmidt, Levin	Die Haftpflicht der Eisenbahnverwaltungen, in: ZHR 4 (1862) 569ff
—	*Rechtsstudium* und Prüfungsordnung. Ein Beitrag zur preußischen und deutschen Rechtsgeschichte. Stuttgart, Enke, 1887, 451 S.
Grimm, Jacob	(Über den Namen „Germanisten"), in: Verhandlungen/Frankfurt (1846) 103—5
—	Von der Poesie im Recht, in: ZgeschRw 2 (1815) 25ff
—	Deutsche Rechts-Alterthümer. Göttingen, Dieterich, 1828
—	(Über die Frage „Was ist ein Volk?"), in: Verhandlungen/Frankfurt (1846) 11—17
—	Weisthümer. Teil 1—3, mithg. von E. Dronke u. H. Beyer. Göttingen, Dieterich, 1840. 1841. 1842
Gros, Karl Heinrich (von)	Lehrbuch der philosophischen Rechtswissenschaften oder des Naturrechts. 6., unveränderte, nach dem Tode [1840] des Verfassers ersch. Ausgabe. Stuttgart, Cotta, 1841, XIV und 194 S. (*Naturrecht*)
Hartmeyer, Moriz	Die Preß-Gesetzgebung des deutschen Bundes in ihrem Verhältnis zur Preß-Gesetzgebung des Königreiches Württemberg. Tübingen, Eifert, 1831, 51 S. (zugleich Diss. iur. Tübingen, praes. C. F. Scheurlen) (*Preßgesetzgebung*)
Heffter, August Wilhelm	Rezension zu: P. Pfizer, Öff. Recht (1835), in: Bln. Jb. 1837 I, Sp. 161—74 (*Pfizerrez.*)
Hegel, Georg Wilhelm Friedrich	Werke in 20 Bänden. Auf der Grundlage der Werke von 1832—45 neu edierte Ausgabe. Redaktion E. Moldenhauer und K. M. Michel. Frankfurt/M., Suhrkamp, 1969—71, insbes.:
—	*Enzyklopädie* der philosophischen Wissenschaften im Grundrisse (zuerst 1817, 1830), Werke 8. 9. 10
—	Grundlinien der Philosophie des Rechts oder Naturrechts und Staatswissenschaften im Grundrisse. Mit Hegels eigenhändigen Notizen und den mündlichen Zusätzen (zuerst 1821), Werke 7 (*Phil. d. Rechts*)
—	(Beurteilung der) Verhandlungen in der Versammlung der *Landstände* des Königreichs Württemberg im Jahr 1815 und 1816, in: Werke 4, 462—597

—	Vorlesungen über die Geschichte der Philosophie (zuerst (1840), in: Werke 12
Heimbach, Karl Wilh. Ernst (sen.)	*Quellen* des römischen Rechts, in: Weiske Rechtslex. 8 (1854) 778—844
Heise, Georg Arnold	*Grundriß* eines Systems des gemeinen Civilrechts zum Behufe von Pandecten-Vorlesungen. Heidelberg, Mohr, 1807, 105 S.
Herder, Johann Gottfried	*Briefe* in einem Band. Hg. von den nationalen Forschungs- und Gedenkstätten der klassischen deutschen Literatur in Weimar. Ausgewählt und erläutert von Reg. Otto. Berlin/ Weimar, 1970 (mit Reg.)
Herrman, Emil	Rezension zu: C. G. Wächter, Gemeines Recht (1844), in: H.A.L.Z. 1845 I, Nr. 118—21, Mai, Sp. 937—68 (*Wächterrez.*)
Höpfner, Ludw. Jul. Friedrich	Theoretisch-practischer Commentar über die Heineccischen *Institutionen* nach deren neuesten Ausgabe. 8. Aufl., von Neuem durchges., mit einigen Anm. und Zus. begleitet von A. D. Weber, Frankfurt/M., (Varrentrapp), 1804, 1219 S. nebst Tabellen
Hofacker, Carl Christoph	Principia iuris civilis Romano-Germanici. Teil 1—3, Tübingen, Cotta, 1788/89. 1794. 1798
Homeyer, Carl Gustav	Rezension zu verschiedenen Darstellungen des preußischen Civilrechts, insbes. zu: Bornemann, Civilrecht I (1834),in: Bln. Jb. 1834 I, Mai, Sp. 667—701 (*Bornemannrez.*)
—	Rezension zu Reyscher, Statutarrechte (1834), in: Bln. Jb. 1834 I, Nr. 15, Jan., Sp. 119f (*Statutarrechtsrez.*)
—	Rezension zu Reyscher, Symbolik (1833), in: Bln. Jb. 1834, I, Sp. 118f (*Symbolikrez.*)
Hufeland, Gottlieb	Lehrbuch der Geschichte und Ehzyklopädie aller in Deutschland geltenden positiven Rechte. 1. Teil: *Einleitung* und Geschichte des römischen Rechts. Jena, Akad. Buchh., 1796, Vorrede, 241 S. [mehr nicht ersch.]
Hugo, Gustav	*Beyträge* zur civilistischen Bücherkenntnis der letzten vierzig Jahre, aus den Göttingischen gelehrten Anzeigen und den Vorreden, besonders zu den Theilen des eivilistischen Cursus, zusammen abgedruckt und mit Zusätzen begleitet. Beylage zum Civilistischen Cursus und dem civilistischen Magazin. Band 1—3, Berlin, Mylius, 1828. 1829. 1844., davon da Bd. 3 hier nicht erreichbar war: 1. 1788—1807. VIII und 540 S. (Reg.) 2. 1808—1828. X und 754 S.
—	Lehrbuch der Geschichte des römischen Rechts seit Justinian oder der juristischen und meist civilistischen gelehrten Geschichte (...). Zweyter, sehr veränderter Versuch, Berlin, Mylius, 1818, XIV und 575 S. (= Lehrbuch eines civilistischen Cursus, Bd. 6) (*Lit. gesch.*)
—	Die *Gesetze* sind nicht die einzige Quelle der juristischen Wahrheiten, in: Civ. Mag. IV 1 (1812) 89—134
—	Vorrede zu Gibbon, Hist. Übersicht, übs. Hugo (1789), in: Beytr. I 130—3 (*Gibbonvorrede*)
—	Rezension zu Hegel, Phil. d. Rechts (1821), in: Beytr. II 464—71 (*Hegelrez.*)

— Rezension zu Hofacker, Principia (1788ff), in: Beytr. I 55—67 und 138—45 (*Hofackerrez.*)

— Civilistisches Magazin. Bd. 1—6, Berlin, Mylius,
1. Heft 1—4, 1790. 1790. 1791. 1791
2. Heft 1—4, 1792. 1792. 1796. 1797
3. Heft 1—4, 1798. 1803. 1805. 1812
4. Heft 1—4, 1812. 1812. 1813. 1813
5. Heft 1—4, 1814. 1814. 1817. 1825
6. Heft 1—4, 1827. 1830. 1832. 1837
(*Civ. Mag., Band, Heft*)

— Rezension zu Malblanc, Pandecten (1801), in: Beytr. I 450—5 (*Malblancrez.*)

— Lehrbuch des *Naturrechts* als einer Philosophie des positiven Rechts. Dritter, ganz von neuem ausgearbeiteter Versuch. Berlin, Mylius, 1809, XII und 486 S. (Reg.) (= Lehrbuch eines civilistischen Cursus, 2. Band)

— Vorrede und Anzeige zum Naturrecht, 1. A. 1798, in: Beytr. I 367—79

— Vorrede und Anzeige zum Naturrecht, 2. A., 1799, in: Beytr. I 429—35

— Vorrede und Anzeige zum Naturrecht, 4. A. 1819, in: Beytr. II 403—408 und 412—21

— Rezension zu A. W. Rehberg, Über den Code Nap. (1814), in: Beytr. II 175—81

— Rezension zu Savigny, System I (1840), in: G.G.A. 1840, St. 102—5, S. 1011—42

— Rezension zu J. G. Schlosser, Briefe über die Gesetzgebung (1789), in: Beytr. I 107—20

— (im übrigen Einzelangabe in Text und Fn)

Ippel, Eduard von — *Briefwechsel* zwischen J. und W. Grimm, Dahlmann und Gervinus. Teil 1—2, Berlin, Dümmler, 1885. 1886:
1. Briefw. zwischen den Brüdern Grimm und Dahlmann. 542 S.
2. Briefw. zwischen den Brüdern Grimm und Gervinus. 574 S.

Jacobson, Heinrich Friedrich — *Quellen* des kanonischen und Kirchenrechts in Teutschland, in: Weiske Rechtslex. 8 (1854) 734—78

Jhering, Rudolf (von) — Fr. K. von *Savigny*, in: Jher. Jb. 5 (1861) 354—77

— Die historische Schule der Juristen (*HS*), in: B.L.Z. 1844, 4 Teile:
I. AaO, Nr. 13, 14.2., lfd. Nr. 309, Sp. 197—201
II. Umfang ihrer Wirksamkeit. Nr. 26, 30.3., lfd. Nr. 701, Sp. 405—10
III. Charakter ihrer Wirksamkeit. Nr. 27, 3.4., lfd. Nr. 729, Sp. 421—5
IV. Übersicht der Leistungen. Nr. 34, 17.4., lfd. Nr. 978, Sp. 533—6
V. Die historische Ansicht und der Fortschritt. Nr. 36, 4.5., lfd. Nr. 1023, Sp. 565—9

Kade, E. — Rezension zu: Hannoversches Portfolio (1840), in: Hall. Jb. 1840, Sp. 964—1024

Kant, Immanuel — Werke in zwölf Bänden (nebst Reg.). Hg. von W. Weischedel. Frankfurt/M., 1968/69. (= Text- und seitenidentisch mit der Insel-Dünndruckausgabe in 6 Bd.) (*Werke, Band*, meist mit Angabe der Urtextfundstelle)

Kierulff, Johann Friedrich — *Theorie* des gemeinen Civilrechts. Bd. 1 [mehr nicht ersch.], Altona, Hammerich, 1839, XXXII u. 400 S.

Klötzer, Carl Christian Wilhelm — Versuch eines Beytrags zur Revision der Theorie vom Gewohnheitsrecht. Jena, Mauke, 1813, XXIV und 310 S. (*Gew.recht*)

Klüber, Johann Ludwig — Öffentliches Recht des teutschen Bundes und der Bundesstaaten. 4te, mit des Verfassers hinterlassenen Bemerkungen und Zusätzen vielfältig verbesserte und bis zur Gegenwart vervollständigte Auflage von K. E. Morstadt. Mit des Verfassers Biographie und Bildnis. Frankfurt/Main, Andrae, 1840, XXX u. 962 S. (*Öff. Recht*)

Klüpfel, Karl-Eifert, Max — Geschichte und Beschreibung der Stadt und Universität Tübingen. Teil 1—2, Tübingen, Fues, 1849 (*Uni Tübingen*):
1. (...) Stadt Tübingen. X und 342 S., von Eifert
2. (...) Uni. Tübingen. VIII und 531 S., Tabelle, von Klüpfel (darin die Geschichte der Burschenschaft zum größten Teil wiederum von Eifert, die neuere Geschichte der theol. Fakultät von Baur) (*Uni Tübingen*)

Körner, Theodor — Körners sämtliche *Werke* in zwei Bänden, Mit Einleitung von Jos. Dahmen. Berlin/Leipzig, Knaur, 1908

Köstlin, Christian Reinhold — Rezension zu P. Pfizer, Gedanken (1842), in: Dt. Jb. 1842, S. 983—1028

— Wilhelm der erste, König von Wirtemberg und die Entwicklung der Verfassung vor und unter seiner Regierung. Stuttgart, Brodhag, XI und 554 S. (*Wilhelm I*)

Kraut, Wilhelm Theodor — *Grundriß* zu Vorlesungen über das deutsche Privatrecht mit Einschluß des Lehn- und Handelsrechts nebst beigefügten Quellen. 6., neu bearb. Auflage von Ferd. Frensdorff. Berlin/Leipzig, Guttentag, 1886, XX und 608 S. (zuerst 1830)

Locré, M. le Baron — La *Législation* civile, commerciale et criminelle de la France ou commentaire et complément des codes francais. 15 Bde., Paris, Treuttel/Würtz, 1827—32, hier Bd. 1 (1827) 640 S.

Loersch, Hugo: — Briefe von Karl Friedrich Eichhorn und zwei an ihn gerichtete Schreiben zur Säcularfeier seines Geburtstages. Bonn, Marcus, 1881, XII und 92 S. (*Eichhornbriefe*)

Marx, Karl — Das philosophische Manifest der historischen Schule (sc. zu Hugos Phil. d. pos. Rechts), in: Rheinische Zeitung 1842, Nr. 221, vom 9. Aug., nach: Marx-Engels-Gesamtausgabe, Bd. I 78—85

Maurenbrecher, Romeo — *Lehrbuch* des heutigen gemeinen deutschen Rechts. Bd. 1—2, Bonn, Weber, 1832. 1834:
1. Einleitung. Allgemeine Lehren. Dingliche Rechte. XIV u. 384 S.
2. Recht der Forderungen (...). XXIV u. 951 S.

— „*Antikritik*“ gegen Mohls Rez. zu Maurenbrechers „Staatsrecht“ (1837), in: Krit. Jb. 1837 II 854—60

Maurer, Konrad — Wilhelm Eduard *Wilda* (Nekrolog), in: Krit. Überschau 4 (1857) 380—95

Memminger, Johann Daniel Georg von: Beschreibung von Württemberg. 2., völlig umgearb. und stark vermehrte Auflage, Stuttgart, 1823

Mittermaier, Carl Joseph Anton: Über den praktischen Werth der richtigen *Behandlungsweise* des deutschen Rechts, in: J. Scholz (III), Das Schäfereirecht (...), Braunschweig, Vieweg, 1837, als Vorrede auf S. V-XXXII

— Rezension zu: *Entwurf* eines Strafgesetzbuches für das Königreich Hannover. Allgemeiner Theil. 1824, 66 S., in: Hd. Jb. 1824 II, Nr. 41, S. 641ff

— *Grundsätze* des gemeinen deutschen Privatrechts mit Einschluß des Handels-, Wechsel- und Seerechts. 5., völlig umgearb. und vermehrte Ausgabe., 2 Abth., Regensburg, Manz, 1837. 1838, besonders:
1. (benutztes Ex. ohne Vorrede) 609 S.

— dto., 6. völlig umgearb. und vermehrte Ausg., 1842.1843, besonders: 1. XVI (mit Vorrede der 5. A.) und 678 S.

— Was hat der deutsche *Proceß* im Ganzen und im Detail durch die neuere doctrinelle und legislative Behandlung gewonnen?, in: AcP 12 (1829) 133—58 und 362—408 [eine hier nicht wichtige Fortsetzung steht in AcP 13]

— Rezension zu: K. A. Rogge, Gerichtswesen (1820), in: Hd. Jb. 1825 I, Nr. 40ff, S. 625—74 (*Roggerez*) [ungez., aber so gut wie sicher von M.]

— Verschiedene Beiträge in: Verhandlungen der Germanisten: Werden im Text jeweils genannt

— *Versuch* einer wissenschaftlichen Behandlung des deutschen Privatrechts mit einem Grundrisse zu Vorlesungen. Landshut, Krüll, 1815, IV und 76 S.

— Über den neusten (!) *Zustand* der Criminalrechtswissenschaft in Deutschland, in: Neues Archiv 4 (1820) 76—108

Möser, Justus: Patriotische Phantasien, in: sämtliche Werke. Historisch-kritische Ausgabe in 14 Bänden, hg. von der Akad. d. Wissenschaften in Göttingen (...). Oldenburg, Stalling, 1943ff, Bd. 4—7, 1943—56

Mohl, Robert (von): Die Geschichte und Literatur der Staatswissenschaften. In Monographien dargestellt. Bd. 1—3, Erlangen, Enke, 1855.1856.1858 (*Gesch./Lit.*)

— Lebenserinnerungen, hg. von D. Kerler. Bd. 1—2, Leipzig, DVA, 1902, VIII und 288, sowie 451 S. (*LE*)

— Die Verantwortlichkeit der Minister in Einherrschaften mit Volksvertretung, rechtlich, politisch und geschichtlich entwickelt. Tübingen, Laupp, 1837, XVI und 426 S. (*Ministerverantwortlichkeit*)

— Das *Staatsrecht* des Königreiches Württemberg. Bd. 1—2, Tübingen, Laupp, 1829.1831, bes.:
1. (Verfassungsrecht) 2. A. 1840, XXII und 831 S.

— Verschiedene Rezensionen zu Reyscher, oben XXVII f

Nerrlich, Paul: Ruges Briefwechsel und Tagebuchblätter aus den Jahren 1825—1880. Bd. 1—2, Berlin, Weidmann, 1886, 442 und 456 S.

Pfizer, Paul Achatius: *Briefwechsel* zweier Deutschen. Stuttgart, Cotta, 1831, 356 S.

— Über die Entwicklung des öffentlichen Rechts in Deutschland durch die Verfassung des deutschen Bundes. Stuttgart, Liesching, 1835, XII und 394 S. (*Öff. Recht*)

— *Gedanken* über Recht, Staat u. Strafe. Teil 1—2, Stuttgart, Hallberger, 1842, XII u. 458 S., sowie 356 S.

— Das Recht der Steuerverwilligung nach den Grundsätzen der württembergischen Verfassung, mit Rücksicht auf entgegenstehende Bestimmungen des deutschen Bundes. Stuttgart, Liesching, 1836 (*Steuerverweigerung*)

— (Rede zur Eröffnung des Stuttgarter Handelsschiedsgerichts in seiner Eigenschaft als Präsident desselben), in: Entsch. Handelsschiedsger., 1—4 (*Eröffnungsrede*)

— Über das staatsrechtliche Verhältnis Württembergs zu dem deutschen Bunde. Ein Beytrag zur Würdigung der neuesten Bundesbeschlüsse. Straßburg, Heitz, im Juli 1832, II und 62 S.

Phillips, Georg — *Grundsätze* des gemeinen deutschen Privatrechts mit Einschluß des Lehnrechts. Bd. 1—2, 2., völlig umgearb. Auflage. Berlin, Dümmler, 1838.1839, besonders:
1. Einleitung. Hauptprincipien. Dingliche Rechte. XVI und 632 S.

Puchta, Georg Friedrich — Rezension zu Gans, Erbrecht I (1824), in: Schnucks Jb. 1 (1826) 1—43 (*Gansrez.*)

— Geschichte des Rechts bei dem römischen Volke mit einer *Einleitung* in die Rechtswissenschaft. 6., neu vermehrte Aufl., nach dem Tode des Verfassers besorgt von A. F. Rudorff, Leipzig, Breitkopf, 1865, XVI und 648 S. (= Cursus der Institutionen, Bd. 1) [zuerst 1841, Vorläufer dieser Einleitung aber seit 1825]

Das *Gewohnheitsrecht*. 2 Teile. Erlangen, Palm, 1828.1837:
1. XVI und 234 S. (o. bes. Titel)
2. XV und 292 S.

— Rezension zu Savigny, System I/II (1840), in: Krit. Jb. 1840 II 673—715 (*Systemrez.*)

— Rezension zu Schildener, Beiträge (Teil 2, 1827), in: Schuncks Jb. 11 (1829) 12—20 (*Schildenerrez.*)

— Rezension zu C. F. Schmidt, Gewohnheitsrecht (1825), in: Schuncks Jb. 1 (1826) 144—54 (*Schmidtrez.*)

Pütter, Johann Stephan — *Beyträge* zum teutschen Staats- und Fürstenrechte. Teil 1—2, Göttingen, Vandenhöck, 1777.1779:
1. Vorrede, Inhaltsverz., 362 S., Reg.
2. Inhaltsverz., 340 S., Reg.

Rehberg, August Wilhelm — Über den *Code Napoleon* und dessen Einführung in Deutschland. Hannover, Hahn, 1814, XVI und 319 S. [nach Hugo, Beytr. II 175, schon Ende 1813 ersch.]

Richthofen, Karl Freiherr von — Karl Friedrich *Eichhorn*, in: Staatswörterbuch (Bluntschli) 3 (1858) 237—66

Rogge, Karl August — Über das *Gerichtswesen* der Germanen. Ein germanistischer Versuch. Halle, Gebauer, 1820, 254 S.

Roth, Paul (von) — Die rechtsgeschichtlichen *Forschungen* seit Eichhorn, in: ZRG 1 (1861) 7—27

Rotteck, Carl (von) — Artikel „Historisches Recht“, in: Staatslexikon 7 (1847) 16—30 (*Hist. Recht*)

— Gesammelte und nachgelassene Schriften, hg. von H. von Rotteck, Bd. 1—5, Pforzheim, 1841.1841.1841.1843.1843. (*Ges. Schr.*)

Rudorff, August Friedrich — Rezension zu Savigny, System I (1840), in: Bln. Jb. 1840 II, Nr. 1f

Rümelin, Gustav (von) — *Altwürttemberg* im Spiegel fremder Beobachtung (1864), nach dem gekürzten Abdruck in: Reden und Aufsätze 2 (1881) 406—72

— Über Hegel, in: Reden und Aufsätze 2 (1881) 32—61

— Reden und Aufsätze. Teil 1.2., Freiburg, Mohr, 1875.1881., VIII und 454 S., sowie VIII und 624 S.

Ruge, Arnold — Die berliner (!) Juristenfacultät, in: Hall. Jb. 1841, Nr. 126ff, Mai, S. 501—18 [daß Ruge d. Verf. des ungezeichn. Artikels ist, ergibt das Wigandsche Convers. lex., Artikel „Historische Schule“ II (1845) 77, linke Sp.] (*Berliner Juristen*)

— Zur Kritik des gegenwärtigen Staats- und Völkerrechts:
1. Kritik des Völkerrechts von G. Ch. Frhrr v. Gagern (1840)
2. Rechtsphil. v. Hegel, neue Ausgabe (1840), in: Hall. Jb. 1840, Sp. 1201—44

— Der *Patriotismus*. Nach der Neuausgabe von P. Wende. Frankfurt/M., 1968

Runde, Christian Ludwig — Gemeines Recht für Deutschland. Eine Vorlesung bei der 66.sten Jahresfeier der Stiftung der liter. Gesellschaft in Oldenburg am 17. Dec. 1844. Oldenburg, Schulz, 1845, 24 S. (*Gem. Recht*)

Runde, Justus Friedrich — *Grundsätze* des allgemeinen deutschen Privatrechts. (1. A.) Göttingen, Dieterich, 1791, XX und 556 S., Reg.

— dto., (des gemeinen deutschen), 2. rechtmäßige Aufl., 1795, XXIV und 596 S., Reg.

— dto., 4. rechtm. Aufl., 1806, XXVIII und 660 S., Reg.

— dto., 5. rechtm. Aufl., hg. von Chr. L. Runde, 1817, XXXVI u. 702 S., Reg.

Sarwey, Otto — Das *Staatsrecht* des Königreichs Württemberg. Bd. 1—2, Tübingen, Laupp, 1883, 360 u. 564 S., Reg.

— Collegienhefte zu Reyscher, Staatsrechtsvorlesung, s. oben bei ungedruckte Quellen (S. XXVII)

Savigny, Friedrich Carl von — Anleitung zu einem eigenen Studium der Jurisprudenz. Nachgeschrieben im WS 1802, vom 7. Nov. bis 1. März 1803, von Jacob Grimm, hg. von G. Wesenberg unter d. Titel „Juristische *Methodenlehre*“. Stuttgart, Köhler, 1951, 51 S.

— Vom *Beruf* unserer Zeit für Gesetzgebung und Rechtswissenschaft (1814), nach dem Neudruck in: Thibaut und Savigny (...), hg. und eingeleitet von J. Stern (1914), Darmstadt, 1959 (zit. nach den Seitenzahlen bei Stern)

— Rezension zu Gönner: Gesetzgebung (1815), in: VS 5, 115—72 (*Gönnerrez.*)

— Vermischte Schriften in 5 Bänden. Neudruck der Ausgabe Berlin 1850, Aalen, 1968 (*VS*)

— Die Preußische *Städteordnung* (1832), in: VS 5, 183—221

— *Stimmen* für und wider neue Gesetzbücher, in: ZgeschRw 3 (1816) 1—52 = Stern 205—28

— *System* des heutigen römischen Rechts. Berlin, Veit u. Co, 1840—49:
1. L und 428 S., 1840
2. VI und 559 S., 1840
7. XV und 309 S., 1848

— Vom Wesen und Werth der deutschen *Universitäten* (1832), in: VS 4, 270—308

— Über den *Zweck* dieser Zeitschrift, in: ZgeschRw 1 (1815) 1—17

Schelling, Friedrich Wilhelm (von) „Sämmtliche *Werke*", hg. von K. F. A. Schelling. 14 Bde., Stuttgart/Augsburg, 1856—61

Scheurlen, Karl Friedrich *Vorwort*, in: *Hartmeyer*, Preßgesetzgebung (1831)

Schlegel, Friedrich Versuch über den Begriff des Republikanismus, veranlaßt durch die Kantsche Schrift zum ewigen Frieden (1796), nach dem Abdruck bei H. Schanze: Andere Romantik, S. 39—85 (*Kantrez.*)

— Kritische Schriften, hg. von W. Rasch, München, Hanser, 2. Aufl. 1964 (*Krit. Schriften*)

Schmalz, Theodor *Handbuch* der Rechtsphilosophie, Neudruck der Ausgabe Halle 1807, Aalen, 1970, XVIII und 471 S.

— Lehrbuch des teutschen *Privatrechts*, Landrecht und Lehnrecht enthaltend. Berlin, Duncker, 1818, XXIV u. 353 S.

Schmid, Reinhold Rezension zu Beseler, Volksrecht (1843), in: Krit. Jb. 1844 I 385—420 (*Beselerrez.*)

Schmidt, Carl Adolph Der prinzipielle Unterschied zwischen römischen und germanischem Rechte. 1. Band: Die Verschiedenheit der Grundbegriffe u. des Privatrechts. Rostock, Stiller, 1853, XII u. 340 S. [mehr nicht ersch.] (*Röm./Germ. Recht*)

Schrader, Eduard Ist die Abfassung eines *Civilgesetzbuches* für Würtemberg zu wünschen? Tübingen, Laupp, 1821, 50 S.

— *Bemerkungen* zu dem Entwurfe eines Gesetzes im Betreff der Verträge über Erbschaften und der Eheverträge (...), in: Sarweys Monatsschrift 5 (1840) 455—74

— Die prätorischen *Edicte* der Römer auf unsere Verhältnisse übertragen, ein Hauptmittel unser Recht allmählich gut und volksmäßig zu bilden. Weimar, 1815, 144 S. (= Civilistische Abhandlungen, 1. Abt.)

Schubert, F. W. Immanuel *Kant* und seine Stellung zur Politik in der letzten Hälfte des 18. Jahrhunderts, in: Historisches Taschenbuch, hg. von Fr. v. Raumer. Leipzig, Brockhaus, 1838, S. 525—628

Schulte, Johann Friedrich (von) Karl Fr. Eichhorn. Rede bei der Säcularfeier des Geburtstags des Meisters am 20. Nov. 1881, gehalten in der Aula zu Bonn. Bonn, Hochgürtel, 1881, 40 S. (*Eichhornrede*)

— Karl Friedrich *Eichhorn*. Sein Leben und Wirken nach seinen Aufzeichnungen, Briefen, Mittheilungen von Angehörigen, Schriften. Stuttgart, Enke, 1884, VIII und 255 S.

Seitz, Carl Joseph	Das praktische Bedürfnis der Rechtsreform gegenüber der historischen Schule. Erlangen, Deichert, 1865, VI u. 163 S.
Siegen, H. J.	Juristische *Abhandlungen*, vorzüglich den Zustand deutscher Gesetzgebung und Rechtspflege betreffend. Göttingen, Vandenhoeck, 1834, IV und 342 S.
Sigwart, Heinrich Christoph Wilhelm	Geschichte der Philosophie vom allgemeinwissenschaftlichen und geschichtlichen Standpunkt. Bd. 1—3, Tübingen, 1843.1844. (*Gesch. d. Phil.*)
—	Die *Propädeutik* der Geschichte der Philosophie oder über den Begriff, die Methode und den Anfang der Geschichte der Philosophie. Nebst einem Anhang über die ersten Formen der griechischen Philosophie. Tübingen, 1840
Springer, Anton	Friedrich Christoph *Dahlmann*. Teil 1—2, Leipzig, Hirzel, 1870.1872, VIII und 493 S., sowie XI und 464 S.
Staatslexikon, Das	Enzyklopädie der sämtlichen Staatswissenschaften für alle Stände. In Verbindung mit vielen der angesehensten Publicisten Deutschlands hg. von Carl von Rotteck und Carl Welcker. Neue, durchaus verb. u. vermehrte Auflage, redigiert von H. von Rotteck und Carl Welcker. Bd. 1—12, Altona, Hammerich, 1845—48 (*STL, Band, Artikel*)
Stahl, Friedrich Julius	Die Philosophie des Rechts. Bd. 1—2, Nachdruck der 5. unveränd. Auflage 1878, Darmstadt 1963 (*Phil. d. Rechts*)
Stein, Lorenz (von)	Zur Charakteristik der heutigen Rechtswissenschaft. System des heutigen römischen Rechts von F. C. von Savigny. Bd. 1—4. Berlin 1840/41, in: Dt. Jb. 1841, Nr. 92ff, S. 365—399 (*Savignyrez.*)
—	Zur Charakteristik der heutigen Rechtswissenschaft, Lehrbuch des (...) peinlichen Rechts, von Feuerbach, hg. v. Mittermaier, in: Dt. Jb. 1842, Nr. 70—74, S. 276—96 (*Feuerbachrez.*)
Stern, Jaques	*Einleitung* zu: Thibaut und Savigny, S. 8—26
Stölzel, Adolf	Brandenburg Preußens *Rechtsverwaltung* u. Rechtsverfassung, dargestellt im Wirken seiner Landesfürsten und obersten Justizbeamten. Bd. 1—2, Berlin, Vahlen, 1888, zusammen LII und 774 S.
Stobbe, Otto	Handbuch des deutschen *Privatrechts*. Bd. 1, 3. Aufl., 1893, XIII und 702 S.
—	Geschichte der deutschen *Rechtsquellen*. Abt. 1—2, Braunschweig, Schwetschke, 1860.1864, XI und 655 S., sowie XII u. 516 S. (= Geschichte der deutschen Rechtsquellen in 6 Bänden, Bd. 1)
—	Wilhelm Eduard Albrecht, in: Im Neuen Reich, 1876 II Nr. 27f
Strauß, David Friedrich	König *Wilhelm I* von Württemberg (1847), nach: Kleine Schriften, Bd. 1, 1876
Thibaut, Anton Friedrich Justus	Juristische *Enzyklopädie* und Methodologie zum eigenen Studio für Anfänger und zum Gebrauch academischer Vorlesungen entworfen. Altona, Hammerich, 1797, XXIV und 400 S.
—	Rezension zu: Kieler Blätter (1815), in: Hd. Jb. 1815 II 1009—18

— Über die *Notwendigkeit* eines allgemeinen bürgerlichen Gesetzbuchs für Deutschland (1814), nach dem Abdruck bei Stern: Thibaut und Savigny, S. 37—68 (zit. mit den Seitenzahlen bei Stern)

— Über die sogenannte historische und nicht-historische Rechtsschule, in: AcP 21 (1838) 391—419 (*Sog. HS*)

— Rezension zu: Savigny, Zweck (1815), in: Hd. Jb. 1815 II 657—61

— Selbstanzeige zu: Notwendigkeit (1814), in: Hd. Jb. 1814 II Nr. 33, 526—8

— *Versuche* über einzelne Theile der Theorie des Rechts. Bd. 1, 2., verb. Ausgabe, Jena, Mauke, 1817, VIII und 296 S.

— Vertheidigung der Praxis gegen manche neue Theorien, in: AcP 5 (1822) 313—54

— Rezension zu: Welcker, Letzte Gründe (1813), in: Hd. Jb. 1813 II 800—21

Treitschke, Heinrich (von) — Deutsche Geschichte im 19. Jahrhundert. Bd. 1—5, Leipzig, Hirzel (*Dt. Geschichte*):
1. 6. Aufl. 1897, VIII und 795 S.
2. 5. Aufl. 1897, VIII und 640 S.
3. 4. Aufl. 1896, VIII und 778 S.
4. 4. Aufl. 1897, VIII und 753 S.
5. 3. Aufl. 1895, VIII und 774 S. (bis 1848)

Unger, Friedrich Wilhelm — Die gleichartige Entwicklung des römischen und deutschen Rechts, in: ZDR 7 (1842) 111—20

Verhandlungen — der Germanisten zu Frankfurt am Main am 24., 25. und und 26. September 1846. Frankfurt, Sauerländer, 1847, VIII und 230 S. (*Verhdl. Frankfurt*)

— der Germanisten zu Lübeck am 27., 28. und 30. September 1847. Lübeck, Boldemann, 1848, IV und 266 S. (*Verhdl. Lübeck*)

Vischer, Friedrich Theodor — Akademische *Antrittsrede* zum Antritte des Ordinariats am 21. Nov. 1844 zu Tübingen. Tübingen, Guttenberg, 1845, XXXV u. 28 S.

— Mein *Lebensgang* (1874), in: Ausgewählte Werke, hg. von Gust. Keyßner, Bd. 3, S. 9—86, Stuttgart/Berlin, DVA, 1921

— Dr. Strauß und die Wirtemberger (1838), in: Krit. Gänge I (1844) 3—130 (mit Korrekturen im Vorwort, S. XII—XXXIII) (*Dr. Strauß u. d. Wirtemb.*)

— Kritische Gänge. Bd. 1—2, Tübingen, Fues, 1844, LIV und 287, sowie 436 S. (*Krit. Gänge*)

Vollgraff, Karl — *Revision* verschiedener teutsch-rechtlicher Theorien, namentlich über die Persönlichkeit fast aller teutschen Rechte, über die eigentliche Bedeutung der Gewehr, über Besitz, Eigen, Lehn, Leihe, Zinsgut, Pacht und Regalität, insonderheit aber über den eigentlichen juristischen Character der sogenannten Reallasten, in: AcP 9 (1826) als Beilageheft, 195 S.

— Rezension zu: Bentham/Dumont ‚De l'Organisation iudiciaire et la Codification. Extraits de divers ouvrages' Paris, 1828, 2 Bde., in: Hd. Jb. 1830 II 120—50 (*Benthamrez.*)

—	Die historisch-staatsrechtlichen Grenzen moderner Gesetz-Gebungen und: was ist objectiv gesetzfähig und dermalen noch gesetzunfähig? Marburg, Garthe, 1830, 135 S. (*Ges.-gebung*)
Wächter, Carl Georg (von)	*Gemeines Recht* Deutschlands, insbesondere Gemeines Deutsches Strafrecht. Leipzig, Weidemann, 1844, XII u. 269 S.
—	Art. ‚*Gesetzgebung*', in: Staatslexikon (Rotteck/W.) 3. Aufl., Bd. 6 (1862) 482—517
—	Handbuch des im Königreiche Württemberg geltenden Privatrechts. Bd. 1—2, Stuttgart, Metzler (*Privatr., Band, Abt.*): 1. Geschichte, Quellen und Literatur des württembergischen Privatrechts. Abt. 1, 1839, XVI und 696 S.; Abt. 2, 1842, VIII und 697—1146 2. Allgemeine Lehren. Abt. 1, 1842, 1—188; Abt. 2, 1846, 191—601; Abt. 3, 1851, 605—850 [mehr nicht ersch.]
—	Verschiedene Rezensionen zu Reyscher, oben XXVII f
Wächter, Oskar von	Carl Georg von Wächter. Lebensbild eines deutschen Juristen. Leipzig, Breitkopf, 1881, 192 S. (*Leben*)
Warnkönig, Leopold August	Juristische *Enzyklopädie* oder organische Darstellung der Rechtswissenschaft mit vorherrschender Rücksicht auf Deutschland. Zum Gebrauch bei Vorlesungen und zum Selbststudium. Erlangen, Enke, 1853, XII und 569 S.
—	Die gegenwärtige *Krisis* der Rechtsphilosophie in Deutschland, in: DVjS, 1839 III, S. 255—86
—	*Rechtsphilosophie* als Naturlehre des Rechts. Freiburg, Wagner, 1839, VIII und 450 S.
—	Die *Schulen* der deutschen Rechtsgelehrten, in: DVjS 1839 III, S. 193—211
Weber, Adolph Dieterich	Systematische Entwicklung der Lehre von der natürlichen Verbindlichkeit und deren gerichtlicher Wirkung. 5. Aufl., (...), Leipzig, Köhler, 1825 (*Natürl. Verbindlichkeit*)
—	Erläuterungen der *Pandecten* nach Hellfeld. Nach dem Tode des Verfassers hg. von dessen Sohne A. W. K. Weber. Teil 1, Leipzig, Köhler, 1820, VI und 546 S.
Wegele, Franz Xaver (von)	Geschichte der deutschen *Historiographie* seit dem Auftreten des Humanismus. München/Leipzig, Oldenbourg, 1885, X und 1093 S. (= Geschichte der Wissenschaften in Deutschland. Neuere Zeit, Bd. 20)
Weiske, Julius (Hg).	Rechtslexikon für Juristen aller teutschen Staaten, enthaltend die gesammte Rechtswissenschaft. Bd. 1—15, Leipzig, Wigand, 1838—1861, nebst Repertorium, 1862 (*Weiske Rechtslex., Band*)
Welcker, Carl Theodor	Deutschlands Freyheit. Eine Rede an die Fürsten und das Volk vor Eröffnung der Wiener Versammlung von einem Deutschen. Gießen, Heyer, 1814, 70 S.
—	Die letzten Gründe von Recht, Staat und Strafe, philosophisch und nach den Gesetzen der merkwürdigsten Völker rechtshistorisch entwickelt. Neudruck der Ausgabe Gießen 1813, Aalen 1964, XVI und 590 S. (*Letzte Gründe*)
—	Rezension zu: Gutachten der königl. preuß. Immediat-Justiz-Commission über das Geschworenengericht, Köln 1818, in: Hd. Jb. 1818 I 785—822

— Das innere und äußere *System* der praktischen natürlichen und römisch-christlich-germanischen Rechts-, Staats- und Gesetzgebungs-Lehre. 1 Bd.: der mehr historisch-philosophischen Seite erste Abtheilung; oder die Grundlagen und Grundverhältnisse. Die Universal- und die juristisch-politische Encyklopädie und Methodologie, zum Gebrauche bei Vorlesungen und für das Selbststudium. Stuttgart, Metzler, 1829, XLII und 724 S. [mehr nicht ersch.]

— Rezension zu: Unterholzner, Einleitung (1813), in: Hd. Jb. 1813, II 897—912

Wenck, Carl Friedrich Christian — Opuscula academica, hg. von Fr. K. G. Stieber. Leipzig, 1834, darin bes.:
Oratio de mysticismo Iurisconsultorum (1825), S. 288—300

Wilda, Wilhelm Eduard — Rezension zu: P. J. A. Feuerbach, Kl. Schriften (1833), in: H.A.L.Z. 1834, Nr. 121, Juli, Sp. 353—66 (*Feuerbachrez.*)

— Das *Pfändungsrecht*, in: ZDR 1 (1839) 167—320

Zöpfl, Heinrich — Grundriß zu Vorlesungen über *Rechtsphilosophie*. (Naturrecht) (= Bibliothek für Wissenschaft und Literatur. 26. Band. Staats- und rechtswissenschaftliche Abth., 4. Bd.) Berlin, Grieben, 1878, VIII und 218 S.

— Das germanische Element im Code Napoleon, in: ZDR 5 (1841) 110—32 (*Germ. Element*)

— Über das Verhältnis des rationalen und nationalen Rechts, mit Rücksicht auf die neuen Gesetzbücher, in: ZDR 4 (1840) 91—123 (*Ration. Recht*)

— Rezension zu Reyscher, oben XXVIII

VII. Darstellungen

Adam, Albert Eugen — Ein Jahrhundert württembergischer *Verfassung*. Stuttgart, 1919

Allgemeine Deutsche Biographie — Hrsg. durch die historische Commission bei der Königl. Akademie der Wissenschaften. Leipzig, Bd. 1—56, 1875—1912 (*ADB*)

Angermann, Erich — Robert von *Mohl*. 1799—1875. Leben und Werk eines altliberalen Staatsgelehrten. Neuwied, 1962

Annalen — der Deutschen Literatur. Einer Gemeinschaftsarbeit zahlreicher Fachgelehrter, hg. von Heinz Otto Burger, 2. überarb. Aufl., Stuttgart, 1971 (*Annalen*)

Annales — de philosophie politique. T. 2, Paris, 1962: „La philosophie politique de Kant" (mit acht Beiträgen von E. Weil, Th. Ruyssen, M. Villey, P. Hassner, N. obbio, L. W. Beck, J. Friedrich, R. Polin) (*Annales*)

Arens, Hans — *Sprachwissenschaft*. Der Gang ihrer Entwicklung von der Antike bis zur Gegenwart. 2. Aufl. Freiburg, 1969

Aris, Reinhold — History of Political Thought in Germany from 1789—1815. With a foreword by G. P. Gooch. Neudruck der 1. Aufl. 1937, New York, 1965 (*Pol. Thought*)

Aster, Ernst von — Geschichte der Philosophie. 14. Aufl., Stuttgart, 1963 (*Philos. gesch.*)

Bachteler, Kurt	Die italienische Krisis und die Anfänge des *Nationalvereins* in Württemberg 1859. Tübingen, Diss. phil., 1934
Baumann, Jürgen	*Einführung* in die Rechtswissenschaft, München 1967 (1. Aufl.)
Bausinger, H.	Art. „*Volk*“, in: RGG 6 (1962) Sp. 1435f
Bender, Peter	Die *Rezeption* des römischen Rechts im Urteil der deutschen Rechtswissenschaft. Freiburg, Diss. iur., 1956
Bergeron, L.-Furet, Fr.-Koselleck, R.	Das Zeitalter der europäischen Revolution, 1780—1848. Fischer Weltgeschichte, Bd. 26. Frankfurt, 1969 (*Verf., Zeitalter*)
Bernheim, Ernst	Lehrbuch der historischen Methode und der Geschichtsphilosophie. 6.Aufl., Leipzig, 1908 (*Hist. Methode*)
Bloch, Ernst	*Fichtes* Reden an die deutsche Nation (1943), in: Politische Messungen, Ges. Schr. 9 (1970) 300—12
Blühdorn, Jürgen	Zum Zusammenhang von „*Positivität*“ und „*Empirie*“ im Verständnis der deutschen Rechtswissenschaft zu Beginn des 19. Jahrhunderts, in: Stud. Phil. 19. Jhdt. 16 (1971) 123—59
Böckenförde, Ernst Wolfgang	Die historische Rechtsschule und das Problem der Geschichtlichkeit des Rechts, in: Collegium Philosophicum, Studien J. Ritter zum 60. Geburtstag, Basel/Stuttgart, 1965, S. 9—36 (*HS*)
—	Die deutsche verfassungsgeschichtliche Forschung im 19. Jahrhundert. Zeitgebundene Fragestellungen und Leitbilder. Berlin, 1961 (= Schriften zur Verfassungsgeschichte, Bd. 1) (*Verf. gesch. Forschung*)
—	Der *Rechtsbegriff* in seiner geschichtlichen Entwicklung, in: Archiv für Begriffsgeschichte 12 (1968) 145—65
Böhme, Helmut (Hg.)	Probleme der *Reichsgründungszeit*. 1848—1879. Köln/Berlin, 1968 (= Neue wiss. Bibliothek, Bd. 26)
Böhmer, Gustav	*Grundlagen* der Bürgerlichen Rechtsordnung. 2. Buch, 1. Abt.: Dogmengeschichtliche Grundlagen des bürgerlichen Rechts. Tübingen, 1951
Bomsdorf, Falk	*Prozeßmaximen* und Rechtswirklichkeit. Verhandlungs- und Untersuchungsmaxime im deutschen Zivilprozeß — vom gemeinen Recht bis zur ZPO. Berlin, 1971 (= Schriften zum Prozeßrecht, Heft 19)
Borries, Kurt	*Kant* als Politiker, Zur Staats- und Gesellschaftslehre des Kritizismus. Leipzig, 1928
Bumann, Waltraud	Der Begriff der *Wissenschaft* im deutschen Sprach- und Denkraum, in: Stud. Wiss. theorie 4 (1970) 64—75
Bury, J. P. T. (Ed.)	The Zenith of European Power. *1830—1870*. Cambridge, 1960 (= The New Cambridge Modern History, Vol. 10)
Buschmann, Arno	Ursprung und Grundlagen der geschichtlichen Rechtswissenschaft. Untersuchungen und Interpretationen zur Rechtslehre Gustav *Hugos*. Münster, Diss. iur., 1963
Bußmann, Walter	Zur Geschichte des deutschen *Liberalismus* im 19. Jahrhundert (zuerst 1958), in: Reichsgründungszeit, S. 85—103
Busz, Berndt	Die Historische Schule und die Beseitigung des *geteilten Eigentums* in Deutschland. München, Diss. iur., 1966
Cassirer, Ernst	*Freiheit* und *Form*. Studien zur deutschen Geistesgeschichte. Berlin, 1917

Coing, Helmut — *Epochen* der Rechtsgeschichte in Deutschland. München, 1967

— Grundzüge der *Rechtsphilosophie*. 2. Aufl., Berlin, 1969 (um einen historischen Teil ergänzt)

— Der juristische Systembegriff bei Rudolf von Jhering, in: Stud. Phil. 19. Jhdt. 3 (1969) 149—72 (*Systembegriff/Jhering*)

— *Kant* und die Rechtswissenschaft, in: Frankfurter Universitätsreden, Heft 12 (1955) 34—42

Conze, Werner (Hg.) — Staat und Gesellschaft im deutschen Vormärz. 1815—1848. Stuttgart, 1962 (= Industrielle Welt, Bd. 1)

Copleston, Frederick S. J. — *A History* of Philosophy. Band 6. 7, London, 1963. 1964

Cornicelius, Max — Heinrich von Treitschkes Briefe. Bd. 1—3/2. Leipzig 1912—20

Cowen, Roy C. — Neunzehntes Jahrhundert (1830—1880), in: Handbuch der deutschen Literaturgeschichte, 2. Abteilung, *Bibliographien*, hg. von Paul Stapf, Band 9, Bern/München, 1970

Crawley, C. W. (Ed.) — War and Peace in an Age of Upheaval. *1793—1830*. Cambridge, 1965 (= The New Cambridge Modern History, Vol. 9)

Deutsche Historiker — Siehe unter Wehler

Deutsche Philologie — im Aufriß. Hg. von W. Stammler, unter Mitarbeit zahlreicher Fachgelehrter, 2. überarb. Aufl., Band 1—3 nebst Register, Berlin, 1957.1960.1962.1969 (*Dt. Phil. Aufr., Band*)

Dickel, Günther — Die *Heidelberger* juristische Fakultät. Stufen und Wandlungen ihrer Entwicklung, in: Ruperto-Carola, Sonderband 2, Heidelberg, 1961, aus Anlaß des 575 jährigen Bestehens der Ruprecht-Karl-Universität Heidelberg, S. 4—73

Dickopf, Karl — Georg Ludwig von Maurer. 1790—1872. Eine Biographie. Kallmünz/Opf., 1960 (= Münchner hist. Studien, Abt. Neuere Gesch., hg. von Fr. Schnabel, Bd. 4) (*G. L. Maurer*)

Diemer, Alwin — Die Begründung des *Wissenschaftscharakters* der Wissenschaft im 19. Jahrhundert. Die Wissenschaftstheorie zwischen klassischer und moderner Wissenschaftskonzeption, in: Stud. Wiss. theorie 19. Jhdt. 1 (1968) 3—63

— Die Differenzierung der Wissenschaften in die Natur- und *Geisteswissenschaften* und die Begründung der Geisteswissenschaften als Wissenschaft, in: Stud. Wiss. theorie 19. Jhdt. 1 (1968) 174—224

Dilthey, Wilhelm — Gesammelte Schriften, Bd. 1ff, Leipzig/Berlin, daraus besonders:

— *Einleitung* in die Geisteswissenschaften, Ges. Schr. 1 (1922)

— Hegels Berliner Periode, in: Ges. Schr. 4 (1921) 252—8

— Das *18. Jahrhundert* und die geschichtliche Welt (1901), in: Ges. Schr. 3 (1927) 210—68

Döhring, Erich — Geschichte der juristischen Fakultät. 1665—1965. Neumünster 1965 (= Gesch. d. Christian-Albrechts-Univ. *Kiel*, Bd. 3, Teil 1)

— *Geschichte* der deutschen Rechtspflege seit 1500. Berlin 1953

Dreier, Ralf — Zum Begriff der „Natur der Sache". Münster, Diss. iur.,

	1965 (abgeschl. Ende 1962) (= Münsterische Beitr. zur Rechts- und Staatswissenschaft, Bd. 9) (*NdS*)
Drexler, A.	Die Demütigung Württembergs durch die Großmächte in den Jahren 1823/24. Wien, Diss. phil., 1927
Dünninger, Josef	Geschichte der deutschen Philologie, in: Dt. Phil. Aufr. 1 (1957) Sp. 83—223
Ehmke, Horst	Karl von *Rotteck*, der „politische Professor". Karlsruhe, 1964
Engel-Janosi, Friedrich	The intellectual background of *Savigny*, in: Seminar, An Annual Extraordinary Number of The Jurist, publ. by the Catholic University of America, Bd. 5 (1947) 39—61
Engisch, Karl	*Einführung* in das juristische Denken. 4. unveränd. Aufl., Stuttgart u.a., 1968 (zuerst 1956)
—	Die Idee der *Konkretisierung* in Recht und Rechtswissenschaft unserer Zeit. 2. erg. Aufl., Heidelberg, 1968 (= Abhandlungen der Heidelberger Akademie der Wissenschaften, Phil. hist. Klasse, 1953, I)
Epstein, Klaus	The Genesis of German *Conservatism*. Princeton, New Jersey, U. P., 1966
Esser, Josef	*Vorverständnis* und Methodenwahl in der Rechtsfindung. Rationalitätsgarantien der richterlichen Entscheidungspraxis. Frankfurt/M., 1970
Faber, K. G.	*Realpolitik* als Ideologie. Die Bedeutung des Jahres 1866 für das politische Denken in Deutschland, in: HZ 203 (1966) 1—45
—	Recht und Verfassung. Die politische Funktion des *rheinischen Rechts* im 19. Jahrhundert. Köln, 1970.
Feldmann, Roland	Jacob *Grimm* und die Politik. Kassel, 1970
Federici, Federico	Der deutsche *Liberalismus*. Zürich, 1946
Forsthoff, Ernst	Verfassungsgeschichte der Neuzeit. Ein Abriß. 3. Aufl., Stuttgart, 1967 (*Verf. gesch.*)
Francis, E. K.	Artikel „*Volk*", in: Staatslexikon (Görres-Ges.) 281—90
Frensdorff, Ferdinand	Das *Wiedererstehen* des deutschen Rechts. Zum 100jährigen Jubiläum von K. F. Eichhorns Rechtsgeschichte, in: ZSGerm 29 (1908) 1—78
Friedrich, Carl Joachim	Die Philosophie des Rechts in historischer Perspektive. Berlin, 1955 (*Phil. d. Rechts*)
Fricke, Gerhard	Geschichte der deutschen Dichtung. 6. Aufl., Lübeck/Hamburg, 1958 (*Lit. gesch.*)
Fueter, Eduard	Geschichte der neueren *Historiographie*. Hg. von v. Below und Meinecke. 3. Aufl., München/Berlin, 1936
Gadamer, Hans-Georg	Artikel „*Historismus*", in: RGG 3 (1959) Sp. 369—71
Gagnér, Sten	*Studien* zur Ideengeschichte der Gesetzgebung. Stockholm u.a., 1960 (= Acta Universitatis Upsaliensis, Studia Iuridica Upsaliensia, 1)
Gall, Lothar	Der Liberalismus als regierende Partei. Das Großherzogtum *Baden* zwischen Restauration und Reichsgründung. Wiesbaden, 1968
Gallas, Wilhelm	P. J. A. *Feuerbachs* „Kritik des natürlichen Rechts", Heidelberg, 1964 (= Sitzungsberichte der Heidelberger Akademie der Wissenschaften, Jahrgang 1964, 1. Abhandlung)

Gebhardt — Handbuch der deutschen Geschichte, Band 3: Von der französischen Revolution bis zum ersten Weltkrieg. Bearb. von K. E. Born, Max Braubach, Theodor Schieder und Wilhelm Treue. 9. Aufl., Stuttgart, 1970 (*Gebhardt-Bearbeiter*)

Gebhardt, Jürgen (Hg.) — Die *Revolution* des Geistes. Politisches Denken in Deutschland. 1770—1830. Goethe-Kant-Fichte-Hegel-Humboldt. München, 1968 (= Geschichte des politischen Denkens, List Hochschulreihe)

Geck, Ludwig Heinrich Adolph — Über das Eindringen des Wortes „*sozial*" in die deutsche Sprache. Göttingen, 1963

Geldsetzer, Lutz — Die Philosophie der Philosophiegeschichte im 19. Jahrhundert. Zur Wissenschaftstheorie der Philosophiegeschichtsschreibung und -betrachtung. Meisenheim, 1968 (= Stud. Wiss. theorie 19. Jhdt., Band 3) (*Philos.geschichte*)

Gierke, Otto (von) — Deutsches *Privatrecht*. Band 1—3, Leipzig, 1895. 1915. 1917

— Die historische Rechtsschule und die Germanisten. Rede zur Gedächtnisfeier des Stifters der Berliner Universität, König Friedrich Wilhelm III, am 3. August 1903. Berlin, 1903 (*HS*)

Glück, Otto — Beiträge zur Geschichte des württembergischen Liberalismus von 1833 bis 1848. Tübingen, Diss. phil., 1931 (*Württ. Liberal.*)

Goessler, Peter — Der Dualismus zwischen Volk und Regierung im Denken der vormärzlichen Liberalen in Baden und Württemberg. Tübingen, Diss. phil., 1932 (*Vormärzl. Liberale*)

Grabert, W. und Mulot, A. — Geschichte der deutschen Literatur. 5. Aufl., München, 1959 (*Lit.gesch.*)

Grauer, Karl-Johannes — Wilhelm I, König von Württemberg. Ein Bild seines Lebens und seiner Zeit. Stuttgart, 1960 (*Wilh. I*)

Grimm, Jacob und Wilhelm — Deutsches Wörterbuch, Band 1ff, Leipzig, 1854ff (*Grimm, Band*)

Grube, Walter — Der Stuttgarter *Landtag*. 1457—1957. Von den Landständen zum demokratischen Parlament. Stuttgart, 1957

— Aus der Geschichte der *Einheitsbewegung* in Württemberg, in: WüVjsh 42 (1936) 323—56

— Friedrich *Notter* und die Revolution von 1848, in: ZWLG 25 (1966) 214—73

Gürtler, Hans-Leitzmann, Albert — Briefe der Brüder Grimm. Jena, 1923

Habermas, Jürgen — Strukturwandel der *Öffentlichkeit*. Untersuchungen zu einer Kategorie der bürgerlichen Gesellschaft. 5. Auflage (= Sammlung Luchterhand), Neuwied/Berlin, 1971

Haensel, Werner — Kants Lehre vom *Widerstandsrecht*. Ein Beitrag zur Systematik der Kantischen Rechtsphilosophie. Berlin, 1926 (= Kant-Studien, Erg. heft Nr. 60)

Hagen, Walter — Friedrich Notter, in: Lebensbilder aus Schwaben und Franken 11 (1969) 214—36

Hamerow, Theodore S. — *Restoration*. Revolution. Reaction. Economics and Politics in Germany 1815—1871. Princeton, U. P., 1958

Hammerstein, Notker — Jus und Historie. Ein Beitrag zur Geschichte des historischen Denkens an deutschen Universitäten im späten 17. und im 18. Jahrhundert. Göttingen, 1972

Handwörterbuch — der Staatswissenschaften 4. Auflage, hg. von Ludwig Elster u.a., Bd. 1—8 und Erg. bd. 1, Jena, 1923—29 (*HStW*)

Handwörterbuch — der Sozialwissenschaften Hg. von Erwin von Beckerath u.a., Bd. 1—12 und Reg. bd. 1, Stuttgart u.a., 1956—68 (*HDSW*)

Handwörterbuch zur — deutschen Rechtsgeschichte. Hg. von A. Erler und E. Kaufmann, Lieferung 1ff, Berlin 1964ff (*HRG*)

Hartmann, Richard — P. J. A. *Feuerbachs* politische und strafrechtliche Grundanschauungen. Berlin (Ost), 1961

Hartung, Fritz — Deutsche Verfassungsgeschichte vom 15. Jahrhundert bis zur Gegenwart. 9. Auflage, Stuttgart, 1969 (*Dt. Verf.geschichte*)

Hattenhauer, Hans — Zwischen Hierarchie und Demokratie. Eine Einführung in die geistesgeschichtlichen *Grundlagen* des geltenden Rechts. Karlsruhe, 1971

— Thibaut und Savigny. Ihre programmatischen Schriften mit einer Einführung von —. München, 1973 (*Einf.*)

Hearder, Harry — Europe in the Nineteenth Century. 1830—1880. London 1966 (= A General History of Europe, ed. Denys Hay) (*Europe 1830—80*)

Hedemann, Justus Wilhelm — Die Fortschritte des Zivilrechts im 19. Jahrhundert. Ein Überblick über die Entfaltung des Zivilrechts in Deutschland, Österreich, Frankreich und der Schweiz. Teil 1. 2., Berlin (*Fortschritte*):

1. Die Neuordnung des Verkehrslebens. 1910
2. Die Entwicklung des Bodenrechts von der französischen Revolution bis zur Gegenwart.
   1. H.: Das materielle Bodenrecht. 1930
   2. H.: Die Entwicklung des formellen Bodenrechts. Mit einem Anhang: Bodenrecht und neue Zeit. 1935

— *Einführung* in die Rechtswissenschaft. 2., erw. und umgest. Auflage. Berlin/Leipzig, 1927 (zuerst 1919)

Heffter, Heinrich — Die deutsche *Selbstverwaltung* im 19. Jahrhundert. Geschichte der Ideen und Institutionen. Stuttgart, 1950

Henrich, Dieter — (Hg.) Kant-Gentz-Rehberg. Über Theorie und Praxis. Frankfurt/M., 1967 (*Th. u. Praxis*)

— ebenda: *Einleitung*. Über den Sinn vernünftigen Handelns im Staat, S. 9—36

Hermand, Jost — Allgemeine *Epochenprobleme*, in: Restaurationsepoche (1970) 3—61

— Von Mainz nach Weimar. *Studien* zur deutschen Literatur. Stuttgart, 1969

— (Hg.) Der deutsche Vormärz. Texte und Dokumente. Stuttgart, 1967 (*Vormärz/Quellen*)

— ebenda: Nachwort, S. 357—94 (= wenig verändert, mit Anm. in: Studien)

— (Hg.) Das Junge Deutschland. Texte und Dokumente. Stuttgart, 1966 (*Jg. Deutschland/Quellen*)

—	ebenda: Nachwort, S. 369—91 (= leicht verändert, mit Anm. in: Studien)
Hermand, Jost- Windfuhr, Manfred (Hg.)	Zur Literatur der *Restaurationsepoche*. 1815—1848. Forschungsreferate und Aufsätze. Stuttgart, 1970
Heuer, Uwe-Jens	Karl Friedrich *Eichhorn* und die historische Rechtsschule, in: Stud. Geschichtswissenschaft 1 (1969) 121—35
Herzfeld, Hans	Die moderne Welt. 1789—1945. Teil 1. 2., Braunschweig, davon 1. Teil: Die Epoche der bürgerlichen Nationalstaaten. 1789—1890, 6. erg. Aufl., 1969 (= Geschichte der Neuzeit, hg. von G. Ritter, Bd. 3) (*Mod. Welt I*)
Heyck, Eduard	Beiträge zur Geschichte der deutschen Presse. Allgemeine Zeitung, 1798—1898. München, 1898 (*Allg. Zeitung*)
Heyd, Wilhelm (u.a.)	Württembergische Bibliographie. Band 1 ff, Stuttgart, 1895 ff (*Heyd, Band*)
Historisches Lesebuch	1. 1815—1871 Hg. und eingeleitet von Werner Pöls. Frankfurt/M., 1966 (*Hist. Lesebuch*)
Historisches Wörterbuch	der Philosophie Unter Mitwirkung von mehr als 700 Fachgelehrten (...), hg. von Joachim Ritter. Völlig neubearb. Ausgabe des „Wörterbuch der philosophischen Begriffe" von R. Eisler, Bd. 1 ff, Darmstadt, 1971 ff: 1. A-C (1971), 2. D-F (1972) (*Hist. WB Philos.*)
Hock, Wolfgang	Liberales Denken im Zeitalter der Paulskirche. Droysen und die Frankfurter Mitte. Münster, 1957 (= Neue Münsterische Beiträge zur Geschichtsforschung hg. v. K. v. Raumer iVm. H. Grundmann und O. Herding) (*Liber. Denken*)
Hölzle, Erwin	Württemberg im Zeitalter Napoleons und der deutschen *Erhebung*. Stuttgart, 1937
—	Die Idee einer altgermanischen *Freiheit* vor Montesquieu. Fragmente aus der Geschichte politischer Freiheitsbestrebungen in Deutschland, England und Frankreich vom 16.—18. Jahrhundert. München, 1925 (= HZ, Beiheft 5)
Hollerbach, Alexander	Der Rechtsgedanke bei *Schelling*. Quellenstudien zu seiner Rechts- und Staatsphilosophie. Frankfurt/M., 1957 (= Philos. Abhandlungen, Band XIII)
—	Vormärz, Revolution und Nachmärz im Spiegel des Wirkens des badischen Juristen Anton *Christ* (1800—1880), in: Bad. Württ. Verw.blatt 1969, S. 1—8
Huber, Ernst Rudolf	Deutsche Verfassungsgeschichte seit 1789. Bd. 1ff, Stuttgart, 1957ff (*Huber, Band*): 1. Reform und Restauration. 1789—1830, 1957 2. Der Kampf um Einheit und Freiheit, 1830—1850, 1960 3. Bismarck und das Reich, 1963
Hübner, Gustav	Der Streit um die Geltung des deutschen Privatrechts im 19. Jahrhundert. München, Diss. iur., 1952 (Masch.) (*Streit/Privatrecht*)
Hübner, Rudolf	K. F. *Eichhorn* und seine Nachfolger, in: Festschrift für H. Brunner, 1910, S. 807—38
—	Georg Beseler, in: ADB 46 (1901) 3—30
Iggers, George G.	Deutsche Geschichtswissenschaft. Eine Kritik der traditionellen Geschichtsauffassung von Herder bis zur Gegen-

	wart. Autorisierte Übertragung aus dem Englischen. München, 1971 (zuerst u. d. T.: The German Conception of History (...), Wesleyan U. P., 1968) (*Gesch.wissenschaft*)
Jammers, Antonius	Die *Heidelberger* Juristenfakultät im 19. Jahrhundert als Spruchkollegium. Heidelberg, 1964
Jelusic, Karl	Die historische Methode Karl Friedrich *Eichhorns*. Wien, 1936
Jherings Erbe	Siehe unter Wieacker
Kaltenbach, Anneliese	Ludwig Haeusser. Historien et patriote. (1818—1867). Contribution a l'étude de l'histoire politique et culturelle franco-allemande aux XIXe siècle. Pref. de Robert Minder. (= Travaux et Mémoires des Instituts Francais en Allemagne, T. 9)
Kambartel, Friedrich	*Erfahrung* und Struktur. Bausteine zu einer Kritik des Empirismus und Formalismus. Frankfurt/M., 1968
—	„System" und „Begründung" als wissenschaftliche und philosophische Ordnungsbegriffe bei und vor Kant, in: Stud. Phil. 19. Jhdt. 3 (1968) 99—114
Kantorowicz, Hermann	Rechtshistorische Schriften. Hg. v. H. Coing und Gerhard Immel. Karlsruhe, 1970 (= Freiburger Rechts- und Staatswissenschaftliche Abh., Band 30), darin besonders:
—	Was ist uns Savigny? (1911) 397—417
—	Volksgeist und historische Schule (1912) 435—56
—	Savigny and the Historical School of Law (1937) 419—34
Kern, Eduard	Carl Georg von *Wächter*, in: Lebensbilder aus Schwaben und Franken (Stuttgart) 1 (1940) 545—52
Kiefner, Hans	Geschichte und Philosophie des Rechts bei A. F. J. *Thibaut*. Zugleich Versuch eines Beitrags über den beginnenden Einfluß Kants auf die deutsche Rechtswissenschaft. München, Diss. iur., 1959 (Masch.)
—	A. F. J. Thibaut, in: ZSRom 77 (1960) 304—44
—	Der Einfluß Kants auf Theorie und Praxis des Zivilrechts im 19. Jahrhundert, in: Stud. Phil. 19. Jhdt. 3 (1969) 3—25 (*Savigny*)
Kimminich, Otto	Deutsche Verfassungsgeschichte. Frankfurt/M., 1971 (*Verf. geschichte*)
Kisch, Guido	Wilhelm Eduard *Wilda*, in: Mitteldeutsche Lebensbilder (Magdeburg) 5 (1930) 339—52
Kluckhohn, Paul	Die *Idee des Volkes* im Schrifttum der deutschen Bewegung von Möser und Herder bis Grimm. Berlin, 1934
Kluge, Friedrich	Etymologisches Wörterbuch der deutschen Sprache. 18. Aufl., bearb. von W. Mitzka, Berlin, 1960 (*Kluge*)
Knemeyer, Franz Ludwig	Regierungs- und Verwaltungsreform in Deutschland zu Beginn des 19. Jahrhunderts. Köln/Berlin, 1970 (*Reg. reform*)
Kohn, Hans	Prelude to nation-states. The French and German experience. 1789—1815. Princeton, 1967
Koschaker, Paul	Europa und das römische Recht. 2. unveränderte Auflage, München/Berlin, 1953 (*Röm. Recht*)
Koselleck, Reinhart	*Preußen* zwischen Reform und Revolution. Allgemeines Landrecht, Verwaltung und soziale Bewegung von 1791 bis 1848. Stuttgart, 1967 (= Industrielle Welt, Band 7)

— Kapitel 7. 8. 9. 10., in: *Zeitalter* der europäischen Revolutionen (1969) S. 199—319 (s. o. bei Bergeron)

Kosyck, Kurt — Deutsche *Presse* im 19. Jahrhundert. Geschichte der deutschen Presse, Teil 2. Berlin, 1966

Krause, Hermann — Der deutschrechtliche Anteil an der heutigen Privatrechtsordnung, in: JuS 1970, S. 313—21

Krieger, Leonard — The German Idea of *Freedom*. History of a Political Tradition. Boston, 1957

Krüger, Herbert — Allgemeine *Staatslehre*. 2., durchges. Auflage, Stuttgart, 1966

— *Kant* und die Staatslehre des 19. Jahrhunderts. Ein Arbeitsprogramm, in: Stud. Phil. 19. Jhdt. 3 (1969) 49—56

Kunkel, Wolfgang — *Savignys* Bedeutung für die deutsche Rechtswissenschaft und das deutsche Recht, in: JZ 1962, S. 457—63

Landsberg, Ernst — Geschichte der deutschen Rechtswissenschaft. 3. Abteilung:
1. H.: München/Leipzig, 1898 (Text und Noten)
2. H.: München/Berlin, 1910 (Text und Noten getrennt) (zit.: Teil 2: *Landsberg, Text* bzw. *Noten*; Teil 1: *Landsberg III 1 Text* bzw. *Noten*)

Landwehr, Götz — Karl Joseph Anton *Mittermaier* (1787—1867). Ein Professorenleben in Heidelberg, in: Hd. Jb. 1968, S. 29—55

Langen, August — Deutsche *Sprachgeschichte* vom Barock bis zur Gegenwart, in: Dt. Phil. Aufr. 1 (1957) Sp. 931—1396

Larenz, Karl — *Methodenlehre* der Rechtswissenschaft. 2. Auflage, Berlin u.a., 1969

Lautenschlager, F. — Die Universität Heidelberg und der Fall Martin. Mit ungedruckten Briefen Heidelberger Professoren aus dem Nachlaß des Juristen G. A. Heise, in: ZfGO 85 (1933) 636—63

Lemberg, Eugen — *Nationalismus*. Teil 1: Psychologie und Geschichte. Reinbeck, 1969

Leube, Martin — Das Tübinger *Stift*. 1770—1950. Teil 1—3, Stuttgart, 1921—36, davon besonders Teil 3, erweiterte Bearbeitung, 1954

Liepmann, Moritz — Von *Kieler Professoren*. Briefe aus drei Jahrhunderten zur Geschichte der Universität Kiel. Stuttgart/Berlin, 1916

List, Albrecht — Der *Kampf* um's gute alte Recht (1815—1819) nach seiner ideen- und parteigeschichtlichen Seite. Tübingen, Diss. phil., 1912

Löwenhaupt, Wilfried — Politischer Utilitarismus und bürgerliches Rechtsdenken. John *Austin*, (1790—1859) und die „Philosophie des positiven Rechts". Berlin, 1973 (= Schriften zur Rechtstheorie, Heft 28)

Löwith, Karl — Von *Hegel* zu Nietzsche. Der revolutionäre Bruch im Denken des 19. Jahrhunderts. Stuttgart, 1969 (Sonderausgabe bei Fischer) (zuerst 1939)

— *Hegelsche Linke*. Texte (...). Stuttgart, 1962

Losano, Mario G. — Bibliographie Rudolf von Jherings, in: Jherings Erbe, S. 252—302

Lübbe, Hermann — Politische Philosophie in Deutschland. Studien zu ihrer Geschichte. Basel/Stuttgart, 1963 (*Pol. Philos.*)

— *Hegelsche Rechte*. Texte (...). Stuttgart, 1962

Lüderssen, Klaus:	Hg: P. J. A. Feuerbach und C. J. A. Mittermaier. *Theorie* der Erfahrung in der Rechtswissenschaft des 19. Jahrhunderts. Zwei methodische Schriften. Frankfurt/M., 1968
—	ebenda: Einleitung, S. 7—57
—	Karl Joseph Anton *Mittermaier* und der Empirismus in der Strafrechtswissenschaft. Betrachtungen aus Anlaß seines 100. Todestages, in: JuS 1967, S. 444—8
Luig, Klaus	Die *Anfänge* der Wissenschaft vom deutschen Privatrecht, in: Ius Commune 1 (1967) 195—223
—	*Institutionenlehrbücher* des nationalen Rechts im 17. und 18. Jahrhundert, in: Ius Commune 3 (1970) 64—97
Macdonell, John and Manson, Edward	*Great Jurists* of the World. Boston, 1914 (repr. New York 1968) (Sammelband mit 27 Biographien von Gaius bis Jhering)
Mannheim, Karl	Wissenssoziologie. Auswahl aus dem Werk, eingeleitet und hg. von Kurt Wolf. 2. Auflage, Neuwied/Berlin, 1970, daraus besonders: Das konservative Denken. Soziologische Beiträge zum Werden des politisch-historischen Denkens in Deutschland (1927), S. 408—614 (*Konserv. Denken*)
Marquardt, Ernst	Geschichte Württembergs. Stuttgart, 1961 (*Württ. Geschichte*)
Marx, Heinrich	Die juristische Methode der Rechtsfindung aus der Natur der Sache bei Johann Stephan Pütter und Justus Friedrich Runde. Göttingen, Diss. iur., 1967 (*Pütter/Runde*)
Maurer, Friedrich-Stroh, Friedrich (Hg.)	Deutsche *Wortgeschichte*. 2. umgearb. Auflage, Band 1. 2., nebst Registerband, Berlin, 1959. 1960, besonders: 2. Vom Barock bis zur Gegenwart. 1960 (=Grundriß der germanischen Philologie, 2. Auflage, Teil 17)
Mayer, Anneliese	*England* als politisches Vorbild und sein Einfluß auf die politische Entwicklung in Deutschland bis 1830. Freiburg, Diss. phil., 1931
Meinecke, Friedrich	Zur Theorie und Philosophie der Geschichte. Hg. und eingeleitet von Eberhard Kessel. 2. Aufl., Stuttgart, 1965 (= Werke Bd. IV), darin besonders: *Aphorismen* (1942), S. 215—64
—	Die Entstehung des *Historismus*. 2. Aufl., München, 1946
—	*Weltbürgertum* und Nationalstaat. 6. Aufl., Berlin, 1922
Miller, Max	Salomo Michaelis, Schützling, Mitarbeiter und Freund des Freiherrn von Wangenheim, in: ZWLG 1919, S. 158—211
Mitteis, Heinrich-Lieberich, Heinz	Deutsche *Rechtsgeschichte*. Ein Studienbuch. 12. Auflage, München, 1971
—	Deutsches *Privatrecht*. Ein Studienbuch. 5. Auflage, München, 1968
Moeller, Ernst von	Die *Trennung* der deutschen und römischen Rechtsgeschichte. Weimar, 1905
Mößle, Wilhelm	Bayern auf den Dresdener Konferenzen 1850/51. Politische, staatsrechtliche und ideologische Aspekte einer gescheiterten Verfassungsrevision. Berlin, 1972 (= Münchner Univ. schriften, Abh. z. rechtswissenschaftl. Grundlagenforschung, Bd. 5)

Mokré, Hans — Theorie des Gewohnheitsrechts. Problementwicklung und System. Wien, Springer, 1932 (*Gew.recht*)

Müller, Friedrich — *Korporation* und Assoziation. Eine Problemgeschichte der Vereinigungsfreiheit im deutschen Vormärz. Berlin, 1965 (= Schriften zum Öffentlichen Recht, Bd. 21)

Müller-Dietz, Heinz — Das Leben des Rechtslehrers und Politikers Karl Theodor *Welcker*. Freiburg, 1968 (= Beiträge zur Freiburger Wissenschafts- und Universitätsgeschichte, 34. Heft)

Naucke, Wolfgang — *Kant* und die psychologische Zwangstheorie Feuerbachs. Hamburg, 1962 (= Kieler Rechtswissenschaftliche Abhandlungen Nr. 3)

— *Vorwort* zum Neudruck von: P. J. A. Feuerbach „Über Philosophie und Empirie in ihrem Verhältnisse zur positiven Rechtswissenschaft“ Darmstadt, 1969, S. V—XXV

— Der Einfluß Kants auf Theorie und Praxis des Strafrechts im 19. Jahrhundert, in: Stud. phil. 19. Jhdt. 3 (1969) 27—48

Neher, Walter — Arnold *Ruge* als Politiker und politischer Schriftsteller. Ein Beitrag zur deutschen Geschichte des 19. Jahrhunderts. Heidelberg, 1933 (= Heidelberger Abhandlungen zur mittleren u. neueren Geschichte, Band 64)

Neumann, Franz — Montesquieu. Einleitung zu „Geist der Gesetze“, New York, 1949, nach dem Abdruck in: Demokratischer und autoritärer Staat. Studien zur politischen Theorie. Frankfurt/Wien, 1967, S. 142—94

Neusüß, Wolfgang — Gesunde Vernunft und Natur der Sache. Studien zur jur. Argumentation im 18. Jahrhundert. Berlin, 1970 (= Schriften zur Rechtsgeschichte, 2) (zugl. Diss. iur. Heidelberg 1968/69) (*Ges. Vernunft*)

Nolte, Jürgen — Burchard Wilhelm *Pfeiffer*. Gedanken zur Reform des Zivilrechts. Ein Beitrag zur Geschichte der deutschen Zivilgesetzgebung. Göttingen u.a., 1969 (= Göttinger Studien zur Rechtsgeschichte, Bd. 1)

Oertzen, Peter von — Die Bedeutung Carl Friedrich von *Gerbers* für die deutsche Staatsrechtslehre, in: Staatsverfassung und Kirchenordnung. Festgabe für Rudolf Smend zum 80. Geburtstag, Tübingen, 1962, S. 183—208

Oncken, Hermann — Rudolf von *Bennigsen*. Ein deutscher liberaler Politiker. Nach seinen Briefen und hinterlassenen Papieren. Stuttgart/Leipzig:
1. (Leben und Briefe bis 1866), 1910, 757 S.
2. (Leben und Briefe 1867—1902), 1910, 660 S.

Paulsen, Friedrich — Geschichte des gelehrten Unterrichts auf den deutschen Schulen und Universitäten vom Ausgang des Mittelalters bis zur Gegenwart. Mit besonderer Rücksicht auf den klassischen Unterricht, 3. erweiterte Auflage und in einem Anhang fortges. von R. Lehmann, Band 1—2, Leipzig, 1919. 1921 (*Paulsen*, *Band*):
1. (ohne eig. Titel, bis ca. 1740)
2. Der gelehrte Unterricht im Zeichen des Neuhumanismus. 1740—1892

Petersen, C.	N. *Falcks* politische Wandlung in den Jahren der Reaktion 1819—34, in: Zeitschrift für schleswig-holsteinische Geschichte 68 (1939) 243ff
Planitz, H.-Eckhardt, K. A.	Deutsche *Rechtsgeschichte*. 3. Auflage, Graz/Köln, 1971
Radbruch, Gustav	Paul Johann Anselm *Feuerbach*. Ein Juristenleben. 3. Auflage, hg. von Erik Wolf, Göttingen, 1969
Radlik, Ute	*Heine* in der Zensur der Restaurationsepoche, in: Restaurationsepoche (1970) S. 460—89
Ramm, Thilo	*Einführung* in das Privatrecht. Allgemeiner Teil des BGB. Band 1—3, München 1969, davon bes. Band 1
Raumer, Kurt von	Deutschland um 1800. Krise und Neugestaltung (1789—1815), in: Handbuch der deutschen Geschichte. Neu hg. von Leo Just (...), Bd. 3, 1. Teil, 1. Abschnitt (bisher 3 Lieferungen), Konstanz, 1959—65
Rapp, Adolf	Die Württemberger und die nationale Frage, 1863—1871. Stuttgart 1910 (*Nat. Frage*)
Rasch, Wolfdietrich	Friedrich Schlegel. Kritische Schriften. 2. erweiterte Auflage, Darmstadt, 1964 (*Krit. Schriften*)
Reichsgründungszeit	Siehe unter Böhme
Religion, Die	in Geschichte und Gegenwart. Handwörterbuch für Theologie und Religionswissenschaft. 3. Aufl., Bd. 1—6. Regbd. 1, Tübingen, 1957—65 (*RGG*)
Restaurationsepoche	Siehe bei Hermand-Windfuhr
Riedel, Manfred	*Aristoteles-Rezeption* am Ausgang des 18. Jahrhunderts. Zur ersten deutschen Übersetzung der „Politik" durch Johann Georg Schlosser, in: Festschrift für O. Brunner, Göttingen, 1963, S. 278—315
—	(Hg.) Friedrich Chr. Dahlmann, Die *Politik* (...), Frankfurt/M., 1968
—	ebenda: Einleitung, S. 7—31 (*Einl. Politik*)
—	Einleitung, in: Hegel, Studienausgabe, Teil 2, Rechtsphilosophie, Frankfurt/M., 1968, S. 1—28 (*Einl. Hegel*)
Ritschl, Otto	*System* und systematische Methode in der Geschichte des wissenschaftlichen Sprachgebrauchs und der philosophischen Methodologie. Programm zur Feier (...) am 3. August 1906. Bonn, 1906
Rothacker, Erich	*Einleitung* in die Geisteswissenschaften. 2. Auflage, Tübingen, 1930
—	*Logik* und Systematik der Geisteswissenschaften. Zweiter unveränderter reprogr. ND der Ausgabe München/Berlin 1927 (aus dem Handbuch der Philosophie, Abt. II, Beitrag C, S. 1—171), Darmstadt, 1970
—	Savigny, Grimm, Ranke. Ein Beitrag zur Frage nach dem Zusammenhang der Historischen Schule, in: HZ 128 (1923) 425ff (*HS*)
—	*Mensch und Geschichte*. Studien zur Anthropologie und Wissenschaftsgeschichte. 2. Auflage, Bonn, 1950
Rüthers, Bernd	Institutionelles Rechtsdenken im Wandel der Verfassungsepochen. Ein Beitrag zur politisch-kritischen Funktion der Rechtswissenschaft. Homburg u.a., Gehlen, 1970 (*Instit. Rechtsdenken*)

—	Die unbegrenzte Auslegung. Zum Wandel der Privatrechtsordnung im Nationalsozialismus. Tübingen, 1968 (*Unbegr. Auslegung*)
Ryffel, Hans	Grundprobleme der Rechts- und Staatsphilosophie. Philosophische Anthropologie des Politischen. Neuwied/Berlin, 1969 (*Rechts- u. Staatsphilos.*)
Sabine, George H.	A *History* of Political Theory. 3rd ed., London 1963
Samtleben, Wolfgang	Die Idee einer altgermanischen *Volksfreiheit* im vormärzlichen deutschen Liberalismus. Hamburg, 1935
Sandkühler, Hans-Jörg	Freiheit und Wirklichkeit. Zur Dialektik von Philosophie und Politik bei *Schelling*. Frankfurt, 1968
Schanze, Helmut (Hg.)	Die *andere Romantik*. Eine Dokumentation. Frankfurt/M., 1967
Scheyhing, Robert	Deutsche Verfassungsgeschichte der Neuzeit. Köln u.a., 1968 (*Verf. geschichte*)
Schmidt, Eberhard	*Einführung* in die Geschichte der deutschen Strafrechtspflege. 3. Auflage, Göttingen, 1965
Schnabel, Franz	*Deutsche Geschichte* im 19. Jahrhundert. Freiburg: 1. Die Grundlagen. 4. Auflage, 1948 2. Monarchie und Volkssouveränität. 2. Auflage, 1950 3. Erfahrungswissenschaften und Technik, 2. Auflage, 1950 4. Die religiösen Kräfte, 2. Auflage, 1951
Schneider, Eugen	Aus der württembergischen Geschichte. Vorträge und *Abhandlungen*. Stuttgart, 1926
—	Württembergische Geschichte. Stuttgart, 1896 (*Württ. Gesch.*)
Schneider, Franz	*Pressefreiheit* und politische Öffentlichkeit. Studien zur politischen Geschichte Deutschlands bis 1848. Neuwied, 1966
Schneider, Hans	Der preußische Staatsrat. 1817—1918. Ein Beitrag zur Verfassungs- und Rechtsgeschichte Preußens. München/Berlin 1952 (erw. Habil.schrift von 1939) (*Preuß. Staatsrat*)
Schneider, Hans-Peter	Justitia universalis. Quellenstudien zur Geschichte des „christlichen Naturrechts" bei G. W. *Leibniz*. Frankfurt, 1967 (= Juristische Abhandlungen, Bd. VII)
Schneppen, Heinz	Niederländische Universitäten und deutsches Geistesleben. Münster, 1960 (*Niederl. Univ.*)
Schnur, Roman (Hg.)	Institution und Recht. Darmstadt, 1968 (= Wege der Forschung, Bd. CLXXII)
Schoof, Wilhelm	Tübingen und die Göttinger Sieben, in: Schwäb. Merkur 1937, Nr. 243
—	(Hg) Briefe der Brüder Grimm an Savigny. Aus dem Savignyschen Nachlaß hgg. iVm. Ingeborg Schnack. Berlin, 1953 (*Savignybriefe*)
—	(Hg.) Unbekannte Briefe der Brüder Grimm. Bonn, 1960 (*Unbek. Briefe*)
Schönfeld, Walther	Grundlegung der Rechtswissenschaft. 2. völlig umgearb. Auflage von: Die *Geschichte* der Rechtswissenschaft im Spiegel der Metaphysik. Stuttgart, 1943. Stuttgart, 1951
Schreiber, Hans Ludwig	Der Begriff der *Rechtspflicht*. Quellenstudien zu seiner Geschichte. Mit einem Vorwort von Prof. Dr. Hans Welzel. Berlin, 1966

Schröder, Horst — Über die Stellung und die Auffassungen C. Fr. von Savignys zum Wesen und zu den Aufgaben der Universitäten seiner Zeit, in: Wiss. Z. d. Humb. Univ. Berlin, Ges.-Sprachw. R., 17 (1968) S. 413—430 (*Savigny/Univ.*)

Schuler, Theo — Jacob Grimm und Savigny. Studien über Gemeinsamkeit und Abstand, in: ZSGerm 80 (1963) 197—305 (*Grimm/Savigny*)

Schulz, H. (Hg.) — Fichtes *Briefwechsel*. Krit. Gesamtausgabe, Band 1. 2., Leipzig, 1930

Schwab, Martin — Lorenz von Steins bildungspolitische Konzeption. Hamburg, Diss. phil., 1966 (*L. Stein*)

Schwerin, Claudius von-Thieme, Hans — Grundzüge der deutschen *Rechtsgeschichte*. 4. Auflage, nach dem Tode des Verf. besorgt von H. Thieme. Berlin/München, 1950

Sengle, Friedrich — *Biedermeierzeit*. Deutsche Literatur im Spannungsfeld zwischen Restauration und Revolution. 1815—1848. Band 1: Allgemeine Voraussetzungen, Richtungen, Darstellungsmittel. Stuttgart, 1971

Sellnow, Werner — Die Auseinandersetzung *Kants* mit der feudal-absolutistischen Zensur — ein Beitrag zur Stellung der Universität im feudalen Absolutismus, in: Wiss. Z. d. Humboldt-Univ. Berlin, Ges.-Sprachw. R., 17 (1968) 431—48

Sieburg, Heinz-Otto — Deutschland und Frankreich in der Geschichtsschreibung des 19. Jahrhunderts. Wiesbaden, 1954 (*Dtschl./Frankreich*)

Simon, Hermann — Geschichte der deutschen *Nation*. Wiesbaden, 1968

Sinzheimer, Hugo — Jüdische Klassiker der deutschen Rechtswissenchaft. Frankfurt/M., 1953 (mit einem Geleitwort von Fr. Böhm) (zuerst 1937) (*Jüd. Klassiker*)

Sjöholm, Elsa — Rechtsgeschichte als Wissenschaft und Politik. Studien zur *germanistischen Theorie* des 19. Jahrhunderts. Berlin, 1972 (= Münchener Universitätsschriften, Jur. Fak., Abh. z. rechtswiss. Grundlagenforschung, Bd. 10)

Srbik, Heinrich Ritter von — *Geist* und Geschichte vom deutschen Humanismus bis zur Gegenwart. Bd. 1—2, München/Salzburg, 1950.1951

Staatslexikon — Recht — Wirtschaft — Gesellschaft. Hg. von der Görresgesellschaft. Bd. 1—8, Erg. bd. 1—3, 6. Auflage, Freiburg, 1957—1970 (*Staatslexikon* (*Görres*))

Staatslexikon Evangelisches — Hg. von H. Kunst und S. Grundmann in Verbindung mit W. Schneemelcher und R. Herzog. Stuttgart/Berlin, 1966 (*Ev. Staatslex.*)

Stadelmann, Rudolf — Soziale und politische Geschichte der *Revolution* von 1848. 2. Auflage, München 1970

Stein, Alois von der — Der *Systembegriff* in seiner geschichtlichen Entwicklung in: Stud. Wiss.theorie 2 (1968) 1—13

— — System als *Wissenschaftskriterium*, in: Stud. Wiss.theorie 4 (1970) 99—107

Stoll, Adolf — Friedrich Karl von Savigny. Ein Bild seines Lebens mit einer Sammlung seiner Briefe. Bd. 1—3, Berlin, 1927. 1929.1939 (*Stoll, Band*):

1. Der junge Savigny (...) mit 217 Briefen a.d. Jahren 1792—1810

2. Professorenjahre in Berlin, 1810—1842 (...)
3. Ministerzeit und letzte Lebensjahre (...)

Stolleis, Michael — *Staatsraison*, Recht und Moral in philosophischen Texten des späten 18. Jahrhunderts. Meisenheim, 1972 (= Monographien zur philosophischen Forschung, Bd. 86)

— *Gemeinwohlformeln* im nationalsozialistischen Recht. Berlin, 1974 (= Münchener Universitätschriften, Jur. Fak., Abh. z. rechtswiss. Grundlagenforschung, Bd. 15)

Storz, Gerhard — Die schwäbische Romantik. Dichter und Dichterkreise im alten Württemberg. Stuttgart, 1967 (*Schwäb. Romantik*)

Strauch, Dieter — F. C. von Savigny. *Briefwechsel* mit Fr. Bluhme. 1802—60. Bonn, 1962

— F. C. von Savigny's *Landrechtsvorlesung* von Sommer 1824, in: Staat-Recht-Kultur, Festgabe für E. v. Hippel, Bonn, 1965, S. 245—61

Streisand, Joachim — Johann Gottlieb *Fichte* und die deutsche Geschichte, in: Stud. Geschichtswissenschaft (1969) S. 32—55

Studien — über die deutsche Geschichtswissenschaft. Band 1: Die deutsche Geschichtswissenschaft vom Beginn des 19. Jahrhunderts bis zur Reichseinigung von oben. Hg. von J. Streisand. 2. durchges. Auflage, Berlin, Akad.verlag, 1969 (= Schriften des Instituts für Geschichte, Reihe I: Allgemeine und deutsche Geschichte) (*Stud. Gesch. wissenschaft*)

Studien — zur Philosophie und Literatur des 19. Jahrhunderts. Neunzehntes Jahrhundert, Forschungsunternehmen der Fritz-Thyssen-Stiftung. (Bisher) Bd. 1—16, Frankfurt, 1968—1971, davon:
Bd. 3: Philosophie und Rechtswissenschaft. Zum Problem ihrer Beziehung im 19. Jahrhundert. Hg. von J. Blühdorn und J. Ritter, 1969 (*Stud. Phil. 19. Jhdt. 3*)
Bd. 9: Recht und Ethik. Zum Problem ihrer Beziehung im 19. Jahrhundert. Hg. J. Blühdorn u. J. Ritter, 1970 (*Stud. Phil. 19. Jhdt. 9*)
Bd. 16: Positivismus im 19. Jahrhundert. Beiträge zu seiner geschichtlichen und systematischen Bedeutung. Hg. von J. Blühdorn und J. Ritter, 1971 (*Stud. Phil. 19. Jhdt. 16*)

Studien — zur Wissenschaftstheorie. Neunzehntes Jahrhundert, Forschungsunternehmen der Fritz-Thyssen-Stiftung. Bd. 1ff, Meisenheim, 1968ff, davon:
Bd. 1: Beiträge zur Entwicklung der Wissenschaftstheorie im 19. Jahrhundert. (...) Hg. von Alwin Diemer, 1968 (*Stud. Wiss.theorie 1*)
Bd. 2: System und Klassifikation in Wissenschaft und Dokumentation. (...) Hg. dto, 1968 (*Stud. Wiss.theorie 2*)
Bd. 3: Geldsetzer, Philosophiegeschichte (s.o. unter Geldsetzer)
Bd. 4: Der Wissenschaftsbegriff. Historische und systematische Untersuchungen. (...) Hg. von A. Diemer, 1970 (*Stud. Wiss.theorie 4*)

Sturm, Fritz — Das römische Recht in der Sicht von Gottfried Wilhelm *Leibniz*. Tübingen, 1967 (= Recht und Staat, Heft 348f)

Tegethoff, Wilhelm — Kant und *Savigny*. Der Einfluß des deutschen Idealismus, insbesondere Kants auf Fr. C. von Savigny. Frankfurt, Diss. iur., 1952 (Masch.)

Thieme, Hans — Die preußische Kodifikation, in: ZSGerm 57 (1937) 335—428

— Zwischen Naturrecht und Positivismus. Zur *Methode* des jungen Savigny, in: DJZ 1936, Heft 3, Sp. 153—7

— Das Naturrecht und die europäische Privatrechtsgeschichte. Basel, 1947 (*Europ. Privatr.*)

— Der *junge Savigny*, in: Deutsche Rechtswissenschaft, VjS der Ak. für Deutsches Recht, 1942, Heft 2, S. 53—64

— *Savigny* und das deutsche Recht, in: ZSGerm 80 (1963) 1—26

— Die Zeit des späten Naturrechts, in: ZSGerm 56 (1936) 202—63. (*Spät. Naturrecht*)

Thomas, Richard Hinton — Liberalism, Nationalism and the *German Intellectuals* (1822—47). An Analysis of The Academic and Scientific Conferences of the Period. Cambridge, 1951

Thompson, J. W. — A History of Historical Writing. Vol. 1. 2, 2nd printing, New York, 1950 (zuerst 1942) (*Hist. Writing*)

Traub, Manfred — Beiträge zur württembergischen Geschichte in der Reaktionszeit (1849—59). Tübingen, Diss. phil., 1937 (*Württ. Reaktionszeit*)

Troeltsch, Ernst — Gesammelte Schriften. Bd. 1—4, Tübingen, 1912—1925, daraus besonders:

— Aufklärung (1897), in: Ges. Schr. IV, S. 338—73

— Die Organologie der deutschen historischen Schule (1922), in: Ges. Schr. III, S. 247—313 (*Hist. Schule*)

— Deutscher *Idealismus* (1900), in: Ges. Schr. IV, S. 532—86

— Die *Restaurationsepoche* am Anfang des 19. Jahrhunderts (1913), in: Ges. Schr. IV, S. 587—613

— Der Historismus und seine Probleme (1922), = Ges. Schr. III (*Historismus/Probleme*)

— Das Neunzehnte Jahrhundert (1913), in: Ges. Schr. IV, S. 614—52 (*19. Jhdt.*)

Trübners — Deutsches Wörterbuch Begr. von A. Götze. (...) hg. von W. Mitzka, Bd. 1—8, Berlin, 1954—57 (*Trübner, Band*)

Überweg, Friedrich u.a. — Grundriß der Geschichte der Philosophie. Teil 1—5, davon Teil 3: Die Philosophie der Neuzeit bis zum Ende des 18. Jahrhunderts, völlig neu bearb. von Dr. Max Frischeisen-Köhler und Dr. Willy Moog. 12. Auflage, Berlin, 1924 (*Überweg-Moog*)

Teil 4: Die deutsche Philosophie des 19. Jahrhunderts und der Gegenwart von Traugott K. Österreich. 13. Auflage, unveränderter Neudruck der 12. Auflage 1923. Tübingen, 1951 (*Überweg-Österreich*)

Teil 5: Die Philosophie des Auslandes vom Beginn des 19. Jahrhunderts bis auf die Gegenwart. Hg. von Traugott Konst. Österreich. 13. Auflage, unveränd. ND der völlig neu bearb. 12. Auflage 1928. Tübingen, 1953 (*Überweg-Ausland*)

Urbascheck, Bruno — Empirische Rechtswissenschaft und Naturrecht. Der Bei-

	trag Romeo *Maurenbrechers* zur Rechtslehre des 19. und 20. Jahrhunderts. Göttingen, Diss. iur., 1966
Valjavec, Fritz	Entstehung der politischen *Strömungen* in Deutschland. 1770—1815. München, 1951
Vecchio, Giorgio del	Lehrbuch der *Rechtsphilosophie*. 2. Auflage, deutsche Übersetzung, Basel, 1951
Verdross, Alfred	Abendländische *Rechtsphilosophie*. Ihre Grundlagen und Hauptprobleme in geschichtlicher Schau. 2. erweiterte und neubearb. Auflage, Wien, 1963
Viehweg, Theodor	*Positivismus* und Jurisprudenz, in: Stud. Phil. 19. Jhdt. 16 (1971) 105—11
Volk, Klaus	Die juristische Enzyklopädie des Nikolaus *Falck*. Rechtsdenken im frühen 19. Jahrhundert. Berlin, 1970 (= Schriften zur Rechtstheorie, Heft 23)
Vollmer, Hans Jürgen	Der Kampf um die Grundrechte und um die Revision der *Verfassung* in Württemberg (1848—52). Freiburg, Diss. phil., 1967
Wagner, Fritz	*Geschichtswissenschaft*. 2. unveränderte Auflage, Freiburg/München, 1966. (= Orbis academicus Bd. I 1)
Wallmann, Wilhelm	*Einflußnahme* der Exekutive auf die Justiz im 19. Jahrhundert. Marburg, Diss. iur., 1968
Wegmann, Franz	Die Begründung des *Erbrechts* im 19. Jahrhundert. Münster, Diss. iur., 1969
Wehler, Hans-Ulrich	(Hg.) Moderne deutsche *Sozialgeschichte*. 2. Auflage, Köln/Berlin, 1968 (= Neue wiss. Bibliothek, Bd. 10) (Sammelband)
	(Hg.) Deutsche Historiker, Bd. 1. 2. 1971; Bd. 3. 4. 5. 1972
Weis, Eberhard	*Montgelas*. 1759—1799. Zwischen Revolution und Reform. München, 1971
Weller, Karl	Württembergische Geschichte. hg. von Arnold Weller, 5. Auflage, Stuttgart, 1963 (*Württ. Geschichte*)
Welzel, Hans	*Naturrecht* und materiale Gerechtigkeit. 4. Auflage, Göttingen, 1962
Wesenberg, Gerhard	Neuere deutsche Privatrechtsgeschichte im Rahmen der europäischen Rechtsentwicklung. 2. Auflage. Neu bearb. von Gunter Wesener. Lahr, 1969 (*Geschichte*)
Wieacker, Franz	Gründer und Bewahrer. Rechtslehrer der neueren deutschen Privatrechtsgeschichte. Göttingen, 1959 (*GuB*)
—	*Jherings Erbe*. Göttinger Symposion zur 150. Wiederkehr des Geburtstages von Rudolph von Jhering. Hg. von Fr. Wieacker und Christ. Wollschläger. Göttingen, 1970 (= Abh. der Akad. der Wissenschaften in Göttingen, Phil.-Hist. Klasse, 3. Folge, Nr. 75)
—	Privatrechtsgeschichte der Neuzeit unter besonderer Berücksichtigung der deutschen Entwicklung. 2. überarb. Auflage, Göttingen, 1967 (*Geschichte*)
—	dto: 1. Auflage 1952
—	Das *Sozialmodell* der klassischen Privatrechtsgesetzbücher und die Entwicklung der modernen Gesellschaft (Vortrag), Karlsruhe, 1952 (= Jur. Studiengesellschaft Karlsruhe, Schriftenreihe, Heft 3)

Wieacker, Franz — *Wandlungen* im Bilde der historischen Rechtsschule. Karlsruhe, 1967 (Vortrag geh. am 19. Jan. 1967) (= Jur. Studiengesellschaft, Schriftenreihe, Heft 77)

Wilamowitz-Moellendorf, Ulrich von — *Geschichte* der Philologie, in: Einleitung in die Altertumswissenschaft. Bd. 1, 3. Auflage, hg. von A. Gercke und E. Norden. Leipzig/Berlin, 1927 (zuerst 1909)

Wild, Gisela — Leopold August *Warnkönig*. 1794—1866. Ein Rechtsleben zwischen Naturrecht und historischer Schule und ein Vermittler deutschen Geistes in Westeuropa. (= Freiburger Rechts- und Staatswissenschaftliche Abhandlungen, Bd. 1) Karlsruhe, 1961

Wilhelm, Theodor — Die englische Verfassung und der vormärzliche deutsche Liberalismus. Eine Darstellung und Kritik des Verfassungsbildes der liberalen Führer. Stuttgart, 1928 (*Engl. Verfassung*)

Wilhelm, Walter — Zur juristischen *Methoden*lehre im 19. Jahrhundert. Die Herkunft der Methode Paul Labands aus der Privatrechtswissenschaft. Frankfurt/M., 1958 (= Frankfurter Wiss. Beiträge, Rechts- und Wirtschaftswiss. Reihe, Bd. 14)

— Savignys überpositive Systematik, in: Stud. Phil. 19. Jhdt. 3 (1969) 123—37 (*Savigny/Systematik*)

— Das *Recht* im Römischen Recht, in: Jherings Erbe (1970) 228—39

Willms, Bernard — *Revolution* und Protest oder Glanz und Elend des bürgerlichen Subjekts. Hobbes, Fichte, Hegel, Marx, Marcuse. Stuttgart, 1969

— Die politischen Ideen von Hobbes bis Ho Tschi Minh. Stuttgart, 1971 (*Pol. Ideen*)

Windelband, Wilhelm — *Lehrbuch* der Geschichte der Philosophie. 15. durchges. und ergänzte Auflage, hg. von Heinz Heimsoeth. Tübingen, 1957

Winkler, Heinrich August — Preußischer Liberalismus und deutscher Nationalstaat. Studien zur Geschichte der deutschen Fortschrittspartei, in: Reichsgründungszeit (1968) 226—37 (überarb., zuerst 1964)

Wintterlin, Friedrich — Geschichte der *Behördenorganisation* in Württemberg. Stuttgart, Band 1. 2:

1. Bis zum Regierungsantritt König Wilhelms I. (1816). 1904 (Liefg. 1 u. 2 schon 1902 ersch.)
2. Die Organisationen König Wilhelms I. bis zum Verwaltungsedikt vom 1. März 1822. 1906

— *Untertanenrechte*, Naturrecht und Menschenrechte in der altwürttembergischen Verfassung, in: Württembergische Vergangenheit (s. u.), S. 358—79

Wohlhaupter, Eugen — Nikolaus *Falck* und die historische Rechtsschule, in: Hist. Jb. 59 (1939) 388—411

— *Dichterjuristen*, Band 1—3, hg. von H. G. Seifert, Tübingen, 1953ff, davon besonders:

1. Savigny-Brentano, Savigny-Arnim, Thibaut-Schumann, Goethe, Grillparzer, Kleist. 1953
2. Zach. Werner, E. T. A. Hoffmann, Eichendorff, Uhland, Grabbe, Immermann, Heine. 1955

Wolf, Erik	Das Problem der *Naturrechtslehre*. Versuch einer Orientierung. Karlsruhe, 1955
—	Große *Rechtsdenker* der deutschen Geistesgeschichte. 4. Auflage, Tübingen, 1963
Wolzendorff, Kurt	Staatsrecht und Naturrecht in der Lehre vom *Widerstandsrecht* des Volkes gegen rechtswidrige Ausübung der Staatsgewalt. Zugleich ein Beitrag zur Entwicklungsgeschichte des modernen Staatsgedankens. Breslau, 1916 (= Untersuchungen zur deutschen Staats- und Rechtsgeschichte, 126. Heft)
Württembergische Vergangenheit	Festschrift (...) im Sept. 1932 für Dr. Peter Goeßler zum 60. Geburtstag. Stuttgart, 1932 (*Württ. Vergangenheit*)
Zweigert, Konrad	Der *Jurist* in Frankreich und Deutschland, in: Festschrift für H. C. Ficker zum 70. Geburtstag, Frankfurt/Berlin, 1967, S. 498—507
Zwilgmeyer, Franz	Die Rechtslehre *Savignys*. Eine rechtsphilosophische und geistesgeschichtliche Untersuchung. Leipzig, 1929 (= Leipz. rechtwiss. Studien, Heft 37)
Zycha, A.	Deutsche *Rechtsgeschichte* der Neuzeit. Weimar, 1937 [Die 2. A. 1949 ist unverändert]

Zu den Verweisungen

Sie sind wie folgt ausgeführt:

Verweise auf Seiten, z. B. oben 20, unten 40;

Verweise auf Fußnoten im gleichen Kapitel, z.B. oben Fn 20;

Verweise auf Fußnoten in anderen Kapiteln, z.B. oben Fn I 20, unten Fn IV 40, enthalten die Kap.nr. in römischen Ziffern.

DIE PROBLEMATIK

„Die selbständige und fruchtbare Richtung dieser Juristen (sc. Beseler[1], Falck[2] und Reyscher[3]) und Verfassungskritiker war vom Romanismus und Kantianismus Savignys[4] von Haus aus ebenso weit entfernt wie vom liebevollen Quietismus der germanistischen Romantiker vom Schlage der Brüder Grimm[5]. Auch sie stellten die zeitgemäße Frage nach den methodischen Bedingungen einer positiven Rechtswissenschaft. Aber sie beantworteten sie auf der Grundlage der Hegelischen[6] Staats- und Rechtsphilosophie mit der Berufung auf die praktischen und sozialen Aufgaben der Jurisprudenz und auf die im politischen Volk der Gegenwart lebendige Rechtsanschauung".

Die Lektüre dieser Kurzcharakteristik der Germanisten in Wieackers Privatrechtsgeschichte (S. 408) weckte mein Interesse. Welche Grundlagen würde wohl eine solche „Richtung" haben? Welche Meinung von Recht und Rechtsquellen, von Rechtswissenschaft und Methode, von Gesetzgebung und Kodifikation, von Natur- und Vernunftrecht, von Geschichte und Rechtsgeschichte, von Philosophie und Erfahrung würde sich hier finden?

Auch Reyscher fand diese Fragen interessant. Mit ihnen hat er sich literarisch und praktisch stark beschäftigt[7]. Er entspricht damit einem Bedürfnis seiner Zeit, die ihre Grundbegriffe neu formulierte.

---

1 1809—1888.

2 1784—1850.

3 1802—1880.

4 1779—1861.

5 Jacob 1785—1863; Wilhelm 1786—1859.

6 Hegel 1770—1831; seine „Grundlinien der Philosophie des Rechts" erschienen zuerst 1821.

7 Siehe das Schriftenverzeichnis, etwa: Über die Bedürfnisse unserer Zeit in der Gesetzgebung (1828) (Nr. 3); Grundriß zu Vorlesungen über das Naturrecht (1829) (Nr. 5); Publicistische Versuche (1832) (Nr. 7); Über das Daseyn und die Natur des deutschen Rechts (1839) (Nr. 16); Hannöversche Verfassungsfragen (1839) (Nr. 17); Der Begriff des gemeinen deutschen Rechts (1846) (Nr. 34); Die Quellen des deutschen Rechts (1854) (Nr. 55).
Im folgenden bedeuten einer kurz genannten Schrift Reyschers beigefügte Nummern stets einen Verweis auf die genauen Angaben im Schriftenverzeichnis, etwa: Daseyn (Nr. 16).

LITERARISCHE FÜHLUNGNAHME

August Ludwig Reyscher hat keine allzu tiefen Spuren hinterlassen, wenn man der Nachwelt glauben darf. Mann und Werk sind fast vergessen. Das gilt für ihn mehr als für Nikolaus Falck[1], Robert Mohl[2], Karl Theodor Welcker[3], Leopold August Warnkönig[4] und andere[5], die in neuerer Zeit monographisches Interesse fanden.

Unter den „Großen Rechtsdenkern"[6] *Erik Wolfs* wird man ihn daher nicht erst suchen. Immerhin erscheint sein Name als Korrolarium zu klingenderen, als einer unter anderen Savignykritikern[7] und als Vorläufer germanistischer Blüte eines Gierke[8]. In der Entwicklung von „Rechtstheorie und Methodenlehre in Deutschland seit Savigny" bei *Larenz*[9] hat er keinen Platz.

Wenn es weniger um Blütenlese geht, beachtet man ihn eher. *Wesenberg* erwähnt, Reyscher habe „früh heftige Angriffe gegen den Entwicklungsgedanken Savignys gerichtet" und schränkt feinfühlig ein, „soweit aus ihm der mangelnde Beruf der Gegenwart zur Gesetzgebung gefolgert werden sollte"[10]. Am meisten findet man in der neueren allgemeinen Literatur noch in *Wieackers* Privatrechtsgeschichte. Er versucht die eingangs benutzte weiter gespannte Zuordnung. In seinen Worten fällt auf Reyscher etwas vom Glanz des wenig jüngeren Georg Beseler (1809—88)[11]. In ähnlicher Weise nennt Wieacker Reyscher noch mehrfach[12]. Zwei seiner wichtigen Aufsätze werden angeführt[13].

---

1 Von diesem sagte das A. B. Schwarz, nach *Volk*: Falck 13.

2 Dazu *Angermann*: Mohl (1962).

3 Dazu *Müller-Dietz*: Welcker (1968).

4 Dazu *Wild*: Warnkönig (1961).

5 Etwa: *Dickopf*: G. L. Maurer (1960); *Nolte*: B. W. Pfeiffer (1969); *Bomsdorf*: N. Th. Gönner, Prozeßmaximen (1971); *Urbaschek*: Maurenbrecher (1966).

6 4. Auflage 1965.

7 *Wolf*: aaO 531: „Ein weiterer Einwand gegen den Savignyschen Historismus war, daß er die Rechtswissenschaft von praktisch-politischer Mitwirkung ausschließt. Das hatte zuerst der von Savigny mißverstandene Thibaut ausgesprochen. Ihm folgten die auf praktische Rechtsfortbildung bedachten ‚Germanisten' Falck, Reyscher und Beseler". Das ist die *Schönfeld*sche Trias: s. sogleich S. 4.

8 *Wolf*: aaO 670, neben Dalwigk und Wilda.

9 Methodenlehre, 2. Auflage 1969. *Larenz* erwähnt aus dem frühen 19. Jahrhundert nur Savigny, Puchta und Jhering.

10 Privatrechtsgeschichte, 2. Auflage 1969, S. 151.

11 2. Auflage 1967, S. 408. Bemerkenswert die Ausweitung gegenüber der 1. Auflage 1952, S. 242, wo Reyscher nur in der Fußnote 28 erschienen war.

12 Etwa: 361 (freiheitliche Nationalromantik), 369 (Partikularrecht), 391 Fn 48 (mit Beseler als nationaldemokratisch), 407 (bei germanistischer Polemik).

13 „Daseyn" (Nr. 16) und „Einheit" (Nr. 32), aaO 409 oben und 409 Fn 104 a.E.; letzterer Nachweis zu „Einheit" lautet aber richtig: ZDR *9* (1845) 337—410.

Reyscher bleibt zwar im Schatten Beselers, erscheint aber doch in etwas kräftigerem Licht. Undeutlicher als für diesen bleibt für Reyscher ein diffus positiver Eindruck.

Entschiedener werden die Äußerungen, wenn man den Krebsgang in die Vergangenheit geht.

Erich Döhring widmet sich in seiner „Geschichte der deutschen Rechtspflege" (1953) mehr der praktischen Seite. Er bringt einige persönliche und literarische Daten in seiner Übersicht[14] und erinnert kurz an Reyschers kämpferische Kritik in Form der „Zeitschrift für deutsches Recht"[15]. „Hauptwortführer" der Erneuerungsbestrebungen „innerhalb[16] der Historischen Schule" ist auch ihm Georg Beseler. Als Tendenz unterstreicht er, man habe jetzt die Gegenwartsfragen energischer angegangen. Stärker noch findet er die „neue Geistesrichtung" der Lebensnähe aber ausgeprägt bei den „philosophisch-praktischen Juristen", bei Thibaut, Kierulff, Mühlenbruch, Einert, Thöl[17].

Wesentlich mehr Farbe kommt ins Bild mit der Darstellung des Tübinger Ordinarius *Walter Schönfeld*, die dieser zuerst 1943[18] und unverändert 1951[19] gab. Schönfeld ist sehr kritisch zur historischen Rechtsschule (im folgenden: HS) fühlt sich vor allem deutsch und will „naturrechtliches" Erbe bewahren. Aus dieser Haltung entsteht Auffallendes. Schönfeld widmet der Germanistik und besonders Reyscher als einem Exponenten ihrer Kritik mehr und freundlichere Worte als andere[20]. Er beginnt (S. 454):

„Es ist das große Verdienst des Tübinger Deutschrechtlers August Ludwig Reyscher, den ich als einen meiner Vorgänger im Amte betrachten darf, was ich mit Freude ausspreche, daß er über die soeben erwähnte Kritik von Falck hinaus den Angriff gegen den Historismus Savignys und Puchtas im Namen des deutschen und zugleich des Naturrechts eröffnet hat, weil er mit Recht davon durchdrungen war, daß beides untrennbar zusammenhängt."

Schönfeld setzt Reyscher daher von Eichhorn und J. Grimm ab. Dann geht er näher auf Reyschers Einleitungsaufsatz „Über das Daseyn und die Natur des deutschen Rechts" (Nr. 16)[21] ein — auf mehr aber auch nicht — und findet darin „kernige Sätze, die den Nagel auf den Kopf treffen" (S. 455). Er zieht

---

14 *Döhring*: aaO 435. Genau die gleichen Personalien gibt *Wieacker*, der nur wegläßt: „aus politischen Gründen" (sc. amtsentsetzt).

15 *Döhring*: aaO 347.

16 Über das nicht ganz Unproblematische dieser integrierenden Betrachtungsweise unten 128—48.

17 *Döhring*: aaO 347, im Anschluß.

18 In: Die Geschichte der Rechtswissenschaft im Spiegel der Metaphysik, bes. S. 180—3.

19 Unter dem Titel: Die Grundlegung der Rechtswissenschaft. Danach zitiere ich im folgenden. „Völlig umgearbeitet" (s. Blatt 2) wurden andere Partien, vor allem aber der Aufbau. Aus 548 S. wurden 539.

20 Geschichte 453—61, zu Reyscher bes. 454—6.

21 In: ZDR 1 (1839) 11—53.

auf dieser Basis eine gewagte Parallele zu Reyschers „großem Landsmann Hegel“ in Sachen dialektisches Denken[22], die wohl Wieacker ein wenig angeregt hat[23]. Die Natur der Sache habe Reyscher „wieder in ihre ewigen Rechte eingesetzt“ (S. 456), wie vor ihm Pütter und Runde und selbst Eichhorn[24]. Georg Beseler führt er als „Freund und Kampfgenossen“ (S. 457) Reyschers ein, dessen langer Rede — in „Volksrecht und Juristenrecht“ — kurzen Sinn Reyscher schon kürzer und besser ausgedrückt habe, auf den aber Beseler ebensowenig wie auf Falck Bezug nehme[25]. Schönfeld vor allem hat also die Linie der Kritik von Falck über Reyscher zu Beseler ausgearbeitet, die auch bei den späteren erscheint. Er allein gibt dabei aus den angeführten Gründen Reyscher entschieden den Vorzug. Im gleichen Jahr 1951 erschien in Cambridge die bis heute völlig unberücksichtigte ausgezeichnete Studie von *Richard Hinton Thomas* über „Liberalism, Nationalism and the German Intellectuals (1822—1847)“, die laut Untertitel „An Analysis of the Academic and Scientific Conferences of the Period“ bietet. Im Rahmen der darin wichtigen Germanistenversammlungen von 1846/47, die ja Reyscher initierte, finden sich “a few words” zu Reyscher selbst, “as he is comparatively little known”. Die wenigen klaren Sätze, freilich stark auf das Thema des Nationalen bezogen, bleiben bemerkenswert unbekannte und kontrapunktische Ausnahme, etwa zu Schönfeld.

Zwischen den Weltkriegen scheint die Aufmerksamkeit mehr dem Politiker Reyscher gegolten zu haben. *Hans-Otto Mayer* fertigt 1928 in Tübingen eine Dissertation zu „August Ludwig Reyscher als Politiker“[26]. Sie wurde von Adalbert Wahl betreut, „der in den 20er Jahren die süddeutschen liberalen Politiker aufarbeiten ließ“[27]. Wahls durchaus konservative Wertungen[28] scheinen in der

---

22 *Schönfeld*: aaO 455: „In dieser kritischen Besonnenheit, die unterscheidet, um zu verbinden, und verbindet, um zu unterscheiden, die also ‚dialektisch‘ (...) denkt“.

23 Oben 1 im Einleitungszitat: „auf der Grundlage (...)“. Die 1. Auflage (1952) enthält zwar diesen Satz noch nicht so (vgl. 242f), aber dafür für Reyscher einen ausdrücklichen Bezug auf *Schönfeld*, 180ff (S. 242 Fn 28), der wiederum in die 2. Auflage als schlichter Nw eingegangen ist.

24 Von den Belegen zu Eichhorn paßt der erste überhaupt nicht, der zweite nur sehr ungefähr, etwa i.S. von „Rechtsontologie“ (So Schönfeld 454). *Eichhorns* Votum für eine *rein geschichtliche* NdS steht klar in: ZgeschRw 1 (1815) 130f.

25 Dies bemängelt auch schon Reyscher in seiner Besprechung zu Beselers „Volksrecht“ (1843), s. Nr. 28a: ZDR 8, 349: „Das Bekannte ist hier, wenn auch ohne Anknüpfung an bereits Geleistetes, in klarer, würdiger Weise besprochen (...)“.

26 Borna, Leipzig, VIII u. 103 S.

27 *Angermann*: Mohl 11; zu nennen sind z.B. Uhland, Römer, C. G. Wächter.

28 Vgl. *Iggers*: Geschichtswissenschaft 320; bei *Wehler*: Deutsche Historiker, ist ein Artikel über Wahl leider weder erschienen, noch geplant. *K. E. Born* bemerkt zu Wahls „Deutsche Geschichte 1871—1914“ (1926—36): „Sehr stoffreich, aber im Urteil einseitig konservativ und nationalistisch“, *Gebhardt-Born* 223 unten.

sonst verdienstvoll die Quellen erschließenden Arbeit durch. Ich nenne etwa die Einstufung Reyschers als radikal und die Tatsache, daß Mayer die größten Verdienste und den edelsten (!) Liberalismus Reyschers in der Billigung von Krieg, Steuern und Soldaten zugunsten der deutschen Einheit sieht (S. 99). Das Gewicht liegt auf den Jahren nach 1848. Mayer verzeichnet zunächst

„äußerst liberale Anschauungen, die im Jahre 1848 ganz ins radikale Fahrwasser zurückfallen, ein immer stärker werdendes sich loslösen von den ursprünglichen Ideen bis zur Gründung der Nationalliberalen Partei, die die Gegensätze zwischen Konservativen und Liberalen zu einem guten Teil überbrückte." (S. 97)

Insgesamt sieht er dann doch ohne Vorbehalt „staatsmännische Verdienste" (S. 102).

1921 entwirft der Burschenschaftler und Tübinger Professor *Erwin Ruck* ein gewinnendes Lebensbild Reyschers für die „Burschenschaftlichen Lebensläufe"[29]. Die politische Seite Reyschers hält man damals freundlicher und bereitwilliger fest[30].

Wie in so vielen Fällen findet man die umfassende Gesamtwürdigung dann 1910 bei *Ernst Landsberg*[31]. Unter der Überschrift „Der Germanistische Ansturm und Beseler" (T. 495) macht er den Gegensatz von Romanisten und Germanisten zur Grundlage einer näheren Darstellung auf verbreiterter Quellenbasis[32]. Wie er selbst andeutet, hatte ihn zu dieser Sicht eine gleich zu nennende Rede Gierkes bestimmt (N. 222)[33]. Landsbergs Ergebnisse wirken blaß (T. 501). Reyscher sei „ein tüchtiger Gelehrter, ein allzeit zuverlässiger Jurist" (T. 501). Dies sind Attribute, die auch bei Landsbergs nüchterner

---

29 In: Quellen und Darstellungen zur Geschichte der Burschenschaft hrsg. von *H. Haupt*, Bd. 7 (1921) 134—42.

30 Vgl. *W. Grube*: Einheitsbewegung (1936) 332—37 zu Reyschers politischem Leben nach seiner Amtsentsetzung 1851 (unten 71ff); *K. Bachteler*: Die italienische Krisis und die Anfänge des Nationalvereins in Württemberg 1859. Diss. phil., Tübingen, 1934. B. bringt viel zu Reyscher wegen dessen wichtiger Rolle für den Nationalverein in Württemberg (dazu unten bei Fn II 301). *M. Traub*: Beiträge zur württ. Geschichte in der Reaktionszeit (1849—59). Diss. phil., Tübingen, 1937, 124 S., erwähnt Reyschers Entlassung und Nachwahl (aaO 71, 80). *O. Glück*: Beiträge zur Geschichte des württ. Liberalismus von 1833 bis 1848. Diss. phil., Tübingen, 1831, 141 S. kennt Reyscher ebensowenig wie *P. Goessler*: Der Dualismus zwischen Volk und Regierung im Denken der vormärzlichen Liberalen in Baden und Württemberg. Diss. phil., Tübingen 1932, 113 S. Alle diese Diss. wurden bei A. Wahl gearbeitet. Vgl. auch schon *A. Rapp*: Die Württemberger und die nationale Frage 1863—71 (1910); *H. Oncken*: R. v. Benningsen. Ein deutscher liberaler Politiker (1910); *Eugen Schneider*: Württembergische Geschichte (1896).

31 Geschichte der deutschen Rechtswissenschaft III 2, Text bes. 501—3, Noten 223—5; im folgenden stelle ich Nwe aus diesem Teilband z.B. so in den Text: (T. 501), (N. 223).

32 Wie der Text zeigt, benutzt L. aber hauptsächlich „Daseyn" (Nr. 16). Der Gegensatz Romanisten-Germanisten ist ihm „antagonistisches Prinzip" (T. 522).

33 Zu dieser Optik unten 129ff.

Stillage in ihrer Normalität fast schon negativ wirken. Im Anschluß betont er dann noch, Reyscher sei

„ein eifrig um das Wohl Deutschlands und seines engeren Vaterlandes bedachter Publizist und Politiker im liberalen, nationalen Sinne der 48er Jahre" (aaO).

Er sieht wissenschaftspolitische Verdienste, „rein" wissenschaftliche aber kaum[34]. Reyschers Rolle ist überlagert von der Beselers[35] und Wildas[36], für das württembergische Recht von der Wächters[37]. „Rationalistisch-naturrechtliche Anwandlungen" (T. 502) und aggressive politische Seiten[38] stören Landsberg. Sein eigenes juristisches und sonstiges Weltbild ist ihm ein wenig im Wege. Er versucht einen nüchtern-objektiven Anlauf zu nehmen (das eingerückte Zitat soeben) und einen ebensolchen Ausklang zu geben (T. 503). Man spürt aber das Unbehagen und anderenorts bricht es sich auch Bahn, etwa wenn er später einmal an Reyscher mit der Bemerkung erinnert, „uns als germanistischer Heißsporn genügend bekannt" (N. 284)[39]. Andererseits nimmt er ihn aber doch gegen ein Verdikt Mohls in Schutz (N. 224 und 192). Des Lesers Eindruck ist am Ende etwas zwiespältig.

Landsbergs Maßstäbe sind Reyscher nicht günstig. Als größere dogmatische Arbeit zählt nur das „Württembergische Privatrecht" (Nr. 11). Gerade hier geriet Reyscher aber wissenschaftlich entschieden in den Schatten Wächters[40], wenn auch dessen paralleles Werk unvollendet blieb. Ähnlich nennt Gierke in seinem „Deutschen Privatrecht" Wächters Leistung epochemachend, die Reyschers sorgfältig[41]. Die kritische und tatkräftige Leistung in juristischen Grundfragen, etwa der Thesen der HS, schlägt wenig zu Buche. Sie war zu polemisch, zu politisch. Die Frage, ob Grundlagendiskussion damals nicht sehr politisch, wenn auch vielleicht nicht polemisch, geführt werden mußte, bleibt ungestellt. In diesem Zusammenhang ist es vielleicht nicht unange-

---

[34] T. 503: „Die eigentliche Forschungs- und Gedankenarbeit dafür (sc. die Germanistik) haben ja andere geliefert".

[35] T. 507: „So waren die Dinge vorbereitet, ja schon lebhaft in Gang gekommen, als Beseler durch sein Buch ‚Volksrecht und Juristenrecht', Leipzig 1843, eingriff und die Führung dieser germanistischen Bewegung an sich zog." Bez. auch die vor Fn 32 erwähnte Überschrift Landsbergs.

[36] T. 504f.

[37] T. 501f, 613—5, 612, auch N. 224; „Indessen sollte gerade hier der entscheidende Schritt nicht im Zeichen der Germanistik, wie es Reyschers Wünschen gewiß entsprochen haben würde, sondern der romanistischen Wissenschaft getan werden" (T. 612). Zu Wächter und beiden Darstellungen des Württ. Privatrechts unten 35ff.

[38] Z.B. T. 503f die Gegenüberstellung *Wilda*-stiller Forscher, „*Reyscher*, der politisierende, polemisierende, legislativ und rationalistisch interessierte Teil", als welcher er sich *nicht* wie Wilda einen „dauernden Namen" erworben habe.

[39] Ganz anders die liebevolle Schilderung Wildas, T. 504f.

[40] Dazu ausf. unten 39—46.

[41] Bd. 1 (1896) 100; noch deutlicher: HS 30, wo er Wächters Werk zukunftsweisend und „vorbildlich" nennt, Reyscher dagegen übergeht.

bracht, auf parallele Probleme Landsbergs bei anderen, auch nicht so für das „reine" Erkennen engagierten Juristen hinzuweisen. Ich nenne als Exponenten Karl Rotteck[42] und K. Th. Welcker. Deren „Staatslexikon"[43] schließt Landsberg von seinem Wissenschaftsbegriff her als unwissenschaftlich aus der Betrachtung und den Verdiensten aus (T. 396f). Bei C.J.A. Mittermaier (1787—1867)[44] will er sich dessen offenbaren Leistungen für eine gegenwartsnahe liberale Jurisprudenz zwar nicht verschließen. Aber daß dieser „im Ausland" Savigny gleichgestellt wurde, macht ihm doch große Schwierigkeiten, denn „von einer Gleichordnung im Reiche der Geister durfte nie ernsthaft die Rede sein" (T. 437)[45].

Nicht uninteressant ist es von hier aus, daß *Rudolf Hübner* in seinem gründlichen und wichtigen Aufsatz aus der gleichen Zeit (1910) über „Karl Friedrich Eichhorn und seine Nachfolger"[46] Reyscher nicht erwähnt. So sehr wirkt sich das Fehlen einer dogmatischen Leistung im gemeindeutschen Privatrecht aus. Man mag sich hier der Worte des Zeitgenossen Thibaut erinnern,

„Wie kann aber hier jemals ein wahrer Eifer der Lehrer für das einheimische Landrecht entstehen, da sie immer bey Vorträgen über allgemeineres Recht auf ein weit größeres Publikum rechnen können, besonders insofern, als sie schriftstellerische Arbeiten unternehmen? Auch wird sich jeder Lehrer besserer Art die goldene Aussicht erhalten wollen, in anderen Freyhäfen eine freundliche Aufnahme zu finden, wenn seine bisherige Stelle ihm mißfällt, also nicht zu viel aufladen, was die Freyzügigkeit beschwerlich machen könnte"[47],

um hier noch eine Nachwirkung zu sehen, selbst wenn Thibaut etwas schwarz gemalt haben sollte. Für Reyscher sollte das Problem, 1851 einen wirklichen „Freyhafen" zu finden, schmerzlich zutreffen[48].

---

42 Zu ihm ausgleichend etwa *Srbik*: Geist 343 mNw.; *Müller-Dietz*: Welcker Fn 261 mvNw.

43 *Müller-Dietz*: Welcker 10, wendet sich behutsam gegen eine abwertende Vernachlässigung der Gemeinsamkeiten von Politik und Recht. Zum Staatslexikon gründlich *Müller-Dietz*: aaO 38f.

44 Über diesen, der momentan eine kleine Renaissance zu erleben scheint, beziehungsreich *Lüderssen*: JuS 1967, 444—8 mNw, und seine Einleitung zu: Feuerbach/Mittermaier (1968) 7—57; *Landwehr*: Hd. Jb. 1968, S. 29—55, Festvortrag v. 7. 7. 1967 anl. einer Gedenkfeier zum 100.sten Todesjahr Mittermaiers. Vgl. auch *Jammers*: Heidelberg 61—5, der sehr schön und gründlich zu M's Rolle als Ordinarius des Spruchkollegiums berichtet, die vieles im Detail aufleuchten läßt.

45 Vgl. *Macdonell/Manson*: Great Jurists, die 1944 Mittermaier, Savigny und Jhering in ihre Sammlung aufnehmen, bes. S. 560, wo Goldschmidt in seinem Mittermaier-Artikel von 1867 schreibt: „Of all German legal scientists, even Savigny not excepted, his name is internationally best known and most esteemed." Nwe für die Auslandeinschätzung Mittermaiers bei *Jammers*: Heidelberg 60 Fn 100; als Beispiel gegenüber Landsberg wäre auch der wichtige preußische Jurist *Bornemann* zu nennen, darüber unten 114f.

46 In: Festschrift für H. Brunner (1910) 807—38.

47 In: Notwendigkeit (1814) 49.

48 Zu seiner Amtsentsetzung unten 66ff.

Otto Gierke ist es dann, der 1903 in einer Rede über „Die historische Rechtsschule und die Germanisten"[49] souverän die Linien zog, die auch Landsberg im wesentlichen einhielt. Gerade für die weiter gespannte Zuordnung fallen hier manche Würfel. Dem Beselerschüler Gierke mag der Anteil Reyschers an den Diskussionen weniger bedeutsam oder gar abträglich erschienen sein. Auch Reyscher und Beseler waren sich keineswegs immer einig[50]. So gerät in seiner Darstellung Reyschers geistiger Anteil relativ klein; den organisatorisch-politischen vermerkt er. Die Unterschiede zu Beseler gerade im Verhältnis zur HS werden nicht berührt.

Bevor ich zu dem übergehe, was noch von Zeitgenossen stammt, ein Blick in die *Verfassungsgeschichte*. Dort übergeht man Reyscher nahezu völlig. Literarisch gelehrte Großtaten und Institutionengeschichte stehen hier ziemlich im Vordergrund der Darstellung. *Feine*, *Forsthoff*, *Molitor*, *Scheyhing*[51], *Hartung*[52], *Kimminich*[53], auch *Krüger*[54] bieten nur Fehlanzeige. Nicht anders steht es, wenn man das „Staatslexikon"[55] aufschlägt oder ähnliche Werke[56]. Auch *Bluntschlis* ältere das „Geschichte der neueren Staatswissenschaften" (1864[1], 1881[3]), die doch auch die Zeitgenossen weitgehend würdigt, enttäuscht. In *Mohls* Monument[57] über „Geschichte und Literatur (...)" sind dann einige Schriften erwähnt, aber nur sehr vereinzelt[58]. Nur *E. R. Hubers* vielbändiger Großversuch[59] informiert ein wenig. Wie meist gibt er eine Kurzbiographie in den Noten (II 509). Eine

---

49 „Zur Gedächtnisfeier des Stifters der Berliner Universität / König Friedrich Wilhelm III / in der Aula derselben / am 3. August 1903", 36 S., 127 Anm.

50 Zu Beselers größerer „Vorsicht" unten bei Fn III 250 und in Fn III 297.

51 Deutsche Verfassungsgeschichte der Neuzeit. 2. A. 1940, 150 S.; Dt. Verfassungsgeschichte der Neuzeit. Ein Abriß. 3. Aufl. 1967, XV u. 192 S. (zuerst 1940); Grundzüge der neueren Verfassungsgeschichte. 1948, 131 S., vgl. nur aaO 60f; Dt. Verfassungsgeschichte der Neuzeit, 1968, 245 S.

52 Deutsche Verfassungsgeschichte vom 15. Jahrhundert bis zur Gegenwart. 9. Aufl. 1969 (zuerst 1914).

53 Deutsche Verfassungsgeschichte. 1971, 703 S.

54 Allgemeine Staatslehre. 1964, 1028 S.; 2. dgs. Aufl. 1966.

55 Staatslexikon der Görresgesellschaft, 6. Aufl. 1957—63, vgl. das Register Bd. 8 am Ende.

56 Handwörterbuch der Staatswissenschaft von Elster, Weber, Wieser, Bd. 7 (1926), Erg. Bd. (1929); Evangelisches Staatslexikon (1966); Handwörterbuch der Sozialwissenschaften (1956—68).

57 3 Bände: I (1855) 599 S., II (1856) 602 S., III (1858) 732 S.

58 AaO II 273: zu „Publ. Versuche" (Nr. 7), wo er deren Optik allenfalls politische Berechtigung zugesteht; II 262: Der historische Teil der „Publ. Vers." sei nur „von geringer Bedeutung", weil „ihm (sc. Reyscher) die inneren Quellen nur wenig zugänglich waren"; II 325: Erwähnt die Einleitung der „Gesetzessammlung" (Nr. 4a) ohne Kommentar; II 594: Sagt er zum „Eichhornnachruf" (Nr. 56a): „gute Schilderung seiner Person und Leistungen gibt Reyscher."

59 Deutsche Verfassungsgeschichte seit 1789. Bd. I, 1957, 820 S., II, 1960, 935 S., III, 1963, 1074 S., IV, 1969, 1256 S.

Stellungnahme findet sich aber nicht[60]. Unter den „bedeutendsten Vertretern" der zahlreichen liberalen Gruppen, die er aufstellt (II 390), findet man zwar Beseler, aber nicht Reyscher (II 392ff). Zweifellos hat Reyscher für all diese Werke zu wenig Staatsrechtliches produziert[61], vor allem keine größeren dogmatischen Opera. An das berühmt gewordene Hannoversche Gutachten anzuknüpfen[62], hätte andererseits eine gewisse Vorliebe für eine liberale Tradition vorausgesetzt. Immerhin eröffnete *Hans Schneider* 1955 einen Staatsrechtslehrertag in Tübingen mit einem ganz kurzen Streiflicht zur liberalen Tradition der Fakultät im Vormärz und erinnerte an die Namen eines Mohl und Reyscher[63]. Unter erneuerten Grundrechten entdeckte man in der Mitte der sechziger Jahre auch Reyschers dahingehörende Forderungen in seinen „Publicistischen Versuchen" (1832) wieder[64]. Kurz zuvor hatte *Böckenförde* 1961 an Aktivitäten Reyschers erinnert [65]. Er nennt die „Einladung" von 1846[66], rechnet ihn fälschlich zu den Paulskirchenmitgliedern (S. 74 Fn 2), erwähnt das „Kampforgan" ZDR mit treffendem Hinweis auf seine „nationale" Aufgabe (S. 79) und versäumt nicht, aus „Daseyn" (Nr. 16) beizubringen, daß Reyscher früh Schellingsche Geschichtsmetaphysik bei Savigny gefunden und kritisiert habe (S. 82). Insgesamt ist das verfassungsgeschichtliche Bild vielleicht nicht so aussagekräftig, weil Reyscher hier tatsächlich weniger geboten hat.

Sobald die Zeitgenossen ins Spiel kommen, setzt Streit ein. Es wird persönlicher. Das beginnt 1902 mit *Mohl* und *Thudichum*, auf die ich sogleich zu sprechen komme. Man findet nicht minder Polares aber schon 1840, wenn man zwischen *Beselers* „vorurteilsfreier und hellblickender Gelehrter"[67] und *Puchtas* abschätzigem „jüngste, weniger gemüthliche Vertreter des Germanismus"[68] wählen darf. *J. Grimm* scheint Reyscher „ein heftiger schwieriger Mann, mit dem man sich leicht zerwerfen kann"[69]. Ein württembergischer politischer Bekannter, *Friedrich Notter*[70], findet Reyscher 1848 zunächst ganz „unbedeutend",

---

60 Auch nicht II 110; III 187, 190.

61 Einen Überblick gebe ich am Schluß des 3. Kapitels.

62 Nr. 14, dazu unten 101ff.

63 VVdStRl 13 (1955) 2, ein dankenswerter Hinweis von *M. Stolleis* (München).

64 Benutzt bei *Fr. Schneider*: Pressefreiheit (1966), etwa 291, und *Fr. Müller*: Korporation (1965) bes. 261, 274, 295f.

65 Verf. gesch. Forschung (1961).

66 = ZDR 10, 183 zur Germanistenversammlung (Nr. 35): aaO 74 Fn 1.

67 So über Reyscher, in: Krit. Jb. 1840 II, 814.

68 Krit. Jb. 1840 II, 675.

69 Brief an Dahlmann v. 7. 11. 1846, bei *v. Ippel* I 517; Hintergrund ist der Streit um Reyschers Abstimmungsversuch in Frankfurt und Grimms Bericht darüber; s. *v. Ippel* II 521 (Anm. mit Daten und Texten); näheres unten 171—5.

70 1801—84, Schriftsteller und Politiker, gemäßigt liberal, Burschenschafter und wichtiger Freund Paul Pfizers, in dessen berühmten „Briefwechsel" (1831) gedanklich eingegangen. Über ihn mit reichen Nwn *Walter Hagen*, in: Lebensbilder aus Schwaben und Franken 11 (1969) 214—36.

meint aber doch ein halbes Jahr später, „Reyscher sei ein gelehrter und dabei sehr rechtlicher Mann, aber freilich mit einem starken Anflug von Geckenhaftigkeit und ohne ausgezeichnete Verstandeskräfte“[71]. Großes Wohlwollen kann man wieder aus den *Hallischen Jahrbüchern* von 1841, dem Artikel über „Die Universität Tübingen“, belegen[72]. Ganz anders klingt eine Briefstelle von *August Vilmar*, der in einem Brief vom 27. 9. 1846 die Germanistenverhandlungen mit der Bemerkung bedachte[73]:

„Mit den Versammlungen bin ich freilich sehr unzufrieden, denn da hat ganz und gar der revolutionäre Jan Hagel geherrscht. Klatschen, Bravorufen, Stampfen war an der Tagesordnung, wenn Leute wie Jaup, Welcker, *Reyscher* so recht liberale Lumpenphrasen vorbrachten.“

Eine abgewogene, zugleich die einzige gründlichere Quelle von dritter Seite, ist schließlich der Beitrag des Herausgebers von Reyschers „Erinnerungen“ *Karl Riecke* in der ADB von 1889[74]. Dort werden Reyschers „Freimut“ und seine „wahrhaft unabhängige Gesinnung“ betont. Er sei eine „edel angelegte Natur“ gewesen, „mit einem Zug zum Idealen“ (S. 368). Die Nachrufe sind nicht weiter ergiebig[75].

An den Schluß dieser „Fühlungnahme“ stelle ich das Urteil *Robert Mohls* (1799—1875) in seinen „Lebenserinnerungen“. Es darf aus mehreren Gründen Aufmerksamkeit beanspruchen: Das Urteil ist sehr scharf, man war sich bestens bekannt, Mohls Erinnerungen sind eine nicht alltägliche Quelle und das Urteil provozierte eine Replik. Der nur drei Jahre jüngere Mohl[76] wurde fünf Jahre vor Reyscher, in dessen letztem Semester, Sommer 1824, außerordentlicher Professor in Tübingen[77]. Mit den Juristen und Freunden Carl Georg Wächter (1797—1880), Karl Wächter-Spittler (1798—1874), Karl Friedrich Scheurlen (1798—1850)[78] und anderen bildete er schnell einen einflußreichen Reformkreis, den sogenannten „Kaffee“[79]. Rückblickend von etwa 1845 kann er eitel feststellen: „Ich war auf diese Weise während etwa zehn Jah-

---

71 Tagebucheintrag, abgedruckt bei *Grube*: Notter, ZWLG 25 (1966) 237.

72 Zu den Hall. Jahrbüchern und diesem Artikel ausf. unten 24—7.

73 Nach *Müller-Dietz*: Welcker Fn 665 mNw; über August Vilmar s. die Kurzbiographie bei *Huber* III 218 Fn mit dem Stichwort „hochkonservativ“; die Kursive stammt von mir.

74 ADB 28 (1889) 360—8.

75 Im Neuen Reich, Wochenschrift für das Leben des deutschen Volkes in Staat, Wissenschaft u. Kunst. 10. Jahrg. 1880, S. 716—20, ungez.; Schwäb. Merkur 1880, S. 597f, 733f, 745f; Augs. Allg. Zeitung 1880, S. 1384; vgl. auch *Teichmann*, Art. Reyscher, in: *Holtzendorff*, Rechtslexikon 3 (1881³) 474; *Härle* (Hg.): Reden zum Andenken . . . Cannstatt, o. J. (1880), 31 S.

76 Umfassend *Erich Angermann*: Robert von Mohl. 1962, 448 S., eine Freiburger historische Habil.schrift.

77 *Angermann*: Mohl 29.

78 Zu allen Genannten Näheres unten 22ff.

79 *Angermann*: Mohl 41f; *Mohl*: LE I 161, 172ff, 176—9; auch *Wächter*: Leben 35 Fn.

ren unbestritten der einflußreichste Mann bei der Universität"[80]. Bis zu seinem politisch bedingten Abschied von Württemberg im Jahre 1845 war Mohl also Kollege von Reyscher. Allerdings waren sie nicht in der gleichen Fakultät, denn Mohl war, anfangs zu seinem Leidwesen, an der seit 1817 bestehenden staatswirtschaftlichen Fakultät[81]. Aber sie waren Fachkollegen im Staatsrecht, das sie oft im Wechsel vortrugen[82]. Über die Konkurrenzlage unterrichten etwa die zeitgenössische Beschreibung der Universität Tübingen in den Hallischen Jahrbüchern von 1841[83], die Worte Thudichums zur Verteidigung Reyschers[84], eine Briefstelle Reyschers an Gervinus[85] und die Tatsache, daß Reyscher der Mann war, die detaillierteste Rezension zu Mohls Württembergischem Staatsrecht[86] zu schreiben. Sie war für Hofackers „Jahrbücher für Gesetzgebung und Rechtpflege in Württemberg"[87] bestimmt, die jedoch gerade ins Stocken geraten waren. Reyscher nahm sie daher als „Zusätze und Berichtigungen zu Mohls Staatsrecht (...)" in seine „Publicistischen Versuche" von 1832 auf[88]. Man war sich also gut bekannt.

Mohls Lebenserinnerungen durften erst einige Zeit nach seinem Tode veröffentlicht werden. So ungeschminkt waren sie geschrieben[89]. Sie entstanden sukzessive zwischen 1849 und 1874[90]. Wegen ihrer vehementen Subjektivität wird ihr Wahrheitsgehalt manchmal angezweifelt[91]. Der Unterschied zur betont abgewogenen „Geschichte und Literatur der Staatswissenschaften"[92] ist groß. Mohl selbst betont aber bei allem Bewußtsein seiner Subjektivität („wie ich die Dinge und Menschen erlebt habe", S. 2) den Ernst seiner Aufzeichnungen als „aufrichtige und ins einzelne gehende Schilderung (...) zu ernstem Gebrauche (...) weniger seiner eigenen Zeit (...) als (...) für künftige Geschichtsschreiber (...)", (S. 1). So sind sie eine zwar ambivalente, weil sehr kräftig farbige, aber doch starke Quelle.

---

80 Nach *Angermann*: Mohl 43; *Mohl*: LE I 178.

81 *Angermann*: Mohl 29; Mohl wurde an dieser Fakultät 1827 Ordinarius.

82 Neben Adolf Michaelis; zu diesem unten 22—7.

83 Hall. Jb. 1841 II 214—7, 225; zum Hintergrund dabei unten 24f.

84 1902; darüber sogleich im Text.

85 UB Heidelberg, Brief v. 29. 12. 45: Im Zusammenhang mit Fragen Gervinus' bei Mohls Heidelberger Berufung vergleicht Reyscher ihre Hörerzahlen im Staatsrecht: Sie seien durchaus paritätisch.

86 Das Staatsrecht des Königsreichs Württemberg. 2 Bände, Tübingen 1829—31; 2. A. 1840.

87 Stuttgart 1824—34, 4 Bände.

88 Dort als Teil III, S. 250—349.

89 Vgl. nur die hier benutzten Urteile über *Michaelis* (unten nach Fn II 57), *Scheurlen* (bei Fn II 73), *K. Wächter* (bei Fn II 90), *Malblanc* (bei Fn II 75) und *C. G. Wächter* (in Fn II 114).

90 *Mohl*: LE I 3.

91 Von *Landsberg* für Reyscher (N. 224), für C. G. Wächter (N. 183), allgemein (N. 191); anders für seine Zwecke *Hock*: Lib. Denken 6.

92 3 Bände, 1855—8.

Fällt schon auf ganz Tübingen etwas der Makel engstirniger Provinzialität[93], so erscheint Reyscher geradezu als deren Exponent. Mohl sagt:

„Er ist eine der Mittelmäßigkeiten, welche den Mangel an Begabung durch Selbstüberschätzung ersetzen und um so mehr Ansprüche machen, als sie zu keinen berechtigt sind; dabei eigensinnig und hartnäckig bis zum Unerträglichen. Es war ganz sprichwörtlich geworden, daß, wenn in der ganzen Windrose der Gedanken ein recht verkehrter sei, Reyscher denselben aufgreife" (S. 207)[94].

Auch in Mohls durchweg deutlichem Kontext ist dies Urteil derb zu nennen. Man darf es wohl weder als persönlich abwerten oder als treffend fixieren, sondern mehr als Beleg dafür nehmen, wie in Tübingen und nicht nur dort, die *Wissenschaftssituation wenigstens zwei Pole* hatte, deren einen eben Reyscher verkörpert. Man muß sich das politisierende Klima der Restaurationsepoche klar machen, das ja gerade auf gärenden Grundlagendifferenzen beruht. Mohl selbst spricht von „einer Zeit, wie die unsrige, wo nächstens Steine und Felsen politisieren werden"[95], eine Zeit, für die ebendarum nach Mayer (S. 100), „wie wir aus Zeitungsberichten verschiedentlich gesehen haben, (sc. Reyscher) wie alle Politiker zu Lebzeiten eine umstrittene Persönlichkeit" war. Gerade Mohls abweisende Schärfe mag daher viel eher ein Hinweis darauf sein, daß Reyschers Rolle doch nicht so unbedeutend war. Er stilisiert ihn fast zum Universitätsnarr, Hofnarr — und diese hatten doch nicht selten Bedeutung.

In diese Richtung weist denn auch, daß prompt im Jahre der Veröffentlichung dieser Worte eine Verteidigung gegen „Robert von Mohls Angriffe auf die Universität Tübingen und insbesondere auf Professor Ludwig Reyscher"[96] von dem damaligen Tübinger Germanisten *Friedrich Thudichum* (1831—1911) erschien. Auch Landsberg nennt Mohls Worte „ungerecht"[97]. Bei Thudichum erscheinen Tübingen und Reyscher in ganz anderen Farben. Für sein positives Urteil erinnert er an Reyschers grundlegende Quelleneditionen, die „Sammlung der Württembergischen Gesetze" (1828—51), ein Werk, „wie es bis auf den

---

93 Verständlich angesichts Mohls „unglaublich vielfältigen kosmopolitischen Beziehungen", so *Angermann*: Mohl 17 anhand der Briefe; ähnlich, aber behutsamer: *Hall. Jb.* 1841 I 441—6 bei Beschreibung von Stadt und Leuten in Tübingen.

94 Letzteres vielleicht im Gedanken an den Statutarrechtsstreit, dazu unten 101: Kurz erwähnt ist Reyscher auch S. 204 und 215, aber ohne bes. Züge.

95 Nach *Angermann*: Mohl 34, aus einem Brief Mohls an seinen Bruder Julius v. 17. 4. 33.

96 In: Tübinger Chronik vom 5. und 7. 3. 1902; über *Thudichum*: *Landsberg* N. 405, ganz knapp die Daten, ohne Stellungnahme; *Ph. Heck*, in: Württembergischer Nekrolog S. 79—84; Heck erinnert an Th's Bedeutung für die Rechtsgeschichte, insbes. seine rechtsgeographische Forschung und meint mit Blick auf seine staatsrechtlichen u. politischen Schriften, er sei im Grunde mehr Publizist als Forscher gewesen. Einen sehr verhaltenen Nachruf schrieb dann *Ulrich Stutz*, in: ZSGerm 34 (1913) 737ff. Besonderer Ruhm scheint in diesen Stimmen nirgends durch.

97 N. 224, offensichtlich nach *Gierke*: HS, Fn 32.

heutigen Tag (sc. 1902) kein anderer Staat besitzt"[98] und die „Sammlung altwürttembergischer Statutarrechte 1. Band" (1835)[99], das Lehrbuch über „Das gesammte württembergische Privatrecht" (1837—1848)[100], die Initiative und Durchführung der „Zeitschrift für deutsches Recht und deutsche Rechtswissenschaft" (20 Bände, 1839—1861)[101], sein mutiges und gründliches Gutachten in der Hannoverschen Sache (1839)[102], mit dem Reyscher „in die vorderste Reihe der Vorkämpfer für Recht und Freiheit" getreten sei, die Initiative zur ersten Germanistenversammlung in Frankfurt (1846)[103] und schließlich das lebenslange Engagement für Freiheit und Einheit. Thudichum legt damit einen Wert auf die Arbeit an Quellen und Partikularrecht, sowie die politische Seite, der heute zu hoch angesetzt erscheinen mag. Er befolgt damit aber die damaligen Relationen, nämlich: große Unsicherheit in der Quellenlage des konkreten positiven Partikularrechts, starkes Überwiegen der Beschäftigung mit dem römischen Recht, starke Vernachlässigung des undankbaren Partikularrechts — ich erinnere an Thibaut[104] —, starke obrigkeitliche Behinderung selbst der Lehre[105]. In all diesen Punkten war Reyscher ein professoraler Nonkonformist.

Für eine Art Bipolarität der Tübinger Wissenschaftssituation spricht auch die erwähnte Beschreibung in den Hallischen Jahrbüchern, in der Mohl und Reyscher ganz als etwa gleichwertige Kontrahenten erscheinen. Ebendarauf weisen die handschriftlichen Anmerkungen von Otto Sarwey, dem späteren

98 Zur Gesetzessammlung und dem durchweg sehr positiven Echo dazu unten 84f.

99 Dazu unten 93.

100 Dazu unten 95ff.

101 Dazu unten 105ff.

102 Dazu unten 101.

103 Dazu unten 170ff, dort Fn 549 zur Initiative; vgl. auch Fn II 288 zur Einschätzung der Versammlungen.

104 Oben 7. Eine köstliche, aber doch sehr ernste Satire der damaligen Rechtsanwendung, wie sie theoretisch sein sollte und praktisch sein konnte und war, gibt der gerade pensionierte Oldenburger Richter *H. J. Siegen* in seinen: Juristische Abhandlungen. 1834, IV, 342 S., bes. S. 239—82; „Über das sog. gemeine deutsche Recht und seinen Einfluß auf die Justiz"; nichts über ihn bei *Döhring*: Geschichte; *ADB*; *Landsberg*; *Wieacker*: Geschichte.

105 Ein Werk über *Politik und Wissenschaft im 19. Jahrhundert*, etwa auch die Zusammenhänge damaliger Berufungen, fehlt. Ich kann daher nur allgemein bekannte Eingriffsfälle nennen, also etwa die Maßnahmen infolge der *Karlsbader Beschlüsse* (Huber: Dokumente I 90: § 1 „den Geist, in welchem die akademischen Lehrer bei ihren öffentlichen und Privatvorträgen verfahren, sorgfältig zu beobachten"); die Bonner Demagogenverfolgung um *Welcker*, *Arndt* (Müller-Dietz: Welcker 21f mvNw) und *Jahn* (Wallmann: Einflußnahne 89—94); die bes. krassen Maßnahmen gegen den Marburger *S. Jordan* zwischen 1831—45 (Wallmann: aaO 22—37, auch Müller-Dietz: aaO 42, 118f), die Pensionierung *Welckers 1832* (Müller-Dietz: aaO 37f); sonst *Huber* I 739—42, *Klüpfel*: Univ. Tüb. 291f, *Stadelmann*: Revolution 55; konkretes noch bei *Traub*: Württ. Reaktionszeit 59—82; für *Türk*'s Entlassung u. Fn III 82.

Staatsrechtler[106], in einer Vorlesungsmitschrift zum „Deutschen Staatsrecht von Reyscher" (170 S., 1843)[107] hin, in denen dieser sich fragt, welcher von beiden nun scharfsinniger sei.

Daß die Urteile Mohl-Reyscher auf Gegenseitigkeit beruhen, belegen etwa der Kernsatz aus einem Brief Reyschers an Gervinus, „Es fehlt seinem (sc. Mohls) Streben ein sittliches Prinzip"[108], der Schluß seiner „Zusätze" in den „Publicistischen Versuchen" und einige Stellen in der Zeitschrift. In den „Versuchen" bemerkt Reyscher, nachdem er auf Mohls Vorredenwunsch, nicht anonym zu rezensieren, eingegangen war:

„(...) glaubte diesem Wunsche um so mehr entsprechen zu müssen, als er dem Herrn Verfasser durch seine akademischen Berührungen zu einer besonderen Offenheit verpflichtet ist. Andererseits hofft er jedoch von demselben gegen diese kollegialische Höflichkeit einen Beweis wechselseitiger Gunst sich darin erbitten zu dürfen, daß er die gemachten Erinnerungen, selbst wenn sie hie und da Lieblingsmeinungen (!) verletzen sollten, mit gleicher Achtung für fremde Ansichten aufnehmen möge" (S. 349).

In ZDR 1 (1839) wirft er Mohl „Anhäufung unnützen Details" vor und widerspricht dessen herber Kritik an Maurenbrechers Staatsrecht[109]. In ZDR 3 (1840) repliziert er kurz und hart dessen „neuesten Angriff auf die gemeine Staatsrechtslehre" (S. 193—5). In seinen „Erinnerungen" erwähnt Reyscher Mohl dreimal, aber ohne Stellungnahme[110].

Ich wollte damit zeigen, welche Rolle diese konkreten Gegensätze spielen. Die Tübinger „Landschaft" mit ihren Statisten und Parteien ist doch sehr wichtig. So scheint es mir richtig, Reyschers Lebensumständen etwas genauer nachzugehen. Vor allem das Studienmilieu, seine frühen prägenden Jahre, sollen plastisch werden.

Nur auf einen neuesten, ganz selbständigen und interessanten Einordnungsversuch von *H. Marx* und einige weitere Fehlanzeigen möchte ich zuvor noch hinweisen. Marx untersucht in seiner Göttinger Dissertation von 1967 „Die juristische Methode der Rechtsfindung aus der Natur der Sache bei den Göttinger Germanisten J. St. Pütter und J. F. Runde". Dies führt ihn am Schluß auch auf Reyscher, da er eine „Neubelebung dieser Methode in der Mitte des

---

106 *Otto Sarwey*: Das Staatsrecht des Königsreichs Württemberg. 2 Bände. Tüb. 1883, 360 u. 564 S., Register; dazu *Korn*: Die Entwicklung vom frühliberalen zum konstitutionellen Staatsbegriff, dargestellt an den Lehren O. v. Sarweys, Diss. iur. Münster, 1971.

107 UB Tübingen Mh II 35; lt. Hörerverz. waren Sarweys Fleiß und sein Rescriptum „sehr gut".

108 UB Heidelberg, Brief vom 15. 10. 1845, s. Anhang: a, auf Gervinus' Anfrage wegen der bevorstehenden Berufung Mohls nach Heidelberg.

109 Diese stand in Krit. Jb. 1837 I, 452—68; eine „Antikritik" Maurenbrechers: aaO 1837 II, 854—60.

110 Erinnerungen 86, 93, 215.

19. Jahrhunderts" (S. 122) aufweist. Darauf wird im Abschnitt „Reyschers eigene Lösung" (unten 350ff) einzugehen sein. Die erwähnten Fehlanzeigen stelle ich in einer Anmerkung zusammen[111].

111 Nichts zu Reyscher bei: *Dahm*: Deutsches Recht, 1963² (zuerst 1944); *Schröder-v. Künßberg*: Lehrbuch der deutschen Rechtsgeschichte, 1932⁷ (zuerst 1899); *Planitz-Eckhardt*: Deutsche Rechtsgeschichte, 1971³ (zuerst 1950, Vorläufer seit 1936); *Schwerin-Thieme*: Deutsche Rechtsgeschichte, 1950⁴ (zuerst 1934); *Zycha*: Deutsche Rechtsgeschichte der Neuzeit, 1949² (zuerst 1937); *Mitteis-Lieberich*: Deutsche Rechtsgeschichte, 1971¹² (zuerst 1949); *Mitteis-Lieberich*: Deutsches Privatrecht, 1968⁵ (zuerst 1950); *Boehmer*: Grundlagen (...) Zweites Buch, 1. Abt.: Dogmengeschichtliche Grundlagen des bürgerlichen Rechts, 1951, vgl. darin S. 54 und 71; *Molitor*: Neuere Privatrechtsgesch., 1949; *Enneccerus-Nipperdey*: Allg. Teil des BGB, Teil 1, Abschn. 5: „Geschichte der Privatrechtswissenschaft".

REYSCHERS LEBEN

August Ludwig Reyscher[1] lebte von 1802 bis 1880. Am 10. Juli wurde er in Unterriexingen[2] bei Vaihingen an der Enz geboren, am 1. April 1880 starb er in Cannstatt bei Stuttgart. Er hat nicht viele[3] der Nachwelt noch gegenwärtige Altersgenossen, z. B. den Juristen Julius von Kirchmann (1802—1884)[4] und den Rechtsphilosophen Friedrich Julius Stahl (1802—1861)[5], den Linkshegelianer Arnold Ruge (1802—1880)[6] und den Dichter Wilhelm Hauff (1802—1827)[7]. Selbst in dieser nicht allzu illustren Gesellschaft ist Reyschers Name gewiß der unbekannteste. Darauf deutet schon ein Blick in ein neueres umfassendes Lexikon, in dem von den Genannten allein sein Name nicht verzeichnet ist[8].

Elternhaus. Kinderzeit. Schreiberjahre

Reyscher stammt aus einer Pfarrersfamilie mit hugenottischen Vorfahren seitens der Mutter, einer Tochter des Universitätskanzlers Le Bret (1732 —

---

1 Hauptquellen sind *Riecke*: ADB 28 (1889) 360—8 und *Reyschers* „Familienbuch" (1869) und „Erinnerungen" (1884). Die Seitenzahlen aus letzteren erscheinen im folgenden ganzen Kapitel eingeklammert im Text, etwa: (S. 55).

2 *von Memminger*: Beschreibung von Württemberg. 2. Auflage, Stuttgart 1823, hier S. 527, nennt es „Marktflecken" und zählt 845 Einwohner; Reyscher spricht von 800 für 1810, s. Erinnerungen 39.

3 Diese Feststellung beruht auf einer im Laufe der Arbeit entstandenen Tabelle zahlreicher Lebensdaten.

4 Kirchmann hielt bekanntlich 1848 den aufsehenerregenden Berliner Vortrag „Über die Werthlosigkeit der Jurisprudenz als Wissenschaft." (44 S.); über ihn etwa *Landsberg* T. 737ff; *Wieacker*: Geschichte 415f. Der Titel wurde vielfach aufgenommen, vgl. nur *Larenz*: Über die Unentbehrlichkeit der Jurisprudenz als Wissenschaft. 1966; zur damaligen Diskussion jetzt neue Akzente bei *Hattenbauer*: Grundlagen 168—73.

5 Er schrieb bes.: Die Philosophie des Rechts nach geschichtlicher Ansicht. Bd. I 1830, Bd. II 1 1833, Bd. II 2 1837, 4. Aufl. 1961; statt aller *Landsberg* T. 370—5.

6 Bekannt als Mitbegründer der „Hallische Jahrbücher für deutsche Wissenschaft und Kunst" (1838—43). Zu diesen Genaueres unten 24f. Über *Ruge* umfassend *Neher*: Ruge (1933); auch ADB 29 (1889) 594—8 (R. Vorberger); *Löwith*: Hegel 96—105; *Überweg-Österreich* 214.

7 Nach Erinnerungen 49 war er mit Reyscher gut bekannt, vgl. unten 20. Über ihn *Fricke*: Lit.geschichte (6. Aufl.) 396, 246; *Hermand*: Studien 111 zeigt kritische Töne; *Storz*: Schwäb. Romantik (1967) versucht eine Charakteristik Hauffs (S. 32, bes. 63—7).

8 DTV-Brockhaus in 20 Bänden, 1969.

1807)[9]. Sein Vater kam aus den bescheideneren Verhältnissen einer mittleren Beamtenfamilie mit Tradition[10]. Als Sohn studierter Väter[11] hatte Reyschers Vater zwar Anschluß an eine „höhere" Ausbildung, war aber ebenso von der dörflichen Heimat geprägt, in der sein Vater „bei seinen vielen Kindern (sc. zehn) und der kleinen Besoldung einen schweren Stand" (S. 5) hatte. In einer Person agierte er als ritterschaftlicher Beamter (Stabsamtmann), Steuereinnehmer und Advokat (S. 4, 5). Sein Sohn, Reyschers Vater, war ein Alters- und Studiengenosse Hegels (1770—1831) und Hölderlins (1770—1843) am Tübinger evangelisch-theologischen Stift[12]. Auch Schelling (1775—1854) gehörte damals zu den Stipendiaten[13]. Sympathie zu den französischen Revolutionsereignissen entsprach zu dieser Zeit dem geistigen Habitus der „Stiftler", die „allmählich in den Ruf einer sehr demokratischen Richtung"[14] kamen. Heute spricht man von der „romantischen Generation" von 1770. Man hat aber auch die frühen recht entschiedenen Ansätze als „Die andere Romantik" wieder entdeckt[15]. Eine besondere Rolle des Vaters am Stift ist nicht vermerkt[16]. Immerhin erzählte er später seinem Sohn ausgerechnet von „dem frommen Landschaftskonsulenten Johann Jacob Moser oder dem unglücklichen Dichter Schubart, von denen der erste fünf Jahre auf dem Hohentwiel, der ander gar zehn Jahre auf dem Asperg gefangen gesessen" (S. 38). Fromm, freiheitlich und querköpfig schloß sich hier weder aus, noch wurde es mißbilligt — im

---

9 Über diesen ADB 18, 100; *Klüpfel*: Univ. Tüb. 211; *Reyscher*: Erinnerungen 6f mNw; unergiebig *Leube*: Stift; am besten: Familienbuch 40—5; *Le Bret* (auch Lebret) war ein weitgereister, bes. historisch gebildeter Italienkenner. Dort war er 1757—62. 1763 wurde er Prof. am Stuttgarter Gymnasium, 1776 Begleiter des Herzog Karl (Regent (1744—93) auf mehreren italienischen Reisen, 1776 Prof. an der Karlsschule, 1782 dort Kanzler, 1786 Kanzler und 1. Prof. der Theologie in Tübingen.

10 Erinnerungen 2—5; insbes. Stadtschreiber (dazu unten 19) und ritterschaftliche Beamte.

11 Vater und Großvater hatten Jura studiert.

12 Dazu umfassend *Leube*: Geschichte des Tübinger Stifts. 3 Bände, davon hier inter. Bd. 3, 1954. Allgemeiner *Klüpfel*: Uni. Tüb. 260—79; plastisch *Mohl*: LE I 98—102.

13 Die Genannten studierten dort: Hegel 1788—93 (*Überweg-Österr.* 81), Hölderlin ebenso, Schelling 1790—95 (*Überweg-Österr.* 39); s. auch *Leube*: Stift 106ff. Die Stiftler kamen überwiegend aus sozial schwachen Schichten, *Mohl*: LE I 102; ganz allgemein behauptet dies für damals *Paulsen*: Geschichte des gelehrten Unterrichts II 159.

14 *Klüpfel*: Uni. Tüb. 268; öfter *Leube*: Stift 115—139, bes. 116f, 119, auch 74; ähnlich auch *Mohl*: LE I 98—102.

15 Nach dem Titel von *H. Schanze*: Die andere Romantik. Eine Dokumentation. 1967, 216 S.; übrigens eine keineswegs neue Entdeckung, vgl. nur *Troeltsch*: Historismus 286; Restaurationsepoche 592f (1913).

16 Wenigstens in: Familienbuch 49—62, Erinnerungen, *Klüpfel*, *Leube*, *Riecke* in ADB; Vater Reyscher ist bei Leube nirgends erwähnt, weder im Register, noch in der Stiftlerliste, noch im einschlägigen Text.

Gegenteil. Reyschers Vater wirkte dann kurz als Privatlehrer (S. 5) und schließlich 42 Jahre als Geistlicher in Unterriexingen, einem kleinen Ort[17] im Altwürttembergischen[18], dem Sitz der Großväter. Ab und zu schrieb er wissenschaftliche Aufsätze (S. 13).

Seine „*Kinderjahre. Leben auf dem Land*" (Überschrift S. 13) beschreibt Reyscher noch in den „Erinnerungen" liebevoll und recht ausführlich (S. 13—29). Jugendliche Streifzüge in der Umgebung (S. 14ff), Religion und Gebet, aber ohne Frömmelei (S. 18), klassisch lateinische Lektüre und aktuelle Zeitungswelt (S. 18), die Freiheitskriege (1813—15) [19] und Körnersche Freiheitslieder[20], mit der Mutter am Klavier (S. 18), ländliche Unbekümmertheit und Freiheit (S. 19) sind einige Elemente, die seine Erinnerung festhält. Er versäumt nicht, die meist knappe wirtschaftliche Lage auf dem Land zu kennzeichnen (S. 29—31). Auf die Rolle der „Herren" fällt dabei ein recht ungünstiges Licht. Bezähmte Ungeduld flackert in seinem kurzen Streiflicht zur Ablösungsgesetzgebung (S. 35f). Eine Glorifizierung dieses einfachen Lebens vermeidet er. Aber er sieht es durchaus positiv. Ein weniger ländlicher Geist kam im übrigen nicht selten und vor allem über den Kontakt der Mutter mit Eltern und Freunden ins Pfarrhaus[21].

Für die *geistige Weiterbildung* des Sohnes sorgte nach zwei Dorfschuljahren[22] der Vater selbst, schon aus wirtschaftlichen Gründen. So „war allerdings der Unterricht in den Realien, wie damals auch noch in den sogenannten lateinischen Schulen[23], ein mangelhafter"[24] (S. 14). Dafür war die Zucht zu Hause wohl weniger hart, weniger „verstockt"[25] als sonst damals[26].

---

17 Ca. 800 Einw., s. Fn 2.

18 Man unterschied so die infolge des Reichsdeputationshauptschlusses v. 1803 neuerworbenen Gebiete als „Neuwürttemberg" vom alten Bestand, s. etwa *Reyscher*: Privatrecht I 76.

19 Dazu etwa *Hock*: Liberales Denken 21, 92: wichtiger Bezugspunkt der Liberalen.

20 Theodor Körner (1891—1813), bekannt als Dichter der Freiheitskriege, s. ADB 16 (1882) 714—21 (Fr. Jonas); *Gebhardt-Braubach* 81, 84; einiges bei *Grabert*: Lit. geschichte 274; bes. verbreitet war die Liedersammlung „Leyer und Schwert" mit ihren Kriegsliedern und „freyen, deutschen Liedern", erwähnt bei *Hattenhauser*: Grundlagen 52; vgl. Körners Werke in 2 Bänden, hg. K. Dahmen, Berlin/Lpz., Knaus, 1908, in Bd. 1 biogr. Einleitung u. d. gen. Texte.

21 Nach *Müller-Dietz*: Welcker Fn 39 betont *H. Gerth*: Die sozialgeschichtliche Lage der bürgerlichen Intelligenz um die Wende des 18. Jhrdts. Diss. phil. Frankfurt/M., 1936, S. 16ff bes. die Bedeutung d. protestantischen Pfarrhauses beim Aufkommen des nationalen Moments. Aus einem protest. Pfarrhaus kam auch der große Germanist G. L. Maurer, s. *Dickopf*: Maurer 3.

22 Zur Dorfschule: *Paulsen* II 149; *Reyscher*: Familienbuch 74f.

23 Zum Stoffangebot dieser Schulen Ende 18. Jhrdt. informativ: *Paulsen* II 149—153; zum geringen Wandel danach: aaO 435—440 mwNw.

24 Etwas positiver sieht dies der ehem. Stuttgarter Gymnasiast *Mohl*: LE I 274.

25 Der Stock war das „alte Universalmittel": *Paulsen* II 156; *Koselleck*: Preußen

Von 1817 bis Ostern 1820 erhielt A. L. Reyscher eine *Schreiberausbildung*. Das lag nach Tradition, Budget und Beziehungen nahe (S. 42) und schloß ein späteres Studium nicht aus. Reyscher nahm also den Weg zur Rechtswissenschaft über die Praxis, nach Mohl[27] „damals eine häufige, aber verkehrte Sitte (...)"". Er trat in Oberriexingen in eine der Schreibstuben ein, „welche als die Pflanzschule für die gesamte Bureaukratie des Landes dienten" (S. 43)[28]. Carl Georg Wächter[29] berichtet im historischen Teil seines Württembergischen Privatrechts (1839—42) besonders instruktiv über den Schreiberstand, der lange Zeit das Rückgrat[30] der Landesverwaltung bildete und dem seit dem 18. Jahrhundert auch studierte Juristen angehörten[31]. Das Institut war allerdings besonders seit 1816 wegen „vielschreiberischem Bureaukratismus", übermäßiger Gebührenfreudigkeit[32], ja Korruption und ungenügend gesicherten Ausbildungsniveaus heftig umstritten (S. 44)[33]. Seiner alten Form nach ging es bei der allgemeinen Neuorganisation nach 1816 der Auflösung (1826) entgegen[34]. Reyscher kam als Schreiber schnell voran. Die Tätigkeit ließ ihn bald unbefriedigt (S. 46). Seine eigene Schilderung zeigt Distanz und Bewußtsein der Mißstände ohne besondere Polemik (S. 43f).

Erst nach längerem Drängen darf er nach einjähriger Vorbereitung durch den Vater Ostern 1821 in Tübingen das *Jurastudium* aufnehmen (S. 46). Nicht eine schlechte Meinung von seiner Begabung, sondern wieder einmal die knappen Vermögensverhältnisse hatten hinderlich gewirkt (S. 47)[35]. Reyscher begann sein Studium also zu einer Zeit gefestigter Gegensätze in der Rechtswissen-

---

641—60, hat einen eindringlichen Exkurs über: Die langsame Einschränkung des körperlichen Züchtigungsrechts.

26 *Paulsen* II 157: „Auch der Ruf harter Schulzucht hängt den württembergischen Schulen vor anderen an".

27 *Mohl*: LE II 25. Mohl zeigt nicht, daß dieser „verkehrte" Weg für viele sozial Schwächere der Einzige war, da er Gelegenheit gab, erst einmal Geld zu verdienen.

28 Zur Funktion der Schreiber: knapp, aber sachlich prägnant *Reyscher*: Erinnerungen 43; historisch ausführlich *C. G. Wächter*: Privatrecht I 1 (1839) 297—392; I 2 (1842) 879—881, 1040—1056; Neuer etwa *Schneider*: Abhandlungen 109f; *Dehlinger*: Württemberg 469; weiter die Nwe bei *Heyd* I, S. 172f.

29 Über diesen unten 35ff.

30 Zahlen bei *Wächter*: aaO 1040.

31 *Reyscher*: aaO 43; *Wächter*; aaO 299 Fn 5.

32 Illustrativ *Schneider*: aaO 110: Da die Gebühren vom Schreibaufwand abhingen, könne man wohl das zweite „t" in Württemberg aus damaliger Gebührenfreudigkeit der Schreiber erklären.

33 *Wächter*: aaO 879, 1040.

34 Zus.fassend *Wächter*: aaO 1050; vgl. auch die Spezialarbeit von *Wintterlin*: Behördenorganisation (1902/06).

35 Briefl. Äußerung des Vaters an einen Dritten: „(...) so sauer es mir wird (...)", in: Erinnerungen 47, näher noch: Familienbuch 75f.

schaft, in die gerade Hegel in seinen „Grundlinien der Philosophie des Rechts“ massiv eingegriffen hatte[36].

Studium

Wie sein älterer Bruder Karl, der ihn einführt, schließt sich Reyscher der Burschenschaft an[37]. In den „Erinnerungen“ hält er weniger die Freiheits- als die Einheitsidee für die wesentliche reale Tendenz dieser Verbindung[38]. Mit *Wilhelm Hauff* und 14 anderen bildet er darin den engeren, lebensfrohen Kreis der „Feuerreiter“ (S. 49). Hier hat er seinen „Hauptumgang“ (S. 48)[39]. Er ist aber auch in seiner Wissenschaft fleißig. Im Oktober 1823 gelingt es ihm, den juristischen Preis beim traditionellen[40] akademischen Wettbewerb zu erringen. Er erhielt ihn für seine im Herbst 1822, also seinem dritten Semester begonnene Darstellung der Lehre vom qualifizierten Geständnis in Strafsachen (S. 58) (Nr. 1). Die Vorlesungen, die er sich anhörte, nennt er in den „Erinnerungen“ (S. 50).

„Logik bei dem Philosophen Sigwart im 1. Semester“ (S. 50)

Heinrich Christoph Wilhelm Sigwart (1789—1844)[41] ist nicht zu verwechseln mit seinem als Logiker bekannt gewordenen Sohn Christoph (1830 bis

---

36 Die bekannte Polemik zur Kodifikationsfrage dort in § 211. Wichtig aber auch die Bemerkungen gegen übertriebene Willkürabwehr in § 214, „Es ist wesentlich eine Seite (...)“ und „Diese Zufälligkeit aber ist nothwendig (...)“, sowie in § 3 gegen „reingeschichtliche Bemühung“ und *Hugo*.

37 Familienbuch 76; zu deren Milieu *Klüpfel-Eifert*: Uni. Tüb. 293—351, diesen Teil schrieb Eifert, s. Vorrede IV; aus neuerem Überblick kurz *Gebhardt-Schieder* 108f mwNw; gut auch *Schnabel*: Dt. Gesch. II 234ff; zu Reyscher selbst als Burschenschafter schrieb *Ruck*, oben 5.

38 Diesen Punkt betonen auch der Herausgeber *Riecke* (Erinnerungen 91), *Fr. Thudichum*, *Mayer* und *Ruck* (oben 12, 4f). Die Optik der Zeit *nach* 1871 spielt hier eine große Rolle. Klarstellend zu „Einheit und Freiheit“ bei Reyscher unten 143.

39 Die Tragweite dieser mehr politisch-*praktischen* Einflüsse wird zus.fassend unten 51f behandelt.

40 In Tübingen seit 1811, s. *Klüpfel*: Uni. Tüb. 288; damals vielfach üblich, eingeführt als ein bildungspolitisches Ornament des „despotismo illustrado“

41 Dazu mit Daten, Kritik und Lob *Klüpfel*: Uni. Tüb. 368; sehr negativ *Mohl*: LE I 91f, 196 „schwerfälligen Geistes“, „unsagbar langweilig als Lehrer“; positiver *Liebmann*: ADB 34, 306; interessant *D. F. Strauß*, nach *Leube*: Stift 578: „Mann von schönen Kenntnissen, gesundem Verstand, und damals (sc. 1825) noch in den besten Jahren; aber so phlegmatisch, schwunglos und durch und durch ledern, daß es (...) der helle Jammer war. Die Schläfrigkeit seines Vortrags paßte zu der Nüchternheit seiner Ansichten ganz wohl (...)“. Ähnlich

1904)[42]. Seit 1816 außerordentlicher, seit 1818 ordentlicher Professor in Tübingen, war er zu Reyschers Zeit ein dort vielgehörter Philosoph[43]. Er las und schrieb besonders über Geschichte der Philosophie, Logik und Naturrecht[44]. Nach Geldsetzer[45] ist er im wesentlichen als Historiker etwas bekannt und hier der Schleiermacherschule nahestehend. Klüpfel nennt ihn „Eklektiker mit vorwiegender Anlehnung an den kantischen Standpunkt (sc. und) gegen die spekulative Philosophie (sc. Hegels) polemisch"[46]. Bei Sigwart hörte Reyscher außer Logik auch „mit vielem Eifer später noch (...) im evangelischen Seminar durch zwei Semester Geschichte der Philosophie" (S. 50). Dies erscheint nicht unwichtig angesichts der jüngsten Ergebnisse von Geldsetzer, der die Programmschrift Sigwarts von 1840[47] analysiert. Er findet dort Polemik gegen Hegels Annahme einer einlinigen Entwicklung in der Geschichte und Anlehnung an Kant — wie schon Klüpfel. Geschichte werde daher bloß als ein Streben zu etwas noch *Un*fertigem aufgefaßt, nicht als keimartig angelegte Entwicklung. Auch bloßes Zusammenstellen von Data bleibe als notwendig und sinnvoll ganz bewußt. In der Vorstellung des geschichtlichen Verlaufs als „Streben" hat Sigwart die kantische Beschränkung der teleologischen Erkenntnis auf das „bloß regulative"[48] also festgehalten. Hegel und die Immanenzphilosophie Schellings, aber auch Goethe, vernachlässigen diese Gren-

---

Fr. Th. Vischer, in: Mein Lebensgang (1874) 22, der aber beifügt, „die Partie über Kant war (...) doch so eingehend und klar, daß sie eine Welt von Fragen in mir weckte" (aaO). Durchaus positiv neuestens *Geldsetzer*: Die Philosophie d. Philosophiegeschichte im 19. Jahrhundert. 1968, hier 91 f.

42 Nur den Sohn erwähnen z.B. *Überweg-Österreich* 401; *Windelband*: Lehrbuch 546, 569; weder noch: *von Aster*: Geschichte d. Philosophie; *Copleston*: History of Philosophy Bd. 7.

43 Die meisten zogen ihn Eschenmayer vor: *Mohl* LE I 91; über Eschenmayer unten Fn II 202.

44 Geschichte d. Philosophie vom allgemeinwissenschaftlichen u. geschichtlichen Standpunkt. 3 Bände 1843/44; Die Wissenschaft des Rechts nach den Grundsätzen der praktischen Vernunft. Ein Entwurf. Tübingen, Osiander 1828; zu den württ. Verfassungskämpfen schrieb er 1817 eine Untersuchung, s. *List*: Kampf 181.

45 *Geldsetzer*: Philosophiegeschichte 91 f.

46 Uni. Tüb. 368.

47 Die Propädeutik der Geschichte der Philosophie oder über den Begriff, die Methode und den Anfang der Geschichte der Philosophie. Nebst einem Anhang über die ersten Formen der griechischen Philosophie. Tüb. 1840.

48 *Kant*: KdU, A 297, B 301 (= Werke X 492): „Es versteht sich, daß dieses (sc. „Prinzip der Vernunft (...): Alles in der Welt ist irgend wozu gut") nicht ein Prinzip für die bestimmende, sondern nur (!) für die reflektierende Urteilskraft sei, daß es regulativ und nicht konstitutiv sei, und wir dadurch nur einen Leitfaden bekommen, die Naturdinge in Beziehung auf einen Bestimmungsgrund, der schon gegeben ist, nach einer neuen gesetzlichen Ordnung zu betrachten (...)". Gegensatz ist die „bloß physische Betrachtung" (aaO 493). Man sieht, wie sehr es Kant auf diese *Grenze* ankommt.

ze eher. Diese dem teleologischen und organischen Denken und speziell Hegel gegenüber skeptische Linie bleibt zu verfolgen.

„Deutsches Privatrecht, Staatsrecht und Kirchenrecht bei Michaelis“ (S. 50)

Was er später selbst lehren sollte, hörte Reyscher zum großen Teil bei dem heute wirklich vergessenen *Adolf Michaelis* (1795—1862)[49]. Es handelt sich laut Klüpfel um einen Schüler K. F. Eichhorns[50]. Landsberg liefert lediglich einen Werknachweis[51]. Wieacker, Wesenberg, Döhring, Wolf, selbst die ADB helfen nicht. Auch die so gründliche „Württembergische Bibliographie“ führt ihn nicht. Nur bei Klüpfel hat man ein paar Daten, bei Mohl[52] einige Ausfälle und in den Hallischen Jahrbüchern endlich ein wenig Substanz, nämlich in der schon benutzten Beschreibung der Universität Tübingen[53]. Reyscher charakterisiert ihn nicht näher. Bei den „Kollegen“, nämlich Schrader, Wächter, Scheurlen und Mayer erwähnt er ihn allerdings nicht, ebensowenig wie Mohl. Klüpfel gibt an, Michaelis habe sich 1818 in Tübingen habilitiert[50]. 1820 wurde er außerordentlicher, 1822 schon ordentlicher Professor. Umfassendes hat er nicht geschrieben[54]. Außer dem von Reyscher Erwähnten

---

49 Bei *Landsberg* nur ein Werknachweis: N. 149, Fn 5; nach *Wild*: Warnkönig 42 Fn 10, war M. eine Studienbekanntschaft Warnkönigs aus Göttingen, die mit regem Briefwechsel gepflegt wurde; dort auch die Lebensdaten.

50 *Klüpfel*: Uni. Tüb. 455; ähnlich sagt *Mohl*: LE I 188, er habe sich „sein Leben lang mit einem Eichhorn'schen Hefte“ begnügt; *Max Miller*, der in ZWLG 1939, 158—211 über Michaelis' Onkel „Salomo Michaelis (sc. 1769—1850), Schützling, Mitarbeiter und Freund des Freiherrn von Wangenheim“ berichtet, kommt auch auf *Adolf Michaelis* zu sprechen. Gestützt auf die Akten seiner Berufung zum a.o. Professor am 21. 8. 1820, stellt er diese als einen Akt Wangenheimscher Protektion dar, der gegen den starken Widerstand der Fakultät durchgesetzt worden sei. Auch die Ernennung zum o. Professor von 1822 sei „gegen den entschiedenen Einspruch der Mehrheit der Fakultät und des Senats“ (S. 196) erfolgt. Die Akten bestätigten, meint Miller, „vollinhaltlich das vernichtende Urteil Robert von Mohls“, das ich zitierte. Michaelis war demnach sicher kein Glanzstück der Fakultät. Bei Miller stimmt allerdings eine deutliche Portion Antisemitismus skeptisch. 1860 berichtet *K. Fr. Gerber* als Kanzler der Tübinger Universität äußerst negativ über Michaelis mit dem Fazit, man solle ihn möglichst schnell pensionieren, Akten des HSTA Stuttgart, E 11, Bü 55, Bd. 19. *Reyscher* schreibt 1869 im „Familienbuch“, S. 82: „Mein Specialkollege Michaelis erklärte sich in wiederholten Separatanträgen gegen die Anstellung eines zweiten Germanisten (sc. also Reyschers als o. Prof.) (während er mit mir bei jedem neuen Vorlesungskatalog über Abtretung der einen oder anderen Vorlesung handelte)“.

51 Siehe Fn 49.

52 LE I 146, 188, 214.

53 Hall. Jb. 1841 II 217f. Zu diesem Art. ausf. sogleich

54 Ich fand: Entwurf einer Darstellung des öffentlichen Rechts des deutschen Bundes und der deutschen Bundesstaaten. Tüb., 1820; (Hg.) Corpus iuris publici

trug er Lehnsrecht, württembergisches Privatrecht und deutsche Staats- und Rechtsgeschichte, dies später im Wechsel mit Reyscher, gelegentlich aber auch Zivilprozeß vor[55]. An dem ehrgeizigen Unternehmen seiner Kollegen, der „*Tübinger kritischen Zeitschrift für Rechtswissenschaft*“[56], beteiligte er sich auffallenderweise nicht. Oder *wurde* er nicht beteiligt? Die Herausgeber Mohl, Scheurlen, C. G. Wächter, Rogge, Schrader und Wächter-Spittler[57] waren eine anspruchsvolle Gruppe. In die zweite Richtung deuten auch Mohls böse Worte in seinen Lebenserinnerungen. Gelesen habe Michaelis das

„deutsche Staatsrecht nach einem Eichhornschen Hefte (...), wobei nur eine gelegentliche Bemerkung über eine württembergische Einrichtung dann und wann eingeschaltet wurde. Michaelis verstand nichts von der Sache, war träge und gewissenlos und pflügte nur mit fremdem Kalbe“ (S. 146). Er sei ein „getaufter Jude von der schlimmsten Art“ (S. 188).

Eben in diese Richtung weist, daß Michaelis unmittelbar nach Gründung der TüKrZ (1826) als Mitarbeiter in *Schunck's* „Jahrbücher der gesammten deutschen juristischen Literatur“ erscheint, nämlich ab Band 5 (1827). Er ist auch bis zu deren Einstellung (1836) dabei und lieferte etliche Artikel. An Reyschers ZDR (seit 1839) wirkte er nicht mit. Einen viel günstigeren Ein-

---

germanici academicum. 2. Abt., Tüb., 1825, XIV u. 658 S. in dessen inter. Vorrede M. das Interesse am „heutigen Staatsrecht“ (S. V) betont und insbes. Beachtung der tats. Rechtsquellen fordert (S. VIII); Die Protokolle der hohen deutschen Bundesversammlung. Eine publicistische Betrachtung. Erlangen 1829 (gg. die Veröffentlichungsscheu des Deutschen Bundes gerichtet); außerdem fand ich passim Rezensionen zu: *Pfeiffers* „Praktische Ausführungen (...)“: Schunck 13 (1830) 11—65; *Heffters* „Beiträge zum dt. Staats- u. Fürstenrecht“: Schunck 15 (1830) 115—40; *Klübers* „Abhandlungen (...)“: Schunck 16 (1831) 43—77 u. 134—65; *Mittermaiers* „Grundsätze des (...) Privatrechts“: Schunck 21 (1822) 227—65 u. 22 (1833) 59—76 u. 115—65; Ein ausf. Aufsatz zum allseits umstrittenen *Bentinckschen* Erbfolgestreit steht in: Krit. Jb. 1840, II 575ff; dagegen *Wilda*: ZDR 6, 392 (ironisch) und die überwiegende Meinung damals.

55 Dazu Vorlesungsverzeichnisse von Tübingen.

56 Erschienen in 6 Bänden von 1826 bis 1829. Bestimmend war das „Bedürfnis, eine eigene Zeitschrift zu besitzen, welche vollständig, schnell und gründlich eine Beurteilung der neuren juristischen Schriften liefere“ (Bd. 1, Vorrede S. III). Die TüKrZ war keineswegs ausgesprochenes Schulorgan, gar der HS, wie *O. v. Wächter*: Leben 28 vereinfacht. Schon ein Blick auf die Mitarbeiter oder die Vorrede widerlegt das.

57 Zu allen außer *Rogge* s. dieses Kapitel im folgenden. *Rogge*, Carl August, 1795—1827, war eine früh verstorbene germanistische Hoffnung. Sein Ruhm gründet auf „Über das Gerichtswesen der Germanen. Halle, 1820, 254 S.“. Eine sehr ausf., aber schon ziemlich kritische Rez., ungez., steht in den Hd. Jb. 1825 I 625—74. Sie moniert „gewisse Lieblingsideen“ wie die „deutsche Freiheit“ (S. 626), lobt aber auch (S. 627). Kritischer *Mittermaier*: AcP 12 (1829) 381: „oft in gewagten Hypothesen sich gefallend“. Über Rogge, der 1820 in Königsberg Privatdozent war, 1821 dort ao. Professor und 1824 in Tübingen Ordinarius wurde, s. *Landsberg* T. 308, N. 138 u. ADB 29, 45f.

druck als Mohl vermittelt schließlich die eine Seite, die Michaelis in den *Hallischen Jahrbüchern* von 1841 gewidmet ist[58].

Ich will die Gelegenheit nutzen, den ganzen Artikel ein wenig plastischer zu machen, da er wichtig ist und ich ihn stark ausgewertet habe. Unter dem Titel „Die Universität Tübingen" erschien er vor und nach dem Verbot der Jahrbücher im Jahre 1841[59], das ja 1843 absolut wurde, so daß nur noch zwei Hefte von Paris aus als „Deutsch-Französische Jahrbücher" erstellt wurden[60]. Er bildet ein spätes Glied in der Kette von Universitätsbeschreibungen, die Ruges und Echtermeyers Organ schon im ersten Band von 1838 zu knüpfen begonnen hatte und hartnäckig gegen begreifliche Anfechtungen fortsetzte. Man stuft die Jahrbücher herkömmlich als Sprachrohr der Linkshegelianer ein[61]. Das trifft auch den Kern der Mitarbeiter, der allerdings ziemlich wechselte, wie *Ruge*, *Echtermeyer*, *Ludwig Feuerbach*, *Bruno Bauer*, *Fr. Th. Vischer* einigermaßen. Als Juristen sind *Lorenz Stein* und „S", wohl *Heinrich Simon* der Jüngere aus Berlin[62], eifrig gewesen. Aber auch *Bluntschli* fand anfangs zum Mißvergnügen *Savignys*[63] den Weg in die Jahrbücher, vor allem 1839 mit seinem berühmten Aufsatz über die „Rechtsschulen"[64] — damit allerdings zum letzten

58 Hall. Jb. 1841 II 217.

59 Der Artikel steht in Bd. I (Mai- und Juninr.) 441—74 und II (Augustnr.) 205—28; über die juristische Fakultät S. 211—26.

60 Die Jahrbücher wurden ab Juli 1841 wegen der Zensur von Preußen nach Dresden verlegt, ab Januar 1843 auch dort auf Betreiben Preußens unterdrückt. 1844 erschienen sie von Paris aus unter Ruge und Marx. Informative Abdrucke bei *Hermand*: Vormärz/Quellen; zum Verlauf bes. *Nerrlich*: Ruges Briefwechsel I 229 für 1841 und I 295, 298 für 1843; genau auch *Vorberger*: Ruge, ADB 29 (1889) 594—8; vgl. jetzt auch *P. Wende* im Neudruck v. A. Ruge: Der Patriotismus. Frankfurt 1968 (Insel) mit genauer Zeittafel S. 138—41.

61 Etwa *Überweg-Österreich* 202; *Löwith*: Hegel 99; *Windelband*: Lehrbuch 553; *Gebhardt-Schieder* 122; *Hermand*: Studien 195f.

62 So vermutet *Koselleck*: Preußen 23 Fn. Über *H. Simon*, 1805—60, einen wichtigen liberalen preußischen Juristen instruktiv: *Huber* II 401.

63 Dazu ausf. bei *Stoll* II 359f; *Savigny* verlautete etwa: „Mit Lumpenvolk (!) soll man sich nicht mengen (...) (sc. Ich weiß) daß man sagen kann, durch die Einmischung des Guten werde das Schlechte temperiert, aber dieser Grund will mir doch nicht ganz genügen." Das Schlechte an den Hall. Jb. war wohl zu schlecht. *Savigny* urteilte übrigens aus zweiter Hand (!), denn er sagt zugleich, daß er die Jahrbücher „nicht zu sehen bekomme". Zum Kontrast das Urteil *Löwiths*: Hegel 99: „Die deutsche Philosophie hat bis zur Gegenwart dieser Zeitschrift nichts zur Seite zu stellen, was ihr an kritischer Eindringlichkeit, Schlagkräftigkeit und geistespolitischer Wirksamkeit gleichkäme", geschrieben zuerst 1939, zuletzt gedruckt 1969.

64 Hall. Jb. 1839, Nr. 239ff, October, Sp. 1905—60: Die neueren Rechtsschulen der deutschen Juristen überhaupt und die historische Schule insbesondere. Separat gedruckt, u.a. auf Savignys Wunsch (s. Stoll II 360), 1841. Nochmals um neue Reformvorschläge leicht erweitert 1862. Ein weiterer Artikel Bluntschlis, über Beselers „Erbverträge", erschien Hall. Jb. 1838, Nr. 163. Später sprach Ruge dann von Bluntschli als „beschränkt und Diener der Reaktion", s. *Nerrlich*: Ruge 381 Fn; vgl. auch die anderen Stellen bei Nerrlich (Reg.).

Mal. Die Universitätsserie entsprach sehr genau dem Anspruch der Jahrbücher, in einem kritischen Journal die „Durchdringung der Wissenschaft und des Lebens“[65] zu leisten. 1844, von Paris aus, wird die „Aufgabe der Deutsch-Französischen Jahrbücher“ ohne Zensurrücksichten ganz präzise formuliert:

„Mit unwiderstehlicher Gewalt die Freiheit der Wissenschaft und des Staates zu einer Herzenssache der gebildeten Völker zu machen (...). Wir werden alles auf die Freiheit beziehen. Eine indifferente Gelehrsamkeit gibt es für den Philosophen nicht. Philosophie ist Freiheit und will Freiheit erzeugen; und wir verstehen unter Freiheit die wirklich menschliche, d.h. die politische Freiheit, nicht irgendeinen metaphysischen blauen Dunst, den man sich auf seinem Studierzimmer vormachen kann, und wäre auch dies Zimmer ein Gefängnis“[66].

Die Universitäten wurden beschrieben, diskutiert, kritisiert, auf ihre Stellung zum „Zeitgeist“ getestet. Sie sollten nicht mehr elitär abseits stehen dürfen. Die *Beschreibung von Tübingen* ist sehr breit angelegt. Auf fünfzig Seiten werden ihr allgemeiner Charakter als fast ausschließliche Landesuniversität, Landschaft, Stadt und Leben, gesellschaftliches Leben, das Verhältnis von Professoren und Studenten, einiges zur Geschichte und schließlich die einzelnen Fakultäten gründlich dargestellt. Die juristische erhält mit zwölf Seiten am meisten Raum. Alle Professoren sind genau charakterisiert. Ein „Wort (...) über die wahre Stellung der Juristenfacultät zu (sc. d.h. *in*) Tübingen im Ganzen“ rundet das Opus ab. Darin kommt natürlich zur Sprache, wieweit sie zur „Zeitbewegung“ des Hegelianismus beitrug. Leider ist der Beitrag ungezeichnet. Einen klaren Beleg zu der Frage, wer diesen Artikel schrieb, fand ich nirgends, auch nicht in des Herausgebers Arnold Ruge Briefwechsel. Eine Bemerkung Ruges dort deutet stark auf C. G. Wächter. Dagegen spricht aber Entscheidendes. Viel eher kommt *Chr. R. Köstlin* (1813—56), der junge hegelianische Tübinger Kriminalist in Betracht[67]. Die eigenständige junghegelsche Optik

---

65 S. den Art. Hallische Jahrbücher, in: Wigands Convers. lex. II (1845) 6—10, hier S. 6 r.Sp., der äußerst ergiebig ist. *Wigand* hatte auch die Jahrbücher verlegt und die teilweise identischen Mitarbeiter des Lexikons schrieben also aus intimer Kenntnis. Die erwähnte Formel „Wissenschaft-Leben“ oft bei Ruge, vgl. *Nerrlich*: Ruge 67, 97, 145 und häufig in den Jahrbüchern selbst, auch im Tübingen-Artikel (S. 446 l.).

66 Nach *Hermand*: Vormärz/Quellen 75. Man könnte „Freiheit“ durch „Leben“ ersetzen und hätte kaum eine Sinnverschiebung. Unter deutscher Zensur sprach man lieber von „Leben“. Daß die Tendenz auf Freiheit von Anfang dominierend war, ergibt die Lektüre von *Nerrlich*: Ruges Briefwechsel und Tagebuchblätter.

67 Im ausführlichen Bericht (*Nerrlich*: Ruge I 90—3) über seine persönliche Werbung in Tübingen im November 1837 erwähnt Ruge, daß *C. G. Wächter* ihm über das allgemeine Wohlwollen hinaus eine „Correspondenz aus Tübingen und über die Universität“ konkret zugesagt habe. Der Artikel erschien aber erst 1841. Zwar beruft sich Ruge noch 1839 auf Wächters Anerkennung und belegt damit Kontakt (Nerrlich: aaO 174). Der Artikel beginnt auch nach Wächters Vorschlag als „Correspondenz“ und kommt erst nach sehr launigen allgemeinen Charakterisierungen Tübingens und Württembergs zur Universität selbst. We-

der Jahrbücher ist insgesamt eine sehr wertvolle Stimme im Konzert der Zeitgenossen, die bisher so gut wie überhaupt nicht ausgewertet wurde. Was Reyscher betrifft, so wird Gelegenheit sein, an weiteren Texten aus den Jahr-

---

nigstens *Allein*verfasser war Wächter aber nicht. Im Artikel selbst ist die Rede von „wir", mit dem eindeutigen Zusatz, „dieses Wir bittet man im eigentlichen Sinne zu nehmen" (Hall. Jb. aaO 441). Einige andere Punkte lassen sogar an der bloßen *Mit*wirkung Wächters zweifeln. Die positive Erwähnung D. F. Strauß' (S. 446 r., 449 r.), die überstarke Betonung des Systems am Wissenschaftlichen (S. 450 l.), der Ausfall gegen die „allerneueste, allergläubigste" Philosophie (S. 450 r.), der vielfach hegelianische Hintergrund (S. 450f, 446 u. ö.), das alles paßt wenig zu dem, was man von Wächter aus seinen Schriften und der Biographie weiß. Im gründlichen Schriftenverzeichnis der Biographie ist der Artikel so wenig erwähnt wie sonst irgendwo (O. v. Wächter: Leben (1881)). Noch weniger stimmt der Abschnitt über die juristische Fakultät zu Wächter. So sehr er sich dem Detail widmet und dadurch wertvoll wird, *hegelsche* allgemeine Schubladen scheinen doch vielfach durch. Der Verfasser eröffnet mit dem Dreiklang historisch, rationalistisch und spekulativ die Betrachtung der Juristen. Ein Zweifel daran, daß der Lorbeer letzteren gebührt, kommt nicht erst auf. Es ist klar, daß in der spekulativen Richtung „uns die bedeutenden Ereignisse der bisherigen historischen und verständigen Bemühungen versöhnt und von ihrer Einseitigkeit befreit erhalten werden müssen" (212 l.). Die hegelsche, dreifach aufhebende Synthetik ist unübersehbar. Daß es am Schluß von den damaligen, in diesen Formeln geschickten Tübinger Privatdozenten C. G. Bruns und R. Köstlin heißt, „sie repräsentieren hier den Fortschritt, welcher in der Wissenschaft überhaupt und insbesondere in der Rechtswissenschaft von der verständigen zur speculativen Behandlung geschehen ist" (S. 222 r.), paßt ins Bild. Ob die *historische* Stufe absichtlich vergessen wurde? Jedenfalls ist *Hegels Spekulation die Folie*, von der aus immer wieder das Maß angelegt wird. Die an sich recht ambivalenten Formeln des Meisters werden dabei ausgesprochen „freisinnig" verwendet. So erscheinen sie kritisch zu Reyschers Naturrecht (S. 214 l., 215 f), zu Mohl (S. 215 f, 217 l.), zu C. G. Wächter (S. 218) und K. F. Hepp (S. 221) oder billigend zu Köstlin und Bruns (S. 222f, 226 l.). Daß die Formeln progressiv eingesetzt werden, sieht man etwa aus der Kritik an Michaelis' und Hepps angeblich bloßem Faktendienst (S. 217f, 221) und an dem Lob gerade für Reyschers „Publicistische Versuche", die Mohl so „ultraliberal" gefunden hatte (S. 216 r.). Das alles ist *nicht Wächters Horizont*, so wenig wie das wiederholte auffallende Lob des Tübinger Fakultätsgutachtens zur Hannoverschen Sache (S. 449 u. 225), das Wächter ja nur bedingt gebilligt hatte (dazu unten bei Fn III 164).

Wer kommt dann in Frage? Nach den detaillierten Kenntnissen des Autors wird man davon ausgehen müssen, daß ein *württembergischer* Jurist schrieb, wenigstens den juristischen Teil. Enge Tübinger Mitarbeiter der Jahrbücher wie *D. F. Strauß* oder *Fr. Th. Vischer* (über Vischer unten bei Fn II 203; in seiner Sammlung: Kritische Gänge I, Tüb. 1844, sind vier Beiträge aus den Jahrbüchern wieder abgedruckt, etliches auch in deren Bd. II; für Strauß vgl. nur Ruges Briefwechsel bei Nerrlich) scheiden insoweit aus. Große Wahrscheinlichkeit hat es, an *Chr. R. Köstlin* (1813—56) (früh verstorbener Kriminalist, s. Landsberg T. 672ff; K. arbeitete auch an Reyschers ZDR mit, s. Bd. 20 Register wo vier Aufsätze ab ZDR 12 (1848) nachgewiesen sind) oder *C. G. Bruns* (1816—80) zu denken, vielleicht beide zusammen. Sie waren die einzigen hinreichend informierten *und*

büchern die Symphathie der freisinnigen Linkshegelianer für seine Ergebnisse und ihre Unzufriedenheit mit seinen Begründungen näher zu zeigen, die schon der Universitätsartikel ausstrahlt[68].

Michaelis jedenfalls, um wieder den Anschluß zu finden, kam durchaus nicht viel schlechter weg als seine Kollegen. Man spürt allerdings eine gewisse Zurückhaltung des Verfassers. Ich teile die wesentlichen Stichworte zu ihm mit, da sie einsame Quelle geworden sind[69]. Er gehöre zwar „im Allgemeinen noch zur historischen Schule", an eine „philosophische Behandlung" sei bei ihm nicht zu denken. Aber von „der Erbsünde der historischen Schule, von der Kleinlichkeit in Aufzählung von Specialitäten" habe er sich freigehalten. Er halte sich mehr an das jetzt geltende „positiv Gegebene" und leiste scharfsinnige „rationelle Auslegung der Quellen und besonders in der Ergänzung des Rechts aus der Natur der Sache, wo diese Quellen fehlen". Reflexionen über das Positive oder kritische Betrachtung desselben verschmähe er im übrigen. So liege seine Stärke im deutschen Recht der Gegenwart, im Handels-, Wechsel- und Lehensrecht, wie im Zivilprozeß. Hier zeige sich „die ganze praktische Tüchtigkeit und Klarheit Michaelis's." Weniger gut sei er im geschichtlichen und staatsrechtlichen Fach, wo einerseits die Gabe zum organischen Systemdenken, andererseits die kritische Reflexion ein wenig fehle. In diesen Worten des Anonymus von 1841 zeigt sich eine juristische Welt, die mit der Reyschers doch manchen Ansatz gemein hat.

„Zivilprozeßrecht bei Scheurlen" (S. 50)

Karl F. Scheurlen (1798—1850)[70] war schon 1819 Oberjustizassessor in Ulm, wurde ordentlicher Professor und Mitglied des Tübinger Gerichts seit SS

ebenso hegelianisch befrachteten Tübinger Juristen. *Für Köstlin spricht* die besondere Liebe und Kenntnis des Autors in seinem Fachgebiet Strafrecht. C. G. Wächter erscheint z. B. fast ausschließlich in dieser strafrechtlichen Perspektive (S. 218), obwohl er doch auch schon gefeierter Privatrechtler und Pandektist war. Köstlin war seit 1839 strafrechtlicher Nachfolger Wächters. 1845 erschien seine berühmte „Neue Revision der Grundbegriffe des Criminalrechts" — in selbstbewußter Anknüpfung an Feuerbach. Bruns war erst seit 1840 Privatdozent in Tübingen. In Köstlins erstem Werk, über „Die Lehre vom Mord und Totschlag, einer historisch-philosophischen Kritik unterworfen, zugleich dogmatisch, dogmengeschichtlich und mit Rücksicht auf die neueren Gesetzgebungen dargestellt. 1. Teil: Die Ideen des römischen Rechts [mehr nicht ersch.]", von 1839 findet sich außerdem eine Vorrede mit sehr verwandten Perspektiven.

68 Lob und Kritik für Reyscher wurden in der Fn zuvor mitangeführt; zur Vertiefung unten 348 und davor.

69 Alles Hall. Jb. 1841 II 217; die Charakteristik wird bestätigt durch M's Vorrede zu seinem Corpus iuris publici (1825), die knappe methodische Forderungen enthält, bes. Quellennähe, ohne „Luftgebilde schwindelnder Willkühr" (S. IX), vgl. oben Fn 54.

70 Auch Scheuerlen, später „von"; *Landsberg* N. 185 gibt nur einige Daten; s. noch *Klüpfel*: Uni. Tüb. 457; *Mohl*: LE I, bes. 200f.

1823[71] und ging 1839 als Obertribunalrat nach Stuttgart. Er las Prozeßrecht und Kirchenrecht und veröffentlichte u.a. ein Prozeßlehrbuch[72]. Mohl sagt von dem Freund[73], „nicht so hervorragend an Geist oder Gelehrsamkeit (sc. wie K. Wächter-Spittler und besonders C. G. Wächter) war Scheurlen (...), allein ein Mann von seltener Herzensgüte, Geradheit und Friedlichkeit (...)". „Seine ganze Sinnesweise war prosaisch und nüchtern. Er kannte das positive Gesetz und lehrte es sorgfältig und gewissenhaft; allein darüber hinaus ging er keinen Schritt". Ein schöner Beleg dafür ist die bei ihm zu einer heiß umstrittenen Frage gefertigte Dissertation von Moriz Hartmeyer über „Die Preß-Gesetzgebung des deutschen Bundes in ihrem Verhältnisse zur Preß-Gesetzgebung des Königreiches Württemberg, Tübingen 1831, 51 S.". Im Vorwort lobt Scheurlen angelegentlich, daß sie „vom rein positiv-rechtlichen Standpunkt aus gearbeitet" (S. 3) sei.
Besondere Anregungen für Reyscher sind aber nicht konkret feststellbar.

„Bei Malblanc unterschrieb ich der Gewohnheit gemäß das zweite Mal die Pandekten und württembergisches Privatrecht" (S. 50)

Julius Friedrich Malblanc (1752—1828)[74], Professor in Tübingen seit 1793, vorher in Altorf (1779) und Erlangen (1792), davor Hofgerichtsadvokat (1772), war ein verdienstvoller Romanist von bedeutendem Ruf. Er lebte nur seiner Wissenschaft und blieb zeitlebens Junggeselle. Außer römischem Recht vertrat er in Tübingen auch württembergisches Recht und Prozeß — eine Kombination, die sein romanistischer Kollege Gustav Hugo ganz abgelehnt hätte und die auch Savigny nur nolens volens teilweise vollzog. Mohl sagt mit gewohnter Direktheit, befolgt habe er noch

„die alte Ordnung der Pandecten, die er in Form eines Kommentars begleitete (...), ohne irgend eine Notiz zu nehmen von der neuen geschichtlichen Auffassung oder wissenschaftlicher Systematik (...) ein wandelndes corpus iuris"[75].

Reyscher nennt ihn einen „Widersacher" der römisch-historischen Schule eines Schrader, „der mehr die praktische Seite des römischen Rechts kultivierte" (S. 51). Gegen Puchta nutzt Reyscher seine literarische Hilfe in „Für und Wider" (Nr. 26). Er zitiert geharnischte Aussprüche Ulrich von Huttens

---

71 *Landsberg*: aaO nennt 1825. Aber schon im Vorlesungsverzeichnis des WS 1823/4 kündigt Sch. eine *Fortsetzung* der Sommervorlesung an. 1823 steht auch bei *Klüpfel*: Uni. Tüb. aaO.

72 Der teutsche gemeine und württembergische Cicilprozeß. Bd. 1, Tüb. 1836 [mehr nicht ersch.].

73 *Mohl*: LE I 200ff.

74 *Klüpfel*: Uni. Tüb. 249; *Mohl*: LE I 89, 184; *Landsberg* III 1, T. 417f, 447f, N. 271f; wNw bei *Heyd* 3 (1896) 497.

75 *Mohl*: LE I 89.

gegen die „Bartolisten" und zwar so wie sie Malblanc „obgleich Romanist (...) mit sichtbarem Behagen übersetzt" habe[76]. Schon im Jahr zuvor hatte er Malblancs grundlegende „Geschichte der peinlichen Gerichtsordnung Kaiser Karl des V." (Nürnberg, 1783) verwendet. Reyscher versäumte damals nicht, daraus Malblancs Bemerkungen „über den nachtheiligen Einfluß (sc. der fremden Rechte) auf unser Strafverfahren" und auf die Lage der „guten, armen Bauern" bei seinem Eintreten für „Öffentlichkeit und Mündlichkeit der Rechtspflege" (Nr. 24) mitzuteilen[77].

Wenn man nach diesen Signalen die Charakteristik Malblancs bei Landsberg[75] liest, kann man sich vorstellen, daß manche Berührungspunkte zu Reyscher da waren. Malblanc verbinde gründliches und vielseitiges Wissen mit historischer Neigung (T. 417 und 418). Seine Maßstäbe seien „vorgeschrittenst (!) aufklärerisch" (T. 418). Besonders seine Geschichte der PGO profitiere aus dieser Verbindung. Er zeige „freiheitliche Gesinnung" (T. 419). In seinen „Principia juris Romani secundum ordinem Digestorum", Tübingen 1801—4, findet Landsberg — differenzierter als Mohl — „Ansätze zu Neuerungen". Schon Hugo, dessen Rezension dazu Landsberg voll verwertet[78], habe bemerkt, wie frei Malblanc die Legalordnung handhabe, um systematischen Anforderungen Rechnung zu tragen (T. 447). Aber die alte Einstellung, in Hugos Worten die „exegetische", nicht frei „systematische", überwiege doch. Landsbergs abschließende Erklärung ist, in letzter Linie komme vorherrschend naturrechtlicher Apriorismus zum Tragen. Dieser Schluß scheint mir weniger treffend. Malblanc kommt aus dem spätaufklärerischen Übergangsmilieu, das besonders Thieme erläutert hat[79]. Zu seiner Generation gehören A. D. Weber (geb. 1753), Chr. Fr. Glück (1755), C. Chr. Hofacker (1749), A. J. Schnaubert (1750), A. F. Reitemeier (1755)[80]. Er steht also zwischen Pütter (1725), Runde (1741), Höpfner (1743), Hugo (1764) und Gönner (1764). Es geht ihm nicht wie Hugo um eine *historisch* reine Systematik. Aber ebensowenig wie Weber, Hofacker und Glück arbeitet er einfach philosophisch abstrakt, also apriorisch deduktiv[81]. Reyschers Hinweis, Malblanc habe mehr die *praktische* Seite kultiviert, scheint mir treffender. In ein so gestelltes Bild passen seine Vertretung des württembergischen Rechts und des Prozesses, seine Herkunft aus der Advokatenlaufbahn, seine kurze Tätigkeit am Obertribunal (1813—17), Landsbergs Nachricht über seine starke Beachtung der württembergischen Praxis (T. 447), der Unterschied zu einem Nettelbladt[82], aber auch sein sog.

76 ZDR 7 (1842) 138.
77 ZDR 6 (1841) 374f.
78 *Hugo*: Beiträge I 450—55.
79 Vor allem in: Die Zeit des späten Naturrechts, ZSGerm 56 (1936) 202—63.
80 Zu allen *Landsberg* III 1 (Register).
81 Es genügt dafür, Landsbergs Ausführungen zu Malblanc unter diesem Blickwinkel zu lesen.
82 Dazu *Landsberg* III 1, T. 288—99.

Systematisieren, um einiges leicht Zugängliche zu nennen. In Savignys so folgenreicher Sicht von 1815, die in äußerster Zuspitzung nur noch „ungeschichtliche" verzeichnete, waren diese Unterschiede verschwunden. Übergangen war damit das besondere Grundmotiv auch eines Malblanc, seine ganz realistische, gegenwartsnahe Aufgeschlossenheit, die vor allem bürgerlichen Bedürfnissen des Lebens entgegenkommen wollte. *Für Malblanc sind Geschichte und Philosophie Mittel.* Sie sind als abhängige Größen zwar da, werden aber konkret zeitbedingten Absichten eingeordnet, „verbunden" nach Landsberg. Das war eine *weder* aprioristische, *noch* geschichtsmetaphysische, in keiner Weise idealistische Basis. Zentrum war vielmehr eben das gegenwartsnah konkrete und lebensnahe spätaufklärerische Denken, das man praktisch nennen kann.

Sieht man Malblanc so, und ich kann dem hier nicht tiefer nachgehen, so ergeben sich starke Anknüpfungsmöglichkeiten für Reyscher. Auch Reyscher nahm die praktische Dimension der Jurisprudenz besonders wichtig. Er suchte hierin ein Tertium zwischen „einseitig" historischer und „einseitig" philosophischer Methode[83]. Malblanc war hier ein Stück lebendiger Tradition, der letzte und ruhmvolle Vertreter der sonst schon abgetretenen Tübinger Juristengruppe der J. Chr. Majer (1741—1821), F. W. Tafinger (1760—1813), Chr. Gottlieb Gmelin (1749—1818), Chr. Hch. Gmelin (1750—1823) und Sixt. Jak. Kapff (1735—1821)[84].

„Naturrecht bei K. Wächter" (S. 50)

Karl Wächter (1798—1874)[85], später von Wächter-Spittler[86], ist ein Vetter des berühmten Carl Georg Wächter[87]. Auch er kam, wie so manche Tübinger Professoren, zunächst aus der Praxis[88]. Seit 1824 Oberjustizassessor und zugleich Privatdozent in Tübingen, 1827 ordentlicher Professor, widmete er sich seit 1829 erneut der Praxis und mehr und mehr der Politik[89]. Er las auch deutsche

---

83 Dafür bes. „Daseyn" ZDR 1 (1839) 11—53; ausf. unten 327ff, 155f, 248.

84 Zu all diesen kurz *Klüpfel*: Uni. Tüb. 248—250 und jeweils *Landsberg* III 1 (Register).

85 *Landsberg* gibt einige Daten N. 185; Fr. *Wintterlin*, in: ADB 40 (1896); *Klüpfel*: Uni. Tüb. 455; wNw bei *Heyd* 3 (1896) 664.

86 Nach seiner Frau, der Tochter des berühmten Göttinger Historikers L. Th. Spittler, der geborener Württemberger war.

87 Bei Verwechslungsgefahr spreche ich daher stets von *C. G.* Wächter o. K. Wächter-*Spittler*.

88 Außer ihm etwa Malblanc und Scheurlen.

89 Zu seiner konservativen Rolle in den 48er Jahren am besten *Vollmer*: Verfassung, etwa 62, 79, 83, 87, 80; W. durchlief fast alle Ministerien, vgl. *Reyscher*: Erinnerungen 231.

Staats- und Rechtsgeschichte, deutsches Privatrecht und württembergische Geschichte. Sein erster Naturrechtsvortrag beruhte laut Vorlesungsankündigung vom SS 1824 auf „eigenen Grundsätzen". Nach Mohl[90] kam er im „philosophischen Rechte[91] (...) jedoch über die landläufige kantische Lehre und die zeitgemäßen naiv-liberalen Anschauungen" nicht hinaus. Seine Laufbahn als Lehrer sei nicht glücklich gewesen, da er im wesentlichen nur rhetorisches Talent gehabt und sich zu wenig entschieden spezialisiert habe. Zu K. Wächters Naturrecht scheint nichts Genaueres erhalten. Besondere Einflüsse auf Reyscher konnte ich daher nicht klären.
Noch fehlen zwei bereits gestreifte, wichtige Namen, die auch Reyscher hervorhebt (S. 50): *Eduard Schrader* und *C. G. Wächter*.

„Römische Rechtsgeschichte und Exegese bei Ed. Schrader" (S. 50.)

Mit *Heinrich Eduard Siegfried Schrader* (1779—1860)[92] hielt nach allgemeiner Ausdrucksweise die historische Schule ihren Einzug in Tübingen. Das war schon 1810. Reyscher sagt einschränkend, Schrader sei ein „gewissenhafter Anhänger der römisch (!) — historischen Schule" (S. 51). Kritik klingt hier mit. Schrader hatte sich erst nach zweijährigen theologischen und mathematischen Studien zur Juristerei entschlossen. 1801 lernte er sie in Göttingen durch Hugo als Wissenschaft schätzen. Hier fand er den rechten Boden für seine mathematischen und philologischen Neigungen. In Göttingen nahm er auch die ersten akademischen Erfolgsstufen, wurde 1802 und 1803 akademischer Preisträger, im Juli 1803 Doktor und im August Privatdozent, um nach kurzem Gastspiel in Helmstedt seit 1810 an Tübingens Juristenfakultät das gelehrte Glanzstück zu bilden[93]. Im doch etwas biederen Tübingen genießt er allgemein anerkannte Autorität[94] als „einer der wenigen persönlichen

---

90 LE I 199f.

91 Was *Mohl* unter phil. Recht versteht, erhellt u.a. aus LE I 266, wo er es schon durch die Überschrift (I 258) dem positiven Staatsrecht entgegensetzt, seinen Inhalt in „den Sätzen, welche sich aus dem Wesen des Staates und seiner verschiedenen Arten mit logischer Notwendigkeit, aber ohne äußere Sanktion ergeben" sieht und sein Desinteresse an derlei im folg. Absatz bekräftigt: Mohl war ausgesprochen philosophiefeindlich, s. nur: LE I 283, 139, II 40, und darin ganz von Tübinger „praktischem" Geist (dazu unten 47f).

92 Über ihn recht ausf. *Landsberg* N. 21 mNw, T. 59—62; außerdem *Klüpfel*: Uni. Tüb. 451; *Mohl*: LE I, bes. 194; *Hall. Jb.* 1841, 212 (s. o. Fn 59); *Wächter*: Leben 6; positiv erwähnt von *J. Grimm* 1808 (Schoof: Savignybriefe 55); ebenso aus zweiter Hand (Hugo, Grimm?) durch *Savigny* 1809, Stoll I 384; ein herzlicher Brief Savignys an Schr. bei Stoll II 223—5 (1817); ein Nachruf von *Bruns* im Schwäb. Merkur 1861, 383—5.

93 *Klüpfel*: Uni. Tüb. 451 berichtet, Schrader habe „auch jetzt noch (sc. 1849) als Senior den berühmtesten Namen".

94 So alle in Fn 92 Genannten.

Schüler *Hugos*"[95] (1764—1844), als Freund, Alters- und Gesinnungsgenosse *Savignys* (1779—1861), aber auch *Eichhorns* (1781—1854) — hier bis auf das Alter.

Neben diesem „Hauch von Welt"[96] lobt man seine profunde Gelehrsamkeit. Freilich hatte Schrader bei der so schwierigen Quellenlage in seiner philologisch penibelst betriebenen corpus-iuris-Forschung in seiner Einseitigkeit einen Informations- und Wissensvorsprung, der kritisches Mitdenken erschweren und schlichte Bewunderung seiner „Gelehrheit" fördern mußte[97]. An ihm wird auch die bemerkenswerte Tatsache sehr deutlich, daß die Methode der HS immens teure Forschungsreisen im In- und Ausland erforderte, wie sie ja auch Savigny und Schrader teils selbst durchführten, teils finanzierten. Finanzkraft oder starke Hilfe war also gerade bei der HS auch eine wesentliche Voraussetzung wissenschaftlichen Erfolges. Schraders Lebenswerk sollte eine allen kritischen Ansprüchen genügende Ausgabe des „Justinianischen Gesetzbuchs" werden. Seine Absicht, alle erreichbaren Handschriften heranzuziehen und seine übergroße Genauigkeit ließen die Arbeit im Detail versinken. Das Werk war bis zu seinem Tode bei weitem nicht vollendet[98]. Einer Schattenseite der historischen Schule setzte er damit ein Denkmal. Wie man die historisch-kritische Energie bewundern muß, so ist andererseits der Gegenwartsverlust klar und bedenklich — womit ich zwar nichts Neues, aber doch Wichtiges, feststelle. Eine gewisse spekulative Neigung loben und kritisieren 1841 die Hallischen Jahrbücher. Schrader, liest man dort,

„weiß oft die wenigen Nachrichten, welche über dieses oder jenes Rechtsinstitut vorhanden sind, mittelst seiner lebendigen Anschauung des Ganzen so zu ergänzen, daß das Institut als ein klares mit der weiteren Entwicklung und den übrigen Verhältnissen harmonisches Bild hervortritt". — Kritisch heißt es aber gleich, „zuweilen geht er in Hypothesen zu weit, und gibt sich, während der positiven Nachrichten zu wenige sind, oder wo sie oft ganz fehlen, mit wenn auch geistreichen Vermutungen ab (...)"[99].

---

95 *Landsberg* T. 59.

96 Dazu illustrativ *Mohls* Bericht: LE I 103f, unter den wenig gesellschaftsfreundlichen Tübingern mache nur eine „einzige norddeutsche Familie eine Ausnahme, die des Professors Schrader (...). Hier konnten Eingeführte zum Tee kommen", ganz gegen schwäbische Gewohnheit.

97 Im Lob der Gelehrtheit sind alle einig, etwa *Reyscher*: Erinnerungen 51: „wohl das gelehrteste Mitglied".

98 Über dieses „Drama" ausf. *Landsberg* T. 60f. Schon 1841 mahnen die Hall. Jb. aaO (Fn 92): „nach dem Maßstabe der bisher aufgewendeten Zeit an eine Vollendung des ganzen Werks wohl kaum zu denken".

99 AaO; Ähnlich schon die sehr nüchterne Bemerkung *Savignys* gegen gefährliche weite Hypothesen, die die synchronistische Methode Hugos leicht fördere: „Denn die synchronistische Methode setzt eine gewisse Symmetrie in der Entwicklung des Rechtssystems nothwendig voraus; wo also die Geschichte selbst, oder doch unsere Kenntnis der Geschichte, dieser Voraussetzung nicht entspricht, da ist es unvermeidlich, entweder durch wesentliche Lücken den

Diese Beschreibung seines Vorlesungsstils zeigt seine Eigenart, die „lebendige Anschauung", den Harmoniegedanken, die unbefangene organische Ergänzung des „Positiven". Ich werde auf diese Mitgift zurückkommen[100].
Bei all seiner so lebensfern erscheinenden Gelehrsamkeit hat er aber doch nicht versäumt, zu wichtigen *politischen* Fragen seine Meinung in die Waagschale zu werfen. 1815 kam ein Beitrag zur Kodifikationsfrage[101], 1821 erhob er seine „gewichtige Stimme" [102] gegen württembergische Pläne für ein umfassendes bürgerliches Gesetzbuch[103]. 1841 nutzte er Sarwey's Monatsschrift für „Bemerkungen zu dem Entwurfe eines Gesetzes in Betreff der Verträge über Erbschaften und der Eheverträge (...)"[104]. Er versäumt dabei nicht, in längeren „Allgemeinen Bemerkungen" (S. 455—64) seine kodifikationsfeindlichen Ideen von 1815 zu bekräftigen (S. 456). Für „einzelne Punkte" wollte er aber mit den „großen Meistern in Rechts-Bildung, den Römern (...) eigentliche Gesetzgebung" für richtig halten. Es ist bemerkenswert, *daß* der „gelehrte" Schrader sich zu diesen Fragen äußerte und *wie* er es tat. Auch bei ihm stand — wie bei Savigny und anderen — in diesen Diskussionen mit seinem Wissenschaftsideal und Weltbild ein Lebenswerk zur Debatte, mindestens dessen Aktualität nach. Die 1815 erschienene kodifikationsfeindliche Schrift fand das ausgesprochene Wohlgefallen Savignys, der sie 1816 in seinem Bericht über den Meinungsstand[105] „absichtlich zuletzt (sc. behandelt), abgesondert von den übrigen, weil sie an eigenen und neuen Gedanken bey weitem die reichhaltigste ist"[106]. Savigny schließt:

„In der ganzen Schrift herrscht ein so gesunder praktischer Sinn, die Vorschläge des Verfassers sind so gut begründet, seine Erwartungen von dem Erfolg sind so besonnen und so frey von Übertreibung, daß ihm selbst Andersdenkende ihre Theilnahme nicht werden versagen können"[107].

---

eigentlichen Vortheil der Methode aufzugeben (...), oder jene Lücken durch Wiederholungen, Antizipationen, oder gar durch bloße Hypothesen auszufüllen", s. VS 5, S. 6.

100 Vgl. unten bei Fn V 517; zur Ergänzung unten 355.

101 Die prätorischen Edikte der Römer auf unsere Verhältnisse übertragen, ein Hauptmittel unser Recht allmählich gut und volksmäßig zu bilden. Weimar, 1815, 144 S.

102 So sein Schwiegersohn *C. G. Wächter*: Privatrecht I 2 (1842) 1056.

103 Ist die Abfassung eines Civilgesetzbuches für Württemberg zu wünschen? Tübingen, 1821, 50 S. — Die württ. Abgeordnetenkammer bejahte übrigens die Frage offenbar recht unbeeindruckt mit 74 Stimmen gegen 1, s. *Wächter*: aaO Fn 6; dort auch weiteres über die württ. Kodifikationsabsichten.

104 Sarwey 5 (1840) 455—74.

105 Stimmen für und wider neue Gesetzbücher, in: ZgeschRw 3 (1816) 1—52 = Stern 205—28.

106 AaO 222; nicht zuletzt hatte Savigny selbst schon eine klare Anregung in Richtung auf Schraders Ideen gegeben: Beruf 81.

107 AaO 223; 1840 nimmt Savigny den Schraderschen Gedanken voll auf: System I 204f, aber ohne Nachweis. Seine eigene Tätigkeit als Gesetzgebungsminister

In diesem beifälligen Lob ist das Adjektiv „gesunder" bei „praktischer Sinn" wohl zu beachten. Hier liegt die Ambivalenz, die *Landsberg* fast 100 Jahre später in gleicher Sache so ganz anders resümieren läßt[108]:

„Freilich liefert gerade dieser Vorschlag, so ernst und nachdrücklich er gemeint und ausgeführt ist, wohl tatsächlich nur den Beweis für seines Urhebers rettungslos unpraktische Art".

Ich habe dies etwas näher ausgeführt, um die Ambivalenz an der „praktischen" Seite Schraders zu verdeutlichen. Männer wie *Schrader* und *Savigny* sind nicht in allem so „unpraktisch". Schließlich haben gerade sie die „praktischen" Probleme und Gefahren der Kodifikationspläne für ihre wissenschaftlichen und politischen Vorstellungen erkannt und deswegen dagegen geschrieben. Wenn sie dabei nicht im Sinne der gesetzgeberischen Tat sprachen, sondern ganz und gar zugunsten der Wissenschaft, der Juristen und der Verwissenschaftlichung der Praxis, wenn sie daher die Rolle des Gesetzgebers tunlichst reduzierten, so war das doch sehr „praktisch" gedacht, wenn auch in ihrem Sinne, dem „gesunden". Nicht zu verkennen ist natürlich auch ein in bestimmtem Sinne „unpraktisches" Element. Beide waren den moderneren Wertungen und Bestrebungen, die in der Forderung nach Praxisnähe zumeist steckten, nicht gewogen. Insofern waren sie allerdings ziemlich „unpraktisch". Dieser Aspekt korrespondiert ihrem anspruchsvollen „historischen" Wissenschaftsideal. Es war liberal elitär, nicht egalitär[109] und auch das alles nur im Privatrecht. Vom Privatrecht aus machte man allgemeine Rechtslehre. „Eigenartig" im Sinne von schwer verständlich, wie Landsberg meint[110], ist diese Verbindung gerade nicht.

---

seit 1842 hat hier Kontinuität. Das positive Urteil über die prätorischen Edikte findet sich übrigens auch in ganz selbstverständlicher Manier bei *Unger*: ZDR 7 (1842) 116.

108 *Landsberg* T. 62.

109 Sehr klar für *Schrader*, wenn er bei Beschreibung der Gesetzgebung bei den Athenern den „entschiedensten Demokratismus, an dem sie krankten" mißbilligt, s. Sarwey, aaO (Fn 104) 456.

110 So aber *Landsberg* T. 62: „eigenartige Verbindung feinen geschichtlichen Verständnisses für die Vergangenheit mit völligem Mangel von Verständnis für die Gegenwart (...)". Die Redeweise vom ‚unpolitischen' *Savigny* bedarf skeptischer Überprüfung. Sie betrifft immerhin einen Mann, der über Jahrzehnte zu den entscheidenden Personen im preußischen Staat gehörte (s. nur Staatsrat 1817—48, Minister 1842—48) und der am 5. 3. 1814 an Fr. Creuzer schreiben konnte: „Vorigen ganzen Sommer wurde weder gelesen noch studiert, sondern exercirt und nach der Scheibe geschossen, besonders aber war ich ein geplagter Mensch, da ich den ganzen Tag und manchmal auch die Nacht Landwehr und Landsturm formiren helfen mußte. Doch möchte ich diese Erinnerungen um keinen Preis missen (!). Indessen war auch schon vor dieser schweren und herrlichen (!) Zeit hier ein sehr allgemeines und einstimmiges politisches Leben, welches mir viel werth war (!), da es zu meinen eigensten Bedürfnissen gehört". (Stoll II 98); vgl. näher zur Literatur unten Fn III 319. Pointiert für einen durchaus „politischen" Savigny jetzt *Hattenhauer*: Thibaut u. Savigny, Einl. 46.

Reyscher hat Schrader wegen seines kritischen Niveaus geschätzt. Schon in der Kodifikationsschrift von 1828 „Über die Bedürfnisse unserer Zeit in der Gesetzgebung (...)" kommt es ihm aber auf die Unterschiede an, wenn er „das Hauptsächliche meiner Ansichten gegenüber jenen von Savignys, mit welchem jene beiden Schriftsteller (sc. Schrader und von Georgii)[111] in den Prinzipien einverstanden sind"[112], besonders betont und herausarbeitet. Die Vermutung liegt nahe, daß Reyscher gerade am extremen Beispiel Schrader die genaue philologisch und historisch kritische Arbeit schätzen lernte, daß er aber auch, zumal er schon als Schreiber in der Praxis gewesen war, hier zugleich ihre Grenzen und Gefahren erfuhr.

„Das römische Recht (Institutionen und Pandecten), ebenso Strafrecht und Strafprozeß hörte ich bei K. G. Wächter" (S. 50)

Seine besondere Bedeutung zeigt Reyschers Lob:

„Unter den juristischen Docenten hat K. G. Wächter (...) den entschiedenen Beifall der Studierenden zu erringen und zu erhalten gewußt, weniger durch glänzende prinzipielle Auffassung, wie Thibaut, oder durch tieferes geschichtliches Eingehen, wie Savigny, als vielmehr durch große Klarheit, verständige Kombination und gewissenhaften Fleiß in Bearbeitung der Quellen und Benutzung der literarischen Hilfsmittel".

Carl Georg Wächter (1797—1880), seit 1835 *von* Wächter, fand zahlreiche[113] lobende bis liebevolle, so gut wie nie kritisierende[114] Biographen[115], besonders seinen Sohn Oskar[113]. In der Tat sind Leben und Person in mehrfacher Hin-

---

111 *E. Fr. v. Georgii*, 1756—1830, war Präsident des Stuttgarter Obertribunals; Siehe den Nekrolog in: H. A. L. Z. 1830, Intell. bl. Nr. 70; daneben: Sammlung von Lebensbeschreibungen betr. die Georgiische Familie. Stuttgart, 1876; *Heyd*: Bibliographie 8 (1956) 371; Georgii schrieb hier: Über die Revision des Zivilrechts und Abfassung eines allgemein deutschen Gesetzbuches mit besonderer Anwendung auf Württemberg. Stuttgart u. Tübingen, 1821.

112 Bedürfnisse 24 Fn a.E.; s. auch die weiteren Stellungnahmen dort S. 23 Fn, 28 Fn, 34 Fn: alle distanzierend.

113 Grundlegend *Oskar von Wächter*: Carl Georg von Wächter. Lebensbild eines deutschen Juristen. Leipzig, 1881, 192 S. Schon im Dezember 1880 (Vorrede IX) gab er gründlich „fast durchaus nur den Inhalt der mir vorliegenden Aktenstücke, Briefe und eigenhändigen Aufzeichnungen".

114 Soweit ich sehe, kritisiert nur Wächters Freund *Mohl* in: LE I 198, aber lediglich charakterbezogen: „hartgesottener Egoist" und politisch: „wie eben der Wind ging."

115 Außer O. v. Wächter vor allem *Landsberg* T. 386—9 u. 612—8, N. 183 ff u. 269. Dort N. 183 Nw. zur *ersten Lobeswelle* der Nekrologe von 1880, also: Windscheid, Dernburg, Mandry (Tüb.), Schwarze (Leipzig), Seeger, Glaser. Später: Eisenhart ADB 40 (1896) 435—40, sehr positiv; Hugo Meyer (1898); E. I. Bekker (1909); in *neuerer Zeit* ziemlich wenig: *Kern*: Lebensbilder 1 (1940) 545—52, benutzt bes. O. v. Wächter, arbeitet gut die politische Haltung heraus, als „liberal und (!) regierungsfreundlich" (S. 548), wozu er eine Tüb. Diss. nachweist.

sicht bemerkenswert und für Reyschers Zeit sehr wichtig. Die Daten sind etwa folgende[116]:

Aus altwürttembergischer Beamtenfamilie, studiert er seit SS 1815 in Tübingen, besonders bei Schrader, wird Mitglied der Burschenschaft, ist seit WS 1817/18 in Heidelberg bei Thibaut (1772—1840) und besonders Welcker (1790 — 1869). Nach besten akademischen Examina Ende 1818 ist er kurz Gerichtsreferendar und Gerichtsassessor, wird schon August 1819 außerordentlicher, Juni 1822 ordentlicher Professor in Tübingen, 1825 schon Rektor und das gleich für drei Jahre, gegen die Regel. Januar 1829 wird er Vizekanzler der Universität, geht zum Sommersemester 1833 an die berühmte Leipziger Fakultät und kehrt nach vielen Berufungen[117] Oktober 1835 nach Württemberg zurück in die *äußerst* einflußreiche Stellung eines Universitätskanzlers, 1. Mitglieds der Juristenfakultät *und* deputierten Mitgliedes der sogenannten Abgeordnetenkammer[118]. Er hält — wie zugestanden — nach freier Wahl einzelne Vorlesungen in Tübingen. Seit 1839 ist er Kammerpräsident bis zu seinem Rücktritt im März 1848. Liest seit Herbst 1848 wieder Pandekten in Tübingen. Aus politischem Protest gegen die *zu weit* gehende Reaktion, die konstitutionelles Recht verletzte, verließ er Tübingen 1851. Sommer 1851 ist er kurz Präsident des Oberappellationsgerichts in Lübeck, als Nachfolger des berühmten Heise. Mangels Muße für wissenschaftliche Arbeit folgt er im Herbst 1852 wieder einem Ruf nach Leipzig, wo er bleibt.

Es würde zu weit führen, wollte ich die Fülle des bereits Vorhandenen neuerlich verarbeiten, obwohl manches aus neuem Abstand anders zu sehen wäre. Das so erstaunlich einhellige Lob gipfelt etwa in *Landsbergs* Worten (1910), Wächter sei „einer der größten Juristen aller Zeiten"[119]. Danach bricht aller-

---

Wieacker: Geschichte 459 Fn 1 hat nur einen Nachweis; *Wolf*: Rechtsdenker (1963⁴) 637, 716 erwähnt ihn ohne näheres nur eben; ähnlich *Enn.-Nipperdey*: Allg. Teil, § 22 Fn 9; instruktiv dagegen: *Döhring*: Geschichte 336, 343, 455 (Kurzbiogr. mNw) und bes. *E. Schmidt*: Einführung § 263f; *nichts* bei: *Wesenberg* (1969²); *Lieberich*: Geschichte (1965⁹); *Schwerin-Thieme* (1950⁴); *Planitz-Eckhardt* (1961²); *Larenz*: Methodenlehre (1970²); *Coing*: Epochen (1967); *Hattenhauer*: Grundlagen (1971).

116 Wesentliche Quelle ist *O. v. Wächter*: Leben.

117 *Wächter*: Leben 38, 41, 42 (Zürich, Erlangen, Bonn) u.a.m.

118 Teil der Ständeversammlung, neben einer Kammer der Standesherrn, die die monarchische Spitze kontrollierte gemäß der zum Stolz der Württemberger damals einzigen „echt" konstitutionellen vertraglichen Verfassung vom 25. Sept. 1819, die man gerade noch vor den bekanntlich extrem restaurativen Karlsbader Beschlüssen von 1819 „in Sicherheit" gebracht hatte. Letztere Formulierung von *E. Schneider*: Abhandlungen 104—20, 107; auch statt vieler *Gebhardt-Schieder* 101.

119 *Landsberg* T. 386; Ähnliche Worte findet Landsberg soviel ich sehe nur für Savigny. Viel reservierter z.B. bei Jhering und Mittermaier. Siehe für letzteren die Zitate oben 7.

dings die Überlieferung merklich ab[120]. Die Bemerkungen *Landsbergs* mögen ein Bild geben: Wächter verkörpere geradezu wissenschaftlichen Positivismus, „nahe genug berührt von den Vorzügen der historischen Schule, um gelegentlich dazu gerechnet zu werden, dennoch ihr gegenüber selbständig durch die leitende Rücksicht aufs Praktische und Positive, durch das Verständnis für die Berechtigung und für die Aufgaben der Gesetzgebung und durch die Abneigung gegen romantische Überspannung, kurz durch echt schwäbischen Wirklichkeitssinn und durch die Fülle gesunden Menschenverstandes" (T. 387). Mit diesen Eigenschaften wurde er gefeierter Lehrer, geachteter Schriftsteller und -per Akklamation- unbestrittener Präsident des ersten deutschen Juristentages im Jahre 1860. Unter den geistigen Einflüssen fallen besonders die Anregungen durch *Karl Theodor Welcker* (1790—1869)[121] auf. Diesen exponierten liberalen badischen Juristen schätzte er ganz außerordentlich[122]. C. G. Wächter einfach als Schüler Schraders zu bezeichnen[123], dürfte nicht viel mehr aussagen, als daß er bei diesem Vorlesungen hörte. Für tiefer gehende Einflüsse Schraders auf Wächters allgemeine Rechtslehre sehe ich keinen Anhalt.

Die *Bedeutung* des nur fünf Jahre älteren Lehrers *für Reyscher* fällt dagegen sehr ins Gewicht. C. G. Wächter war hier zugleich Lehrer, Fachkollege[124], Konkurrent[125] und kundigster Kritiker[126], ja mitentscheidend fürs berufliche Fortkommen[127]. Reyscher hat alle seine damaligen Vorlesungen gehört[128]. Württembergisches Privatrecht, später Gegenstand von Reyschers eigener Aktivität, gehörte noch nicht dazu[129]. Reyscher hörte aber die allgemeinen

---

120 Vgl. Fn 115.

121 Zu seinem Leben ziemlich erschöpfend: *Müller-Dietz*: Das Leben des Rechtslehrers und Politikers Karl Theodor Welcker. Freiburg, 1968, 143 S., überarbeitete Freiburger Habil. von 1966.

122 Brief von 1817 mit Studienbericht aus Heidelberg bei *Wächter*: Leben 9. Einige Bemerkungen zu Welcker-Wächter jetzt bei *Müller-Dietz*: Welcker 10 u. Fn 150 bis 155. Sehr verhalten äußert sich dagegen *Landsberg* T. 398, auch 384. Aus Heidelberg stammt wohl Wächters ständiges Monieren jeder staatlichen „*Bevormundung*", s. Privatrecht I 1, S. 82, 99, 104f, 107, 109, 290f, 305, 322, 401f, 413, u.ö., 964.

123 So *Landsberg* T. 62, 386.

124 *Wächter* las schon von 1825—32 in Tüb. über Württembergisches Privatrecht, s. sein Privatrecht I, Vorrede S. VII. *Reyscher* las das gleiche seit 1834, nach historischen Vorarbeiten seit 1827, s. die Übersicht bei Fn 243.

125 Vor allem mit den Werken zum württembergischen Privatrecht, dazu ausf. sogleich im Text.

126 Etwa seine Bemerkungen zu „Bedürfnisse" (sogleich im Text), zur Frage des gemeinen Rechts (Gemeines Recht Deutschlands. 1844), zu „Einführung" (unten 101), zu Reyschers „Privatrecht", sogleich im Text.

127 Als Fakultätsmitglied wirkte er an Berufung und Beförderung mit.

128 Das ergab ein Vergleich von Reyschers Angaben mit dem Vorlesungsverzeichnis.

129 Wächter begann damit im SS 1825, also *nach* Reyschers Studium. Ausdrücklich erwähnt auch bei *Wächter*: Leben 25; *Reyscher*: Privatrecht I, Vorrede S. V.

Rechtslehren, die in Strafrecht und Privatrecht vorgetragen wurden. 1845 schreibt Reyscher: „Ich verehre in dem Herrn Kanzler meinen Lehrer und werde ihm für den gründlichen und anschaulichen Unterricht in dem römischen Recht und Strafrecht stets dankbar bleiben.“ Das Verhältnis war laut Reyscher zunächst „natürlich“[130]. Es litt jedoch unter zunehmenden wissenschaftlichen Kontroversen. Besonders Reyscher reagierte manchmal gereizt[131]. C. G. Wächter war auch sein nächster Kritiker. Von Anfang an verfolgte er Reyschers privatrechtliche Schriften aufmerksam und sehr grundsätzlich. 1829, bei den Berufungsverhandlungen, erscheint sein Urteil als das ungünstigste. Er meint, die Gesetzgebungsschrift („Bedürfnisse“, Nr. 3) sei wenig tief eindringend, habe „manche historische Unrichtigkeit und Unklarheit der Gedanken und der Darstellung (...), (sc. so daß) der Beruf zu wissenschaftlicher Tätigkeit unseres Dafürhaltens keineswegs begründet ist (...)“[132]. Auch 1846 äußert Wächter Kritik, „indem ich Ihre Prämissen nicht ganz, noch viel weniger aber die Konsequenzen, die Sie daraus ziehen, zugeben kann (...)“[133]. Vollends entstand Fachkonkurrenz mit dem Erscheinen beider Werke über das württembergische Privatrecht[134]. Wächters Arbeit zeichnet sich durch zuverlässigste Gründlichkeit aus. Sie erhielt eine Art amtlichen Segen, denn König Wilhelm, der sich mit einer zeitgemäßen Umgestaltung des Privatrechts trug[135], ließ 1836 den offiziellen Wunsch an Wächter gelangen,

---

130 *Reyscher*: Privatrecht I, Vorrede S. VI.

131 Siehe etwa den etwas gespannten Briefwechsel von 1846 bei *Wächter*: Leben 62f.

132 Dieses Urteil entnehme ich einem von *Schrader* geschriebenen Manuskript im Universitätsarchiv Tüb., Nr. L 76/3, das den Titel trägt: „An den akademischen Senat. Tübingen , den 6. März 1829. Die Juristenfacultät übergibt ihr Gutachten wegen Wiederbesetzung der Stelle des vormaligen Professors Karl Wächter (sc.-Spittler) und damit zusammenhängender Punkte“. Es enthält in II Blatt 5 die zitierte Anmerkung von *C. G. Wächters* Hand. Das Gutachten zeigt auch, daß *Michaelis* und *Scheurlen* leicht günstiger urteilen (Blatt 7). Schrader und C. G. Wächter meinen aber, ein „scharfes“ Urteil sei notwendig, damit Reyscher auf keinen Fall die Universitätskasse belaste. Dies wäre ihrer Absicht, möglichst eine auswärtige Koryphäe heranzuziehen, am entscheidenden finanziellen Punkt zuwider gelaufen. *Wächter* behielt sein Urteil zu „Bedürfnisse“ i.w. bei, s. u. bei Fn III 48. Fähiger erscheint Reyscher im Bericht des Ministeriums an den König vom 24. 1. 1837 wegen Beförderung zum o. Prof., der dem Fakultätsber. i.w. folgt, HSTA Stuttgart, E 11, Bü 169: „Nach ihm (sc. M. S. Mayer) ist Prof. *Reyscher* zu nennen, der, gleichfalls ein guter Kopf mit schönen Kenntnissen ausgerüstet, sich namentlich in den letzten Jahren auch bei denjenigen, welche früher einiges Bedenken über seinen Beruf zum akademischen Gelehrten und Lehrer hegten, durch seine schriftstellerischen Arbeiten sowohl, als durch seine Tätigkeit als Lehrer in Achtung zu setzen gewußt hat.“

133 Brief vom 22. 11. 46, in *Wächter*: Leben 63.

134 Wächters Werk erschien 1839—51 bis einschl. ‚Allgemeiner Teil‘, Reyschers Werk erschien 1836—48 in 3 Bänden.

135 Über die Entwicklung 1820—36 in Württemberg gründlich *Wächter*: Privatrecht I 2, 1056—60.

„er möge, da er mit seiner umfassenden wissenschaftlichen Bearbeitung des gesammten in Württemberg geltenden Privatrechts beschäftigt sei, demselben in der fraglichen Richtung Fortgang geben, und in seinen Plan außer der vollständigen Übersicht über das bestehende Recht auch die Sammlung der wichtigeren Kontroversen des vaterländischen Privatrechts und die Vorbereitung zu ihrer Entscheidung mit aufnehmen"[136].

Die enthusiastischen Urteile gerade zu diesem Werk mögen mit den lapidaren Worten *Windscheids* verdeutlicht sein: „Ich glaube nicht, daß Wächter besseres jemals geschrieben hat"[137]. Das allgemeine Lob geht über die sogenannten Schulgrenzen völlig hinweg[138]. So versteht man, daß Reyschers Arbeit etwas auf die Schattenseite geriet. Wächters Werk war für die Romanisten eine große Ermutigung gegenüber den aktuellen Anfechtungen. Dies gilt jedenfalls, wenn man etwa nach folgendem mißt: nach Gründlichkeit bis ins kleinste, nach breitester systematischer Abklärung der Begriffe, der Grundsätze, des Aufbaus, nach weitestgehender kritischer Verwertung der Quellen und Literatur, nach umfassender Bemühung um Begründungen, nach Verarbeitung vor allem des romanistischen Erbgutes. All dieses lag aber bei Reyschers Betonung der einheimischen Rechtstradition, die viel weniger abgeklärt war, ebenso viel weniger im Bereich des Möglichen.

Immerhin hat auch Reyscher Anklang gefunden. Dies zeigen Rezensionen[139] und die Tatsache einer zweiten Auflage[140]. Vor allem der Praxis scheint Reyschers Privatrecht willkommen gewesen zu sein[141]. Die Unterschiede beider Werke zeigen anschaulich, wie Autoren- *und* Leserinteressen voneinander abweichen. Sie verdienen genauere Betrachtung.

Wächter arbeitet wesentlich detaillierter historisch-kritisch. Aus einer über-

---

136 Abgedr. in *Wächter*: Leben 53; erwähnt von Wächter selbst in: Privatrecht I 2, 1060 mit der Wendung, der „Gesetzgeber" (!) habe ihn beauftragt. Auch Reyscher war zu dieser Zeit an der Arbeit, die Berufung Wächters war aber nach allen Bedingungen selbstverständlich. Er war der „erste Jurist" Württembergs, wie Reyscher noch 1851 (Austritt XXVI) etwas schwächer sich ausdrückt.

137 Nach *Wächter*: Leben 148.

138 Viele Belege bei *Wächter*: Leben, etwa 54 (v. Kamptz), 63 (Beseler, Thöl, Heise, Falck), 146ff (Stobbe, Windscheid, Jhering); s. auch *Landsberg* T. 612—5; für Wächters gutes Verhältnis zu Savigny: *Landsberg* N. 185 oben.

139 Dazu unten 96—100.

140 Von Band 1 und 2; s. genau im Schriftenverz. unter Nr. 11; die Höhe der Auflagen im Vergleich zu Wächter kann ich nicht benennen.

141 *Thudichum* sagt 1902 in seiner „Verteidigung" (oben 12): „Sein Buch fand großen Anklang, erlebte eine zweite Auflage und blieb Jahrzehnte hindurch den Richtern und Anwälten ein willkommener Führer." Ähnliches bei *Bolley* (unten 96f); auch *Reyscher* selbst spricht von Erfolg in dieser Richtung, s. Privatrecht I (1845), Vorrede III, Privatrecht II (1843) 1. Aufl., Vorrede III; als *Roth-Meibom* 1858 das kurhessische Landesrecht darstellen, beklagen sie in der Vorrede lebhaft die miserable Forschungslage unter lobendem Verweis u. a. auf *Reyschers* Werk, s. Kurhess. Privatrecht 1 (1858) S. X.

wältigend umfassenden Prüfung des Materials entwickelt er zuächst Detail und Zusammenhang der *Geschichte* des württembergischen Privatrechts. Er verbindet bewußt, das war nicht ohne Vorgang, aber auch nicht selbstverständlich, äußere und innere Rechtsgeschichte. Damit erhöht er die Fruchtbarkeit der historischen Darstellung. Gleichzeitig entlastet er das geltende Recht und macht es dadurch wesentlich „positivistischer". Aber Teil II, der dogmatische, beweist mit seinen vielen Verweisen auf den geschichtlichen Teil, wie sehr die Verbindung dennoch lebt. Wächter bezieht politische Daten und Kontexte stark ein, er beachtet die Rechtsanwendung, Gerichte, Behörden, Organisation und die Rechtswirklichkeit[142]. Streitfragen, begründen und argumentieren, sind ihm sehr wichtig. Vielleicht wurde dieses Stellungnehmen durch die erwähnte königliche Aufforderung gefördert. In ihrem Sinne führt er in zahlreichen ausführlichen Fußnoten reiches Material ein, um so ein „Handbuch" zu schaffen, das „durch sich selbst ohne mündliche Erläuterung vollständig orientieren soll"[143] — was damals ein keineswegs üblicher Anspruch war. Ebensowenig war dies die Tatsache, daß es sich „durchaus auf Autopsie"[144] gründet. Mit seiner schon allein so wertvollen enormen Arbeitskraft erreicht Wächter seine Ziele für den ersten, historischen Teil auf 1044 Seiten.

Reyscher hat etwas andere Maßstäbe. Er widmet daher dem *historischen* Teil nur etwa 300 Seiten. Einige weitere Zahlen mögen das Verhältnis illustrieren. Bei in etwa vergleichbarer Seitengröße hat das zum großen Teil unvollendete Werk Wächters 2002 Seiten, Reyschers *Gesamt*arbeit 1522 Seiten. Vergleicht man ungefähr das *Vorhandene* bei Wächter, nämlich Geschichte und allgemeinen Teil, mit dem Entsprechenden bei Reyscher, was allerdings wegen Reyschers Verflechtung von innerer Geschichte und Dogmatik schwierig ist[145], so stehen Wächters 2002 Seiten bei Reyscher etwa 500 Seiten gegenüber. Bei *einzelnen Instituten* stellt man ähnliches fest. Im allgemeinen Sachenrecht ist das Seitenverhältnis 114 zu ca. 12, beim Problem „Gesetz" 14 zu 4, beim internationalen Privatrecht 40 zu 5, beim „Objektiven Recht" 191 zu 52 Seiten. Im Schnitt kann man von einem Verhältnis wie vier zu eins reden.

Das ist zunächst weniger eine methodische Differenz, als eine gewisse Sparsamkeit. Reyschers äußere Geschichte und „geschichtliche Einleitungen" zu Instituten des geltenden Rechts machen weniger Arbeit, wenigstens läßt sich manches aus der Geschichte übergehen. Sein Verfahren ist so einerseits *weniger* geschichtsfreudig, weil es sich volle Epochenbilder spart. Andererseits wird die einzelne Dogmengeschichte geschlossener, und das historische Argument wirkt *unmittelbarer* in das aktuelle hinein. Reyschers historischer Sinn ist trotz des anderen Aufbaus nicht weniger entwickelt als der Wächters. Nicht

142 Auch bewußt gefordert in der Vorrede, S. Xf.
143 Vorrede X.
144 Vorrede XII.
145 Ich habe daher in etwa addiert, was Reyscher zu äußerer Geschichte und an einzelnen geschichtlichen Einleitungen gibt.

anders als dieser will er nur kritisch Erwiesenes geben. Auch an Kennerschaft mangelt es ihm keineswegs. Aber insgesamt zielt seine Historie viel direkter auf die Ergebnisse. Ausführliches genetisches und begründendes Entwickeln findet man weniger. Manchmal wirkt seine Geschichte leitsatzmäßig konturiert. Holzschnittartig knapp werden die Linien meist gezogen. Mit Belegen ist er eher sparsam, verglichen wenigstens mit Wächter. Sicher mit Blick auf Wächters monumentale Schilderung erklärt Reyscher 1843, *er* wolle „auf die Vergangenheit nur soweit zurückgehen, als es zur Erkenntnis der Gegenwart notwendig scheint"[146]. In diesem Sinne stellt er also nur den einzelnen Instituten historische Einleitungen voran[147] und verknüpft so Geschichte und Gegenwart enger, wo Wächter sie scharf trennt.

Dieses Bild wiederholt und verstärkt sich angesichts der dogmatischen *Allgemeinen Teile*[148] ihrer Lehrbücher. Auch hier ist *Reyscher* wesentlich knapper, ergebnisorientierter, weniger streitfragen- und begründungsfreundlich[149]. Auffallend ist wieder bei *Wächter*, wie sehr er auf klar abgestimmte Begriffe und Grundsatzbildungen achtet. Bei ihm wirkt ein ausgeprägtes systematisch-wissenschaftliches, theoretisches Interesse.

Die Unterschiede, von denen ich sprach, bemerkt man sogleich, wenn man die Bände aufschlägt. Worauf beruhen sie genauer?

Ich habe angedeutet, daß ich die *methodischen Vorstellungen* in Sachen Geschichte nicht für so prinzipiell verschieden halte. Schon durch unterschiedlichen Aufwand, verschiedene Interessenschwerpunkte und ungleiches Talent erhält jede Durchführung ihre besondere Farbe. Etwas schärfer sieht Wächter selbst die Lage in einem Brief an Reyscher vom 22. November 1846, also *nach* seinem großen Grundfragenbuch „Gemeines Recht Deutschlands" von 1844, wo er sich vorbehält

„vielleicht noch irgend einmal von den verschiedenen Standpunkten zur gemeinsam bearbeiteten Wissenschaft zu sprechen, welche Sie in Beziehung auf uns in

---

146 Privatrecht III (1848) IV; ähnlich öfter, etwa ZDR 8, 375.

147 Alle Darstellungsschwerpunkte haben solche Einleitungen, etwa die Abschnitte zur Ehre, zur Standesverschiedenheit, zum Pfandrecht, zur Gutsherrlichkeit, zur Gütergemeinschaft, zum Erbrecht. Ermittelt sind die Schwerpunkte nach einer Tabelle des Seitenaufwandes für die einzelnen Institute.

148 Nur dieser konnte ja nach dem Vorhandenen verglichen werden.

149 Dies zeigen auch Reyschers Reaktionen auf Wächters Kritik, soweit sie in seiner 2. Auflage hätten kommen können: Wächter kritisiert auf den ersten 433 Seiten des *historischen* Teils, die ich darauf durchsah, 19mal. Reyscher verzeichnet dies 7× gar nicht, berichtigt 3× ohne Nachweis, 4× mit Nw, bleibt 2× bei bloßem Nw bei seiner Meinung und gibt nur 3 kurze Repliken. Auf den ersten 133 Seiten des *dogmatischen* Teils, die Reyscher vor seiner 2. Auflage kannte, äußert Wächter 11× Kritik. Reyscher sagt 5× nichts, präzisiert 2× ohne Nw, 1× mit Nw, berichtigt 1× mit Nw, und bleibt ohne Replik bei bloßem Nw 2× bei seiner Meinung.

Ihrer Vorrede berühren, indem ich Ihre Prämissen nicht ganz noch viel weniger aber die Konsequenzen, die Sie daraus ziehen, zugeben kann"[150].

Mein Vergleich ergab, daß Reyscher wesentlich mehr auf die Ergebnisse achtet. Dazu gehört, daß er *ohne* Einschränkung von *praktischem Bedürfnis als Motiv* spricht. Im ersten (!) Satz seiner ersten Vorrede zum Privatrecht vom Oktober 1837 heißt es:

„Das Bedürfnis eines, das ganze (!) practische (!) Privatrecht Württembergs umfassenden Handbuchs ist lange vorher schon gefühlt worden, ehe der Verfasser auf die Notwendigkeit einer solchen Gesamtbearbeitung, als Grundlage einer künftigen Gesetzgebung, in der Vorrede zur Gesetzsammlung (...) (sc. = Bedürfnisse) aufmerksam machte"[151].

Ebenso läßt er sich noch 1843 in einer Anzeige zu Wächters Teil I und II 1 in der Bücherschau (Nr. 28a) vernehmen, wo er sich in diesem Punkt von Wächter absetzt:

„Der berühmte Herr Verfasser beabsichtigt nämlich mit diesem Werke nicht bloß einem praktischen Bedürfnisse zu genügen, sondern auch eine Vorarbeit für ein künftiges württembergisches Gesetzbuch zu liefern." Deshalb stelle Wächter neben dem einheimischen auch das mitanzuwendende römische Recht voll dar. Damit sei zugleich die Stellung zu seinem, Reyschers, Buch bezeichnet, welches „das gemeine Recht nur soweit hereinzieht, als es zum Verständnis des einheimischen und zur systematischen Ergänzung nothwendig schien. Die Abweichungen im Einzelnen beruhen zum Theil auf dem verschiedenen Standpunkte, worauf wir (Herr von Wächter als Romanist, ich als Germanist) uns befinden"[152].

Reyscher stellt sich also Wächter *gegenüber* als der Mann des praktischen Bedürfnisses und des einheimischen Rechts, deren Deckung er stillschweigend voraussetzt. Auf den letzten Punkt allein konzentriert sich Reyscher dann in der Vorrede zur zweiten Auflage des ersten Bandes vom 6. November 1845, die übrigens die gerade benutzte Briefstelle Wächters zur Folge hatte[153].

Damit bin ich beim *zweiten Motiv* Reyschers in dieser Sache. Er will vor allem das einheimische, das vaterländische Recht herausarbeiten. Auch das enthält schon sehr deutlich die erste Vorrede:

„so ist doch sein (sc. des Verfassers Reyscher) Hauptbestreben dahin gerichtet, die einheimischen Verhältnisse, deren Erkenntnis durch die Fortschritte der deutschen Rechtswissenschaft und die neu aufgefundenen württembergischen Quellen bedeutend gefördert worden, in ihr wahres Licht zu stellen"[154].

Das Motiv kehrt wieder in der Vorrede zur zweiten Auflage 1845:

„Dagegen schien es mir wohl der Mühe wert, einmal den Versuch zu wagen, das Sonderrecht unseres Landes, welches bisher nur mit römischem Recht verglichen worden, auf eine allgemein wissenschaftliche und zugleich volkseigenthümliche Grundlage zu stellen und so den Beweis zu liefern, daß von allgemeiner Bildung und

---

150 *Wächter*: Leben 63.
151 AaO, S. III, abgedruckt bei *Reyscher*: Privatrecht I, Vorreden S. IX.
152 Alles: ZDR 8 (1843) 375.
153 Oben bei Fn 150.
154 Auch in: Privatrecht I, Vorreden S. IV.

selbständigem nationalem Stoffe weit mehr in unserem Rechte zu finden sey, als die an den römischen Buchstaben gefesselte Jurisprudenz bisher sich hatte träumen lassen (...)[155].

Das Anliegen findet sich noch oft, so in einer Selbstanzeige 1843[156] und sehr plastisch in einem Brief an den liberalen Heidelberger Historiker *Ludwig Häusser*[157] von 1847, wo Reyscher wieder den Bogen zur Kodifikation spannt[158]. Der kritisch gestimmte Rezensent Hufnagel hatte dafür das Etikett „germanische Tendenz“[159]. Ich habe ausführlich belegt, weil die Motive, das praktische und das nationale, sehr wichtig sind. *Beide* laufen parallel. Da dies aber keineswegs selbstverständlich ist, habe ich sie isoliert.

Wendet man sich *Wächter* zu, so findet man, daß auch er von praktischen Bedürfnissen spricht. Er setzt ihnen aber abschwächend eine theoretische Spitze auf. Der *Wissenschaft* spricht er eine entscheidende Rolle zu bei der Aufgabe, ein „vollständiges, innerlich zusammenhängendes System des gesammten bei uns geltenden Rechts“ zu bilden, denn:

„wenn da und dort jener Zusammenhang noch nicht ganz hergestellt ist: so soll sie (sc. die Wissenschaft) den Weg zeigen, wie er bewerkstelligt werden mag“[160].

Und dieses nonchalante „da und dort“ kam oft vor, ja es war die zentrale Aufgabe. Am springenden Punkt der Rechtsfortbildung war damit die Rechtswissenschaft als Statthalter eingesetzt.

Zweitens räumt Wächter dem romanistischen Erbgut eine viel breitere Rolle ein. Es sei, wie schon Reyscher erwähnte,

„in gleicher Weise in seinem genauen Detail dazustellen, wie der Inhalt des einheimischen Rechts“[161].

Bei Wächter wahren *diese* beiden Motive das recht verstandene praktische Bedürfnis:

„Daß dem praktischen Bedürfnisse Derjenigen, welche als Richter oder Sachwalter unser Recht zur Anwendung zu bringen haben, nur (!) durch eine solche Dastellung gehörig (!) genügt werden kann, bedarf wohl eines besonderen Beweises nicht“[162].

Nur damit scheint ihm auch seine legislatorische Absicht erfüllt[163].

Grob gesagt decken sich also bei allem äußeren Gleichklang bei Wächter praktisches Bedürfnis und *romanistische* Tendenz, bei Reyscher praktisches

---

155 Privatrecht I, Vorreden S. V.

156 Bücherschau: ZDR 8 (1843) 374.

157 Ausführlich jetzt *A. Kaltenbach*: L. H.-Historien et patriote (1818—67), Paris, 1965, XX/458 S.

158 Abgedruckt im Anhang unter b.

159 Näher unten bei Fn III 131.

160 Privatrecht I, Vorrede S. VI.

161 AaO S. VI schließt er aber doch — wie Reyscher das röm. Recht — das Lehnrecht aus, weil es ein „sehr isoliertes Institut“ sei.

162 AaO S. VIf.

163 Privatrecht I, Vorrede S. VII.

Bedürfnis und *germanistische* Tendenz. Beides sind verschiedene Postulate gegenüber einem Zustand, der eben der Gestaltung und nicht bloß des Erkennens bedurfte. Daher konnte man sich auch nicht einig werden, es sei denn per Kompromiß[164]. In diesem Punkt weichen also die Prämissen ab. *Reyscher* sieht die erwünschte Einheit schon mehr verwirklicht und gelebt in der einheimischen (nationalen, vaterländischen, volksmäßigen) Tradition und Gegenwart, sein Recht soll also vor allem *Volksrecht* sein — aber nicht nur. *Wächter* sieht die gleiche Einheit noch nicht so sehr vor sich liegen, als vielmehr gestaltungsbedürftig: Mit der Wissenschaft an der Spitze und dem Gesetzgeber im Gefolge soll sie erst geschaffen werden. Sein Recht ist daher mehr etatistisch und mehr *Juristenrecht*. Damit habe ich Prämissen offen gelegt, deren Praxis geradezu beider Lebenslauf spiegelt. Wächter ist zuerst Romanist, zuerst Wissenschaftler, zuerst regierungsfreundlich, maßvoll liberal[165], näher am Extrem Puchta. Reyscher ist zuerst Germanist, zunächst Praktiker (Schreiber), weniger regierungsfreundlich, sehr liberal, sehr „politisch", näher am Volksrecht, näher am Geschäftsleben, als Handelsschiedsgerichtspräsident etwa[166].
Über all dem darf man aber *wichtige Gemeinsamkeiten* nicht übergehen. Dazu gehört vor allem die auf ein Lehrbuch des „*gesammten*" geltenden Rechts überhaupt erst führende These:

„es handelt sich hier nicht von einer vereinten Darstellung des *historischen* (!) römischen und deutschen Rechts, sondern der jetzt üblichen Rechtsgrundsätze, und wenn es wahr ist, daß das Recht in steter Fortbildung begriffen und daß Widersprüche der Theorien von selbst im Leben ausgeglichen werden, so bleibt für die dogmatische Darstellung nur die Aufgabe, das durch die Praxis bereits Verbundene in seiner Einheit aufzufassen und darzustellen."

— so *Reyscher* 1836[167]. Bei *Wächter* liest sich die Begründung 1838 so:

„denn was im *Leben* und in der *Anwendung* unseres Rechts seit Jahrhunderten als ein, Ganzes bestand und durch das Leben und die Anwendung immer mehr organischen Zusammenhang erhielt, muß auch von der Wissenschaft als ein Ganzes aufgefaßt und dargestellt werden; und wenn (...)"[168].

So stellen sich *beide* auf der Ebene des Partikularrechts, diesem „festeren Boden"[169], dem, was eine Generation vorher *Savigny* in seiner Methodenlehre (1802) als „das letzte, aber auch schwerste Geschäft aller Bemühungen der

---

164 Wie sich denn auch bei konkreter Verhandlung in Lübeck abzeichnete, siehe: Verhandl. Lübeck 224ff, mit v. d. Pfordten, Beseler, C. G. Wächter.

165 Dazu *Kerns* erwähnte Kennzeichnung (oben Fn 115): „Liberal und (!)regierungsfreundlich".

166 Über diese seine Stellung unten 75f. Hinzuweisen ist im angesprochenen Zusammenhang Wächter — Reyscher auf *Wieackers* eindringliche Reflexionen in Geschichte 245—48, wo W. ähnliche Haltungen als Grundformen zum Problem ‚Recht und Gesellschaft' erörtert.

167 Privatrecht I § 9, in beiden Auflagen.

168 Privatrecht I, Vorrede Vf; es folgt unmittelbar das oben Fn 160 benutzte Zitat.

169 Reyscher an Häusser, siehe Anhang b.

Juristen"[170], das Problem eines „praktischen Systems" bezeichnet hatte. Es ging um die Überwindung des Antagonismus von ursprünglich römischen und ursprünglich deutschen Elementen, den man sich — in „Überwindung" des sog. usus modernus — geschaffen hatte. Diese Vereinigungstendenz war gerade in Tübingen, wo ein *Hofacker* (1749—93) und *Malblanc* (1752—1828) geschrieben hatten, nichts Neues[171]. Auch *Gönner* hatte sie 1806 energisch postuliert[172]. Reyscher wollte damit keineswegs das Rad der Geschichte, hier die Rezeption, zurückdrehen, wie man sich oft ausdrückt. Sein germanistisch forsches Rezeptionsurteil belebt vielmehr wesentlich die Sorge um ein gutes und nahes Verhältnis des „Bürgers" und Volkes zu seinem Recht[173]. An diesen Faktor hat Wieacker in allgemeiner Form schon sehr treffend erinnert[174]. Im Gegenspiel zu den erneuerten historistischen Isolierungsbemühungen begründete man aus bürgerlich-praktischen Motiven aufs Neue, was wenige Generationen zuvor fast schon selbstverständlich gewesen war. Reyscher verteidigte überkommene Einstellungen und Errungenschaften des sog. usus modernus. Die „praktischen" Juristen des 16. und 17. Jahrhunderts lobt er explizit[175]. Klaus *Luig* hat die bis ins 19. Jahrhundert hineinreichende nationale und zusammenkittende Welt der „Institutionenlehrbücher des nationalen Rechts im 17. und 18. Jahrhundert" hervorragend lebendig werden lassen[176]. Im starken gesamteuropäischen Strom dieser, wenn man will, „Institutionalisten" treibt der ebenso lebensnahe Reyscher unter veränderten Umständen lebhaft die alten, noch nicht erfüllten Anliegen weiter. Die Positionen im Partikularrecht kündigen in etwas konkreterer Form den wenig später aufflammenden Grundsatzstreit an. Denn hatte man erst einmal aus praktischem Impuls die besagten Vereinigungsversuche ernsthaft unternommen, so *mußte* sehr schnell ein bitteres Ringen um die Anteile am neuen Gelände entstehen. In der Politik war es nicht anders in dieser Zeit zwischen 1814 und 1848. Die Lage war in der Entwicklung und bedurfte der Gestaltung, der Diskussion, des Streits, der Tat. Auch *Savignys* „System" war eine solche Tat. So „un-

---

170 Methodenlehre 34.

171 Zu Malblanc oben 28—30; zu Hofacker besonders seine „Principia iuris civilis Romano-Germanici" (1788—98), näher unten 160 bei Fn 490.

172 Durchweg in: Notwendigkeit (1806).

173 Von der Gegenseite versuchte man natürlich die nationalen Töne als nationalistisch zu disqualifizieren. Davon kann aber keine Rede sein, wenn man den historischen Kontext, also die Funktion des Nationalen *damals*, herstellt, und die verschüttete freiheitliche Bedeutung von ‚national' freilegt und beachtet. Dazu für Reyscher ausf. unten 143ff.

174 Im Rahmen des Versuchs, die Rezeption zu beurteilen, wirft *Wieacker*: Geschichte 247, dies Problem auf. Kaum anders auch die Vorauflage 1952, S. 127—32.

175 Bedürfnisse 36, dazu noch unten 237, 239.

176 In: Ius Commune 3 (1970) 64—97.

politisch" man sein mochte, man war damit in einer politischen Dimension[177].

Ich habe Wächter und Reyscher schon hier so weit verfolgt, da es ihr Kontakt von Anfang an aufdrängt, tiefer zu gehen. Er kreist stets von neuem um diese Probleme. Sie mußten daher auch sogleich angeschnitten werden. Daß Wächter und Reyscher die angestrebte juristische Einheit in verschiedener Weise verwirklichen, daß sie die Elemente ihrer dabei mitschwingenden Rechtstheorien unterschiedlich entfalten, daß aber auch Gemeinsames da ist, so viel wurde schon klar. Die Folgen für weitere Grundbegriffe wie die damals so neuralgische Rechtsquellenlehre, für Methode, Auslegung, Lückentheorie, Rechtsbegriff und anderes sollen später zur Sprache kommen.

Resümee

Mit *Carl Georg Wächter* habe ich die letzte und die bedeutendste Persönlichkeit, die zu Reyschers Lehrern gehörte, umrissen. Ich will versuchen, die zahlreichen Züge der sieben Lehrer zu einem Bild zusammenzusetzen.

Die Summe der *Lehreinflüsse* scheint zunächst eine reiche Palette ohne Konturen. *Schrader*, der Savigny geistig nahestehende erste Romanist der Fakultät, pflegt historisch-elegante Interessen und entwirft „lebendige" organische Epochenbilder ferner Zeiten[178]. Viel nüchterner macht sich daneben der alte, bedeutende *Malblanc* mit seinen ungebrochenen, lebensnah praktischen, spätaufklärerischen Einstellungen immer noch geltend. Fast wie eine lebendige, jugendliche Synthese rückt der hochbegabte *C. G. Wächter* dazu. Ein Mann, dem vor allem konkrete positive Problemarbeit in und aus der Fülle des Materials lag, der die Spannung von höchstem theoretisch abstraktem Anspruch und Niveau und großer Gegenwartsnähe zu einem eindrucksvollen, fast ausgeglichenen Kompromiß bringen konnte. Wesentlich blasser wirken ein *Scheurlen* und *Michaelis*. Michaelis vermittelte aber immerhin einen ziemlich modernisierten Eichhorn. Das germanistische Denken war damit sehr wahrscheinlich[179] ein weiteres[180] deutliches Stück von Savignys Metaphysik abgerückt. Andererseits konnte doch ein kräftiges germanistisches Selbstbe-

---

[177] Vgl. *Wilhelm*: Methoden 44—69, etwa S. 45 für 1840: „Das Bedürfnis der Gegenwart war Systematik". Das gilt auch für Reyschers Privatrecht und seinen ganzen Einheitsgrundsatz, dazu soeben 44f, unten 97f (Kritik), 156ff (Begründung).

[178] Ein gutes Beispiel auch insoweit der allgemeine Teil des schon benutzten Aufs. bei Sarwey, oben Fn II 103.

[179] Das Material für Michaelis ist dünn, oben 22ff.

[180] Über Unterschiede schon zwischen Eichhorn und Savigny etwa *Wieacker*: Geschichte 404, *Böckenförde*: HS 16 mNw; bedeutsam die vorsichtig trennende Sicht *Homeyers* (u. Fn III 209) und der einen „wirklichen Antheil" abweisende Brief *Eichhorns* selbst an Reyscher, Anhang c.

wußtsein entstehen, denn die Verbindung zur Koryphäe Eichhorn war ganz nah[181]. Noch mehr pflegte die aktuell-praktische Richtung eines Michaelis nach dem wenigen darüber bekannten der ganz trockene, „unphilosophisch" konkrete *Scheurlen*. Dort wo die Philosophie Pflicht war, bot *K. Wächter-Spittler* ein Naturrecht „nach landläufig kantischer Lehre" (Mohl). Mohl wird damit, sieht man einmal von der peiorativen Würze ab, nicht irregeführt haben[182]. Wie bei *Wächter-Spittler* steht Kant auch bei dem beachtlichen Fachphilosophen *Sigwart* sehr im Vordergrund. Es kann dabei zunächst dahingestellt bleiben, um was für einen „Kant" es sich jeweils handelte.
Mit *Kants* Name ist jedenfalls das starke Nachwirken, oder überhaupt erst *konkrete* Wirken der deutschen „Revolution des Geistes"[183], also spätaufklärerischer, pragmatisch freiheitlicher Motive verbunden. Daneben steht mit *Schrader* ein beachtlicher Repräsentant historisch-organischen Denkens, das neben anderen der Kantschüler und -gegner *J. G. Herder* (1744—1803) belebt hatte[184]. Das stärkste Element bildet aber eine bodenständig gegenwartsnahe — und das hieß immer auch: fortschrittliche — Tendenz. Die *Richtung aufs Praktische*, auf das konkret Gegebene und Brauchbare, der Blick auf die Bedürfnisse, besonders eines aufgeklärten Bürgerstandes, dem all diese Männer entstammen, also eine große, gar nicht neuhumanistische Gegenwartsnähe war in Tübingen dominant. Daß *Schrader* wie ein gelehrtes Glanzstück wirkt, parodiert ihn ja fast; ebenso der schlichte Mißerfolg seiner rechtspolitischen Initiativen. So hoch man ihn schätzte, in manchem nahmen ihn die nüchternen Tübinger einfach nicht so ganz ernst. Das mag überspitzt sein und bedürfte für Schrader genauer Überprüfung — immerhin gibt es Hinweise Mohls[185]. Es paßt aber sehr gut zum dominanten Geist. In Tübingen waren Vorlesungen über württembergisches Recht seit 1727 selbstverständlich. In Berlin, wo sie anhand des ALR viel näher hätten liegen können, fiel das viel schwerer[186]. Für diesen Geist mußte endlich Reyscher nach allen seinen Bedingungen

---

181 Später übrigens ganz wörtlich, also lokal nahe, da E. seit Ostern 1829 meist auf Gut Ammerhof bei Tübingen lebte, s. *v. Schulte*: Eichhornrede 11; über Kontakte dort mit Reyscher konnte ich nichts näheres feststellen, allg. erwähnt Reyscher solche Kontakte in seinem Eichhornnachruf, ZDR 15, 436 und in: Familienbuch 150: „wo ich ihn zuweilen besuchte".

182 Vgl. die ähnl. Aussage *Vischers* unten bei Fn 199.

183 Ein Wort Fichtes, nach J. *Gebhardt*: Revolution 8; ausf. unten 304.

184 Ich nenne nur *Herders* „Ideen zur Philosophie der Geschichte der Menschheit" (1784—91) und *Kants* sehr kritische Rez. dazu, 1784, Werke XII 779ff; Herders Spätwerk: Verstand und Erfahrung. Eine Metakritik zur Kritik der reinen Vernunft, 1799, ist eine fast vergessene Kampfschrift; s. *Copleston*: History VII 172—9 zu Herder, 176 zu Herder-Kant; zur „Metakritik" *Windelband*: Lehrbuch 496 Fn: „törichtes Machwerk persönlicher Gereiztheit".

185 *Mohl*: LE I 194.

186 Einen Überblick über Partikularrechtsvorträge vermittelt *Stobbe*: Rechtsquellen II 416f. Er nennt Veranstaltungen in Gießen 1607, Leipzig 1712, Kiel 1712 (für

und Erfahrungen, für den heutigen Betrachter auch nach seiner weiteren Entfaltung, besonders empfänglich sein. Er beweist es selbst, wenn er noch in den knappen „Erinnerungen" nicht versäumt, gerade das antiquarisch-exklusiv-elitäre an Schrader zu kritisieren[187], also die historistische *Weltanschauung*.
Einen die Geister betörenden philosophisch-idealistischen Heros besaß die schwäbische Universität damals nicht. Nicht nur weil *Hegel* Schwabe war und in Tübingen gelernt hatte, sondern weil sein Erfolg gerade zu Reyschers Studienzeit blühte und weil man bei Reyscher schon Hegelsche Dialektik fand — Schönfeld, ein wenig Wieacker[188] —, will ich aber seine Ausstrahlungen prüfen. Um das Ergebnis vorwegzunehmen: Hegelschen Einfluß kannte man zu Reyschers Zeit (1821—1824) in Tübingen so gut wie gar nicht.
Schon bei allgemeiner Betrachtung stimmt einiges skeptisch. Hegel hatte seine Erfolge in Berlin. Das war damals gerade in dem süddeutsch-liberalen Tübingen eine andere Welt; übrigens auch in Kiel bei *Falck* und *Beseler*[189], die Wieacker im gleichen Zusammenhang erwähnt[190]. Berlin war weit weg, auch geistig. Deutschland bestand aus 41 Einzelstaaten, war ohne schnelle Verkehrsverbindungen. Die Universitätskontakte hatten dank der Aufmerksamkeit des Bundes auf den Nachwuchs und seine Lehrer Baisse. Vielfach war das Studieren im „Ausland" verboten. Die frisch blühende Restauration sorgte für allgemeine Introversion.
Wie sieht es genauer aus? *Kant*, nicht *Hegel* wird für Wächter-Spittler, aber auch Sigwart, erwähnt. Klüpfel, der Zeitgenosse, der Befangenheit in Sachen Hegel nie zeigt[191], berichtet[192], dessen „Speculation" — damit ist damals

die gute Pflege hier auch *Döhring*: Kiel 82), Tübingen 1727 (mit deutschem Recht seit 1752), Greifswald 1747. Für Preußen behauptet *Goldschmidt*: Rechtsstudium (1887) 145 mit Fn 268 dürftige Pflege schon vor dem ALR (1794), bes. im Vgl. mit Württemberg, Sachsen und Mecklenburg. Über das ALR wurde regelmäßig jährlich erst seit 1827 in Breslau gelesen, bes. durch den Germanisten E. Th. Gaupp. Berlin bot seit 1845 einen o. Lehrstuhl (Goldschmidt, aaO 78,84). Davor las Savigny 1819/20, 1821, 1824, 1829, 1832, aber in bezeichnend „unpraktischer" Manier, darüber jetzt näher *Strauch*: Landrechtsvorlesung (1965), aber auch noch die Hinweise *Gierkes*: HS Fn 53 für die geringe Rolle in den Prüfungen.

187 Erinnerungen 50.

188 Für Schönfeld oben 4, für Wieacker oben 1.

189 Informativ ist die liebevolle quellenreiche Arbeit von *A. Springer*: Fr. Chr. Dahlmann. Leipzig, I 1870, II 1872, 493 und 484 S., wo in I 65ff das Kieler geistige Klima geschildert ist. *Falck* war Dahlmann befreundet, gemeinsam gab man die berühmten „Kieler Blätter" heraus (1815—19), s. I 86ff. Leider hat Springer kein Personenregister. Zu Falck auch I 182, 196, 215; *Volk*: Falck (1970).

190 Der Bezug in Wieackers Kontext (s. Einleitungszitat) ist allerdings ziemlich allgemein und ich will ihn nicht überschätzen.

191 Er war Universitätsbibliothekar in Tübingen. Seine ganze „Geschichte und Beschreibung der Universität Tübingen", 1849, 531 S., gibt dafür keinen Anhalt.

192 Für das folgende *Klüpfel*: Uni. Tüb. 376—9; parallele Belege bei *Leube*: Stift 580ff; hier zu beachten, weil das Hegelsche zuerst von den Stiftlern kam, etwa *D. F. Strauß*, der dort Repetent war.

auch sonst meist Hegelianisches gemeint — habe wirkliche Bedeutung für das Tübinger Denken und Lehren erst „in den dreißiger Jahren" gewonnen, bei einzelnen schon um 1828—1830, also auch insoweit *nach* Reyschers Studien (1821—1824). Von da an sei sie auch, aber polemisch, bei den Dozenten zur Sprache gekommen. Billigend trug zuerst *D. F. Strauß* (1808—1874) im Frühjahr 1832 „Speculation" vor, wie er sie gerade noch in Berlin gehört hatte[193]. Jetzt wurde Hegel allerdings gesicherter Bestand bei den Studierenden, keineswegs aber bei den Dozenten, zu denen sich Reyscher seit 1829 schon zählen konnte. Des Tübinger Universitätsbibliothekars Klüpfel Urteil halte ich für wertvoll, da er gewissenhaft ist und die relativ kleine Zahl der in Frage kommenden Personen auch ziemlich überschaubar war.

Bei den *Juristen speziell* wird nach dem sicher sachverständigen anonymen Urteil in der Beschreibung durch die hegelfreundlichen Hallischen Jahrbücher von 1841[194] Hegels Spekulation „nur von den jüngeren Dozenten" geboten[195]. Gemeint sind die damaligen Privatdozenten *Reinhold Köstlin* (1813—1856)[196] und *Carl Georg Bruns* (1816—1880)[197]. Ersterer liest in Hegelschem Jargon, einem meist untrüglichen Zeichen[198], wohl auch Hegelsche Inhalte unter dem modischen Titel „Rechtsphilosophie". *Fr. Th. Vischer* schreibt 1838 in den Jahrbüchern:

„Man weiß, daß der Kantische Subjektivismus überhaupt im Allgemeinen noch die Weltansicht der Juristen und Regiminalisten ist, während die der Naturforscher zum Materialismus hinneigt; mit diesen Ansichten werden fortdauernd die Studierenden dieser Facultäten auf der Universität influiert (...)"[199].

1838 — das war zur Hochblütezeit der Historischen Rechtsschule, wie man sie heute ansetzt, nur aus süddeutscher Perspektive.

Nichts anderes ergibt sich, wenn man sich sicherheitshalber vergegenwärtigt, wer damals in Tübingen Philosophie und Theologie vertrat. Nach den hilfreichen Übersichten bei Leube[200] lehrten zu Reyschers Zeit Philosophie nur

---

193 Strauß war bekanntlich in Tübingen nie fest angestellt. Über ihn *Klüpfel*: Uni. Tüb. 377ff; aus neuerer Zeit s. die Nachweise bei *Cowen*: Bibliographie 20; ausf. auch *Überweg-Österreich* 220, 696 (Lit); *Löwith*: Hegel 359—61; grundlegende Biographie: *Th. Ziegler*: D. F. Strauß, Straßburg, 2 Bde. 1908.

194 Dazu ausf. oben 24f.

195 Hall. Jb., aaO 212

196 *Landsberg* T. 672ff, im Abschnitt „Das Strafrecht unter Hegel: 2) Chr. R. Köstlin".

197 Neffe Schraders und später berühmter Romanist und Mediävist, s. *Landsberg* T. 751ff. Schöner Lebensabriß von seinem Sohn Ivo, vor den „Kleinere Schriften" I, 1882, VII—XXXIII.

198 Noch zeitgenössisch und amüsant über die in Tübingen aufkommenden Sprachschwierigkeiten *Gustav Rümelin*: Reden und Aufsätze I (1875), darin „Über Hegel" (1870), S. 32—61, hier bes. S. 49.

199 Nach dem Abdruck in: Kritische Gänge I (1844) 3—138, das Zitat S. 54.

200 *Leube*: Stift 401 (Philosophie) und 408f (Theologie).

der schon erwähnte *Sigwart*[201], ordentlicher Professor zwischen 1818 und 1841, sowie *K. A. Eschenmayer*, ordentlicher Professor von 1812—1837[202]. Erst später wirkten der Sohn J. G. Fichtes, *I. H. Fichte*, Professor von 1842—1863, und der schon erwähnte Ästhetiker und Philosoph *Friedrich Theodor Vischer*[203], Privatdozent und Professor zwischen 1836—1855 und 1866—1887, daneben nur noch *K. Ph. Fischer*, Privatdozent und Professor zwischen 1833—1841. Die weiteren Mitglieder der philosophischen Fakultät scheiden für Hegelvermittlung ohnehin aus. Von allen Genannten kann nur der Ästhetiker Vischer als Hegelanhänger bezeichnet werden.

Bei den *Theologen* konnte bis zu des ersten Theologen *Bengel* Tod, 1826, von Hegelschem nicht die Rede sein. Damals galt die „Schleiermachersche Epoche" mit ihrem historisch-kritischen Einschlag. Erst mit D. F. Strauß setzt der intime zeitgenössische Kenner *F. Chr. Baur*[204] Hegelschen Einfluß in der Theologie an.

Für Reyschers Studienzeit darf man also davon ausgehen, daß durch die Universität Hegelsches Gedankengut nicht vermittelt wurde. Hegels Rechtsphilosophie war zwar seit 1821 gedruckt. Solch mehr abstrakte Lektüre zählte nach Reyschers eigener Schilderung[205] aber kaum zu seinem Studienleben. Kantisches Gedankengut hat ihn dagegen sicher über Wächter-Spittler und Sigwart erreicht. Daß er sich letzteren trockenen Kopf und nicht Eschenmayer, der Schelling nahe stand[206], anhörte, zeigte Reyschers Neigungen. Zu Sigwart aber weiß Klüpfel für die Zeit bis 1830: „Selbst Sigwart erwähnte ihn (sc. Hegel) kaum"[207]. Derart war das Milieu.

Beendigung des Studiums

Am 25. August 1824 schloß Reyscher sein Studium erfolgreich ab[208]. „Unter 17 Kandidaten der erste oder zweite" (S. 72), schied er mit dem Zeugnis „egregiae eruditionis" (S. 62)[209].

201 Über diesen oben 20f.

202 *Klüpfel*: Uni. Tüb. 367f; *Überweg-Österreich* 60f, wird als Schellingianer eingestuft; scharf kritisch *Welcker*: System (1829) 19, 32.

203 Über ihn, den Reyscher als Rektor später unterstützte bei Fn 254, reiche Nwe bei *Cowen*: Bibliographie 147f; *Überweg-Österreich*, § 17 „Hegelsche Schule", S. 216f; auch *Huber* II 401f (Kurzbiographie); *Heyd* 3, 659 u. 6, 394 u. 8, 622;

204 Über ihn *Überweg-Österreich* 203f; sein Bericht bei *Klüpfel*: Uni. Tüb. 389—401; bes. 396—8, 397 und 405 (Schleiermacher), 407 (historisch-kritisch), 410ff (Strauß); ebenso *Leube*: Stift 580ff.

205 Erinnerungen 49.

206 Dies klar bei *Überweg-Österreich* 60f; vgl. Fn 202.

207 *Klüpfel*: Uni. Tüb. 376.

208 Erinnerungen 62. So glänzende Noten wie Wächter erreicht er nicht. Dieser hatte im Sept. 1818 für den Doktor „den ersten und höchsten Grad (cum exi-

Die Freunde aus der Burschenschaft blieben ihm. Ich muß daran erinnern, daß *sie* sein „Hauptumgang" (S. 48) waren. Es ist diese Seite seines Studiums, die seine „Erinnerungen" prägt. Sie führt ihm die Feder, wenn er noch in der Rückschau jegliche politische Bevormundung mit klarem kritischen Unterton festhält — und damit dies Problem ihn. So erzählt er ausführlich die an sich historischen und abgelegenen Fälle Harter und Huber von 1812 und dem „vorigen Jahrhundert"[210], die ihm bei Wanderungen mit Freunden nahe gingen. Er schildert seine eigene glücklich verlaufene Berührung mit der „Mainzer Centralkommission" des Deutschen Bundes, die er wegen einer philhellenischen Rede zu absolvieren hatte (S. 59). Er vergißt aber auch nicht seine und seiner Freunde loyale Distanz zu den politisch radikaleren allgemeinen Burschentagen. All diese politischen Dinge waren ihm besonders wichtig. Ihnen widmet er einige Seiten, seinem wissenschaftlichen Fleiß und den Lehrern nur knappe Erwähnung — und das war nicht einfach retrospektive Verzeichnung. Die Beachtung des Wortes „Hauptumgang" allein lehrt das. Ein Blick in die Liste seiner Politica[211] bestätigt es.

Wenn ich hier mehr der in Reyschers eigenen „Erinnerungen" knapp geratenen wissenschaftlichen Seite nachgegangen bin, sollten damit die Gewichte nicht einfach stillschweigend verlagert sein. Denn es handelt sich nur um zwei parallele Ebenen *eines* einheitlichen Gebäudes. Wie sah die jetzt berührte, zweite, konkretere, *politische* Ebene ungefähr aus?

Die Einstellungen der jungen Burschenschaftler wurden vor allem geprägt von der *jüngsten* Politik und Geschichte, der französischen Revolution, der Auflösung, Unterwerfung und „Erhebung" der eigenen Nation, von der *eigenen* Generation und Gegenwart der Freiheitskriege und Karlsbader Verfolgungsbeschlüsse[212]. Die Anregungen kamen weniger „von oben", etwa von den Tübinger Lehrstühlen und Büchern; es sei denn, es gab einen gewissen Konsens, wie etwa mit dem jungen *C. G. Wächter*, der ja auch Burschenschaftler gewesen war[213]. Den für Reyscher wichtigen Kreis der „*Feuerreiter*" näher

mia eriditione)" erhalten (Leben 17), in 3 Fächern „vorzüglich" und in 2 „sehr gut" (Leben 18), in der 1. Staatsprüfung ein „sehr gut", das „beste erreichbare" (Leben 19). Sehr bemerkenswert ist, daß ihm die übliche „Referendärzeit" so gut wie ganz erlassen wurde! (Leben 23), vgl. Fn 226.

209 Für den Doktor. Die Noten für die einzelnen Fächer nennt Reyscher nicht. Sie kommen aber in der erwähnten Stellungnahme der Fakultät von 1829 bei seiner Anstellung zur Sprache (s. o. Fn 132). Danach hatte er die Gesamtnote „recht gut", darunter einmal „sehr gut" und einmal „mit Annäherung an sehr gut".

210 Erinnerungen 52—55 (Harter, ein angeblich napoleonischer Spion), 56f (Huber ein Tübinger Oberamtmann); für Harter existiert sein Werk: Jo. Hch. Samuel *Harter*: Aktenmäßige Prozeßgeschichte von 1798—1800 von ihm selbst beschrieben, Stuttgart, Sattler, 1801.

211 Unten 61 f. Vgl. speziell zum württ. Philhellenismus *Grauer*: Wilhelm I 168—70; allgemein *Schnabel*: Dt. Gesch. II 211.

212 S. schon die Nwe zur Burschenschaft, o. Fn 37.

213 *Wächter*: Leben 7.

zu erforschen, wäre konsequent, aber unverhältnismäßig kompliziert[214]. Für meine Zwecke genügt auch, was sich als allgemeine Linie feststellen und als Nuance Reyschers abheben läßt.

Die *allgemeine Linie* hieß immer wieder ganz einfach Einheit *und* Freiheit, wie man die typische Spannung schon damals treffend einfing[215]. So wie in ganz Deutschland veränderungsfreudig freiheitliche und weniger veränderungsfreudig abwartende, konservative Tendenzen sich gegenüberstanden[216], war es auch wieder innerhalb der Burschenschaft selbst. Das für so manche Bezüge eminent wichtige politische Gefüge ist damit einerseits überaus kompliziert. Man bedenke die vielfältigen Konstellationen in den 41[217] deutschen Bundesstaaten und gar noch die diversen Hintergrundwechsel zwischen 1814 und 1848, die auf jede Position wieder zurückwirken, etwa 1830 und 1840[218]. Andererseits ist es aber doch wieder ziemlich einfach, wenn man die konkrete Reformfrage stellt. Hier gibt es die Skala zwischen Reaktion, Reform und Revolution, in der fast alle Farbe bekannt haben[219].

Die *Nuance Reyschers* und seiner Freunde ist nicht radikal oder revolutionär. Das lag für Leute ihrer Herkunft und bei den Möglichkeiten im „konstitutionellen" Württemberg nahe. Aber sie ist doch sehr energisch reformativ. Allein die

---

214 Es handelt sich um meist wenig erforschte Personen. Reyscher nennt in: Erinnerungen 49 meist nur knapp die Namen: *Christian*, Rektor in Eßlingen, gest. 1863; *K. Göriz*, 1802—53, erst Domänenrat, dann Prof. in Hohenheim 1831, dann o. Prof. in Tüb. 1845, s. Klüpfel: Univ. Tüb. 470f; *Wilh. Hauff*, 1802—27, s. schon bei Fn 7; *K. Chr. Knaus*, 1801—44, 1824 für fast 2 Jahre wegen Teilnahme an verbotenen Verbindungen inhaftiert, dann Domänenrat u.ä., 1840 Prof. für Landwirtschaft in Tüb., s. Klüpfel: Uni. Tüb. 469: „Der Grundgedanke seines Strebens war: Erhaltung und Heranbildung eines tüchtigen Bauernstandes; Vereinigung des Grundherren- und Bauernstandes (!), zu Ausgleichung und gemeinsamer Verfolgung ihrer Ansprüche und gemeinsamen Interessen im öffentlichen Leben"; *Köhler*, gest. 1847, Oberamtsarzt in Münsingen; *Gust. Pfaff*, gest. 1869, Direktor in Eßlingen; *Moritz Pfaff*, gest. 1875, Geheimer Rati *Karl Reyscher*, 1798—1838, älterer Bruder, Stadtpfarrer in Öhringen; *Christian Riecke*, gest. 1865, Schwager, Vater des Hrsg. Riecke der „Erinnerungen", Hofkammerdirektor; *Viktor Adolf Riecke*, gest. 1857, Obermedizinalrat; *Freiherr v. Röder*, gest. 1855, Oberjustizrat in Ludwigsburg; *v. Seybothen*, gest. 1879, Oberjustizrat in Untertürkheim; *Stabel*, gest. 1880, Minister in Karlsruhe; *Weitzel*, gest. 1871, Staatsrat in Baden. Vgl. auch Familienbuch 76f.

215 Näher zu dieser Formel unten 143 u. Fn III 378.

216 Dazu auch unten 146f.

217 Nach *Huber* I 583.

218 Julirevolution und Rheinkrise. Zu den europäischen Ausstrahlungen ersterer besonders *Koselleck*: Zeitalter 262ff.

219 Ähnlich versucht das thematisch so gut wie alleinstehende, sehr interessante amerikanische Werk von *Leonard Krieger*: The German Idea of Freedom, History of a Political Tradition. Boston, Beacon Press, 1957, 528 S., sein Thema zu differenzieren. Den seltenen Hinweis darauf entnahm ich dem ebenso interessanten Werk von *Klaus Epstein*: Conservatism 7.

„Erinnerungen" und die dort mitgeteilten Facta beweisen dies. Ein Blick auf die politische Laufbahn bestätigt es wieder[220].

Die ideelle Seite solcher Einstellungen scheint mir die beschriebene Richtung aufs Praktische, die sich nicht lange vertrösten lassen will, die Taten sehen will, wenn auch keine umstürzenden. Reyscher gehört in diese Reformgruppe. Weitere Unterschiede innerhalb der Reformer lassen sich dann nur noch nach dem tatsächlichen Ernst und dem Wie im Handeln machen. Ich denke an Thibaut, Savigny, Eichhorn, Grimm, Mittermaier, Wächter, Beseler, Falck, Wilda, die sich vielleicht alle *noch* dieser Gruppe einfügen lassen. Nur an ihren konkreten Stellungnahmen läßt sich die nähere „Tendenz" ablesen[221].

Damit schließt sich der Kreis zur *wissenschaftlichen Ebene*. Die dortigen Positionen eines Schrader, Malblanc, Wächter, Reyscher, um in Tübingen zu bleiben, führen kein esoterisches Eigenleben, so esoterisch sie sich auch geben mögen. Um diesen Bezügen besser nachgehen zu können, mußte hier die wissenschaftliche Seite ausgearbeitet werden, denn sie ist es, die in den biographischen Vorwürfen vernachlässigt ist.

Praktisches Intermezzo

Die akademische Laufbahn kam nach Reyschers Examen nicht zur Sprache. Auch Reyscher selbst hatte „nicht daran gedacht, als Dozent an die Universität zurückzukehren" (S. 80). Dieses Interesse war nicht das des „energischen"[222] Mannes, der vor allem an die Advokatur dachte (S. 75). Das entsprach seinem Unabhängigkeitsdrang.

Über die guten Beziehungen seines Onkels Albrecht Lebret[223] nutzte Reyscher aber zunächst die ihm angetragene Chance, seinen bisher nur schwäbischen Horizont zu erweitern. Lebrets Freund, Staatsrat von Schmitz-Grollenburg (1766—1849), württembergischer Gesandter in München, suchte gerade einen Privatsekretär. Reyscher wurde es gerne, so vorläufig die Stellung war, da er sich vor seiner Staatsprüfung nicht festlegen lassen wollte. Er blieb vier Mo-

---

220 Unten 61 f; abgewogen und treffend stellt sich der alte Reyscher rückschauend zwischen die Extreme Republik und Absolutismus, s. Erinnerungen 305; ebenso der Nachruf 1880: Im Neuen Reich 718; auch *Riecke* ADB 364; dies bestätigt sich aus seinem Verhalten in den 48er Jahren, dazu: Austritt (Nr. 44) als Quelle und *Vollmer*: Verfassung (durchweg), wo die Konstellation klar herauskommt (dazu Fn 301 f).

221 Für Reyschers Tendenz, untersucht an seinem Nationalismus, auch unten 143; mehr Vorsicht bei Wilda, Beseler, Bluntschli, unten 128.

222 So über Reyscher sein Onkel Lebret in einem Brief von 1824; „bei der Dir in die Wiege gelegten Energie", s. Erinnerungen 62.

223 Über diesen: Erinnerungen 68—71; Redakteur von Cottas Augsburger Allgemeiner Zeitung, zu ihm als Einflußfaktor unten 258 ff.

nate, vom 3. September 1824 bis Anfang Januar 1825, in *München*. Mannigfache Anregungen nahm er mit. Im gleichen Monat, Januar 1825, unterzog er sich dann beim Obertribunal in Stuttgart der ersten Dienstprüfung. Sie fiel „weniger glücklich" aus als die vorjährige bei der Fakultät[224]. Reyscher kehrte danach nicht in die Münchner Stellung zurück, obwohl von Schmitz es gewünscht hätte. Zur Begründung erklärt er:

„Allein abgesehen davon, daß mir zur Betreuung der diplomatischen Laufbahn alles gebrach, was gewöhnlich gefordert wird: adeliger Rang, Konnexionen, Vermögen, wollte ich der juristischen Laufbahn, für die ich mich ausgebildet hatte, nicht untreu werden" (aaO).

Das war realistisch. Vielleicht spielte auch eine Rolle, daß ihn wenigstens anfänglich eine nicht unbeträchtliche Abhängigkeit erwartet hätte, was gar nicht nach seinem Geschmack gewesen wäre.

Reyscher begann vielmehr gleich im Frühjahr 1825 sein — übrigens unbezahltes[225] — Probejahr als „*Justizreferendär*" (S. 72), das man ihm bei seinen Noten natürlich nicht wie Wächter so gut wie ganz erließ[226]. Am 24. Mai 1826 erhielt er das Zeugnis seiner zweiten Dienstprüfung mit der „ersten Note" (S. 75). Ein wohlwollender Ruf ins Sekretariat des Justizministeriums „als Nachfolger von Paul Pfizer, zunächst in provisorischer Eigenschaft und mit einem Taggeld von zwei Gulden, das mich sorgenfrei stellte" (S. 76), ließ ihn von der Advokatur abkommen. Er arbeitete dort noch drei Monate neben *Pfizer*[227], um dann neun weitere Monate das Sekretariat allein zu führen. Aber auch diese aussichtsreiche Position behagte ihm nicht. Obwohl die Sekretärsstelle „eine Auszeichnung" (S. 76) war, war ihm der tägliche Kanzleidienst zu langweilig und „die Kanzleiluft, besonders die heiße Stube in den Wintermonaten, machte mich (sc. Reyscher) krank" (S. 76). Gegen den dringenden Rat seines Vaters[228] bat er daher im Frühjahr 1827 um seine Entlassung. Jetzt erst beginnt mit dem, was ihm dabei als sinnvollere Beschäftigung vorschwebte, ein Interesse deutlicher zu werden, das ihn an die Universität führen sollte. Er wollte frei sein,

---

[224] Da in München gründliche Vorbereitung nicht gerade begünstigt war, wurde er jetzt nur „der sechste" (S. 72). Er sagt nicht von wievielen.

[225] Für Württemberg s. *Wintterlin*: Behörden I 323. Danach war seit 1807 ein unentgeltliches „*Referendärjahr*"' nach dem Vorbild Preußens abzuleisten; vgl. auch *Dehlinger*: Württemberg II 969, 956f; Für die extreme Ausnutzung dieser unentgeltlichen Leistungen in Preußen siehe *Goldschmidt*: Rechtsstudium (1887) 171 und 192-4; dort fallen harte Worte gegen das subalterne System, dessen Einzelheiten, zahlenmäßigen Umfang und Dauer man allerdings betroffen liest. Nach G. hat das preußische Justizwesen ganz wesentlich auf unentgeltlicher Dienstleistung beruht (S. 193). Unergiebig für solche Realitäten leider *Döhring*: Geschichte, etwa 63.

[226] Vgl. oben Fn 208.

[227] Zu diesem „Freund" (Erinnerungen 76) Reyschers als Einflußfaktor unten 262—7.

„um zunächst der näheren Erforschung der württembergischen Rechtsquellen, deren Sammlung und Sichtung mir in meiner kurzen praktischen Laufbahn als Bedürfnis erschienen war, meine Zeit zu widmen" (S. 76).

Das ist die ganz unprätentiös schlichte Erklärung für den Entschluß zu einem Mammutunternehmen[229], das erst 1851 zum Abschluß kommen sollte, fast auf den Tag mit seiner Entlassung zusammentreffend (S. 227). Reyschers ganz konkrete Ansprechbarkeit und seine Tatkraft machen sich bemerkbar. Motiv und beharrliche Durchführung sind typisch für ihn. Mit diesen Entschlüssen stieß er offenbar auf Respekt, denn Justizminister *von Maucler*[230] kam ihm nach einer persönlichen Unterredung sehr entgegen. Am 12./20. November 1827 übertrug er Reyscher nämlich ein kleines Gerichtsaktuariat mit 500 Gulden Besoldung[231] und gab Reyscher gleichzeitig Urlaub für seinen Sammeleifer. In der Tat konnte die angestrebte Sammlung einem Justizminister — und nicht nur ihm — nur willkommen sein. Wenn selbst die eigenen Beamten kaum alle einschlägigen Texte zur Hand hatten[232], so fehlte eine Grundbedingung präziser Verwaltung und Justiz. Andererseits mußte eine solche Sammlung *zugleich* Gesetzgebung und Verwaltung durchsichtiger und kontrollierbarer machen, auch von außen, etwa der sich damals formierenden „öffentlichen Meinung"[233]. Rechtliches konnte dadurch auch verfügbarer werden, für Reformen nämlich. In der Tat gibt Reyscher ganz klar auch diese letztere Linie des späteren „ungemüthlichen Germanisten" (Puchta) zu erkennen. In der „Ankündigung" der Sammlung[234] etwa meint er bei aller realistischen Skepsis „für ein neues

228 Erinnerungen 76: „welcher meinte, ich stoße das Glück von mir, wolle immer nur meinen eigenen Weg gehen".

229 Näheres unten 84f.

230 *Freiherr von Maucler*, 1783—1859, war jahrzehntelang einer der einflußreichsten Württemberger. Seit 1818 war er im Justizministerium maßgebend, seit 1831 war er Präsident des Geheimen Rats und hatte die Leitung der Regierungsgeschäfte. Sein Rücktritt wurde am 6. April 1848 erzwungen. In der ersten Kammer wirkte er aber weiter (Dies alles findet sich bequem bei *Huber* I 383, s. auch II 439). Reyscher hat ihm Band 2 der Sammlung „ehrerbietigst zugeeignet". Mehr zu Maucler unten 262.

231 Zur Stellung als Gerichtsaktuar s. *Döhring*: Geschichte 178ff; *Wächter*: Privatrecht I 1016, 1020.

232 Dazu die Übersicht Reyschers zu seinen Vorlagen in: Gesetzessammlung I S. LXVII—LXXX; auch: Ankündigung (Nr. 3a) S. 57, wo er vom Bedürfnis für den Beamten spricht, „welcher dieselben (sc. Gesetze) in ihrer ursprünglichen Reinheit anzuwenden berufen, und gleichwohl mit allem Aufwande von Mühe und Kosten nicht zu *vollständiger* Kenntniß ihres Inhalts, oder auch nur ihres Daseyns zu gelangen im Stande ist."

233 Statt aller Habermas: Strukturwandel der Öffentlichkeit. 5. Auflage 1971, zuerst 1962, 400 S.

234 Als Beilage (S. 57—62) bei „Bedürfnisse".

umfassendes Gesetzbuch"[235] doch, „ein vollständiger Kodex der bisherigen Gesetze (sc. sei) (...) die Grundlage für die neuen legislatorischen Arbeiten" (aaO). Diese erwartet er für Württemberg „zuversichtlich" und zwar in der Art,

„daß nicht aus einem beliebigen philosophischen Systeme, sondern aus der Masse, der mit dem Leben des Volkes verwachsenen, hier bereits erprobten, Bestimmungen das neue Gebäude sich erheben müsse" (aaO).

So ist es nicht weiter verwunderlich, daß Reyscher dem 1. Band eine längere Vorrede voranschickt (S. III—LXXXVIII), deren erste 65 Seiten er zugleich als eine Schrift „*Über die Bedürfnisse* unserer Zeit in der Gesetzgebung mit besonderer Rücksicht auf Württemberg" (Nr. 3) 1828 separat veröffentlicht, daß er außerdem eine äußerst umfangreiche Geschichte als „*Einleitung* in die Staatsgrundgesetze" (Nr. 4a) schreibt, die fast den ganzen ersten Band (464 Seiten!) beansprucht und erst im dritten Band mit weiteren 236 Seiten zu Ende gebracht ist[236]. Sammlung, Vorrede und Einleitung sind aus einem Guß. Sie sind Bestandsaufnahme und Zukunftsentwurf in einem.
Man muß wohl betonen, aus wie *konkret lokalen Antrieben* und Motiven diese weittragenden Gedanken und Taten entsprangen, die Reyscher mit einem Schritt mitten in der ganzen juristischen Grundlagenproblematik der Zeit landen ließen. So fehlt denn nicht das zweite Motiv neben dem reformatorischen, das ebenfalls stets wiederkehrt: Die Betonung des „*Einheimischen*" (S. 58) als Reformbasis (S. 58). Das konkret Lokale überwog. Dazu gehörte die aus der Schreiberzeit mitgebrachte, in Tübingen, München und Stuttgart bewahrte und verstärkte — auch am Gegenpol Schrader — „*praktische*" *Richtung*. Die zugleich frisch angefaßte theoretische Auseinandersetzung mit den Autoritäten, besonders Savignys Beruf, wirkt ein wenig aufgesetzt. Und doch meldet sich darin schon eine kräftige Begabung zum abstrakten Gefecht, stamme sie auch aus praktisch-konkreten Wurzeln. Ich werde Aufnahme und Beurteilung des Ganzen im Kapitel zu Reyschers literarischer Tätigkeit eingehend auseinandersetzen[237]. Die Parallelen *und* Divergenzen zu Savigny in der *theoretischen* Ebene, wie beide erst sammeln, dann gestalten wollen, aber der eine über eine führungsberufene, charismatische Wissenschaft, das römische Recht und zögernd, der andere über eine zurückhaltende, zuletzt ganz zurücktretende Wissenschaft, das einheimische Recht und ganz energisch, werde ich im vierten Kapitel genauer verfolgen. Als *Savigny* noch an der „Geschichte des römischen Rechts im Mittelalter" (1815—1831) schrieb, machte sich *Reyscher* also zügig und ohne Scheu vor „Gesetzen" an seine Sammelarbeit, die vor allem die *jüngere* Vergangenheit betraf.

---

[235] AaO 58.
[236] Dazu unten 84.
[237] Kapitel III.

PROFESSORENZEIT

Dieser Zeitraum ist wesentlich länger als die bisherigen. Er umfaßt rund 22 Jahre. Es sind die besten Reyschers, zwischen seinem 27.sten und 59.sten Lebensjahr. Reyscher war zwar auch nach seiner Versetzung und Entlassung im Mai 1851 noch sehr aktiv. Diese Jahre sind aber im Rahmen meiner Interessen weniger aufschlußreich. Die Professorenjahre und ihre Fundamente ergeben juristisch am meisten.
Ende Juli 1829[238] wurde Reyscher, wie von der Fakultät zugestanden, Privatdozent ohne Gehalt aus der Universitätskasse, aber mit dem Titel eines außerordentlichen Professors[239]. Am 31. August 1831 wurde er zum *wirklichen* außerordentlichen, am 25. Januar 1837 zum ordentlichen Professor befördert[240]. Seine Versetzung nach Ulm bescherte ihm ein Schreiben vom 31. März 1851[241], die Entlassung kam am 8. Mai 1851[242].
Die *eine* Seite seiner Aktivität in dieser Zeit läßt sich an seinen Schriften ablesen und mit ihr manch andere. Ich berichte darüber ausführlich im Kapitel „Literarische Tätigkeit". Basso continuo sozusagen waren natürlich seine *Vorlesungen*. Die notwendige Übersicht über Fächer, Zeiträume und Hörer vermittelt eine Tabelle in der Anlage. Danach las er, um auch hier im Text einen Begriff zu geben: *1.* Enzyklopädie 1829—1833, *2.* Naturrecht 1829—1839, meist im Winter, *3.* Württembergische Staats- und Rechtsgeschichte 1830—1831[243], *4.* Deutsches Privatrecht 1830—1848, teils im Sommer, *5.* Staatsrecht 1831 bis 1837[244] und 1843—1850[245], *6.* Württembergisches Privatrecht 1834—1847, meist im Winter, *7.* Lehnsrecht 1835—1842, meist im Winter und *8.* Kirchenrecht 1839—1845, meist im Winter.
Das „docendo discimus" war bei diesem Beginn natürlich sehr nötig (vgl. S. 80).
Als *Lehrer* war Reyscher beliebt, wenn auch nicht berühmt. Die Hörerzahlen schwanken, sowohl absolut, als auch prozentual, vor allem anfangs sehr stark. Ab 1837 (Ordinarius!) stabilisieren sie sich etwas[246]. Die geringe Zahl der

---

238 Die Datenangaben divergieren. Erinnerungen 80 steht *29.7.*, ADB 361 nennt *23.7.*, die Tübinger Akten sprechen von einem Ministerialrescript vom *25.7.*
239 Dazu oben Fn 132 die Erwähnung der Tübinger Akten.
240 Alles: Erinnerungen 80.
241 Abgedruckt in: Austritt (Nr. 44) 147f; zu diesem Vorgang unten 66 ff.
242 Abgedruckt in: Austritt 161.
243 1832 nur angekündigt.
244 Die Lücken sind etwas unklar.
245 Zu 1850 vgl. auch Erinnerungen 203; sonst einen Brief an Mittermaier v. 3. 6. *1843*, wo Reyscher mitteilt, er habe „gemeines Staats- und Bundesrecht wieder übernommen, das seit *6* Jahren hier abhanden gekommen war," vor einem „gut gefüllten Auditorium"; nach der Hörerliste waren das 49 Hörer.
246 Siehe im Anhang die Tabelle.

Jurastudenten in Tübingen, die nach der Tabelle bei Klüpfel[247] von 166 (1821) auf 75 (1835) gesunken war und langsam wieder auf 182 (1847) stieg, ist dabei bedeutsam. Auf besondere Gegenliebe bei der Jugend stieß offenbar Reyschers „Freymuth", seine „wahre Unabhängigkeit" (S. 81)[248]. Ähnlich wie es Springer für Dahlmann berichtet[249], fanden die ohne Scheu vertretenen Überzeugungen des Frühliberalen Anklang. Es ist eine passende Einzelheit, daß er im Staatsrecht Redeübungen veranstaltete[250].

Zu den Vorlesungen kommt die aktive Mitwirkung im *Spruchkollegium* der Fakultät[251]. Dreimal war Reyscher *Dekan*, vom April 1838 bis April 1841[252]. In dieser Eigenschaft hielt er unter anderem 1838 seine wichtige Rede „Über die Natur des deutschen Rechts"[253]. Von Ostern 1844 bis 1845 war er *Rektor*. In seine Amtszeit fiel die aufsehenerregende Antrittsrede des Ästhetikers *Fr. Th. Vischer*[254] vom 21. 11. 1844, worin dieser „scharfe Worte wider die Anhänger der orthodoxen Richtung" (S. 84) einfließen ließ[255]. Der Senat und besonders Reyscher stützten Vischer gegenüber ernsteren Maßregelungsbegehren, so daß es bei zweijähriger Suspension blieb. Ein weiterer Fall verlief ähnlich (S. 85f). So bietet sich für Reyscher das Bild wachsender kollegialer Anerkennung und stets bereiter „freimüthiger" Tatkraft.

Ich will nicht übergehen, daß Reyscher zweimal in dieser sonst so erfreulichen Zeit schweres *privates Unglück* zu tragen hatte. Im September 1833 war die

---

247 *Klüpfel*: Uni. Tüb., am Ende.

248 So auch *Thudichum*: Verteidigung; ein Gedicht auf Reyscher zur Wahl 1871, das ich nicht übergehen will, lautet (Erinnerungen 205): Wir saßen einst zu Reyschers Füßen/Und hörten deutsches Bundesrecht/Recht war der Doktor, der es lehrte,/Das Recht des Bundes aber schlecht (...)/Der Bund, gottlob! er ist verschwunden,/Erstanden ist ein neues Reich,/In diesem ziehen Ost und Westen/und Nord und Süden alle gleich./Und war im alten deutschen Bunde/Das Recht beim besten Doktor schlecht,/Wird sicher recht im neuen Reiche/Wie unser Doktor auch das Recht! — Den Freymuth betont auch Riecke in: ADB 28, 362, ebenso der Nachruf: Im Neuen Reich 717.

249 Vgl. *Springer* I 263f, 417.

250 Laut *Riecke*, in ADB 28, 362.

251 Das Spruchbuch im Tübinger Archiv dokumentiert einen nicht unbeträchtlichen Umfang. Einmal verursacht Reyscher Verwicklungen, als er sich als Dekan weigert, eine Entscheidung zu unterzeichnen, die s. Erachtens fälschlich römisches Recht zugrunde legte. Die Sache ging vor das Ministerium, das sich aber heraushielt (s. Tüb. Arch. Nr. 81/5). Reyscher erzählt den Fall als Negativbeispiel in Frankfurt, s. Verhdl. 86f.

252 Tübinger Archiv 79/1.

253 S. die Anm. im Schriftenverzeichnis bei Nr. 16.

254 Zu diesem Nwe oben bei Fn 203.

255 Gedruckt unter dem Titel: Akademische Antrittsrede zum Antritte des Ordinariats am 21. Nov. 1844 zu Tübingen gehalten. Tübingen, Guttenberg, 1845, XXXV und 28 S.; vgl. Erinnerungen 83—5; *C. G. Wächters* Gutachten steht in: Leben 59. Er schlägt vollständige Entlassung Vischers vor.

Hochzeit mit Emma Gmelin gewesen, mit der er fünf Kinder hatte (S. 103ff). Sie starb ihm schon am 16.11.1842[256]. Die mit seinem so glänzend aufgenommenen Hannoverschen Gutachten (Nr. 14)[257] 1839 angeknüpfte Bekanntschaft zu Fr. Chr. Dahlmann führte zur zweiten Ehe mit dessen 22-jähriger Tochter Dorothea (S. 110ff). Am 22. Dezember 1844 wurde Reyscher Dahlmanns glücklicher Schwiegersohn, eine persönlich, geistig und fachlich sehr bedeutsame Verbindung. Aber Dorothea erkrankte und fast genau drei Jahre später war auch sie tot (S. 115).

Reyschers *Kontakte* verteilen sich auf Tübingen und seine Reisen. In Tübingen war es vor allem das sogenannte „Kränzchen", das sie lebendig hielt.

„Jede Woche kamen wir einmal Abends zum Tee zusammen, um einen mündlichen Vortrag zu hören und darauf bei einem einfachen Nachtessen heiter zu verweilen. Dann und wann trafen auch die Frauen gerne hinzu, besonders wenn an Uhland die Reihe war, den Vortrag zu übernehmen (...)" (S. 104).

Zu diesem Kreis gehörten *I. H. Fichte*, der Philosoph[258], *Hauber*[259], *K. F. Haug*, Historiker[260], *K. H. L. Hoffmann*, Staatswirt[261], *Fr. A. Quenstedt*, Geologe und Mineraloge[262], *L. Uhland*[263], *W. L. Volz*, Polytechniker[264], *Walz*, Altphilologe[265], zeitweise auch *Hugo Mohl*, Botaniker[266], *G. Hermann*, Mediziner[267], *Th. Eisenlohr*, Diaconus[268] und *Gustav Schwab*[269]. Man stellte zwar bewußt keine Standesschranken auf, aber es war doch ein Kreis aufgeklärt-loyaler Bürger.

---

256 Ein Lebensabriß, verfaßt von Reyscher, wurde gedruckt in: Zum Andenken an Frau Emma Heinrike Reyscher, geb. Gmelin (....). Tübingen, Fues, 1842, S. 16—23; Auch Familienbuch 99, 106; entspr. zu *Dorothea:* Zum Andenken an Dorothee (!) Reyscher, geb. Dahlmann, für ihre Freunde und Freundinnen. Tüb., Fues, 1848, S. 11—23.

257 Dazu unten 101 ff.

258 Sohn Fichtes, 1796—1879.

259 Wahrscheinlich der in: Erinnerungen 357f erwähnte spätere Prälat. Ein bei Klüpfel: Uni. Tüb. 380 erwähnter mathematischer Privatdozent, der schon 1831, im Jahre seiner Ankunft in Tübingen starb, scheidet aus.

260 Klüpfel: Uni. Tüb. 371f, geb. 1795.

261 Klüpfel: Uni. Tüb. 468, geb. 1807, Mitarbeiter bei Reyschers Gesetzessammlung für die Finanzgesetze, Bd. 16 (1845/46).

262 Klüpfel: Uni. Tüb. 380f, geb. 1809, kam aus Berlin.

263 Klüpfel: Uni. Tüb. 372; anstatt aller überreichen Nwe, s. etwa *Heyd* 2 (1896) 644, 8 (1956) 614, 10 (1969).

264 Klüpfel: Uni. Tüb. 471, geb. 1799.

265 Klüpfel: Uni. Tüb. 376, geb. 1802.

266 Klüpfel: Uni. Tüb. 480, geb. 1805.

267 Klüpfel: Uni. Tüb. 486, geb. 1807, gest. schon 1844.

268 Nichts bei Klüpfel: Uni. Tüb.; E. war Mitarbeiter an der Gesetzessammlung für die Bände 8. 9., Kirchengesetze, und Bd. 11 Schulgesetze, s. Schriften Nr. 4.

269 Nichts bei *Klüpfel*: Uni. Tüb., *Cowen*: Bibliographie, *Frenzel*: Daten; Einiges über den Dichter der „Schwäbischen Schule", Freund Uhlands und Nacherzähler der noch heute viel gelesenen „Schönsten Sagen des klassischen Altertums" (1838—40) aber im Brockhaus. Er lebte 1792—1850.

Zu den Tübinger Kontakten und Bedingungen kommen vielfache *Reisen*. Ich möchte die eindrucksvolle Reihe ein wenig zusammenstellen:
Im Frühjahr *1828* besuchte er noch einmal München, die neue Universität, lernte Schelling und Heine kennen. Vor seiner Anstellung reizt ihn im Herbst *1829* eine Fahrt nach Paris, Belgien und den Rheinlanden (S. 80). Ostern *1835* ist er in Heidelberg. Dann nutzt er meist die Herbstferien: *1837* für die Göttinger Jubelfeier, wo er die ZDR initiierte (S. 89, 105), *1839* für die Schweiz mit Besuch von Löws, Geibs und Bluntschlis in Zürich (S. 106f), *1842* und *1844* für eine Rheinfahrt, letztere zu Dahlmanns in Bonn (S. 109), *1845* für eine große Fahrt über Holland, Hamburg, Kiel, Magdeburg, Berlin, Dresden, Leipzig, Weimar, Jena mit zahllosen Kontakten[270], besonders zur Vorbereitung der Frankfurter Germanistenversammlung (S. 112—114), *1846* für eine Kur am Rhein und die erwähnte Versammlung in Frankfurt. *1847* in Lübeck nahm er wegen der gefährdeten Gesundheit seiner Frau nicht teil (S. 114f, 100). Im Frühjahr *1848* war er beim sogenannten „Vorparlament"[271] dabei (S. 128—131). Bei der Wahl zur Frankfurter Nationalversammlung verlor er aber gegen den weiter links stehenden Kandidaten des Württembergischen Märzministeriums, Fetzer. In der Paulskirche wirkte er also nicht mit. *1849* unternahm er eine Reise nach Tirol. Auch später war er noch häufiger unterwegs. So konnte er rückschauend bemerken:

„Einen gewissen Luxus betrieb ich nur durch öftere Reisen (...) und durch Anschaffung einer großen Büchersammlung, was jedoch beides mir in anderer Weise wieder zu Statten kam" (S. 310).

Eine gewisse Neigung nach Westeuropa zeigen die Reisen, besonders die von 1829. Dahlmann, Grimm, Beseler, auch Bluntschli sind Namen, die bei seinen „auswärtigen" Kontakten begegnen. Für die Zeit vor 1837 sind sie allerdings kaum festzustellen. Hier sind Kontakte überhaupt mehr literarisch und auch da nicht so reich. Ein Brief Klübers von 1832 und J. Grimms von 1833 werden in den „Erinnerungen" erwähnt[272]. In den Bibliotheken findet sich für die frühe Zeit kaum Korrespondenz[273].
In der Reiseliste drängte schon mehr und mehr ein bemerkenswertes *politisches Engagement* hervor. Universität, Schriftstellerei und Familie waren *eine* wichtige Seite seines Lebenskreises. Von Anfang bis Ende ließ ihn aber auch

---

270 *Kiel*: Hegewisch, Burchardi, Falck, Waitz, Pfaff; *Berlin*: Beseler, Karstens, Schadow, Grimm, Heffter; *Leipzig*: v. d. Pfordten; näheres jeweils Erinnerungen 113; Familienbuch 91.

271 Vgl. nur *Gebhard-Schieder* 144 über diese wichtige Vorstufe der Nationalversammlung.

272 Klüber S. 93, Grimm S. 87, beide mit lobenden Antworten auf Zusendung einmal der „Publicistischen Versuche" (Nr. 7), zum anderen der „Symbolik" (Nr. 8), Orginale in der Württ. Lb. Stuttgart.

273 Geprüft: Tübingen, Heidelberg, Württ. Landesbibl. Stuttgart, München UB, Staatsbibliothek.

eine andere Seite, die Politik, nicht los. Wie ein roter Faden durchläuft sie sein Wirken, färbt es einmal stärker, einmal schwächer. Reyscher ist damit keine Ausnahme. Er war ein echter „politischer Professor“ und Anwalt[274]. Der Bogen spannt sich von der Burschenschaft 1821 bis zum Reichstagsmandat 1871. Man muß sich die Fülle dieser Aktivitäten vorführen, um die große, unverdrossene, Opfer nicht scheuende Verantwortungsfreude als „Bürger“, die sie durchzieht, voll ermessen zu können. Auch die dichten Parallelen *dieser* Lebensebene mit den anderen, die nicht nur Reyschers Fall beweist, legen es nahe, sie sich anschaulich zu machen.

Eine trockene *Übersicht* ist hier besonders sprechend. Sie kann mit den „Freiheitskriegen“ beginnen, die Reyscher nicht selten beschwört[275]. Es folgen die Burschenschaft 1821, das diplomatische Intermezzo in München Ende 1824, der enge Kontakt mit dem sehr politischen Paul Pfizer 1826[276], das staatsrechtliche Engagement mit den „Publicistischen Versuchen“ 1832[277], das Eintreten für Reformgesetzgebung und Bauern 1836[278], die ZDR mit ihrer „nationalen Aufgabe“ 1837[279], ein erstes Mandatsangebot 1838, das mit Urlaubsverweigerung torpediert wurde (S. 134), dann als erster Höhepunkt das Hannoversche Gutachten und die Kontakte zu Dahlmann und anderen von den „Göttinger Sieben“, von denen bekanntlich nur der Philologe Ewald sofort eine ordentliche Professur, nämlich in Tübingen, erhalten hatte[280]. 1841 tritt er für Öffentlichkeit und Mündlichkeit der Rechtspflege auf[281]. 1842 polemisiert er gegen den „Ultramontanismus“[282]. 1844 wird ihm zum zweitenmal ein Mandat angetragen und der Urlaub verweigert[283]. 1845 beginnt die Werbung für die be-

[274] Politische Professor und Advokatur würdigt besonders *Schnabel:* Dt. Gesch. II 204—8, der auf die Verbindungen zu Frankreich eingeht. Bei weniger aufgeschlossenen Autoren erscheint der Topos „politischer Professor“ meist peiorativ. *Landsbergs* Neigung, alles nicht „rein“ wissenschaftliche auszuschließen, gehört hierher; darüber oben 7. Vgl. noch *Heffter*: Selbstverwaltung 169; *Huber* II 105f.

[275] Etwa: Erinnerungen 273.

[276] Zu diesem als Einflußfaktor unten 262—7.

[277] Dazu unten 79f. Die liberalen politischen Motivationen dabei spricht Reyscher in: Erinnerungen 92 Fn klar aus.

[278] In „Grundherrliche Rechte“ (Nr. 10), unten 94f; auch in „Gutachten-Lehensrecht“ (Nr. 29), 1843, wo es u.a. um Ablösungen geht.

[279] Zu dieser Aufgabe ausf. unten 107ff.

[280] Über die Lage der Sieben nach ihrer „Vertreibung“ bes. informativ *Springer:* Dahlmann II 44ff.

[281] „Öffentlichkeit“ ZDR 6 (Nr. 24); über seine Variante, nämlich gemischte Gerichte, unten 249f.

[282] „Für und Wider“ ZDR 7 (Nr. 26), näheres unten 125ff u. 142ff.

[283] Das war ein probates Mittel; s. *Vollmer*: Verfassung 3; Reyscher selbst stellt in: Austritt XXXI, die Fälle Uhland (1833), Mohl (1846) und Römer (1833) zusammen. Pfizer wäre beizufügen (1833); zu seinem eig. Fall unten 67. Eine Gegenbestimmung war daher im Verfassungsentwurf von 1850 vorgesehen: *Vollmer*: Verfassung 90; aus allg. Sicht *Heffter*: Selbstverwaltung 173.

rühmte Germanistenversammlung. 1846 sorgt diese für einen zweiten Höhepunkt[284]. 1847 arbeitet er an Gervinus' „Deutscher Zeitung" mit [285]. 1848—1851 schließlich sind die Politica Legion: Tübinger Adresse (2. März 1848), Vorparlament (30. 3. — 3. April 1848), Wahlen zur Nationalversammlung und zum Landtag (Ende Mai), erste Kammertätigkeit in Stuttgart (20. September 1848 — 11. August 1849)[286], Mitglied der Kommissionen für Ablösungsgesetz-

[284] Grundlegend und ausgezeichnet über Hintergründe und Entwicklung der „academic and scientific Conferences" seit 1822, die gerade in den Germanistenversammlungen kulminieren *Thomas*: German Intellectuals, durchweg, vgl. 12, 19, zu den Germanistenvers. S. 81—119. *Gierke*: HS 25f belegt den zeitgenössischen Ausspruch: „Bei Lichte betrachtet, ist der ganze Reichstag in Frankfurt nichts anderes, als eine Fortsetzung der früheren Germanistenversammlungen" (aaO 26). Sehr klar diese Linie bei *Reyscher*, ZDR 12 (1848) 168 (Nr. 39): „Als am Schlusse jener ersten Germanistenversammlung, deren Berufung nach Frankfurt von ganz besonderem Werte schien (...), mich einige Mitglieder zur Rede stellten: ‚Aber was wollen Sie mit dieser Versammlung, das sieht ja ganz gefährlich aus?', wußte ich in der Eile des Abschieds nichts Weiteres entgegenzusetzen, als: ‚Warten Sie noch einige Jahre, und Sie werden die Antwort haben!' Ich hatte dabei keinerlei räthselhafte Hintergedanken, denn jedem war wohl klar, daß nicht bloß gelehrte Reden in jener ‚deutschen Versammlung' gehalten werden sollten, sondern daß durch das persönliche Zusammensein und die gemeinsame Beschäftigung mit deutschem Recht, deutscher Geschichte und Sprache zugleich das deutsche Bewußtseyn gehoben und eine Verständigung über wichtige Fragen der Gegenwart angebahnt werden sollte". Hier, 1848, ist der Ton freier als in dem Gedruckten von 1846, also der Einladung (ZDR 10, 181—4) und dem Bericht (Nr. 36). Fast noch deutlicher die Wiedergabe in: Erinnerungen 100; Familienbuch 91f; *Treitschke*: Dt. Geschichte 5 (1894) 686 nennt sie „geistige Landtage des deutschen Volkes"; ebenso *Thomas*: aaO 19, mwNw für Gutzkow und Riehl.

[285] Erinnerungen 116. Ein Artikel vom 30. März 1848 ist erwähnt aaO 127. Mit *Gervinus* (1805—71), einem der Göttinger Sieben, war Reyscher durch Dahlmann gut bekannt geworden. Mehrere Briefe Reyschers, teilweise im Anhang, nämlich: von *1844* (10. 12., Einladung zur Hochzeit mit Dorothea), *1845* (15. 10., zur Germanistenversammlung und Mohl), *1845* (21. 12., nochmals zu Mohl), *1846* (24. 10., ausführlich zu seiner Rolle in Frankfurt und der mißglückten Abstimmung, Vorwürfe gegen Beseler und J. Grimm), *1847* (1. 9., Bericht, daß Lübeck nicht möglich; zu seinem Privatrecht), *1860* (8. 3., G. soll zum Nationalverein), *1860* (12. 3., Berichtigung zu G's Antwort, allgemeine Sentenz: „Es fehlt bei Vielen nur die Courage" als Schlußsatz), *1860* (22. 3., allg. politische Fragen, Verhältnis von Deutschland, Österreich, Preußen, Frankreich).
Alle Briefe sind sehr herzlich. *Über* Gervinus vgl. *Hock*: Liberales Denken 26, 40, und öfter; aus ostdeutscher Sicht lehrreich und gründlich, Gotthard *Erler* in seiner Einführung zu Gervinus' „Schriften zur Literatur", Berlin-Ost, Aufbau, 1962, 588 S., dort S. V—LXXIV, S. XXVIII zur „Deutschen Zeitung". Ansonsten *Iggers*: Geschichtswissenschaft 133f, der die Parallelen Gervinus-Dahlmann-Pfizer betont. Schließlich die Nwe bei *Cowen*: Bibliographie 26; neuestens gibt einen vor allem in den großen Linien ausgezeichnet abgestimmten Überblick *L. Gall*, in: Dt. Historiker V (1972) 7—26.

[286] Erinnerungen 171—5; *Mayer*: Reyscher 68—73, zu dessen nationalisierender Tendenz Fn 300.

gebung[287] und staatsrechtliche Fragen[288], sowie der sogenannten Fünfzehnerkommission[289]. Er ist Verfasser der dringlichen Adresse der Kammer an den württembergischen König zur Annahme der Reichsverfassung (20. April 1849)[290]. Er wird Mitglied wiederum der *ersten* verfassungsberatenden Landesversammlung (1.—27. 11. 1849), ebenso der *zweiten* (15. März — 3. Juli 1850) und *dritten* (4. Oktober — 6. November 1850)[291]. In Letzterer hält er eine „scharfe" Rede in der Kurhessischen Sache[292]. Stets sitzt er in wichtigen Kommissionen[293]. Er ist schließlich nach dem Scheitern des württembergischen Verfassungswerkes in dem aus der letzten Landesversammlung gebildeten „ständischen Ausschuß", der als illegal verfolgt wurde[294]. 1851 folgen auf diese Steigerung jäh seine Versetzung und Entlassung. Aber wieder wird er Mitglied der neuen, diesmal *ordentlichen*, also nicht mehr verfassungsberatenden Ständeversammlung (6. Mai 1851 — Frühjahr 1853) und mehrerer Kommissionen zu dieser[295]. In der darauf folgenden Kammer bringt er das württembergische Konkordat als verfassungswidrig zu Fall (16. März 1861)[296]. Er ist schließlich seit 1859 die sehr bedeutende württembergische Stütze des Nationalver-

---

287 Erinnerungen 171; *Mayer*: Reyscher 72 übergeht dies nahezu; Austritt XI—IXV.

288 Erinnerungen 171; wichtig war u. a. sein Gutachten zum sog. Stuttgarter Rumpfparlament, dem Rest der Nationalversammlung, dessen Auflösung Preußen schon mit Androhung von Waffengewalt (das Originalschreiben bei Huber: Dokumente I 538) verlangt hatte. Zu den Vorgängen und Reyschers Rolle s.: Erinnerungen 157—67; sehr gut jetzt *Vollmer*: Verfassung, Fn 322f, weniger *Mayer*: Reyscher 33—7.

289 Darüber er selbst in: Austritt XVIIf und: Errinnerungen 148. Reyscher war deren Vorsitzender. Über seine Tätigkeit dabei auch *Mayer* 29—33.

290 Erinnerungen 144—6; Familienbuch 113f zur Übergabe an den König.

291 Erinnerungen 178—202; *Mayer*: Reyscher 73—82.

292 Erinnerungen 200, die „Worte" dort 199f, die ganze Rede als Nr. 17 in „Austritt": Die auswärtige, den Bund unterstützende Politik Württembergs dabei sei „verderblich (...) verfassungswidrig (sc. mangels ständischer Zustimmung zum Bregenzer Bündnis) (...) abschüssige Bahn (...)." Er schließt: „Ein Gefühl des Abscheus hat die deutsche Nation ergriffen, als sie von dem Bundesbeschluß hörte, der die Unterdrückung des kurhessischen Volks zum Zweck hat, und ein Gefühl des Abscheus hat sie ergriffen bei jenem Vertrag von Bregenz, worin Württemberg mit Bayern sich vorschieben (!) ließ, um den Henker von Kurhessen zu machen." Alles gesprochen am 4./6. 11. 1850 (S. 196), also vor seinem Abschied; vgl. weiter *Mayer*: Reyscher 42—44; ganz ähnlich *Reyscher*, ZDR 13, 9 Anm.; zu den Vorgängen *Huber* II 926ff; sehr kritisch auch *Dahlmann*, s. *Springer* II 377f.

293 Erinnerungen 180, 171.

294 Erinnerungen 202, 203—5; *Mayer*: Reyscher 79—81; Die Ausschußmitglieder wurden strafrechtlich verfolgt wegen Verabredung zum Ungehorsam. Eine Gerichtsverhandlung endete mit Freispruch aus subjektiven (!) Gründen, d.h. nur mangels Gesetzesübertretungsvorsatz, s. Erinnerungen 205; juristisch erwogen bei *Reyscher:* Austritt XXVf; seine „Vernehmung" ebenda als Nr. 23.

295 Erinnerungen 209—223; *Mayer*: Reyscher 82—92.

296 Erinnerungen 228—246.

eins[297]. 1866 versäumt er nicht, zum deutschen Krieg Stellung zu nehmen[298]. Zuletzt ist er aktiv auf der ersten evangelischen Landessynode Württembergs und dann als Abgeordneter im deutschen Reichstag (21. März — 15. Juni 1871 und Frühjahr 1872 — 12. Mai 1872)[299].

Diese Liste bedarf keines Kommentars. „Reyscher als Politiker“ ist von *H. Mayer* bereits dargestellt, wenn auch tendenziös, da dieser fast nur den Nationalismus, aber kaum das Freiheitliche daran sehen will[300]. Instruktiver als dessen Bemühen ist das um Reyschers Rolle in der Darstellung von *H. J. Vollmer* „Der Kampf um die Grundrechte und um die Revision der Verfassung in Württemberg“ (1848—1852)[301]. An diesem zentralen Punkt werden alle aktuellen Strömungen sichtbar. Der häufig erwähnte Reyscher[302] ist in sie eingebettet und zugleich in ihnen erst selbst konturiert.

Zum *Inhalt* seines reichen politischen Wirkens läßt sich abschließend mit wenigen kennzeichnenden Strichen sagen[303]: Reyscher lehnt *Revolution*, gewaltsamen Widerstand, klar ab[304]. Er ist loyal. Grenze der Fremdbestimmung und Ordnung ist aber die *Verfassung*, das Recht. Daß er in Verteidigung dieser

---

[297] Darüber vor allem *Bachteler*: Nationalverein, 1934, 64 S., ebenso wie *Mayers* Diss. bei A. Wahl (zu diesem oben 4). Reyscher ist umfassend verfolgt, etwa S. 22, 26, 29, 32, 36, 38, 40, 41, 43, 45, 46f, 48, 52, 54f, 57, 59, 60, 62f. Rey-. scher war danach „am wichtisten für die nachfolgenden Verhandlungen“ (S. 26) wegen seiner steten Versuche *mit* Preußen trotz allem zum Ziel zu kommen. Ähnlich der Nachruf: Im Neuen Reich 718; lehrreich als unmittelbare Quelle die zahlreichen Briefe zw. Bennigsen und R. bei *Oncken:* Bennigsen, vgl. auch I, S. 464 die Anerkennung von Reyschers Rolle.

[298] Schriften Nr. 79, 80; Erinnerungen 275.

[299] Erinnerungen 246—60; *Mayer*: Reyscher 92—7; *Schwarz*: MdR 226, 436.

[300] Ähnlich wie schon *Riecke* die „Erinnerungen“, die ja einen *Auszug* aus einem viel ausführlicheren Manuskript darstellen, ganz auf 1871 als Höhepunkt hin anlegte, also im Zeichen der Einheit, macht es auch *Mayer*, der ein ganzes langes Kapitel seiner zwei, das sind 67 S. von 103 S., nur zu „Reyscher und die Einheitsfrage“ schreibt und auch sonst beim Nationalen seine Sympathien hat. Das Freiheitliche daran ist entschieden vernachlässigt. Vgl. oben 5.

[301] Diss. phil., Freiburg 1967, 124 S., bei Cl. Bauer.

[302] Etwa S. 26f, bes. 54f, 59, 63, 67, 74, 78f, 103, 110.

[303] Ich bitte, auch das bereits zu Reyschers „Nuance“ oben 52 Gesagte einzubeziehen.

[304] Konkret etwa im sog. *Fünfzehnerausschuß*, belegt bes. von *Mayer* 29—33, dort sein begründender Ausruf: „Die Gewalt wird, wenn Sie sie herrufen, auf Sie zurückfallen und Sie selbst werden das Opfer werden.“ Auch schon 1828 in *Bedürfnisse* (S. 20), wo er den deutschen evolutionären Weg als „kluge Vorsicht“ empfiehlt. Wieder 1830 im *Hannoverschen Gutachten*, mit seinen Untersuchungen über das Widerstandsrecht und die Steuerverweigerung ein Thema, das wie *Dahlmann* 1832 treffend vortrug, „die feinsten Fragen der Politik berührt, und fast einer Untersuchung über das Recht, zu revolutionieren, gleichsteht.“ (Springer: Dahlmann I 346). Zu Reyschers Lehre vom verfassungsmäßigen Gehorsam im Gutachten unten bei und in Fn III 157.

Grenze gar nicht zaghaft ist, kennzeichnet ihn als *energischen Liberalen*. Man kann hier seine weitgehende Widerstandslehre nennen[305], sein beharrliches Eintreten für Reform[306], seinen Versuch, das Bundesrecht immanent liberaler zu interpretieren[307], seinen politischen Volksbegriff[308], der ihn 1848 sogar von „Volkssouveränität" positiv reden läßt[309]. Wichtig ist schließlich sein großer *Realismus in Machtfragen*. Er setzte deswegen immer auf Preußen, aber zugleich dessen fortschrittliche Seiten[310]. An der Paulskirche beklagte er die lange Beschäftigung mit dem Grundrechtskatalog. Sie habe davon abgehalten, die Gunst der frühen Stunde zur Schaffung vollendeter institutioneller und organisatorischer Tatsachen zu nutzen, ohne die den Grundrechten kein Vollzugsarm zur Seite stehe, so daß sie wertlos seien[311]. Das erwies sich als treffend. Reyscher wurde nicht erst zum resignierenden „Realpolitiker", wie man es von vielen für die Zeit nach 1851 sagt, auf die das neue Etikett A. L. von Rochaus[312] dann paßte. Das allzu geläufige, abwertende Klischee vom naiven

---

305 Im *Hannoverschen Gutachten*, wo er als einziger Steuerverweigerung zuließ, dazu unten 103.

306 Schon in *Bedürfnisse* (s. für das Reformmotiv dabei oben 55 f), dann in *Daseyn*, ZDR 1 (1839) 34, im Eintreten für das Gestaltungsrecht der Gegenwart, erst recht in seiner ganzen rechtspolitischen Aktivität für Gesetzgebung, Öffentlichkeit und Mündlichkeit der Rechtspflege, Jury, Ablösungsgesetzgebung und was der liberalen Themen mehr sind, die er immer wieder aufwirft.

307 In „Publicistische Versuche" (1832), dazu unten 79ff; über die politisch-progressive Motivation dabei auch ausdrücklich in: Familienbuch 83f und Erinnerungen 92 Fn; nichts anderes bedeutet damals die beschworene Formel „*die Wissenschaft müsse ins Leben treten*", die Reyscher im Vorwort benutzt (vgl. oben Fn 66 für die Lit. geschichte). Schon der erste Satz zielt darauf: „In einer Zeit, wo alle geistige Regsamkeit eine öffentliche Richtung zu nehmen strebt, darf die Wissenschaft nicht vornehm zurück (!) bleiben und dem Tagesräsonnement ausschließlich das Feld über- lassen; sie muß vielmehr, will sie anders mit dem Leben befreundet bleiben,— Stoff und Form von ihm aufnehmend — der wichtigeren Begebenheiten sich bemächtigen und mit ihrem Ernste, ihrer Gründlichkeit und ihrer Mäßigung jedesmal dann zwischen die Extreme treten, wenn die Gründe des Urtheils aus ihrem eigenen Bereiche gezogen oder durch eine rasche unüberlegte Entscheidung ihre Institute bedroht werden sollten." Über Reyschers Lebensbezug unten 74ff (Hang zur Gegenwart) und ausf. 247ff; über die Verbreitung ähnlicher Parolen im Vormärz s. *Hermand*: Vormärz/Quellen 54ff: „Aufrufe zu einer Philosophie der Tat".

308 Wonach echte politische Mitwirkung stattfinden soll; beachte die verschiedenen Volksbegriffe (unten 337f).

309 ZDR 12 (1848) 172f; auch aaO 305, 311.

310 Typisch das in: Erinnerungen 273 aus einer Kammerrede von 1861 wiedergegebene. Vgl. auch *Mayer*: Reyscher 44—50, 80 der wieder vernachlässigt, daß Reyscher an ein reformfreudiges Preußen wie das von 1813/5 oder 1807/8 appellierte; weiter *Bennigsen* 1860 bei *Oncken*: Bennigsen 446. Es handelt sich um einen liberalen Topos, vgl. dazu klassisch *H. Rosenberg:* Haym 98.

311 Erinnerungen 138, aus einer Rede vom 9. 11. 48; ZDR 12, 395 Anmerkung.

312 Nach dessen Buch „Grundsätze der Realpolitik", Bd. I, Stuttgart, 1853; zur

Verhältnis der Liberalen zur staatlichen Macht trägt für Reyscher ganz und gar nicht. Auch bei anderen spräche man besser von einem *kritischen* Verhältnis zu „von oben" verordneten oder sonstigen Zwängen. Man war in den allermeisten Fällen keineswegs unrealistisch in dem Sinne von „unfähig, die Realitäten zu würdigen". Durchaus realistisch war man vielmehr mit den Realitäten unzufrieden.

Reyscher ist ein entschieden konstitutioneller Reformliberaler. Der Boden der — württembergischen — Verfassung trennt ihn deutlich von links, die Bereitschaft, ihn liberal-egalitär auszugestalten und fortzubilden, von rechts, wo man mehr das „monarchische Prinzip" herauslas. Es ist ein labiler Kompromiß zwischen Freiheit und Ordnung, Selbstbestimmung und Fremdbestimmung, oder wie die vielen parallelen Antinomien lauten, die hier ihren Ort haben.

Berufswechsel und Anwaltsjahre

Reyschers Versetzung und Entlassung ist ein Akt aus dem traurigen Kapitel deutscher Reaktion nach 1848[313]. Reyscher hat 1851 die Vorgänge in

„Drei verfassungsberatende Landesversammlungen und mein Austritt aus dem Staatsdienste. Ein Beitrag zum Verfassungsrecht und zur parlamentarischen Praxis" (Nr. 44)

gründlich dokumentiert. Zugleich verteidigte er sein Handeln in dem eingehenden Vorwort (S. III—XXXVIII). Er ging damit den typisch gemäßigtliberalen Weg eines *Welcker* (1823)[314], *Hepp* (1834)[315] oder *Mohl* (1846)[316], der Macht und Ohnmacht dieser Reformgruppe so anschaulich erweist.

Sache etwa *Gebhardt-Schieder* 155, 168 und vor allem *K. G. Faber*: Realpolitik als Ideologie. Die Bedeutung des Jahres 1866 für das politische Denken in Deutschland, HZ 203 (1966) 1ff.

313 Eine gewisse Übersicht bietet *Huber* III Kap. 3 und 4; *G. Beseler* schreibt am 1. Mai 1851: „daß man auch (!) Sie von der Universität weggemaßregelt hat, ist empörend" usw., s. im Anhang unter h. Ausführlich berichtet über die württembergischen Vorgänge *M. Traub*: Württ. Reaktionszeit; vgl. auch die Titel bei *Heyd* I Nr. 1849ff; außerdem *Adam*: Verfassung 116ff, Parallelvorgänge dort 113.

314 *Welcker*: Oeffentliche actenmäßige Vertheidigung gegen die öffentliche Verdächtigung der Theilnahme oder Mitwissenschaft an demagogischen Umtrieben in und mit Abhandlungen für das öffentliche Recht. In zwey Abtheilungen. 1. Abtheilung, Stuttgart, 1823.

315 *F. C. T. Hepp*: Aktenmäßige Darstellung und Prüfung der Verfolgungen ds. Berner Obergerichts und der damit zusammenhängenden Kabinets-Justiz, Tüb. 1834, VI u. 246 S.; Hepp (1800—1851) war strafrechtlicher Ordinarius in Tübingen von 1833—51.

316 *Mohl*: Aktenstücke, betreffend den Dienstaustritt des Prof. R. v. Mohl in Tübingen. Freiburg, 1846, 84 S.

Ihre Macht waren die öffentliche Meinung und der eigene Mut, ihre Ohnmacht die doch immer bewahrte Loyalität und die fehlenden Entscheidungspositionen.

Mit Schreiben vom 31. März 1851[317] hatten

„Seine Königliche Majestät (haben) vermöge höchster Entschließung vom 29. März 1851 den ordentlichen Professor (...) Dr. Reyscher zu der Kreisregierung in Ulm als Rath mit dem ihm gesetzlich gebührenden Gehalte von 1866 fl. 40 kr. zu versetzen geruht (...)“[318].

— ohne jede Begründung. Leider fanden sich weder in Tübingen, noch in Stuttgart und Ludwigsburg einschlägige Archivalien zur Entlassung. Ich will Reyschers wohlbegründete juristische Verteidigung[319], die Fürsprache des Senats[320], die unbefriedigenden Antworten des Ministeriums[321] mit dem Stichwort „höhere Rücksichten“[322] und die allseitigen Abschiedsworte[233] hier nicht wieholen. Sie sind alle bei Reyscher vorzüglich zugänglich. Vollends zu seinem Austritt aus dem Staatsdienst führte aber erst Reyschers Bitte „um Erlaubnis zur Annahme der auf ihn gefallenen Wahl als Abgeordneter zur Ständeversammlung“[324], die glatt abgeschlagen wurde, weil „Seine Majestät vermöge höchster Entschließung (...) sich nicht bewogen gefunden haben, dieser Bitte zu entsprechen“[325]. Wie schon Mohl, Römer, Pfizer, Uhland und anderen wurde ihm in bewährter Manier der erforderliche Urlaub verweigert[326]. Jetzt fragt sich Reyscher endgültig, „ob das längere Verbleiben im Staatsdienste mit meiner Ehre und meiner bisherigen Stellung vereinbar sei“[327]. Er hält endlich das „Vertrauen“ seines „Bezirks“ für die „höhere Pflicht“ und bittet daher selbst um seine Entlassung[328]. Ohne Kommentar wird sie ihm in Form eines Vierzeilers vom 8. Mai 1851 gewährt:

---

317 Abgedruckt in: Austritt, als Nr. 24.

318 Also 'exakt genau wie Mohl 1845/6; dazu *Angermann*: Mohl 51—3; *Riecke* ADB 28, 364 berichtet, das gleiche Verfahren sei nochmals i.J. 1866 eingeschlagen worden gegen Reinhold Pauli, und erst mit Art. 19 des Beamtengesetzes vom 28. Juni 1876 für die Zukunft verhindert.

319 Abgedruckt in: Austritt, als Nr. 25: Eingabe an den Geheimen Rath; wie die Mohls wurde sie abgewiesen (Austritt Nr. 28 das Schreiben dazu).

320 Nach: Austritt 149 Fn wurde Reyscher die Eingabe nicht zum Abdruck zugänglich gemacht. Er referiert aber den wesentlichen Inhalt aaO aus anderer Quelle.

321 Austritt Nr. 26 und Nr. 28.

322 Austritt 150, in Nr. 26; ironisiert von Reyscher: Austritt VII.

323 Austritt Nr. 27 vom Senat, Nr. 29 von der Fakultät, Nr. 30 und 31 die Antworten Reyschers, Nr. 36 Reyschers „Abschiedsworte an die Studierenden, gesprochen bei einem dargebrachten Fackelzuge, den 17. Mai 1851“.

324 Es ging um die ordentliche Versammlung, die am 6. Mai 1851 eröffnet wurde, s. oben bei Fn 295.

325 Abdruck in: Austritt, als Nr. 33.

326 Reyscher selbst stellt die Fälle in: Austritt XXXIf zusammen; vgl. oben Fn 283.

327 Austritt 159, Nr. 34.

328 Das Schreiben in: Austritt, als Nr. 34.

„Auf die Bitte des Herrn Regierungsraths Reyscher um Dienstentlassung wird demselben eröffnet, daß Seine Königliche Majestät vermöge höchster Entschließung vom 6. d. M. diesem Gesuche entsprochen haben"[329].

Reyscher selbst[330], Riecke[331] und Mayer[332] haben sich vielfach um die *Gründe* dieser Entwicklung bemüht. Klar ist, daß die Initiative von „allerhöchster" Stelle ausging und das Ministerium Gründe nachschob[333]. Klar ist auch, daß Reyscher schon seit 1832 kein bequemer Staatsdiener gewesen war; ich denke an die „Publicistischen Versuche"[334], die „Statutarrechte", die „Grundherr-

---

329 Abdruck in: Austritt, als Nr. 35.

330 *Reyscher* im Vorwort: S. IV (Teilnahme am ständischen Ausschuß, eintägiger Vorlesungsausfall), VIII (feindselige Stellung auf allen Landtagen), XV (Hauptakteur für die Annahme der Reichsverfassung im April 49), XVII (Teilnahme an der 15er Kommission), XIX (Förderung der Ministeranlage Mai/Juni 1850), XXIII (nochmals zum erw. Ausschuß), XXX (Abweichende politische Ansichten, insbes. ständische Tätigkeit). Diesen letzten Punkt hält er in „Austritt" schließlich für maßgebend (S. XXXIII); vgl. Familienbuch 118—24.

331 *Riecke* in: Erinnerungen 203—9; S. 205 (Wohl des Landes, Unterrichtsfunktion im Staatsrecht), 207 (Beteiligung an Vorgängen um Annahme der Reichsverfassung, an der Ministeranklage, Vorwürfe von 1850, kurhessische Reden); diese Passage der „Erinnerungen" stammt vom Hrsg. Riecke, der sich aber hier nicht festlegt. Reyscher selbst sagt nichts mehr zu Gründen. *Riecke* in: ADB 28, 364 meint persönlichen Groll des Königs wirken zu sehen, wegen Reyschers Tätigkeit in der 15er Kommission und einem Vorfall von 1850 um einen Artikel in der „Deutschen Zeitung", hinter dem man Reyscher vermutete. Über den komplizierten Briefwechsel dabei s. *Riecke* in: Erinnerungen 207; dokumentiert sind diese Vorgänge in einem siebenseitigen Druckstück Reyschers, in dem er „zur Steuer der Wahrheit die geschlossenen Akten für meine Freunde drucken" ließ (Stuttgart, Metzler, 1850). Ein Exemplar ist im Uni.archiv Tüb. Nr. 126/Reyscher. Das Ganze ist identisch mit Nr. 6 in „Austritt". Dort finden sich in einem Schreiben Reyschers die bemerkenswerten Worte, „Zur Erhaltung meines guten Namens über den ich keinem Mächtigen dieser Erde zu verfügen gestatten kann" (Austritt 30). Das war allerdings sehr „freimütig". Reyscher hatte auf Anfrage der Regierung, ob er einen regierungsfeindlichen Artikel in der „Deutschen Zeitung" (dieser in: Austritt 28f) veröffentlicht habe, wobei ausdrücklich an seine Wahrheitsliebe appelliert wurde (s. Austritt 28), gekränkt erwidert, „habe ich den Muth und die Ehre — nicht zu antworten" mit dem Ausdruck „schmerzlicher Empfindung (...) darüber (...), daß eine 22-jährige, arbeitsvolle Dienstzeit und meine öffentliche, wie ich mir bewußt bin, vorwurfsfreie Tätigkeit auf zwei Landtagen für seine königliche Majestät kein Anhaltsgrund waren, einen Zweifel in die Aufrichtigkeit meiner Gesinnungen auf eine so verletztende Weise auszusprechen" (Austritt 30). Die Anfrage hatte der König selbst veranlaßt.

332 *Mayer*: Reyscher 3, erklärt einfach die Teilnahme am verfolgten Ausschuß zum Hauptgrund, erwähnt daneben den gerade berichteten Zeitungsartikelstreit. Ebenso S. 79, wo er im Anschluß die ergiebige „wilde Polemik für und wider ihn (sc. Reyscher)", die danach einsetzte, wiedergibt.

333 Vgl. die Schreiben in: Austritt Nr. 26f.

334 Zu den Schriften jeweils in Kap. III, zu ‚unbequem' bes. im 1. Abschnitt.

lichen Rechte", die erste Urlaubsverweigerung 1838, das „Hannoversche Gutachten" 1839, wenn es auch in Württemberg *grundsätzlich* gebilligt wurde[335], die zweite Urlaubsverweigerung 1844. Mit seiner Teilnahme an den württembergischen Verfassungskämpfen wurde er noch unbequemer[336]. Als 1850 mit dem konservativen Ministerium Linden (2. Juli) „am Rechte gesündigt"[337] wird, nämlich durch Nichtanerkennung ordentlicher Gesetze aus der 1848er Zeit[338], wurde der „sehr rechtliche"[339] Staatsrechtler ein immer gefährlicherer entschiedener Gegner der „Helden der Reaktion"[340]. Er wurde es in dem Maße, wie König und Ministerium den 1819 und 1849 erreichten Rechtsboden verließen oder unter Ausnutzung von Notstandsnormen aushöhlten[341] — schon damals —, da er ganz hartnäckig am „Recht" festhielt und das auch artikulieren konnte. Er war schließlich mit der beste und exakteste Kenner der rechtlichen Seite, nicht zufällig stets in den „staatsrechtlichen Kommissionen" der Landtage[342]. Obwohl Reyscher von „allgemeinem Erstaunen über die mir widerfahrene Behandlung"[343] spricht, scheint mir diese allmähliche Zuspitzung unverkennbar. Erstaunt war man wohl eher, weil man das Ausmaß und den Ernst der jetzt auch in Württemberg einsetzenden Reaktion noch nicht ermaß[344]. Als Staatsrechtslehrer war Reyscher exponiert. Sein Engagement und seine „Courage"[345], die „scharfe" kurhessische Rede[346] und sein Festhalten am ständischen Ausschuß[347] waren eine gute Gelegenheit, ihm seinen Einfluß zu be-

---

335 Trotz der Verteidigung Reyschers und der Fakultät beim Bundestag (dazu unten bei u. in Fn III 162) war man mit dem Gutachten nicht allzu glücklich. Repräsentativ erscheint mir hier *C. G. Wächter*s Stimme, die ich unten 104 wiedergebe.

336 Die genauen Daten oben 63 f.

337 So drückt er sich aus im überhaupt deutlichen Vorwort zu: Austritt, S. XXXVII; zu *Linden*: Huber III 188f.

338 Bes. das Wahlgesetz vom 1. Juli 1849, wonach die 1. Kammer abgeschafft sein sollte. Zu all diesen Vorgängen ist *Vollmer*: Verfassung, eine hervorragende Information.

339 Dieses Prädikat gibt man ihm öfter, etwa *Notter*, zitiert oben bei Fn I 71.

340 So in: Austritt XXIII (Reyscher); auch *Traub*: Württ. Reaktionszeit 71; *Mayer*: Reyscher 79.

341 Erinnerungen 201: bei der Auflösung der dritten verfassungsberatenden Landesversammlung am 6. Nov. 1850.

342 Dazu oben Fn 288.

343 Austritt X.

344 Die alte Ständeversammlung von Anfang 1848 wurde schlicht wieder hergestellt, viele Beamte gemaßregelt. Einen gewissen Überblick verschafft *Huber* III in Kap. 3 und 4. Für Württemberg aaO, III 186ff, 190 (Maßregelungen); nicht umfassend, aber am gründlichsten ist *Traub*: Württ. Reaktionszeit, Kap. 2, S. 59—82: jede Seite ist dort ein Beleg.

345 S. die Briefstelle von 1860, oben Fn 285.

346 Abdruck in: Austritt, als Nr. 16; Zitate daraus oben Fn 292.

347 In: Austritt XXVI trumpft *Reyscher* auf: „Ich bemerke nur noch, daß mir es auch dann noch als Ehrensache erschienen wäre, meinen Posten im Ausschuß

schneiden. Denn wie das Ministerium etwas offener an den akademischen Senat schreibt:

„Sie (sc. die Staatsregierung) kann es aber, im Hinblick auf das Wohl des Landes (!), welches dadurch wesentlich bedroht würde, nicht gestatten, daß die studierende Jugend, namentlich die künftigen Staatsbeamten, in Grundsätzen und Doktrinen unterwiesen werden, die sie nothwendig mit dem ganzen Regierungssysteme, wie solches aus dem Wesen einer ächten (!) konstitutionellen Monarchie, nicht einer bloßen Scheinmonarchie (!) hervorgeht, in Widerspruch setzen, die sie zu den unversöhnlichsten Feinden der bestehenden Staatseinrichtungen heranbilden müsse“[348].

Reyscher war nach allem ein Opfer der allgemeinen restaurativen Radikalisierung, die er selbst kurz zuvor angeprangert hatte:

„Aber offen gesagt, nicht die gemäßigte Partei (sc. d.h. er selbst und seine Freunde) hat der extremen Partei Waffen in die Hände gegeben (sc. wie man ihr von rechts vorwarf), sondern eine extreme Partei hat sie der anderen überliefert (sc. also die rechte der linken Seite). Die gemäßigte Partei ging darauf aus, die Staatsordnung zu verbessern, um die Gesellschaft mit ihren Bedingungen zu erhalten; während jetzt dagegen die *sogenannte* konservative (sc. er nannte seine Partei auch liberal-konservativ) oder bundestägliche Partei die verfaulten Stützen der alten Ordnung wiederherzustellen sucht und damit dem Umsturz in die Hände arbeitet (!) (...)“[349].

Die Atmosphäre war schließlich so vergiftet, daß selbst der viel maßvollere *C. G. Wächter*, der sich immer so gut mit der Krone gestanden hatte[350], am 16. April 1851 sich weigerte, nach dem *alten*, 1849 aufgehobenen Wahlgesetz, sein festes Mandat als „Privilegierter“, nämlich „Universitätskanzler“, in der 1. Kammer einzunehmen[351].

„Ein Zurückgreifen auf die durch das Wahlgesetz von 1849 aufgehobene ständische Repräsentation ist nach meiner rechtlichen Überzeugung nicht vereinbar und ich kann sie daher nur aus dem Gesichtspunkte einer Oktroyirung auffassen“[352].

Wächter stellt daher sein Amt zur Verfügung und erhält ebenfalls höchst ungnädig seine Entlassung[353], um nach Lübeck und Leipzig zu gehen, nicht mehr nach Württemberg zurückzukehren und auch sein weit voran-

---

nicht zu verlassen, wenn die Stadtdirektion in Stuttgart die angedrohte Ungehorsamsstrafe vollzogen hätte.“ Reyscher kannte in seiner rechtlichen Überzeugung, war sie einmal klar, keinen Kompromiß.

348 Austritt 150.

349 Austritt 117, in der kurhessischen Rede.

350 Oben 36 zu Wächters Leben.

351 *Wächter:* Leben 123f; Reyscher versäumt nicht, dies anzuführen: Austritt XXVI; weiteres bei *Adam*: Verfassung 116ff.

352 *Wächter:* Leben 123; s. auch *Reyscher*: Austritt XXXIII; nach *Gerbers* Darstellung wollte es das „Schicksal“ so, so in „Zur Charakteristik“, Abhdlg. 2; differenziert zum Streit *Adam*: Verfassung 114f „nicht restlos zu lösen“; die neueste gründliche Darstellung gibt *Vollmer*: Verfassung 12ff, 63 Fn 16 (die konstitutionelle Interpretation sei nicht berechtigt) und 83ff, 94ff.

353 *Wächter:* Leben 124.

getriebenes „Württembergisches Privatrecht“ prompt auf immer liegen zu lassen[354].

Übrigens ist stets der ungeheure Druck der Großmächte Preußen und Österreich zu erinnern, die auch das an sich liberalere Württemberg auf ihren Weg zwangen[355].

Auch Reyscher ging neue Wege, allerdings bei seinen Fächern weniger geebnete. Es war bittere Ironie, daß gerade sein schärfster Kontrahent, *Carl Friedrich Gerber* (1823—91), bald darauf seinen Platz einnahm und sogar Wächters erledigte Kanzlerstelle dazu erhielt[356]. Für Reyscher persönlich war jedenfalls die Entwicklung ein großes Opfer. Der Beruf, den er eigenwillig erlangt hatte[357], war ihm lieb geworden[358]. Er hatte Wurzeln in der Wissenschaft geschlagen und besonders im Partikularrecht. Das dabei Gewachsene ließ sich nicht so einfach verpflanzen oder anderenorts fortführen. Manches in diesen Jahren Gereifte, erst durch sein „Privatrecht“ Verdrängte (bis 1848), dann neben der politischen Tat Zurücktretende (1848/50), blieb wohl ohne Blüte. Man muß sich darüber im klaren sein, daß für einen Ruf in einen anderen „Freyhafen“ (Thibaut)[359] die Lage *denkbar* ungünstig war. Welche Regierung wollte schon einen entschieden liberalen Staatsrechtler und Germanisten ins Land holen, der sich zudem im dann neuen Landesrecht nicht auskannte. Außerdem gab es gar nicht so viele germanistische Lehrstühle und Vakanzen. So war es schon sehr viel, daß Reyscher bereits im September 1851 der Platz des verstorbenen *N. Falck* in Kiel angeboten wurde[360]. Dies war aber das ein-

---

354 Nur bis einschließlich „Allgemeiner Teil“ war es vollendet. Die Neigung zum Allg. Teil hat keineswegs erst *Windscheid* (so *Mitteis-Lieberich*: Dt. Privatrecht 18), vgl. *Wieacker* 486f.

355 Dazu unter Fn III 6.

356 Über diesen neuestens B. *Koehler* im HRG, nicht ganz richtig bezeichnet er ihn als Nachfolger nur Wächters, nicht aber auch, wie G. es fachlich war, Reyschers. Für größere Linien wichtig *Wilhelm*: Methodenlehre 129; *v. Oertzen*: Die Bedeutung C. F. Gerbers für die deutsche Staatsrechtslehre; *Böckenförde:* Historische Schule 21—3; *Coing:* Systembegriff/Jhering 151—4; für sein Verhältnis zu Reyscher s. hier nur die vernichtende Kritik in: Prinzip 310 (1846).

357 Siehe oben 55 f über seinen ungewöhnlichen Entschluß zur Gesetzessammlung.

358 Erinnerungen 207; s. auch im Brief an Häusser vom 17. 7. 61, dem er Schriften schickt, mit der Bemerkung: „möchten Sie beides gütig aufnehmen und berücksichtigen, daß meine literarische Thätigkeit seit meiner unfreiwilligen Entfernung von der Universität — ich hatte ja gleiches Schicksal wie früher Mohl — sehr zurücktritt gegen die parteijuristische und politische Wirksamkeit. Wie glücklich sind Sie in Heidelberg! Wer einmal Professor war, vermißt in jeder anderen Lage, sei sie auch noch so freundlich, den Zusammenhang mit der universitas studii generalis und dem geistigen Luxus(?), welcher das Leben einer Universitätsstadt bezeichnet.“ (UB Heidelberg); auch Erinnerungen 224: Schweres Opfer.

359 Die Äußerungen Thibauts oben 7.

360 Erinnerungen 208f; später, 1854, erhielt Reyschers enger Mitstreiter *Wilda* den Lehrstuhl; s. *Döhring:* Kiel 127, der aber die Hintergründe und auch Reyscher nicht erwähnt.

zige Angebot und es beweist damit und mit seinen Begleiterscheinungen nur zu sehr, wie stark die Misere für alles auch nur gemäßigt Liberale war. Reyscher lehnte schließlich auch dieses Angebot wegen der „traurigen“[361] Verhältnisse in Kiel ab. Er meinte die Politik und sah ganz richtig, denn bald darauf wurden in Kiel acht Professoren wegen ihrer Abgeordnetentätigkeit von der dänischen Regierung entlassen, darunter der Reyscher gewogene Justus Olshausen, aber auch der junge Lorenz Stein[362]. Reyscher schließt in den „Erinnerungen“:

„Wohl kam später noch bei anderen Vakaturen mein Name mit in Frage, eine weitere Berufung ist aber nicht mehr an mich gelangt“ (S. 209)

Reyscher richtet sich also als *Anwalt* ein. Nach seiner Zulassung am 25. Juli 1851 lebt er zunächst in Stuttgart, ab Herbst 1853 in Cannstatt. Mit einem gewissen Stolz blickt er später auf den Neuaufbau seiner Existenz zurück:

„Dies ist mir denn ohne fremde Beihilfe gelungen, obgleich ich es nicht auf eine größere Praxis angelegt und in vielen Fällen unentgeltlichen Rath ertheilt oder pro patria geschrieben und gesprochen habe“[363].

Auch nach 1851 war Reyscher noch lange literarisch und praktisch aktiv. Seine letzte größere Schrift erschien 1866. Bis 1860 führte er die ZDR noch neben seiner im wesentlichen gutachtlichen Anwaltstätigkeit fort. Nachdem er wegen der nur lauen Mitarbeit Beselers[364] schon 1856 und 1858 die Lust verloren hatte[365], gab er die Last der Redaktion mit dem 20.sten Bande 1861 endgültig ab. Sie wurde nicht weitergegeben. Die *freiheitlich*-nationale Aufgabe hatte wohl zu sehr gerade auf seinen Schultern geruht. Das *bloß* Nationale suchte sich jetzt andere Wege, das *rein* Wissenschaftliche ging sie ohnehin. Die Konjunkturen standen auf Anpassung, auf „Realpolitik“ (von Rochau), auf gütliche „Einigung“ mit den Monarchien. Auch in der Wissenschaft wirkte das. Die alten, entschieden liberalen Stimmen und Hoffnungen verstummten stark. Das machte einen gewissen Konsens eher möglich. Auch Landsberg hat die Bedeutung der „gänzlich geänderten politischen Grundlagen“ (T. 522) erkannt und beschrieben. Nur tut er es als Apologie des neuen „Einklangs mit der politischen Vormacht“, den man, „praktischer und einsichtiger“ als im Vormärz,

---

361 Erinnerungen 209; vgl. *Huber* II 933—5; im Absageschreiben v. 7. 12. 51 betont R. seine „Besorgnisse (...), ob einem deutsch-gesinnten Mann dort eine entsprechende Wirksamkeit als Lehrer verstattet seyn werde“, abgedr. bei *Liepmann*: Von Kieler Professoren.

362 Leider nur sehr allgemein dazu *Döhring*: Kiel 125, für die „große Überprüfung des Lehrkörpers“ 1852; für Stein gut: *Martin Schwab*: Lorenz von Steins bildungspolitische Konzeption. Diss. phil. Hamburg 1966; Schwab behandelt Stein lehrreich und umfassend aus reichlichen Quellen.

363 Erinnerungen 310 (letzte Seite!).

364 Dazu unten Fn III 168, Fn III 169 auch zu *Stobbe* als Mitherausgeber.

365 In Briefen an Beseler, wie aus dessen Antworten vom 7. 1. 56 und 9. 9. 58 (Württ. LB) hervorgeht.

gefunden habe. So ist denn das Programm des *1. Deutschen Juristentages* von 1860 behutsamer als ähnliche in den vierziger Jahren. Auch Reyscher begrüßte diesen Juristentag gerade noch[366] und freundlich. Nur fand er seine Initiativen ein wenig zaghaft. Man wollte keine konkreten Gesetzgebungsentwürfe machen und klammerte vorsichtshalber Probleme des öffentlichen Rechts aus, nach Reyscher

„aus Klugheits-Rücksichten, weil denn doch das gute Benehmen mit den Justizministerien, welchen eigens die Einladungen mitgetheilt wurden, und deren Mitwirkung zu dem gewünschten Erfolge ersprießlich sein möchte, gefährdet werden könnte“[367].

Reyscher schließt, der Juristentag diene schließlich doch wieder

„der Bestätigung der Ansicht, daß überhaupt die Durchführung seiner Wünsche im Gebiete der Gesetzgebung unmöglich ist ohne eine vorgängige Änderung der Bundesverfassung“[368].

Er belegt das exemplarisch an einem Antrag auf ein Bundesgericht. Zuletzt bleibe doch die „politisch-nationale Aufgabe“, die der Nationalverein dem Juristentage zum voraus abgenommen habe, und erweise sich als der Angelpunkt.

In diesem Sinne legt Reyscher selbst nach 1851 die Politik nicht etwa verdrossen beiseite, sondern versammelt hier das Zentrum seiner Aktivität, um mitzuhandeln und mitzuentscheiden, soweit irgend möglich. Besonders im gerade erwähnten *Nationalverein*, dieser Gruppe um den Hannoveraner Bennigsen, die später die Basis der nationalliberalen Partei bilden sollte, wirkt er seit 1859 sehr aktiv mit[369]. Ich darf im übrigen auf die Zusammenstellung seiner Politica verweisen[370]. Selbst in der ZDR schreibt er bis 1860 nicht mehr wie früher Grundsätzliches oder Programmatisches. Auch „rein“ Wissenschaftliches sucht man vergebens. Ich habe das im Kapitel zu seiner literarischen Tätigkeit dargestellt[371].

Immerhin möchte ich hier erwähnen, wie er seine juristischen Fähigkeiten noch einmal aufleuchten läßt. Er demonstriert die lebenslang gepriesene Lebensnähe der Wissenschaft eindringlich, indem er *einige „neue“ Probleme*, nämlich der Eisenbahnen und Telegraphen, 1852 und 1859, als einer der ersten anfaßt. In seinem Aufsatz über „Die Rechte des Staates an den Eisenbahnen“ (ZDR 13, 1852), zeigt er, wie ein alter liberaler Germanist und Staatsrechtler hier ansetzt. Er beweist ein schönes Gespür für die besonderen, weittragenden Probleme der Massenverträge und schlägt nach ausführlicher Genese und Rechtsverglei-

---

366 ZDR 20 (1861) 303—10 (Nr. 74).
367 ZDR 20, 309f.
368 ZDR 20, 310, dort auch das folgende.
369 Dazu ausf. *Bachteler*: Nationalverein, oben Fn 297.
370 Oben 61ff.
371 Unten 127f, 179ff.

chung das Problem nicht einfach über den gefährlichen privatrechtlichen Leisten. Er erkennt und sagt klar, daß der Eisenbahnbetrieb kein einfaches Privatgewerbe sei:

„Während es im Wesen des Privatgewerbes liegt, daß dasselbe im ausschließlichen Interesse des Unternehmers betrieben wird, während ferner das Privatgewerbe in der Regel Concurrenz zuläßt, findet bei den Eisenbahnen von Beidem das Gegentheil statt: Unterordnung unter das allgemeine Interesse des Verkehrs, aber keine Mitbewerbung, sondern Monopol des Verkehrs auf der betreffenden Linie. Es ist also von Anfang an die Festsetzung möglichst niedriger Preise geboten, weil diese nicht durch die Concurrenz von selbst ermäßigt werden“[372].

Hier ist das Problem gestellt und nicht mit der Fiktion einer privatrechtlichen Vertragsfreiheit, die mit der *Willens*betrachtung das tatsächliche Kräfteverhältnis zu sehr vernachlässigt, übergangen. Interessant ist nur, daß der liberale (!) Reyscher also hier ein Gesetzesproblem sehen und das kontrollierende Parlament im Spiel lassen will. Er blieb aber mit diesem dogmatischen Ansatz, den er mit einer Analogie zu den gemeinrechtlichen Regalien abstützte, ein Außenseiter[373]. Der spätere Liberalismus war ein begrenzterer, ein *bloß* wirtschaftlicher, wie ihn Preußen schon lange ausgeformt hatte[374].

Abschluss

Einige wichtige Züge seien abschließend betont. Durch Reyschers ganzes Leben zieht sich ein *Hang zur Tat, zur Praxis, zur Gegenwart.* Er hat einen „Zug auf's Land“ und zum Volk „von Kindheit her behalten“ sagt Riecke[375]. Noch 1871, als würdiger, fast 70-jähriger Reichstagsabgeordneter, läßt er es sich nicht nehmen, in Berlin „eine der 12 Berliner Volksküchen“ aufzusuchen. Er erzählt:

„Ich scheute mich nicht, in die Gesellschaft von mehr oder weniger geschwärzten Gesichtern einzutreten, und mir eine halbe Portion, wie sie gewöhnlich verlangt wurde, geben zu lassen (...)“. Und nicht genug, das war nicht nur ein Späßchen: „Nun wollte ich auch die Probe machen, wie weit die Kost vorhält, unterließ deshalb das Mittagessen (...), hielt aber sonst wacker bis 10 Uhr (sc. abends) aus“[376].

Das ist eine ganz Reyscher'sche Anekdote — er hat sie in den Erinnerungen ein wenig ausgeschmückt —, die aber doch in milder Form seine ganze Hartnäckigkeit, sein Streben nach einem *eigenen* festen Urteil, sein *Unabhängigkeit*

---

372 ZDR 13 (1852) 179 (Nr. 47).

373 Vgl. nur *Goldschmidt*: „Haftpflicht der Eisenbahnverwaltungen“ in: ZHR 4 (1862) bes. 569.

374 Prägnant *Koselleck*: Zeitalter 309: „Preußen förderte nun diese Wirtschaftsbürger, grob gesprochen, um sie von der Politik abzuhalten.“ Dort auch aufschlußreiche Vergleiche mit England und Frankreich.

375 ADB 28, 367.

376 Erinnerungen 294f; die Ausgangskonstitution berücksichtigt er nicht.

suchendes Vorgehen und sein unbefangenes Verhältnis nach „unten" beleuchtet. Andere Indizien sind seine Schreiberausbildung, die er nie bedauerte, die Motive und die Tatsache der Gesetzessammlung, ebenso sein „Württembergisches Privatrecht", das gerade für die Praxis wichtig war, weil es erstmals das ganze, in Württemberg geltende Zivilrecht erfaßt. Aus den gleichen Motiven wächst 1837/39 die ZDR, kommen die Initiative zu den Germanistenversammlungen 1846/7 und der Versuch, dort in der schleswig-holsteinischen Frage eine Abstimmung zu erreichen[377]. Seit 1845 ist er schließlich Präsident des Reutlinger *Handelsschiedsgerichts*[378]. Diese Gerichte sind ein Musterfall für eine Initiative gemäß Reyschers Grundentscheidungen. In dem einzigen schmalen Band „Rechtliche Entscheidungen und Gutachten der württembergischen Handelsschiedsgerichte und Privathandelskammern. 1. Lieferung 1843—50"[379], der 1851 erschien, findet man Aufschlußreiches.

Diese Gerichte wurden gegen große Widerstände vom württembergischen Handelsverein, gegründet 1843, betrieben; daneben übrigens schon seit 1831 auch in Baden[380]. *Paul Pfizer*, der schon mehrfach erwähnte profilierte württembergische Liberale und Freund Reyschers, neben diesem — im Stuttgarter Bezirk — Präsident, eröffnete dort die erste Verhandlung am 8. Juni 1844 mit den interessanten Worten[381]: „Nach mehrjährigen Verhandlungen" habe man endlich die Staatsregierung davon überzeugen können, daß „weder blinde Neuerungssucht, noch ein Geist des Widerspruchs und der Auflehnung gegen das Bestehende dasselbe ins Daseyn gerufen" habe. Vielmehr sei

„die neue Schöpfung (ist) ein Werk des Bedürfnisses, hervorgegangen aus besonnener, reifer Überlegung, gefordert und geboten durch eine jener mächtigen Stimmen der Zeit, die oft von einem unbekannten Geist geweckt durch ganze Länder und Erdstriche gehen: ich meine jene Stimme, welche gegenwärtig in ganz Deutschland ein dem deutschen Volke zugängliches und verständliches Recht verlangt und auch in unserem Württemberg einen besonders kräftigen Widerhall gefunden hat. An jene Kette von Bestrebungen, die auf Herstellung eines volksthümlichen deutschen Rechts und Rechtsverfahrens gerichtet sind (...), reiht sich ein neues Glied, nicht um mutwillig zu zerstören, Bewährtes und Erprobtes umzustoßen: denn die bestehenden Gesetze sind auch unsere erste Richtschnur, das bei uns bestehende Recht ist unser Ausgangspunkt: sondern um frische Lebenskeime friedlich zu entwickeln und fortzubilden und den Weg zu suchen, den zu finden gegenwärtig in Deutschland Völker und Regierungen bemüht sind (...). (sc. Die Gerichte bringen) zur Lösung einer so bedeutungsvollen Frage des Tages, wie die Umbildung der Gerichtsverfassung, ein(en) freiwilligen Beitrag (...) in dem Bestreben, das deutsche Volk von der Vormund-

---

377 Der Vorgang in: Verhandlungen/Frankfurt 50—2; er hatte bezeichnende Auseinandersetzungen und Verstimmungen zur Folge, darüber unten 170 ff.

378 Erinnerungen 224, allg. *Wieacker*: Geschichte 462, 464f zur Pionierrolle des Handelsrechts.

379 Stuttgart, Metzler, 148 S., Register.

380 Verhandlungen/Frankfurt 168 (Erläuterung Mittermaiers).

381 In: Entscheidungen I 1—4.

schaft (!) ausländischer Rechte und Rechtsformen zu befreien und ihm sein eigenes Recht wieder finden zu helfen (...)"[382].

Ich habe mir noch dieses längere Zitat erlaubt, weil es von anderer, Reyscher naher Seite, so viele passende Stichworte vorführt. *Bedürfnisse, volksthümliches Recht, Bestehendes fortbilden*, gegen *Vormundschaft* — das sind paradigmatische Leitworte, die auch Reyscher gesprochen haben könnte, nur vielleicht ein wenig nüchterner. Es kam mir darauf an, noch ein so ganz konkretes Unternehmen zu zeigen, das klar macht, gegen welch bevormundende Bürokratie und Monarchie, auch wenn sie liberal-aufgeklärt war, selbst das erkämpft werden mußte, mit welchen Stichworten es geschah, mit welchem Eifer. Das alles ist auch Reyschers Art. Er zeigt es explizit 1846 in Frankfurt, wo er mit warmen Worten diese Gerichte näher schildert[383] und sie als „Reform durch die Rechtspflege"[384] empfiehlt, aber auch Nachteile bespricht. Den positiven Akzent legt er dabei darauf, daß „dadurch von unten herauf (!) wieder einmal ein Rechtsleben entsteht"[385]. Es gehört in die gleiche Linie, daß Reyscher sich häufig aktuellen Fällen widmet[386], daß sein Stil und seine Sprache in der Regel kurz und bündig sind[387]. Zu seinem Motto könnte der Satz aus dem ZDR-Eröffnungsaufsatz dienen:

---

382 AaO S. 2.

383 Verhandlungen/Frankfurt 160—6, beachte die Diskussion; s. auch Reyschers Bericht, in: ZDR 10, 494ff (Nr. 36).

384 Verhandlungen 160.

385 Verhandlungen 165.

386 Man kann als Aktuelles schon die Publicistischen Versuche (Nr. 7) nennen, dann Grundherrliche Rechte (Nr. 10), Hannoversches Gutachten (Nr. 14), Gutachten-Lehnsrecht (Nr. 29), Realgewerberechte (Nr. 19), Adelige Töchter (Nr. 23), Vorzugsrecht (Nr. 30), Gewerbeordnung (Nr. 31), Rath (Nr. 35), Wechselordnung (Nr. 41) u.a.; ich nenne nur Titel aus der Zeit *vor* Reyschers Berufswechsel, da danach Beschäftigung mit aktuellen Fällen ohnehin stärker hervortrat.

387 Besonders sein *Privatrecht* ist ein Beispiel. Auch die Zeitgenossen meinten: „in pragmatischer Kürze ist hier nicht nur ein bedeutender Stoffreichthum entfaltet" (s. das ganze Zitat unten 97 f). Das bezeichnende Adjektiv „pragmatisch" geht ebenfalls auf die hier betonte Linie Reyschers. In *Bedürfnisse* (S. 37—9) läßt sich Reyscher über Rechtssprache aus. Er sagt u.a. „daß Kürze und Prunklosigkeit nicht immer der Deutlichkeit und Schönheit der Rede schaden." Dort sieht man auch, wie diese zunächst als Oberflächenproblem erscheinende Frage eng verknüpft ist mit seinen Grundlagen, mit Deutschheit, Freiheit, Autonomie, Nichtunterordnung unter römisch-lateinisches Erbgut, wie auch er die Parallele Recht—Sprache hat, aber wieder bezeichnend abgewandelt gegenüber Savigny (unten 252, 238). Schließlich kann man hier anführen, wie häufig er in *Publicistische Versuche* Mohls Schreibweise als „umständlich" rügt, s. aaO 250ff; auch die Tatsache, daß Reyscher als *talentierter Redner* bezeichnet werden kann, gehört hierher, wie ja ein farbiger, mehr rhetorischer „populärer" Stil ein Kennzeichen aufgeschlossener damaliger Zeitströmungen ist, etwa im „Jungen Deutschland"; für Reyscher als Redner etwa seine Reden in: Austritt, Inhaltsverz. nach S. XXXVIII und in: Aufgabe (Nr. 40); für das Junge Deutschland *Hermand*: Studien 156—8.

„Gesunder Menschenverstand und ein praktischer, durch das Leben selbst (!) gebildeter und gestärkter Sinn haben unter gegebenen Verhältnissen immer mehr oder weniger das Rechte gefunden“[388].

Eben den gesunden Menschenverstand, den Landsberg an C. G. Wächter so sehr bewundert[389], bei Reyscher aber völlig übergeht, hat auch dieser in reichem Maße. Er ging allerdings dabei etwas andere Wege als Wächter.

---

[388] ZDR 1 (1839) 30.

[389] T. 387, zitiert oben 37.

REYSCHERS LITERARISCHE TÄTIGKEIT UND IHR ECHO

Einige Bedingungen

Die schriftstellerische Produktivität Reyschers läßt sich mit der eines Robert Mohl, seines langjährigen Kollegen, der auf sie seinen ganzen Ehrgeiz konzentrierte[1], oder der eines C. G. Wächter, dem das Schwierigste leicht von der Hand ging[2], nicht vergleichen. Immerhin konnte der Herausgeber Reyschers „Erinnerungen" mit einem recht stattlichen „Verzeichnis der Schriften Reyschers" in 80 Ziffern abschließen[3].

Zwei Umstände verdienen für die Einschätzung des Umfangs Erwähnung, haben aber auch weitergehende Bedeutung.

Reyscher war stark engagiert im öffentlichen Recht[4] und allen rechtspolitisch aktuellen Bereichen. Bei seiner entschieden liberalen, also oppositionellen Haltung waren Veröffentlichungen nicht ungefährlich. Der Meinungsdruck der Zensur[5] und noch mehr der beiden unduldsamen Großstaaten Österreich und Preußen war erheblich[6]. Schon die Härte, mit der *Wächter* 1828 Reyschers Vorschlag einer „politischen Wiederbelebung des Rechts" entgegentritt[7],

---

1 *Angermann:* Mohl 34.

2 *Mohl:* LE I 198.

3 Erinnerungen 311—5 und das verbesserte Quellenverzeichnis oben.

4 Siehe nur die Übersicht seiner Schriften, unten 185 ff.

5 Speziell für Württemberg dargestellt durch *Schneider* in: Abhandlungen 136—55: „Die Zensur der Presse" (zuerst 1914); gut auch *Adam*: Verfassung 35, 48, 76f, 82; einseitig *Glück:* Württ. Liberalismus 37f, 102; kurz *Hölzle:* Erhebung 272; allgemein *Huber* I 742—5; ein Blick in die Literaturgeschichte lohnt sich wieder, hier zu *Ute Radlik*, die den exponierten Weg H. Heines nach einem kurzen Überblick nachzeichnet u. d. T. „Heine in der Zensur der Restaurationsepoche", in: *Hermand/Windfuhr* (Hg.): Restaurationsepoche (1970) 460—89; allgemeines auch bei *Koselleck*: Zeitalter 277.

6 Das Problem ist immer wieder verfolgt worden, bes. aufmerksam von *Adam*: Verfassung 15 (beim Fall List), 26 (bei Universitätsleben), 40 (1832), 61 (bes. deutlich für 1832ff), 117ff (neuer Druck 1851), 120 (Zwickmühle), 134 (zus.-fass., kurz); zusammenf. etwa *Huber* I 753ff; Hauptbeispiele sind die sog. „*Epuration des Bundestages*" von liberalen Elementen 1822f, etwa dem Württemberger Wangenheim ((zu diesem Huber I 382) (zur Epuration *Huber* I 756f, *A. Drexler*: Die Demütigung Württembergs durch die Großmächte in den Jahren 1823/24, Diss. Wien, 1927, XVII, 212 S.; auch *Grauer*: Wilhelm I. 179, demzufolge es sich um einen brieflichen Ausdruck Baron Küsters handelt) die Bundesbeschlüsse von 1832 („Juniordonnanzen") und etwa das preußische Ultimatum von 1849, mit dem die Auflösung des sog. Rumpfparlaments verlangt wurde (*Huber:* Dokumente I 358, Verf.gesch. II 881).

7 Zitat sogleich in Fn 48.

wirkt entmutigend. *Mohls* Angriffe auf die *Publicistischen Versuche* (1832) waren geradezu gallig[8]. Der selbst als liberal geltende Mohl[9] zog die Abgrenzung zu den aktiv oppositionellen „Ultraliberalen"[10] mit auffallender Schärfe, wohl nicht ohne Blick nach „oben". Kurz vor Erneuerung einer extrem restriktiven Bundespolitik Ende 1832[11] hatte Reyscher in seinen „Publicistischen Versuchen" unangenehme, wissenschaftlich fundierte Opposition getrieben. Im Teil II des Werkes[12] hatte er die Ungültigkeit der Karlsbader und folgenden Beschlüsse[13] nach Bundesrecht[14] und für Württemberg insbesondere[15] dargetan. Er stand damit nicht allein[16], sondern vertrat nach Hubers lapidaren Wor-

---

8 J.A.L.Z. 1833 Sp. 233—71 gibt *Mohl* eine Gesamtrezension zu „Politische Schriften über Württemberg". Darin kommt er Sp. 260—4 auch auf Reyschers Buch zu sprechen. Die Rezension ist mit „A—Z" gezeichnet (Sp. 271). Sie stammt aber nach dem Hinweis Reyschers in: Erinnerungen 93 (dort nur irrtümlich 1832) von Mohl. Dafür sprechen auch Inhalt, Kenntnisreichtum gerade für Württemberg, Gründlichkeit und Stellungnahmen. *Angermann:* Mohl, erwähnt sie in seinem Quellenverzeichnis nicht.

9 Vgl. aber *Angermann*: Mohl 53, der bei der Schilderung von Mohls politisch bedingter Amtsentsetzung 1845/6 korrigierend bemerkt, „im Grunde alles andere als ein ausgemachter Oppositionsmann" und „bei seiner im Grunde doch sehr konservativen politischen Einstellung"; Mohl galt 1845 für eine Wahl im Bezirk Balingen als zu regierungsfreundlich, s. *Angermann*: Mohl 51; vgl. auch Reyscher: Anhang a, im Brief an Gervinus.

10 Etwa Sp. 225, 229 „pöbelhafter Meinungsterrorismus", 229 „Oppositionspartey", 231 „Zeit allgemein verbreiteten Wahnsinns", 239 „unsere Ultraliberalen sehen immer nach dem alleinseligmachenden Frankreich hin", 250 „ultraliberale Seite", 259 „Einfluß des ultraliberalen Miasmas", 266 „Tagesschreyer"; gemeint war stets die „Stuttgarter Opposition" (Sp. 267, 269), also *Fr. Römer*, *Paul Pfizer*, *L. Uhland*, *G. Duvernoy* (über diese bequem *Huber* II 36ff). Es waren die Männer des späteren württ. Märzministeriums. *Huber* stellt übrigens ungenau Mohl *und* Römer später in *eine* gemeinsame Gruppe der parlamentarisch Liberalen, s. II 400; über Gegensätze Mohl-Römer dagegen *Angermann*: Mohl 185 Fn.

11 *Huber* II, Kapitel II, S. 125ff.

12 „Rechtliche Stellung der deutschen Bundesstaaten zur Bundesversammlung, mit besonderer Rücksicht auf die neueren Bundesbeschlüsse", aaO S. 107—250.

13 Karlsbader Beschlüsse (*Huber* I 732f; Dokumente I 90ff), Wiener Schlußakte von 1820 (*Huber* I 573ff; Dokumente I 81ff); Beschlüsse von 1824 (*Huber* I 758ff; Dokumente I 117ff);.

14 Reyscher prüft aaO S. 116—28 = §§ 5—8 alle genannten Beschlüsse im Verhältnis zu den vorher entwickelten Grundsätzen des Bundesrechts. Ungültig bes. wegen Überschreitung der ursprünglich für den Bund vereinbarten Kompetenzen, die nicht auf die „innere Staatsverwaltung" gegangen seien, der Reyscher aber die Maßnahmen zurechnen will: S. 123 und der ganze § 6.

15 Weil die ständische Zustimmung, der verfassungsmäßige Weg für Württemberg, fehlte: § 7 = S. 125 f; a.M. heute *Huber* II 160 u. ö.; zu dem ganzen als „Hauptproblem des Deutschen Bundes" jetzt gut *Mößle*: Bayern (1972) Kap. IX, S. 104ff, in kritischer Distanz zu Huber („Projektion", 112).

16 Vor allem *Paul Pfizer* focht neben Reyscher liberal und parlamentarisch gegen die Beschlüsse. Bes. seine Schrift: Über das staatsrechtliche Verhältnis Württem-

ten für ähnliches im Jahre 1848 „eine alte These der schwäbischen Opposition“[17]. Neben diesem *Angriff* auf die theoretischen Säulen der Bundespolitik standen *positive* Sätze, die ihrer Funktion nach genauso oppositionell waren. Reyscher sprach sich für ein, auch kollektives[18], Petitionsrecht[19], für Versamm-

bergs zu dem deutschen Bunde. Ein Beytrag zur Würdigung der neuesten Bundesbeschlüsse. Im Juli 1832, Straßburg (!), Heitz, II und 62 S.; auch dazu abweisend *Mohl*: aaO Sp. 265 f; den ganzen württ. Hintergrund mit mannigfacher Kritik beschreibt am besten *Adam*: Verfassung 41ff, 49ff, 61; das Problem kam immer wieder, z.B. 1850, vgl. *Adam*: Verfassung 117ff; *Vollmer*: Verfassung 78f; jetzt *Mößle*: Bayern 104ff.

17 *Huber* II 440f; völlig unbefriedigend, ja entstellend ist *Hubers* Stellungnahme zum Problem: Siehe I 601f „Bundesrecht und Landesrecht“; II 39 zu Pfizer: „ein beherzigenswerter politischer (!) Grundsatz. Doch war der Weg, auf dem der schwäbische Publicist sein Ziel verfolgte, bundes- und landesrechtlich ungangbar“; II 160 „mit dem geltenden Bundesrecht durchaus unvereinbare Lehre“; II 411 vom Bundestag „längst verworfene Auslegung“. Huber macht sich auf der Basis „monarchisches Prinzip“ die Darstellung des Bundesrechts allein auf *dieses* Zentrum hin noch einfacher als *Mohl* in seinem aaO gemachten Versuch, Reyscher zu widerlegen. Man kann in der Fortbildung der Bundesverfassung seit 1815 *ebensogut* ihre durch permanente Ausnahmen und *außer*rechtliche Unterdrückung der nicht *rein* monarchischen Kräfte vollzogene Perversion wie ihre langsame „monarchische“ Reifung sehen. Etwas grob gesprochen tut *Reyscher* ersteres, *Huber* letzteres. Der Unterschied zeigt sich z.B. in den Hannoverschen Fakultätsgutachten, wo die Heidelberger meinen, daß „man sich bei der Auslegung der Gesetze und Beschlüsse des Bundestages am wenigsten irrt, wenn man ihr das monarchische Prinzip zu Grunde legt“ (Dahlmann: Gutachten 35). Die juristische Gegenposition bei *Reyscher* bes. aaO § 5: „Steht die Bundesversammlung über der Verfassung, Gesetzgebung und inneren Administration der Bundesstaaten?“, S. 116—22. Die große Ambivalenz der Lage zeigt gut ein Zitat bei *Adam*: Verfassung 41: „sie litten (sc. er meint Bundesakte, Schlußakte und Juniordonnanzen) an der allen Bundesbeschlüssen eigenthümlichen Vieldeutigkeit; schrieb doch der badische (!) Bundestagsgesandte *Blittersdorf*: ‚es gibt eine zweifache Auslegung der Bundesgesetze, eine konstitutionell-liberale und eine monarchische; welche soll ich anwenden?‘“; vgl. jetzt auch die fundierte Kritik bei *Mößle*: Bayern 112.

18 Publ. Versuche 152—61 = § 13, bes. 158f, auch 155f, wo er zur Begründung klar seinen *politischen Volksbegriff* von der bloßen Untertanenvorstellung absetzt: „Eine solche Ansicht (sc. blinde Theilnahmslosigkeit hinsichtlich der gesellschaftlichen Interessen) von dem seiner Natur nach bewegten Volksleben, nach welcher eine öffentliche Meinung im Volke gar nicht denkbar wäre, und dieses Volk selbst nicht als eine politische Gesammtheit, vielmehr als eine rohe, unbeholfene Masse in Betracht käme, ‚respektabel im Dreinschlagen und miserabel im Urtheilen‘, wie Goethe doch nur den Pöbel bezeichnen wollte, paßt weder zu den zeitgemäßen Institutionen der konstitutionellen deutschen Staaten, wobei das Volk als mitkontrahirender und mitberechtigter Theil neben der Regierung, als dem anderen Theile, erscheint, noch zu den Prinzipien, welche die Bundesversammlung selbst, zumal in der ersten Periode ihrer Thätigkeit, zu erkennen gegeben hat“. Der *Volksbegriff* ist eine Schaltstelle; s. für *Reyschers* kontinuierliche Position unten 337f, 227f.

19 AaO S. 139—61, bes. 146f; man liest wohl heute diese Kämpfe um das bloße

lungsfreiheit in politicis[20], für Pressefreiheit[21], für ständisches Petitions-[22] und Steuerbewilligungsrecht[23] und andere brisante Dinge aus. In charakteristisch frühliberaler Weise stehen hier Abwehr staatlicher „Bevormundung"[24] und Anspruch auf Mitwirkung im Staate nebeneinander[25]. Daß Reyscher nicht nur rechtspolitische Empfehlungen gab, sondern auf dem Boden des geltenden Rechts zu argumentieren verstand, nahm man ihm besonders übel. So konnte etwa Mohl seine Rezension mit den Worten schließen[26]: „Erstes (sc. Empfehlungen de lege ferenda) ist die Pflicht jedes gewissenhaften Publicisten, letztes (sc. die juristische, effektive Argumentation) das Geschäfte des Anhängers einer alles zerstörenden Partey, oder die Ansicht gänzlicher politischer (!) Unfähigkeit". „Politische Unfähigkeit" war ja nur bedingt ein schlüssiger

---

Mitreden-dürfen nicht ohne Betroffenheit. Das heute verkümmerte Petitionsrecht war damals ein ernst genommener politischer Faktor; Reyscher nennt es „eines der besten Mittel, die Staatsgewalt in fortwährend frischer Verbindung mit dem Leben und den Bedürfnissen des Volks zu erhalten". (S. 142) Auch das ist eine direkte Fortsetzung der „Bedürfnisse", vgl. unten 226 f, 247 ff.

20 AaO S. 162—78, bes. 167, 173: „Eine allgemeine Theilnahme der Staatsbürger an öffentlichen Dingen, insbesondere an Angelegenheiten, welche den Staat berühren, ist in konstitutionellen Staaten nicht bloß nicht tadelnswerth, vielmehr sehr erfreulich als ein Zeugniß des geförderten Selbstbewußtseyns, das nicht bloß in dem Einzelnen, sondern auch in dem Gesammten, welchem der Einzelne angehört, hervorzutreten das Recht hat." Vgl. wieder unten 249.

21 AaO S. 178—90; S. 183 Fn zieht er *ohne* genaueren Nachweis Welcker und Gustav von Struve heran, *mit* Titel M. Hartmaier (sic!): Für *Welcker* bezieht er sich offenbar auf dessen große Lobeshymne: Die vollkommene und die ganze Preßfreiheit (...), 1830, (genau bei Müller-Dietz: Welcker 144, 32f); für *Struve* auf dessen: Positiv-rechtliche Untersuchung der auf die Presse sich beziehenden bundesrechtlichen Bestimmungen und Bezeichnung der Mittel, deren Freiheit zu erlangen, Cassel, 1831; für *Moriz Hartmeyer* auf dessen Tübinger Dissertation: Die Preß-Gesetzgebung des deutschen Bundes in ihrem Verhältnisse zur Preß-Gesetzgebung des Königreiches Württemberg. Diss. iur. Tübingen, praes. C. F. Scheurlen (s. oben 28), Tübingen, Eifert, 1831, 51 S.; *Struve* ist bekannt als ziemlich „links", er lebte 1805—70 und war ein Vetter Reyschers (Erinnerungen 40). Über ihn s. Huber II 412f, Wippermann: ADB 36 (1893) 681—7; *Hartmeyer* versucht ganz tübingisch eine Lösung „vom rein-positivrechtlichen Standpunkt aus" (S. 3), die im Ergebnis ähnlich wie Reyscher die Bundesbeschlüsse für unverbindlich hält (S. 45). Reyschers Passagen sind aber viel grundsätzlicher, entschiedener und weiter ausgreifend; zum Vergleich: *Kant* sagte zwar in: Theorie und Praxis, A 265 (Werke XI 161): „Also ist die Freiheit der Feder — (...) — das einzige Palladium der Volksrechte", aber die anschließende gewundene Begründung klingt noch ganz anders als das um 1830 Gesagte.

22 AaO S. 190—5; vgl. dazu *Huber* II 155.

23 AaO S. 196—204; vgl. *Huber* II 156.

24 So der zeitgenössische Ausdruck; viel benutzt z. B. auch von *Wächter* in seinem „Privatrecht", dazu oben Fn II 122.

25 Dies verdeutlicht bes. schön *Fr. Müller*: Korporation 258, 304.

26 AaO (Fn 8) Sp. 264.

Vorwurf gegen juristische Thesen. Nach Mohls kritischem Aufwand und nicht seltenem Ausweichen in Formeln[27] und Injurien[28] zu schließen, hatte Reyscher wohl doch nicht so schlecht getroffen. Er fand denn auch Freunde. Die Heidelberger Jahrbücher[29] und ein Brief Klübers[30] offenbaren, auf welcher Seite Sympathien waren. Nachlassendes Wohlwollen regierungsseits vermerkt Reyscher selbst. Als Folge wurden die „Statutarrechtsammlung" (Bd. 1, 1834) ganz und die „Gesetzessammlung" (1828ff) vorübergehend blockiert, vor allem aber die Archivbenutzung vorsichtig eingeschränkt[31].

Ähnliche Schwierigkeiten gab es 1836 mit der Schrift über *Die grundherrlichen Rechte des Württembergischen Adels* (Nr. 10). Reyscher verteidigte darin die Rechte der Bauern und des Staates — als Gesetzgeber — zur Ablösung der Feudallasten notfalls auch *gegen* den Willen der Standesherren[32] und griff damit wieder in eine akute Frage ein[33].

Erneuten Ärger veranlaßte 1839 das weit bekannt gewordene[34], entschieden liberale *Gutachten der Tübinger Juristenfakultät zur Hannoverschen Frage*, das von Reyscher herrührte. Auch für die ZDR wollte sich anfangs kein Verleger finden, da viele durch die Hannoverschen Vorgänge Ende 1837 eingeschüchtert waren. Der Verkauf des Gutachtens wurde in mehreren Staaten verboten, Reyscher und die Fakultät hart angegangen. Die diversen allerhöchsten Verbote, überhaupt ein Gutachten anzufertigen, beleuchten die Lage fast noch besser. Berlin, Halle, Breslau (alle Preußen) und Erlangen (Bayern) wurden so der Verlegenheit enthoben[35].

---

27 Sp. 263: „rein willkürlich", „das gibt der Menschenverstand", „ebenso klar".

28 Sp. 260 „in der That fehlte ihm (sc. Reyscher) hiezu (sc. „um Brauchbares zu liefern") nichts weniger als alles", Sp. 261 „Unfähigkeit" „chaotische Ordnung", Sp. 263 „leere Zungendrescherey", Sp. 264 „kindisch" „chikanieren".

29 Hd. Jb. 1832 S. 118—24, anonym, eine sehr lobende Bespr.

30 In: Erinnerungen 93: „die Gründlichkeit der Darstellung, die Klarheit, Einfachheit und Kürze der Einkleidung, ihr unverzagt geübtes sapere aude in gemessenem Ausdruck verpflichten mich gegen sie zu wahrer Hochschätzung"; das „sapere aude" steht bei *Kant:* Was ist Aufklärung, A 481ff (Werke 11, S. 53—61) am Anfang: „Sapere aude! Habe Mut, dich deines eigenen Verstandes zu bedienen! ist also der Wahlspruch der Aufklärung". *Weitere Stimmen* insbes. in Zeitschriften fand ich nicht.

31 *Reyscher:* Familienbuch 83; s. für die Statutarr. unten bei Fn 87, für die Gesetzessammlung Fn 52, für die Archiverlaubnis das persönliche Schreiben des Außenministers Beroldingen an die Archivdirection, im Anhang n.

32 AaO 153—93.

33 Weiteres unten 94f.

34 *Riecke* sagt in ADB 28, 366, es habe „seinen Namen in alle deutschen Lande hinausgetragen"; genau als Nr. 14 im Schrift.verz. unter a), weiteres unten 101 ff.

35 Zusammenfassend *Jammers:* Heidelberg 130f: auch *Springer:* Dahlmann II 34f: zur Geschichte des Gutachtens gründlich *v. Ippel* II 469 in der dortigen Anmerkung; danach wurde u.a. der weitere Verkauf des „staatsgefährlichen" Gutachtens mit Bundesbeschluß vom 30.9.1839 untersagt; s. auch *Reyscher*

Zu diesen latenten Hindernissen literarischer Produktion tritt eine seit 1846/7 zunehmende, bis 1850/1 kulminierende *aktiv politische, sehr zeitraubende Tätigkeit*[36]. Die „stillere" Zeit danach, die manchem größeren Werk zugute kam[37], begann für Reyscher weniger glücklich. Nach seiner Entlassung im März 1851[38] fand er keine ihm genehmen Berufungen vor [39]. So galt seine Muße zunächst dem Aufbau einer neuen Existenz als Anwalt. Größere rein wissenschaftliche Arbeiten waren damit außer Reichweite.

Bei Erläuterung dieser Umstände habe ich schon bedeutsame Titel genannt. Im Folgenden gehe ich nicht auf alle, oft nur knappen Äußerungen von Reyscher ein. Andererseits werde ich nicht nur direkt Theoretisches und Grundsätzliches verzeichnen. Die Grundlagen sind bei Reyscher so mit konkreter Praxis verwoben, daß nur weniger gründliche und ganz spezielle Arbeiten unberücksichtigt bleiben können. Für die genauen Titel und sonstigen Angaben verweise ich auf das Schriftenverzeichnis.

1824—1831

Nach seiner Dissertation und einem speziellen Aufsatz[40] eröffnet Reyscher den eigentlichen Reigen seiner Schriften 1828 mit dem anspruchsvollen Titel *Über die Bedürfnisse unserer Zeit in der Gesetzgebung* (Nr. 3)[41]. Neben den „Großen", die dem wiederbelebten Interesse gerade mit einer zweiten Auflage des „Beruf"[42] und der Ausführungen „Über die Notwendigkeit eines allgemeinen Gesetzbuchs"[43] entgegenkamen, hatte auch Reyscher „zur Lösung der Frage ein Scherflein beigetragen"[44]. Es handelt sich um einen Separatdruck des ersten Teils seiner Einleitung zum ersten Band der Gesetzessammlung (Nr. 4, 4a). Die kleine Schrift ist ungemein aufschlußreich, da sie

---

in ZDR 2, 223; zur *Einschüchterung* 1837 s. Wildanachruf, ZDR 16, 449f; Erinnerungen 89 Fn; über die *Angriffe* auf Reyscher und die Fakultät s. u. bei Fn 161 f.

36 Dazu den Überblick im Kapitel: Reyschers Leben, oben 61 ff.

37 Etwa *Mohls*: Geschichte und Literatur der Staatswissenschaften (1855—58); *Beselers*: System des deutschen Privatrechts (1847/53/55), wurde vollendet; *Jherings*: Geist des römischen Rechts entstand (1852/54/58/65); *Bluntschlis*: Allgemeines Staatsrecht (1851) und: Deutsches Privatrecht (1853/54). Charakteristisch *Fr. Th. Vischer* in seinem „Lebensgang", Keyßner III 71, „Stille Arbeit war einzige Zuflucht".

38 Vgl. oben 66ff.

39 Vgl. oben 71f.

40 Siehe Nr. 1 und 2 des Verzeichnisses.

41 Nr. 3 des Verzeichnisses.

42 *Savigny*, 2. Aufl. 1828, mit Vorrede; diese abgedruckt bei *Stern* 202—4.

43 *Thibaut*, 2. Aufl. 1827, innerhalb seiner „Civilistischen Abhandlungen".

44 So bescheiden formuliert *Reyscher* im Rückblick von 1837 her: Krit. Jb. 1837 I, 546 (Nr. 11a.)

viele Grundprobleme im Zusammenhang anschneidet. Eine genaue Analyse gebe ich unten[45]. *Carl Georg Wächter*, Reyschers wichtiger Kontrahent, übernahm in der „Tübinger kritischen Zeitschrift"[46] eine Besprechung. Damit fühlten sich offenbar auch die anderen „Recensierungsanstalten" entlastet, denn eine weitere Rezension fand ich nicht[47]. Wächter ist im wesentlichen Punkt der politischen Wiederbelebung ganz gegen Reyschers Vorschläge, so daß die Rezension nicht gut ausfällt[48]. Dreizehn Jahre später äußert sich Wächter nochmals. Zurückhaltend betont er Gemeinsamkeiten gegenüber dem nunmehrigen Kollegen, bleibt aber im Kern doch völlig ablehnend[49].
Auch die umfangreiche *Historische Einleitung in die Staatsgrundgesetze* (Nr. 4a), die Reyscher dem ersten Band seiner Gesetzessammlung außerdem voranstellte, fand nicht durchweg Beifall, diesmal von Seiten *Mohls*[50]. Immerhin greift noch Walter *Grube* in seinem verfassungsgeschichtlichen Standardwerk „Der Stuttgarter Landtag" (1957) auf sie als eine der wenigen ausführlichen Verfassungsgeschichten Württembergs gerne zurück[51].
Die *Gesetzessammlung* (Nr. 4), nicht ohne persönliche Opfer erstellt, kam vorzüglich an[52]. Nach Anlage und Durchführung war sie ein für Württemberg

---

45 Kapitel IV.

46 Dort Bd. 6 (1829) 305—15.

47 Insbes. nicht in Schuncks Jahrbüchern, s. die Jahrgänge 1829—30; auch in den dort enthaltenen Rezensionsnachweisen ist nichts erwähnt; auch nichts in Hd. Jb. 1828—30.

48 *Wächter* will „keineswegs, daß der schlichte Bürger und Bauer zum Rechtsprechen (...) tauglich gemacht werden". Man käme dadurch „in den barbarischen Zustand des 14ten und 15ten Jahrhunderts zurück". Das Privatrecht für ungelehrte Richter formen zu wollen, sei „nicht einmal politisch wünschenswert", sei auch „ganz unmöglich". Die Spitze bildet sein Vorwurf, „daß durch solche Tendenzen, durch solche Gesetzbücher und durch in solchem Geiste geschriebene Volkscatechismen, unter allem möglichem Schlimmen das Schlimmste (!) erzeugt, die Jurisprudenz als Wissenschaft vernichtet, die Rechtspflege verworrenen Begriffen und dunklen Gefühlen anheim gegeben, der heillosesten Pfuscherey Thür und Thor geöffnet, und dem Rechte, das was ihm seinen Hauptvorzug geben muß, alle Sicherheit und Festigkeit gänzlich genommen würde. Zutrauen des Volks zu seinem Rechte, volksmäßiges Recht ist total verschieden von einem Recht, welches das Volk selbst handhaben könnte". In diesen Worten stecken sämtliche Einwände Wächters und seine eigene, wie man sagen könnte, technokratische Grundposition; vgl. zu Wächters Dissens schon oben 38, zu weiteren Folgen unten 343 f.

49 Privatrecht I 2 (1842) 1059 Fn 15, auch I 1 (1839) 293 unten.

50 *Mohl*: TüKrZ 6 (1829) 96—8.

51 Vgl. *Grube*: Landtag 579 und die häufigen Hinweise in Grubes Anmerkungen.

52 *Mohl*: TüKrZ aaO, 84—7: „mit Vergnügen zeige ich an (...)"; *Wächter*: Privatrecht I 1 (1839) 23, 382 Fn 18 „ausgezeichnet"; *Thudichum*: Verteidigung 1902: „ein Werk wie es bis auf den heutigen Tag kein anderer Staat besitzt". Wegen vorübergehendem Abnahmestop seitens der Behörden ließ Reyscher 1832–4 die Sammlung *auf eigene Kosten* weiterbearbeiten und drucken, Familienbuch 83 Fn.

überaus segensreiches Werk. In ihren bis 1851 erstellten 22 Bänden machte sie das positiv vorhandene Rechtsmaterial zugänglich. Reyscher schuf damit bewußt eine Voraussetzung für zweierlei: Das ihm besonders am Herzen liegende „System des heutigen (!) deutschen Rechts“[53] und eine legislative Fortbildung des bestehenden Rechtsgebäudes. Das zeigen besonders „Ankündigung“ und „Vorrede“ [54]. Noch in der ZDR spricht er 1839 diesen Zusammenhang zwischen Theorie und Tat klar aus[55].

Auf die Gesetzessammlung folgten 1831 zwei Grundrisse des jungen Dozenten für seine Hörer. Reyscher entsprach damit einem usus, der Dozent und Hörer vom oft noch üblichen Diktieren[56] entlasten sollte. Teils erlangten die Produkte größte weitere Bedeutung wie bei *Heise*[57] und *Kraut*[58], teils blieben sie mehr bloße Gliederung. Ein solcher bloßer „Reisezettel, wie sie Hugo witzig genug nennt“[59], ist Reyschers *Grundriß der württembergischen Staats- und Rechts-*

---

53 So etwa ZDR 2 (1839) 209; ein Grundmotiv Reyschers, vgl. zu seinem wichtigen *Einheitsgrundsatz* fürs „heutige“ Recht oben 44f, unten 97f, 107f, 156ff.

54 Zum Reformmotiv dabei schon oben 55f.

55 AaO 209f: „Wenn nun aber das System des heutigen deutschen Rechts zunächst anzuschließen ist an die neueren Quellen, so ist freilich sehr zu beklagen, daß für die Kenntnis der letzteren verhältnismäßig noch sehr wenig geschehen ist (...). Der Verfasser dieses (sc. Reyscher) hat im Gefühle des hier stattfindenden Bedürfnisses eine (sc. solche) Sammlung (...) veranstaltet“.

56 Allgemein: *Landsberg* T. 606, Vangerow habe frei gesprochen, „während sonst damals noch so vielfach bloß diktiert wurde“; für Kiel ähnlich *Döhring*: Kiel 134; für Tübingen berichtet *Klüpfel*: Uni. Tübingen von „vorlesen“ bei Schott (S. 366), Eschenmayer (S. 367), Sigwart (S. 368); *Thibaut* hat nach Wächter: Privatrecht I 2, 1122 teilweise diktiert; aaO bei Wächter das gleiche zu *Mackeldey* und *Heise*; *Puchta* vermerkt 1836 als Besonderheit, daß er *nicht* diktiere, nach Wächter: Leben 49; *Eichhorn* diktierte nicht, sondern sprach völlig frei nach Frensdorff: ZSGerm 29 (1908) 10 und einem Brief von 1835 an Hugo bei Loersch: Briefe 74: „Ich habe das Dictieren nie in Schutz genommen, und es so bald als möglich verlassen“; *Savigny* sprach ebenfalls frei, s. Hall. Jb. 1841 I 513, Jhering in seinen Jahrbüchern 5 (1861) 374f; *Ed. Schrader* und *M. S. Mayer* in Tübingen sprachen auch frei, s. Hall. Jb. 1841 II 214; *W. E. Albrecht* diktierte Leitsätze und erläuterte frei, s. Stobbe: Albrecht, in: Im Neuen Reich 1876 II Nr. 27f (S. 29 des SA). Man fragt sich fast, wer für das „allg. Diktieren“ bleibt.

57 Grundriß eines Systems des gemeinen Civilrechts zum Behufe von Pandectenvorlesungen. Heidelberg, Mohr, 1807, 105 S.; s. *Wieacker*: Geschichte 373; instruktiv *Hugos* Rez. in: Beyträge I 518—521, mit der Anm. von 1828: „das Buch selbst hat auch, wie vielleicht in der ganzen juristisch-gelehrten Geschichte kein anderes, den Ton angegeben, was die bloßen Rubriken betrifft, und in Ansehung der Abschnitte (...)“.

58 Grundriß zu Vorlesungen über das deutsche Privatrecht; zuerst 1830, 6. Aufl. 1886 durch Frensdorff mit 608 S.; nach *Gerber*: Privatrecht § 26 hatte man damit „ein kleines deutsches Corpus iuris“; die Dt. Jb. 1841, Nr. 62, S. 549, anerkennen *Krauts* Gelehrsamkeit, als Lehrer habe er aber „narkotische Wirkungen“.

59 Nach *Mohl*: TüKrZ 6 (1829) 254, lehrreich über Grundrisse allg. *Hugo*: Beyträge II 560.

geschichte (Nr. 5), mit seinem, dem berühmten Eichhorn'schen nachgebildeten Titel. Darin findet man vor allem ein „Vorwort" von 14 Seiten, das einige vertraute Akzente setzt. Zwischen die Pole „fürstliches Haus" und „Volk", das sind meist die Stände, spannt er schon im Eingang die Entwicklung. Das war ein Ansatz, den auch das moderne, quellennahe Standardwerk Walter Grubes weitgehend teilt, das einer zusammenfassenden Geschichte des Stuttgarter Landtags gewidmet ist[60]. Das entscheidende Bindeglied zwischen beiden Faktoren ist die *Verfassung*, vom Tübinger Vertrag (1514) und Früherem, über den Erbvergleich von 1770 bis zur aktuellen Verfassung von 1819. Mehr als andere „Liberale"[61] würdigt Reyscher in diesem Dualismus das kooperative Element, das zeitweise auch stark ausgeprägt war[62]. Er sagt:

„Dieses vereinte Streben, welches in dem Ansehen des Einen das Glük (!) des Anderen findet, und umgekehrt, ist die schönste Frucht der konstitutionellen Monarchie, und wir dürfen uns in Württemberg Glük wünschen, dieselbe auch in bedenklicheren (...) Zeiten bewahrt zu haben (...)" (S. VI des Grundrisses).

Eine gewisse Programmatik gegenüber der doch nicht so eindeutig konstitutionellen Realität ist nicht zu übersehen. Aber dennoch ist der Württemberger Reyscher stolz auf sein heimisches „konstitutionell monarchisches System", „das auf die alten Grundlagen basiert ist". Und es ist ja im *Herbst 1830* sichtlich in sichererer Blüte als im Jahrzehnt zuvor. Als das Vorwort geschrieben wurde, waren die Hoffnungen auf weniger beengte Zeiten gerade sehr lebhaft. Reyscher stimmt voll in die Hoffnungsrufe ein. „Freiheit" ist der große Magnet in Gegenwart und Vergangenheit, in Politik, Recht und Geschichte. Hier als verfassungsmäßige, württembergische (S. III), dort als „germanischer Charakter" der gerichtlichen Institutionen (S. VII), d.i. „Öffentlichkeit und Volksmäßigkeit" (S. VIII und § 43). Reyscher selbst hält es für angebracht, in dieser „tendenziösen" Frist nach der französischen Julirevolution auch seine „Tendenz" zu erläutern. Gegen Schluß bekennt er:

„Ich will das Wort ‚Liberalität' nicht als modischen Aushängeschild mißbrauchen, wer sich etwa die Mühe geben will, kann meine Tendenz aus mehreren bisherigen Schriften entnehmen" (S. XIII).

Aber das ist hier nur *eine* Seite, das *Historische* war damit *nicht*, wie oft kurzgeschlossen wird, aus dem Spiel. Wie wenig diese „Liberalität" gerade in Württemberg als aufgesetzter, bloß programmatischer Doktrinarismus beschrieben werden kann, beweist auch dieses kleine Vorwort, das in einem Zenith liberaler Stimmungen geschrieben wurde. Es gilt nicht zufällig einem Grundriß der „Staats- und Rechts*geschichte*". Die Tendenz geht auf Freiheit und ist doch

---

60 *Grube*: Landtag, Vorwort.

61 Vgl. die Diss. von *P. Goessler*: Vormärzl. Liberale, der in Teil A den „Dualismus in der Staatsauffassung einiger Hauptvertreter des vormärzlichen Liberalismus", das sind Rotteck, Welcker, Pfizer und Mohl untersucht.

62 *Grube*: aaO 2f zeigt den Wandel der Rollen in der Zeit.

historisch gesättigt. Auch Geschichte gehört zu Reyschers Programm, wie zur Durchführung. Eine „zusammenhängende Kenntnis“ (S. XI) der Vergangenheit „in ihrem organischen Zusammenhang“ (S. VIII) nennt er unentbehrlich zum Verständnis der Gegenwart (S. XIf, XIV). Geschichte ist ihm weiter ohne „eine sorgfältige Kritik in Herstellung der einzelnen Fakten (...) gar nicht denkbar“ (S. XIV). Reyscher waren etwa die Archive der württembergischen Heimat bestens vertraut. *Aber*: Ein Zweites darf nicht fehlen, „eine unbefangene, gründliche und freimüthige Beurtheilung der Fakten selbst, ohne welche dieselbe (sc. die sorgfältige Kritik) wenigstens nicht von Werth seyn kann“ (S. XIV). Man ist nicht bloß „historisch“, das Gegebene ist nicht letztes Wort, die „innere Notwendigkeit“ bleibt Stufe. Diese doch wieder gewahrte Distanz zum Stoff ist in ihrer Offenheit ebenso charakteristisch wie sein Bestreben, der praktischen Gegenwart zu nutzen. „Vorzüglich von Interesse seyn“ muß also „die Geschichte unsres nächsten Vaterlandes“ (S. XI), das gemeine deutsche Recht kann „nur an dem Gange und den Formen der Rechtsbildung eines konkreten Landes erst recht klar werden“ (S. XII). „Liberalität“, geschichtlicher Sinn und konkret-praktisches Interesse sind die harmonisch verknüpften Elemente im Vorwort des jungen Dozenten. Sie passen zu *seinen* konkreten einheimischen Wurzeln.

Dem Vorwort folgt in „Einleitung“ und Hauptteil die Ausführung, 233 §§ zählt sie. Der Hauptteil ist gegliedert in drei „Zeiträume“, nämlich 1250—1495, 1496—1806 und 1807—1831. Betrachtet werden in der Regel die „*äußere Geschichte*“, womit aber *nicht* „die einzelnen Fehden und Kriegsereignisse (...) öffentlichen und geheimen Intrigen“ gemeint sind, sondern das „Wesentliche aus der politischen (oder äußern) Geschichte Württembergs, namentlich soweit gewisse Begebenheiten auf die Bildung der Staatsformen dieses Königreiches von Einfluß gewesen sind“ (S. XII f), die „*Landesverfassung*“, d.h. „der württembergische Staatsorganismus selbst“ (S. XIII), die „*Gerichtsverfassung*“, die „*Rechtsquellen*“, das „*Privatrecht*“ und das „*Strafrecht*“. Diese Optik wird mit geringen Variationen für alle drei Zeiträume durchgeführt. In der Einleitung referiert Reyscher reichlich Literatur, im Hauptteil verweist, er meist auf seine wenig ältere umfangreiche „Historische Einleitung in die Staatsgrundgesetze“. Aus dieser Arbeit stammt das Material.

Der Geschichts-Grundriß basiert merklich auf gründlichen eigenen Studien. Viel unselbständiger ist der zweite „Reisezettel“, sein *Grundriß zu Vorlesungen über das Naturrecht mit Hinweisung auf von Gros, Lehrbuch der philosophischen Rechtswissenschaft, 5. Ausgabe 1839* (Nr. 6). Reyscher kommt darin über ein recht grobes Skelett von Überschriften nicht hinaus. Vom Titelblatt bis zu den Einzelbelegen lehnt er sich kräftig an seines Landsmannes *Karl Heinrich v. Gros* (1765—1840) beliebtes Lehrbuch an. Doch ist der Grundriß für meine Zwecke thematisch wichtig. Außerdem ist ihm eine ausführliche Vorrede vorangestellt, in der die Ansprache wiedergegeben ist, mit der Reyscher 1828 seine erste

Naturrechtsvorlesung eröffnete. Es handelt sich dabei nicht nur um eine mehr oder weniger freundliche kurze Begrüßung. Reyscher wollte nämlich vor allem „auf den Gegenstand der Vorlesung vorbereiten" (S. III Fn), sicher aber auch Zuhörer werben[63]. So rühmt er die „kaum übersehbaren Lichtpunkte" (S. V) in der Erbmasse des Naturrechts. Ganz billigend benennt er aufklärerische Grundforderungen:

„Das Leben des einzelnen Menschen, wie es sich aufschließt im Sittengesetze, der gesellschaftliche Zustand, wie er sich entwickelt im Rechtsbegriffe, das Aufwärtsstreben aller Staaten und Völker zum Ideale der Vernunft, zu der kaum erschwinglichen Idee eines Universalstaates der Menschheit für Handhabung eines ewigen weltbürgerlichen Friedens auf der Erde, alle diese, kaum übersehbaren Lichtpunkte umfaßt das Naturrecht" (S. IVf).

Nach dieser kurzen captatio „erlaubt" er sich, „Ihnen, meine Herren, einen kurzen Umriß meines naturrechtlichen Systems vorzulegen" (S. V). Er schickt einige Bemerkungen zu Geschichte und Meinungsstand voraus (S. V—XI) und erwähnt dabei *Feuerbach* (S. VII), *Kant* (S. IX, auch XXIV) und *Welker* (sic!) (S. X) ausdrücklich, später auch *Schelling* und *Fichte* (S. XIV). Anspielungen auf *Thomasius* (S. VI), *Hugo* (S. IV, IXf) und wieder Welcker (S. IV VII, VIIIf) sind klar erkennbar. Die restlichen 25 Seiten benötigt er, um „diejenige Begründung des Naturrechtsprinzips auseinanderzusetzen, wovon ich bei der Entwicklung meines Systems ausgehen werde" (S. XI). Damit ergänzt der Grundriß sehr glücklich eine in Tübingen erhaltene Vorlesungsmitschrift[64] von Carl Belser[65]. Sie gibt die Vorlesung Reyschers vom WS 1838/39 — seine vorletzte in diesem Fach — wieder, enthält aber gerade die §§ 32—45 mit der in der Grundrißvorrede abgedruckten Ableitung Reyschers nicht. Das war wohl eine durchaus beabsichtigte Sparmaßnahme. Aufbau und oft auch Inhalt von Reyschers Naturrecht entsprechen schließlich dem beliebten Lehrbuch des „Kantianers"[66] *von Gros* (1765—1840)[67], das 1829 gerade in 5. Auf-

---

[63] Es waren dann immerhin 17 von 103 Juristen; vgl. die Hörerliste und *Klüpfels* Zahlen: Uni. Tüb. a.E. Laut Familienbuch 81 trug R. Naturrecht erst auf bes. Bitte der Studenten vor.

[64] UB Tüb. Mh II 31; 62 Seiten kleiner Handschrift; für *Mit*schrift spricht m.E., daß Gliederungen und Randbemerkungen erst später dazukommen (s. den Schriftunterschied S. 13 unten u. 12 o.), daß viele Kürzel darin sind, daß etliche Stellen verbessert sind, daß Namen öfter geschrieben sind, wie man sie spricht, z.B. „Hoppes".

[65] Belser erhielt lt. Hörerverzeichnis bei Reyscher die Prädikate: „Fleiß: vorzüglich", „Res (criptum) gut".

[66] *Landsberg* III 1, T. 518f; vgl. unten 306ff zur Kantwirkung; *Kiefner*: Thibaut 42 stellt weitgehende Übereinstimmung mit *Th. Schmalz*: Das reine Naturrecht. 2. Aufl. 1795 fest.

[67] *v. Gros* lebte 1765—1840, studierte erst Philosophie und Theologie um 1786 in Tübingen, 1788—93 württ. Prinzenerzieher, dann Jura in Jena (!), 1794 in Göttingen, über Hardenberg 1796 Prof. in Erlangen, erfolgreich, 1802 württem-

lage erschienen war[68], und das Reyscher ausdrücklich im Titel zugrunde legte. Gewisse politische Sympathien zu dem aufgeschlossenen Professor, Landschaftskonsulenten und Geheimrat, der etwa 1831 im Geheimen Rat vom „Widersinn der Zensur" sprechen konnte[69], sollte man in Rechnung stellen. Freilich waren hier eben Politik und Theorie wieder einmal sehr verwoben. Relativ selbständig erscheint Reyscher durch seinen wesentlich ausführlicheren historischen Teil, in seiner gründlichen Kritik der neueren Meinungen und in der eigenen Ableitung eines obersten Prinzips.

Zu keinem der beiden Grundrisse konnte ich eine Rezension feststellen.

1832—1836

Die *Publicistischen Versuche* (Nr. 7) habe ich schon besprochen[70].

Im folgenden Jahr, 1833, zeigte sich Reyscher von einer ganz anderen als der staatsrechtlich politisierenden Seite. In seiner kleinen Monographie *Über die Symbolik des germanischen Rechts* (Nr. 8) verfolgte er im Stile Eichhorns und mehr noch Grimms[71] ein gelehrt-historisch germanistisches Thema. Reyscher selbst sagt in der Vorrede, er habe „die erste Anregung durch J. Grimms bekannte deutsche Rechtsalterthümer" (S. IV) erhalten. Nicht nur die Wahl der Thematik erfolgte in diesem Geiste. Die Grundthese, „in dem ausgedehnten und übereinstimmenden Gebrauche von Rechtssymbolen (sc. spreche sich) der einfache gemüthliche Charakter des deutschen Volkes auf eine bezeichnende Weise aus" (S. 1) tritt hinzu. Die meisten Symbole seien

> „keineswegs leere Förmlichkeiten, zu künftiger sicherer Herstellung des Beweises erfunden, viel mehr liegt ihnen insgesamt eine tiefere historische Bedeutung und ein innerer Zusammenhang mit der Sitte und dem Ideenkreis der Nation zu Grunde; wie denn überhaupt das deutsche Recht nicht Produkt der Invention, sondern des gesammten Volkslebens ist, das bekanntlich weniger von Reflexion, als von einem gewissen Gemeingefühl und von sinnlichen Elementen geleitet wird" (S. 2).

---

bergischer Landschaftskonsulent, dadurch Konflikt mit König Friedrich, der nicht gemäß der Entscheidung des Reichshofrats von 1804 Gros im Amte bestätigte, sondern ihn verhaftete. Nach 5 Wochen dank Hardenberg freigelassen und wieder nach Erlangen. Seit 1817 unter dem liberaleren König Wilhelm zurückberufen nach Württemberg und Staatskarriere.

68 *K. H. v. Gros*: Lehrbuch der philosophischen Rechtswissenschaft oder des Naturrechts; 1. Aufl. 1802, 2. A. 1805, 3. A. 1815, 4. A. 1822, 5. A. 1829, 6. A. (posth.) 1841 (186 S., 466 §§, Reg.).

69 Nach *Adam*: Verfassung 36.

70 Soeben 79f.

71 Vgl. *Grimms* Aufsatz: Von der Poesie im Recht, in: ZgeschRw 2 (1815) 25ff, von Reyscher zitiert z. B. in: Symbolik 2 und 10; *Grimms* berühmte: Deutsche Rechtsalterthümer (1828ff), von Reyscher zitiert z.B. aaO S. IV und 10; sowie *Grimms*: Weisthümer (1840ff), von Reyscher zitiert z.B. aaO S. 19.

Dies sind Topoi aus dem Umkreis der HS: die Suche nach einer tieferen Bedeutung, nach innerem Zusammenhang[72], die Verwerfung („nicht Produkt der Invention") „willkürlicher"[73] Rechtsentstehung. In der Durchführung geht Reyscher auf viele einzelne Symbole ein, auf Halm (S. 10), Stab (S. 21), Erde (S. 30), Rolandssäulen (S. 38), Handschuh (S. 40, Schwert (S. 41), Hut und Handschuh (S. 42), Ring (S. 43), Schlüssel (S. 43), Handschlag (S. 45) und andere mehr. In einer Art zweitem Teil untersucht er exemplarisch zwei Symbolbereiche auf ihren juristischen Aussagewert, nämlich Eigenthumsübertragung und Eheschließung (S. 49—73, 74—98). Besonderen Wert legt er, wie er mehrfach ausführt, auf

„die Erklärung des historischen Zusammenhangs der Symbole mit dem gesammten Rechtssysteme und (für) die Zurückführung derselben auf allgemeine Grundsätze" (S. 13), auf „Einheit und Zusammenhang" (S. 15), auf „wissenschaftliche Darstellung, insbesondere (bei) Aufsuchung des verschiedenen Symbolen gemeinschaftlichen Lebens-Prinzips, (bei) Zurückführung der einzelnen Gebräuche auf feststehende Gattungen und Sonderung des Ganzen nach geordneten Maasen[74]" (S. 19f).

Er ist gegen eine bloße Anknüpfung an die „äußere Erscheinung" und Erklärung nur „unter diesen Rubriken" (S. 20). Da nicht nur die äußere Natur und Anschaulichkeit eines Dings, sondern auch „rationelle und konventionelle Gründe" es zum Symbol werden ließen, würden

„Wissenschaftliche Resultate[75] (...) durch die Aufzählung eines Aggregats[76] von Symbolen nicht gewonnen werden, und ein und dasselbe Symbol kann die verschiedenste rechtliche Anwendung erhalten, ohne daß die Idee, worauf diese Anwendung beruht, durch die äußere Anschauung desselben ins Klare gesetzt würde" (S. 21).

Er will also nach der „Idee der Anwendung" gruppieren. Damit meint er, zu leisten, worauf es ihm so sehr ankommt: Er beabsichtigt nämlich, einen Beitrag zur allgemeinen Charakteristik des deutschen Volkes zu geben, oder wie er spezieller formuliert, „die organischen Bildungsgesetze der symbolischen Formen" aufzusuchen (S. 20). Bei allem Gleichklang scheint an diesem Punkt eine von *Grimm* wegführende Tendenz durch. Um sie zu erfassen, war ich hier etwas ausführlicher. Reyscher ist auf allgemeinen Zusammenhang, auf Prinzipen, auf Überblick aus. Er will damit einen Beitrag zum *deutschen Wesen* geben. In diesem Sinne betont er die „Verschiedenheit des Princips" im Recht der Germanen, Griechen und Römer (S. 3) — ein Thema, das einmal ins Zentrum

---

[72] Vgl. für Savignys gleiche Wortwahl beim systematischen Sinn das Zitat unten bei Fn IV 342; zum parallelen Stichwort „innere Notwendigkeit" unten Fn IV 105, auch 104.

[73] Zu diesem Lieblingswort Savignys, wie man es nennen könnte, und seiner zentralen Funktion unten 206f.

[74] Richtig wohl „Massen".

[75] Vgl. das Zitat soeben aus S. 19f.

[76] Ein beliebter Gegentopos zu „System", vgl. *J. Möser* (Epstein: Conservatism 322); *Kant*: Prolegomena A 118 (Werke V 192); *Savigny*: Beruf 163.

juristischen Grundlagenstreits gestellt werden sollte[77] —, in diesem Sinne ist er skeptisch gegenüber Grimms Ansätzen zu *universalen* Forschungen und meint:

„Zweckmäßiger wird es vielmehr seyn, die symbolischen Rechtsgebräuche stammverwandter Völker, also hier der germanischen Volksstämme für sich zu betrachten, und etwa nur diejenigen Ähnlichkeiten in der Rechtssymbolik anderer Nationen anzumerken, bei welchen sich eine Verwandtschaft mit unserem Rechte sollte nachweisen lassen" (S. 5f).

Das so anvisierte *nationale* Destillat ist ihm ein freies, von unten her bestimmtes und insofern lebendiges Recht. Es ist die „alte deutsche Freiheit"[78], die ihm in der Vergangenheit entscheidend, für die Gegenwart Vorbild ist. Diese aktuelle Tendenz und die Gewichtung in der Verwendung der Geschichte sind Reyscher eigen. Sie bestimmen denn auch den sicher wohlbedachten — oder auch wohlgefühlten — Schlußabsatz (S. 102), in dem er leise die Rezeption wegen *dieses* Verlustes bedauert und deutlich sein Positivbild formuliert:

„Indem man die Rechtsbildung, welche sonst mehr aus dem Volksleben im Ganzen und seinen einzelnen concentrischen Kreisen organisch hervorgegangen war, durch-

---

[77] Ein Höhepunkt mit *C. A. Schmidt*: Der prinzipielle Unterschied zwischen römischem und germanischem Rechte. 1. Band: Die Verschiedenheit der Grundbegriffe und des Privatrechts. Rostock, Stiller, 1853, XII und 340 S. (mehr nicht erschienen), s. die sehr kritische Rezension von *Bruns*, in dessen: Kl. Schriften II 326—8; *Fr. v. Hahn* (1853), s. Landsberg T. 636; *K. A. Röder* (1855), s. Landsberg N. 282; *K. Esmarch*: Römisches und germanisches Recht: (Kieler) Allgemeine Monatsschrift für Wissenschaft und Literatur, Jahrgang 1853, Dez., S. 1012—54, sehr lobend dazu Landsberg T. 744 mit Bezug auf weitere Stimmen. *Es war die 1848 unbewältigte Vergangenheit der 40er Jahre, die sich wieder Gehör verschaffte.* Esmarchs erste Seiten, sein Rückgriff auf die HS (S. 1013), den Gegensatz Volksrecht-Juristenrecht (S. 1014), einen Kompromiß Germanisten-Romanisten (S. 1014), zeigen das deutlich. Wichtig ist aber eine gewisse *Verkürzung der Positionen*, da ihm Bluntschli und besonders Gerber mit ihren „trefflichen Büchern" (S. 1051 Fn) die maßgebenden Germanisten sind. Mittermaier ist übergangen. Bes. Gerber vertrat aber eine ganz andere, formalistische und konservative Germanistik, mit der man sich in der Tat eher einigen konnte (vgl. über den Wandel des Meinungsbildes nach 1848 oben 72f, zu Gerber unten 180f). Eine ähnlich harmonisierende Themenstellung hatten schon *Zöpfl*, in: Das germanische Element im Code Napoleon, ZDR 5 (1841) 110—32 und etwa *Unger*: Die gleichartige Entwicklung des römischen und deutschen Rechts, ZDR 7 (1842) 111—20. Die *Hall. Jb.* 1840 in der Anzeige der ZDR polarisieren wieder beides, s. unten 117f; ebenso *Beseler* in seiner Baseler Antrittsrede 1835: Römisches Recht 8—10, wo auch die Parallele zu Volksrecht und Juristenrecht da ist (S. 10). Die in den 40er Jahren noch stark diskutierte Frage der Volksnähe ist aber bezeichnender Weise später kaum noch zu finden. *Reyschers* Anteil erscheint früh in: Symbolik (1833), s. sogleich Fn 84 im Spiegel Türks, später gg. Gerbers Harmoniebehauptung in: ZDR 13, 2 (unten 181); vgl. auch *Thibaut* bei Stern 168; *Bruns*: Gegenwart (1843) 8f; *Gaupp*: Verhdlg./Frankfurt 124—9; *Savigny*: System VII (1847) Vorrede; die Diskussion bedürfte eigener Untersuchung.

[78] Zur liberalen Funktion dieses Topos bei *Reyscher* u. a. unten 142, 280.

aus dem Gebiete der Wissenschaft vindicierte, entzog man ihm auch jene lebendige frische Quelle, welche das Volksmäßige (!) im Rechte und namentlich das Bildliche, das so sehr zum Gemüthe des Deutschen spricht, nährte und unterhielt" (S. 102).

Von hier aus läßt sich einsehen, warum er schon gleich zu Beginn gegen Grimm etwas eigenwillig keine „Poesie *im* deutschen Recht" (S. 2), sondern nur eine „*am* deutschen Recht" (S. 2 Fn) zugeben will. Recht und Poesie seien nämlich prinzipiell „auf immer voneinander geschieden" (S. 2). Das Poetische sei dem Volksleben eigen, nicht dem Recht als solchem, welches nur durch Nähe zum Volksleben poetische Züge annehme. Die Nutzanwendung dieser spielerisch wirkenden Unterscheidung ergibt ein Blick auf Reyschers Reformschrift *Über die Bedürfnisse*. Für die angestrebte volksmäßige Rechtsreform genügt es dann nicht, lediglich alte poetische *Rechts*formen wiederzubeleben[79]. Wiederbelebung des *Volks*lebens, der „lebendigen und frischen Quelle" *selbst*, gehört dann vor allem dazu. Genau das ist auch Reyschers in „Bedürfnisse" dargelegtes Reformprogramm. So spielt bei Reyscher, aber auch bei Grimm[80], die Gegenwart auch in der Vergangenheit bedeutsam mit.
Der schmale, aber doch aufschlußreiche Band, sollte im übrigen eine Reihe germanistisch historischer „Beiträge zur Kunde des deutschen Rechts", so der Obertitel (Nr. 8), eröffnen, wie Reyscher in der Vorrede ankündigte. Er blieb aber der einzige. Da die weiteren Beiträge laut Vorrede auf der „Statutensammlung" (Nr. 9) basieren sollten, wird deren Nichtvollendung[81] hier gleiches bewirkt haben.
Eine Rezension gab „Tk", wohl *Karl Fr. Türk*, Professor in Jena[82], in der Jenaischen Allgemeinen Literaturzeitung[83]. Die in vielen Details kritische, im ganzen aber recht freundliche Rezension relativiert interessanterweise gerade Reyschers nationalen Ton („Verschiedenheit des Princips")[84]. Türk sieht die

---

79 Verhalten gibt sich auch *Savigny:* Beruf 140f, zitiert unten bei Fn IV 403.

80 *Grimm* war politisch wesentlich behutsamer; s. für die Unterschiede den bez. Streit über Reyschers Abstimmungsversuch in Frankfurt, den Grimm entschieden ablehnte, gründlich *v. Ippel* II 521 in der Anmerkung; näheres unten 170ff, umfassend zur Projektion *Böckenförde*: Verf. gesch. Forschung; *Sjöholm*: Germanistische Theorie

81 Zur Statutarrechtssammlung sogleich.

82 Über ihn nichts bei: *Landsberg*, *Döhring*: Geschichte; laut *Hch. Klenz*, ADB 54 (1908, Nachtrag) 720—2, lebte er 1800—87; T. studierte von 1818—22 in Berlin, Bonn und Rostock, dort Dr. phil., Dr. iur., Privatdoz. 1824, ao. Prof. 1826; 1832 ersch. seine „Hist.-dogmatischen Vorlesungen über das deutsche Privatrecht"; 1836 o. Prof. für Geschichte; in den 48er Jahren Hauptwortführer der mecklenburgischen Demokraten, daher 1852 entlassen; nach Prozeß u. Haft ein gebrochener Mann, seit 1860 ohne Anstellung in Lübeck.

83 J.A.L.Z. 1834, Nr. 73, April, Sp. 97—100; positiv auch G. *Homeyer*, in: Bln. Jb. 1834 I, Nr. 15, Jan., Sp. 118f.

84 *Reyscher* wolle gegen *Grimm* Recht, Poesie und Symbolik der alten und modernen Völker „schon wegen der Verschiedenheit des dem öffentlichen Leben derselben zum Grunde liegenden Princips von einander getrennt wissen"

Sache differenzierter und unterscheidet zwischen älterem und neuerem römischen Recht (Sp. 99). Er fragt, „und warum soll es denn nicht erlaubt seyn, die Poesie derselben (sc. alten Deutschen) mit der classischen der Altgriechen zu vergleichen?" (aaO). Reyscher sprach allerdings nur von „zweckmäßiger", nicht von „unerlaubt". Insgesamt zeigt „Tk" mit Kritik und leicht abwandelnder Fragestellung, daß es ihm viel weniger auf das *Deutsche* im Sinne Reyschers ankommt.

Die schon erwähnten *Statutarrechte* (Nr. 9) erschienen in einem ersten Band 1834. Er enthält die wertvollen Ergebnisse archivalischer Studien, also Abdrucke von lokalen, alten Urkunden aller Art mit kritisch-historischen Anmerkungen. Gegen Reyschers feste Absicht blieb es bei diesem einen Band[85]. Einblick in die Gründe geben weniger Reyschers erwähnte allgemeine Formeln, als eine Bemerkung Friedrich Thudichums in seiner „Verteidigung"[86]: „Allein, die Regierung[87] verschloß ihm nun, wie ich aus seinem (sc. Reyschers) eigenen Munde weiß, die Archive, weil sie von solchen Veröffentlichungen Nachteile für den Fiscus befürchtete". Ein lebhaftes Bild davon, wieviel Mühe sich Reyscher bei seinem Anliegen gab, wie ungern man Archivmaterial zur Verfügung stellte und warum schließlich das Unternehmen aus finanziellen und politischen Gründen, besonders wegen der Gefahr einer Prozeßlawine in Ablösungssachen, scheiterte, vermittelt eine Finanzministerialnote im Anhang (unter m, auch n). Auch hatte wohl die Art, wie Reyscher in „Grundherrliche Rechte" (1836) (Nr. 10) die Sammlung zugunsten der feudalpflichtigen Bauern verwenden konnte[88], die Freigabe der Archive behindert.

---

85 Diese Absicht ist vielfach ausgesprochen: Statutarrechte, Vorrede VIII f; ZDR 2 (1839) 207, „konnte der guten Aufnahme ungeachtet, welche sie bei den ersten des Fachs gefunden, aus Rücksichten, welche zu überwinden, dem Ref. bisher unmöglich gewesen, nicht fortgesetzt werden"; Privatrecht III (1848) Vorrede IV: „Vollendung (...) stand nicht in meiner Macht".

86 1902, dazu oben 12.

87 Damals bes. v. Maucler und Schlayer, Herdegen, Beroldingen.

88 Rein äußerlich belegen das schon die vielen Zitate, etwa S. 39, 43f, 86, 100, 103, 111, 113, 116, 119. Sachlich läßt sich das „zugunsten" wohl folgendem entnehmen: S. 86 streitet Reyscher vor allem mit Hilfe der Sammlung (dort Fn 74) *gegen* die Annahme, die praktisch wichtigen „Beeden" hätten grundsätzlich privatrechtliche Natur gehabt. S. 125 begründet er dies auch für das geltende Recht. Das wirkt *zugunsten* der Bauern, da bei privatrechtlicher Natur nur über Vertrag, also mit Zustimmung des Grundherren, „Beeden" hätten abgelöst werden können. Bei öffentlich rechtlicher Natur war dagegen Ablösung schlicht durch Gesetz möglich. Andererseits hatte das (S. 194f) dann auch Entschädigungslasten für den *Staat* zur Folge. Bei privatrechtlicher Ablösung entstanden dagegen allenfalls Kosten für die Bauern selbst. Der ohnehin bestehende politische Druck pro Ablösung wurde so gegen die Regierung gelenkt. Eine konservative Regierung mit Sympathie für die Grundherren konnte Sammlungen, die solche Argumentation ermöglichten, durchaus verhindern wollen. Die

Die Sammlung wurde mehrfach sehr positiv rezensiert. Bemerkenswert scheint mir, daß gerade diese und nur diese Frucht gelehrt germanistischen Forschungseifers die ausdrückliche Aufmerksamkeit und warme Anerkennung der „Häupter" *Karl Friedrich Eichhorn*, *Georg Homeyer* und *Jacob Grimm* fand[89]. Auch *C. G. Wächter* fand lobende Worte[90], ebenso ein Anonymus in der B.L.Z.[91]. Hier paßte daher in der Tat als Leitmotiv Savignys Wort: „Den ursprünglichen Geist lernt man nur kennen aus den alten Buchstaben"[92].

Mit der Schrift über *Die grundherrlichen Rechte des württembergischen Adels* (Nr. 10) greift Reyscher in die aktuelle Debatte über ein sonst von den Universitätsjuristen eher gemiedenes[93], aber doch hochwichtiges Thema ein. Ich meine die Probleme um Adel, Grundherrschaft und Ablösungsgesetzgebung. Er tut das ganz bewußt und hat gar nichts gegen das Politische dabei. Einleitend sagt er, sein Versuch gewinne

„durch die Verbindung mit den obschwebenden ständischen Verhandlungen[94] über die Gesetzesentwürfe in Betreff der Entschädigung der Gutsherrschaften für die aufgehobenen leibeigenschaftlichen Leistungen, der Umwandlung und Ablösung der Frohnen und endlich in Betreff der ‚Beeden' und ähnlicher älterer Abgaben ein allgemeineres vaterländisches Interesse" (S. 1).

Die charakteristische Verbindung von geschichtlichem Recht, geltendem Recht und Politik (legislativem Vorschlag) mag ein Blick in das Inhaltsverzeichnis veranschaulichen (S. 194):

I. Vormaliges Verhältnis der württembergischen Standes- und Grundherren zum deutschen Reich 8

II. Ursprung der Standes- und Grundherrschaften, insbesondere der vormaligen Grafschaft Hohenlohe 13

III. Von der Leibeigenschaft und ihrem Verhältnis zur Gutshörigkeit und Erbunterthänigkeit 34

IV. Von der Gutsherrlichkeit und den aus ihr hergeleitenden Diensten und Abgaben 52

Relevanz solcher Interessen zeigt auch *Mittermaiers* Kritik an Parteischriften in diesem Bereich s.: Behandlungsweise (1837) S. XV (Zitat unten Fn 98).

89 *Eichhorn*, in: H.A.L.Z., Okt. 1834, Sp. 223—6; er spricht stets von sehr „zweckmäßig". Dem Kontext nach war das ein großes Lob; *G. Homeyer*, in: Bln. Jb. 1834 I, Nr. 15, Jan., Sp. 119f: „sehr dankenswerthe Unternehmung"; *Grimm*, brieflich, bei Gürtler-Leitzmann: Briefe 119.

90 In: Gersdorfs Repertorium Bd. 1 (1834) 100—2; ähnlich in: Privatrecht I 1 (1839) 152 Fn 2a.

91 B.L.Z. 1834, lfd. Nr. 158, Sp. 38: „sehr schätzbare Beiträge".

92 Vorangestellt auf S. II. Der Satz steht in: Beruf 141.

93 Über die Stellungnahmen der Wissenschaft in diesem Bereich nützlich *B. Busz*: Die Historische Schule und die Beseitigung des geteilten Eigentums in Deutschland. Diss. iur. München 1966, 232 S.; B. zieht den Kreis der HS dabei überaus weit.

94 Dazu gute Information bei *Wächter*: Privatrecht I 2 (1842) § 109 = S. 987—1001.

V. Übergang der Vogtei auf den Staat. — Heutige Natur der bäuerlichen Lasten und Grundsätze ihrer Ablösung . . . . , ... 108
VI. Können die Standesherren und ritterschaftlichen Gutsbesitzer im Wege der Gesetzgebung, also auch ohne ihre Zustimmung verpflichtet werden, der Ablösung ihrer grundherrlichen Rechte und Gefälle Statt zu geben? . . . , ... 152

Die Arbeit ist unter dem Namen *Reischer* (!) in der Berliner literarischen Zeitung von 1836[95] neben der *Zachariäs*[96] und zwei anderen Schriften zu den ständischen Verhandlungen ohne nähere Stellungnahme, aber im Ergebnis zustimmend nachgewiesen. Eine kurze, sehr positive Beurteilung steht in dem Blatt „Der Nationalökonom" (März 1836)[97]. Sonst findet sich nichts. An ähnliche Aufmerksamkeit wie bei den „Statutarrechten" war nach Thema und Durchführung hier wohl nicht zu denken[98].

1837—1842

Das gesammte württembergische Privatrecht (1836—48)

Dieses dreibändige dogmatische Werk ist Reyschers literarische Hauptleistung. Die erstmalige Darstellung des gesamten, römischen und deutschen, in Württemberg anzuwendendem Rechts muß überaus mühevoll gewesen sein.

---

95 Jahrgang 1836, lfd. Nr. 1706.

96 Genannt in Reyschers Titel Nr. 10.

97 AaO S. 237—54. Hrsg. zuerst von *K. E. Morstadt*, dem Heidelberger Prof., dann von *Rudolph Moser*, Stuttgart. Letzterer hatte die bei Reyscher vielzitierte Schrift: „Über die bäuerlichen Lasten der Württemberger (1832)" verfaßt und im „Nationalökonom" die württ. Ablösungsgesetzgebung in sehr fortschrittlichem Geiste verfolgt. Sein Urteil zu Reyscher fiel dementsprechend positiv aus: „höchst lehrreich" (S. 248), „sehr lesenswerth" (S. 249).

98 *Mittermaier*: Grundsätze I (1837) 5 zieht sie aber wohlwollend heran: S. 241, 246 Fn 6, 264 Fn 11; das bedeutet viel, wenn man seine Bedenken in: Behandlungsweise (1837) S. XV hinzunimmt: „Der Wunsch der Aufhebung der Zehenden, der Frohnen, die Umgestaltung der gutsherrlichen Verhältnisse haben vielen historischen Erörterungen das Dasein gegeben. Es ist begreiflich, daß diejenigen, welche die Aufhebung von Zehenden oder Frohnen ohne Entschädigung wünschen, oder die Entschädigung möglichst niedrig zu stellen beabsichtigen, alles anwenden, daß die Zehenden nur eine Steuernatur an sich tragen, oder daß die Frohnen nur durch Usurpation, durch den Druck der Mächtigen entstanden sind, während die Gegner, nicht selten durch die drohende Gefahr eines zu großen Verlustes angetrieben und dadurch befangen, in ihren historischen Entwicklungen nachzuweisen suchen, daß alle Zehenden, Frohnen, Gülten nur auf Vertrag beruhen und privatrechtlichen Ursprung haben. Es bedarf wohl keiner Ausführung, mit welcher Vorsicht solche historische Forschungen anzuwenden sind".

In einem Brief an Gervinus vom 1. September 1847[99] klagt Reyscher, er sei

„diesen Sommer sehr beschäftigt gewesen und noch, mit Beendigung meines Privatrechts (sc. Band 3), das seit 10 Jahren mir wie Blei an den Füßen hängt. Die Aufgabe, das ganze gemeine Recht (römisches und deutsches), soweit es gilt in seiner Verbindung und Durchdringung nachzuweisen und zwar auf einem bestimmten faßbaren[100] Boden (sc. des Particularrechts), hat mich sehr angezogen, aber die partikulären Details aus der häufig gedankenlosen Gesetzgebung des Landes sind sehr ermüdend (...)".

Wächter, der begabte und schnelle Arbeiter[101], vollendete nur einen, wenn auch monumentalen, Bruchteil[102] seines parallelen Werkes. Ich habe beide bereits näher verglichen[103].

Soweit die „Recensieranstalten" schließen lassen, wurde Reyschers Werk von der gemeindeutschen *Wissenschaft* wenig beachtet. Reyscher hoffte vielleicht auf eine Rezension des berühmten *Mittermaier*, als er sich in einem seiner Briefe an diesen am 16. Januar 1847 beklagt:

„außer Zöpfl, der eine kurze Anzeige der ersten Auflage in die dortigen Jahrbücher (sc. die Heidelberger) gab, hat kein Germanist noch das Buch öffentlich beurteilt"[104].

Gerade die übrigens ungezeichnete Anzeige dieses Heidelberger germanistischen Kollegen Mittermaiers läßt auch die Gründe dafür ahnen: Das Werk stand für die Wissenschaft zu stark im Schatten des Wächterschen. *Zöpfl* selbst widmet zum Beispiel dem gleichzeitig angezeigten Buch Wächters eine volle Seite, Reyscher dagegen einen Absatz, wenn er auch mit Lob nicht spart. Offensichtlich wurde Zöpfls Anzeige auch überhaupt erst durch *Wächters* Band II Teil 1 veranlaßt[105]. Diese je nach Maßstab gewiß vertretbare Wertung vererbte sich fort, z. B. zu Gierke und Landsberg, sowie Döhring[106].

Außer der Anzeige Zöpfls erschienen noch drei Stellungnahmen. Schon 1838 ließ der gerade zum Obertribunalpräsidenten beförderte[107] *Heinrich von Bolley* aus Stuttgart, ein führender Württembergischer Prakiker[108], eine aus-

---

99 UB Heidelberg, s. Anhang: b)

100 Unleserlich, vielleicht auch „festeren".

101 *Mohl*: LE I 198.

102 Nämlich den historischen Teil und den Allgemeinen Teil der Dogmatik; sein demonstrativer Weggang von Württemberg im Jahre 1851 (oben 70) spielte dabei mit.

103 Oben 39 ff.

104 UB Heidelberg; *Zöpfls* Anzeige steht in: Hd. Jb. 1843 II, S. 508—10.

105 Dies scheinen mir die Daten zu zeigen: Bd. II 1 von Wächter erschien 1842, die Anzeige 1843, Reyschers Bd. II 1 aber schon 1840.

106 *Gierke* (1895), *Landsberg* (1910), Nwe oben Fn I 37, 41; *Döhring* (1953) erwähnt zwar Wächters „Glanzleistung" (S. 543), erinnert im sich sehr anbietenden Zusammenhang an Reyscher aber überhaupt nicht; *Gerber*: System I (1875) 66 f rühmt Wächter, R. wird nur erwähnt.

107 AaO (Fn 109) S. 63.

108 Über ihn: *Klüpfel*: ADB 3 (1876) 110 f. Er lebte von 1770—1847, wurde Schreiber, studierte Jura in Tübingen, dann Anwalt, 1815 Abgeordneter und Vor-

führliche Rezension des ersten Bandes erscheinen[109]. Reyscher geht 1846 in der Vorrede zur zweiten Auflage des ersten Bandes kurz dankbar darauf ein[110]. Bolley ist im ganzen sehr positiv, im einzelnen hat er zahlreiche Einwände[111]. Lobend vermerkt er die synthetische Grundabsicht[112] — ein wichtiger, weil sehr umstrittener Punkt[113] —, die Behandlung der einheimischen Verhältnisse[114], Diktion, Bündigkeit und Präzision. Weniger gefallen ihm die, wie er meint[115], etwas unausgeglichene, oft zu knappe Einbeziehung des römischen Rechts und der Aufbau[116].

Im gleichen Jahr zeigt ein *Anonymus* in der Berliner literarischen Zeitung den Band an[117]. Die Berliner Stimme verwirft vor allem die Vereinigung der geltenden Rechte entschieden. Die Anzeige ist sehr aufschlußreich, obwohl sie sich auf wenige Sätze beschränkt. Man kann und muß sie und ihre Kritik nämlich der Spitze eines Eisbergs vergleichen, da die säuberliche Trennung des deutschen und römischen Rechts in eigene Organismen und Systeme schließlich ein Hauptlehrsatz schon *Hugos*, besonders aber der damals doch einige Anhänger[118] zählenden HS war[119]. Nicht umsonst kam sie aus dem Berlin Savignys, wer sie auch verfaßt haben mag[120]. Die wichtige Funktion der Anzeige und ihr entlegener Fundort mögen es rechtfertigen, sie vollständig wiederzugeben. Der Text lautet:

„Es ist Zweck des vorliegenden Werkes (sc. von Reyscher) in dogmatischer Behandlung die ganze Summe der privatrechtlichen Rechtsnormen einheitlich zusammenzu-

---

kämpfer für das alte Recht (dazu *List*: Kampf, etwa S. 41, 176); 1818 Obertribunalrat, 1831 Präsident, 1836 Ruhestand, dann legislative Arbeiten. *Reyscher* nennt ihn „der erste civilistische Praktiker (!) in Württemberg", in: Sarwey 5 (1841) 220; unter den Theoretikern war Wächter „der erste".

109 In: Sarweys Monatsschrift, Beiheft zu Bd. 2 (1838) S. 1—63; dann eine um die Detailkritik gekürzte Fassung in: Krit. Jb. 1838, S. 438—53.

110 Privatrecht I (1846) Vorrede III.

111 AaO S. 1—9 gibt er eine Übersicht und sein Urteil zum Ganzen, letzteres auch S. 62; S. 10—62 macht er detaillierte Ausführungen zu den einzelnen §§ des Bd. 1.

112 AaO S. 1—9, bes. S. 3, wo er *Weishaar* als Gegenbeispiel ablehnt.

113 Dazu sogleich näher bei der nächsten Stimme, der B.L.Z.

114 AaO S. 3: „Desto mehr wird man bei der Behandlung der einheimischen Verhältnisse befriedigt werden".

115 AaO S. 2f bis „Desto", s. die Fn zuvor.

116 Dazu aaO S. 5, auch 6, 7, 8.

117 B.L.Z. 1838, lfd. Nr. 181, Sp. 95.

118 Dazu statt aller *Wieacker*: Geschichte 412, der den Höhepunkt der HS um 1840 ansetzt; für Einschränkungen s. nur oben bei Fn II 199 das Vischer-Zitat.

119 Zur Trennung *E. v. Moeller*: Die Trennung der deutschen und römischen Rechtsgeschichte. Weimar, 1905, 48 S.

120 *Eine* Vermutung spricht für *Homeyer*: Er hatte schon 1834 ganz ähnliche Kritik an *Bornemann* geäußert, Bln. Jb. 1834 II, 679ff; Weniger paßt allerdings der Stil, der in den Rezensionen Homeyers wesentlich kühler ist. Evtl. auch *Heffter*, wenn man dessen Opposition gegen die synthetische Methode in Frankfurt bedenkt, s.: Verhandlungen 184f.

fassen, die überhaupt (d. h. im Gegensatz der nur auf einzelne Distrikte und Städte beschränkten) im Königreich Württemberg gelten. Und in der That, der Art und Weise, wie dieser Plan in der bis jetzt erschienenen Abtheilung zur Ausführung gebracht ist, wird man als solcher eine sehr ehrenvolle Anerkennung zollen müssen; denn in pragmatischer Kürze ist hier nicht nur ein bedeutender Stoffreichthum entfaltet, sondern dieser auch mit verständigem kritischem Sinne gesichtet, so daß selbst was über die Partikularformen hinausliegt, davon seinen Gewinn gezogen hat. Aber nicht gleich beifällig können wir uns über Anlage und Plan selbst erklären, sondern müssen vielmehr eine solche Vereinigung von Römischen, Kanonischen, allgemein Germanischen und eigenthümlich Württembergischen Rechtsbestimmungen, wie sie die an sich so wackere Arbeit giebt, als eben so unzulänglich wie erfolglos ansprechen. Kann es nämlich überall keinem Zweifel unterliegen, daß die Verbindung zu Einem System auch einen inneren organischen Zusammenhang der zu verbindenden Dinge voraussetzt, gerade dieser aber in den angegebenen Theilen selbst, aus denen das Buch construiert ist, wenigstens den Hauptmassen nach fehlt, so muß sich auch ohne Weiteres das Zusammenfügen und Ineinanderreihen dieser incompactabilen Elemente, wie es der Verfasser versucht hat, als wissenschaftlich ganz ungehörig darstellen. Daher bliebe denn nur noch die Frage, ob nicht wenigstens ein wesentlicher äußerer Nutzen damittelst zu erreichen sei, daß dasjenige neben einander gestellt werde, was im Leben und in der Anwendung neben einander besteht. Es könnte nun allerdings wohl scheinen, als würde auf solchem Wege am besten der Überblick und die Gesammtanschauung über die ganze geltende Rechtsmasse vermittelt, und am sichersten das Ineinandergreifen der verschiedenen Partikeln hervorgehoben. Aber beides würde nothwendig sachliche Vollständigkeit und eine Ausführung bis in das genaueste Detail hin voraussetzen, und die dürfte sich in solchem Wege eben so wenig geben lassen, als sie in unserem Buche (wo die kleinen und speciellen Bestimmungen des Württembergischen Rechtes den hier ziemlich weit und allgemein gehaltenen Römischen Rechtssätzen gegenüber sich oft sonderbar genug ausnehmen, und eine Gesellschaft bilden, die selbst dem Verfasser nicht immer gerade passend geschienen haben muß, da er jenen ersteren so häufig nur den untergeordneten Platz in den Noten anweist), wirklich gegeben ist. Sicher, es ist ominös für die Schrift geworden, daß der Titel nur Württembergisches Recht, nicht aber alles in Württemberg geltende Recht verspricht!“

Entscheidendes Argument gegen Reyschers Unternehmen ist also, daß seinem Stoff der „innere organische Zusammenhang“ fehle. Hier stehen sich die Positionen in aller Schärfe gegenüber, da man schon das Axiom, inwieweit ein systematisierbarer Organismus vorliegt, einfach verschieden ansetzt. Dahinter steht die Methodendiskussion seit *Pütter* und *Hugo*[121]. der wiederum

---

[121] Meine urspr. Absicht, Anfänge einer kleinen Methodikbibliographie in den Anhang zu geben, erwies sich als zu zeitsprengend. Vgl. daher hier nur einiges Wichtigere: Zu *Pütter*: Landsberg III 1, T. 349 und N. 220ff; jetzt Blühdorn: Empirie/Positivität; — zum Reformator *Hugo*: Wieacker 378—81; Ebel: Hugo; Buschmann: Hugo; — zu *Thibaut*: Kiefner: Thibaut; — zu *Feuerbach*: Philos. u. Empirie (1804); Blick (1810); Einige Worte (1816); Naucke: Einleitung; Lüderssen: Einleitung; Gallas: Feuerbach; — zu *Savigny*: Methodenlehre (1802); Besitz (1803); Hugorez. (1806); Seidenstickerrez. (1808); Beruf (1814); Zweck (1815); — zu *Gönner*: Reform (1806); Doctrin/Legislation (1809); — zu *Welcker*: Unterholznerrez. (1813); Hufelandrez. (1814); System (1829); — zu *Falck*: Volk: Falck; — zu *Mittermaier*: Grundfehler (1819); weiteres unten 335; — zu *Eichhorn*:

sich so gerne und hartnäckig auf *Leibniz* und die Humanisten beruft[122]. Es ist die Diskussion, in der die „Historischen" mit dem Historischen die genannten Unterschiede betonen, in der verschiedene System- und Wissenschaftsvorstellungen[123] zur Sprache kommen, die einen mehr aus Gegenwart, Praxis und Anwendbarkeit, die anderen mehr aus betrachtender Philologie, Geschichte und Vergangenheit befruchtet. Es bleibt zu bemerken, daß man doch auch von dieser Seite her einen „äußeren Nutzen" der Vereinigung bedachte, den „Überblick" für die Rechtsanwender. Diesen aber sah man allenfalls in einer „Ausführung bis ins genaueste Detail" garantiert. Dieser Einwand war nicht leicht zu nehmen. *C. G. Wächter*, der sich mehr in dieser Richtung bewegte[124], fand denn auch allgemeine *und* Berliner Anerkennung[125].

1847 verfaßt schließlich *von Hufnagel*, „Director" des Tübinger Kreisgerichtshofs, eine lange Besprechung der *zweiten* Auflage der beiden ersten Bände[126]. Ganz betont positiv fängt er an, wobei er wie Bolley[127] besonders die Darstellung einheimischer Materien lobt (S. 499) und die synthetische Grundabsicht billigt (S. 500). Im folgenden mißt er im wesentlichen Reyscher an Wächter[128], oft unausgesprochen, um meist letzterem zu folgen. Sein häufiges Mißfallen[129] beruht wie die Berliner Kritik zum großen Teil auf Grundsatzdifferenzen. Der von Reyscher verfolgten Verankerung des Rechts im Volksleben setzt er Savignys Juristenrecht entgegen (S. 501). Konsequent kritisiert er Reyschers Methode (S. 501). Er meint es aber anders als Savigny, denn er fordert auch Gesetzgebung und Öffentlichkeit in der Rechtspflege (S. 502). Das entspricht Wächters technokratisch-aktiver Position[130]. Die Begründung

---

Wieacker 403—5; Jelusic: Eichhorn, mit der Rez. Thiemes, ZSGerm 57 (1937) 697—701; — zu *Gaupp*: Falckrez. (1827); Eichhornrez. (1830); Zukunft (1847); — zu *Gans*: Erbrecht I (1824); II (1825); System (1827); Verm. Schr. (1834); Besitz (1839); — zu *Warnkönig*: Versuch (1819); Schulen (1839); Krisis (1839); außerdem u. Fn 358.

122 Beyträge I 98, 149, 232; Naturrecht 21 (3. Aufl. 1809); Civ. Mag. I 97f.

123 Für die allg. Lage jetzt *Diemer*: Begründung des Wissenschaftscharakters, in: Stud. Wiss.theorie 19. Jhdt. 1 (1968) 3—63: Wendepunkt um 1800, belegt mit reichlich Wortgeschichte; *ders.*: Geisteswissenschaft, aaO 174—224; zur Wortgeschichte von „Wissenschaft" grundlegend *Bumann*: Stud. Wiss.theorie 19. Jhdt. 4 (1970) 64—75, bes. 74f (Abkehr vom Nutzen).

124 Dazu oben 43 der Streit mit Reyscher gerade über diesen Punkt.

125 Dazu oben bei Fn II 137f.

126 Krit. Jb. 1847 I, 498—560 (= 62 S). Wie schon Bolley gibt er bei fast gleichem Umfang erst Übersicht und Gesamturteil (S. 498—501), dann Einzelbemerkungen (S. 501—560).

127 Vgl. soeben bei Fn 112.

128 Soweit Wächters „Privatrecht" erschienen war, vgl. oben XLVII.

129 Etwa S. 499, 501f, 503, 504.

130 Dafür etwa *Wächters* Stellungnahme zur Kodifikation: TüKrZ 6 (1829); vgl. das ausf. Zitat oben in Fn 48; ebenso zum Gemeinen Recht: Gemeines Recht Deutschlands, 1844, wo er mit nüchternem Blick auf die Gesetzgebung als füh-

des Gewohnheitsrechts mit Autonomie, d.h. aus ursprünglicher Selbstbestimmung, erscheint ihm demgemäß grundfalsch (S. 504—6); ebenso die Autonomievorstellung für die Gemeinden (S. 510). Hufnagel sieht darin eine ihm sehr mißfallende „germanische Tendenz" Reyschers (S. 510, et 536, schon S. 499) und will unter Berufung auf Wächter nur eine „römische" Autonomievorstellung zugeben (aaO). Sein „römischer" Begriff meint einfach eine *gewährte* Autonomie, die gerade das Gegenteil von dem ist, was sich Reyscher dabei dachte. Mit der Autorität Savignys fordert Hufnagel dann mehr „philosophische Behandlung" im Allgemeinen Teil[131]. Damit meint er, man solle, das römische Recht als „wahres ius gentium, ein Vernunftrecht" erweisen[131]. Auch diese Rezension ist ziemlich aufschlußreich. Das Stichwort „germanische Tendenz" hatte der Berliner Anonymus nicht gebraucht. Dies veranschaulicht, daß Hufnagel von wieder anderem Boden aus kritisiert. Die „philosophisch" angehauchte Tradition[132], die Anlehnung an *Wächter*, ein gewisser Etatismus, romanistische Neigung, Option für Juristenrecht, dies alles vereinigt sich hier zu einer eigenen Welt. So beleuchten die beiden letzten Rezensionen in bezeichnender Weise diesen und jenen Punkt bei Reyscher, kritisch oder zustimmend. Sie bespiegeln sich und Reyscher und bringen Licht in alle drei Positionen.

Einführung. Hannoversches Gutachten

Über die Einführung der württembergischen Gesetze in den neuen Landen und die hilfsweise Anwendbarkeit der dortigen besonderen Rechtsquellen. Tübingen 1838 (Nr. 12). In diesem akademischen Programm behauptet Reyscher die subsidiäre Fortgeltung der lokalen Statutarrechte *vor* dem gemeinen römischen Recht. Die Frage hatte natürlich bei den vielfach erforderlichen Ergänzungen des lükkenhaften Gesetzesrechts einerseits und der Reichhaltigkeit der Statutarrechte andererseits größte praktische Bedeutung[133]. Sie führte zu einer langwierigen

---

rende Rechtsquelle ein gemeines Recht ablehnt (dazu unten 344); sein später Beitrag im Staatslexikon 3. Aufl., Bd. 6 (1862) 482—517, Art. Gesetzgebung, vereinigt in abgewogener Form die früheren Urteile.

131 AaO S. 518: „philosophische Behandlung, welche in unserer Zeit auch der historische Jurist anwendet, wie Savignys System zeigt (sc. womit er nicht so unrecht hat), liebt der Verfasser (sc. Reyscher) nicht". H. versteht darunter: „man leitet die Sätze aus allgemeinen Begriffen und Grundsätzen ab, und führt zwar auch die römischen Gesetzesstellen an, jedoch nicht um mit ihnen die Sätze als geltendes positives Recht zu begründen, sondern um mit ihnen zu beweisen, daß das römische Recht ein wahres ius gentium, ein Vernunftrecht sei".

132 Wobei die Frage einer Übereinstimmung mit *Thibaut* dahingestellt bleiben muß.

133 Betont bei *Wächter*: Privatrecht I 2 (1842) § 86, S. 792—806, bes. 792.

Kontroverse in den 30er und 40er Jahren, in die sich fast alle württembergischen Juristen von einem gewissen Gewicht verwickeln ließen und in der Reyscher hartnäckig fast alleine die eine Seite vertrat[134]. C. G. Wächter hat 1842 den Streitstand minuziös aufgenommen[135]. Der Streit ist im einzelnen nicht sehr ergiebig. Immerhin belegt er die Tendenz Reyschers, autonome, auf einheimischem Boden gewachsene Rechtsquellen zu bevorzugen, sowie sein sehr strenges Gesetzmäßigkeitsdenken.

Das von Dahlmann mit den beiden anderen Fakultätsgutachten herausgegebene *Gutachten der Juristenfakultäten Tübingen* (...), *die Hannoversche Frage betreffend* (*Nr. 14*) muß man Reyscher zurechnen[136]. Dafür sprechen zunächst eine „gut verbürgte" Tübinger Tradition[137], die Veröffentlichung von Teilen daraus unter Reyschers Namen in ZDR 2 (1839)[138] und schließlich die Tatsache, daß aus der *juristischen* Fakultät nur noch *Michaelis* [139], — nicht *Mohl*[140] — überhaupt fähig dazu war, dessen Verfasserschaft aber nach dem angegebenen ganz unwahrscheinlich ist. Eine Probe ergibt im übrigen, daß der Abdruck in der ZDR in Länge[141] und Inhalt[142] dem Gutachten im wesentlichen entspricht, daß Teile fast ganz wörtlich übereinstimmen[143] und nur der Aufbau ziemlich geändert ist[144]. Eine solche Veröffentlichung unter seinem

---

134 Vielleicht spielt *Mohls* bissige Bemerkung über Reyschers Querköpfigkeit u. a. auf diesen Streit an, zitiert oben bei Fn I 94.

135 AaO Fn 2. Er nennt, um ohne weitere Nachweise nur das Hin und Her zu zeigen:
1820 gg. Fortgeltung (i. folg.: dagegen) von Georgii; 1826 dagegen C. G. Wächter. 1831 *dafür* v. Weishaar. 1831 dagegen Mohl. 1834 *dafür* Reyscher (Statutarrechte, Vorrede III). 1834 dagegen Wächter. 1836 *dafür* Reyscher (Privatrecht I, 1. A., S. 113f). 1838 dagegen K. v. Wächter (auf Anregung C. G. Wächters offiziell aus dem Justizministerium unter Mitteilung sämtlicher einschlägiger Akten). 1838 dagegen von Bolley. 1838 *dafür* Reyscher (Einführung (Nr. 12)). 1839 *dafür* Sarwey (Monatsschrift Bd. 3, 160—4). 1839 dagegen Michaelis (Krit. Jb.). 1839 dagegen Mohl. 1840 dagegen C. G. Wächter (ausführlich). 1841 *dafür* Reyscher (Nr. 24a). 1841 dagegen Wächter (Sarwey V). 1842 dagegen Wächter. 1846 *dafür* Reyscher (Privatrecht I, 2. A., S. 117f).

136 Ohne bes. Begründung tut dies *Huber* II 110 Fn 14.

137 So der Herausgeber *Riecke* in: Erinnerungen 97.

138 Schriften Nr. 17.

139 Über diesen oben 22ff.

140 Er gehörte der Jur. Fak. *nicht* an und hatte nichts mit den Gutachten zu tun; vgl. seine Äußerungen bei *Angermann*: Mohl 46.

141 Gutachten: 228 S., ZDR: 176 S.; wegen engeren Drucks und Ersparnis durch Fußnoten statt Anmerkungen im Text wie in ZDR kommt sich das ziemlich gleich.

142 Dies ergibt ein Vergleich der Gliederungspunkte, bes. wenn man sich die Gliederungen ausschreibt. Für das Gutachten s. aaO S. XIV—XVI das Inhaltsverzeichnis.

143 Etwa Gutachten 193—6 mit ZDR, aaO, 10—3; 191, 192, 197—202 mit 17—21; 300—25 mit 134—49.

Namen konnte nur Reyscher als eigentlicher Verfasser des Gutachtens wagen. Schließlich gibt es eine Briefstelle Dahlmanns, des Herausgebers, in der Reyscher direkt als Verfasser bezeichnet wird[145]. Diese juristische Schützenhilfe für die „Göttinger Sieben“[146] und die Stadt Osnabrück trug laut Riecke[147] Reyschers „Namen in alle deutschen Lande hinaus (...)“.

Wenn man das Gutachten durchblättert, seine Diktion und Entschiedenheit sieht[148] und die Fülle der staatsrechtlichen Probleme erwägt, in die Reyscher die konkrete Frage überall eingebettet hat[149], wenn man dies alles dann mit dem Jenenser und Heidelberger Text vergleicht, so versteht man, warum gerade das Tübinger Gutachten in pro und contra Aufsehen erregte. Noch klarer und gelungener wirkt übrigens die Fassung in ZDR 2. Man versteht dann, daß *Dahlmann*, damals noch keineswegs Schwiegervater Reyschers[150], dazu sagen konnte:

„so hat dagegen (sc. gegenüber Jena und Heidelberg) das Tübinger Gutachten bei längerer Frist[151] sich der ganzen Frage in ihrem vollem Unfang bemächtigt und wenn mich nicht Alles trügt, an dieses traurige vaterländische Ereignis ein Meisterwerk von dauerndem staatsrechtlichem Werthe geknüpft.“ (Vorrede IIIf)

Man versteht auch, daß der, wenn man Landsberg folgen darf[152], eher zurückhaltende *Christoph Martin* (1772—1857)[153], der angesehene Strafrechtler und

---

144 In ZDR ist feiner und übersichtlicher gegliedert und in nicht wenigen Punkten umgestellt. Außerdem sind die weiteren Entwicklungen einbezogen.

145 Bei *v. Ippel* I 310.

146 Reiche Nwe bei *W. Keiper* (Hg) im Neudruck von J. Grimm: Über meine Entlassung, 1945; Überblick bei *Huber* II 96ff; bes. lebendig *Springer*: Dahlmann 408ff, II 1—124; zu Grimm neuestens *R. Feldmann*: Jakob Grimm und die Politik. 1970, Kassel, Bärenreiter, 334 S., hier S. 175—209; zeitgenössische Schilderungen enthält: Hist. Lesebuch 116—24; spezielles bei *W. Schoof*: Tübingen und die Göttinger Sieben. Schwäb. Merkur 1937, Nr. 243; neuestens im *HRG*, Art. Göttinger Sieben.

147 ADB 28 (1889) 366; auch *Beseler*: Krit. Jb. 1840 II 819.

148 Auffallend gegenüber dem gewundenen Hin und Her der Heidelberger, und dem kaum weniger klaren Stil der Jenenser.

149 Ich nenne: Geschichte und Natur der ständischen Rechte, insbes. ob Zustimmung oder nur Beirath (§ 9); Geschichte und Natur der Domainen (§ 10f); Grundgesetz, Staatszweck, Gemeinwohl, Souveränität (§ 7, 8); Widerstandsrecht (§ 14—18) Verwaltungsjustiz, richterliches Prüfungsrecht (§ 17), Amtshaftung (§ 18).

150 Erst seit Weihnachten 1844 (oben 59), das Gutachten begründete erst die Bekanntschaft.

151 Erbeten wurde das Gutachten am 28. 10./8. 11. (aaO, 132), fertiggestellt am 26. 1. 1839 (aaO, 358), die anderen wohl vor dem 1. 1. 1839 (genaue Daten sind nicht angegeben); *Jammers*: Heidelberg 128 Fn 6 erwähnt für Heidelberg Fertigstellung nach sieben Wochen.

152 III 2, T. 160—5.

153 Nach *Landsberg* Positivist mit Kritik an HS (164f); sein Brief ist bei Landsberg T. 162 gestreift.

Prozessualist[154], in einem ebenfalls im Vorwort des Gutachtens abgedruckten Brief an Dahlmann sich sehr für die Veröffentlichung der Gutachten einsetzt und gerade dem Tübinger' außerordentliche Elogen widmet[155]. Ein gravierender *sachlicher* Unterschied in den Gutachten ist anzufügen. Reyscher befürwortet als einziger ein Widerstandsrecht in Form der Steuerverweigerung der Untertanen[156], dessen wohlgemerkt sehr eng konzipierte Voraussetzungen[157] er bejaht, da eine mit weniger einschneidenden Mitteln nicht zu parierende, „offenbare" Verletzung so gut wie unwiederbringlicher verfassungsmäßiger Rechte vorliege[158]. Es führte leider zu weit, auch hier das höchst interessante Panorama der zeitgenössischen Reaktionen zu beleuchten. Nur weniges sei erwähnt. Beachtlich ist, daß die Tübinger Fakultät ihrem damaligen Dekan Reyscher[159] einstimmig folgte[160]. Das trug ihr böse Anträge aus Hannover

---

154 Vgl. *Landsberg* aaO; nichts bei *Döhring*: Geschichte; *K. Th. Welcker* spricht brieflich von Martin als „Freiheitsfreund", s. *Müller-Dietz*: Welcker Fn 158, Brief vom 24. 8. 1818; nach *Müller-Dietz*: aaO 20 hatte M. entscheidenden Einfluß auf Welcker, vor allem durch seine freiheitliche Gesinnung; Martin wurde schon 1815 in Heidelberg gemaßregelt und war dann in Jena; darüber *F. Lautenschlager*: Die Universität Heidelberg und der Fall Martin, in: ZGO 85 (1932) 636ff; Martins Zustimmung war also nicht verwunderlich.

155 In einem den Gutachten ebenfalls vorangestellten Brief an *Dahlmann*, aaO IX: „mit einer musterhaften Gründlichkeit, Unbefangenheit und Umsicht", auch S. XI.

156 AaO 311, 326f, 333f; für *Heidelberg* aaO 71, *Jena* 122—5; ungenau daher *Feldmann*: Grimm 189, der alle drei Steuerverweigerung bejahen läßt, unter Berufung auf *Treitschke*: Deutsche Geschichte IV 670ff; richtig *Huber* II 10; meist wird übrigens nur erwähnt, daß alle Gutachten die Aufhebung der Verfassung für widerrechtlich halten, während gerade der springende Punkt der Steuerverweigerung doch mindestens genau so wichtig war. Gut informiert *Jammers*: Heidelberg 122ff; *Wolzendorff* vergleicht in seiner dogmengeschichtlichen Arbeit die Gutachten nicht, obwohl er sie mehrfach erwähnt, Widerstand 451, 455 Fn, 458, 490, 511, 514; bei *Zachariä*, dem Heidelberger Gutachter, findet er aber S. 446 „unglaubliche Unklarheit" und — so meint er machtorientiert — das Ergebnis, das *Recht* zum Widerstand, hänge vom *Erfolg* des Widerstandes ab.

157 S. die Zusammenfassung S. 307f; insbes. *enger* als Mohl, den Reyscher insoweit ausdrücklich ablehnt (S. 301f), so daß Angermanns Behauptung (Mohl 46 Fn u. 263), hier sei Mohls Widerstandslehre verwendet, nicht ganz richtig ist. Die Übereinstimmung Mohl-Reyscher gilt für den Ausgangspunkt des „bloß verfassungsmäßigen Gehorsams". Mohl gibt dann aber Widerstand gegen *jeden* Befehl, Reyscher nur bei Verletzung bestimmter Rechtsgüter. R. grenzt also zusätzlich nach dem „Inhalt des angegriffenen Rechts" (S. 303) ein, vor allem in Parallele zur Notwehr (aaO).

158 Die *Anwendung* der allgemeinen Kriterien gibt § 15 = S. 308—19.

159 S. nur die Unterschrift aaO 358. Reyscher war auch 1839/40, 40/41 Dekan, s. oben 58.

160 Mitglieder der Fakultät waren damals neben Reyscher: Eduard Schrader, Adolph Michaelis, K. F. Scheurlen, Karl Fr. Hepp, M. S. Mayer und J. J. Lang; *nicht*: C. G. Wächter (Wächter: Leben 54), Mohl (Staatswirtsch. Fak.) und Warnkönig (erst seit 1844).

ein[161], denen die württembergische Regierung aber nicht stattgab[162]. *Savignys* Unbehagen gegenüber Grimm in dieser Frage ist bekannt[163]. Interessant sind wieder *Wächters monita*, die aus einem Brief an von Kamptz in seiner Biographie hervorgehen[164]. Er mißbilligt das Gutachten

„in formeller Hinsicht entschieden. Es sind Punkte in demselben berührt, die nicht zur Sache gehören, und Manches ist in demselben gesagt, was in dieser Weise nie hätte gesagt werden sollen. Allein, was die Hauptgrundsätze betrifft, so konnte ich in denselben etwas Ahndungswürdiges nicht finden. Irre ich nicht, so konnten sie großentheils mit ausdrücklichen Stellen unserer süddeutschen Gesetzgebungen belegt werden."

Das Urteil illustriert zugleich Wächters Liberalität, ihr Maß, sein diplomatisches Geschick, seine sich an die positive Gesetzgebung anlehnende Vorsicht. Ich erwähnte es, weil man hieran aus neuem Blickwinkel Übereinstimmung *und* Abweichung gegenüber Reyscher sieht, der etwas liberaler, undiplomatischer und weniger vorsichtig-positiv denkt und arbeitet. Bemerkenswert offen zeigt *Beseler* seine Zustimmung[165,166].

---

161 Anschaulich *Mohl* an seinen Bruder Julius vom 28. 5. 1839, s. Angermann: Mohl 46: „Der Mensch verlangt von unserer Regierung, daß sie alle sieben Professoren der Juristen-Fakultät wegjage (...) Man lacht natürlich bei uns darüber; (...)"; auch *Riecke*: Erinnerungen 97; nach *J.A.L.Z.* 1841 Sp. 577 (dazu unten 123) wurde das Gutachten mit Bundesbeschlüssen vom 6. 6., 1. 8. und 30. 9. 1839 für „verwerflich" erklärt wegen Beleidigung des Hannoverschen Königs; außerdem Verkaufsverbot. Die genannten Beschlüsse sind nicht in *Hubers* Dokumenten enthalten. Der Hergang genau bei *v. Ippel* II 469, mit Nw für die Quellenstellen in: Hannoversches Portfolio, Sammlung von Actenstücken zur Geschichte des Hannoverschen Verfassungskampfs. Bd. 1. 2., Stuttgart 1839/40; eine sehr interessante ausführliche Besprechung dazu von *E. Kade*, in: Hall. Jb. 1840, Sp. 964—1024; vgl. *Huber* II 113; *Jammers*: Heidelberg 130 Fn.

162 Erinnerungen 97; auch nicht beim Bund, „wo sie gegen Hannover votierte", s. *v. Ippel* II 468, wonach Württemberg den bayerischen Antrag (bei *Huber*: Dokumente I 259f) unterstützte; *Feldmann*: Grimm 199.

163 Vgl. *Wieacker*: GuB (1959) 150ff; Geschichte 405; *Schuler*: ZSGerm 80 (1963) 197—305, bes. 279, 282; auch *Feldmann* 186f.

164 Brief Wächters (Leben 54) an den preuß. Gesetzgebungsminister vom Sommer 1837.

165 Krit. Jb. 1840 II 819 bei Anzeige von ZDR 1 und 2 (dazu näher 115f), s. auch seinen Brief an Reyscher vom 20. 12. 1840 (Württ. LB): „Ich habe mich über die Gelegenheit gefreut, ihrem vortrefflichen Trachten in der hannöverschen Sache einmal öffentlich das Wort reden zu können"; siehe Anhang: e).

166 Sehr scharfe *Kritik* noch in *J.A.L.Z.* 1841 Sp. 574ff (dazu unten 123); Zustimmung in *Hall. Jb.* 1841 I S. 449, II S. 225: „unsere Fakultät hat auch in ihrem berühmten hannöverschen Gutachten sich durch intellectuelle Fähigkeit, sittliche Unabhängigkeit und Furchtlosigkeit ihrer Mitglieder als würdig ausgewiesen, im Leben die Vertheidigerin, in der Wissenschaft die Repräsentantin der constitutionellen Monarchie zu sein" (zu dem Art. ausf. oben 24f); ebenfalls zustimmend *E. Kade* Hall. Jb. 1840 Sp. 977; *Klüber*: Öffentliches Recht, 4. Aufl.,

Zeitschrift für deutsches Recht (1839—61)

Göttingen sollte noch einmal eine nicht unwichtige Rolle spielen in diesen Jahren und zwar für die Gründung der ZDR. Die *Zeitschrift für deutsches Recht und deutsche Rechtswissenschaft* (*Nr. 15*), 1839 eröffnet, 1861 geschlossen, darf man wohl wesentlich eine Frucht von Reyschers hervorragender Tatkraft nennen. 22 Jahre trug er die Hauptlast der Redaktion. *Wilda* half bis zu seinem Tode 1856[167], weniger dann *Georg Beseler*[168] und *Otto Stobbe*[169]. Im September 1837 war Reyscher zur 100 Jahre-Universitätsjubelfeier in Göttingen. We-

---

S. 925; *W. E. Albrecht*, staatsrechtliche Koryphäe, selbst einer der Sieben, hatte nach Dahlmanns briefl. Äußerung an Grimm v. 15. 4. 1839, s. v. Ippel I 322, „an dem Reyscher'schen Gutachten Manches auszusetzen, allein leider betrachtet er Alles was unsere Sache angeht in sehr deprimierter Stimmung und hegt nur völlige Hoffnungslosigkeit"; Albrechts Urteil von 1838 in: Die Protestation (...); ebenfalls vorsichtig *J. Grimm*, vgl. v. Ippel II 14; sehr klar differenzieren nach Gewissensprotest, rein legalem und politisch-liberalem Protest schon die *Hall. Jb.* 1841, Nr. 62 „Die Universität Göttingen", S. 547, r. Sp.

167 Über *W. E. Wilda*, 1800—1856, s. *Landsberg* T. 503—6, N. 225f; *G. Kisch* in: Mitteldeutsche Lebensbilder 5 (1930) 339ff; *K. Maurer* in: Krit. Überschau 4 (1857) 380—95; *Reyscher*: ZDR 16 (1856) 448—63; *J. W. Planck*: aaO 444—48; 34 Briefe Reyschers an ihn zwischen 1841—55 sowie 62 von Wilda liegen in der Württ. LB Stuttgart. W. stammt aus einer angesehenen Hamburger Kaufmannsfamilie, studierte 1821, WS, in Göttingen, dann Heidelberg, dort 14. 2. 1825 Dr., ging Sommer 1825 nach Kiel und Kopenhagen zu Falck und Kolderup-Rosenvinge, 1826 Reisen, dann Anwalt, 1829 Preis in Kopenhagen für Schrift über Gildenwesen, 1830 nach Halle, dort 1831 Habil. und ao. Prof., erst 1841 als ordentl. Professor nach Breslau, 1854 für Falck nach Kiel; zuletzt *Sinzheimer*: Jüd. Klassiker 111—25.

168 *Beseler* war seit Band 9, 1845, Mitherausgeber. Er hatte zwar bei seinem Eintritt einen Aufsatz jährlich versprochen (s. ZDR 16, 458), und lieferte 1845 zwei (ZDR 9, 144—228: Von den Testamentsvollziehern und 9, 487—96: Übertragung des Eigenthums der Waare durch Aushändigung des Connossements (...)) sowie 1846 einen (ZDR 10, 105—38: Die gerichtliche Auflassung in dem Mecklenburgischen Hypothekenrecht), dann aber erst 1858 einen vierten, knappen Beitrag (ZDR 18, 294—300: Das Setzen eines Schiffs zu Geld, nach einem Rechtsfall mitgetheilt). Beseler tat damit weniger als mancher andere, etwa *B. W. Pfeiffer, Sachße, Gonzenbach* (s. Bd. 20, Register). *Reyscher* selbst schrieb über *40* teils sehr umfangreiche Beiträge, *Wilda 9* sehr umfangreiche. Es ist daher volle Absicht, wenn Reyscher im „Rückblick", ZDR 20, 312 (Nr. 74a) *nur* sagt, Beseler habe (wie Stobbe) besonders dadurch gewirkt, „daß Sie manche Beiträge aus dem Norden vermittelten (...) Aber die entfernten Wohnsitze der Redaktoren boten doch große Schwierigkeiten dar und eine laue (!) Theilnahme war eben auch nicht wünschenswerth".

169 *Otto Stobbe* war seit Band 17, 1857, dabei und sollte Wilda ersetzen. Er hatte schon in ZDR 15 zwei Aufsätze über den Sachsenspiegel geschrieben und trug dann noch etwas bei in ZDR 17, 406—39 zu: Das alte Kulmer Recht, sowie in ZDR 19, 178—217: Zur Theorie und Geschichte des Rentenkaufs.

nige Tage vor dem Verfassungseklat[170] gab er dort die schon mitgebrachte[171] Anregung zu seiner germanistischen Zeitschrift. Nachdem sich zwar keine der geramistischen Koryphäen[172], aber doch der fast gleichaltrige *W. E. Wilda* (geb. 1800) für die konkrete Arbeit gefunden hatte und ein politisch genügend mutiger Verleger gefunden war[173], erschien endlich im Juni 1839[174] das erste, schon in Halle gedruckte Heft[175] bei Wigand in Leipzig[176]. Reyscher hatte eigentlich an eine Zeitschrift unter Eichhorn, Mittermaier, Grimm oder wenigstens Albrecht gedacht[177]. Deren Zurückhaltung[178] trug denn dazu bei, daß die ZDR von Anfang an das Organ einer jüngeren, engagierten, nach *Puchta* „weniger gemüthlichen"[179] Germanistik werden sollte.

„Über den Zweck dieser Zeitschrift"[180] informieren sehr gut die wenigen Worte, die unter dieser Überschrift den Anfang bilden. Sie sind ein knappes, bedachtes und besonders abgewogenes Programm[181]. Ich glaube, sagen zu können: Reyscher hat so würzig kurze, ruhige und treffende Worte nicht mehr gefunden. Sie kamen aus gelöster Anfangsstimmung, aus einer seit „Über die Bedürfnisse" (1828) erwachsenen Reife, aus noch ungetrübten, von späterer Polemik und Politik noch nicht verkrampften Hoffnungen. Man kann diese Worte daher eigentlich nur dem Originaleindruck, der eigenen Lektüre empfehlen. Nach diesem Vorbehalt will ich das hier doch Unerläßliche versuchen, aus dem fein abgestimmten Kontext einige wichtige Punkte herauszugreifen.

---

170 Mit Patent vom 1. 11. 37 hob Ernst August die Verfassung auf, s. *Huber*: Dokumente I Nr. 59.

171 So im Wildanachruf: ZDR 16, 449.

172 Reyscher hatte an Eichhorn, Grimm, Mittermaier oder Albrecht gedacht, s. ZDR 16, 449.

173 Über diese Schwierigkeiten nach dem Hannoverschen Verfassungskonflikt oben 82.

174 *Reyscher*: ZDR 16, 450.

175 Erinnerungen 89 Fn: „Ein Abschluß mit Schwetschke in Halle kam wegen der Censurverhältnisse in Preußen nicht zu Stand."

176 *Wigand* verlegte auch die schwierigen „Hallischen Jahrbücher" (dazu näher oben 24f) und ein ähnlich gelagertes Conversationslexikon, das ich öfter benutzte.

177 ZDR 16, 449.

178 In: Erinnerungen 90 Fn, nennt Reyscher als vorgebrachte Gründe: *Eichhorn* ungesund, *Mittermaier* überlastet, *Grimm* persönlich zu ungesichert, für *Albrecht* keine Begründung genannt; *Grimm* schrieb als einziger einen Beitrag in ZDR 5 (1841) 1—29: Über die Notnunft der Frauen; s. aber die erstaunliche kräftige Sympathie *Eichhorns* im Brief, Anhang c).

179 Krit. Jb. 1840, 675; dazu näher unten 119f.

180 ZDR 1 (1839) 1—10; dazu auch *Landsberg* T. 502f.

181 Nicht völlig zufällig, wenn auch eine Marginalie, ist wohl die Titelübereinstimmung mit *Savignys* Eröffnungsaufsatz in ZgeschRw 1 (1815); eine ähnliche Parallele auch zwischen *Reyscher*, ZDR 7: Für und wider das deutsche Recht (Nr. 26) und *Savigny*, ZgeschRw 3 (1816): Stimmen für und wider neue Gesetzbücher.

Reyscher beginnt mit dem „Bedürfnis eines gemeinsamen Organs, welches eigens mit dem Rechte deutschen Ursprungs sich beschäftigte (...)" (S. 1). Aber bei diesem mehr antiquarisch-germanistischen Anliegen bleibt es gerade nicht, denn:

„Zweck der Zeitschrift ist nicht bloß, einen Vereinigungspunkt für Untersuchungen im Gebiete des einheimischen deutschen Rechts abzugeben, sondern auch zur Beförderung eines nationalen Rechtsstudiums und damit zur Begründung einer vaterländischen Rechtswissenschaft mitzuwirken" (S. 3).

Man spürt es, die letztere Aufgabe liegt ihm am Herzen. Allein über sie schreibt er die restlichen *zwei* Drittel! Die Rechte deutschen *Ursprungs* sind nur der erste Schritt, das *heutige* Recht der „Endzweck" (S. 6). Hier liegt das Zentrum, das alles andere zum Mittel „Zur Erreichung dieses Endzwecks" (S. 6) schrumpfen läßt:

Zuerst das Schisma römisches Recht — deutsches Recht. Reyscher gibt es einfach für die Gegenwart nicht mehr zu (S. 7), allenfalls für das „historische[182] römische und deutsche Recht" (S. 7).

Dann das Schisma geschichtlich — ungeschichtlich, denn: „Die geschichtliche Behandlung reicht nicht hin zur Erkenntnis des bestehenden Rechts". Daß auch die apriorisch-philosophische nicht ausreicht, versteht sich ihm hier von selbst[183].

Diese überkommenen Gegensätze werden aufgehoben in der Abhängigkeit von einem Dritten: Hier, 1839, nennt er die Klammer „*Volksrecht*"[184] (S. 7),

182 Über den damit aufgestellten Einheitsgrundsatz auch oben 44f, unten 156ff.

183 Vgl. seine Angriffe auf die „beliebigen philosophischen Systeme" in: Bedürfnisse 58, 39f (näher unten 254f) und sein Kampf gegen sämtliche Einseitigkeiten, in: Daseyn, ZDR 1 (1839), näher unten 123, 327, 336.

184 Ebenso aaO 15, 36; genaue Nachprüfung ergab, daß das brisante Wort „*Volksrecht*" in Savignys „Beruf" wörtlich nicht vorkommt. Er spricht allein von „eigenthümlich" (S. 76), „im Bewußtsein des Volkes" (S. 76, 78f), „Theil des Volkslebens" (S. 78), umschreibend von „natürliches Recht" (S. 78), auch „Gewohnheitsrecht" (S. 79, 91), „volksmäßiges" Recht (S. 96), „wahre Rechtsquelle" (S. 84f), „regierende Rechtsquelle" (S. 85), die sog. Volksrechte nennt er noch „Gesetzbücher" (S. 91). Am nächsten kommt er, wenn er „wirkliches Recht, den eigentlichen Willen des Volkes" nennt (S. 81). Auch das bleibt aber nach dem Kontext ganz unjakobinisch verinnerlicht, wie sonst sein „Bewußtseyn". *Der Abstand zu Reyscher ist damit noch verschärft.* Für weitere Verfolgung von „Volksrecht" versagen sowohl *Grimms* als auch *Trübners* Wörterbuch. Der Punkt, wo der unspezifische Gebrauch für die „Volksrechte" der Zeit vor 1000 umschlägt in einen politisch-freiheitlichen wäre noch zu bestimmen. *Reyscher* ist in „Bedürfnisse" (S. 30—3) sehr dicht daran; ebenso *Wächter* in der Abwehr (oben Fn 48), aber das Schlagwort fehlt; ebenso *Reyscher* in: Privatrecht I 1 (1836) §§ 1—8; ebenso *Mittermaier*: Behandlungsweise (1837), *Welcker*: System (1829); keine Idee davon bei *Falck*: Enzyklopädie; auch nicht bei *Puchta*: Gew.recht, II; *zuerst* offenbar bei *Gaupp:* Eichhornrez. (1831) Sp. 53, dann bei *Beseler*: Röm. Recht (1836) 10; dann *Reyscher* in ZDR 1 (1839) aaO; dann *Savigny*: System I (1840) 14 u.ö.

ähnlich wie Savigny 1814, und doch durch das ihm folgende Synonym „practisches Recht" (S. 7) um viele Grade von diesem geschieden, übrigens auch von dessen Systemvorrede aus dem Jahr darauf, in der ja auch Savigny aus Einseitigkeiten heraus will[185]. Auf der Methodenebene empfiehlt Reyscher passend eine „pragmatische Methode" (S. 7f). Im damals anziehenden Adjektiv „national" des Programms lagen allerdings gewaltige Probleme beschlossen. Es war unausgetragen, wie die darin liegende Ambivalenz von einig und frei sich entwickeln sollte.

Es ergeben sich manche Fragen. *Aber diese Punkte enthalten die neue Leitlinie:* Sie waren hervorzuheben.

Selbst eine *kurze* Charakteristik der ZDR als solcher[186] bedürfte einer bisher nicht geleisteten genauen Untersuchung ihres Werdegangs. Wer Mitarbeiter war und wer nicht, warum nicht und in welcher Phase, wie sich der Inhalt verteilte auf römisches, deutsches, geschichtliches und aktuelles Recht, wer Leser war und warum, in welchem Verhältnis sie zu den anderen Zeitschriften stand: dies und anderes wäre zu prüfen. Ohne solche Vorarbeit sind etwa Behauptungen wie die *Landsbergs*[187], die ZDR sei „freilich glücklicherweise darauf (sc. auf Reyschers Daseyn-Aufsatz) keineswegs programmgemäß festgelegt worden" schlecht überprüfbar[188]. An eine solche umfangreiche Prüfung ist hier nicht zu denken. Ich will mich daher auf eine Beleuchtung der angekündigten und tatsächlichen Mitarbeiter, sowie des zeitgenössischen Echos beschränken.

Das vor Seite 1 des ersten Bandes abgedruckte *Verzeichnis der Herren Mitarbeiter*[189] und eine Liste der *tatsächlichen* Teilnehmer[190] zeigen in schöner Abstufung, wer interessiert war. Orientiert man sich etwa an dem, was Roth[191],

---

185 System I (1840) S. IX—L, geschrieben im September 1839.

186 Über die ZDR finden sich Bemerkungen von *Reyscher* in: Erinnerungen 89f, Juristentag: ZDR 20, 304, Wildanachruf: ZDR 16, 448, Rückblick: ZDR 20, 311f, Rückblick: ZDR 13, 1ff; für *Landsberg*, T. 501, ist sie „bewußter Beginn dieses von Bluntschli in Aussicht gestellten Kampfes (sc. „der deutschen und romanisierenden Schule") auf Grund eines festen Planes und Programms"; *K. Maurer*: Wildanachruf, Krit. Überschau 4 (1857) 380—95, erwähnt Wildas Anteil an der ZDR trocken und ohne bes. Betonung. Die ZDR nennt er „verdienstvolle Zeitschrift" (S. 393).

187 T. 502.

188 Vgl. die ähnliche Problematik bei *Landsbergs* Urteil, die ZDR habe 1860 ihre Aufgabe erfüllt, unten bei Fn 406.

189 Es umfaßt 56 Namen. Davon sind 44 wissenschaftliche Juristen (Prof., Priv.-doz.), 12 praktische Juristen, 4 mit romanistischem Schwerpunkt; 14 davon findet man bei *Landsberg* gar nicht erwähnt.

190 Sehr hilfreich hier das gute Gesamtregister in: ZDR 20, 313—405.

191 Die rechtsgeschichtlichen Forschungen seit Eichhorn, in: ZRG 1 (1861) 7—27.

Gierke[192], Frensdorff[193], Landsberg[194] und Hübner[195] zur Geschichte der Germanistik anführen[196,197], so fehlen von den *älteren*, bis etwa 1790 geborenen, germanistisch tätigen wissenschaftlichen Juristen auf der Liste wohl nur *Eichhorn*[198] und *Karl Schildener* (1777—1843), der Greifswalder Germanist[199]. Die verdienten Namen von — dem Alter nach — W. H. Puchta (geb. 1769)[200], Chr. L. Runde (1773), N.N. Falck (1784), J. Grimm (1785), K. J. A. Mittermaier (1787) und G. L. Maurer (1790) erscheinen sämtlich. Danz, Hasse und Rogge waren schon verstorben (1803, 1837, 1827).
Bei den zahlreich vertretenen *Jüngeren* fällt auf, daß *G. Homeyer* (geb. 1795) nicht genannt ist, der wichtige Berliner Germanist. Vielleicht liegen Gründe[201] schon im allgemeinen Einfluß Berlins, der freundschaftlichen Nähe Savignys, seiner ganz den Quellen zugewandten, weniger praktischen oder gar politischen Tendenz[202]. Homeyer war auch nicht 1846 in Frankfurt[203], wohl aber in Lübeck

---

192 Die historische Rechtsschule und die Germanisten (1903).

193 Das Wiedererstehen des deutschen Rechts. Zum 100jährigen Jubiläum von K. F. Eichhorns Rechtsgeschichte, in: ZRG 29 (1908) 1—78.

194 *Landsberg* III 1 (1898) T. 451ff (J. F. Runde, Chr. L. Runde, Danz), und III 2 (1910) T. 253ff (Eichhorn), 307ff (verschiedene übrige Germanisten).

195 K. F. Eichhorn und seine Nachfolger, in: Festschrift für H. Brunner, 1910, S. 807—38.

196 Unergiebig das *HRG*: Art. Germanisten; *Wieacker*: Geschichte, geht exemplarisch vor; *Luig*:Die Anfänge der Wissenschaft vom deutschen Privatrecht, in: Ius commune 1 (1967) 195—223, erfaßt frühere Zeiträume; zu eng *Dickopf*: G. L. Maurer (1960), er erörtert auch die Germanistik als eigenständige Strömung (bes. S. 38—40), betont Eichhorns Pragmatismus (S. 39) u. ordnet dann Maurer mit seinem „originalen Beitrag" (S. 50) *zwischen* Savigny und Thibaut als dritte Kraft ein. Reyscher wird nur kurz und schematisch als „deutschnational" herangezogen (S. 97).

197 Vgl. auch die Übersichten vor den dogmatischen Werken, in deren Extrakt Reyscher meist nicht erscheint, dazu die Zusammenstellung o. Fn I 111; Hinweise dagegen bei *Gierke*: Dt. Privatrecht 1 (1896), zu Reyschers „Privatrecht" und ohne Urteil zu „Daseyn" (Nr. 16) und „Einheit" (Nr. 32); am meisten bei *Stobbe*: Dt. Privatrecht 1 (3. A. 1893), dem ehemaligen Mitherausgeber der ZDR, etwa S. 22 (krit. gg. Nichtrezeption des röm. Staatsrechts), 43 (krit. gg. Theorie des gem. Rechts), 46, 55/56/58 (krit. gg. materielles Element im Recht), 61 (gg. Einheitsgrundsatz), 73, 155, 177, 191 (krit. zur NdS); *Stobbe* bestreitet also sehr wesentliche Axiome Reyschers entschieden, konform aber in § 25 gegen ein Juristenrecht.

198 Er hatte mit Brief aus Berlin vom 13. November 1837 wegen seiner schlechten Gesundheit die Mitarbeit abgelehnt, s. Anhang unter c; in der Sache war er aber recht gewogen und teilte zugleich einen nach geläufigen Vorstellungen erstaunlichen Ausfall gg. Savignys Zeitschrift mit.

199 *Landsberg* T. 312, N. 142, 381; über Gründe konnte ich nichts feststellen.

200 Im folgenden setze ich jeweils die Geburtsdaten dazu.

201 Ein Absagebrief ist in Reyschers Nachlaß nicht erhalten.

202 Vgl. allgemein *Landsberg* T. 525—30.

203 S. das Teilnehmerverzeichnis: Verhandl. Frankfurt 137.

dabei[204], wo er sich aber weder besonders zu Wort meldete[205], noch eine ihm angetragene Kommissionstätigkeit übernehmen wollte[206]. Ein Schluß auf eine sachliche Divergenz zu den Bestrebungen der ZDR, wenigstens eine scharfe, wird aber doch nicht berechtigt sein. Dagegen spricht, was Reyscher 1843 in einer Besprechung von Homeyers Sachsenspiegelausgabe (Teil 2, Band 1, 1842) bemerkt[207]:

„Gewiß hatten wir (sc. die ZDR) es vorzugsweise zu beklagen, daß er sich einer Theilnahme an unserem Beginnen entzogen hat. Allein das vaterländische Recht selbst ward durch seine gründlichen Bemühungen wesentlich gefördert, und wir würden uns glücklich schätzen, wenn alle diejenigen, welche uns ihre thätige Hülfe von Anfang zugesagt haben, mit gleicher Treue diese Zusage gelöst hätten, womit er die seinige abgelehnt hat."

Man staunt also schließlich, welche Vielfalt von Mitarbeitern das Verzeichnis einträchtig ziert, während sie bei Landsberg etwa in so viele ganz unterschiedliche Rubriken fallen. Ich nenne J. Grimm, Mittermaier, Jordan, Mohl und Bluntschli, C. G. Wächter, Warnkönig, M. S. Mayer und Pernice, Reinhold Schmid, Albrecht, Beseler, Gaupp, Heffter[208], der 21 (!) von Landsberg, aber auch Döhring meist nicht verzeichneten praktischen Juristen nicht zu gedenken. Reyschers Programm scheint doch sehr weit gefaßt, werbekräftig oder aus anderen Gründen erfolgreich gewesen zu sein.

Nun war es als wohlbedachte, zerbrechliche Plattform sicher mehr auf Harmonie, denn Gegensatz angelegt. Am Wie und Wann des von vielen bejahten „Endzwecks" kam es schnell zu Reibungen.

Das zeigt ein Blick auf die *tatsächlichen Mitarbeiter*[209], bei denen sich das Bild stark verändert. Über 30% aus dem ersten Verzeichnis fallen aus. Albrecht, Falck, Jordan, Kraut, Lancizolle, Maurenbrecher[210], Maurer, Mittermaier,

---

204 S. das Teilnehmerverzeichnis: Verhandl. Lübeck 245.

205 Dies ergab eine Durchsicht der gedruckten „Verhandlungen".

206 Verhandl. Lübeck 223, wegen Überlastung.

207 Bücherschau: ZDR 8, 364; aufschlußreich *C. G. Homeyers* Rezension zu verschiedenen Darstellungen des preußischen Zivilrechts, bes. der *Bornemanns*, in: Bln. Jb. 1834, Jan., Sp. 667—701. Dort betont er die *selbständige Rolle Eichhorns* in der HS gegenüber dem von Bornemann gezeichneten Bild (Sp. 686). Er arbeitet die praktischen und gegenwartsnahen Seiten Eichhorns heraus und rückt damit behutsam die Germanistik um wichtige Schritte ab von der Savignyschen Position. Für die gemeinsame Plattform hält er i. w. nur (!) die Willkürabwehr und Naturrechtsverwerfung (Sp. 684); vgl. meine Ausführungen zum „Beruf", unten 203ff, die ebenfalls Savignys Willkürabwehr betonen; *Homeyer* wendet die *negative* Willkür enger an (vgl. zur Verwendung unten 142); das paßt auch zu *Eichhorns* freundlichem Brief an Reyscher, Anhang c).

208 Das sind 14 der 44 wissenschaftlichen Juristen im Verzeichnis, s. o. Fn 189.

209 Sie lassen sich gut aus dem Gesamtregister in ZDR 20 ermitteln. Es blieben 21 von den 56 im Verzeichnis.

210 Trotz der sehr freudigen Zusage von Mitarbeit vom 27. 11. 1837, s. Anhang: d; vgl. aber Reyschers scharfe Absage an *Maurenbrechers* Juristenrechtslehre,

Mohl, Fr. Ortloff, Pernice, W. H. Puchta, Phillips, R. Schmid, Thöl, C. G. Wächter und andere haben nie einen Beitrag geliefert. Manche fanden wohl wirklich nur keine Zeit, etwa *Mittermaier*[211]. Die Abstimmung über die Richtung des Unternehmens war ohne Zweifel anfangs nicht klar genug gewesen. Reyscher selbst räumt dies ein[212], wenn er erzählt, auch zwischen ihm und Wilda sei eine festere Grundlage erst spät, also vielleicht Herbst 1838, in Form seines „Über den Zweck dieser Zeitschrift" geschaffen worden. Die Werbungen davor erfolgten also auf unbestimmterer Grundlage. Für die tatsächlichen Mitarbeiter bleibt schließlich zu sagen, daß vor allem jüngere Kräfte eifrig mitwirkten und der Anteil der Praktiker hier wesentlich höher lag als in der Ankündigung[213]. Diese Zusammensetzung ist bezeichnend, da man Gleiches sicher nicht von der „Zeitschrift für geschichtliche Rechtswissenschaft" aus Berlin[214] und wohl auch nicht vom AcP sagen kann[215].

Das zeitgenössische Echo auf die Gründung der ZDR orientierte sich an Reyschers programmatischen Worten und bezog meist seinen Aufsatz *Über das Daseyn und die Natur des deutschen Rechts* (Nr. 16) im ersten Band mit ein. Es ist damit ein Spiegel gerade für Reyschers Anteil an der Grundrichtung. Ganz kurz will ich schon hier das Zusammenhangs wegen den Gang des Daseyn-Aufsatzes beschreiben. Er enthält den Versuch einer theoretischen Verständigung über den *Gegenstand* der neuen Richtung, das deutsche Recht — daher der Titel. Wie später Beseler[216], sieht Reyscher seine erste Aufgabe in der Klärung dieser Objektebene, um später danach die Methodik einzurichten[217].

---

s. ZDR 1, 35; Privatrecht I § 59 (beide Auflagen); ZDR 4, 359; 9, 360 (dazu unten 371f); weiter ZDR 2, 224 gegen dessen fürstenfreundliche Souveränitätslehre; über Maurenbrecher nützlich, aber zu sehr um dessen sog. empirische Methodik und zu wenig um genügende Einbettung und Differenzierung bemüht, *Urbaschek*: Maurenbrecher (1966, Diss. 1963).

211 Angesichts der Flut seiner Beschäftigungen, bes. in Zeitschriften, etwa dem „Neuen Archiv des Criminalrechts" (1816—57), dem „AcP" (seit 1818) und der „Krit. Zeitschrift für Rechtswissenschaft und Gesetzgebung des Auslandes" (1829—52) war das verständlich. In der insoweit geänderten 6. Auflage seiner *Grundsätze*, I (1842) § 37, übernahm er aber wesentliche Forderungen aus der ZDR mit starken Anklängen an *Reyschers* Programmaufsatz „Daseyn"; vgl. unten 372f zum Verh. Reyscher-Mittermaier.

212 In: Für und Wider, ZDR 7 (1842) 123.

213 Dort 44 wissenschaftliche und 12 praktische Juristen, jetzt 43 wiss. und 52 prakt. Juristen.

214 Vgl. das Gesamtregister.

215 Als Stichprobe: Das Autorenregister für Bd. 1—5 in Bd. 5 (1822) a.E. ergibt zwar 26 Praktiker und 17 Universitätsjuristen, bes. die Professoren *Gensler* und *Mittermaier* stellen aber sehr viele Beiträge.

216 System I (1847) 57f = § 15; ähnlich 1862 *C. G. Wächter* im Art. Gesetzgebung, Staatslexikon 6 (3. A.) 496; ganz darauf eingestellt auch dessen: Gemeines Recht Deutschlands (1844).

217 Zweck: ZDR 1, 7f; Daseyn: ZDR 1, 14; Privatrecht I 1 (1836) 100; am ausgeprägtesten später: Einheit: ZDR 9 (1845) 338.

In „Daseyn" werden demgemäß die Merkmale des Grundbegriffs „deutsches Recht" bestimmt, das ist seine „Natur", und danach dessen „Daseyn" geprüft und bejaht. *Die Problemstellung ist keineswegs bloß germanistisch.* Die Erörterung berührt ganz allgemein Rechtsbegriff und Rechtsquellenlehre. Gegliedert ist sie in zwei große Teile, eine historische und eine philosophische Beweisführung. Damit ist die Bedeutung dieses Beitrags umrissen. Für eine genauere Analyse dieser Hauptquelle verweise ich auf Späteres[218] und komme damit auf das zeitgenössische Echo zur ZDR zurück.

Nachdem Mittermaier eine 1823 angekündigte deutsch-rechtliche Zeitschrift nicht ins Leben gerufen hatte[219], die „Eranien (...)"[220] Dalwigks und Falcks (1825—28) eingeschlafen waren, und auch das „Rheinische Museum (...)"[221] Hasses (1828—34) nicht mehr erschien, füllte die ZDR neben der vergleichsweise antiquarischen Zeitschrift für geschichtliche Rechtswissenschaft und dem mehr *romanistisch*-praktischen Archiv für civilistische Praxis eine echte Lücke.

Friedrich Wilhelm Bornemann, der bedeutende preußische Praktiker[222], fand als erster für die ZDR fast emphatische Worte[223]. Er spricht von einer „hochwichtigen Erscheinung", die „höchst wohltätig" und sehr erfreulich sei, deren Einzelbeiträge in Band 1 „ohne Ausnahme gediegen" seien. Insbesondere Reyscher äußere „über die Entstehung des Rechts überhaupt höchst Anziehendes"[224]. Über diese Positiva hinaus ist aufschlußreich, wie er die Akzente

---

218 Vgl. unten 149ff, 320ff.

219 Davon spricht *Reyscher* in „Zweck" ZDR 1, 2 mit Hinweis auf die Vorrede der 1. Auflage von *Mittermaier*: Grundsätze (1824).

220 Auch diese Vorläufer erwähnt *Reyscher*: ZDR 1, 1; ihm folgend dann *Gierke*: HS 12 u. Fn 30ff; siehe: Eranien zum deutschen Recht. 3 Lieferungen, hrsg. von Dalwigk, später Falck (2. und 3. Lieferung); über *Dalwigk* und die Eranien s. *Landsberg* T. 307f, N. 138; Dalwigk starb 1825.

221 Rheinisches Museum, I 1827, mit *Boekh, Brandis, Niebuhr.* Von Niebuhr das Vorwort in Bd. I; 1828 Spaltung in: Rh. M. für Jurisprudenz, 1828—1834 (s. genau *Landsberg* N. 119), und das: Rh. M. für Philologie. Ersteres nun von *Blume, Puchta, Hasse, Puggé* (s. dazu recht ausführl. *Landsberg* T. 290f, N. 119f), nach Landsberg ein „Organ rein der rechtshistorischen Schule", und zwar der jüngeren Bonner Richtung. Bonn war ja *preußische* Universitätsneugründung von 1818.

222 Er lebte 1798—1864, geb. in Berlin, 1815 freiwilliger Jäger, dann Studium in Berlin, 1819 zur preuß. Justiz, war 1825—31 Richter in Greifswald, wo übrigens der sehr germanistische *Schildener* lehrte, wurde dann KG-Rat in Berlin, war 1848 kurz Justizminister nach Savigny, dann Vizepräsident am Obertribunal, seit 1860 Kronsyndikus. Über ihn *Landsberg* T. 609f, N. 266f; *Döhring*: Geschichte 379 (Kurzbiogr. mNw); *Koselleck*: Preußen 23 Fn u. ö. (Register); sehr ergiebig vor allem *Stölzel*: Rechtsverwaltung II 565—620 für B's Savignyopposition, 628—36 für sein Ministerium.

223 Zuerst in: Preußische Staatszeitung 1839, dann unverändert in der: Augsburger Allg. Zeitung 1839, Nr. 325, Nov., Beilage, S. 2543f; ähnlich: Civilrecht I (1842, 2. A.) 24.

224 Alles aaO, S. 2544.

setzt, auch weil Reyscher selbst sich gerade von Bornemann gut verstanden fühlte[225]. Bornemann stellt ganz die beschriebene[226] zweite Aufgabe der ZDR, die „nationale", heraus:

„Die wissenschaftliche Begründung des heutigen (!) Rechts in Deutschland, die Beförderung eines darauf (!) gerichteten Rechtsstudiums und die Mitwirkung zu einer unserer Nationalität immer mehr entsprechenden Gesetzgebung ist ihr Hauptziel" (aaO, 1. Sp.).

Er nennt dies auch „praktische Tendenz". Klar registriert er die dazugehörige „Verschmelzungs"tendenz[227] gegenüber dem Stoff, den Pluralismus in der Methode[228], die Richtung auf die Gegenwart[229], die Abkehr vom Schisma historisch-philosophisch. Er sagt:

„Obwohl aus der historischen Schule hervorgegangen[230], gehört sie so wenig dieser als der philosophischen Schule in der herkömmlichen Bedeutung dieser Bezeichnungen an, ist vielmehr die dem Studium des germanischen Rechts zu verdankende Verschmelzung des Guten beider Schulen, was insbesondere in der Abhandlung von Reyscher ‚über das Daseyn' (...) klar hervortritt" (aaO, 1. Sp.).

Etwas schroffer als Reyscher, der sich hier um Vorsicht bemüht, sieht er die Einheit stiftende Grundlage in den „einheimischen Rechtsgrundlagen", einem „wahrhaft nationalen Recht", in einer Aufklärung des „ganzen einheimischen Rechtszustands" „von der deutschen Grundlage aus", in einer gewissen „Germanisierung". Die breite Übereinstimmung verwundert nicht weiter, wenn man heranzieht, was Bornemann schon in der ersten Auflage seines *Civilrechts* 1834[231] geschrieben hatte und wenn man seine primär von der ALR-Anwendung und nicht von wissenschaftlichen Aufgaben her, schon berufsbedingte Problemsicht bedenkt.

Zum Abschluß wünscht er der ZDR die Teilnahme vor allem der jüngeren Praktiker und wagt die Behauptung, die „Mehrzahl des juristischen Publi-

---

225 In: Für und Wider, ZDR 7, 122 sagt Reyscher: „Ganz richtig bezeichnet Bornemann das Wesen der neuen Richtung (...)".

226 Dazu oben 107.

227 Es gehe um „die unserem Nationalcharakter und unserer Bildungsstufe entsprechende Lösung des zwischen den Elementen unsres Rechtszustandes obwaltenden Conflicts", die ZDR habe insofern „versöhnende Kraft" (aaO).

228 „Weshalb auch, nach Maßgabe des Stoffs, entweder der geschichtliche, oder der exegetische, oder der empirische, oder endlich der rationelle Weg eingeschlagen werden soll", dies in dichter Anlehnung an ZDR 1, 7.

229 Er lobt, daß die Richtung „nicht, wie die Vertiefung in das römische Recht, von der Gegenwart ab-führt, sondern derselben zu-führt".

230 Er hatte zuvor die Herkunft der neuen Richtung aus der HS behauptet. Diese Sicht scheint mir wie die anderer damals dem Bemühen entsprungen, das Unvereinbare zu vereinbaren, nämlich die Reputation der konservativen HS zugunsten fortschrittlicher Kräfte zu nutzen über die Behauptung einer Kontinuität, s. zu diesem Problem unten bei und in Fn III 362.

231 So das Datum im Titelblatt. Der erste Teil wurde aber 1833 geschrieben *und* ausgeliefert, s. aaO, Vorrede X.

cums (sc. neige) sich zu der durch sie (sc. ZDR) repräsentierten Richtung hin (neigt) (...)" (aaO). Bei seiner profunden Kenntnis wenigstens der preußischen Praxis ist das ein gewichtiger Satz. Man darf schließen, daß es sich bei Leuten wie Reyscher und Bornemann nicht einfach um etwas ähnliches wie die heute so geläufige kleine, kritische Minderheit unter den damaligen Juristen handelte. Sie erscheinen vielmehr als Repräsentanten einer recht breiten Strömung.

An dieser Stelle ganz kurz eine Stichprobe: Wie erscheint *Bornemann* in der Literatur der Nachwelt?

Wieacker, *Wesenberg* und *Hattenhauer* geben gar keinen Hinweis auf diesen Kritiker, der meinte, seine und Reyschers Richtung entspreche der Mehrheit des juristischen Publikums. *Schönfelds* Reyscher-Lob im Gedächtnis wird man beim erwartungsvollen Aufschlagen des Registers nicht enttäuscht, noch weniger im Text. Wie Reyscher erscheint Borneman durchaus positiv (S. 385). Er wird der Savignyschen Ablehnung des ALR billigend gegenübergestellt. An der HS übe er „kluge Kritik" (aaO). Sein Civilrecht enthalte im 1. Band eine „Philosophie des preußischen Rechts von hoher Warte aus (...), wie man ihr in den Schriften der HS kaum begegnet." Schönfelds besondere Motive habe ich schon angeführt[232]. Es kommt mir nicht auf seinen Beifall an, sondern auf den Aufweis eigenartiger Divergenzen. Sie werden ganz offenbar, wenn man die sehr verhaltene Würdigung dagegenhält, die *Landsberg* gab[233]. Er sieht „doktrinären Liberalismus"[234] und Unfähigkeit, „über das unmitelbar Nützliche und über die Aufgaben der amtlichen Stellung hinauszusehen" (T. 609). Selbst im Lob der „Vollkraft seines Positivismus" klingt der abwertende Unterton unüberhörbar mit. *Döhring* hat eine Kurzbiographie[235]. Einen kurzen nüchternen Bericht findet man schließlich bei dem profunden Kenner des „Preußen zwischen Reform und Revolution" (1791—1848)[236], dem Sozialhistoriker *Reinhart Koselleck*. Dieser untersucht im ersten Kapitel das „Allgemeine Landrecht und seine politische Auswirkung bis in den Vormärz" (S. 22—149) und bemerkt dabei:

„Die eigentlich wirksame Gegenbewegung gegen die selbstgerechte Kritik der historischen Rechtsschule am Landrecht erfolgte von Seiten der Praxis. In einer Fülle von Zeitschriften und Kommentaren und durch die Publikationen der Entscheidun-

232 Sie sind kurz gesagt deutschtümelnd-metaphysisch, dazu oben 3. Vgl. jetzt *Stolleis*: Gemeinwohlformeln 25 f.

233 T. 609f, unergiebig N. 266f.

234 *Landsberg* schreibt ihm genau folgende ungewöhnlich klingende Verbindung zu: „ein beträchtliches Maß von Gerechtigkeitssinn und doktrinärem Liberalismus". Damit beweist er wieder einmal (s. schon oben 7), wie ihm die Beurteilung liberaler Juristen Schwierigkeiten macht. Er will Verdienste nicht ganz übergehen, ist aber in der Hauptmelodie negativ, oft nur diffus.

235 Geschichte 379.

236 So der Titel seiner Heidelberger Habilitationsschrift von 1965. Sie erschien 1967 auf 732 Seiten.

gen des Obertribunals seit 1825 wurde das ALR zunehmend der wissenschaftlichen Bearbeitung erschlossen (...). Vor allem in Bornemann entstand Savigny ein Schüler, der sich seinem Lehrer praktisch überlegen und auf dem Gebiete des preußischen Rechts wissenschaftlich gewachsen zeigte". (S. 23 Fn).

Ganz in diese Richtung weist die von Koselleck hier nicht genannte, liebevolle ältere Darstellung *Stölzels* zu „Brandenburg-Preußens Rechtsverwaltung und Rechtsverfassung"[237]. Diesen ranghohen preußischen Praktiker der Justiz und Verwaltung leiten einmal andere als historistische Wertungen bei der selbstgesetzten „Aufgabe (...), das Wirken der Landesherren und der die preußisch-brandenburgische Rechtsverwaltung leitenden höchsten Beamten im Lichte ihrer Zeit zu schildern" (S. IV). Seine Schilderung im Dritten Buch (S. 439ff) läßt Savigny und Bornemann, ihre Aktivitäten, Hintergründe und Rivalitäten sehr lebendig werden[238]. Bornemann macht dabei eine durchaus beachtliche Figur. Ich muß die Stichprobe abbrechen[239]. Sie belegt eine zumindest punktuelle nicht ganz zufällige Vernachlässigung, die wenigstens zu den zumeist sehr weit gefaßten Titeln der herangezogenen Werke nicht stimmt.

Die nächste Stellungnahme zur ZDR malt das Bild der neuen Richtung in kaum weniger freundlichen Farben. Ihr Verfasser hatte schon eigenwillige Beiträge geliefert[240], die sich mit den Tendenzen der ZDR berührten. Er wurde 1845 denn auch Redaktionsmitglied, nachdem er sich in den Augen vieler 1843 mit „Volksrecht und Juristenrecht" an die Spitze der Disputanten geschrieben hatte. *Georg Beseler*, damals in Rostock, hatte es übernommen, die ZDR im Hauptrezensierorgan der damaligen Juristen zu begrüßen[241]. Auch dieser zuvorkommende Empfang hat seine ganz eigenen Nuancen. Es verwundert kaum, daß Beseler vorzüglich die weitergehende *zweite* Aufgabe der ZDR beschäftigt, zur „Beförderung eines nationalen Rechtsstudiums und damit zur Begründung einer nationalen Rechtswissenschaft mitzuwirken"[242]. Mit dem

---

237 Untertitel: dargestellt im Wirken seiner Landesfürsten und obersten Justizbeamten. Berlin, Vahlen, 2 Bde, 1888, zusammen LII u. 774 S. (durchpag.).

238 Etwa II 527, 535ff, 565ff, 628ff; siehe auch die vorzügliche Inhaltsübersicht S. XIXff.

239 Bedauerlich ist, daß auch das neue *HRG* Bornemann nicht führt.

240 Über die Stellung des römischen Rechts zu dem nationalen Rechte der germanischen Völker, Academische Antrittsrede. Basel, Schweighäuser, 1836, 18 S. (gehalten 1835); Zur Beurteilung der sieben Göttinger Professoren und ihrer Sache. Rostock, 1838; Rezension zu G. Phillips: Grundsätze des gemeinen deutschen Privatrechts I (2. Aufl. 1838), in: Bln. Jb. 1839, Febr., Sp. 209—229.

241 Krit. Jb. 1840 II 809—25. Beseler war damals in Rostock (1837—42).

242 Dies zitiert er aaO 811 aus: Zweck, ZDR 1, 7 (vgl. oben 107); S. 813 wiederholt er: „Die Hauptaufgabe ist gegenwärtig, das gemeindeutsche Recht fortzubilden, und dafür ein allseitiges Interesse zu erregen; das Studium fremder Rechte muß noch als die besondere Aufgabe Einzelner betrachtet werden". Die behutsame Formulierung ändert nichts daran, daß darin eine Akzentverlagerung liegt; s. näher für seine „Vorsicht" das Zitat Fn 250, auch Fn 297; für die Gründe vor allem sein Brief vom 20. 12. 1840 im Anhang unter e.

Hinweis darauf eröffnet und schließt er seine „allgemeinen Erörterungen über den Zweck und die Richtung dieser Zeitschrift" (S. 813). Daß römisches und deutsches Recht „zu einer organisch verbundenen Rechtseinheit zusammenfließen" (S. 810) sollen, ist für ihn ganz klar. Nichts anderes bedeutet hier die „nationale" Richtung. Wie der Preuße Bornemann und die Hallischen Jahrbücher betont und billigt er diese *nationale* Aufgabe der einheitlichen Erfassung des aktuellen Rechts. Das Stichwort „pragmatische Methode"[243] nimmt er unverbindlich allgemein an (S. 811). Zur Natur der Sache als Rechtsquelle hält er sich wohlweislich zurück, legt aber doch Wert darauf, „daß an keine Construction aus reinen Vernunftsgründen (a priori) gedacht werden darf". Es war sicher sinnvoll, Fehldeutungen Dritter in diese diskreditierte Richtung vorweg zu begegnen.

Ohne *Vorbehalte* kommt aber selbst Beseler nicht aus. Ich meine, sie verdienen stärkste Beachtung. Beseler hat im Gegensatz zu Reyscher auch nach 1848/50 Karriere gemacht!

Georg Beseler wurde Berliner Ordinarius im Jahre der „neuen Ära", 1859, und blieb Berlin bis zu seinem Tode treu. Landsberg nennt einige der zahl- und einflußreichen preußischen Funktionen, die der Altliberale nunmehr wahrnahm[244]. Das Stichwort „Neue Ära" wurde für die maßvollen Liberalisierungsschritte geprägt, die im Zusammenhang mit dem Thronwechsel in Preußen vom neuen Regenten gewagt wurden. Es ist so hoffnungsfroh euphemistisch, wie es die liberalen Kreise schon beim Thronwechsel von 1840 waren. Die Wirklichkeit brachte jedoch lediglich *nebensächliche* Zugeständnisse aus gesicherten konservativen Positionen. Wie Theodor Schieder etwas behutsamer schreibt, begann es mit einem „konservativen Grundton" und dem „Stichwort von der Reorganisation der Heeresverfassung", womit der neue Regent angesprochen habe, „was ihn am meisten (!) bewegte"[245]. Der Thronwechsel vollzog sich dann sukzessive von Oktober 1857 (Stellvertreter) über Oktober 1858 (Regent) bis Januar 1861 (König)[246]. *Daß* Beselers Ernennung als eines der „beredtesten Zeichen" *dieser* eigentlich wenig neuen Ära angesehen wurde[247], zeigt, daß auch der altliberale Beseler seinen Frieden zu machen gewillt war. Nur ein genau beschränkter Einfluß wurde ihm de facto zugestanden, wie man an seinem Verhältnis zu Bismarck sieht[248]. *Walter Bußmann* konnte allgemein zur „Geschichte des deutschen Liberalismus im 19. Jahrhundert" für dieses „Jahrzehnt der Reaktion" sagen: „Entscheidend aber bleibt die Resignation im Politischen und die bewußte Hingabe an die materiellen Interessen — ein Zug, der kennzeichnend ist für jene Strömung vom Idealismus zum Realismus und der den konservativen Inhabern der Macht nur erwünscht war"[249]. In diese Linie muß man auch Beseler stellen, ohne dabei die liberalen Seiten an ihm zu übersehen. Für die Abgrenzung zu Reyscher ist die

243 Nach *Reyscher* ZDR 1, 7.
244 *Landsberg* T. 509.
245 *Gebhardt-Schieder* 169.
246 *Gebhardt-Schieder*, aaO.
247 So *Landsberg* T. 509.
248 Dazu R. *Hübner*, in: G. Beseler, ADB 46 (1901).
249 *Bußmann*, S. 93 des Neudrucks im Sammelband „Probleme der Reichsgründungszeit, 1848—1879", hg. v. *H. Böhme*, 1968, S. 85—103; zuerst stand *Bußmanns* grundlegende Studie in HZ 186 (1958) 527—57.

besagte Linie gerade wichtig, denn Reyscher war weniger „vorsichtig", wie man damals sagte.

Aus der einflußreichen Berliner Stellung heraus wurde *Beselers* Konzeption folgenreicher. Die Vorbehalte gegenüber Reyscher, Karriere und Folgen könnten zusammenhängen. Ich sehe Vorbehalte in drei Punkten. Beseler rückt das Ziel einer „nationalen" Wissenschaft viel weiter in die Zukunft als Reyscher. Das läßt manchen Brückenbau in der Gegenwart zu, etwa daß er Vorarbeiten und *vorläufig* noch romanistisch-germanistische Arbeitsteilung fordert[250]. *Zweitens* wehrt er sehr hellhörig den bei Reyscher durchscheinenden Gedanken ab, „das Ergebnis der Praxis zum Inhalt der wissenschaftlichen Darstellung unseres Rechts zu machen"[251] und betont: „Die Wissenschaftlichkeit also soll das leitende Princip sein"[252]. *Drittens* bringt er schon die bedeutungsvolle Anmerkung: „dem sogenannten Juristenrecht oder wissenschaftlichen Recht, wie von Savigny will, weist er (sc. Reyscher) eine bestimmte, aber wohl zu beschränkte (!) Stellung an". Gerade dieser Gedanke sollte eine wichtige Rolle in „Volksrecht und Juristenrecht" spielen[253].

Ein Ungenannter setzte sich in den *Hallischen Jahrbüchern*[254] erstaunlich ausführlich mit der „neuen Richtung" auseinander. Das Organ der Junghegelianer Echtermeyer und Ruge[255] „für deutsche Wissenschaft und Kunst"[256] verfolgte Grundfragen der Jurisprudenz stets aufmerksam in lehrreichen

---

250 Im Anschluß an das Zitat vor Fn 242 warnt er: „Doch ist, daß ich dies gleich bemerke, in letzterer Beziehung (sc. Begründung einer nationalen Rechtswissenschaft) Vorsicht (!) nöthig, damit das Gelingen dieser Aufgabe nicht durch eine zu weite Fassung derselben bedroht wird. Liegt auch die freie Beherrschung des Rechts in seiner Gesamtheit nicht außerhalb der Aufgabe der gegenwärtigen Zeit (sc. wie manche Gegner raten), ja muß sie stets als das letzte (!) Ziel wissenschaftlicher Bestrebungen von dem Juristen festgehalten werden; so sind die Vorarbeiten doch noch nicht so weit gediehen, daß eine Theilung der Arbeit schon entbehrt werden könnte" (S. 811).

251 Er bezieht sich dabei auf *Reyschers* zentralen Satz, im „practischen Rechte" der Gegenwart seien die Gegensätze des einheimischen und römischen Rechts ausgeglichen. Vgl. dazu schon oben 44f bei Wächter-Reyscher, weiter 107, 156ff.

252 Man sieht seine Schwierigkeiten, eine Mittellinie zu fassen, wenn er fortfährt: „daher keine bloß practische Tendenz, die sich begnügt, für den täglichen Bedarf Rechtssätze aufzustellllen; aber auch kein Vergraben in frühere Zeiten, welches die Jurisprudenz zu Rechtsalterthümern (sc.: Grimm!) machen würde" (S. 812). So extrem gestellt, ließ sich eher Einigkeit in einer vagen Mitte erzielen. Später sollte übrigens *Reyscher* gerade *Beselers* „Volksrecht" zu wenig „wissenschaftlich finden" (ZDR 8, 349f); ähnlich kritisch *Hübner*: Beseler, ADB 46, 8.

253 Vgl. nur Reyschers Kritik in ZDR 9, 360, zitiert unten bei Fn 489, zus.fassend unten 377ff.

254 Hall. Jb. 1840, August, Nr. 206, Sp. 1641—8.

255 *Ruge*, 1802—1880, Nwe oben Fn II 6.

256 Zu Rolle und Hintergrund der Hall. Jb. oben 24f.

Artikeln[257]. Drei Punkte prägen diese Stellungnahme. Die *Tendenz* der ZDR wird voll und ganz unterstützt[258]. Die Begründung Reyschers in „Daseyn (...)" wird nur teiweise nachvollzogen[259]. Als *eigene* Begründung erscheint die „historische Entwicklung der Rechtsidee" (Sp. 1646), ein Mitvollzug der „geschichtlichen Bewegung des Geistes" (Sp. 1648)[260]. Dies Begründungsskelett erhält Fleisch, indem der Verfasser herausarbeitet, die „Bewegung des Geistes in der Geschichte" bestehe derzeit darin, „den Keim des Lebens (sc. = Freiheit) in dem nachzuweisen, was durch Überwucherung erstickt schien" (Sp. 1647). Er sagt noch deutlicher, er gehe von einer prinzipiellen Verschiedenheit des deutschen und römischen Rechts aus[261], um anzuschließen:

„Die Entwicklung des deutschen Geistes geht aber in der That auf dieser Basis (sc. der Verschiedenheit) dadurch vor sich, daß der nationelle und eigenthümliche Charakter der einzelnen Rechtsinstitute, wie ihn die Wissenschaft nach Abwerfung ungehörigen Schlackens, aber ohne die Resultate organischer An- und Fortbildung (sc. des alten deutschen durch das römische Recht) zu verkennen, zu Tage gefördert hat, in der Höhe und Geltung ausgeprägt wird, welche der gegenwärtigen Stufe der Rechtsbildung überhaupt angemessen ist" (Sp. 1647).

Das sei dann „wahrhaft geschichtlich" und „ächt germanistisch" (aaO). Dies ist unverkennbar der Beitrag eines Hegelianers. Wer der Anonymus auch sei, ich glaube das Verhältnis Reyschers zu Hegelischem Gedankengut leuchtet schon hier recht gut auf. Man trifft sich stark in den *Ergebnissen*; dabei ist nicht zu vergessen, daß eine mehr *links*hegelianische Äußerung vorliegt[262]. Die *Begründung* und *Absicherung* geht aber doch erheblich auseinander. Den geschichtsmetaphysischen Aufweis, sein Streben beherrsche ein „nothwendiger" Gesichtspunkt (Sp. 1647 o.), erspart sich Reyscher. Für den hegelia-

---

257 Die im heute gebotenen Bild der Zeit meist fast völlig vernachlässigten, aber doch als Dokumente zukunftsweisender Positionen wichtigen Artikel, verdienen wenigstens zum Teil genannt zu werden, da so nützliche Quellenausgaben wie etwa die von *Jost Hermand* in der Literaturgeschichte für die Rechtsgeschichte wohl fernliegende Desiderate darstellen, s. daher Anhang k. *Böckenförde*: HS, Fn 14 weist immerhin auf den Aufsatz Steins zu Savignys System hin als „klassisches Dokument".

258 Sp. 1647 „volle Anerkennung der Ergebnisse", Sp. 1648 „völliges Einverständnis mit der Tendenz".

259 Sp. 1643: „Bis hierher (...) vollste Anerkennung". Kein Einverständnis für die Verankerung des Rechts in „Vernunft und Sitte" (Sp. 1644), die Reyscher für deutsches und römisches, altes und neues, also jedes Recht behauptet; dazu unten 321, 333.

260 Ähnliche, charakteristisch hegelianische Wendungen in jeder Spalte.

261 Dazu Sp. 1644, 1645 oben. Der Verf. meint, das *römische* Recht sei wesentlich Gesetzesrecht, Gedachtes, Gesetztes, aus der auctoritas iuris prudentum (Sp. 1644). Das ist das glatte Gegenbild zu Savigny! Das *deutsche* Recht sei wesentlich Gewohnheitsrecht (Sp. 1644f) und frei (Sp. 1646). Deutlich hat man hier die politische Ideologisierung auf Frei-Unfrei hin; vgl. weitere Stimmen o. Fn 77.

262 Zu „links" und „rechts" dabei allgemein *Überweg-Österreich* 200f; *Löwith:* Die Hegelsche Linke (1962); *Lübbe*: Polit. Philosophie (1963) 33ff.

nischen Rezensenten machte er die Ergebnisse erst legitim. Zugleich erscheint die Ablehnung eines jeden Romanismus als ebenso „nothwendig" (Sp. 1647f), die Herrschaft der eigenen Richtung als das einzig richtige, einer Anerkennung nicht erst bedürftig (Sp. 1648). Die Metaphysik macht unduldsam mit dem Besitz der Wahrheit. *Reyscher* will lediglich betonen, es gebe auch noch ein konkret aktuellen Bedürfnissen und Zwecken entspringendes Recht, das seine Funktion in der Ergänzung der bereits positiv verfestigten Rechtsregeln habe. Er wahrt völlig die Prärogative des sogenannten Positiven (Gesetz, Gewohnheit, Gerichtsgebrauch). Er konstruiert keinen völlig neuen Gesamtüberbau in Form einer „Bewegung des Geistes"[263]. Eine bloße Ergänzungsfunktion lehnt der Anonymus dagegen gerade ab[264]. Trotz der Vorbehalte ist zu schließen: Der Beifall aus der Ecke des „Lumpenvolks" (Savigny)[265] war stark, kompromittierend stark. Nicht viele Juristen wurden in Ruges fortschrittlichen, später radikalen Blättern so gelobt[266].
Vermerken kann man hier noch die feine Mittelstellung des erwähnten Berliner Praktikers *Bornemann*, der zwar ähnlich wie die Hallischen Jahrbücher den *deutsch*rechtlichen Ansatz und dessen Ausbau betonte, aber dafür nicht die Autorität einer dahingehenden „notwendigen" Bewegung des Geistes als unerläßliche Stütze in Anspruch nahm.
Abwehrend reagierte wohl zuerst *Georg Friedrich Puchta* (1798—1846). Er nutzte die Gelegenheit einer Rezension zu Savignys System[267]. Seine leicht spöttische Abfertigung mußte herausfordernd wirken[268] und tat es auch[269]. In „scheinbarer Abschweifung" (S. 678) läßt sich Puchta die Chance nicht entgehen, Savignys *System* in der aktuellen Reformdebatte zu verwenden. Das mit allgemeiner Rechtslehre so liebevoll beschäftigte Werk Savignys lud dazu ja

263 Dazu unten 345ff.

264 Sp. 1643; anknüpfend an eine Formulierung Reyschers sagt der Verf.: „Es ist wohl nicht einzusehen, warum bloß im Zweifel diese Gemäßheit eintreten und erkannt werden soll; eine subsidiäre Geltung des Naturrechts neben anderen Rechten soll doch aber schwerlich damit ausgedrückt werden."

265 So *Savigny* an *Bluntschli*, Stoll II 360, vgl. II 63.

266 Dazu die Art. im Anhang k, nähere Aufzählung in Fn V 273.

267 Zu Band 1 u. 2, in: Krit. Jb. 1840 II 673—715, hier 674—8; auch in: Institutionen I (1. Aufl. 1841) 107; *unverändert* insoweit noch deren 5. Aufl. 1865 (Hg. Rudorff) 94.

268 *Bender:* Rezeption 105, hält *Puchtas* provokative Schärfe für entscheidendes Öl im Feuer. In der Tat hatte Puchta eine delikate, gerade in ihrer Brillanz höchst treffende Art seine Feder zu führen. Dies sieht man an seinen Rezesionen in Schuncks Jahrbüchern, etwa zu *Gans'* „Erbrecht" (I, 1836, 1—43), zu *Schmidts* „Versuch einer Theorie des Gewohnheitsrechts" (I, 1826, 144—54), zu *Schildeners* „Beiträgen" (XI, 1829, 12—20); bemerkenswert auch seine *Eichhorn*kritik, in: Gew.recht I (1827), dazu unten bei Fn V 103.

269 S. bes. *Reyscher*, in: Für und Wider, ZDR 7 (1842), wo er sich in Polemik gegen Puchta einer auch nicht gerade müden Feder bedient; dazu unten 125f, 142f.

ebenso ein, wie die sich häufende Kritik[270]. Puchta fädelt seine Abwehr klug ein. Von Anfang an *anerkennt* er ein Reformbedürfnis ganz entschieden. Er meint, die Aufgabe sei, „die wahre (!) Befreiung von der Herrschaft des Stoffs" (S. 674), „die Befreiung von dem Buchstaben des römischen Rechts" (S. 675). Damit bleibt er am Ball, im Spiel. Dieser Schritt allein ist wichtig. Puchta ist für kritische Gärung sehr hellhörig; so aufmerksam ist er, wie es Savigny 1814 war und auch jetzt, 1840, bewies. Die Ausarbeitung des „Systems" im reifen Alter von 61 Jahren und deutlicher noch das Problembewußtsein der Vorrede zeigen das. Puchta wird wie Savigny zum großen Gegner, da er die Herausforderung eines gärenden Reformbedürfnisses anerkennt und annimmt. Er disqualifiziert sich nicht durch bloßes Neinsagen. Ein Blick auf die hausbacken antithetische Kritik der Jenaischen Allgemeinen Literatur-Zeitung[271] genügt, um den Unterschied zu sehen. „Den Strom der Zeitgeschichte" (S. 676) wagt dieses Blatt nicht zu bemühen. Puchta mußte mit seinem ersten, dem Reformbedürfnis entgegenkommenden Schritt von den Reformern ernst genommen werden. Er bleibt in der „öffentlichen Meinung" Mitentscheidender, selbst wenn man einmal von den faktischen Machtlagen in Politik und Wissenschaft absieht, in denen sein Einfluß wohl ohnehin größer war. Das ist das Herausfordernde. Nach diesem ersten Schritt kann er ruhig in seiner köstlichen, stets gekonnten Art über den *wahren* Fortschritt belehren. Auch Savigny sprach 1814 vom „wahren Fortschritt"[272], 1840 vom „wahren Leben der Wissenschaft"[273], um nur zwei von vielen ähnlichen Formeln zu nennen. Man sagt nicht nein, man weiß es einfach besser. Es ist das Moralisieren der Aufklärung in naturphilosophischer Diktion.

---

[270] In den 30er Jahren findet man etwa an kritischen Beiträgen:
Die Artikel in den *Hall. Jb.* 1838 und 1841 (s. Anhang k); *C. A. Albrecht*: Über die Stellung der Äquitas (1834); *H. J. Siegen:* Juristische Abhandlungen (1834) (oben Fn I 104); *Wilda*: Feuerbachrez. (1834) (unten bei Fn 352); *Mittermaier*: Behandlungsweise (1837) (unten 335 f); *Thibaut*: Über die sog. HS (1838); *Warnkönig*: Schulen (1839); *M. S. Mayer*: Gesetzgebung (1839); *Kierulff*: Theorie (1839) Vorrede; *R. Schmid*: Über die Anforderungen unserer Zeit (1839). *G. Beseler*: Phillipsrezension (1839); *E. Gans*: Besitz, Vorrede (1839); *Gärtner*: Wissenschaftliche Behandlung des Staatsrechts (1839); *Bluntschli:* Rechtsschulen (1839) (auch er bringt Kritik); *Michelet*: Rezension zu Stahl (1839); *Purgold*: Gesetzgebungswissenschaft (1840); Auch *Dahlmanns* einflußreiche: Politik (1835), vgl. deren §§ 206, 235.

[271] S. die Wiedergabe unten 122f.

[272] Beruf 149 unten; ähnliche Adjektiva verwendet S. häufig, s. über dieses Verfahren, bes. mit „lebendig", unten 209; hier wären noch zu nennen aus „Beruf": „wahre Rechtsquelle" (S. 84), „das allein wahre und natürliche Verhältnis" (S. 99), „wahre Erfahrungen" (S. 146), „wahre (...) Vollendung" (S. 147), „was wahrhaft der Nation angehört" (S. 161).

[273] System I Vorrede XVII; am Anfang und am Ende wird die „Wahrheit" beschworen, aaO S. I und L; ähnliche Verbindungen mit „wahr" auch S. X, XII, XXII, XXVIII, XXXVf.

Konkret sieht Puchta den feinen Unterschied zu den „neusten Germanisten“ (S. 675), in deren Wunsch nach einer „Erlösung nicht (sc. nur) von dem Buchstaben, sondern von dem Geist des römischen Rechts“ (S. 675). Getreu seinem fortschrittlichen Selbstverständnis kann er selbstbewußt auf die aktuelle Rolle des römischen Rechts pochen. Dieses habe einen „lebendigen, fortwirkenden, von dem Schicksal seines zufälligen Beiwerks, ja seiner besonderen Form in den justinianischen Gesetzbüchern unabhängigen Geist“ (S. 676). Savignys „System“ sei ein schlagender Beweis. Man beachte die offenbar „unhistorische“, naturrechtlich denkende metaphysische Aufwertung des Römischen Rechts[274]. Die von Reyscher behauptete Beschränkung der Romanisten auf das reine römische Recht gebe es gerade nicht. „Wo sind diese Romanisten, von denen dies schon jetzt gesagt werden könnte?“ (S. 675) fragt er herausfordernd. Puchta will vom „Buchstaben des römischen Rechts“ freimachen und den Weg der Rechtsfortbildung aus dem „Geist des römischen Rechts“ gehen. In diesem neuen weiten Gewand ließen sich die alten Interessen gut unterbringen. *Jherings* großes Werk gleichen Titels scheint mir durchaus hier anzuschließen, denkt man an die Rechtsfortbildung dabei.

Die ganze kurze Abwehr Puchtas zeigt schließlich, daß auch er — in der Abwehr — den zweiten Zweck der ZDR, die Begründung einer nationalen Rechtswissenschaft, am wichtigsten nimmt.

Etwas verspätet erhebt sich noch 1841 eine Stimme aus dem „historischen“ Lager. „*R—Z*“, so das Zeichen des Rezensenten, bespricht in der *Jenaischen Allgemeinen Literatur-Zeitung* das neue Unternehmen mit dem außerordentlichen Aufwand von 23 Seiten[275]. Er prüft *alle* Aufsätze der Bände 1 und 2 erste Hälfte (1839), vor allem darauf, „ob die Herausgeber das ihrem Plane vorgesteckte Ziel erreichen, zur Fortbildung des Deutschen Rechts im Geiste der Gegenwart mitzuwirken“ (aaO. Sp. 545).
Leider gelang es mir nicht zu ermitteln, wer sich hinter „R—Z“ verbirgt[276].

---

[274] Das damit angesprochene naturrechtliche Erbe der HS entdeckten schon die damaligen Kritiker; vgl. unten 339 für *Reyscher*; *Beseler* findet 1843 bei Puchta „die alte (...) naturrechtliche Lehre“, s. Volksrecht 74; *Welcker* stellt im „System“ (1829) vielfach Gemeinsamkeiten von Vernunftrecht und HS fest, was er S. 571 in der Fn linke Sp. so ausdrückt: „So begegnen sich überall die feindlichen Brüder!“; aus neuerer Zeit statt aller *Wieacker*: Geschichte 372 mNw; wertvoll auch *Bergbohm*: Jurisprudenz 480ff.

[275] J.A.L.Z., Erg.bl., 1841, Nr. 69—74, Sp. 545—90.

[276] Nach der Rezension muß es sich um einen recht kundigen Germanisten der streng konservativen Richtung handeln. Nimmt man etwa Landsbergs Namensregister als Hilfe, so paßt weder die Vermutung „R“ = Vorname, noch „Z“ = Nachname, noch deren Umkehrung. Das System scheint anders, da etwa R. Mohl in der J.A.L.Z. 1833 mit „A-Z“ zeichnen konnte, s. dazu oben Fn III 8. Ein „R-Z“ rezensierte auch schon in J.A.L.Z. 1834, Erg.bl., Sp. 233—45, Feuerbachs „Kleine Schriften“ (1833), auch hier streng für die „Herrschaft

Bei diesem Kritiker schneidet *Ernst Theodor Gaupp* (1796—1859) der Breslauer Germanist, mit seinem Fragment „Über die Gewere (...)“[277] noch am besten ab. *Wildas*, des Mitherausgebers eindrucksvolle, dogmenhistorische Arbeit über „Das Pfändungsrecht“[278] findet keine rechte Anerkennung[279]. Ganz schlecht ergeht es schließlich *Reyscher*. Die Reihenfolge ist kein Zufall. Sie ergibt sich aus der ganz auf Grundlagen eingestellten Optik des Rezensenten. Er verfolgt vor allem bestimmte Wertungen. Dies tut er nicht nur bei Reyschers „Daseyn“, wo sie offen liegen, sondern auch bei „Gewere“ und „Pfändungsrecht“, wo sie ins positive Detail hineinwirken. Diese Optik der Stellungnahme, ihre Ausführlichkeit darin, sowie ihre wieder anderen Maßstäbe, machen sie ergiebig.

Die Hauptgedanken der 23 Seiten lassen sich in die folgenden Antithesen einfangen: Der „einzig wahren geschichtlichen Rechtswissenschaft“ (Sp. 548) wird — mit großer Schärfe — die Reyscher zugeschriebene „freye pragmatische Methode“ (aaO) entgegengesetzt. Jene sei die Wissenschaft des „bestehenden wirklichen Rechts“[280], des „Geschichtlichen“, des „Objektiven“ (alles Sp. 548), diese bedeute „schrankenlose Willkür“, „alles Objektive durchdringenden Liberalismus“, „reine Abstraction“, „Subjectivität“, „Formeln“, „Vorurtheile“ (alles Sp. 548). Die Geschichte löst sich auf in eine richtige und eine falsche. Richtigerweise waren die fränkisch-germanischen

---

des Bestehenden“ eintretend (aaO 233f), also wohl identisch mit dem von 1841. Nach den dortigen Ausführungen müßte „R-Z“ schon etwas älter sein. Eine weitere Rez. zu Sintenis' „Handbuch des gemeinen Pfandrechts“ in J.A.L.Z. 1838, März, Sp. 337—351.

277 Genau: Kritische Untersuchungen über die Gewere des deutschen Rechts, ZDR 1, 86—143; eine unvollendete interessante Grundlagenarbeit mit wichtiger Kritik an *Albrechts* Geschichtsbild; „unbedeutende kleinlich mäkelnde Bemerkungen“ nennt sie allerdings *Stobbe*, in: Albrecht S. 25.

278 ZDR 1, 167—320.

279 Dies obwohl es sich dabei um ein glanzvolles Paradigma der „neuen“ Richtung handelt. *Wilda* gibt eine genaue Problemgeschichte der Pfändung. Er verbindet penible historische Sorgfalt, guten Blick für soziale und politische Grundhaltungen, vergleichendes Heranziehen nordisch-germanischer Rechtsquellen und behutsame Verwendung allgemeiner Gesichtspunkte glücklich. *Vor allem aber führt er sein Problem bis zur Gegenwart durch.* So kann er zuletzt die Brücke vom vergangenen zum geltenden Recht, von der Historie zur Praxis der Gegenwart schlagen und eindrucksvoll das aktuelle Recht abklären. Er belegt damit den Wert einer *zunächst* vom alten *deutschen* Recht ausgehenden Betrachtung. Bei alledem findet sich keine Spur germanistischer Blindheit. Wilda bietet damit im kleinen und vor allem methodisch *die* Dogmenhistorie, die dann *C. G. Bruns* und sein Werk „Das Recht des Besitzes im Mittelalter und der Gegenwart“ (1848) berühmt machte, s. nur Landsberg T. 752. Auch *Beseler* fand aber aaO (Fn 241) die im übr. von ihm sehr gelobte Arbeit etwas schwerfällig.

280 Schon die Reihenfolge bestehend-wirklich ist interessant.

Könige Herrscher mit „höchster Gewalt", waren die Freien „Diener", im Dienen wieder „Freye" (alles Sp. 548), gab es nie „Verträge zwischen Volk und Fürsten", so wenig wie einen „Volkswillen als einheimische Quelle des Deutschen Rechts" (Sp. 549). „Überhaupt ist Autonomie des Volks, in dem Sinne, wie der Verfasser (sc. Reyscher) sie nimmt, ein mit deutschem Recht unvereinbarer Begriff" (Sp. 550). Damit sind die Fronten glasklar abgesteckt. Ähnliches wiederholt sich bei *Gaupp* und *Wilda*[281]. Um einige Tonlagen schriller kulminiert der Bogen der Kritik in den Worten zu Reyschers „Hannoverschen Verfassungsfragen"[282]. In einigen Partien geht es nicht ohne Wiedergaben in malam partem ab[283]. In der Sache ist ihm Reyschers historische Argumentation ein Verkennen der Geschichte, der theoretische Teil eine „popularphilosophische (subjektive) Reflexion" (Sp. 555).

Der Nachzügler „R—Z" gibt mit seinen harten Antithesen ein schönes Exempel. Seine geradlinige Hartnäckigkeit gewährt wichtige Einblicke. „R—Z" ist bei aller politisch motivierten Polemik kein einfacher Agitator. Er versteht seine Wissenschaft. Quellen und Autoritäten gehören sehr wohl zu seinem Repertoire. Aber, so möchte ich meinen, gerade weil er Kenner auch in methodischen Grundfragen ist[284], wird ihm das *Politische* hier zum roten Faden. Es bestimmt seine Antithesen. Sie stehen im Banne von Freiheit und Bindung, Freiheit und Notwendigkeit, „Selbstgesetzgebung" und Fremdbestimmung.

---

281 AaO, Sp. 562f, 566, 571f.

282 Angesichts der nochmaligen Veröffentlichung des wenig veränderten Gutachtens in ZDR 2 (Nr. 17) hat „R-Z" nur den „Ausdruck höchsten Erstaunens über die Kühnheit dieses Schritts" (Sp. 574), denn inzwischen war das Gutachten durch Bundesbeschluß verworfen worden, s. o. Fn 161; ganz im Bundessinne fand er denn darin „staatsgefährliche Irrlehren" (Sp. 577), „jede Schranken durchbrechenden Liberalismus" (Sp. 575), „rationalistische Rednerey" (Sp. 577); auch *Goethe* wird bemüht (Sp. 577).

283 Sp. 551 „Rykesrecht. Kaiserrecht, Landrecht" meine „ein durch den Willen des Volkes emaniertes Recht": *so nicht* bei Reyscher, vgl. ZDR 1, 16; — Sp. 553 heißt es, selbst „Besitz und Verjährung will er (sc. Reyscher) von seinem neuen Standpunkt willkürlich (!) betrachten und in einem neuen (praktischen) Rechte ihnen ein rationales Medium beymischen": *so nicht* bei Reyscher vgl. ZDR 1, 15; — Sp. 555: „Meinung, daß auch das römische Recht nicht recipiert worden wäre": *zumindest ungenau* gegenüber Reyscher ZDR 1, 15, 22; — ähnlich mit *Wilda*, etwa Sp. 571f, wo er in dessen Bestimmung des Pfändungsrechts unerträgliche Selbsthilfe, ja die „Bahn der Revolution" sieht, vgl. dagg. Wilda ZDR 1, 209; — erneut mit *Reyscher* in Sp. 576f, wo „R-Z" Reyschers sehr differenzierte Begründung des Widerstandsrechts (vgl. oben 103) im Hann. Gutachten auf einen radikalen Leisten spannt.

284 Guten Aufschluß hat man auch aus seiner Rez. zu Feuerbachs „Kl. Schriften" (1833), aaO Fn 276; dort beschäftigt er sich mit dessen Ansichten zu Grundfragen in der Unterholznervorrede (Blick (1810)) und der Savignyentgegnung (Einige Worte (1816)). Bemerkenswert ist der Unterschied zu *Wildas* paralleler Feuerbachrez., über diese unten bei Fn 352.

„R—Z“ macht Rechtstheorie und Rechtsgeschichte daraufhin transparent[285]. Man fühlt sich an Savignys Antithetik im „Beruf“[286] und mehr noch in „Über den Zweck“[287] erinnert. Reyschers „Zweck“ und „Daseyn“, Gaupps „Gewere“, Wildas „Pfändungsrecht“ werden heineingezogen. Nicht zufällig führt *eine* völlig ungebrochene Linie weiter zu den „Hannoverschen Verfassungsfragen“. Über 23 Seiten kontrastieren „Erhaltungssystem“ (Sp. 575) und „schrankenloser Liberalismus“ (öfter), um einmal diese Etiketten zu zitieren. Die politische Motivation schlägt durch auf Wissenschafts- und Rechtsbegriff, auf Rechtsquellenlehre, Methodik und Geschichtsbild. Ernüchternd ist, wie eng sie mit ganz sachlicher Wissenschaft verwoben wird. In ihrer überscharfen Einstellung ist die Ansicht „R—Z“’s ein selten offener Beleg für die Tragweite politischer Motivation. Und „R—Z“ hatte wohl Savigny und seine Freunde nicht völlig mißverstanden, wenn er sich selbst deren „einzig wahrer geschichtlicher Rechtswissenschaft“ (Sp. 548) zurech-

---

285 Vgl. noch folgende Antithesen, die im Text jeweils in *einem* Kontext stehen:

Sp. 549, 550:	
Verträge	— königliche Satzung, Gesetzgebung
Volkswille (auch 551)	— königliche Gesetzgebung
Selbstgesetzgebung, Autonomie	— nicht die mindeste gesetzgebende Thätigkeit *durch* das Volk; König höchste Gewalt (548)
Sp. 553, 554:	
willkürlich betrachten, rational, subjectiv (et 555)	— Zeugnis der Geschichte, objectiv
anmaßliche Abstraction	— wirkliches, positives, im Volke lebendes Recht
Sp. 575—8:	
abstract, rationalistisch, subjectiv	— historisch, geschichtliche Begründung
jede Schranken durchbrechender *Liberalismus* (575)	— zur allgemeinen Sicherheit so glücklich hinführendes *Erhaltungssystem*
Volkssouveränität, Vertrag	— Souveränität (576)
offene Umwälzung, Widerstand, ewig revolutionär	— bürgerliche Ordnung (577)
rationalistische Rednerey, reine Abstractionen	— historisch bestehendes, geschichtl. Begründung

286 Dazu näher unten 207f. „R-Z“ erscheint wie ein trivialisierter „Beruf“.

287 In ZgeschRw 1 (1815) bildet *Savigny* ja „zwey Hauptclassen“ (S. 1), von „ganz allgemeiner Natur (...) am meisten (!) aber in allem, was zur Verfassung und Regierung der Staaten gehört“ (S. 2), inhaltlich ist es der Gegensatz von „frey und willkürlich selbst (!) hervorbringen“ und „nothwendig und frey zugleich“ sein (S. 3); vgl. zur Verwendung von Freiheit und Willkür unten 142.

nete. So möge diese letzte Stellungnahme das Bild vom zeitgenössischen Echo auf die ZDR abrunden[288].
Die Reaktion auf die Gründung der ZDR offenbart *mehrere Strömungen* der zeitgenössischen Jurisprudenz. *Beseler* meldet sich für eine junge Generation, die gewillt ist, in dichter Anlehnung mit nur kleinen Vorbehalten mitzuwirken. *Bornemann* lenkt den Blick auf die starken Sympathien vieler, besonders praktischer Juristen, denen das methodische Korsett der älteren HS zu eng ist. Die theoretischen Aussprüche legt er sich etwas konkreter in Richtung auf eine germanisch-deutsche Entwicklungslinie zurecht. Nur noch in den *Ergebnissen*, hier aber voll und ganz, gesellen sich die fortschrittlich-hegelischen *Hallischen Jahrbücher* Ruges dazu. Die *Begründungen* Reyschers müssen als zu „naturrechtlich" der „notwendigen Bewegung des Geistes" weichen. Vom Boden der älteren HS aus vermag der Anonymus „*R—Z*" den für seinen Gebrauch etwas zugespitzten Thesen Reyschers ganz und gar nicht zu folgen. Er sieht fast nur liberale Willkür, *zu* „freye pragmatische Methode". Der gesamtgesellschaftliche Diskussionsrahmen drängt heraus. *Puchtas* Polemiken endlich fügen eine weitere Nuance hinzu. Er stört sich nicht an einer zu „freyen" Methode; auch er selbst stellt sich ja der Rechtsfortbildung und braucht Spielraum. Sein Schweigen in diesem Punkt ist natürlich keine Zustimmung zu dem, was Reyscher mit seiner pragmatischen Methode anstrebt. Puchtas Bemerkungen zeigen, daß es ihm zunächst um einen *maßgeblichen Anteil* an der Gestaltung einer Jurisprudenz der Gegenwart geht. So stellt er selbstbewußt den Anspruch der Zivilistik, den „wahren Fortschritt" zu vermitteln. Bemerkenswert einig ist man sich durch *alle Parteien* in dem Ernst, mit dem die Aufgabe einer „nationalen" Rechtswissenschaft angefaßt wird. National heißt hier wieder nicht nationalistisch. Es soll vielmehr die angestrebte Synthese der historisch verschiedenen Elemente des damaligen Rechts in *einem* aktuellen Rechtsorganismus der Gegenwart bezeichnen, für deren Vorstellbarkeit der Gedanke der natio ein wesentliches Vehikel war.

Für und Wider

In „Für und Wider" (Nr. 26) nahm Reyscher 1842 den von Puchta hingeworfenen Fehdehandschuh auf. Die Äußerung der Jenaischen Allgemeinen Literatur-Zeitung von 1841 scheint Reyscher entgangen zu sein. Ohne auf sie

[288] Ich erwähnte schon Fn 211 *Mittermaiers* weitgehende Übereinstimmung. Bemerkungen *Reyschers* selbst, *Landsbergs* und *K. Maurers* sind Fn 186 nachgewiesen. *Warnkönig* spricht in seiner: Enzyklopädie (1853) 354 von „überaus verdienstvoll". Harte Kritik hat *Gerber*: Prinzip (1846) 101—3 und 310—3; Keine Stellungnahme fand ich in: B.L.Z. 1839, 1840, 1841, 1842; H.A.L.Z. 1839, 1840, 1841, 1842; Hd. Jb. 1839; G.G.A. 1839, 1840, 1841; Bln. Jb. 1839, 1841 (die Zeitschriften waren in manchen Jgg. nicht erreichbar).

einzugehen, zog er jedenfalls ein erstes Resümee. Ein Anklang an Savignys Resümee von 1817 ist nicht zu übersehen[289]. Aber Reyscher geht die Sache anders an. Seine Worte waren nicht einmal äußerlich leidenschaftslos und abgewogen, sondern sehr entschieden, gegen *Puchta* sogar höchst polemisch[290]. *Savignys* versöhnliche Systemvorrede anerkannte er zwar voll[291]. Dessen präzise Beschränkung auf das „heutige römische Recht" fand dagegen Reyschers klaren, ebenso präzisen Widerspruch:

„Allein ein Rückschritt scheint uns jene Bezeichnung (sc. heutiges römische Recht), weil ein neuer richtiger Gedanke, daß jedes Volksrecht in sich selbst zu begreifen sey, dadurch aufgegeben wird[292]. Jene Bezeichnung ist überdies — hierin treten wir den Jahrbüchern[293] bei — unrichtig; denn entweder werden nur die heute noch anwendbaren Fragmente des römischen Rechts gegeben: dann kann von einem System —; oder es wird das ganze römische Recht gegeben: dann kann von einem System des heutigen Rechts —; oder endlich es begreift das System das ganze gegenwärtige Recht: dann kann von einem System des römischen Rechts nicht die Rede seyn. Nicht nur die Worte System und heutiges römisches Recht widersprechen sich, sondern auch die beiden Prädikate heutiges römisches enthalten eine contradictio in adjecto"[294].

Zu diesen knappen klaren Sätzen ließ sich Reyschers Position inzwischen verdichten. Bei aller Ähnlichkeit in den Ergebnissen[295] ist der Unterschied zu Stein in den Hegelischen Jahrbüchern wieder greifbar[296]. *Lorenz Steins* (1815—1890) Kritik ist äußerst schwergängig, sehr um logisch-philosophische Stringenz bemüht und mit abstrakter hegelscher Begrifflichkeit geradezu durchsetzt. Von dem allen spürt man bei Reyscher fast nichts. Die Art, wie er *drei* Seiten Steinscher Kritik in die zitierten Sätze reduziert, wie er aus seinen Maßstäben heraus Savignys Grund- und Schlußbegriff ausmißt und Unstimmigkeit konstatiert, zeigt dies plastisch. Sie ist ein kleiner Beleg für seine kurz angebundene Art, auf das praktisch folgenreiche, die Ergebnisse bestimmende Zentrum einer Aussage loszuschießen. Ästhetische Lust am Problem suchte man bei Reyscher vergeblich. Zu dieser direkten Art tritt eine gewisse Unge-

---

289 ZgeschRw 3 (1816): Stimmen *für und wider* neue Gesetzbücher; vgl. o. Fn 181.

290 Polemik besonders aaO, ZDR 7, 127f, 131—7, 137—45, z.B. gegen Puchtas „Schlachtgeschrei" (134) zugunsten der Herrschaft des römischen Rechts. „Schlachtgeschrei" war vielleicht eine Anspielung auf Tacitus' Germania, Kap. 3.

291 ZDR 7, 127 findet er darin im Vergleich zu Puchta „Billigkeit und Freiheit von vorgefaßten Meinungen".

292 Eine Anspielung auf das, was *Reyscher* an *Savignys* „Beruf" gefiel, nämlich der Ansatz beim Volksrecht, s. ZDR 10, 163; Bedürfnisse 30.

293 *Reyscher* meint die Savignyrez. von *L. Stein*, Hall. Jb. 1841 II 365ff. Die angesprochene Beweisführung steht dort S. 380—3. *Reyscher* macht ein sehr klares Konzentrat davon. Genau diesen Vorwurf nimmt in offenbarer Anspielung *Jhering*, in: Savigny, J.her. Jb. 5, 370 auf.

294 AaO, ZDR 7, 130.

295 Für *Reyscher* kommt das im gerade gegebenen Zitat zum Ausdruck. Für die Jb. oben 117f, zus.fassend unten 345ff.

296 Über die Unterschiede ebenfalls oben 117f.

duld. Reyscher ist in seinen Thesen viel weniger vorsichtig, als es etwa *Beseler*[297] und *Bluntschli*[298] zur gleichen Zeit deutlich raten.

Weitere Quellenlage

Reyschers Schriften wurden bisher relativ ausführlich referiert und an Hand einiger Stellungnahmen der Zeitgenossen eingeordnet. Meine Ausführlichkeit entspricht der Bedeutung dieser ersten Schriften Reyschers in seinem Gesamtwerk. Mit den Äußerungen von 1839 und 1842 sind, etwas überspitzt gesagt, die Würfel gefallen. Das gilt vor allem für die Grundfragen. Die Entwicklung bis dahin zu verfolgen, war deswegen wichtig. Die chronologische Gangart sollte sie plastisch werden lassen.

In den noch folgenden Professorenjahren bis 1851 liegt der Akzent mehr auf Verteidigung und Konsolidierung. Seit 1846 überwiegt mehr und mehr nichtliterarische Aktivität[299]. Nach dem Austritt aus dem Staatsdienst 1851 begünstigt seine praktische Tätigkeit als Anwalt mehr die Behandlung ganz konkreter Fragen. Sie sind für die hier interessierenden Grundfragen zwar nicht völlig unergiebig, aber doch weniger fruchtbar. Daneben tritt die bald wieder auflebende politisch-publizistische Tätigkeit. Zu der in den 50er Jahren erneut aufflammenden Diskussion um Grundfragen der Jurisprudenz[300] hat Reyscher kaum etwas beigetragen, obwohl die ZDR bis 1860 ein bequemes Organ gewesen wäre. Er ging jetzt lieber den direkten Weg der Politik, im Nationalverein etwa[301]. Diese Quellenlage bedeutet, daß es für den Zusammenhang dieser Arbeit wenig ergiebig wäre, in der bisherigen Manier fortzufahren und

---

297 AaO, ZDR 7, 124 berichtet *Reyscher:* „auch Beseler (...) räth zur Vorsicht gegenüber von der romanistischen Richtung, damit nicht das Gelingen der deutschrechtlichen Aufgabe durch eine zu weite Fassung der letztern bedroht werde". Er bezieht sich dabei auf *Beselers* ZDR-Rez., s. das Zitat o. Fn 250, 242 mNw.

298 *Bluntschli* spricht behutsam von einem *werdenden*, deutschrechtlichen Element, das gehemmt werde durch einen *exklusiven* Romanismus, der *allmählich* zur Seite gelegt werden solle; s. Reyschers Zitat aus: Rechtsschulen (Sonderabdruck 1841) S. 51, in: ZDR 7, 124; ähnlich auch *Bluntschli* in: Rechtsschulen, Hall. Jb. 1839, Sp. 1940, wo er fein unterscheidet zwischen einem „unverdauten und ungestümen Begehren der Verehrer des deutschen Rechts" und den „wahren und zeitgemäßen Bestrebungen" daran. Dies kommt *Savignys* geschickter Verwendung von „wahr" nahe, s. Fn 272f.

299 Dazu oben 61f, 72.

300 Die wichtigsten Titel gibt *Landsberg* T. 743—50, etwa Gerber (1851), Jhering (1852), Brinz (1852/3), Windscheid (1853), B. W. Leist (1854), Windscheid (1855), Brinz, Gerber (1855), Kuntze (1856), Lenz (1854), Schmidt, Hahn, Esmarch (s. o. Fn 77).

301 Dazu oben 72f.

etwa die vielen Aufsätze Reyschers in der ZDR auch nur teilweise zu referieren und einzuordnen. Ich konzentriere mich daher in einem ersten Abschnitt auf das, was Reyscher noch zu Grundfragen beitrug. Vor allem der *Daseyn-Aufsatz* (Nr. 16) und die beiden Beiträge über die *Einheit* (Nr. 32) und den *Begriff* (Nr. 34) des gemeinen deutschen Rechts werden in ihrem Zusammenhang zu zeigen sein. Um das Gesamtbild herzustellen, wird dann das übrige, nach Sachgruppen gerafft, berichtet und mit einem Überblick abgeschlossen. Zuvor soll im folgenden Abschnitt der mit den Jahren 1839/42 erreichte Stand benutzt werden, um die Ergebnisse zu vertiefen.

Einige Erwägungen zur Gesamtlinienführung und zu Reyschers Nationalismus

Das Echo auf die ZDR und der Blick auf ihre Mitarbeiter lassen erkennen, wie sich hier aufgeschlossene, sämtlich mehr oder weniger politisch engagierte Männer kritisch gruppieren. Sie sind veränderungsfreudig und optieren für eine liberale Zukunft. Aber die Differenzen unter diesen Kritikern selbst sind bedeutsam: die hegelsche Variante *Steins* — die doch nur *einen* hegelschen Strom verkörperte —, die Vorsicht *Beselers* und besonders *Bluntschlis*, aber auch *Wildas*[302], die konkretere, praktischere Note *Bornemanns*. Man könnte die Abweichung der „Vorsichtigen" und etwa Bornemanns bloß als eine Temperaments- und Milieufrage darstellen. So schreibt *Wilda* an Reyscher

„wiewohl ich nicht glaube zu den Phlegmatischen zu gehören, so scheint doch in Ihrer südlichen Natur das Blut etwas rascher zu fließen, als in meiner holsteinischen"[303].

Wenn Reyscher sich erinnert,

„mein Kollege Wilda gehörte im Grunde der historischen Schule an; doch theilte er mit mir die Ansicht, daß eine Zeit kommen würde, wo das römische Recht in seiner äußeren Form und Geltung überwunden und zu einem Elemente, welches die Gegenwart mitgestaltet habe, ohne sie zu beherrschen, herabgesetzt oder vielmehr erhoben werden müsse. Ebenso war er mit mir darin einverstanden, daß neben dem nationalen Elemente ein rationales bestehe, ein gemeines, billiges oder natürliches Recht, unter welchem Titel auch das römische Recht sich erweiterte und später sich auswärts Eingang verschaffte[304]",

so deutet er eine andere Seite an, eine grundsätzlichere. In dieser Sicht sind es nicht nur individuelle Modulationen, sondern gradweise Verschiebungen in den *Grundlagen*, die sich niederschlagen. Ich denke an das spätere Ausscheren *Bluntschlis*[305], an *Beselers* laue Teilnahme in der Redaktion[306], an sein Urteil „Miß-

---

302 Zu *Beseler* und *Bluntschli* soeben Fn 297f, zu *Wilda* sogleich im Text.

303 Nach *Reyscher:* Wildanachruf, ZDR 16, 450.

304 Erinnerungen 90f.

305 Nach einer Kontroverse über Schwabenspiegelausgaben, ZDR 7 (1842) 157—72, beteiligte er sich nicht mehr.

306 Genaue Aufzählung und Vergleich in Fn 168.

ton“[307] zu Reyschers Abstimmungsversuch in Frankfurt (1846)[308], auch an die Absicht *Wildas*, der „eigens die Schriften über den Kampf des römischen und deutschen Rechts einer ruhigen (!) Prüfung unterwerfen“[309] wollte, was mit Reyschers gerade gegebener Erinnerung zusammenzuhalten ist[310]. Die vorsichtigere, weniger veränderungsfreudige Haltung war eben zugleich schon traditionalistischer und kam eben damit der HS näher. Die Stellungnahme zum *Reformproblem* scheint jedenfalls ein Angelpunkt. Hier schieden sich die Geister.

Ich will damit darauf hinführen, daß *dieser* Angelpunkt und Grenzverlauf wohl zu wenig, ein *anderer* aber immer noch zu sehr betont wird. Als *Otto Gierke*, der Kenner dieser Konstellationen, 1903 über „Die historische Rechtsschule und die Germanisten“ sprach, sagte er historisch Grundlegendes, war aber auch — wie meist — sehr aktuell engagiert. Seine Einschätzung wurde folgenreich[311]. Ihm war Reyschers Zeitschrift für deutsches Recht „Signal zum Kampfe“[312]. Er meint einen Kampf zwischen Romanisten und Germanisten, einen „Zwiespalt“[313], der aber unter dem einen Dach *einer* gemeinsamen HS gespielt haben soll. Auch *Wieacker* stellt die ZDR in den Rahmen HS-*interner* Spannungen, die er in „die zweite große rechtspolitische Auseinandersetzung des Jahrhunderts“, den „Zwist um das römische Recht und die Berechtigung der Rezeption“ ausmünden läßt[314]. In diesem Rahmen polarisiert er dann „engagierte Germanistik“ und „Romanismus und Kantianismus Savignys“ (aaO). Ich glaube diese Linienführung ist nicht so fruchtbar. Zu sehr schwingt auch in ihr noch das Bild vom schlicht HS-*internen* Schisma Germanisten-Romanisten mit, das dem Vermächtnis Gierkes huldigt, einem Erbe, das Wie-

---

307 *Beseler:* Erlebtes 54, sogar: „einzigen Mißton“.

308 Zu diesem beziehungsreichen Vorfall näher unten 170ff.

309 Nach *Reyscher:* Wildanachruf, ZDR 16, 453.

310 Bei Fn 304.

311 Etwa für *Landsberg*, oben bei Fn I 33; *Wieacker*: Geschichte 403 Fn 85 spricht nur von „immer noch grundlegend“.

312 *Gierke:* HS 13, 19 „Kampfruf“; ebenso *Landsberg* T. 501.

313 *Gierke:* HS 10.

314 Im folgenden stelle ich die Seitenzahlen der „Privatrechtsgeschichte“, 2. Aufl. 1967, in den Text. *Zur ZDR* aaO 407 Fn 94 (Rezeptionspolemik) u. 408f („Daseyn“ sei in vielem Vorwegnahme der „Überzeugung von einer lebendigen realen Rechtsanschauung des Volkes“ in *Beselers* „Volksrecht“); S. 408f erscheint die Richtung Reyschers eher eigenständig; für die Sicht als *HS-interne* Spielart dagegen: „Im Programm der HS lagen geheime Spannungen“ (S. 406), „schwelende Konflikte im Schoß der HS“ (S. 409), „bei der Gründung beide Zweige in engem Bündnis“ (S. 377, 411); *andererseits* will Wieacker gerade das „Verhältnis der Germanistik zur Romanistik“ überprüfen und neu beurteilen (S. 403), was ihm heißt, es der harmonisierenden „Konvention einer ursprünglichen Einheit der Motive und des Programms“ (S. 403 Fn 84) nicht mehr einfach zu unterwerfen.

acker anderenorts schon kritisch abweist[315]. Dieses Bild stützt zugleich das andere, eindrucksvolle, von der *einen* ruhmreichen rechtswissenschaftlichen „Historischen Schule“. Man bräuchte keine Puchtasche „Wendung“ zum wissenschaftlichen Positivismus (S. 411) und keine Beselersche „zur nationaldemokratischen Forderung des Tages“ (aaO)[316] gegenüber der *klaren Linie*, die sich von dem schon politischen „Duell Thibaut-Savigny“[317] weiterziehen läßt.

Von Anfang an spielt *Savigny mit Eichhorn*[318] einen wenig veränderungsfreudigen Part. Darüber ist man sich auch einig. Eine weitere, leider noch ungelöste Frage wäre, *wie* konservativ diese Rolle war[319]. In diesem Geiste sammeln sich

---

315 *Wieacker:* aaO 411, Fn 106 gegen *Thieme;* außerdem 403 Fn 84; sehr relativierend auch 378 oben.

316 Damit ist für Beseler leicht peiorativ (Forderung *des Tages*) formuliert, was etwas trockener in der 1. Aufl. (1952) S. 243 so stand: Wendung von der „Nationalromantik zur politischen Forderung andererseits“.

317 Das *Politische* daran hält gerade *Wieacker* mehrfach fest, s. Geschichte: 411, 383ff Fn 21, 45, 48, 84; beachtlich ist hier die eigene Feststellung *Savignys*, „am meisten“ (!) wirke der Schulgegensatz in Verfassung und Regierung der Staaten (s. das Zitat von 1815 o. Fn 287); s. im übrigen besonders *Wilhelm*: Methoden 25 Fn u.ö.; schon *Jhering*: F. C. von Savigny, Jher. Jb. 5 (1861) 368f gibt den Vorwurf des politischen Konservatismus gegenüber der HS zu. Sie pflege eine „von der Theorie genährte Scheu vor der historischen That“; noch schärfer das späte Savignybild von ca. 1886, abgedruckt in: Dt. Dichtung 13 (1892/93) 48f; mildernd dagegen *Gierke*: HS, in Fn 17; weiteres zu Savigny sogleich Fn 319; zus.fassende Vertiefung unten 339.

318 Zu *Eichhorns* wenig veränderungsfreudiger Haltung etwa: *Landsberg* T. 255 „entschieden konservativ“, auch T. 269; *v. Schulte:* Eichhornrede 14, der wichtige konkrete Stellungnahmen zur frz. Revolution, zu den Göttinger Sieben und zur Ablösungsgesetzgebung nachweist; auch *schon Mohl*: Gesch./Lit. II (1856) in seinem sehr guten Essay über E., dort S. 593—602, bes. 600 u. 602; im Mittelpunkt der Studie von *U.-J. Heuer*: K. F. Eichhorn und die HS, in: Studien über die deutsche Geschichtswissenschaft I (1969) S. 121—35, steht Eichhorns apologetische Naturrechts-, Philosophie- und Aufklärungsabwehr. Der Ostberliner Autor ist nicht ganz unschematisch, aber doch sehr anregend für Eichhorns politische Seite; leider fehlt eine genaue Untersuchung, zumal bei E. beträchtliche Schwankungen vorzuliegen scheinen, vgl. *Homeyer* o. Fn III 207, die ZDR-Sympathie und den Ausfall gegen Savignys Zeitschrift, im Anhang c); im übr. *v. Schulte*: Eichhorn (1884).

319 Das würde eine noch nicht geleistete durchgängige Untersuchung erfordern. Sie liegt auch mit der ausf. Diss. von *Strauch*: Savigny (1961), nicht vor. Str. bemerkt zwar die auf den ersten Blick erstaunliche Lücke im Schrifttum zu S. (aaO, S. 111). Auch seine Arbeit ist aber insoweit viel zu fragmentarisch, vgl. die jeweils knappen Erwähnungen §§ 4, 18, 19, 36, 58. Vor allem fehlt eine genaue Analyse der Äußerungen *und* Tätigkeiten S's (etwa „Städteordnung“, „Universitäten“, Göttinger Sieben, Staatsrat 1817—48, Minister 1842—48), und zwar im *Vergleich* zu den polit. Strömungen der Zeit. Ohne konkrete Einbettung und Vergleiche läßt sich die Position stets nur atmosphärisch erfassen, dazu weiter Fn 367, 399. Die vielen Erwähnungen bei *H. Schneider*: Preuß.

die „Getreuen“ immer wieder, mit wechselndem Anhang, in wechselnden Formulierungen. Von Anfang an bezeichnen aber auch Namen wie Thibaut, Mittermaier, Welcker, Beseler, Reyscher, Rogge, weniger Falck[320], einen ziemlich veränderungsfreudigen zweiten Part. Soll man das noch eine Spannung *innerhalb* der HS zwischen Romanisten und Germanisten nennen? Und soll man diese Namen so sehr trennen, etwa Thibaut von Beseler, was die Folge wäre. Diese Juristen benannten etwa in Beseler nicht bloß eine „Forderung

---

Staatsrat (1952) bleiben ebenfalls recht allgemein („stille, aber wesentliche Rolle“, S. 101; „seine Stärke war nicht die Reform der Gesetze, sondern deren Redaktion“, S. 152), die zahlreichen ausf. Gutachten Sav.s sind nicht vergleichend ausgewertet, was ja auch nicht Schn. Absicht war. *W. Wilhelm* hatte eine spezielle Studie angekündigt, in Methoden 40 Fn 92, die aber bisher nicht vorliegt. Seiner allgemeinen Sicht widersprach *Böckenförde*: HS 26 Fn 54 mit der Bemerkung, Formalismus sei „keineswegs konservativ“, vgl. unten Fn 529; einschränkend auch *Wieacker*: Geschichte 439 Fn 25. *Gierke* spricht mit dem wohlwollenden *Bethmann-Hollweg* (1867) von „liberal-konservativ“ (HS, in Fn 17). Ein scharfer Gegner wagt sich nach *Hattenhauer* 98f, 1848 (!) hervor. Die Sicht der *Hall. Jb.* etwa in den im Anhang k) nachgewiesenen Artikeln ist bekanntermaßen sehr kritisch; genauer unten 339. Zu *Jherings* Kritik soeben Fn 317; eindrucksvoll — wie öfter in seiner Kritik — zeigt der liberale *Welcker*, die HS habe die Freiheit „zerstört“. In: System (1829) 262—70 findet er in Savignys „Zweck“ (1815) lediglich „eine bloße Scheinfreiheit, wie die meines Fußes bei meiner freien Bewegung, gesetzt“ (S. 266). Tenor ist dann der Nachweis völliger „Consequenz“ Savignys, einer Konsequenz also, die man zeitweise Savigny gerne absprach und heute wieder entdeckt. Willkürabwehr, Geschichtsbild, Gesetzgebungsfeindlichkeit, Rezeptionsurteil sind Welcker sprechende Belege der stets gleichen Verhinderung „practischer (!) Freiheit“ (S. 267, 270 Fn). Auch um *Savignys* politische Seite hat man sich in Ostberlin bemüht. *H. Schröder*: Savigny/Univ., untersuchte 1968 Savignys Universitätsschrift (VS 4, 270—308); bes. abgewogen ist *Schnabel*: Dt. Geschichte III 58f, der gut die vorsichtig zurückhaltende, schwebende Einstellung Savignys in seinen *allgemeinen* Sätzen zeigt; fürs Detail findet mehr Konservierung *Gierke*: HS in Fn 16; wertvoll sind auch hier die Untersuchungen *Klaus Epsteins* über Formen des Konservatismus: Conservatism 3—25; knapp, aber informativ *Wieacker*: Geschichte 383 Fn 21; zugespitzt neuestens *Hattenhauer*: Thibaut u. Savigny, Einl. 46—9: „Restauration“; aufmerksam für Politisches früher schon *Wolf*: Rechtsdenker, vgl. S. 479, 480f, 492, 495f, 505-14, bes. 508, der S. als Mann der erhabenen Mitte präsentiert, über allen Parteistandpunkten, namentl. demokr. Anmaßung (512 = 387 der 1. A. 1929), wogegen das soeben zu *Strauch* Gesagte gilt.

320 Allgemein zu diesem jetzt *Volk*: Die juristische Enzyklopädie des N. Falck. Berlin, 1970, 139 S.; Bemerkungen zur politischen Seite Falcks etwa S. 84, 85 Fn 20f, 86; besonders ergiebig für Falcks politische Position ist der Artikel über ihn in: *Wigands* Convers.lexikon I (1841) S. 619—21. Dort werden etliche konkrete Stellungnahmen verfolgt, mit dem Fazit, Falck sei zunächst altständisch-liberal, dann zunehmend konservativ gewesen. Vgl. auch *C. Petersen*: N. Falcks politische Wandlung in den Jahren der Reaktion 1819—34, in: Z. für schl.-holst. Gesch. 68 (1939) 243ff; *Wohlhaupter:* N. Falck und die HS, in: Hist. Jb. 59 (1939) 388—411, bes. 394f.

des Tages" (Wieacker, S. 411). *Franz Hegewisch*, der Kieler Mediziner[321] und enge Freund *Dahlmanns*, schreibt diesem am 5. August 1833 nach Göttingen zur Empfehlung Beselers: „Er ist ein Kieler Produkt von dem Samen, den die Kieler Blätter ausgestreut haben, wie Lornsen — nous étions jeunes alors!"[322]. Er stellt die Kontinuität her. Die *Kieler Blätter*, getragen von Dahlmann, Falck[323] Welcker[324], Twesten, Hegewisch, wirksam besonders 1815—1819[325], freudig begrüßt von *Thibaut*[326], sind ein wichtiger Stützpunkt dieser Richtung. Ihre „Lebenszeit" allein, zwischen Freiheitskriegen und Karlsbader Beschlüssen, spricht Bände[327]. 1840 war dies eine gewachsene, 1830 gestärkte, kräftige Strömung, die allerdings in einem Wort zu umschreiben schwierig ist. *Wieacker* bringt eine ähnliche Linie ins Spiel, wenn er 1814 und 1840 „dieselben frühliberalen und nationaldemokratischen" Kräfte sich formieren sieht (S. 406)[328], wenn er von „selbständiger und fruchtbarer Richtung" spricht (S. 408), wenn er bei Beseler „eine Frucht der französischen Revolution" erkennt (S. 410)[329], wenn er Thibaut und Savigny (S. 395f), später Formalismus und Naturalismus (S. 402) gegenüberstellt, wenn ihm schließlich sogar Beseler und Savigny „von Haus aus (!) (...) weit entfernt" sind (S. 408)[330]. Trotzdem und trotz seiner „Überprüfung"[331] vereinigt er dies alles unter dem einen Kapiteldach „Wegbereiter und Anführer der historischen Rechtsschule" (S. 377), wenn auch mit nachgeschobenen Verwahrungen (S. 378 o.). Einen eigenen „§" erhält die ganze HS-*Kritik* — besser Savigny-Puchta-Kritik — nicht, obwohl sie Abschnitt II 3 (S. 406ff), III (S. 411f) und IV (S. 412—6) fast ausschließlich bestimmt.

---

321 Zu Franz Hegewisch s. *Springer*: Dahlmann I 85, 114f, 117; instruktiv wieder das *Wigand*sche Convers.lex. II (1845), Art. Hegewisch, das seine Anglophilie und seinen Liberalismus betont.

322 Abgedruckt bei *Springer*: Dahlmann I 410.

323 Über Falcks Beteiligung s. *Springer*: Dahlmann I 86ff.

324 Dazu näher *Müller-Dietz*: Welcker 18 mNw.

325 Sie wurden nach den Karlsbader Zensurbeschlüssen eingestellt (Springer: Dahlmann 168), später fortgesetzt als: Kieler Beyträge (1820/21), s. *Diesch*: Bibliogr. Nr. 3345 und *Springer*: Dahlmann I 197f, jetzt aber ohne die „alte Frische" (Springer).

326 In seiner Bespr.: Hd. Jb. 1815 II 1009—18 schreibt er „daß ihn lange (!) Zeit keine Zeitschrift so befriedigte" (S. 1009). Nur einige 100 Seiten zuvor hatte er noch im gleichen Band der Hd. Jb., S. 657—61 *Savignys* ZgeschRw 1 (1815) begrüßen können.

327 Die *nach* den Karlsbader Zensurbeschlüssen erschienenen „Kieler Beyträge" zählen insoweit kaum noch, s. nur *Springer*: aaO (Fn 325).

328 Die Bezeichnung „nationaldemokratisch" verwendet *Wieacker* regelmäßig für diese Richtung, vor allem der engagierten Germanisten, s. Geschichte 351, 391 Fn, 396, 400, 402, 406, 410, 411; auch „frühliberal" kommt vor (S. 406).

329 Auch: Geschichte 395.

330 Hier eine deutliche Folge der *neueren* Interpretation (o. Fn 314), vgl. die 1. Aufl. S. 243. Ähnlich die Bezeichnung „unabhängig" S. 369; geschlossen hat man die neuere Konzeption in: Wandlungen (1967).

331 Geschichte 403 (o. Fn 314).

Bleibt so die „engagierte Germanistik" (S. 408) nicht doch nur *ein* Element in den „geheimen Spannungen" *innerhalb* der HS? Wird sie nicht fast zur Ausnahme von der Regel? Wenigstens ist die Linienführung zwischen Gesamtrahmen und überprüfter Einzeldarstellung[332] ziemlich ambivalent. Ein Vergleich mit der Erstauflage ist lehrreich[333]. Ein Grund für manche Ambivalenzen ist auch die noch zu globale, zu unscharfe Einstellung auf so große Gruppen wie „Germanisten" und „Romanisten". Sie muß bei der Vielzahl der Beteiligten und der Länge des fraglichen Zeitraums vieles überdecken[334]. Als Gruppierung nach dem *Arbeitsgebiet* gibt sie zudem nur einen groben Anhalt und versagt für die Aufklärung der *Grundlagen* bald. Sie ist noch zu sehr mit der Erbschaft einer auf das Nationale verengten Polarität befrachtet, wie sie *Gierke* stellvertretend vorführte. Er meint, „die Quelle ihrer (sc. der Germanisten) Stärke war der nationale Gedanke"[335]. Sieg des deutschen Rechts, „nationale Gestaltung" der Zukunft, das sei die „einfache Gedankenreihe (...) in allen (!) Äußerungen der Germanisten"[335]. Die Gedankenreihe war aber ganz entschieden *zweifach*, nämlich auch liberal, und erst 1903 mag sie einfach gewirkt haben. Freilich hat man sich davon wieder frei gemacht. Aber noch ist die *liberale* vormärzliche Jurisprudenz nirgends geschlossen und so eindrucksvoll, wie es sein könnte und damals auch war, zur Sprache gebracht oder gar in ihre Verästelungen verfolgt, während man in der Literaturgeschichte schon Anlaß hat, vor demokratisch-vereinfachenden Deutungen zu warnen[336]. Obwohl die Geschichtsbücher anschaulich vom deutschen Liberalismus des frühen 19. Jahrhunderts erzählen und dabei immer wieder Juristennamen fallen, gibt es keine befriedigende Darstellung dieser Züge in der Jurisprudenz[337]. Als

---

332 Überprüft scheinen bes. der Savignyabschnitt, nämlich die Darstellung der historistischen Voraussetzungen (353—9), die Zuordnug zur Romantik (359—67) und vor allem Wesen und Wissenschaftsbegriff der HS (367—71), zweitens das Verh. zur Germanistik (403), dieses aber weniger konsequent, vgl. etwa S. 408 (Teil II 3a), wo *Falck* und *Reyscher* aus der Fußnote in den Text gerückt und mit einigen Worten umrissen wurden.

333 Daß diese Ambivalenz aus den vielfachen Durchbrechungen der neuen Auflage mit den „Wandlungen im Bilde der HS" resultiert, zeigt ein Vergleich mit der 1. Aufl. (1952), aus der der Gesamtrahmen (Überschrift fast genau; Gliederung ganz, wenn ich recht sehe) trotz der wichtigen Änderungen beibehalten wurde.

334 Vgl. die Zusammenstellung sogleich Fn 344.

335 *Gierke:* HS 15.

336 *Sengle:* Biedermeier 199 gegen *Hermand.*

337 Ich nenne nur als allgemein anregend *Stadelmann*: Soziale und politische Geschichte der Revolution von 1848. München 1948, 244 S., die stark die Vorgeschichte hereinzieht. Einen recht gründlichen Versuch macht jetzt *Th. Ramm* in seiner: Einführung in das Privatrecht I, 1969, Abschnitt II; vgl. auch *Coing*: Rechtsphilosophie (2. Aufl. 1969 mit hist. Teil) S. 36ff; *Wieacker*: Das Sozialmodell der klassischen Privatrechtsgesetzbücher und die Entwicklung der modernen Gesellschaft. Vortrag, Karlsruhe, 1952; auch *Krause*: Der deutschrecht-

*Neben*thema bedenkt man sie dagegen gerne. Gierke selbst bringt so diese Seite ins Spiel. Ihrer politischen Richtung nach gehörten, sagt er, die Germanisten zu den Liberalen[338]. Daneben findet er etliche „mehr konservativer oder unpolitischer Richtung" (aaO). Hier scheinen Aspekte durch, die Gierke merkwürdig unverarbeitet läßt. Vor allem versäumt, ja vermeidet er, die Fäden von der politischen „Richtung" zu den juristischen „Gedankenreihen" zu ziehen, was doch so nahe läge. Das hätte allerdings die traute, deutschnationale „Einheitsfront" gegenüber der romanistischen HS, wie er sie schon im Titel seiner Rede entwirft, beträchtlich ins Schwanken gebracht. Ich meine, es könnte fruchtbar sein, hier viel deutlicher ein *ständiges* Anliegen der allerdings oft mehr oder weniger stillgehaltenen, besonders 1819—30 und 1833—40, *Gegner der Reaktion* im deutschen Bund nachzuzeichnen[339]. Es ist sicher ein wenig blumenreich, aber wohl nicht so völlig übertrieben, was ein anonymer

---

liche Anteil an der Privatrechtsordnung, JuS 1970, 313—21, der Mittermaier, Beseler und vor allem Bluntschli bes. „Zugang zur sozialen Wirklichkeit" bescheinigt (S. 314 r., 315 l.) und die kräftigen Divergenzen unter den Germanisten selbst spüren läßt, sowie dem Problem Freiheit gesondert nachgeht, s. weiter Fn 339.

338 HS 26, s. auch die Nennungen dort in Fn 101.

339 Ein Versuch dieser Art existiert soweit ich sehe nicht. *Eugen Wohlhaupter* setzt in „Dichterjuristen" (Bd. 1, 125) dazu an. Bei dem Bemühen, Thibauts Leistung als selbständige Mitte zu charakterisieren, spricht er von Ähnlichkeiten zu Feuerbach, Falck und „fast sämtlichen bedeutenderen Germanisten des 19. Jahrhunderts". Diese Gruppierung hat Verwandtschaft mit der von mir angesprochenen Linie. Sie ist aber recht aphoristisch und wird auch nicht an der von Wohlhaupter angegebenen Stelle seines Aufsatzes über „Nikolaus Falck und die Historische Rechtsschule (1939) S. 411" konkretisiert. Auch *Erich Döhring*: Geschichte 328 ff zeigt solche Ansätze. Er schneidet sofort das Reformproblem an (S. 330), stellt von da aus der HS eine parallele „philosophisch-praktische" Richtung gegenüber (S. 336, 346), kennzeichnet die Gruppen dann als „konservativ" und „liberal" (S. 330, 339) und nennt viele wichtige, sonst oft übergangene Namen. *Döhring* weicht damit bewußt (338 mit Fn 123) und fruchtbar von der Überbetonung der HS ab. Für die nähere Ausarbeitung und im einz. treffendere Differenzierung fehlte es wohl an Vorarbeiten und Zeit. Mehr im Zeichen der HS steht wieder *Wesenbergs* klare „Privatrechtsgeschichte" (2. Aufl. 1969). Er bringt denn auch die ganze erste Hälfte des 19. Jahrhunderts unter die Überschriften „Savigny und die Gründung der HS" und „Die erste Generation der Savigny-Schüler". Anderes, etwa HS-Kritik erfährt man nur sehr sporadisch und kurz, etwa die Bedenken der Germanisten (S. 144, 150), Hegels und Marx' (S. 147). *Landsberg* neigt zur Vereinzelung der vielen Kritiker und ist vor allem viel zu unübersichtlich in dieser Frage. Völlig neu faßt nun *Hans Hattenhauer*: Grundlagen (1971) die Probleme an. Er verläßt die hergebrachte Darstellungstrilogie Privatrecht, Strafrecht, Öffentliches Recht. Primär verfolgt er konkrete Problemkreise und weniger allg. Linien. So ergeben sich überall anregende Perspektiven. In der bunten Kette der Einzelproblemfelder, die er aufreiht, werden die Fragen schön anschaulich und das zeitgenössische Spektrum leuchtet in seiner tatsächlichen Breite, die HS wird ein Faktor unter mehreren. Die Stärke dieser fruchtbaren Darstellungsweise liegt aber nicht

Zeitgenosse 1844 in der Hallischen Allgemeinen Literaturzeitung unter der Überschrift „Über die Hindernisse einer gesetzmäßigen Entwicklung des öffentlichen Geistes in Deutschland“ niederschreibt:

„Die Saat des öffentlichen Geistes (sc. d.i. des Geistes der Freiheit, Sp. 740) welche durch die wissenschaftliche Bildung auf diese Weise ausgestreut war, und wohlverschlossen in vielen Gemütern ruhete, wurde allmählich durch Gunst und Ungunst der äußeren politischen Verhältnisse gefördert und keimte bereits kräftig empor, als das Jahr 1840 eintrat“[340].

Auch bei dem Kenner *Stadelmann* fällt aus über 100 Jahre späterer Perspektive das gewichtige Wort von einer „breit angelegten und aus machtvollen geistigen Traditionen gespeisten Bewegung in Deutschland“[341] vor 1848. Am sorg-

---

darin, diejenige Kontinuität transparent zu machen, um die es mir im Text geht. Zu *Dickopfs* zu schematischen allgemeinen Thesen o. Fn 198. Etwas deutlicher bedenkt *Adolf Zycha* die Opposition in seiner „Deutschen Rechtsgeschichte der Neuzeit“ (1937, unverändert 1949²). Er erläutert die „demokratische Einheitsbewegung“ (S. 222ff), „Das politisch-liberale Prinzip“ (S. 237ff) und die konstitutionelle Verfassungsbewegung (S. 240ff). Die ZDR ist ihm aber doch wieder germanistischer „Kampfruf“ (S. 312) wie schon Gierke (soeben bei Fn 312). Die Verbindungen des Politischen zum Rechtsdenken werden viel zu wenig hergestellt. Ähnlich liegt es bei der sonst so schönen Rechtsgeschichte *von Schwerins*, der die Neuzeit mehr beachtet. Er nennt einerseits den Liberalismus „die wirksamste Bewegung des 19. Jahrhunderts“ (S. 234), berücksichtigt dann aber die liberale Jurisprudenz auf S. 274—8 keineswegs dementsprechend. Das große, einsame Werk von *Just. Wilh. Hedemann* über „Die Fortschritte des Zivilrechts im 19. Jahrhundert“ mit seinen zwei heterogenen Teilen (1910, 1930/1935) enthält im ersten Teil eine detaillierte Apologie des Fortschritts aus der Optik von Freiheit und Freiheitsbindung. Die hinter dem sog. positiven Recht stehenden Personen und Träger des Ganzen liegen jedoch nicht in seinem Thema und bleiben unerforscht. In Teil II 1 ist er aufmerksamer dafür, aber das konkrete Bodenrecht ist doch ganz Hauptthema. Mehr wieder in Teil II 2 (vgl. 225f, 319ff), wo er aber hauptsächlich auf die Jahrhundert*mitte* schaut. Seine These für das 19. Jahrhundert heißt immerhin bemerkenswerterweise „Zwiespältigkeit“ (II 2, 319) und „großer Bruch“ (II 2, 327) zwischen den Polen Freiheit und Bindung (auch I 3 u.ö.). *Gustav Böhmer:* Grundlagen II 1 (1951), streift den „Liberalismus“ mehrfach (S. 10f, 29, 46, 49, 57, 127, 202). Ein geschlossenes Bild gibt er aber nicht, obwohl er selbst in vielem Ähnliches weiterführt. Auch seine Linienführung steht im Banne der HS und eines ihr schematisch entgegengesetzten Naturrechts. Namen wie Rotteck, Welcker, Mittermaier (obwohl alles Badener), Falck, Reyscher, erscheinen gar nicht, Wächter am Rande, Beseler ganz kurz (S. 54, 71). Savigny dient oft zu beiläufigen Zitaten, die den abrufbaren Informationsstand bekunden. Die *Gegenlinie der „konservativen“ Kontinuität* erstellt eindrucksvoll *Wilhelm*: Methoden (1958). *Fr. Müller*: Korporation (1965) erfaßt die ganze Vielfalt der Zeit hervorragend am Einzelproblem. Fünf Gruppen und viel Material liefert *Huber* II, Kap. VI, Einblick wenig fördernd.

340 H.A.L.Z. 1844, Nr. 93ff, Sp. 768 nach längeren Ausführungen besonders zur Entwicklung der Preßfreiheit, einer Hauptseite der Öffentlichkeit seit 1815. *Puchta* bestätigt in „Gew.recht“, II (1837) 225—39, unter „Gewohnheit im Staatsrecht“ sehr schön die Gegenposition in der Kritik.

341 *Stadelmann:* Revolution 220.

fältigsten führt wohl *Leonard Krieger* die deutsche freiheitliche Tradition vor[342].

Ohne Zweifel gibt es in der Theorie „Wendungen" oder auch Verschiebungen. Aber haben sie nicht in der Antwort auf das Reformproblem Kontinuität — bis heute[343]? Die Neigung, die „Wendungen" der Theorie, das Schisma Germanisten-Romanisten *und* dessen Ort als HS-Internum ein wenig von der gesellschaftlichen Wirklichkeit abgelöst zu betrachten und *mehr* herauszuarbeiten als den *gemeinsamen Nenner*, der wiederum Germanisten und Romanisten untereinander scheidet[344], scheint selbst nicht genug unformalistisch. Der gemeinsame Nenner ist eben die jeweilige Haltung zum Reformproblem, zur Frage der Veränderung. Die Einstellung damaliger rechtstheoretischer Äußerungen genau darauf ist allgemein. Darin steckt ihr gesellschaftlicher Bezug. Wie weit die verschiedenen „Grundsätze" bei der Antwort auf die Reformfrage sich auswirken, sprach gerade *Savigny*, nicht umsonst Hauptmatador, mit größter Klarheit aus:

„Das Geschäft der gesetzgebenden Gewalt, das des Richters, besonders die wissenschaftliche Behandlung des Rechts — alles wird von Grund aus anders, je nach der einen oder anderen Ansicht"[345].

Savigny hatte in feiner Ideologisierung alle Gegner in der Reformfrage als „ungeschichtlich" rubriziert[346]. *Thibauts* sofortige Proteste[347] übersah er be-

---

342 *Krieger*: The German Idea of Freedom (1957), s. schon Fn II 223; vgl. allgemein auch das Standardwerk von *Herzfeld*: Mod. Welt I, 74ff, 78 „erste Jahrhunderthälfte (...) Aufstieg des Bürgertums und (...) der liberalen Ideen"; Herzfelds Ansatz ist ebenfalls ganz *dualistisch* (S. 74ff), vgl. S. 79 „Übergangscharakter", S. 101 „stetes Ringen", S. 123f; eine wenigstens doppelte, recht paritätische Linie wird gezeichnet.

343 *Wilhelms* Untersuchung ist ein gutes Beispiel, auch wenn manche Einwände bestehen sollten; vgl. *Böckenförde* o. Fn 319.

344 Als veränderungsfreudige *Romanisten* kann man, freilich nur thesenartig, nennen: Wächter (Tüb./Lpzg.), M. S. Mayer (Tüb.), Cramer (Kiel), Mühlenbruch (Halle/Rostock/Gö), Warnkönig (Loewen/Frbg./Tüb.), Kierulff (Kiel), Christiansen (Kiel), Gans (Bln.), Seuffert (Wü.), Sintenis (Gießen), weniger v. d. Pfordten (Lpzg.). Als mehr beharrende *Germanisten* kommen in Frage: Phillips (Bln./Mü./Innsbr./Wien), Thöl (Rostock/Gö.), v. Bernhardt (Mü.), Gerber (Erl./Tü./Lpzg.), Albrecht (Königsb./Gö./Lpzg.), Laspeyres (Bln./Halle), zeitweise Gaupp (Breslau), Richthofen (Bln./Gö.); vgl. *Landbergs* Nennung „gemäßigter Germanisten": T. 521, 523, und *Bornemanns* Kriterium „Zurück∼" (Fn 368).

345 ZgeschRw 1 (1815) 6f.

346 AaO 2.

347 In der Rez. zu Savignys „Beruf", Hd. Jb. 1814 (Stern 181f); erneut in der Rez. zu Savignys „Zweck", Hd. Jb. 1815 II 657—61: „Zuvörderst muß er den anzüglichen Namen: ungeschichtliche Schule verbitten (...)" (S. 658); wieder in: Über die sog. HS, AcP 21 (1838) 391—419: „Es ist die kläglichste Lüge, wenn man mir nachsagt, daß ich ein Verächter der Rechtsgeschichte sei" (S. 403). Eine klare neuere Beurteilung *dieser* Frage gibt *Kiefner*: Thibaut 23—5.

harrlich. *Feuerbachs* so luziden Beitrag von 1816[348] schob er mit der Behauptung beiseite, dieser mache sich einer

„Verwechslung nämlich der geschichtlichen Ansicht des Rechts mit einer besonderen Vorliebe für das Alterthümliche vor der Gegenwart, oder gar des Römischen vor dem Vaterländischen"[349,350]

schuldig. Dabei war — in heutigen Worten — der *Formalismusvorwurf* der geflissentlich übergangene Kern[351] bei Feuerbach.

Ein glücklicher Zusammenhang läßt hier ein Stückchen *Kontinuität* aufleuchten. *Wilda* zeigte 1834 Feuerbachs „Kleine Schriften" (1833) nicht ohne Sympathie an[352]. Der erwähnte Beitrag Feuerbachs war darin wieder abgedruckt. Gerade den Formalismusvorwurf nimmt Wilda sehr wichtig. Betont gibt er dieses Anliegen Feuerbachs wieder[353] und rundet diesen Teil seiner Anzeige

---

348 Einige Worte (1816), hier nach: Kleine Schriften (1833) 133—51 und Stern (teilweise abgedruckt bei Stern 195ff).

349 Zur Ambivalenz der Berufung auf das Vaterländische unten 147f.

350 Stimmen: ZgeschRw 3 (1816) 169f; *Feuerbach* suchte allerdings mit dem Hinweis auf antiquarische Neigungen sich seine Kritik etwas zu erleichtern. *Radbruch* findet in Feuerbachs Vorrede „die entscheidenden Einwendungen gegen die HS". Savigny habe „darauf in einem Ton ironischer Überlegenheit geantwortet, der zu dem Gewicht seiner sachlichen Ausführungen in keinem Verhältnis steht" (Feuerbach 131).

351 Einige Worte 133 (Stern 197): „Es ist nichts unbestrittener als eben (...): daß alles auf Entwicklung und Darstellung des volksthümlichen, in das Leben der Nation übergegangenen Rechts ankomme. Das ist nur das Unbegreifliche, wie gerade die historische Rechtswissenschaft, welche Alles in Allem sein soll, mit Entwicklung und Bildung dieses lebendigen Rechts, das unbekümmert um das Gelehrtenwesen und um Entdeckungen in dem Alterthum früherer Jahrtausende, seines Weges geht und immer nur seine gegenwärtigen Bedürfnisse befragt, — in irgend einem nahen ursachlichen Zusammenhange stehe?" Auch *Feuerbach* redet also von "lebendigem Recht", aber er hat auch das *Reyscher*sche Stichwort„ Bedürfnis" und überhaupt einen anderen Lebensbezug als *Savigny*: s. zu den Lebensbezügen unten 247ff; auch *Thibaut* bringt gerade diesen Punkt: Berufrez., Stern 180: „Aber in Beziehung auf die Außenwelt kann ich ihn (sc. Savignys Reformplan) durchaus nicht billigen". Für *Lor. Steins* Savignykritik (Hall. Jb. 1841) ist das Formalismusproblem ganz zentral, wenn er bedauernd ausruft: „(...) hätte man, sich erhebend aus dem Schlendrian der alten Gewohnheit, die Wirklichkeit (!) und ihr wissenschaftliches wie praktisches Bedürfnis (!) ins Auge gefaßt und sich dasselbe klar gemacht, so wäre jene Verwirrung nicht eingetreten; aber welcher Lehrer des römischen Rechts hat sich je ernstlich darum gekümmert, diesen Begriff aufzustellen, oder gar anzuwenden?" ; vgl. zum Bezug o. bei Fn 293.

352 H.A.L.Z. 1834, Juli, Nr. 121f, Sp. 353—66.

353 AaO Sp. 353: „Vorzugsweise sucht der Verf. (sc. Feuerbach) die Behauptung zu bekämpfen, daß das gründlichere vorzugsweise geschichtliche Studium des Rechts, uns jemals in Besitz einer Rechtswissenschaft setzen, oder uns einen Juristenstand erwerben könne, der wie bei den Römern, das Recht lebendig (!) in sich trage, und dadurch den Mangel todter Gesetzbücher unfühlbar machen

mit einem ungewöhnlich langen Zitat aus „Einige Worte“[354] ab. Wilda vermeidet behutsam eine kernige Stellungnahme. Aber mit dem langen Zitat läßt er Feuerbach für sich selbst sprechen. Akzentuierung, Zitatwahl und Zitatlänge beweisen, daß Feuerbachs Problem auch das seine war. Wenig später, 1837[355], sprach er mit *Reyscher*

„lange und offen über Akademisches, über Vaterländisches, über den Zustand unseres Rechts und unserer Wissenschaft. Es zeigte sich im Wesentlichen Übereinstimmung“[356].

Das Formalismusproblem dürfte dabei kaum gefehlt haben. Reyscher nahm jedenfalls Feuerbach an wichtiger Stelle in „Daseyn“ (1838 geschrieben) in Anspruch[357].

Warum reagierte Savigny so auf Thibaut und Feuerbach? Ein veränderungsfreudigeres Verhältnis zur Geschichte war eben deswegen schon „ungeschichtlich“, deutlicher: „willkührlich“. Er hätte dieses sein Axiom zur Debatte stellen müssen. Es ging eben nicht nur um historische *Treue*, die sehr wohl mit Veränderungsfreude vereinbar gewesen wäre, sondern um mehr. Dieses *Mehr* war eine grundsätzliche Vertiefung und Akzentuierung der schon längst geläufigen theoretischen Auseinandersetzung über eine „historische“ Richtung[358].

---

werde.“ Dann folgen als Zitat und Schluß die brillanten Worte, mit denen F. *sein* Bild von römischer Jurisprudenz Savignys geschichtlicher Rechtswissenschaft als Spiegel der Erkenntnis vorhält (s. die nächste Fn).

354 Es entspricht dem Abschnitt bei Stern von S. 198 unten, „der römische Rechtsgelehrte und seine Rechtswissenschaft“, bis S. 199 oben, „zur Reife gebracht“.

355 Beim Treffen anläßlich der Göttinger Jubelfeier im Herbst 1837.

356 So *Reyscher* im Wildanachruf: ZDR 16, 449.

357 Daseyn: ZDR 1 (1839, geschr. 1838) 26 Fn 1, und zwar im Rückgang auf dessen abgerundetere Landshuter Antrittsrede von 1804: Über Philosophie und Empirie in ihrem Verhältnis zur positiven Rechtswissenschaft. Landshut, Attenkofer, 1804, 100 S.

358 S. schon die Zusammenstellung o. Fn 121; s. außerdem bei *Hugo* etwa seine: Gibbonvorrede (1789) und den Einleitungsaufsatz: Über den Plan dieses Journals, Civilistisches Magazin 1 (1790); dazu ausf. Buschmann: Hugo 110ff u. 142ff; für Hugo überhaupt bes. anziehend Ebel: Hugo (1964); auch *K. S. Zachariä* (1795) und *Seidensticker* (1796), s. Landsberg N. 31; *Gönner* (aaO Fn 121); *Feuerbach*: Über Philosophie und Empirie (1804), zur Empirie gehört dabei gerade die Geschichte (S. 2, 42—7). S. 1 spricht er schon lange vor Savigny von „zwey Hauptpartheyen“ (!); *Thibaut*: Versuche I (1798), Abh. 7, S. 124—75: Über den Einfluß der Philosophie (...); dazu die Rez. *Hugos* in Beyträge I 391—4, wo er das historische Bestreben *neben* dem philosophischen bei Th. anerkennt, nur im Verhältnis etwas zu unausgebildet findet; dann: Über das Studium der römischen Rechtsgeschichte, Hd. Jb. 1 (1808) 3ff; Landsberg N. 31 will hier fast ein HS-Programm finden, dagegen aber entschieden Kiefner: Thibaut 16 Fn 96; *Welcker*: Unterholznerrez.: Hd. Jb. 1813 II 897—912 dort bes. 910; *Savigny*: (aaO Fn 121); schließlich *einige Ungenannte* in den Hd. Jb., die die historische Richtung ebenfalls früh diskutieren:
Hd. Jb. *1810* II 70—5 zu Gönner; *1811* I 97ff, 111 zu Hugos „Rechtsgeschichte“, 1810 (4. A.); *1811* II 814ff zu Rudhart: Über das Studium der

Es war vor allem eine mit politischem Bezug gedachte Vertiefung[359]. Das machte die Richtung „Schul"reif. In solcher Zuspitzung lag durchaus Konsequenz[360]. Kompromißlose Gegner sahen dies stets[361]. Wohlwollende Kritiker und solche, die auf dem Wege geschichtlicher Argumentation die HS immanent zu überholen versuchten[362], sprachen sie ihr allerdings gerne ab.

Rechtsgeschichte; *1812* I 1ff, 4ff zu Hugos „Enzykl.", 1811 (4. A.); *1813* II 993ff, zu mehreren zivilistischen Werken; Die Liste belegt, wie sehr schon *vor 1815* von HS, *sogar wörtlich*, Hd. Jb. *1810* I 71, die Rede war.

359 Dazu unten 231f, 210ff.

360 Zum Konsequenzproblem näher unten 335ff; So wie ich Konsequenz in der Ebene des *politischen* Bezugs sehe, erweist sie *Böckenförde*: HS (durchweg) parallel für die *philosophische* Ebene. Er findet darin Schellingsche, identitätsphilosophische Konsequenz. Für beide Ebenen bei Schelling gut *Sandkühler*: Schelling, z.B. 38ff, eigentlich durchweg. Relativierend zu konkretem Schellingeinfluß *Hollerbach*: Schelling 263ff; vgl. die Behauptung Schellingscher Anleihen seitens *Reyscher*, *Welcker* und *Gans* unten 332.

361 Etwa *Welcker*: System (1829), Zitat o. Fn 319; *Feuerbach*: Einige Worte (1816); *Rotteck*: Art. Historisches Recht, im STL (1. A.); *Thibaut*: Sog. HS (1838).

362 Ein Beispiel dafür gibt *Reyscher* in „Bedürfnisse", dazu unten 230; *Bluntschli*: Rechtsschulen, Hall. Jb. 1829, Sp. 1924, et 1945, 1952: Er spricht nicht direkt von Inkonsequenz, hebt aber unmerklich die „ächt historischen Juristen" ab, was ähnliche Funktion hat; *Kierulff*: Theorie (1839) Vorrede XX; er hält die HS-Praxis für „unhistorisch". Entgegen ihren Absichten hemme sie selbst lebendigen Fortschritt; *Maurenbrecher*: Privatrecht I (2. Aufl. 1840) 108 sieht eine „Entartung der neueren HS" ins Antiquarische mit Blick auf Phillips; *Bornemann*: Civilrecht I (1834), entwirft S. 77—88 ein ausf. HS-Bild, wobei er auch von ihrer „eigentl. Consequenz" spricht (S. 88 Fn) und meint, sie habe den „ursprünglichen und eigentlichen Zweck" (S. 83), „die Fortbildung (!) in der Form des Gewohnheitsrechts" (S. 81), „allmählich ganz vergessen" (S. 88). „Demgemäß ist sie unmerklich dahin gekommen, mit ihrem Grundgedanken über die Fortentwicklung des Rechts in Widerspruch" zu geraten (S. 83f). *Beseler*: Volksrecht 74, sieht in der Lehre Puchtas einen eklatanten Widerspruch zur „Grundansicht der HS". Savigny schont er offensichtlich (s. aber dessen briefliche, kühle Reaktion abgedruckt in: Erlebtes, Anlage Nr. 7). Beselers ganze, betont historische Diskussion im 2. Kap., in Verbindung mit seinen ganz anderen Ergebnissen ist die *Ausführung* des unausgesprochenen Satzes, die historische Methode sei von Savigny selbst unrichtig angewendet worden. Vgl. für die *Eichhorn* insoweit schützende Deutung *Homeyers* o. Fn III 207; für *Mittermaiers* differenzierte Sicht ausf. unten 335f; für *Jhering*: B.L.Z. 1844, Nr. 13ff, Art. Hist. Schule, der die Grundaxiome sehr geschickt fortschrittsfreundlich umformt (S. 565ff), ohne den Dissens über die Art des Fortschritts zu berühren. Inkonsequenz findet er daher nicht; für *Bruns*: Gegenwart (1843) 4 „unhistorische Ansichten", auch Besitzvorrede (1848) VIII.

Auf die *neuere Diskussion* um die wiederentdeckte „Konsequenz" der HS bei *Wilhelm*: Methoden 28ff; *Böckenförde*: HS 11 Fn 8, 14, 16—19, 19 Fn (kein Bruch im Programm); *Wieacker*: Wandlungen und: Geschichte 385, 393 mNw, will ich hier nur verweisen. *Schnabel*: Dt. Geschichte III (zuerst 1934) 54—70, legte schon eine beachtl. eigenständige Deutung als geschlossenes Programm vor. Vertiefend zum Konsequenzproblem unten 335f.

Man pochte dann auf die *Durchführung* der geschichtlichen Betrachtung bis auf die Gegenwart und meinte, die *Bewertung* der Gegenwartsbestrebungen solle *mit* ihrer Einbeziehung verbessert werden. So wollten manche genau dem von Savigny angepriesenen formal-elitären Wissenschafts- und Gesellschaftsideal entgehen. Nur wenige widersprachen so kompromißlos *und* klar wie ein *Feuerbach*, der sich das aber auch schon leisten konnte.
Auch bei Reformproblem, Formalismusvorwurf und Konsequenzproblem verlaufen die Hauptlinien also weniger *innerhalb einer* HS.
Wenn man anders akzentuiert und die Spannungen mehr — ich sage nicht *nur* — innerhalb der HS ansiedelt, so korrespondiert das schließlich einer recht weiten, ideengeschichtlichen Vorstellung von HS, die die politisch-sozialen Faktoren weniger als tiefer bestimmende, denn als persönliche Umstände bedenkt. Rothacker, Troeltsch, Dilthey stehen im Hindergrund[363]. Nimmt man die politisch-sozialen Modelle der Beteiligten auch in der dünnen Luft der Rechtstheorie wichtiger, so wirken die Gruppen isolierter. Der Gleichklang der Berufung auf „Volk" und „Volksgeist"[364] erscheint

[363] Siehe etwa *Rothacker*: Einleitung (zuerst 1920), (2. Aufl. 1930) und: Logik und Systematik (zuerst 1927) für die weite HS-Vorstellung. Sie ist gerade bei Rotacker zwar recht fruchtbar auf große weltanschauliche Zusammenhänge hin konkretisiert, aber nur bedingt für die einzelnen Vertreter verifizierbar. Rothacker stützt sich vor allem auf Savigny und J. Grimm und weitet von daher aus. Etwas konkreter ist *E. Troeltsch*, etwa in: Idealismus (1900) IV 552f („durchgängige Historisierung" im Gegensatz zur Aufklärung), 573 (Beitrag der „Romantik"), 582 (Niederschlag in den Einzelwissenschaften), 585 (neuer Geist in den Rechts- und Staatswissenschaften); in: Restaurationsepoche (1913) IV, 596f (spätromantischer Nährboden); in: Historische Schule (1922) III 277—313, bes. bis 303, wo er vor allem auf *Dilthey* als Stammvater dieser weitgespannten Optik hinweist (S. 281 Fn) und die ihm vorliegende Literatur souverän referiert. *Troeltsch*, bei aller Abstraktheit ein sehr behutsamer Kenner, nimmt den Entwicklungsbegriff als „Scheidungsprinzip" zur Aufklärung, zu Hegel und den „bloßen Historikern". Alle diese Untersuchungen sind aber das leider sehr abstrakte Ergebnis geschichtsphilosophisch besorgter Rückschau, der es oft mehr um das „Wesen" des Historischen geht, als um das historische Faktum selbst. Sie sind zwar sehr anregend, aber viel zu wenig an konkreten Fragen verdeutlicht, daher auch schwer zu diskutieren. *Meineckes* berühmtes Werk „Entstehung des Historismus" (zuerst 1936) reicht zwar nicht bis zu Savigny, verwendet aber ganz den gleichen, fast noch weiteren Maßstab. Vgl. im übrigen zum Problem „geschichtlicher Sinn" seinen Erscheinungsformen und Einflüssen auf *Reyscher* unten 274ff.

[364] Diese Worte haben in *aller* Munde solche Konjunktur, daß man in einer zeitgenössischen, überaus gut eingebetteten, Erörterung Savignys und des „Beruf" von 1841 nach dem Hinweis auf die Ambivalenz der Berufung auf „Volk" und „Volksthümlichkeit" lesen kann: „Indessen ist in damaliger Zeit die ‚Volkseigenthümlichkeit' eine so primitive und unmittelbar empfundene Sache, daß sie überall (!) zu Grunde gelegt werden konnte, wo eine politische (!) Frage in Anregung kam, ohne daß man Gefahr lief, es würde irgend ein vorwitziger Frager nun noch hinter diese Eigenthümlichkeit zurückgehen und weiter auch

brüchig[365]. Schon nach der Frage, was denn „Volk" konkret meine, verlaufen ja die Linien divergent. Vor allem mehr beharrende und mehr veränderungsfreudige Kräfte bilden die Fronten. *Politischer* und *unpolitisch*-kultureller[366] Volksbegriff ergeben ganz konträre Antworten auf die Reformfrage, diese Gretchenfrage der Zeit. Der eine fordert Gestaltung, der andere läßt „organisch" wachsen — d.h. vor allem: langsam bis gar nicht[367]. Gewiß betrieb man von fast allen Seiten „eine Art Ahnenkult" (Sengle). Das war das gemeinsame „Historische". Aber die ideologischen Unterschiede in der Verwendung der Vergangenheit sind entschieden zu beachten.

Die liebevolle, weil Billigung mitbringende, Erforschung des deutschen Mittelalters[368] und das kritische Aufspüren des reinen römischen Rechts hatten die gleiche Wurzel. Sie stärkten primär den Status quo, übergingen die volitiven

---

von ihrem Grund und Wesen Bescheid verlangen". So *Hall. Jb.* 1841 I, berliner Juristenfakultät S. 503, Verf. war *Ruge*, s. Anhang k. Ein solcher vorwitziger Frager war *Feuerbach*: Einige Worte (1816): „Ist etwa das Recht, das die geschichtliche Rechtswissenschaft lehrt wirklich das volksthümliche, lebendige", Kl. Schriften 143f.

365 *Wieacker*: Geschichte 393 zeigt treffend den sog. kulturellen Volksbegriff Savignys; ganz ähnlich schon *Wolf*: Rechtsdenker 491 f (= 376 der 1. A. 1939); auch *Schnabel*: Dt. Geschichte I (zuerst 1929) der etliche Spielarten kennt, eine zunächst unpolitische, personalisierende bei Herder (S. 187f), eine neuhumanistische, konservative, ästhetisierende bei Schleiermacher (S. 301), angeregt durch Herder (S. 300), eine ebenfalls von Herder angeregte (S. 307), aber ziemlich „demokratische" Auslegung bei Arndt, Jahn, Görres (S. 303—8), eine rationale, tatendurstige bei Fichte (S. 299) und eine betont konservative, vorbereitet durch Schelling (S. 272) und Burke (S. 308), wirksam bes. bei A. Müller (S. 309f); zum *Volksbegriff* als Knotenpunkt vertiefend unten 337f; die völlig heterogene Verwendung klar bei *Grimm* und *Trübner*, Wörterbücher, Art. Volk.

366 Von „kulturell" allein spricht *Wieacker*: Geschichte 391, 392f; vgl. *S hnabel* I (soeben Fn zuvor); *Böckenförde*: HS 14f, meint, Savignys Volksbegriff in Zgesch Rw sei „nicht empirisch-soziologisch, sondern metaphysisch und kulturphilosophisch orientiert." *Hattenhauer*: Grundlagen 39f, erwähnt allgemein einen „sozial eng gefaßten Volksbegriff", dann einen romantisch personalisierten mystischen für J. Grimm (S. 54), Savigny (S. 163) und Beseler (S. 164), der zuletzt „bewußt irrational" sei und im „gesunden Volksempfinden" fortlebe, vgl. zum letzteren Aspekt unten 329. H. erfaßt damit ebenfalls politische *und* ideelle Ebene.

367 Dies läßt sich nur als *konkrete* Rücksicht zeigen, da die Organismus- oder „lebendig"-Formel eben zunächst schwebend bleibt, wenn sie auch eine Legimitätsvermutung aufstellt. Für *Savigny* sind seine Staatsrattätigkeit, sein Universitätsaufsatz, sein Städteordnungsaufsatz aufschlußreich, s. Fn 319. Für *Reyscher* s. etwa die oben 64f, unten 282f verfolgten Konkretisierungen.

368 Bei den Germanisten bes. ein Anliegen von *Phillips* in seinen: Grundsätze des deutschen Privatrechts (1830, 2. Aufl. 1838). Bez. für Phillips ist, was *Busz*: Geteiltes Eigentum 132—9, an konkreten Konservatismen feststellte. *Bornemann* spricht 1856 in: Die Rechtsentwicklung in Deutschland (...), Berlin, Reimer, 1856, 83 S., in Wiederaufnahme alter Kritik von den *beiden* Übeln „Zurück-Romanisieren oder Zurück-Germanisieren" (S. 48).

bewußt reformierenden Momente der Vergangenheit willkürlich als „willkührlich“[369], wahrten den Vorrang der Fremdbestimmung, des Objektiven, der Notwendigkeit. Nicht alles Geschichtliche erachtete man der Beschreibung würdig. Auf der *Gegenseite* neigte man zur reformfreudigen Aktualisierung einer „alten deutschen Freiheit“, wie etwa Welcker, Rogge, Bauer, Mittermaier, Beseler, Reyscher. Nach Puchta und mit dem Humanisten Fuchsberger sollte das freilich nur „alt viehisch Wildheit“ gewesen sein[370]. Oder man pries die *republikanische* Phase des römischen Rechts, wie Welcker[371], und dann wieder gerade nicht so unverbindlich wie schon Savigny[372]. „Willkür“ meinte etwa in Welckers Kontext nicht peiorativ „Willkühr“, sondern kürender Wille, Freiheit. Es ist immer wieder erstaunlich zu sehen, wie man über das gleiche redet und es *einmal Freiheit*, *einmal Willkür* nennt. Bedenkt man die politische Zerrissenheit so versteht man es wieder. Primär um Selbstbestimmung ging es denen, die gerne von Freiheit oder deutlicher noch von Willkür im positiven Sinne sprachen[373]. Ein solches Selbstverständnis hat auch *Reyscher*. Seinem forschen Temperament entsprach es, auch politische Grundfragen explizit zu machen und die Gegner auf dieser Ebene zu stellen. Meist vermied man dieses gefährlich konkrete Feld lieber. Reyscher fügt dem Aufsatz *Für und wider*[374] einen erstaunlichen dritten Teil mit zwei Abschnitten ein, überschrieben „Die Römischgesinnten und die Deutschgesinnten“ (S. 145) und „Deutschland und

---

369 Zu diesem Kennwort bei Savigny ausf. unten 206f; demonstrativ zieht dagg. aus der Geschichte selbst das *direkte* Gegenbild *Beseler*: Volksrecht Kap. 2; auch *Reyscher* etwa in „Bedürfnisse“ (1828) und „Daseyn“ (1839) erweist das fruchtbar Volitive in der Vergangenheit. *Feuerbach* bedient sich in „Einige Worte“ (1816) brillant der historischen Widerlegung. Auch *Zachariäe*, Vollgraffrezension, Hd. Jb. 1830, Sp. 917.

370 *Puchta*: Gewohnheitsrecht I (1827) 200; wieder gegen die „weniger gemüthlichen Germanisten“ in: Krit. Jb. 1840 II 677; über die Herkunft von *Fuchsberger* (1535) s. die gründlichen Nachweise bei *Bender*: Rezeption 25, 105.

371 *Welcker*: Letzte Gründe (1813) 504, 507, 533f; auch *Reyscher*: Bedürfnisse 7, sieht im älteren römischen Recht das eines in „Freiheit aufgewachsenen Volks“; *Feuerbach*: Einige Worte (1816) a.E., hält Savigny den „kerngesunden Römerverstand“ entgegen, der die gesetzgeberische Tat nicht gescheut habe; *Thibaut* unterscheidet Ende 1814 dezidiert deutschen Sinn, römischen Geist und *alten* römischen Geist. Diese recht spekulativen Absicherungen in den „Zusätzen“ zu seiner Kod. Schrift (s. Stern 168f), kommen interessanterweise erst als Echo auf Savignys spekulative Begründungen; *Bornemann*: Rechtsentwicklung (1856) 7—14, 13f, charakterisiert noch 1856 das „alte römische Recht“ als das einer ausgeprägten Selbstbestimmung. *Wächter*: Verhandl./Lübeck (1847) 238, stellt allg. den liberalen Charakter des römischen Rechts heraus.

372 Beruf 90.

373 Dies eine germanistische Tradition gg. die vor allem *Puchta*: Gew.recht I (dazu unten 329) anging; konkreter Anhalt ist die Begründung des Gewohnheitsrechts mit „Autonomie“, die auch *Reyscher*: Privatrecht I § 65 hat; *Reyscher* ZDR 10, 157 ist eine typ. Stelle für positive Verwendung von Willkür wie Autonomie;

374 ZDR 7 (1842) 121—56.

die Reformation“ (S. 150). Er will aus Anlaß des Erscheinens der „Historisch-politischen Blätter für das katholische Deutschland“, Band 9, von Phillips und Görres[375],

„eine gewisse Wechselwirkung zwischen der römischen (sc. unfreien) Richtung in der Kirche und derjenigen im Rechte finden; denn der Gegensatz des römischen und deutschen Rechts liegt nach drei Jahrhunderten gegenseitiger Reibung so unausgeglichen vor uns, wie der gleich lang dauernde kirchliche Zwiespalt“ (S. 145).

Er beklagt die *herrschsüchtige* politische Rolle der Kirche „mit dem jede Besonderheit abstreifenden System der römischen Hierarchie“ (S. 146)[376]. In der „*Unterordnung* unter das Fremde“ — also nicht in *jeder* Annahme von Fremdem — sieht er „jene innere Lebenskraft, welche zum selbständigen (!) Gedeihen nöthig ist“ (S. 148) verloren. Es geht hier nicht um imperiale Selbstüberhebung, sondern um Lockerung jedes Regiments von oben, sei es römischer oder weltlich absolutistischer Provenienz. *Wieacker* bemerkt zu dem parallelen Problem der Rezeption treffend, das Urteil über sie sei nicht zu trennen „von der Bewertung (!) über das Wohl und Wehe des autoritären Obrigkeits- und Beamtenstaates in Deutschland“[377]. Reyschers wertendes Positivbild ist protestantische Selbständigkeit, „das germanische (!) Prinzip des Individualismus“ (S. 151), das sich in bezeichnender Auslegung der Reformation, des Protestantismus und der deutschen Geschichte einstellte. Es wirkt so sehr, *daß man Reyschers reichliche Nationalismen heute vor allem als einen Aufruf* zur *Selbstbestimmung und Freiheitlichkeit verdeutlichen muß*. Nur so ist diese dem damaligen Kontext nach so wichtige, heute, nach den Selbstüberhebungen des Nationalismus aber so verschüttete Bedeutungsvariante des „Nationellen“ noch zu erfassen. Damit betone ich eine Deckung der geläufigen Stichworte *Einheit* (*Nation*) *und Freiheit*[378], die die Teilnehmer und Erben der „Freiheits-

---

375 Begr. 1838 in München; s. *Gebhardt-Schieder* 126: „die in ständiger Auseinandersetzung mit den politischen Ereignissen in den nächsten Jahrzehnten das System einer katholischen Staats- und Gesellschaftslehre ausbauten“, „katholisch-konservativ“ (S. 137).

376 Zum damaligen katholischen „Ultramontanismus“ *Huber* II 345 ff mit reichen Nw.

377 *Wieacker*: Geschichte 245; auch schon 1. A. 1952, S. 130.

378 Um sie rankte sich bekanntlich manche einprägsame Formel, etwa die *Rottecks*: „Ich will die Einheit nicht anders als mit Freiheit und lieber Freiheit ohne Einheit, als Einheit ohne Freiheit“ (s. Ges. Schr. IV, 1843, 399) und *P. Pfizers*, der „Einheit des Rechts und der Freiheit“ fordert (s. Huber II 39). *Reyscher* ruft im *Dezember* 1848 gegen württembergische Forderungen nach einer Landeskonstituante aus: „Wenn überall konstituiert wird und nirgends etwas herauskommt, so ist es nicht zu verwundern, wenn das Volk irre wird. Ich wünsche eine feste Einheit, die Einheit vor allem und die Einheit um jeden Preis“. Es ist klar, daß Reyscher als bloßer Reformer (oben 64f) jetzt, als die Gunst der ersten Stunde schon verspielt war, wenigstens Einheit erreicht haben wollte, — so realistisch wie er war in der Einschätzung der Reformmöglichkeiten. Ganz loyal arbeitete er aber, dem Mehrheitsbeschluß folgend, an der doch beschlossenen Konstituante

kriege" kennzeichnet. Eine Deckung, die sie von Anfang an in einen Gegensatz zu denen brachte, die lieber — sozusagen bloß außenpolitisch — von „Befreiungskriegen" sprachen[379]. Solche Vorliebe zeigten die bloßen Verteidiger des Bestehenden, die im Zeichen des Nationalen fast ununterscheidbar ebenfalls gegen Frankreich agiert hatten. Die Deckung der Bedeutungen war bis 1813 relativ unproblematisch. Von da an blieb sie auf die Reformfreudigen beschränkt und wurde mehr und mehr in einem neuen Sinne „Deckung", nämlich Tarnung für das zur Opposition gewordene Streben nach Freiheit. In diesem Sinne will Reyscher

„Einheit, aber nicht in starrer römischer (sc. hierarchischer), sondern in lebendiger[380] germanischer Weise, welche das Recht der Gemeinde zur Voraussetzung hat"[381],

also mit Selbstverwaltung, mit Selbstbestimmung, mit Freiheit. Man findet einiges zu einem zeitgenössischen Deutungsrahmen bequem in Jost Hermands Vormärzsammlung[382]. Dort sind Texte zum „Falschen und echten Patriotismus" zusammengestellt[383]. Besonders die Lektüre des köstlich-ernsten *Heine*schen „Aviso für die Leser meines Wintermärchen"[384] lohnt. Daß Reyscher nicht zu Heines „Pharisäern der Nationalität"[385] zu zählen ist, kann man behaupten. Das verdeutlicht Reyscher selbst in seinen „Erinnerungen"[386]. Er stellt dort eine bemerkenswerte Kontinuität bis zu seinem erfolgreichen Kampf gegen die württembergischen Konkordate von 1858[387] her: den Kampf gegen „die politische Reaktion" mit der „die kirchliche Hand in Hand" gegangen

---

mit (oben 62f), s. für seine parallelen Warnungen wegen der Langsamkeit der Nationalversammlung bei Fn II 311; zu *Droysen*, *Waitz*, *Gervinus* s. *Hock*: Liberales Denken 131ff; auch: Hist. Lesebuch 63—5; darstellerisch gehen von dieser Spannungslage Einheit Freiheit aus etwa: *Schnabel:* Dt. Geschichte II 90ff, 92, 95, sehr differenzierend; *v. Srbik*: Geist I, Kap. XI, 327—35, der die reichen Spielarten behutsam zur Sprache bringt; s. auch dort S. 356f und 400 (Schluß); *Huber* I Kap. IX, S. 696ff; II Titel, 126, 144f, 381; *Gierke*: Genossenschaftsrecht I (1868) 1; vgl. noch *Herzfeld*: Mod. Welt I 80, 82, 100f, 123f; *Lübbe*: Polit. Philosophie 66 (für Hinrichs), 69 (Gleichgewicht sei „vormärzliche Selbstverständlichkeit"); *Thomas*: German Intellectuals, Titel, 112, *Hamerow*: Restoration 260, betont dagg. die konkrete Vielfalt vor der Formel; die Vielfalt selbst findet man bei *Krieger*: Freedom (1957).

379 Über diesen Unterschied *Simon*: Dt. Nation 341—5 nebst einem sehr treffenden Metternichzitat S. 339; auch schon *Schnabel* II 216.

380 Deutlich hat man hier wieder das ambivalente „lebendig" in *seinem* Sinne, s. zum Lebensbezug allg. 247ff.

381 ZDR 7, 153.

382 Der deutsche Vormärz. Texte und Dokumente. Stuttgart. Reclam, 1967, 424 S.

383 AaO 127—44.

384 AaO 143f.

385 AaO 143.

386 Erinnerungen 228f; s. noch im „Begriff"-Aufsatz, zitiert unten 169, auch 389.

387 Dazu *Mayer*: Reyscher 84—91 und Reyschers Schrift Nr. 64.

sei (S. 229). In ZDR 12 (1848) schreibt Reyscher zu den „Entwürfen einer deutschen Verfassung" und zum Vorparlament[388] (Nr. 39). Dabei setzt er sogar in eine Linie: Die französische Julirevolution von 1830, die Gründung der ZDR 1839, Gervinus' „Deutsche Zeitung" vom Juli 1847[389], Bassermanns Nationalversammlungsantrag in der badischen Kammer, die erneute Revolution in Frankreich 1848 und schließlich das Vorparlament, zu dem er gerade schrieb. Er spricht nur nie von Revolution, sondern harmloser von „Umkehr"[390]. Ein völliger Funktionswandel der Rede vom Nationalen tritt 1871 ein[391]. Er beherrscht das heutige Denken.

Man kann diese Äußerungen Reyschers nicht als die unausgereiften Phrasen eines politisierenden Professors beiseite lassen. Der Grund ist, daß in ihnen sehr explizit *Leitmotive* angeschlagen sind, daß hier besonders das weltanschaulich Originäre bei Reyscher herauskommt, daß eben darin sich die ganz andere Antwort auf die Reformfrage ausspricht. Deren auch *ideelle Eigenständigkeit* und Beständigkeit schien mir ja anfangs etwas vernachlässigt, so daß sie zum Anlaß dieser Bemerkungen wurde.

Die Gegensätze der streitbaren Jahre bis 1850 könnten daher wohl besser erläutert werden, wenn man nicht wie etwa *Gierke* um die Jahrhundertwende und *Schönfeld* in den Jahren des zweiten Weltkriegs[392] *diese* verschüttete Bedeutung des Nationalen und Vaterländischen eher vernachlässigte. Er gab einen freiheitlichen Nationalismus gerade unter den Juristen, Beamten und Richtern[393].

---

388 Oben bei Fn II 271 über Reyschers Teilnahme daran u. sein Fehlen in der Nationalversammlung.

389 Oben bei Fn II 285 über Reyschers Beteiligung daran, Gervinus und die Zeitung.

390 ZDR 12, 168.

391 Dazu gut *H. A. Winkler*, in: Reichsgründungszeit, S. 241 Fn 55; nicht zufällig betont schon der große Bennigsenbiograph *H. Oncken* 1910 die freiheitliche Seite der Nationalliberalen, s. Bennigsen I 756; ausgezeichnet auch *Thomas*: German Intellectuals 19, der eine Entwicklung vom „defensive" nationalism zu „imperialism" seit den Freiheitskriegen von 1813 aufzeigt, auch S. 120ff, und sorgfältig freiheitliches und imperiales Element trennt. Für Vorboten des „Imperialism" vor 1848 ist er aber aus der Sicht von 1948—51 (S. V) wohl doch etwas *zu* aufmerksam, denn gerade seine Analyse zeigt die wichtigen Unterschiede in der Beschwörung des Nationalen.

392 Gierke schrieb 1903, Schönfeld 1943.

393 Zum *Reformbeamtentum* zeitgenössisch die Äußerung *Bornemanns* (1839), Reyschers ZDR werde die „*Mehrzahl*" des juristischen Publikums hinter sich haben, zit. oben nach Fn 231; ein Beispiel ist *H. J. Siegen*: Jur. Abhandlungen (1834); aus der Lit. s. *Schnabel:* Dt. Geschichte II 197ff; *Koselleck*: Zeitalter 278, 258; *Döhring*: Geschichte 48 („Richter waren damals vorwiegend fortschrittlich gesinnt") für Preußen; für 1848 ff *Wieacker*: Geschichte 465f; Einzelbilder bei *Wallmann*: Einflußnahme; *Nolte*: B. W. Pfeiffer; auch *Huber* I 126f; einen Anhalt gibt auch das Teilnehmerverzeichnis bes. der 1. Germanistenversammlung in Frankfurt (1846), Verhandlungen/Frankfurt 135ff: Von 195 Teilnehmern

Ein Blick in die besser ausgestattete und eifriger betriebene Literaturgeschichte trägt zum hier entworfenen Bild bei. In diesem Fach bemüht man sich derzeit besonders um die Zeit vor 1850, vor allem um das sogenannte Politische daran und die allgemeinen Bedingungen. Wenn sich zwei Kenner, wie Friedrich *Sengle*[394] und Jost *Hermand*[395], hier hauptsächlich darüber streiten, wo und wie zwischen 1815 und 1850 scharf zu periodisieren wäre, nicht aber darüber, daß die entscheidenden Faktoren durchlaufend „liberal" und „konservativ" heißen[396], so wirft das doch auch für die Grundfragen der Jurisprudenz ein Licht. Sollte das nicht in dieser *Sozial*wissenschaft vielleicht noch mehr gelten? *Jaques Stern* (1914!) meint allerdings:

„Den wissenschaftlichen Gegensatz zwischen der historischen Rechtsschule und der naturrechtlichen, der Kodifikation günstigen Richtung auf den politischen Gegensatz zwischen Konservatismus und Liberalismus zurückzuführen, wie es zuweilen im Hinblick auf Savignys streng konservative Gesinnung geschieht, ist innerlich unbegründet"[397].

Das stimmt schon in seiner Forschheit bedenklich. Man erfährt bei Stern keine Gründe und die Sicht des Politischen ist auch viel zu sehr vereinfacht. Jedenfalls kann das nicht befriedigen. Ich habe bisher bewußt die Kennworte „konservativ" und „liberal" eher vermieden und lieber von „mehr oder weniger veränderungsfreudig" gesprochen[398]. Die genauere politische Einstufung der

---

sind 65 wissenschaftliche Juristen, 13 aus der Advocatur, 24 aus der Verwaltung, 17 aus der Justiz, 15 waren Ausländer, 10 Schulbeamte, 53 ohne Titel oder Berufsbezeichnung. Hochinteressant ist die Lektüre der Kurzlebensläufe, die *Huber* II verschwenderisch zu allen Gruppen gibt. Es sind in der großen Mehrzahl Juristen, besonders die sog. Liberalen. Für *Preußen* Koselleck: Preußen 379 ff, 398 ff, 337, 153 ff; für die Zeit bis 1813 jetzt aufschlußreich *Knemeyer*: Regierungsreform (1971); neuestens mNw *Rejewski*: Die Pflicht zur politischen Treue im preuß. Beamtenrecht, S. 29.

394 *Fr. Sengle*: Biedermeierzeit. Deutsche Literatur im Spannungsfeld zwischen Restauration und Revolution 1815—1848 (auf 3 Bde angelegt). Bd. 1: Allgemeine Voraussetzungen, Richtungen, Darstellungsmittel. Stuttgart, Metzler, 1970, 725 S.

395 *J. Hermand*: Von Mainz nach Weimar (1793—1919). Studien zur deutschen Literatur. Stuttgart, Metzler, 1969, 390 S.; vgl. auch: *J. Hermand* und *M. Windfuhr* (Hrsg.): Zur Literatur der Restaurationsepoche 1815—1848. Forschungsreferate und Einzelaufsätze. Stuttgart, Metzler, 1970, 599 S.; darin das Referat von *Hermand*: Allgemeine Epochenprobleme S. 3—61;

396 *Sengle*: aaO 198 f mNw für *Hermand*, bes. 199.

397 *Stern*: Einleitung 25; dagegen auch schon *Bruns*: Gegenwart (1843) 3.

398 Frühliberalismus und Konservatismus nach 1800 sind nicht gründlich abgeklärt. Für ersteren bestätigt dies: *Gebhardt-Schieder* 113 Fn 4; allerdings fehlt dort ein Hinweis auf den sehr wertvollen Beitrag von *Leonard Krieger*: The German Idea of Freedom, History of a Political Tradition (1957). Ich selbst verdanke die Nachricht dem fast noch interessanteren, leider unvollendeten Werk des früh verstorbenen *Klaus Epstein*: The Genesis of German Conservatism (1966), das den Zeitraum von 1770—1806 erfaßt. *E. R. Huber* II, Kap. VI, S. 324—434,

Protagonisten ist noch viel zu wenig gründlich überprüft, um solche Kennworte verwenden zu können. *Savignys* politische Rolle in Wort und Tat ist, so erstaunlich das bei der Überfülle des Schrifttums scheint, noch nirgends detailliert, auch und gerade anhand der ungedruckten Quellen, untersucht. Der lavierende olympische Savigny ist ja darin recht kompliziert und z. B. keineswegs gegen jeden „Fortschritt"[399]. Zudem sind die Parteibezeichnungen mit langer Geschichte und heißer Gegenwart belastet[400]. Die Veränderungsfreude läßt sich dagegen eher ermitteln und gibt für meinen Zweck hinreichend Anhalt.

Die Literaturgeschichte gibt darüberhinaus viele Beispiele für eine *Ambivalenz des Nationalen*, die beachtet werden muß. *Hermand* charakterisiert im gründlichen Nachwort zu dem Quellenband „Das junge Deutschland" (1966)[401] mehrfach mit Schärfe „Deutschheitskult" (S. 372) und „nationalen Ungeist" (S. 388). Er erläutert, die konservativen Gegenspieler der Jungdeutschen, besonders Wolfgang Menzel[402], hätten dazu geneigt,

„deutsches Wesen mit Begriffen wie unpolitisch, religiös, moralisch, romantisch, heimattreu oder artbewußt gleichzusetzen, während man alles Demokratische, Liberale und Zivilisatorische als ‚westlich' diffamierte".

„Das deutsche Fünfparteiensystem", bietet viel Material, hat aber in seinen allgemeinen Aussagen und Zuordnungen einzelner Figuren eine teilweise sehr eigenwillige Optik. Das Material ist zumeist lediglich kompiliert. Für diesen Zweck fehlen andererseits ganz genaue Bibliographien und Tabellen zur Übersicht.

399 Zum Literaturstand oben Fn 319; *Savigny* setzt nur stets ein Vorbehaltsadjektiv dazu, wenn er billigend von Fortschritt redet. So kennt er, einen „wirklichen', (System I Vorrede X, XXIII, XIV), ein „stetiges Fortschreiten" (Beruf 90), eine „ungestörte Entwicklung" (Beruf 79, 87, 93), eine „organische Entwicklung" (Beruf 90). Alles in allem ist sein Motto „das richtige Ebenmaaß der beharrlichen und fortbewegenden Kräfte" (Beruf 90); ähnlich „naturgemäß (!) in innerer Einheit vorwärts" (System I Vorrede XXV), „zu durchschauen, zu verjüngen, und frisch zu erhalten" (ZgeschRw 1, 6), „lebendige Fortbildung" (Städteordnung VS 5, 189). Nie sagt er allgemein, *wann* denn nun Veränderung erlaubt oder verboten ist. Das wäre das „Princip", das ja *Stein* in den Hall. Jb. (Anhang k) so erfolglos sucht. Diese Unentschiedenheit wiederum ist durchaus „Princip". *Schnabel:* Dt. Geschichte III 58f erfaßte die tragende, aristokratisch-wohlwollende, unverbindliche, liebenswürdige und schwebende Haltung Savignys schon sehr gut. Auch in den hier gewiß aufmerksamen Stimmen aus Ostberlin wird Savignys spezifischer „Fortschritts"gedanke anerkannt, wenn man auch die konservative Vorgabe dabei betont, was aber sicher nicht übertrieben ist, s. dafür *H. Schröder*: Savigny/Universitäten 251f; *Heuer*: Eichhorn 127.

400 Mit großem Gewinn verfolgte ich *Klaus Epsteins* behutsame Reflexionen zu diesen geistigen Schubfächern: Conservatism 3ff; gegen Etikettenhandel hier auch *Müller-Dietz*: Welcker Fn 375.

401 Auch in: Studien 152ff.

402 Er lebte 1798—1873 und war 1825—49 Redakteur des Cottaschen „Literaturblattes", s. *Hermand*: Junges Deutschl. 403.

Ein auch nur summarischer Vergleich mit Reyscher nach dem bereits im biographischen und literarischen Teil Gesagten lehrt, daß dies gerade nicht Reyschers „deutsches Wesen" ist. Andererseits ist auch Hermands Antithese hier zu scharf und der Jurist Reyscher ist nicht schon ein juristischer Jungdeutscher.

Damit sind jedenfalls das Freiheitliche und die Ambivalenz am Nationalen der Zeit unterstrichen. Bedenkt man die Streitereien aus dieser Sicht, so erscheinen sie weniger als „unnützer Streit"[403] und „nutzlose Auflehnung"[404]. Der Ton allerdings war nicht selten danach. Und doch mag die schrille Stillage in größerem Maße der Ausdruck schriller Verhältnisse gewesen sein, als man heute bei unserer ungenügenden Kenntnis gerade der alltäglichen (Rechts)Wirklichkeit nachzuvollziehen vermag[405]. Die *freiheitlich* nationale Aufgabe der ZDR war *so* gesehen keineswegs, wie *Landsberg* meint[406], mit dem zwanzigsten und letzten Bande von 1861 erfüllt. Im Gegenteil ist eine gewisse Resignation und, wollte man nicht revolutionär werden, notgedrungene Beschränkung auf den Einheitsgedanken zu erkennen, ein Vorgang, der geläufig ist und allgemein zum Bild des freiheitlichen deutschen Nationalismus nach 1850 gehörte[407].

Ich breche damit den Abschnitt zur Gründung der ZDR ab, der mich vielleicht ein wenig weit geführt hat. Eine letzte Anmerkung sei es wert, daß von den Zeitschriften allein das in den angeschnittenen Zusammenhängen am wenigsten verfangene „Archiv für die civilistische Praxis" (seit 1818) überdauert hat — bis heute.

---

403 So *Wieacker*: Geschichte 378.

404 So *Wieacker*: Geschichte 407.

405 Lehrreich ist hier wieder die satirisch-köstlich verpackte, aber doch so ernste Kritik des *H. J. Siegen*: Juristische Abhandlungen (1834); Siegen war damals gerade pensioniert als Richter am oldenburgischen OAG, dessen Präsident der bekannte Germanist und Sohn J. F. Rundes, *Chr. L. Runde* war. Benutzen kann man hier auch *Mittermaiers* beredte, ganz konkrete Klagen über die Rechtsanwendung auf der Frankfurter Versammlung 1846, s. Verhandl./Frankfurt 62—71. Andererseits sind die „abwiegelnden" Worte *C. G. Wächters* im Jahr darauf in Lübeck zu beachten, der den „schwarzen Peter" weitergibt, indem „meist ein Fehler der Anwendenden" (Verhandl. Lübeck 238) vorliege. Der Wunsch *Mittermaiers*, Wächter einiges zu entgegnen, wurde leider der drängenden Zeit geopfert (Verhandl./Lübeck 239). Auf abstrakterem Niveau dreht sich *Lor. Steins* ganzer Aufsatz zu Savignys System (Hall. Jb. 1841 II 365 ff) nur um die Frage, ob der Versuch, der Praxis das erforderliche Prinzip des „heutigen" Rechts zu geben, geglückt sei. Fazit seiner eindringlich sicheren Untersuchung: „Es ist mit dem Werke selbst gerade dafür am wenigsten gewonnen, wofür es hauptsächlich unternommen ist, für die Wiederherstellung der Einheit von Theorie — der Doctrin des römischen Rechts — und Praxis, der Anwendung des heutigen" (S. 395).

406 T. 503.

407 Siehe den sehr nützlichen Sammelband: Probleme der Reichsgründungszeit 1848—1879. Hrsg. von *H. Böhme*, darin etwa *Bußmann* 93, *Streisand* 399; auch *Herzfeld*: Moderne Welt I 133.

Festigung und Verteidigung der Grundpositionen (1839/42—1854)

Das Engagement im Streit um „die Richtungen der Jurisprudenz"[408], das Reyscher schon 1828 bewies, verließ ihn nicht. Er handelte wie *Lorenz Stein*[409], der 1841 sagte, die Gegensätze zwängen „einen jeden Juristen, der auch nur vor sich selber Geltung haben will (zwingen), mit Entschiedenheit Partei zu ergreifen"[410]. Reyscher nimmt als konkreten Angelpunkt solcher Parteinahmen mehrfach die Frage des gemeinen deutschen Rechts. Was seine „Natur" sei, ob es existiere[411], ob es — wie seit Pütter — getrennt oder als deutschrömische „Einheit" aufzufassen sei[412], auf welchen „Begriff" man es schließlich bringen könne[413], das alles läßt er sich große literarische Kraft kosten. In der Diskussion, wie ein aktuelles gesamtdeutsches Recht gedacht werden könne, verschlingen sich erneut, wie schon in der Kodifikationsfrage von 1814, die politischen und theoretischen Kräfte der Zeit zu einem fast gordischen Knoten. Erst das BGB hat hier Klärung gebracht. Daß Reyscher seine Beiträge in einer so praktisch-politischen Frage verankert, ist typisch. Sein Sinn für das praktisch Wichtige dokumentiert sich darin ebenso, wie die Nähe von Politik und Theorie in seinem — und nicht nur in seinem — Denken. Natürlich war Reyscher durch seine germanistisch politischen Vorstellungen von Einheit und Freiheit für eine positive Antwort disponiert. Aber als nicht unbeholfener Theoretiker weiß er sie auf Begriffe zu bringen, eben seine juristischen Grundbegriffe. Es wäre falsch, ihn wegen seiner zugegebenermaßen politischen Motive als Wissenschaftler zu disqualifizieren. Wie *Stein* sagte: Es bedurfte der Parteinahme in diesen Fragen; sie waren eben nicht durch irgend etwas „Gegebenes" entschieden, sondern gerade offen und entscheidungsbedürftig. *Alle* Beiträge, von Savigny über Puchta, Beseler und Gerber waren damit politisch, nur mehr oder weniger dogmatisch. Mit ihren reichen Implikationen für die Rechtsquellenlehre und deren mannigfache Ausstrahlungen war die Streitfrage um das gemeine Recht geradezu ein rechtstheoretischer Schmelztiegel.

Der Daseyn-Aufsatz (1838/39). Einige Bedingungen

Der grundlegende Aufsatz *Über das Daseyn und die Natur des deutschen Rechts* (Nr. 16) war schon einige Male heranzuziehen. Er entstand neben Rey-

---

408 Vgl. ZDR 10, 159.
409 Savignyrez., Hall. Jb. 1841 II 365ff.
410 *Stein*: aaO 397.
411 Dies das Thema des Daseyn-Aufsatzes (Nr. 16), sogleich im Text.
412 Dies das Thema des Einheit-Aufsatzes (Nr. 32), unten 156ff.
413 Dies das Thema des Begriff-Aufsatzes (Nr. 34), unten 163ff.

schers Arbeiten am zweiten Band seines „Württembergischen Privatrechts". Am 27. September 1838 hatte Reyscher aus Anlaß des königlichen Geburtsfestes eine Rede „Über die Natur des deutschen Rechts" gehalten[414]. Die Zeitschriftengründung war damals schon beschlossene Sache[415]. Zu Anfang des ersten Bandes ließ Reyscher nun nach Abstimmung mit *Wilda* seinen aus der Rede erarbeiteten 53-seitigen Aufsatz fast gleichen Titels erscheinen. Er treibt darin auf erheblich gereiftem Niveau seine Anliegen von 1828 weiter.

Die Auspizien für seine Meinungen waren jetzt wesentlich günstiger. Es ist schon bemerkenswert, daß die Zeitschrift überhaupt zustandekam und eine gewisse Blüte erlebte. Einige frühere Versuche waren schon im Anfangsstadium gescheitert[416]. Aber 1839 ging das „Jahrzehnt der Bewegung"[417] in seinen Zenith, das von der französischen Julirevolution klangvoll eingeläutet worden war. Deren große europäische Ausstrahlung ist bekannt[418], Englands Reformbestrebungen kamen dazu[419]. Das hatte viele liberale Stimmen ermutigt. *Pfizers* „Briefwechsel" (1831) erschien, seine „Gedanken über den Liberalismus" (1832)[420], sowie *Reyschers* mutige „Publicistische Versuche" (1832)[421]. Das *Staatslexikon* Rottecks und Welckers war halb vollendet (1834—43, 1. Auflage), das in der Paulskirche „beinahe in jedes Abgeordneten Händen" gewesen sein soll[422]. *David Friedrich Strauß* erschütterte mit seinem „Leben Jesu" (1835) nicht nur die klerikale Orthodoxie[423]. *Friedrich Christoph Dahlmanns* doch ziemlich liberale „Politik" (1835) gewann respektable Verbreitung[424].

Unter den Juristen mag man schon *Welckers* „System" (1829) [425] als neue Fanfare nennen. *Georg Beseler* hielt 1835 seine Baseler Antrittsrede „Über die Stellung des römischen Rechts"[426], *Eduard Gans* gab 1834 seine „Vermischten Schriften" heraus und erneuerte 1839 vehement seine Savignykritik[427]. Die Praktiker *C. A. Albrecht* und *H. J. Siegen* äußerten sich recht fortschrittlich. Der Sachse *Albrecht* sprach 1834 „Über die Stellung der römischen Aequitas in der Theorie des Civilrechts mit Rücksicht auf die zeitgemäße Frage der Kodi-

---

414 Vgl. oben Schriftenverz. Fn 8.

415 Vgl. oben 106.

416 Vgl. oben 112.

417 Vgl. nur *Gebhardt-Schieder* 122.

418 Ausf. *Koselleck*: Zeitalter 262—95 mit Karte; vgl. *Gebhardt-Schieder* § 25.

419 *Bergeron*: Zeitalter 180ff, 195.

420 Näher zu Pfizer unten 262—7.

421 Dazu oben 79ff.

422 Zum Staatslexikon (STL) ausf. *Müller-Dietz*: Welcker 38—40, zur Wirkung bes. Fn 545—7; aaO Fn 545 steht das benutzte Zitat.

423 Dazu statt aller das: RGG, Art. „Strauß", 6 (1962) Sp. 416f.

424 Bes. wertvoll ist darüber die Einleitung von *M. Riedel*, in der Neuausgabe bei Suhrkamp, 1968, S. 7—31.

425 Darüber näher *Müller-Dietz*: aaO 27—31.

426 Genaue Angaben in Fn 240.

427 Letzteres in der Vorrede von „Über die Grundlagen des Besitzes, eine Replik".

fikation"[428], wobei er nicht versäumte *J. Bentham* als Gewährsmann zu verwenden[429]. *Bentham* war 1828 französisch erschienen[430] und 1830 von Fr. E. Benecke ins Deutsche übersetzt worden[431]. *Siegen*, pensionierter Oldenburger Richter, schrieb seine teilweise scharf satirischen „Juristischen Abhandlungen"[432]. Ich habe schon einige weitere Kritik aus den späteren 30er Jahren zusammengestellt, etwa *Mittermaier*, *Warnkönig*, *Kierulff*, *Wilda*[433]. Trotz diesen und vielen anderen Stimmen muß man sagen, daß es in der Jurisprudenz eigentlich erst mit einer gewissen Verspätung richtig lebendig wurde. *Thibaut* machte noch 1838, zwei Jahre vor seinem Tod, einen bitteren Anfang[434]. Die *vierziger Jahre* waren dann wirklich äußerst streitbar. Ein gewisses Verdienst, „der nachfolgenden Generation die Zunge gelöst zu haben", darf man wohl dem *Jungen Deutschland* zusprechen, das seine Blütezeit zwischen 1830 und 1835 (Bundesverbot) hatte. Wenigstens tut dies *J. Hermand*[435], der diese Stimmen auch bequem dokumentiert hat[436]. Heine, Börne, Büchner, Gutzkow, Laube, Wienbarg, Mundt nennt er die „Beschleuniger jener Emanzipationsspirale, die alle ‚liberalen' Autoren verbindet"[437]. Selbst wenn Reyscher *nichts* aus ihren reichen Parteinahmen gelesen haben sollte, die „öffentliche Meinung" des gebildeten Bürgertums war geprägt. Auch die Jurisprudenz öffnete sich langsam dem „Zeitgeist"[438]. Schließlich gewann etwa seit 1830 eine *neue Generation* immer mehr Einfluß, die Burschenschaftler, auch der Burschenschaftler Reyscher (seit 1829), traten ins Berufsleben.

---

428 Dresden/Lpzg. Arnold, 1834, VIII/90 S.; für Näheres zu C. A. Albrecht versagten leider *Döhring*: Geschichte, *Landsberg* und sogar die *ADB*.

429 *Albrecht*: aaO 1 Fn 1, 32 Fn; das Buch wurde in der B.L.Z. 1834, lfd. Nr. 3576 recht kritisch rezensiert; in der J.A.L.Z. 1836, Nr. 14, März, Sp. 337—41, berichtet „D.M.M.", aber nur für das zur „aequitas" direkt Gesagte.

430 Nach früheren Ausgaben, vgl. *Überweg-Ausland* 92, erschien „De l'Organisation iudiciare et de la Codification. Extraits de divers ouvrages de Jer. Bentham. Paris 1828, 2 Bde."; rezensiert in Hb. Jb. 1830 II 120—50 von *Vollgraff*; vgl. zu Bentham *Gagnér*: Studien 91ff, mit Hinweisen zur Wirkung; *Sabine*: History 674ff; *Coing*: Rechtsphilos. 48—50.

431 Grundsätze der Civil- und Criminal-Gesetzgebung. Aus den Handschriften des engl. Rechtsgelehrten hg. v. E. Dumont, nach der 2. A. für Deutschland bearbeitet und mit Anm. vers. v. Fr. Ed. Benecke, 2 Bde., Berlin, 1830; diese Ausgabe benutzte auch *Albrecht* (o. Fn 429).

432 Vgl. o. Fn 405.

433 Vgl. o. Fn 270.

434 In dem bekannten Aufsatz „Über die sogenannte historische und nicht-historische Schule", AcP 21 (1838) 391—419.

435 Junges Deutschland 390.

436 Das Junge Deutschland. Texte und Dokumente, Stuttgart, Reclam, 1966, 614 S.; Einblick auch durch *Huber* II 129—31.

437 *Hermand*: aaO 391.

438 *Reyscher*: ZDR 7, 137, wo er ironisch *Puchtas* Berufung auf den „Strom der Zeit" zurückgibt.

Die alte Generation, die Freuden und Schrecken der Revolution von 1789 miterlebt hatte, schied langsam aus. *1831* starben Hegel, vom Stein, Gneisenau, B. G. Niebuhr, J. M. Sailer, A. v. Arnim, die Savignyfreunde[439], auch der orthodoxe Pandektist Chr. Fr. Glück, *1832* Goethe und Fr. von Gentz, *1833* P. J. A. Feuerbach, *1834* Schleiermacher, *1835* W. v. Humboldt. *R. Koselleck* schließt, „mit der neuen Generation wandelte sich das gesamte politisch-soziale Klima"[440]. Das ist vielleicht etwas übertrieben, da liberale Stimmen nie gefehlt hatten und auch die Zeit vor 1830 nicht so einspurig restaurativ gewesen war, wie es zum Bild eines Gesamtwandels gehörte. Aber vernehmlicher und kräftiger wurden die liberalen Stimmen im Zuge der zunehmenden Politisierung. Das zeigt auch das Verhalten der Gegenseite. Selbst *Savigny* griff mit dem Aufsatz zur Städteordnung (1832) und zur Universität (1832) in seiner Art wieder ganz unantiquarische Themen öffentlich auf. *Rankes* „Historisch-Politische Zeitschrift" (1832—36), in der Savigny auf diese Weise offen mitwirkte, war *ein* aufschlußreiches Zeichen konservativer Unruhe[441].

Reyscher gehörte entschieden zur „neuen" Generation. Der Statisten- und Kulissenwechsel darf beim Aufblühen der ZDR nicht unbedacht bleiben.

Schon Reyschers Kodifikationsschrift von 1828 war nicht schüchtern gewesen. Aber die jetzt geschriebenen Beiträge tragen doch einen wesentlich sichereren Ton. Vor allem versucht sich Reyscher jetzt auch an den philosophischen Hintergründen der juristischen Streitereien, wenn auch sein scharfer Kritiker „R-Z" abschätzig meinte, es geschehe „vom Standpuncte einer popularphilosophischen (subjectiven) Reflexion"[442]. Vielleicht hätte das Reyscher gar nicht als so negativ empfunden. Reyscher zieht jetzt seine Linien mit wesentlich ausgebreiteterer Kenntnis.

Das darf man als die Frucht seiner Tübinger Dozententätigkeit betrachten. 1828 hatte er noch ohne größere abstrakte oder gar philosophische Diskussion Stellung bezogen. Schon 1831 gab er aber, wie berichtet, einen „Grundriß zu Vorlesungen über das Naturrecht" heraus[443]. Die darin abgedruckte Ansprache vom Herbst 1829 beweist eifriges Studium der Naturrechtskoryphäen[444]. Seit

---

439 Zu *Niebuhr* s. die Charakteristik in *Hall. Jb.* 1841, „Universität Berlin" (s. Anhang k) S. 9ff, die ihn sehr instruktiv als Mittelpunkt der einflußreichsten und Hauptpartei in Berlin um 1810 zeichnet und die engen Kontakte zu *Savigny* benennt (S. 13f); auch Schnabel: Dt. Geschichte III 36ff; zu *Sailer* s. Schnabel IV 50ff; zu *Arnim* s. Wohlhaupter: Dichterjuristen I 97ff.

440 Über dies mit einigen der benutzten Daten *Koselleck*: Zeitalter 297, auch: Preußen 420.

441 Zur Zeitschrift *Varrentrapp*, HZ 99 (1907) 35—119; zu *Savignys* Rolle dabei und seinem guten Verhältnis zu Ranke s. *Stoll* II 363—5; über die konservativen staatspolitischen Hintergründe der Zeitschriftengründung sehr gut *Koselleck*: Preußen 421ff.

442 J.A.L.Z., aaO (Fn 275), Sp. 555.

443 Dazu oben 87f.

444 Näher oben 88.

seiner Berufung (1829) hatte er solche Vorlesungen zu halten. Daneben gehörte auch „Enzyklopädie" zu seinen Anfangspflichten[445]. Es war eine gern geübte Entlastung, den jungen Dozenten diese Vorlesungen zu überlassen. Bis Herbst 1838 hatte Reyscher sieben Naturrechtskolleggs nach *v. Gros* und fünfmal Enzyklopädie nach *Falck* gelesen. Das blieb nicht ohne Wirkung.

Es wäre interessant, ist aber nicht einfach zu klären, *wie* er sich diese Kenntnisse geschaffen hat. Als Student hatte er bei Sigwart eifrig Philosophiegeschichte gehört[446]. Dessen dreibändiges Werk darüber war aber erst 1843/44 erschienen. Bei K. Wächter-Spittler genoß er ein landläufig-kantisches Naturrecht[447]. Juristische Grundlagenliteratur interessierte ihn anfangs wenig[448]. Seine auf diesem ersten Boden gewachsene Kodifikationsschrift erweist sich als stark lokal und praktisch-liberal bestimmt[449]. Sieht man sich seine Vorrede im „Grundriß" und die Wiedergabe in Belsers Nachschrift an, so findet man wenig kritisch genaue Belege oder Zitate. Reyschers Naturrecht wirkt mehr holzschnittartig zubereitet, bei aller Akribie der Argumentation, etwa wenn es um die Klärung und Absicherung des ersten Prinzips geht[450]. Sehr wichtig nahm er eine stringente Argumentation *aus* den Prämissen[451]. Zu den Prämissen gelangte er dagegen relativ schnell[452]. Nicht ganz ohne Einfluß war vielleicht, daß Reyscher für die erstmalige Erarbeitung des Kollegs nur minimal Zeit hatte. Er war Ende Juli 1829 berufen worden. Im Herbst hielt er schon die Vorlesung, dazwischen machte er noch eine Reise nach Paris[453]. Viel Zeit für kritisches *Primärstudium* war da nicht. Er tat also ziemlich sicher bei weitem nicht das, was etwa *Hugo* leistete, der von sich sagt, er habe sich „eine Zeitlang sogar mehr mit der Philosophie als mit der Rechtsgelehrsamkeit beschäftigt"[454] und dessen intime Kant-, aber auch Hume-Kenntnisse seine „Philosophie des posi-

---

445 Dazu oben 57.

446 Oben 21.

447 Oben 30f.

448 So sein Eingeständnis, in: Erinnerungen 50.

449 Dazu näher unten 267ff, auch schon oben 55f.

450 Naturrechtsvorlesung §§ 26—46.

451 Vgl. Naturrechtsgrundriß S. XXVII, XXXV; Naturrechtsvorl. § 31a.E. = S. 28.

452 Naturrechtsgrundriß XIIIf: „innere Freiheit", „Selbstgesetzgebung der Vernunft", dann „äußere Freiheit" usw.

453 Oben 60 für die Reise, oben 57 für die Berufung. In: Familienbuch 81f nennt er die „Herbstferien" 1829 als Vorbereitungszeit, wobei er „noch keine der beiden Vorlesungen ausgearbeitet hatte" und Naturrecht erst auf Wunsch der Hörer dazunahm (alles aaO).

454 So in der Vorrede zur 4.Auflage seines Naturrechts, 1820; auch in Beyträge I 406; ähnlich sein Lebensbericht in Beyträge I 15—31, den er mit *Hume* einleitet und wo er sagt, „aus Neigung las ich geschichtliche und philosophische Schriften, besonders Englische" (S. 23); dies übrigens ein klarer Hinweis für die Wurzeln seiner kritischen Kantverwendung; dazu unten 309ff.

tiven Rechts" eindrucksvoll vorführt[455]. Auch *Welckers* superbe Belesenheit, die 1813 noch erträglich ist, 1829 aber alles sprengt, findet man nicht[456].
Man wird also so manche Äußerung Reyschers der damaligen philosophisch-juristisch-politischen Allgemeinbildung zurechnen müssen. Diese war in Reyschers württembergischem Milieu im Ansatz kantisch-dualistisch, in den Motiven liberal. Ich habe gezeigt, daß Hegelsches Reyscher nicht erreicht hatte[457]. Eine *kantische Grundstimmung* war laut Mohl landläufig[458]. Der Ästhetiker *Vischer* bestätigt dies von seiner ganz anderen Warte[459]. *L. Krieger* zeigt kantisches am Reyscherfreund *Pfizer*[460]. Die *Deutschen Jahrbücher* sprechen rezensierend von einer „reinen Entwicklung des kantischen Princips"[461] in *Pfizers* „Gedanken über Recht, Staat und Kirche" (1842). Reyschers Naturrechtskollegg wird schließlich aufschlußreich in den *Hallischen Jahrbüchern* beschrieben. Dort heißt es:

„Dieser Philosophie (sc. der kantischen Reflexionsphilosophie) gehört sein Naturrecht an, ganz in der Art der kantischen Naturrechtslehren. Zuerst ein mühsames Suchen nach einem obersten Princip, aus dem sodann, wenn man es zu haben glaubt, durch ein abstraktes Raisonnement etwas entwickelt wird, was natürliches Privatrecht sein soll und in Wahrheit nur die Abstraktion des römischen Rechts (!) ist. Ehe und Staat werden sodann glücklich auf dem Wege des Vertrags zu Stande gebracht, und man bemerkt im Laufe des natürlichen Staatsrechts eine vernunftrechtlich sein sollende Verfassung und Verwaltung entstehen, deren wesentliche Grundzüge fast ganz den neueren constitutionellen deutschen Verfassungen entnommen sind; ein angehängtes natürliches Völkerrecht soll dem Ganzen die Vollendung geben, und wir haben ein System vor uns, welches viel eher positiv und gemacht, als vernunftrechtlich und natürlich genannt zu werden verdient. Was aber hier tadelnd gesagt wird trifft nicht Reyscher, sondern diejenigen, welche ihm die Vorlesung des Naturrechts übertragen haben. Naturrecht muß durchaus von einem Philosophen oder philosophisch gebildeten Juristen gelesen werden, und es ist zu bedauern, wenn ein gelehrter Rechtshistoriker einen Theil seiner Zeit in einem Fach verschwenden muß, das mit seiner übrigen wissenschaftlichen Tätigkeit nicht harmoniert"[462].

Diese Beschreibung hält der Nachprüfung an Grundriß und Nachschrift im wesentlichen Stand.
Es kann dahingestellt bleiben, ob Reyscher sich das ganz so naiv dachte, wie es die Jahrbücher berichten. Es ist an diesem Punkt auch nicht der Ort, Rey-

---

455 *Kant* hat im Namensregister der 3. A. 1809 die häufigsten Nennungen, 43 mal; Hugo kennt, wie man an den Stellen sieht, vor allem nicht nur die MdS, vgl. etwa §§ 29, § 12; für *Hume* ist ebenfalls das Register guter Führer.
456 Sein „System" fließt über mit Belegen und Namen; maßvoller noch die „Letzten Gründe".
457 Oben 48—50.
458 Oben bei Fn II 91f.
459 Oben 49.
460 *Krieger:* Freedom 318—22, vgl. 86—125 zu Kant.
461 Dt. Jb., aaO (Anhang k) S. 992.
462 Hall. Jb., aaO (Fn II 59) S. 214.

schers Anlehnung an den in *von Gros* repräsentierten Flügel des juristischen Kantianismus näher zu überprüfen[463]. Es soll genügen, einige Voraussetzungen für Reyschers Programmaufsatz dargelegt zu haben.

Reyschers *Daseyn-Aufsatz* läßt sich in fünf große Abschnitte zerlegen.

In einigen einleitenden Worten umreißt er Aufgabenstellung und Lösung. Er sucht eine „vollständige Rechtstheorie" für das gesamte geltende Recht, deutsches wie römisches, privatrechtliches wie öffentlichrechtliches. Dafür, meint er, reiche die an sich wertvolle geschichtliche Grundlage nicht aus. Sie könne dies auch prinzipiell gar nicht (alles S. 12).

„Wir glauben", so faßt er vorweg zusammen, „daß die rationale Grundlage diesem Bedürfnisse entspreche, zwar nicht allein, aber in Verbindung mit der Empirie und Geschichte. Die geschichtliche Ansicht ist nämlich bloß einseitig, nicht falsch;"

Seine Aufgabe bestimmt er dann näher in der doppelten Weise, die der Titel anzeigt. Zuerst sei die *Natur* des deutschen Rechts zu klären. Er denkt dabei aber nicht an ein metaphysisches Grundprinzip, sondern will die begrifflichen Merkmale des angestrebten vollständigen positiven deutschen Rechts festhalten. Zweitens sei dann der Nachweis zu führen, daß an diesen Maßstäben gemessen ein gemeines Recht vorhanden sei, *da sei*.

In drei Abschnitten verfolgt Reyscher das Problem der *Natur des Rechts*. Zunächst argumentiert er historisch (S. 14—26), dann diskutiert er die „neueren Vorstellungen" (S. 27—36) und schließt seine eigene Meinung an (S. 36—40). Im vierten Teil belegt er das *Daseyn* eines so begriffenen gemeinen Rechts (S. 40—2). Den Schluß bildet, veranlaßt durch Mohls entschiedenen Dissens (S. 43), die ausführliche Anwendung seiner Thesen auf das Staatsrecht (S. 43—53).

Der Tenor des ganzen Aufsatzes erschien schon in dem Stichwort „einseitig"[464]. Über dieses Argument vor allem wickelt Reyscher seine Auseinandersetzung mit den „neueren Vorstellungen" von Recht ab. *Kant* und *Fichte*, *Hegel* und *Stahl*, *Schelling* und *Savigny* kommen so ins Spiel. Über den Aufwand einiger Sätze geht Reyscher allerdings nur gegenüber Savigny hinaus. Im Vorwurf der *Einseitigkeit* hat man einen Schlüssel zu Reyschers eigener Ansicht, auch in ihren Schwächen. Dieser Vorwurf war eine verbindliche Form, tiefgreifende Auffassungsunterschiede zu umschreiben. Auf die tabula rasa der Einseitigkeiten stellt Reyscher dann eine wohlbekannte, ja allzu bekannte und belastete Zauberformel. Es ist die Vorstellung einer *Natur der Sache*, die bis heute ihre

---

[463] Vgl. dazu oben 88f und bes. unten 307ff für *diese* Kant-Linie; *Hugo*, soviel schon hier, sah das übrigens so: „aus den Metaphysischen Anfangsgründen der Rechtslehre (1797), alt 73 Jahre (sc. typischer Zusatz Hugos), sah man deutlich, daß die *Kantianer* ihren Herrn und Meister bisher gar schlecht erraten hatten. Die Verwechslung der Hauptsache (!) im Buche, des wenigen Metaphysischen, mit der Zugabe, den wie Kant selbst sagte, ‚zum Theil weitläufigen Anmerkungen' veranlaßte neue Mißverständnisse", s. Naturrecht, 3. A. 1809, § 29/S. 29.

[464] Das Zitat soeben aus Daseyn S. 12.

Anziehungskraft keineswegs eingebüßt hat[465]. Reyscher stellt diesen Topos ins Zentrum seiner Lösung (S. 40). Er bezeichnete das Medium, das Reyscher am geeignetsten schien, die Jurisprudenz volksrechtlicher, praktischer und lebensnäher werden zu lassen. Hier sollten also Freiheit und Notwendigkeit[466] auf kleinstem Raum versöhnt sein. Damit ist der Zusammenhang des Programmaufsatzes beschrieben.

Seine Tendenz war synthetisch. Sie kam genau in *Beselers* fast gleichzeitigen, treffenden Briefworten zum Ausdruck:

„Was historische, was philosophische Schule! Das Recht, dessen unsere Nation und unsere Zeit bedarf, das sey der Gegenstand unserer Tätigkeit"[467].

Das Echo auf Reyschers Programmatik habe ich schon anhand der ZDR selbst wiedergegeben[468].

Einheit des gemeinen deutschen Rechts (1845)

Schon in „Daseyn" hatte Reyscher „einen künftigen Aufsatz über die wissenschaftliche Behandlung" seines heutigen deutschen Rechts angekündigt, „worin erst die Spitze der Arbeit und deren practische Richtung zu erkennen seyn dürfte"[469]. Aber das schien nicht so einfach zu sein, oder anderes dringender. 1842 war erst einmal das „Für und Wider" zu diskutieren. Savignys „System" und Puchtas Angriffe forderten eine Stellungnahme. Ich habe Reyschers präzise, gegen Puchta sehr scharfe, Verteidigung geschildert[470]. 1845 schrieb Reyscher wieder einen einschlägigen Beitrag. In Sachen Methode mußte er seine Leser erneut vertrösten. Vorläufig ließ er den entsprechenden Abschnitt seines „Württembergischen Privatrechts" gelten[471]. Aber er trieb seine Sache in einem anderen, nicht minder umstrittenen, Punkt weiter. Er untersuchte die Frage, ob man immer noch von mehreren, säuberlich voneinander getrennten, selbständigen Bestandteilen des geltenden Rechts auszugehen habe. Ob er nun hier, an einem Punkt der Rechtsquellendiskussion, oder bei der Methodik ansetzte, war weniger wichtig. Es zeigt aber immerhin, daß er selbst den Stand der Dinge noch nicht für die von ihm mehr als *Schlußstein* empfundene Methodik[472] reif hielt. Zunächst ging er daher an die sehr sorg-

---

465 Zur unerschöpflichen Literatur statt aller die Nwe bei *Wieacker*: Geschichte 426 Fn 37.
466 Dazu *Reyscher* ZDR 1, 30; näher unten 327.
467 Brief vom 20. 12. 1840, Anhang e).
468 Oben 111ff.
469 Daseyn: ZDR 1, 14.
470 Oben 125f.
471 ZDR 9, 341.
472 ZDR, 1, 14 und 9, 338.

fältige Begründung für seine Meinung über *Die Einheit des gemeinen deutschen Rechts und dessen Verhältnis zu den fremden Rechten* (Nr. 32)[473].

Die Frage des gemeinen deutschen Rechts stand dicht vor ihrem literarischen Kulminationspunkt in *C. F. Gerbers* „Das wissenschaftliche Princip des gemeinen deutschen Rechts“ (1846). Mit 73 Seiten schrieb Reyscher seinen stattlichsten Beitrag zur ZDR. Vor allem die „Prüfung der bisherigen Ansichten“ in § 2 (S. 341—65) war eine Vorwegnahme von Gerbers Untersuchung[474]. Auch die Gesamtanlage war sehr ähnlich[475]. Ganz konträr waren aber die Ergebnisse.

C. F. Gerber gehörte zu den Siegern von 1848, besser 1850. In *diesen* Jahren wurde der so lyrisch bezeichnete Streit um die „deutsche Seele im deutschen Recht“[476] entschieden. Man braucht nur zu erläutern, daß in Reyschers liberalem Geschichtsbild die „deutsche“ Seele eben eine „freie“ Seele war[477], um deutlicher zu haben, worin Gerber und Reyscher sich schieden. Sinnfälligen Ausdruck fand die Lage darin, daß ausgerechnet Gerber 1851 Reyschers genehmerer Nachfolger in Tübingen wurde[478]. Aber noch schrieb man 1845 und *Reyscher* konnte es für sinnvoll halten, mit umfangreichem wissenschaftlichem Aufwand Argumente zu sammeln.

Sein Aufsatz beginnt zuversichtlich. In der kurzen Einleitung heißt es: Der Zeitpunkt

> „wo die eigene Bildung von der fremden sich wieder frei macht, und ihren Halt in sich selber sucht (...) scheint mir für das deutsche Recht gekommen zu sein“[479].

Wieder fügt Reyscher sofort eine Verbeugung vor dem römischen Recht bei[480]. Sie zeigt, daß es nicht um seinen abstrakten Wert ging, sondern um seine Rolle als Werkzeug in den Händen einer ganz überwiegend *konservativen* Zivilistik, die gerade auch die allgemeine Rechtslehre mit Beschlag belegte. Man

---

473 ZDR 9, 337—410.

474 Vgl. dessen ersten Abschnitt S. 15—87: „die bisher aufgestellten Ansichten (...“.

475 Jeweils gegliedert in: Einleitung, Literärgeschichte, Rechtsquellengeschichte, eigene Meinung; S. 100 berichtet *Gerber* aber ausdrücklich, er habe *Reyschers* Aufsatz erst nach vollständiger Ausarbeitung während des Drucks erhalten.

476 *Wieacker:* Geschichte 405; es handelt sich um eine Formulierung aus *Gierke*: HS 27.

477 Oben 143.

478 Genauer oben 71.

479 ZDR 9, 337.

480 Für „Bedürfnisse“ unten 235; für „Für und Wider“ ZDR 7, 134: „wissenschaftlicher Werth“ betont und verglichen mit „Studium des Alterthums“ (S. 135); vgl. auch Verhandlgn/Frankfurt 84f, 188: „Nach meiner Ansicht wird das römische Recht gegenüber dem deutschen künftig die Stellung einnehmen, wie die classische Philologie zur deutschen Philologie. Wir sind aber für jetzt noch in einer Durchgangsstufe begriffen“. ZDR 1, 7: „wenn schon ein methodischer Unterricht im römischen Recht als solchem noch lange zu den Bedürfnissen des academischen Unterrichts gehören wird“.

suchte im Werkzeug den Meister zu treffen. Aus diesem Grunde war auch *Wächters* Methode, das römische Recht als *liberal* hinzustellen, so entwaffnend — wenn es wie bei ihm einigermaßen überzeugend geschah[481]. Reyscher gibt zu erkennen, daß es ihm nicht auf die deutsche oder nichtdeutsche *Herkunft* des Details ankommt, sondern auf das richtunggebende Zentrum im ganzen Rechtsgebäude, nach dem sich die übrigen Teile orientieren, auf die Grundvorstellungen, mit denen vor allem die Rechtsfortbildung und der damals viel weitere Raum der schöpferischen Rechtssprechung bewältigt werden sollten:

„Ohne den Einfluß des römischen Rechts (...) in Abrede stellen, ohne überhaupt der fördernden Wechselwirkung zwischen den Gesetzen verschiedener Staaten, woraus noch in neuerer Zeit die Berücksichtigung des französischen Rechts hervorgegangen, durchweg entgegentreten zu wollen, so ist doch für das deutsche Volk wie für jedes andere das Bedürfnis zu behaupten, daß seine Zustände und zwar nicht bloß seine staatlichen sondern auch seine kirchlichen, Gemeinde- und Familienzustände sowie die Verhältnisse der Einzelnen zunächst (!) aus dem diesem Volke eigenen Geiste, seinem eigenen Bewußtsein und Willen hergeleitet und erkannt werden"[482].

Es war feine liberale Ironie, gerade zugunsten *französischer* Gesetze Abstriche vom nationalen Denken zu machen. Das untersteicht, wie sehr im Nationalen die Freiheit Motiv war[483]. Reyscher scheut sich nicht, noch ein wenig deutlicher zu werden. Von seiner Auffassung des deutschen Rechts, so setzt er bei, hänge

„noch Manches andere ab, was nicht in unmittelbarer Verbindung damit gedacht wird. Außer dem Mündigwerden unserer Rechtswissenschaft (...) ist dadurch bedingt die Mündig- und Gesundwerdung unseres Volkes überhaupt, welches trotz aller Mühen unserer juristischen Ärzte und Pflasterstreicher seit dreihundert Jahren nicht wieder in eine organische (sc. selbständige, freie) Entwicklung hereingekommen, sondern tiefer und tiefer in die Abhängigkeit (!) von fremden Richtungen gerathen ist". Aber er bremst sich: „Indessen wollen wir uns durch solche Betrachtungen den Blick auf die vorliegende Frage nicht befangen machen (...)"[484].

Das war couragiert und doch schon ein wenig bitter. Deutlich reichen sich Wissenschaft und Politik die Hand. Und doch zögert man mit dem Verdikt unwissenschaftlich, wenn man weiterliest und verfolgt, wie er liebevoll aus Literatur und Quellen die Dogmengeschichte erarbeitet.

In § 2 veranstaltet er eine gründliche „Prüfung der bisherigen Ansichten" zum gemeinen deutschen Recht. Mit der Hilfe von *Mittermaiers* fleißigen Angaben[485] und über diese hinaus gibt er die erste ausführliche Dogmengeschichte der Auseinandersetzungen um das deutsche Recht. Es ist eine Wissenschaftsgeschichte der Opposition, der Angriffe auf das römische Recht und damit die herrschenden Ansichten von Recht überhaupt. Es geht nicht einfach um dies

---

481 Beispielhaft dafür sein Beitrag in Lübeck 1847, s. Verhandlungen 236—9.

482 ZDR 9, 337f.

483 Dazu oben 143.

484 ZDR 9, 338.

485 *Mittermaier:* Grundsätze I (5. A. 1837, hier fast identisch mit 6. A. 1842) § 35f.

und jenes nationale Hausgut, sondern um die mit und in der Vorherrschaft der gelehrten Juristen praktizierte allgemeine Rechtslehre, die das Recht vor allem „von oben" kommen ließ. Höchst bezeichnend ist, wie Reyscher die Vorläuferstellung der niederländischen Juristen auffaßt: „Die niederländischen Juristen, welche Schilter öfters zitiert, namentlich Grönwegen, waren in der freien (!) Richtung vorangegangen"[486]. Man spürt seine aktuellen Motive wieder, wenn er betont,

„mit den Angriffen auf das römische Recht und den Versuchen, die Alterthümer des deutschen Rechts auszugraben, war es nämlich nicht gethan, man mußte auch im Stande sein, um dem Bedürfnisse der Praxis zu genügen, dem fremden Recht ein gemeines Recht der Jetztzeit (!) entgegenzustellen" (S. 352).

Hier spricht im Historiker Reyscher das Problembewußtsein des geplagten Verfassers eines „gesammten württembergischen Privatrechts", eben eines solchen Neubaus, und des Reformgermanisten. Von hier aus mußte ihm besonders die von *Pütter* verfolgte „Isolationsmethode" (S. 352—55), die römischem und deutschem Recht salomonisch je das seine geben will, als Sackgasse erscheinen, zumindest wenn sie sich mit Isolieren begnügte. So sehr er *Eichhorns* geschichtliche Methode würdigt (S. 359f), genau dieses Sich-begnügen, das auch Eichhorn praktiziert, vermag er nicht wohlwollend zu übersehen:

„Die geschichtliche Behandlung hat dem deutschen Rechte in manchen Materien großen Vorschub geleistet, und sie ist hier allerdings in ihrem Rechte, während die Geschichte des römischen Rechts, als solchen (!), zu unserem heutigen Rechte keine praktische Beziehung hat; aber sie kann nicht für die allein berechtigte gehalten werden, weil manche Verhältnisse, zumal solche welche jetzt erst im Leben entstehen und doch auch sogleich ihre Bestimmungen mitbringen müssen, aus der Rechtsgeschichte sich gar nicht erklären lassen und weil überhaupt die Gegenwart das Recht hat wie die Vergangenheit aus sich selbst gerichtet zu werden." (S. 359f)

Reyschers Option für die Zukunft, für Selbstbestimmung der Gegenwart, gegen Recht „von oben", sind hier formuliert. Zugleich ist die Wendung „wie die Vergangenheit" eine geschickt „historische" Argumentation.

Ein weiteres Hauptmotiv folgt gleich anschließend, wenn er *Maurenbrechers* und *Weiskes Juristenrechtstheorie* als „bedenkliche Ansicht" (S. 360)[487] dezidiert ablehnt. Selbst *Beselers* Modifikation, dem Juristenrecht nur *neben* dem Volksrecht eine selbständige Bedeutung zu geben und *insoweit* Rechtsschöpfung zuzugestehen, gefällt ihm gar nicht (S. 360):

„So sehr ich auch (...) das Talent meines verehrten Freundes *Beseler* in dogmengeschichtlicher Behandlung erkenne[488], so kann ich doch auch in der also beschränkten

---

[486] ZDR 9, 345 Fn 13; aus heutiger Sicht zum erheblichen Einfluß der Niederländer *Luig*: Anfänge 202, 221; allgemein sehr aufschlußreich *Schneppen*: Niederländische Universitäten und deutsches Geistesleben. Münster, 1960.

[487] Vgl. die parallele Verwerfung in: Privatrecht I § 58 und ZDR 1, 35; näher unten 371f.

[488] Vielleicht sollte man einen Umkehrschluß auf die Güte des Nichtdogmengeschichtlichen, also der Programmatik ziehen.

Ansicht nur eine Fiction zur Erklärung des vorhandenen (sc. schlechten!) wissenschaftlichen Zustandes finden" (S. 360)[489].

Jegliche Form, gelehrte Rechtsschöpfung zu legitimieren, erregt bei Reyscher Mißtrauen.

Etwas knapper geht er auch auf die *romanistische Seite* und die HS ein (S. 362—5). Er erinnert an den Versuch des Tübingers *C. F. Hofacker* (1749—93) (S. 362), ein einheitliches System des geltenden Rechts zu geben[490] und an *Hugos* Kritik gerade in diesem Punkt[491]. Hugo habe sich durchgesetzt. Er „urtheilte hierin auf dem Stande der heutigen Jurisprudenz richtig" (S. 363), meint Reyscher ironisch. Eine tiefgehende Entfremdung von Theorie und Praxis sei die Folge gewesen. Außerdem sei das Recht der Praxis noch ungewisser geworden. „Denn manche Sätze, welche bis dahin feststanden, sind bloß deshalb angegriffen worden, weil sie dem reinen (sc. neuerforschten) römischen Rechte entgegen waren" (S. 363). Reyscher anerkennt die Früchte für den Historiker. Aber den mit einer historischen Jurisprudenz in praxi notwendig verbundenen Primat der Theorie vermag er nur zu den „großen Nachtheilen" (aaO) zu rechnen. Er bemerkt *Savignys* salomonische Teilung, findet dabei aber mit Recht gerade das Problem ungelöst, *wann* denn nun deutsches, wann römisches Recht gelte (S. 364)[492].

Der bis auf die „neueste Zeit herrschend gebliebenen" dualistischen Auffassung" (S. 364) setzt Reyscher nun in § 3 seinen *Einheitsgrundsatz* entgegen. Der Dualismus werde ohnehin anomalerweise nur im Privatrecht befolgt (S. 365). Historisch habe es eine prinzipielle „Zweiheit" (S. 367) nie gegeben, sondern allenfalls Konkurrenz um den Vorrang. Die schismatische Behandlung sei aufs ganze Recht gesehen unwissenschaftlich, da jede systematische

---

489 Vgl. *Beseler*: Volksrecht 90, 87; wichtig *Beselers* briefliche Verteidigung, Anhang f, der auf dem „factum" besteht, es gebe ein Juristenrecht.

490 *Hofacker*: Principia iuris civilis Romano-Germanici. Tübingen, Bd. 1 (1788), II 1 (1789), II 2 (1794), III (1798); vgl. *Landsberg* III 1, N. 230f zu den Daten, T. 361, wo er die „Capitulation" Hofackers „gegenüber den praktischen Erfordernissen der Routine" beklagt, um die Hofacker wohl in Württemberg nicht herumkam und „Scheitern" des Versuchs bescheinigt; vgl. die Rez. *Hugos* zu Bd. I und II 1, in: Beyträge I 55—67, 138—45; die erste geht grundsätzlich auf den Plan ein, *Landsberg*: aaO N. 231 findet sie „sehr strenge". Man muß aber differenzieren. *Hugo* ist für doppelte Trennung: für Trennung des noch geltenden vom reinen, älteren Recht *und* für Trennung des deutschen vom römischen Rechte (S. 58f). Deswegen ist für ihn bei *Hofacker* einerseits zuviel, andererseits zu wenig getan. S. 138 nennt er die „Principia" daher treffend „einen Schritt zur Verbesserung des gewöhnlichen Pandecten-Collegiums"; sein Urteil ist also etwas zwiespältig.

491 *Hugo:* Beyträge aaO (Fn 490).

492 Dem gleichen Nachweis, wie ungelöst diese Frage im „System" geblieben sei, diente *L. Steins* große Savignyrez., aaO (Anhang k), dazu näher unten 230ff, für *Stein* oben 126, unten 346.

Einheit verloren gehe und das eigentliche Problem der Rechtsanwendung überlassen sei (S. 368). Reyscher erläutert,

„Jene Ansicht beruht aber auf einer zweifach unrichtigen Voraussetzung: 1. daß das römische Recht als solches (sc. als eigener Organismus) eine Stelle in dem geltenden Recht habe und 2. daß der Gegensatz zwischen dem fremden und einheimischen Rechte, welcher geschichtlich allerdings vorhanden, in der Gegenwart noch unausgeglichen vorliege“ (S. 369).

Reyschers tragende Überlegung zu 2. ist, wie schon im Privatrecht[493], der Durchgriff auf Leben und konkrete Praxis:

„Wesentlich muß vielmehr aus beiden (sc. Rechten) oder vielmehr aus der im Leben bereits verbundenen Einheit beider das Ganze gebildet werden“ (S. 370).

Reyscher unterstreicht seine Thesen, indem er sich „erlaubt, auf die Nachtheile der bisherigen getrennten Behandlungsweise aufmerksam zu machen“ (S. 371). Auf den folgenden beiden Schlußseiten des § 3 führt er einprägsam Klage. Es ist eine Klage, die vor allem mit dem Maß der Rechtsanwendung mißt, mit dem „Anspruch eines praktischen Systems“ (S. 371). Sie spricht am besten für sich selbst:

„Folge der bisherigen Entzweiung unseres Privatrechts ist nicht bloß der Mangel an Übersichtlichkeit des gesammten Stoffs, sondern auch äußerste Lückenhaftigkeit. Man nehme nur einmal die Lehrbücher des römischen und deutschen Rechts zur Hand und suche sie zu einander zu passen: es wird sich bald zeigen, daß dies unmöglich ist, und nun soll der Leser und Zuhörer sich die Verbindung selbst schaffen! Betrachten wir insbesondere das sog. Pandektenrecht: wie wenig sind dessen Darstellungen im Stande, den Anspruch eines praktischen Systems zu befriedigen? Und doch machen sie diesen unbekümmert um die Veränderungen, welche seit mehr als tausend Jahren eingetreten sind, und unter allen Umständen eintreten müssen. Daher sind historische und exegetische Untersuchungen, welche das fremde Recht als unmittelbar verbindlich voraussetzen, die Hauptsache. Dabei fehlt es aber noch allzusehr an geschichtlichen Hilfsmitteln, (...), so daß nicht selten die Zwischenglieder vermißt werden, welche nötig wären, um auch nur eine römische Einheit herzustellen. — Noch schlimmer steht es um unsere deutschrechtlichen Systeme, wovon keines dem anderen gleicht, und jedes seine auffallenden Blößen mit irgend einem gelehrten Aufputze zu bedecken sucht.
Man braucht, um die nachtheiligen Wirkungen dieser zerstückten Behandlungsweise unsers Privatrechts kennen zu lernen, nur kurze Zeit im Amte oder in der Advokatur thätig gewesen zu sein (...)“ (S. 371).

Die Wertungen, innerhalb derer solche Hinweise Argument werden konnten, sind ersichtlich andere als die eines Savigny, Puchta oder Gerber. Reyschers Ruf nach einer „praktischeren Richtung“ mit dem „nöthigen materiellen Wissen“ — nicht nur aus lateinischen Druckwerken — und „lebendigem Geschäftstakt“ ist entschieden. Aber er ist nicht naiv oder überheblich, wie der Schluß zeigt:

„Indessen sehe ich wohl ein, daß jenes Ziel nur allmählich erreichbar ist (...), namentlich (sc. muß man) die sog. gemischten Institute aufgreifen. — Hat sich in-

---

[493] Oben 44f, 97f zur Kritik.

dessen nur einmal das Ziel selbst als ein nothwendiges den Männern der Rechtswissenschaft vor Augen gestellt, so ist nicht zu zweifeln, daß wir auf dem Weg dahin schon manches Gute vollbringen, und so ein Unheil wieder gut machen werden, das die alten Doktoren, unsere Vorgänger, angerichtet haben" (aaO).

Der anschließende § 4 „Über das Verhältnis des deutschen Rechts zu den fremden Rechten" (S. 373—410) ist ganz der erwähnten Prämisse[494] des herrschenden Dualismus gewidmet: Die Gültigkeit des römischen Rechts in Deutschland als eigenes, selbständiges System steht zur Debatte. Es ist die alte und bis zum BGB immer wieder neue *Frage der Rezeption*, die in die Ansichten darüber hineinspielt, ob römisches und deutsches Recht zwei selbständige Organismen ausmachen, deren Vereinigung unorganisch, ja unwissenschaftlich zu nennen wäre, wie es ja zum Beispiel gegenüber Reyschers *Privatrecht* geschah[495]. Der äußere Umfang von 37 Seiten, gegenüber 36 Seiten für alles vorhergehende zusammen, zeigt, welch große Bedeutung Reyscher dieser Diskussion beimißt. Da der ganze Rezeptionsstreit recht gut erschlossen ist, kann ich mich kurz fassen. Reyscher nennt fünf Argumente *für* die Rezeption, die er alle widerlegt. Weder aus translatio imperii (S. 373), noch aus communis opinio (S. 373f), aus Gerichtsgebrauch (S. 375f), gemeinem Gewohnheitsrecht (S. 377—9) oder gesetzgeberischer Anordnung (S. 379—404) — hier geht er zahlreiche Quellen vom fränkischen Reich bis zur Gegenwart durch — sei das römische Recht in Gebrauch gekommen, sondern allein als Juristenrecht, als gelehrtes Recht (S. 404). Letzteres aber sei keine Rechtsquelle (S. 404), sondern nur wissenschaftliche Überzeugung. Nur „weil und soweit es (sc. das römische Recht über die Juristen) erweislich eingedrungen" (S. 408) sei mit Hilfe wirklicher (!) Rechtsquellen, sei es anzuerkennen. Als selbständiges organisches Ganzes jedenfalls sei es nie rezipiert oder gebraucht worden. Enger konnten Rezeptionsurteil, Wissenschaftsbegriff und Rechtsquellenlehre kaum verzahnt sein. Es verwundert nicht, daß Reyscher so hartnäckig gegen alle Spielarten von wissenschaftlicher Rechtsschöpfung anging. Hier stand eine Säule, die in der ganzen Architektonik seiner Argumente unentbehrlich war. Ganz entsprechend war die Lage der Gegner.

Besonders am § 4 des Aufsatzes erweist sich, daß im Gewande der Rechtsgeschichte eine *aktuelle Rechtsquellendiskussion* geführt wurde. Das Kontinuitätsgefühl war noch so stark, daß Reyscher ohne Bedenken seine aktuellen Rechtsquellenthesen an Vorgänge anlegte, die mehrere Jahrhunderte zurück-

---

494 Soeben vor Fn 493 das Zitat aus S. 369.

495 Oben 97f; s. übrigens zum ganzen Rezeptionsstreit die Freiburger Diss. von P. *Bender*: Die Rezeption des römischen Rechts im Urteil der deutschen Rechtswissenschaft, 1956, III/123 S., der aber *Reyschers* hier benutzten zentralen Aufsatz zugunsten zweier anderer Belege aus „Daseyn" und Frankfurter Reden übergeht und daher mehr den kämpferischen Aspekt an Reyscher hervorhebt, als den durchaus gelehrten des „Einheit"-Aufsatzes. Das ist eine gängige, etwas einseitige Akzentuierung.

lagen. Aber auch *Savigny* und andere, die die Rezeption als abgeschlossenes historisches Faktum hinstellen, handeln nicht weniger „unhistorisch“ gegenwartsbezogen. Zu offensichtlich trägt dabei der *aktuelle* Impuls, daß man auf dieser Seite eben ein Juristenrecht anerkannte, ja wünschte. Nicht zufällig meldete sich Savigny gerade 1814, nicht zufällig zog er seine Schlüsse aus dem eigenwilligen Blick auf *bestimmte* Bereiche der Vergangenheit. Nahm man sich Privatrecht, juristische Lehrgebäude, Wissenschafts- und Universitätsgeschichte zur Anschauung, so konnte das gut auf die Savignysche Gelassenheit führen und von „innerer Notwendigkeit“ reden lassen. Ein Blick auf die Praxis, die Gerichte, die Advokatur, die Ämter und Schreibstuben, auf Geschäftsleben und partikulares Recht, auf Staatsrecht, Verfassung und Verwaltung konnte dagegen sehr wohl das Gegenteil lehren[496]. Das hinderte nicht, so manche einzelne „Institute“ als angenommen zu betrachten:

„Das bisherige Unrecht soweit es fait accompli ist, soll und kann nicht mehr aufgehoben werden. Die Wissenschaft hat also den aus den fremden Rechten entliehenen Stoff ebensowohl wie den einheimischen zu verarbeiten und in dem Rechte der Gegenwart zu begreifen. Auch davon ist nicht die Rede, daß jener, wenn er in der That am Platze ist, mittelst künftiger Gesetze wieder entfernt werden soll“ (S. 368f).

Nach Reyscher ist die Entwicklung in durchaus vielen Punkten offen. Ziel ist ein Volksrecht der Gegenwart. Über die historischen Aspekte konnte man sich verständigen lernen, etwa in Lübeck[497]. Über Ziel und Zukunft entschieden die 48er Kämpfe — gegen Reyscher.

Mit dem Aufsatz hat Reyscher einen fast monographischen Beitrag geliefert. Er ist geradezu gespickt mit Belegen aus Literatur und Quellen. In 147 Fußnoten finden sich insgesamt 230 Nachweise. Auch der Zeitpunkt war nicht schlecht getroffen. Die Diskussion hatte Hochkonjunktur.

Diskussionsstand. Begriff des gemeinen deutschen Rechts (1846)

1839 war die Debatte noch etwas müde gewesen. Mit *Savignys* „System“, *Bethmann-Hollwegs*, *Rudorffs*, *Hugos* und besonders *Puchtas* Anzeige dazu, *Beselers* Anzeige der ZDR und *Maurenbrechers* Zweitauflage etwa wurde es im Jahre 1840 wesentlich lebendiger[498]. 1841 kamen *Steins* große Savignykritik[499] und

---

496 Ein Beispiel ist hier trotz teilweise anderer Folgerungen auch *Wächter*, der z.B. sehr genau die „publicistischen Verhältnisse“ Württembergs beachtet, s. Verhandlg/Lübeck 237, und sein *Privatrecht*, dessen allgemeine Lehren, vgl. I §§ 1—7, ganz aus diesem Hintergrund leben.

497 Vgl. die Verhandlungen in Lübeck, aaO 224ff.

498 Für *Hollweg* s. G. G.A. 1840, St. 158—63, Oct., S. 1573—1620; *Rudorff:* Bln. Jb. 1840 II Nr. 1f; *Hugo:* G.G.A. 1840, St. 102—5, Juni, S. 1011—42; *Beseler:* aaO (Fn 244); *Maurenbrecher:* Privatrecht I, 2. A. 1840.

499 Vgl. Anhang k.

Bluntschlis Sonderausgabe der „Rechtsschulen"[500]. 1842 schrieb *Mittermaier* den entsprechenden Paragraphen seiner „Grundsätze" neu[501], *Reyscher* polemisierte „Für und Wider"[502]. 1843 erschien *Beselers* wichtiges „Volksrecht" mit seinem 3. Kapitel zum gemeinen Recht. *C. W. Wolff*, der Göttinger Germanist, veröffentlichte den ersten Band seines unvollendeten deutschen Privatrechts[503]. Der junge *C. G. Bruns* schrieb „Über Gegenwart und Zukunft unseres Privatrechts"[504]. Aus hegelischen Formeln begründet er seine recht abstrakt bleibende Forderung nach Trennung *und* Synthese. Gegen Romanisten, Germanisten und „Codificanten" ist für ihn die Aufgabe

„keine andere als die, daß die beiden Rechte, wie sie zusammen die sich ergänzenden Elemente unseres Rechtszustandes sind, zunächst jedes für sich zum klaren wissenschaftlichen, historisch und dogmatisch begründeten Bewußtsein gebracht werden, dann aber zu dem, was sie im Leben sind, nämlich einem an sich einigen Organismus, auch in der Wissenschaft sich vereinigen"[505].

Das klang gut, wich aber mit dem Wörtchen „zunächst" der erforderlichen Stellungnahme aus. Wer sollte über die Klarheit des wissenschaftlichen Bewußtseins befinden? *R. Mohl* widmete sich der staatsrechtlichen Seite in Cottas Deutscher Vierteljahrsschrift[506]. 1844 gab *Wächter* seine sehr gründliche, aber nicht so besonders gut aufgenommene Studie „Gemeines Recht Deutschlands"[507] heraus. Der Altmeister *Chr. L. Runde* hielt eine vermittelnde Rede über „Gemeines Recht für Deutschland" [508]. 1845 rezensierte der Kieler *E. Herrmann* Wächters Werk sehr kritisch und anregend[509]. *Reyscher* schrieb seinen Aufsatz zur „Einheit", *Niels Falck* meldete sich in „Allgemeinen Betrachtungen"[510]. *K. F. Eichhorn* gab die fünfte und letzte Auflage seines Privatrechts

---

500 Genau oben Fn II 64.

501 Grundsätze I, 6. A., § 37.

502 Dazu näher oben 125f.

503 Lehrbuch des gemeinen deutschen Privatrechts I, Göttingen, 1843; s. dazu die schneidige Kritik *Gerbers* in: Princip 95f mNw für des Problem das gem. Rechts bei *Wolff*.

504 Hier nach dem Abdruck in: Kleine Schriften 1—20, zuerst in: Jahrbücher der Gegenwart, 1843, Nr. 33—6.

505 *Bruns:* aaO 13, auch 10, 20.

506 Jahrgang 1843, Heft 1, S. 50—82; dazu *Reyscher* ZDR 8, 400f kritisch.

507 Leipzig, 1844, XII/269 S.; Kritik bei *Herrmann*: aaO (Fn 509) und *Bruns*: Gemeines Recht (1853) in: Kl. Schriften 20—48; positiver *B.L.Z.* 1844, lfd. Nr. 2466, Sp. 1361f, anonym; *Reyscher* ausf. in „Begriff": ZDR 10, 174ff; der Sache nach gegen Wächter gerichtet auch die Frankfurter Germanistenversammlung, s. Verhandlgn 151, 156.

508 Gemeines Recht für Deutschland. Eine Vorlesung bei der 66sten Jahresfeier der Stiftung der literarischen Gesellschaft in Oldenburg am 17. Dec. 1844. Oldenburg, Schulz, 24 S.; dazu *B.L.Z.* 1846, Nr. 11, Febr., lfd. Nr. 384, kritisch gegen verfrühte Legislationshoffnungen darin (Sp. 176ff).

509 H.A.L.Z. 1845, I, Nr. 118—21, Mai, Sp. 937—68.

510 Einige allgemeine juristische Betrachtungen, in seinem: Archiv für Geschichte, Statistik, Kunde der Verwaltung und Landesrecht 4 (1845) 213ff.

heraus[511]. 1846 schließlich erscheint mit *C. F. Gerbers* „Princip“ der umfangreichste, 313 Seiten zählende Beitrag. Auch *H. Thöl*, der Göttinger Handelsrechtler und Germanist nimmt Stellung in seiner schneidenden Replik auf Beselers „Volksrecht“[512,513].

Zur reichen Ernte dieses Jahres gehört noch ein Beitrag *Reyschers*. Schon im ersten Heft des zehnten Bandes der ZDR von 1846 las man seinen kurzen Aufsatz zum Thema *Der Begriff des gemeinen deutschen Rechts* (Nr. 34).

Er brachte erneut den Beweis, daß die Zeit für eine abschließende krönende Festlegung der Methodik noch längst nicht reif war[514]. Im Gegenteil — Reyscher vertiefte und verbreiterte lieber noch einmal seine allgemeine Position in der Grundfragendiskussion. Er entwarf erneut eine Skizze des Meinungsstands und benutzte jetzt auch die Rechtsvergleichung. Die Rechtsverfassung Englands schildert er besonders wohlwollend. Er meinte, sie entspreche „so ziemlich der des gemeinen deutschen Rechts“ (S. 154) — so wie *er* es sich dachte. Es ist typisch, daß England *mehr* zum Beispiel und Vorbild wird als Frankreich[515]. *Mittermaier* z.B. ist zu England geradezu enthusiastisch. Er ruft aus:

„Wir haben ein Volk in Europa, das vorzugsweise practisch genannt werden kann, es sind dieß, glaube ich, in Bezug auf Jurisprudenz die Engländer. Es ist eine Lust, englische Schriften zu lesen, es ist eine Lust, diese Kunst der Analyse zu sehen“[516].

Reyscher nahm die vergleichende Argumentation gegen die Vorherrschaft des römischen Rechts in Deutschland auch in Frankfurt gerne auf[517]. Er traf sich hier erneut mit dem Kenner Mittermaier, der aus ganz parallelem Blickwinkel über Italien sprach[518]. Die Rechtsvergleichung war eine neue

---

511 Göttingen, Vandenhoeck, 1845.

512 Volksrecht. Juristenrecht. Genossenschaften. Stände. Gemeines Recht. Rostock, VII/159 S.; dazu *Beselers* scharfes briefliches Urteil im Anhang f.

513 Die Münchner Diss. von *G. Hübner*: Der Streit um die Geltung des deutschen Privatrechts im 19. Jahrhundert, 1952, Masch., 191 S., ist wenig förderlich, da H. wichtige Quellen übersieht, etwa Bruns (1843; 1853), Falck (1845), Stein (1841), Kierulff (1839), Herrmann (1845), und immer noch versucht, den Streit juristisch „richtig“ zu entscheiden, statt die dabei bis zu seinem Mentor Mitteis mitlaufende allg. Rechtslehre zu beachten und von daher zu klären. Hübners Zuordnungen sind zudem nicht genügend selbständig aus den Quellen begründet. Er übersieht im Gegenteil wichtige Töne. Schon die Lektüre der Schlußbemerkung kann das Gesagte belegen (S. 183—7). Das Literaturverzeichnis, das eine nützliche Dokumentation des wichtigen Streits sein könnte, ist leider sehr flüchtig gearbeitet.

514 Vgl. zur gleichen Situation im Jahr zuvor oben 156.

515 Für Frankreich aaO, ZDR 10, 153f; vgl. zur Lage in „Bedürfnisse“ unten 291ff.

516 Verhandlungen/Frankfurt 184.

517 Verhandlungen/Frankfurt 86; auch Bericht: ZDR 10, 515f.

518 Verhandlungen/Frankfurt 152, 183; zum Thema auch *Mittermaier* in: Krit. Z. Ausland 18 (1846) 417ff.

Stütze für Reyschers Vorstellungen — übrigens eine gar nicht „nationale“ Methode.

In der Skizze des Meinungsstandes der deutschen juristischen Richtungen verschiebt sich ihm gegenüber 1839 einiges. Die *hegelianische Seite* würdigt er in *Gärtner*, *Kierulff* und *L. Stein* jetzt nicht nur weit gründlicher, sondern auch verständnisvoller[519]. Für Stein findet er sogar das Prädikat „talentvoller junger Gelehrter“. Ihn nimmt er besonders ernst. Reyscher gibt zu erkennen, daß dieser Linkshegelianer ihm in Motiven und Ergebnissen recht sympatisch ist. Das erinnert an das Verhältnis zu den Hallischen Jahrbüchern 1839[520] und daran, wie er Steins Unterstützung schon 1842 in „Für und Wider“[521] angenommen hatte. Aber bei alledem bleibt Reyschers entschiedene Abneigung bestehen, seine Abneigung gegen den übertriebenen begrifflichen Formalismus etwa bei *Gärtner*[522], gegen die dominante Rolle einer spröden spekulativen Philosophie bei *Stein*[523], gegen die ganz und gar nicht egalitäre Methode und den dazugehörigen Jargon[524].

Auch *Savignys* Position erscheint in etwas anderem Licht. Jetzt, 1846, fällt Reyscher viel mehr die tiefgehende Ambivalenz auf. Der Respekt hat nachgelassen. Hin und her deutend müht er sich damit ab, Savignys Theorie der historischen Natur des Rechts zu beschreiben[525]. Zwei klare konkrete Punkte greift er sich dann abwehrend heraus. Er moniert, die HS legitimiere Fremdbestimmung, Unfreiheit, Herrschaft. Die HS entziehe „dem positiven Recht seine natürliche Unterlage in der Autonomie oder menschlichen Wahlfreiheit“[526]. Er legt damit den Finger auf einen neuralgischen Punkt und offenbart zugleich worauf er selbst Wert legt. Konsequent und scharfsichtig rügt er weiter, daß *Puchta* und *von der Pfordten* dem römischen Recht eine „Übernatürliche Stellung (...) als ausgegangen von einem Volke, welchem eine besondere Mission für die Rechtsbildung zugekommen sein soll“[527] anweisen. Reyscher sieht das römische Recht zum unveränderlichen Naturrecht erstehen, zum Vehikel der Fremdbestimmung, der Herrschaft. Seine HS-Kritik konzentriert sich also 1846 in einer für *beide* Seiten aufschlußreichen Weise auf die Frage: Wie hältst Du's mit meiner Freiheit, der bürgerlichen Mitbestimmung? Savigny selbst, klarer noch Stahl, Puchta und von der Pfordten müssen ihn enttäuschen und ernten Kritik.

---

519 ZDR 10, 160—3; näher unten 347ff.
520 Oben 117f; zus.fassend unten 345 ff.
521 Oben 126; zus.fassend unten 345 ff.
522 ZDR 10, 162,
523 ZDR 10, 161f.
524 Vgl. zum Jargon die Analysen *Sengles*: Biedermeier 452, auch 208f.
525 ZDR 10, 164f.
526 ZDR 10, 166.
527 ZDR 10, 166.

Auch zur *„formalen“ Richtung* sagt er jetzt konkreteres. Er meint damit die Partei der Etatisten, die vor allem an absolute Präzision und Sicherheit mahnt, wenn sie von Recht spricht und daher gerne den Gesetzgeber dominieren läßt. Reyscher nennt die Richtung auch die „mechanische“[528], wohl im Gedanken an die dazugehörige Richtervorstellung vom „bouche de loi“. Es paßt zu der von *W. Wilhelm* so eindrucksvoll belegten Kontinuität eines konservativen Formalismus — obwohl Formalismus nicht stets konservativ wirkt[529], — daß schon *Savigny* 1814 in seiner historistischen Willkürabwehr ein solches Richterbild entworfen hatte[530], daß Reyscher es dann 1846 *zusammen* mit einer klar formalistischen Grundlage als die „gemeine Ansicht der heutigen Romanisten“ rubrizieren kann[531]. Mag dies zu grob „rubriziert“ sein. Reyscher hat den politischen Nerv der Etatisten getroffen, zu denen auch der teilweise so liberal wirkende *Wächter* zählt[532]. Ein Kulissenwechsel spielt hier mit. *Savigny* konnte 1814 nicht einfach auf das vertrauen, was „von oben“ kam. 1846 war dieses Vertrauen wieder eine gutkonservative Haltung, obwohl die Ereignisse von 1848 bald folgen sollten. Reyscher stellt in seinem Aufsatz einige Essentialia zusammen[533], die sich dieser Juristenwelt einfügen. Man ist gegen alles, was dem Rechtsanwender Spielraum ließe, heiße es Vernunftrecht, Naturrecht, gesunde Vernunft, Natur der Sache, Analogie, gemeines oder gar gemeines *deutsches* Recht, sei es richterliches Ermessen überhaupt. Das Gegenbild gibt auch C. A. *Albrecht*s „Aequitas“ (1834)[534]. Was Savigny das perfekte römische Rechtsgebäude war, ist diesen jüngeren Juristen wieder eher systematische Gesetzgebung. Reyscher macht zu alledem nur einen, aber einen entscheidenden Vorbehalt. Er verlangt, die dabei unvermeidliche Unterordnung müsse eine „freiwillige Anbequemung“[535] sein. Dieser Gedanke gilt für alle ange-

---

528 ZDR 10, 169.

529 Ich denke dabei an *Böckenfördes* Einwände zu *Wilhelm*: Methoden, s. *Böckenförde*: HS 26 Fn 54. Es ist ein Unterschied, ob man gegenüber einer fortschrittsträchtigen oder gegenüber einer ruhig-harmonischen Realität formal sein will. Ein vernunftrechtlicher Formalismus, der sich der *feudalen* Realität verschließt, ist politisch das Gegenteil von einem historistischen Formalismus oder gar einem juristisch-immanenten, der wenig von einer sich bereits realisierenden *liberalen* Gegenwart und Zukunft wissen will, die seine Axiome nicht mehr befolgen. *Möser* z.B., dessen Lebensnähe *Savigny* und viele ihm verwandte immer wieder preisen, war zu Zeiten der formalen Aufklärung ganz unformal und doch recht konservativ, vgl. *Epstein*: Conservatism 297ff; *Gerber* war 1852 formal gegenüber einer ihn zutiefst beunruhigenden Realität, s.: Öff. Rechte, S. 23; vorsichtiger als Böckenförde bezweifelt *Wieacker*: Geschichte 439 Fn 25 lediglich eine „typische Hinneigung“ von formal zu konservativ.

530 Beruf 112, 116, 147ff.

531 ZDR 10, 169.

532 So mit Recht *Reyscher* ZDR 10, 170; vgl. unten 343f.

533 ZDR 10, 168f.

534 Oben bei Fn 428.

535 ZDR 10, 169.

schnittenen Einzelprobleme. Wie gegenüber Savigny, Puchta und Stahl pocht er auch gegenüber Wächter auf Autonomie und Mitbestimmung, sei es in politischer Auslegung von „Volksrecht", sei es in der Kritik der Etatisten. Diese bei Reyscher prima facie gar nicht so zentral klingenden Vorbehalte waren für die Gegenseite natürlich unannehmbar. Sie gingen an die Substanz des Weltbildes der anderen „Richtungen".

Insgesamt ist der Aufsatz von 1846 viel ruhiger als der so lebendige von 1839. Er trug auch nicht die Spuren einer vorangegangenen Festvortragsfassung. Es mag eine Folge der Klärung mancher Fonten sein, daß Reyscher 1846 andererseits um einiges entschiedener wirkt. Klarer kreist sein Vortrag jetzt ganz um das Problem der *Autonomie*, der politischen *und* juristischen Selbstbestimmung. Reyscher hat in Sachen Freiheit nie überspannte Vorstellungen. Aber er besteht auf konkreter Mitbestimmung, auch in der Rechtstheorie.

Reyscher hat damit eigenhändig wichtige Weichen gestellt, um seine im Positiven so schillernde Umschreibung seiner Grundbegriffe zugänglicher zu machen. Im Programmaufsatz von 1839 hielt er sich ganz an den unklaren, aber immerhin politisch unverdächtigen Topos „Natur der Sache"[536]. Er läßt diesen Ausdruck später nicht fallen, aber er setzt einiges hinzu, was die Tendenz auf eine voluntative, d.h. damals fortschrittliche Auslegung verstärkt. Wenn er von „realer Begründung" spricht, wenn er die „Verhältnisse des wirklichen (!) Lebens" zu Grunde legen will, wenn er meint,

„die reine Wirklichkeit, welche wir uns nicht als bloß materielle Welt, sondern als geistig belebte Einheit, nicht als abgeschlossene Schöpfung, sondern als fortschreitendes Leben zu denken haben, ist die Natur-Grund des Rechts"[537],

so will er nicht die Wirklichkeit des romanistischen status-quo in Universität, Gesellschaft und Wissenschaft — letzteres, was die elitär-aristokratische allgemeine Theorie angeht. Er denkt gerade an die juristisch sozusagen *nichtwirklichen Bürger* und deren *Bedürfnisse*. Sie sollen berücksichtigt werden. Ich erinnere nur an das Ventil Handelsschiedsgerichte[538], mit dem man hier einsprang. Reyschers „fortschreitendes Leben" ist etwas ganz anderes als das von Savigny so gern im Munde geführte rund-beschauliche, nur zaghaft reifende „organische Leben". Es wäre freilich zu simpel, hier Fortschritt, dort Rückschritt oder bloßes Beharren verzeichnen zu wollen. Aber die *Tendenz*, aus der diese bloßen Formeln erst „lebendig" werden, ist konträr im angesprochenen Sinn[539].

An einem weiteren leicht mißverständlichen Punkt fühlt sich Reyscher selbst zu — paralleler — Klärung veranlaßt. Ich meine das Problem der *Deutsch-*

---

536 ZDR 1, 40.
537 ZDR 10, 171.
538 Näher oben 75f.
539 Zur Ambivalenz der „Lebens"-formeln unten 217f, 247ff.

tümelei[540]. Es fördert meine Skepsis, Reyscher als Deutschtümler zu disqualifizieren, daß er selbst diesem ja schon damals gern benutzten Einwand feinfühlig entgegentritt. Vielleicht war das auch gar nicht so feinfühlig, sondern ganz dringlich, nachdem Vorwürfe wie „*Germanisieren*"[541] und deutscher „Purismus"[542] gangbar geworden waren. Vielleicht hatte Reyscher auch *Arnold Ruges* gerade berühmt gewesene Kritik des Patriotismus von 1844 gelesen oder war sonst von daher angeregt[543]. Reyscher betont also:

„(...), um mich vor Mißverständniß zu schützen (...). Es ist nicht eine einseitig deutschthümelnde Richtung, welche durch diese Aufsätze oder überhaupt durch diese Zeitschrift erweckt oder begünstigt werden soll, sondern die Richtung nach der lebensvollen Wirklichkeit (...); es wäre dieses (sc. deutschthümeln) nahezu ebenso einseitig, wie das Festklammern an dem fremden Rechte, durch das uns das eigene nun einmal nicht ersetzt werden kann, oder als der rationalistische Standpunkt, welcher wohl den philosophischen Grund des Rechts aufweist, nicht aber die individuell-historische Beschaffenheit desjenigen Rechts, welches wir zunächst (!) zu beachten und anzuwenden haben. In der That wären die Nachtheile des nationalen Atomismus für Wissenschaft und Gesetzgebung nur qualitativ von jenen verschieden, welche wir durch die Behauptung der Gemeinsamkeit des deutschen (sc. heutigen) Rechts gegen den Particularismus unserer Tage vermeiden wollten. Die deutsche Entwicklung soll und kann sich nicht lossagen von der großen Gemeinschaft der Bildung und des Verkehrs (!) und — wir dürfen hinzusetzen — des Ursprungs des Rechts mit anderen Völkern. Also Nationalität, aber nicht ohne Humanität[544], geschichtliches Recht aber nicht ohne Rechtsphilosophie und vor Allem (!) nicht ohne practisches (!) Verständnis der Erscheinungen des gegenwärtigen (!) Lebens ist unsere Losung!"[545].

Ich habe diese Passage nicht gekürzt, weil sie den sehr geschlossenen Schlußabsatz des „Begriff"-Aufsatzes bildet, dessen emphatische letzte Antithesen nicht zufällig ganz gesperrt gehalten sind. Reyscher erneuert damit seine Kritik der Einseitigkeiten aus *Daseyn*[546]. Daß er nicht irgendeine Wirklichkeit, sondern das „gegenwärtige" Leben empfiehlt, daß er „vor allem" auf „practisches Verständnis" dieses gegenwärtigen Lebens drängt, das ist seine spezifische „Richtung", die ihn beträchtlich abhebt von einem schlicht nationalen Germanismus, sofern es diesen überhaupt gegeben hat. Es ist wieder seine *Tendenz zur Emanzipation* der moderneren mittelständisch-bürgerlichen, konkret

---

540 Oben 143.

541 Vgl. *Hufnagel* 1847 mit dem offenbar nicht taufrischem Stichwort: „germanische Tendenz", oben 100; billigend dagegen bei *Bornemann* 1839 zur ZDR, oben 113.

542 Darüber ein Artikel in der B.L.Z. 1843, Nr. 45, November, Sp. 1517—22: Die neueren Angriffe auf das römische Recht II: Der Purismus. Dort polemisiert ein Anonymus gegen deutschrechtliche Bestrebungen, deren Umschreibung jedenfalls *Reyscher* nicht gerecht wird.

543 Siehe die praktische Neuausgabe in: Sammlung Insel, Bd. 38, 1968, durch P. *Wende* und dessen Nachwort, aaO 115ff.

544 Genau diese Antithese hat auch *Ruge*: aaO unter Ziffer 13), S. 49ff.

545 ZDR 10, 180.

546 Oben 123f, zus.fassend unten 327, 331.

württembergisch-konstitutionellen Wirklichkeit, die sich in diesen noch so abstrakten Diskussionen niederschlägt. Wenn es um Gesellschaftsreform ging, wie für die meisten dieser juristischen Streiter, mußten solche Motive ja auch wirksam werden. Es ist eine sprechende sprachliche Kleinigkeit, daß er jetzt auch — vielleicht unbewußt — den modischen, fortschrittlich hegelischen Ausdruck „Rechtsphilosophie“ benutzt, obwohl er wenige Seiten zuvor auch die linkshegelianische „Speculation“ abgewiesen hatte. Mit dem Ausblick über die eigene Nation hinaus schloß er den Ring zur Rechtsvergleichung der ersten Seiten. Die Summe dieser ganzen Diskussionen hat dann gerade noch vor 1848 wohl am feinsten *Georg Beseler* im ersten Band seines „Systems des gemeinen deutschen Privatrechts“ (1847) gezogen. Dort werden „Natur der Sache“, Methodik und Rechtsquellenlehre säuberlich nach Rechtsentwicklung und Rechtsschöpfung abgeklärt und die politische Dimension nicht verdeckt, sondern mitdiskutiert[547].

Frankfurter Reden auf der ersten Germanistenversammlung. Wissenschaft und Politik. (1846)

Der Beitrag über den „Begriff des gemeinen deutschen Rechts“ war Reyschers letzte bedeutendere Grundsatzschrift. Sie ist in allen Ebenen auf das Formalismusproblem konzentriert. Die Diskussion drängte zur Tat. Im September des gleichen Jahres 1846 traf man sich daher in Frankfurt zur ersten Germanistenversammlung. Ich habe schon kurz davon berichtet und auf Thomas’ eindringgende Analyse der Rolle und Absichten der Versammlungen hingewiesen[548]. „They were made possible by the growing self-consciousness and integration of the middle class... In the absence of a developed parliamentary system they offered the intellectuals ... a substitute“ (S. 12), they „embody the attitude of the German intellectuals to a wide range of problems in these crucial stages of social and political struggle... They throw valuable light on the development of the bourgeoisie in these years.“ (S. 19) Thomas selbst untersucht vor allem die Schattierungen des *nationalen* Elements, um das Vorhandensein eines „trend of ideas which subsequent German thought and practice have made only too familiar“ (S. 119) zu überprüfen. Daneben erarbeitet er gut den spezifisch bürgerlichen Klassenhintergrund der „Germanisten“. Hier soll Reyschers Beitrag mehr in seiner Eigenart gezeigt werden. Auf der

---

547 *Beseler:* System I (1847) 56f, 113f, 114ff, 122 (Verhältnis Regierung—Regierte wird beachtet), 130 (Juristen); das romanistische Gegenstück war vor allem *Puchta*, vgl. Gew.recht II (1837) 225ff: „Von den staatsrechtlichen Gewohnheiten“.

548 Oben bei und in Fn II 284.

hauptsächlich von Reyscher zustandegebrachten Versammlung[549] führte er noch einmal seine Thesen, Erfahrungen und Vorschläge eindringlich aus. Er hatte die Ehre in wohlgesetzten, offensichtlich vorbereiteten Worten die Versammlung zu eröffnen[550]. Am ersten Vormittag hielt er nach den strengen Vorträgen *Beselers*, *Welckers*, *Jaups* und *Dahlmanns* eine etwas lebendigere Rede. Darin faßte er aus Anlaß neuester Zeitungsnachrichten die Ergebnisse zusammen. Auch das geschah, bedenkt man die Brisanz des Problems, in erstaunlich[551] nüchterner pro und contra Erwägung der juristischen Lage. Danach schien Reyscher die Sach- und Rechtslage so klar, daß er nahtlos mit einer Bitte schloß, die Aufsehen erregen sollte:

„wenn die Anwesenden diesem Ergebnisse beistimmen, wenn sie dasselbe zu Ihrer eigenen wissenschaftlichen (!) Überzeugung erheben wollen, und solche auszusprechen geneigt sind, so bitte ich dieß durch Erhebung von Ihren Sitzen zu thun“[552].

Reyscher schritt bruchlos von der Wissenschaft zur Tat, von der Theorie zur Praxis, von der Erörterung zur Abstimmung. Nicht so seine Kollegen. Die sogleich einsetzende erregte Gegenbewegung *Pertz'*, *Mittermaiers* und *J. Grimms*, die langen Auseinandersetzungen in der Augsburger Allgemeinen Zeitung und etlichen Briefen[553], signalisieren einen Stich ins Wespennest. Hinzu kommt, daß die Protokolle noch in eher gedämpfter Fassung gedruckt wurden[554]. Grimms und Reyschers Berichte sind auch wesentlich farbiger[555]. Später wird dieser Abstimmungsversuch Reyschers oft gar nicht erwähnt oder kurz als „Mißton“ abgetan[556]. Heftigkeit und Dauer der gegenseitigen Reak-

---

549 Dafür die Worte J. *Grimms* und *Pertz'*: Verhandlungen/Frankfurt 131, 195; *Dahlmann* im Brief bei v. Ippel I 516; vgl. noch v. Ippel II 520 Anm. 288 mNw.

550 Verhandlungen 5f.

551 Verhandlungen 43—50; erstaunlich, wenn man das *rein* politisierende Bild dieser Vorgänge bedenkt, das meist gezeichnet wurde (Gierke, Landsberg, Treitschke); anders und ausgezeichnet schon *Thomas*: German Intellectuals, durchweg.

552 Verhandlungen 50.

553 Zur Diskussion in der *A.A.Z.*, das ist zu Grimms vorläufigem Bericht, Reyschers erwidernder Notiz und Grimms Replik s. das ausf. bei *v. Ippel* II 521 Berichtete. Später kam dann *Reyschers* Bericht in ZDR 10, 494ff, wo er sich S. 503 Fn, 505 Fn, 526f nochmals gereizt äußert. Zu *brieflichen* Folgen s. die Briefe Dahlmanns, J. Grimms und Gervinus' bei *v. Ippel* I 516f, II 290f, die Äußerung Hegewischs (unten 175 Zitat), den Brief Grimms an Mittermaier bei *Schoof*: Unbek. Briefe 369f und die Briefe Reyschers an Gervinus und Mittermaier in der UB Heidelberg.

554 Vgl. *Dahlmanns* und *Grimms* Bemerkungen bei *v. Ippel* I 516f.

555 *Grimm*, A.A.Z. 1846, Oct. = Kl. Schriften 7, 753ff und *Reyscher* ZDR 10, 494ff.

556 Vgl. schon den dringlichen Ausruf *Mittermaiers*: „Lassen Sie uns nur keinen Mißton in unseren Verein bringen“, s. Verhandlungen/Frankfurt 51; *Beselers* später Bericht, Reyscher habe den „einzigen (!) Mißton“ veranlaßt, steht in: Erlebtes 54; aufgenommen von *Gierke*: HS Fn 87.

tionen zeigen aber, daß damit zu Unrecht ein zwar kleiner, aber ideologisch weittragender *grundsätzlicher* Konflikt verharmlost war. Das von den meisten ängstlich gemiedene, teils bewußt unterdrückte Problem war, wie sich die *Wissenschaft zur Politik* zu stellen habe. „Freiheit der Wissenschaft", so das beschwörende Argument Pertz'[557], und allgemeine politische Freiheit gerieten, wie nicht selten, in ein Entweder-Oder Verhältnis. Es ist wichtig, diesen gerade für die Rechtslehre der biedermeierlichen Restaurationsepoche so zentralen Punkt etwas abzuklären. Ich will die Gelegenheit des konkreten Konflikts benutzen und der Sache etwas nachgehen. Das ist auch für Reyscher fruchtbar, da gerade er in dieser Sache ziemlich alleine stehen sollte. *Beseler* etwa folgte hier nicht.

Wie vorsichtig sich manche die Versammlung gedacht hatten, zeigt schon § 9 der Geschäftsordnung: „(...) im Falle unwissenschaftlicher Abschweifungen, hat der Vorsitzende das Recht, den Redner an die Geschäftsordnung zu erinnern und erforderlichen Falls demselben das Wort zu entziehen." Diese Schutzbestimmung konkretisierte den Zweck bloß „wissenschaftlicher Förderung" (§ 1 GO) ebenso, wie das vorsorgliche Einlaßkartensystem (§ 3 GO) geeignet war, unliebsamer „Unterwanderung" zu begegnen. Zwar lag ein Entwurf Reyschers zugrunde, ja sogar gerade in diesem Punkte[558]. Aber sein Wissenschaftsbegriff, auf den es hier ankam, war dem eines Grimm eben nicht ohne weiteres gleich. Der konkrete Verlauf und Konflikt bringt den verborgenen Dissens zutage. Reyscher erschien eine Abstimmung als harmonischer Abschluß. Ganz anders *Pertz*, der sich zuerst gefaßt hatte, *Mittermaier*, der ihm beitritt und *J. Grimm*, der sich ebenfalls anschließt. Die Argumentation, derer man sich bedient, ist kennzeichnend. Während *Mittermaier* recht pragmatisch, nüchtern und empirisch vor den Folgen warnt, nehmen *Pertz* und *Grimm* die Sache grundsätzlicher. Sie sehen in einer Abstimmung eine Einmischung von politischen Methoden, die unzulässig, unjuristisch und unwissenschaftlich sei. Die ersten Worte *Pertz'* sind, „Dies ist eine Rechtsfrage (!), welche mit der größten Umsicht erwogen werden muß (...)"[559]. Damit ist der Weg abgesteckt, um schließlich die eigene Inkompetenz („wir sind nicht befugt") festzustellen. Auf der gleichen Linie steht sein Zusatzargument, „Ich will auch im Interesse der Freiheit der Wissenschaft keine Abstimmung"[560]. *Wissenschaft und Politik* sind hier zwei Welten, und — dies ist notwendige Ergänzung — die Trennungslinie zieht man angeblich nicht selbst, sondern sie wird als vorgegeben vorgestellt, sei es woher: „wir sind nicht befugt".

Anders liegt es bei *Mittermaier*. Er denkt nicht dogmatisch von einem Begriff von Recht, Wissenschaft und Politik her, sondern stützt sich auf pragmatische

---

557 Verhandlungen 51.
558 ZDR 10, 501 erzählt Reyscher dies.
559 Verhandlungen 50.
560 Verhandlungen 51.

Erwägungen; die gefährlichen Folgen für weitere Kongresse, die mangelnde Informiertheit mancher Mitglieder. Eine prinzipielle Trennung zwischen Rechtswissenschaft und Politik vermeidet er. Ihm ist die Abstimmung vor allem nicht opportun: „Meine Herren, das Schicksal künftiger Kongresse ist in unserer Hand.“[561]

Jacob Grimm brauchte nur an seine ersten Worte als Vorsitzender zu erinnern, um seine wieder ganz grundsätzliche Ablehnung zu unterstreichen[562]. Als er Beseler das Wort zur schleswig-holsteinischen Sache erteilte, hatte er schon feinfühlig gewarnt:

„Gewiß vernimmt die Versammlung mit Theilnahme, daß auch dieser Gegenstand einen Theil unserer Besprechungen bilde. Er wird zugleich ein Probierstein für uns werden, daß wir jene Klippe, von der ich vorhin gesprochen, glücklich umsegeln, und uns blos an das halten, was der Wissenschaft angehört.“ Er hatte davon gesprochen, „Was die eigentliche (!) Politik betrifft, so bleibe sie unsern Zusammenkünften, die nichts darüber zu beschließen haben, fremd“[563].

Die Vorstellung „Klippe“ wäre Reyscher sicher schwer gefallen wegen ihrer überscharfen abgrenzenden Bedeutung. Immerhin folgen auf die Klippe Schiffbruch und — vielleicht — Untergang. Auch *Grimm* hat, wie Pertz, die typische Geste des Unberufenen („nichts darüber zu beschließen haben“). Bemerkenswert ist sein schwankender Versuch, der „alle Herzen bewegenden Gegenwart“ (nur die Herzen?!), entgegenzukommen. Er ist nicht immun, keineswegs. Aber seine vermittelnde Differenzierung zwischen „eigentlicher“ und, man muß wohl schließen, „uneigentlicher“ Politik zeigt seine gebannte Hilfslosigkeit, seine der Trennung korrespondierende Verinnerlichung des Problems. Wenn er am 21. 11. 1846 *Mittermaier* gegenüber klagt, „Ich finde es unwürdig, daß sei es von welcher Seite her, Leidenschaftlichkeit (sc. sich) in unsere lauteren Absichten mengt und thue alles, um sie niederzuhalten“[564], so hat er auch hier eine Dichotomie, die „leidenschaftlich“ sofort mit unwissenschaftlich assoziiert. Es ist nicht der Unterschied von ungründlich und gründlich, sondern der von schlecht und gut, der diese Worte und auch seine Inkompetenzerklärungen trägt[565]. Eine neuere Spezialuntersuchung stellt bei *J. Grimm* einen doppelten Politikbegriff fest, was zu seinem „eigentlich“ paßt[566]. Grimm hat danach einen polemischen Begriff und den richtigen, die „wahre Politik“. Diese verweist er auf die höhere Instanz Gott, nicht etwa auf den sich selbst-

---

561 Verhandlungen 51.
562 Verhandlungen 51.
563 Verhandlungen 18, 17.
564 *Schoof*: Unbek. Briefe 369f.
565 Vgl. *Grimms* Ausdruck, *Reyscher* sei in die „Schranken“ gewiesen worden, s. *v. Ippel* II 521 im Text aus der A.A.Z.; in seiner „Abwehr“ gegen Reyschers Replik umschrieb Grimm die Kompetenzen so: „wissenschaftlich prüfen, nicht richterlich sprechen“, s. nach *v. Ippel* II 521 und *Reyscher* ZDR 10, 526.
566 *Feldmann*: Grimm 60ff; wenig geglückt ist die Trennung auch nach *Thomas*: Germ. Intellectuals 87.

oder auch nur mitbestimmenden Menschen[567]. Dazu fügt sich eine ganz verinnerlichte Freiheitsvorstellung, die der äußerlichen Verfassungen nicht bedarf, und sich gegebenenfalls mit bloßer Geistesfreiheit begnügt[568]. Seinen Halt findet das alles in Grimms grundlegender, Harmonie sichernder Religiosität[569]. Auch der Göttinger Protest war ihm daher primär Gewissenssache[570]. *Grimm befolgt ein organologisch-religiöses Weltbild, das mir auch das Savignys scheint.* Die Ambivalenz im ersten Schritt, bei der Feststellung, *was* Gott als wahre Politik ansehe, konnte bei gleicher Methode durchaus zu Differenzen führen, etwa über den Göttinger Protest, der für Savigny nicht „wahre Politik" war[571].

Daß der entschieden liberale *Gervinus*[572] auf Seiten Reyschers stand, verwundert nicht. Er hatte gegen die große Mehrheit schon in der historischen Sektion, zusammen mit *C. F. Wurm*[573] gegen die Beiziehung des Deutschen Bundes opponiert[574]. Jetzt meint er zu Dahlmann, „ich sehe übrigens, daß unsere Gesellschaft darauf hinauslaufen wird, daß wir nächstens das Berliner Prinzip abwerfen müssen"[575] — damit war Grimm gemeint — und hält zu Reyscher[576].

---

567 *Feldmann*: Grimm 63.

568 *Feldmann*: Grimm 272—4.

569 *Feldmann*: Grimm 274ff.

570 Dazu ausf. *Feldmann*: Grimm 175ff, 181, auch 221—3, wo Feldmann auf den hier benutzten Konflikt etwas eingeht und ebenfalls Grimms Rückgang auf das Gewissen feststellt (S. 222); sehr klar schon ebenso *Hall. Jb.* 1841 aaO (Fn 166).

571 Vgl. *Schuler*: Jacob Grimm und Savigny. Studien über Gemeinsamkeit und Abstand, SZGerm 80 (1963) 197—305, der die Lit. umfassend verarbeitet und S. 278ff die Frage der „Entfernung" über dem Göttinger Protest untersucht. Die Skepsis *Wieackers*: Geschichte 405 Fn 92, zum Gesamtergebnis Schulers spielt für diese Frage keine Rolle. Sehr grunds. trennt auch *Savigny* Wissenschaft und Politik, vgl. bes. die Vorrede „zum System" VII, geschr. im „tollen Jahr" 1848, wo sich Sav. deutlichst über den versch. Charakter von politischer „Weltbewegung" und „friedlichem geistigen Gebiete" ausläßt, aaO S. IV.

572 Über diesen oben bei Fn II 285.

573 Vgl. über diesen gebürtigen Württemberger, zuletzt Geschichtsprofessor in Hamburg, den Nachruf *Reyschers*: ZDR 19 (1859) (Nr. 69a).

574 Verhandlungen/Frankfurt 207, 209, 215, 220f; *Grimm* spricht dann von Spaltung der historischen Sektion, s. *Schoof*: Unbek. Briefe 369f.

575 Damit war *Grimm* aus Berlin und der Berliner Konservatismus gemeint, s. *v. Ippel* II 290, Brief v. 14. 11. 1846; die Problematik schien ähnlich auf der Gegenseite, vgl. den Brief *Blumes* an *Savigny* v. 30. Sept. 1846, also unmittelbar nach der Versammlung (24.—26. 9.), auf der *Blume* aber nicht wie in Lübeck 1847 teilgenommen hatte: „Mittermaier und Reyscher haben in Frankfurt nach den abwesenden Civilisten mit Steinen und Knütteln geworfen wie nach einem Türkenkopf; am Applaus wird es ihnen natürlich nicht gefehlt haben. Schade um den Verein an sich, wenn es ihm nicht gelingt, solche Leiter von sich abzuschütteln", s. *Strauch*: Briefwechsel 317.

576 Vgl. *v. Ippel*: aaO.

Dahlmanns Position kommt wieder der Reyschers näher. Er versucht mit Grimm zu vermitteln[577]. Er ist zufrieden, daß eine Abstimmung unterblieb, aber nicht aus grundsätzlichen Gründen: „(...) es wäre damit etwas Nichtiges geschehen, aber nichts Ungesetzliches"[577]. Er vollzieht also diesen letzteren bei Grimm und Pertz vorhandenen Vorwurf nicht nach und nähert sich damit besonders Mittermaier, aber auch Reyscher.

Reyscher hat seine Position mehrfach verteidigt. In einer unmittelbaren Replik interpretiert er die Abstimmung als gemeinsame wissenschaftliche „Meinungsäußerung"[578] und findet Mittermaier zu vorsichtig[579]. Gegenüber Gervinus rechtfertigt er ausführlich sein Vorgehen und macht Grimm und Beseler, der sich offenbar auch geäußert hatte, Vorwürfe. Stets hält er Wissenschaft auch in politicis für möglich, ja für notwendig. Er wirkt entschiedener und optimistischer und vermeidet es nicht, Stellung zu nehmen. Er kennt nicht das Problem Jacob Grimms, ob es sich um „wahre Politik" handle, die zu vertreten sei, oder nicht. Mit ähnlicher Konsequenz wie im *Hannoverschen Gutachten* hält er den gründlich erwogenen und dann für richtig befundenen Standpunkt durch bis in die Anwendung, ohne sich der Konsequenzen mit einem Verweis auf Opportunität oder gar metaphysische Instanzen zu entledigen.

Man sieht an dieser kleinen Affäre, wie verschieden, gegenüber *Grimm* fundamental verschieden, die Beteiligten ihre Entscheidungen verankern. Das Verhältnis von *Wissenschaft und Politik* ist damit in einem Detail beleuchtet. Bei Reyscher ist es besonders ungebrochen. Gemäß geltendem Recht versucht er, autonomen Konsens der Beteiligten zu begründen und das Ergebnis durchzusetzen. Gesetz kann ideologisch für Notwendigkeit und Ordnung, seine Auslegung für freiwillige, nicht willkürliche Einigung, sein entschiedener Vollzug für intensive Praxisnähe stehen. So sind bei Reyscher Notwendigkeit und Freiheit vermittelt: *philosophisch* rational, aber nicht subjektivistisch, *politisch* konstitutionell in der Ausrichtung an der Norm, *praktisch* verbunden in Einheit von Theorie und Praxis, ohne Rückgriff auf höhere, metaphysische, leerformelartige Instanzen der „Eigentlichkeit". Zu diesem Bild paßt es sehr gut, daß er gerade bei einem Manne entschiedenen Beifall fand, den dessen Freunde gerne „Sir Francis" nannten[580]. *Franz Hegewisch* schrieb Reyscher, dessen Vorgehen billigend:

> „nach dem Deliberiren gehört sich's zu votiren; kein Meeting in England geht vorüber, ohne daß man weiß, was es will"[581].

---

[577] Siehe seinen Brief bei *v. Ippel* I 516.

[578] Verhandlungen 51.

[579] Verhandlungen 51: „Wir müssen klug und vorsichtig sein, aber die Vorsicht darf nicht in Aengstlichkeit übergehen".

[580] Ich meine Dahlmanns Schwager Franz *Hegewisch*, berühmter politisierender Arzt in Kiel mit besonderer Anglophilie, s. *Springer*: Dahlmann I 114; oben Fn 321 weiteres über ihn.

[581] Erinnerungen 103.

In der Tat kann man hier Reyschers Haltung englischen Vorbildern zuordnen[582].

Daneben versäumt Reyscher natürlich nicht, für seine Vorstellungen zur Lage des aktuellen Rechts und seiner Wissenschaft zu werben. Daß er dabei wieder gegen die herrschenden Schismen spricht, die HS als einseitig verwirft, das römische Recht angreift, aber seinen technischen Bildungswert hochhält, die erforderliche Synthese von der gesunden und natürlichen Vernunft, der Natur der Sache, dem natürlichen Verstande, dem gegebenen Einheimischen erwartet, ist eine Fortsetzung seiner Programmaufsätze. Das „rationale Element", das *Landsberg* so störte[583], kommt hier fast noch ein wenig mehr zum Tragen. Es ist aber auch ganz deutlich in seiner besonderen Funktion erkennbar, aus der heraus man es verstehen und würdigen muß[584].

Auffallend gegenüber den Aufsätzen ist dann, wie stark sich Reyscher bemüht, aus *konkreten* Mißständen und Erfahrungen Argumente zu gewinnen — ähnlich wie *Mittermaier*[585]. Er spricht von einem bezeichnenden Fall im Tübinger Spruchkollegium[586] und über seine guten Erfahrungen im Reutlinger Handelsschiedsgericht, dessen Präsident er ja war[587]. Diese Gerichte waren ja damals eine fast umwälzende, mißtrauisch betrachtete Neuerung und Eigenwilligkeit der Bürger[588]. „Beseler und andere" fühlten sich nach Reyschers Bericht noch in Frankfurt zu der Versicherung veranlaßt, „daß kein Grund vorhanden sei, dieselben als etwas Staatswidriges zu betrachten, daß sie vielmehr als Unterstützung für die bestehenden Gerichte und Keim einer volksthümlichen Rechtspflege beachtenswert seien"[589].

Das *Volksthümliche* ist mehrfach Anliegen. Es ging dabei wieder nicht um behäbig romantische „Gemüthlichkeit", sondern um „Rechtsbildung von unten herauf"[590], um Geltung für das „unmittelbare Rechtsbewußtsein des Bürgers"[591]. Der bürgerlich-mittelständische Mitvertretungsanspruch wurde ganz klar, besonders auch bei *Christ*.

---

582 Vgl. zum Englandbild unten 291f.

583 Oben bei Fn I 38.

584 Vgl. unten 341, 333, 357f zus.fassend.

585 Eindrucksvoll dessen großer Vortrag am zweiten Sitzungstag, aaO 62—71.

586 Verhandlungen 86f; seine Weigerung als Dekan den Spruch zu vollziehen und die nachfolgenden Querelen erzählt er laut Protokolle nicht, s. oben Fn II 251.

587 Oben 75f, der Text in Verhandlungen 86f und 160—6.

588 Oben nach Fn II 381; ähnliche Gedanken in der Diskussion in Frankfurt: aaO 166ff.

589 *Reyscher:* ZDR 10, 522.

590 Verhandlungen 165, beim Bericht über die Schiedsgerichte.

591 Verhandlungen 87; aufschlußreich *Mittermaier* zur Eröffnung der zweiten jur. Sitzung: „wir sind darüber nämlich im Reinen, daß der Begriff des gemeinen Rechts nicht davon abhängig ist, daß er nur einem bestimmten Staat anzugehören nothwendig hat; wir sind darüber einig, daß es ein Recht gibt, das geschrieben oder ungeschrieben dem Volke vorschwebt, wenn es seine Geschäfte vor-

Von *Grimm* zu *Mittermaier*, *Christ* und *Reyscher* führt ein spannungsvoller Bogen. Es genügt, ganz kursorisch Grimms Beiträge vorzuführen. Grimm findet einen hochangesetzten Anfang mit den Fragen „Was ist ein Volk?", „welches Loos ist aber uns, die wir im Herzen Europas wohnen geblieben sind, selbst gefallen"[592]. In eben dieser sehr überhöhten Art und Themenwahl geht es weiter über den Wert der ungenauen Wissenschaften[593], einige für seinen ganzen Irrationalismus der Grundlagen — nicht der Einzelforschung! — höchst dokumentarische Worte, „allem Zeitgeist zum Trotz" wie er selbst sagt[594]. Nach Grimms schwärmenden Worten wirken *Mittermaiers* unmittelbar folgende juristische Erfahrungen unglaublich nüchtern[595]. Auch am dritten Tag hätte Grimm sein spezifisches Niveau mit einer kleinen Studie zu dem Namen „Germanisten" gehalten. Er hielt sie wegen des Zeitmangels zurück und gab nur einiges in den Druck[596] In Lübeck, 1847, hält er sich dann völlig zurück, nachdem er auch nicht mehr so überwältigend einstimmig zum Vorsitzenden erkoren worden war[597]. Man wird nicht übergehen dürfen, daß ein Gutteil der Grimmschen Zurückhaltung in den Debatten amtsbedingt — er war Vorsitzender — gewesen sein mag. Dennoch ist der Unterschied in Stillage und Themenwahl zu *Reyscher*, aber auch zu *Mittermaier* und *Christ* frappierend. Nicht nur Reyscher wirkt dagegen ungemein nüchtern und pragmatisch. *Seine* Ergriffenheit z. B., sie ist durchaus da, etwa in seinem Schlußwort in der juristischen Sektion, wo er „Friede und Gerechtigkeit"[598] zur Losung macht, ist nicht schwärmerisch, sondern viel kantiger. So vielstimmig das Konzert war, so isoliert war dennoch *Reyschers Part*. So entschieden wie er wandten sich nur wenige gegen eine lebensfremde Wissenschaft, so eindringlich forderten nur wenige ein „Volksrecht" für die Gegenwart und *nur* ein „Volksrecht". So lebhaft begründeten nicht viele den Einheitsgrundsatz. Vor allem den größeren Zusammenhang der *Gesellschaftsreform*, mit Reyschers Worten der „Gesundwerdung unseres Volkes"[599], wagten nur wenige so deutlich herauszustellen wie Reyscher. Es ist wohl keine Koketterie gewesen, wenn Reyscher 1846 in Frankfurt meinte, nur „einzelne Germanisten", eine „kleine Zahl von Männern", verträten im We-

---

nimmt, das dem Richter vorschwebt, wenn er zu urtheilen hat, wenn nicht ein bestimmtes Gesetz etwas Abweichendes bestimmt oder ein Vertrag darüber eine Norm gibt." (S. 156); der Unterschied zur HS liegt hier „bloß" im Volksbegriff, s. unten 337f, ist aber demnach grundlegend.

592 Verhandlungen 11, 13.

593 Verhandlungen 58—62.

594 Verhandlungen 60.

595 Verhandlungen 62.

596 Verhandlungen 103—5.

597 Verhandlungen/Lübeck 4, gewählt mit 92 zu 56 Stimmen.

598 Verhandlungen 189.

599 S. das Zitat oben bei Fn 484.

sentlichen die neue Richtung gegen „sehr bedeutende Gegner“[600]. Vor allem *Anton Christ*, der badische Ministerialrat[601], ist hier zu beachten. Er denkt explizit vom „Bürgerstand“, von dessen Bedürfnissen und Fähigkeiten her[602]. *So* meint er sein Postulat, „lebensfrische Selbstbildung“ zu treiben und die deutsche Rechtswissenschaft zu emanzipieren[603]. Damit kommt er Reyschers Tendenzen besonders nahe, der denn auch die Herausforderung aufnimmt[604]. Interessant ist aber, daß Christ die auch von Reyscher vertretene Methode, römisches und deutsches zu *verbinden*, entgegen der Empfehlung Mittermaiers[605] völlig ablehnt. Er folgt seinen Motiven bürgerlich unbedenklicher, hält den prinzipiellen Gegensatz für unüberbrückbar und fordert daher Kampf und Sieg einer Partei[606]. Er ideologisiert römisch und deutsch einseitig zu frei und unfrei[607] und baut damit die Brücken ab. Gerade das tat der „Heißsporn“ (Landsberg) *Reyscher* doch nicht. In der Polarisierung trifft sich Christ in aufschlußreicher Weise mit Reyschers strengen Kritikern von 1837[608]. Das beweist zugleich die politisch-gesellschaftliche Basis der Vorstellungen. Wie man aus Berlin die Vereinigung zugunsten des restaurativen status-quo ablehnt, so tut dies der Badener Christ zugunsten einer allein *bürgerlich*-freiheitlichen Zukunft; Reyschers und Mittermaiers Kompromiß fällt durch. Für die „neue Richtung“ sind weiter zu nennen *Mittermaier*[609] und *Beseler*, aber auch *Welcker*[610] und der alte *K. H. Jaup*, der einstige Gießener Professor[611]. In Frankfurt sprach er mit warmen Worten für Privatrechts- und Strafrechtsgesetzgebung und stellte den ernsten Satz auf, „die Wissenschaft wird nie-

---

600 Verhandlungen 84.

601 Über ihn weniges bei *Landsberg* T. 521, N. 229f, i. w. nach *Gierke*: HS, der Christ mehrfach erwähnt (S. 13 mit Fn 38, sowie Fn 80 zu seiner Kodifikationsschrift; S. 23 mit Fn 82 zu seiner Vorreiterrolle neben Mittermaier; Fn 59 Nw der Reden; Fn 77 als bes. eifriger Sprecher für eigenständiges modernes deutsches Recht); nichts bei *Döhring*: Geschichte; *Hattenhauer*; *Schönfeld*; *Wesenberg*; *Wieacker*; neuestens sehr fruchtbar *Hollerbach*: Vormärz, Revolution und Nachmärz im Spiegel des Wirkens des badischen Juristen Anton *Christ* (1800—1880), in: BaWüVbl 1969, S. 1—8.

602 Verhandlungen 80, 75, 79.

603 Verhandlungen 78.

604 Verhandlungen 83, *Reyschers* Antwort.

605 Verhandlungen 183.

606 Verhandlungen 187.

607 Vgl. nur, was er zum Charakter von Familienrecht, Erbrecht und Vertragsrecht sagt, Verhdl. 75.

608 Oben 97f.

609 Jedenfalls nach seinem eindringlichen Vortrag in Frankfurt, s. Verhandlungen 62—71 und 182—4.

610 Siehe seine Äußerungen in Frankfurt, über die *Müller-Dietz*: Welcker 46, in den Fußnoten bequem berichtet.

611 Er lebte 1781—1860; die Daten bringt *Landsberg* N. 50; mehr bei *Wippermann*, ADB 13, 733f.

mals einen größeren Ruhm sich erwerben, als wenn sie möglichst direct für das Wohl des Volkes wirkt"[612]. In Lübeck meldete er sich unter anderem zugunsten der Geschworenengerichte[613] und für ein allgemeines deutsches Bürgerrecht[614].

So wichtig Reyscher Frankfurt genommen hatte, für die *Lübecker Zusammenkunft* im folgenden Herbst 1847 konnte er keine Zeit finden. Die bedrohte Gesundheit seiner Frau Dorothea[615] hielt ihn in Tübingen fest. Wahrscheinlich spielte aber auch seine tiefe Verärgerung über Grimm noch mit. Gervinus berichtet Dahlmann, „Reyscher ist nun so verbittert über Grimms officiellen Bericht, daß er nicht nach Lübeck kommen will"[616]. In den Lübecker Diskussionen mit *Wächter* und *von der Pfordten* über das Verhältnis der Romanisten und Germanisten ist daher *Beseler* der einzige direkte Gegenredner, da Mittermaier nicht mehr zu Worte kam[617]. Interessant ist, wie in Lübeck *Mittermaier* in eine entschiedenere Rolle hineinwächst, derjenigen ähnlich die Reyscher in Frankfurt vertreten hatte. Ich denke an Mittermaiers brillanten Kampf für Geschworenengerichte[618] und besonders die Replik gegen *Wächter*[619]. Nicht Ergebnis und Rhetorik meine ich, sondern seine Art, auf „Erfahrungen" und „Material" zu pochen und seinen tragenden Regreß auf die Testfrage, ob eine Lösung das „Vertrauen des Volks" habe[620]. Seine Ausführungen sind überhaupt eine Fundgrube nüchtern scharfsichtigen Rechtsverständnisses, z. B. wenn er hypertrophen Vorstellungen über juristische Entscheidungslogik anschaulich entgegentritt[621], um nur einen Punkt zu nennen. Auch die Frage des Geschworenengerichts ist ja ein konkreter Knotenpunkt für allgemeine Rechtslehre. Die zahlreichen Lübecker Stellungnahmen zeigen es Seite für Seite.

Zurückweisung Gerbers (1852). Lexikonartikel „Quellen" (1854)

Ich hatte schon auf den Wandel der Quellenlage bei Reyschers Schriften hingewiesen[622]. Nach 1846 finden sich nur noch wenige grundsätzliche Stel-

---

612 Verhandlungen 108—12.
613 Verhandlungen 92—109 und 143—6.
614 Verhandlungen 201—4.
615 Oben 59.
616 Brief an *Dahlmann* vom 14. 11. 1846, bei *v. Ippel* II 290f.
617 Verhandlungen 239.
618 Verhandlungen 68—92.
619 Verhandlungen 152—165.
620 Verhandlungen 151, 159, 160, 164; ebenso in seinem Bericht S. 68ff.
621 Verhandlungen 162f.
622 Oben 127f.

lungnahmen. Immerhin weist Reyscher 1852 Gerbers erneuerte Frontalangriffe kompromißlos zurück. 1854 gibt er noch einen Artikel an Weiskes Rechtslexikon über „die Quellen des deutschen Rechts", der die alten Probleme gemessen aufnimmt. Den in den „Erinnerungen" verzeichneten interessanten Titel „Über den Werth der Praxis als Rechtsquelle"[623] konnte ich leider weder am nachgewiesenen Orte noch anderswo auffinden[624].

Reyschers Tübinger Fachnachfolger *C. F. Gerber* hatte gleich seine Antrittsrede genutzt, seine ganz konträren Grundeinstellungen klarzumachen. Gerbers Bemerkungen „Zur Charakteristik der deutschen Rechtswissenschaft"[625] entwarfen ein Bild der deutschen Rechtsentwicklung, vor dem *Reyschers* und *Beselers* Bemühungen als „eine in die Gegenwart verlegte Türkenpredigt" desavouiert erschienen[626]. Im gleichen Stil hatte sich Gerber schon 1850 den Regierungen empfohlen und tat er es 1852 erneut[627]. Eine derartige Empfehlung lag darin, da er durchweg das Freiheitliche an Reyschers und Beselers Bestrebungen ablehnte, und so einen Gegensatz zwischen Romanisten und Germanisten — wie *er* sie jeweils verstand — nicht zu sehen vermochte. Dieser hier nur grob umrissenen Gerberschen Aktivität begegnete Reyscher, zur Freude *Beselers*, der schrieb:

„Es ist mir namentlich sehr erfreulich gewesen, daß Sie eingangs (sc. ZDR 13, 2—8) den Gerber einmal ordentlich gegerbt haben"[628].

Im „Rückblick" am Anfang des ersten Bandes der ZDR, der nach den 48er Jahren erschien (ZDR 13, 1. Heft, März 1851), nimmt Reyscher Gerbers Meinungen von 1850 auf[629]. Dies geschah äußerst knapp, bezeichnete er sie doch schließlich als wissenschaftlich „alberne Dinge"[630]. Noch kürzer hielt er die paar Worte gegen Gerbers Antrittsrede am Schluß des gleichen Bandes[631]. Mehr als ein schlichtes Nein für seinen eifrigen Gegner und Nachfolger wollte er sich nicht „zumuthen"[632]. So knapp und polemisch

---

[623] Erinnerungen, Schriftenverzeichnis Nr. 52.

[624] Vgl. oben Schriftenverzeichnis Fn 10.

[625] Separat gedruckt mit Vorrede, Tübingen, Laupp, 1851; *ohne* die Vorrede in: Ges. jur. Abhandlungen, Jena, Mauke, 1872, Bd. 1, S. 1—14 u. d. T. „Über deutsches Recht und deutsche Rechtswissenschaft überhaupt" als Nr. 1.

[626] Abhdl. 13, ohne ausdrückliche Nennung der Gegner.

[627] Siehe für *1850* die Vorrede zur 2. A. seines: System des deutschen Privatrechts, 1850; Bd. 1 und 2 von 1848/49 erschienen darin in einem Band; für *1852* seine epochemachende Schrift: Über öffentliche Rechte, Tübingen, Laupp, 1852, (Neudruck WBG 1968); vgl. *Wilhelm*: Methoden 123, 127. Er gewann denn auch das besondere Wohlwollen des politisch empfindlich gewordenen alten Königs, HStA Stuttgart, E 14, Bü 1471, Schreiben 48.

[628] Im Brief vom 10. 5. 1851, s. Anhang h.

[629] AaO, ZDR 13, 2—8.

[630] ZDR 13, 7.

[631] ZDR 13, 444f, gez. „Stuttgart, den 31. Jan. 1853".

[632] ZDR 13, 444.

Reyscher hier bleibt, die Passagen sind doch bedeutsam, da Gerber trotz des „lärmenden Einspruchs fast aller germanistischen Kollegen“[633] größten Erfolg hatte, — sein Privatrecht erreichte von 1849 bis 1855 fünf Auflagen, bis 1875 zwölf; 1898 erscheint durch Cosack eine 17. Fassung — und dies Reyschers einzige ausdrückliche Repliken sind. Ihre Kürze wird sprechender, da man sie auf der Folie der schon entwickelten Reyscherschen Auffassungen sehen kann.

Reyscher bekräftigt gegen Gerber seine Überzeugung vom „Gegensatz zweier Schulen“. Gerbers Werk leide an „Armuth an Inhalt“ (aaO). Er verarbeite nicht den „Reichthum an praktischem Material“ (aaO), sondern biete „bloß einige schwebende Lehrsätze für Verhältnisse (aufstellt), die unsere neueste (!) Gesetzgebung großentheils über Bord geworfen hat.“ (S. 3) Die neueste, das war im März 1851 noch die Gesetzgebung der 48er Kammern und Märzministerien. „Die geistigen Errungenschaften überhaupt, so insbesondere der letzten (!) Jahre haben wir in dem Buche des Herrn Gerber vergeblich gesucht“ (S. 7), verzeichnet Reyscher weiter. Damit ist er am Kern, nämlich der Frage: „Und wenn Sie etwa die Aufhebung der Adelsprivilegien, des Lehenwesens, der bäuerlichen Lasten usw. beklagen; was bewegt Sie denn, in diesen Resten des Mittelalters den Kern (!) des deutschen Rechts zu sehen?“ (S. 6). Reyscher hat hier Gerbers konservatives Geschichts- und Rechtsbild aufgedeckt, die spezifische Funktion des Gerberschen „Germanismus“. Zugleich belegt Reyscher wieder einmal seine eigenen, ganz anderen Vorstellungen vom „Kern des deutschen Rechts“. Reyschers Drang, „das gegenwärtige Recht in seinem lebendigen Zusammenhange zu begreifen und auf nationalen Grundlagen weiter zu fördern“ (S. 3), entsprach rein formal durchaus Gerbers schon formulierter geschichtlich-nationaler *und* „productiver“ Jurisprudenz[634]. Inhaltlich ging er aber geradezu auf das Gegenteil hinaus. Der *Wandel in der Methodendiskussion nach 1850* vom Anpreisen des bloß geschichtlichen Beschreibens oder Herausfühlens zur Betonung des Gestaltens, Schaffens, „Producierens“ und „Construierens“ (Gerber, Kuntze, Jhering) war ja schon längs

---

633 *Landsberg* T. 784; der Einspruch wäre übrigens erst noch genauer zu verifizieren, jedenfalls war *Gerber* schon 1853 für *Esmarch* neben *Bluntschli* maßgebender Germanist, s. oben Fn 77; ein schillerndes Beisp. für Widerspruch gibt 1853 *Bluntschli* im Vorwort der 1. Aufl. seiner „Deutschen Privatrechts“. Er teilt *Gerbers* Forderung nach „logischer Formulierung“, meint aber doch, G. habe dabei „in wesentlichen Beziehungen die Natur (!) des germanischen und des modernen (!) Rechtes eher verletzt als geschützt“ (aaO, S. XVII—XIX). Die Gründe des Gerberschen Erfolgs wären anhand des bei *Wilhelm* entwickelten beziehungsreichen Gerberbildes zu überprüfen; *Landsberg* nimmt hier ganz formalistisch von der Realität nach 1851 wenig Notiz, obwohl schon Gerbers Tübinger Berufung geradezu ein Signal ist, ebenso seine spätere Kammertätigkeit; vgl. auch *Wilhelm*: Methoden 104, 123f, 127, 140, 152f, 155.

634 Dazu für *Gerber* statt aller *Wilhelm*: Methoden 88ff, 106ff, u. ö.

durch die ständige Kritik gerade auch *Reyschers* an der ungenügenden Einseitigkeit des historischen Weges vorbereitet worden, die nicht nur Reyscher ausdrücklich mit dem Blick auf die „neuen Verhältnisse"[635], „welche jetzt erst im Leben entstehen", begründet hatte. Die Motive, aus denen ein *Wächter* sein vielbeachtetes „Württembergisches Privatrecht" (1839ff) schrieb, aus denen Reyscher den Rechtsdualismus zu überwinden suchte (1828ff), waren keine anderen. Sie drängten alle zur produktiven Gestaltung. Es war die Frucht längst formulierter und noch länger empfundener — ich denke wieder an *Hofackers* „Principia iuris civilis Romano-Germanici" (Bd. 1, 1788) — Kritik an der Isolationsmethode eines *Hugo* und *Savigny*, wenn der junge *Heinrich Thöl* 1847 auf der Lübecker Versammlung ausrufen konnte, „die Aufgabe, welche jetzt die juristische Welt bewegt, (sc. ist) die Vermischung des deutschen und römischen Rechts"[636]. Daß er aber gleich fortfährt, „Dies ist eine Aufgabe, die gerade der Wissenschaft anheim gegeben ist", das verband ihn mit *Gerber* für die Zukunft, das wies zurück auf *Savigny*, der im „Beruf" an berühmter Stelle das Recht den Juristen zweimal hatte „anheim" fallen lassen[637]. Das war die Linie des juristischen *Formalismus*. Neu am Wandel ist daher nur, daß jetzt auch die romanistische Seite allgemeiner zu „gestalten" anfing und die reine Dogmatik wiederentdeckte. Savigny selbst hatte 1840 das Signal gegeben. Man sieht den Formalismus deutlicher, wenn man *Reyscher* dagegen hält, der sich so sehr bemüht, über seine Natur der Sache den „Verhältnissen des wirklichen Lebens", oder wie seine zahllosen Synonyma auch lauten mögen, näher zu kommen. Ganz in diesem Sinne vermißt er auch bei *Gerber* das „lebendige Recht in seinem gegenwärtigen Zusammenhange". Reyschers sog. *Lebensbezug* wurde hier schon stets beachtet[638] und wird noch näher darzulegen sein[639]. Hier kam es mir darauf an, aus den knappen Äußerungen Reyschers zu Gerber den Dissens gerade in diesem Punkt festzuhalten.

Mit der Polemik zu Gerber zeigt sich nicht nur der Dissens zu einem bestimmten „Germanismus". Auch die Abgrenzung zu den „Romanisten" zieht Reyscher wieder viel härter, als er es etwa in Frankfurt in seinem Schlußwort getan hatte. Dort hatte er ziemlich behutsam und hoffnungsfroh gemeint:

„Gerade um der Wissenschaft willen ist es nothwendig, daß wir den Vorträgen über römisches Recht ihre theoretische und vielfach auch noch ihre practische (!) Bedeutung zugestehen. Nach meiner Ansicht wird das römische Recht gegenüber dem deutschen künftig die Stellung einnehmen, wie die klassische Philologie zur deutschen Philologie. Wir sind aber für jetzt noch in einer Durchgangsstufe begriffen und können nicht die ganze Masse des geltenden Rechts auf einmal verarbeiten. Das Ende

---

635 ZDR 9, 359; ebenso etwa *Bluntschli* 1853, s. das Zitat soeben Fn 633.
636 *Thöl:* Verhandlungen Frankfurt 216.
637 Beruf 78.
638 Etwa oben 168, 74ff.
639 Unten 247ff.

wird sich finden, aber erst wenn das deutsche Recht auf gleiche Weise wie das römische ausgebildet ist"[640].

Das war gar nicht so kämpferisch. Der Tonlagenwechsel ist leicht zu erklären. In Frankfurt dachte Reyscher an Romanisten wie *Wächter* und *Warnkönig*, oder seinen Tübinger Kollegen *M. S. Mayer*, mit denen sich auf dieser Basis reden ließ, selbst wenn traute Einigkeit nicht erreichbar war, wie Lübeck erwies[641]. Gerber aber berief sich gerne auf *Puchta*, *Savigny* und *Stahl*. Schon in „Princip" (1846) findet man, daß er die Rechtsentstehungslehre der HS „als die allein richtige anerkennen muß" und sie gegen *Beseler*s Kritik in „Volksrecht" zu seiner Leitlinie macht[642]. In „Zur Charakteristik" (1851) gibt er kund: „Es ist bekannt (!), daß die Rechtswissenschaft aus dieser Niedrigkeit (sc. des flachen Vernunftrechts) durch Savigny erhoben worden ist (...). Für das einheimische Recht ist bekanntlich das gleiche Ziel durch Eichhorn erstrebt (!) worden." Erstrebt, aber nicht erreicht?! Ich glaube nicht, daß Gerbers Wortwahl zu Eichhorn unabsichtlich war. Gerber steht ganz auf Seiten der Savignyschen Willkürabwehr im „Beruf". *Diese* Elemente nimmt er auf. Sie machen sich vor dem neuen Hintergrund der vierziger Jahre nicht mehr als Historismus, sondern als produktive Gestaltung berufener reiner Wissenschaftler geltend. Auch und gerade in der Schrift „Über öffentliche Rechte" (1852) sind Stahl, Puchta und Savigny in dieser Weise seine Gewährsleute[643]. *Reyscher* konnte zu dieser Schrift nur bemerken, sie enthalte die „Verwerfung der bisherigen Staatsrechtswissenschaft"[644], wobei er wieder an *seine* konstitutionell-liberalen Vorstellungen davon dachte. Gegenüber einem romanistischen Part, der das formalistisch rein-juristische an Savigny entfaltete, der die aristokratisch-elitären Momente weitergab, der so gar nicht „volksthümlich" an Mitbestimmung dachte, sondern an berufene Rechtsverkündigung im Namen der Wissenschaft, gegenüber solchen Tendenzen war Reyscher allergisch. Hier grenzte er sich daher stets klar, oft hart, vielfach polemisch ab, so auch 1852. Es fehlte übrigens auch nicht an konkretem Streit, z. B. über die Rechtsnatur der Eisenbahnen, eine höchst brisante Sache. Reyscher vertrat in seiner Zeitschrift einen öffentlichrechtlich-normativen Ansatz, der die

---

640 Verhandlungen 188f.

641 Siehe die Schlußdiskussion dort, Verhandlungen 224ff.

642 Princip 269; über die Kontinuität eingehend *Wilhelm*: Methoden, durchweg.

643 Im Neudruck S. 25.

644 ZDR 13, 445; *Reyscher* bietet hier und überhaupt zu *Gerber* den genauen bestätigenden Spiegel zu der hervorragenden Arbeit *Wilhelms*. Bestätigt und gezielt vertieft hat die Hingabe der Staatslehre an das Machtmoment am Staate und die „Verarmung des deutschen staatsrechtlichen Denkens" *Scheuner*, in: Wesen d. Staates, Abschn. I und II, das Zitat S. 232 Fn 27. Die gegenüber *Wilhelm* und *Scheuner* abweichende Sicht *von Oertzens*: Gerber (1962), halte ich nach näherer Überprüfung insoweit für schief. Die Gründe lassen sich allerdings nur in detaillierter Auseinandersetzung mit Text und Zitaten darlegen, die hier leider zu weit führte.

Stände mitbestimmend ins Spiel gebracht hätte[645]. Gerber wollte das Problem über Privatrecht und Verwaltung lösen, war also für privatrechtliche Natur[646]. Die Kontroversen mit Gerber ließen ausschnittweise erkennen, wie sich die Grundfragendiskussion in den fünfziger Jahren und später einspielt und was Reyscher davon hielt.

Eine letzte Quelle bietet sich 1854 mit seinem *Lexikonartikel* bei Weiske, der wohl aus einer älteren Zusage entsprang. Reyschers Artikel über die „Quellen des Teutschen Rechts" rundet die „Quellen"-Artikel des Lexikons ab. Nach Jacobson für kanonisches und Kirchenrecht, sowie Heimbach sen. für römisches Recht, schrieb Reyscher. Sein Artikel ist der kürzeste, zugleich der spannungsvollste. Während *Heimbach* auf 66 Seiten sich antiquarisch umständlich dem römischen Recht widmet und auf nur vier Seiten „Grundsätze über die Anwendung" aufstellt und *Jacobson* immerhin 44 Seiten in Anspruch nimmt, kommt *Reyscher* mit 21 Seiten aus. Auch Reyscher bringt vor allem die *Geschichte* seiner Quellen. Aber sie steht in einem sehr aktuellen Rahmen. Zu Beginn ordnet er sie einem „dritten Recht" zu, am Schluß beschreibt er die Rechtsfortbildungsversuche der Gesetzgeber für ein ius certum. Damit gerät sein „teutsches Recht" in die Spannung zweier Postulate. Neu ist die Umschreibung des ersteren:

„es hat sich vielmehr aus römischen und germanischen Elementen ein drittes Recht hervorgebildet, welches weder mit dem römischen Rechte früherer oder späterer Zeit noch mit dem teutschen Rechte des Mittelalters (!) identisch ist. Dieses gemeine teutsche Recht der Gegenwart (!) wird von den Theoretikern noch immer mit Rücksicht auf seine Quellen getrennt (...)"[647].

Ganz deutlich hat er sein Bestreben neu ausgedrückt. Ein „drittes Recht", das der eigenen bürgerlichen Gegenwart, ist sein Ziel. Noch einmal hat er damit ein stetes Anliegen einprägsam artikuliert. Der entscheidende Weg ist ihm 1854 immer noch eine „teutsche Nationalgesetzgebung", der die Wissenschaft vorzuarbeiten habe[648]. Auffallend ist, wie wenig er von der „Natur der Sache" spricht. Nur in einer kurzen Wendung klingt dieser Topos an, den man in einem Rechtsquellenartikel Reyschers nicht zu Unrecht an wichtiger Stelle erwartet hätte[649]. Er tritt sehr zurück gegenüber einer klaren und nüchternen Beschreibung der germanistischen Quellentradition in drei Perioden, der ältesten Zeit bis 888, der Zeit bis 1495 und der Spanne bis zur Gegenwart. So führt der Lexikonartikel Bestand und Ziel noch einmal geschlossen in sanfter Form vor, für den heutigen Leser knapp, für die Zeitgenossen sicher

---

645 ZDR 13, 243—302 (Nr. 47); dazu oben 73f.

646 Nach *Reyscher*: ZDR 13, 280 in Äußerungen in der württ. Abgeordnetenkammer als Mitglied der staatsrechtlichen Kommission, der ironischerweise auch Reyscher angehörte; aaO auch die Nwe für die Protokolle.

647 Quellen: aaO 844.

648 Quellen: aaO 864f.

649 Vgl. oben 168, 155f; in Quellen: aaO 845.

sehr klar und beredt. Der etwas resignierte Schluß über die schlechten Chancen nationaler Gesetzgebung darf 1854 nicht verwundern.
Der Bericht über Reyschers literarische Tätigkeit ist umfangreich geworden. Bei der oft recht unbequemen Zugänglichkeit der Reyscherschen Schriften und mehr noch des herangezogenen Echos in der Zeit schien mir dies gerechtfertigt. Auch vermag die Genese größeres Vertrauen zum Material zu vermitteln, als die bloß resümierende Auswahl. Um so mehr bedarf das Kapitel aber des abschließenden Überblicks.

Überblick

Reyschers übrige literarische Tätigkeit galt seit 1839 stark der Zeitschrift. Mit an die vierzig Artikeln ist er vor allen anderen weitaus am eifrigsten — auch wenn man die Seitenzahlen vernachlässigt. *Wilda* etwa der Mitherausgeber, schrieb neun längere Aufsätze, *Beseler* vier[650], *B. W. Pfeiffer*, der hessische profilierte Richter, fünf, *Warnkönig*, damals Tübinger romanistischer Kollege Reyschers, drei[651].
Politische Themen fehlen nie. Sie bestimmen die 48er Jahre. Schon in „Bedürfnisse" (1828) (Nr. 3) stand ein Kapitel über „Die politische Wiederbelebung des Rechts"[652]. Die „Publicistischen Versuche" (1832) (Nr. 7) waren hochpolitisch[653], kaum weniger seine strenge Erörterung der „Grundherrlichen Rechte" (1836) (Nr. 8)[654]. Das „Hannoversche Gutachten" (1838/39) (Nr. 14) berührte laut Dahlmann, der es wissen mußte, „die feinsten Fragen der Politik"[655]. Der Aufsatz „Über Öffentlichkeit und Mündlichkeit der Rechtspflege" (1841) (Nr. 24) fügt sich an. „Einige Bemerkungen über die preußische Verfassung vom 3. Februar 1847" fehlen nicht (1847) (Nr. 37). Ausführlich bespricht er die „Entwürfe einer deutschen Verfassung" (1848) (Nr. 39), seine Wahlreden gehören ohnehin ganz hierher (1848) (Nr. 40). Er befaßt sich mit dem „Entwurf einer allgemeinen deutschen Wechselordnung" (1848) (Nr. 41) und dem Paulskirchengesetz „Über die Einführung einer provisorischen Zentralgewalt" (1848) (Nr. 42). Im Herbst 1849 gibt er sein Kommissionsgutachten über das Stuttgarter Rumpfparlament in die ZDR (Nr. 43). Seine Dokumentation über seinen „Austritt aus dem Staatsdienst" (1851) ist in der Tat gemäß dem Untertitel „ein Beitrag zum Verfassungsrecht und zur parla-

---

650 Genau zu seiner „lauen" Mitarbeit oben III 168.
651 Siehe ZDR 20, Register.
652 Unten 196f, 226f (ausf. Zitat), 248f (Funktion).
653 Oben 79ff; ich bitte im folgenden anhand der beigesetzten Nummern die genauen Titel im Schriftenverzeichnis oben zu vergleichen.
654 Oben 82, 94f.
655 Aus einer Rede von 1832 zum Widerstandsrecht, gehalten in der hannoverschen Kammer, s. oben Fn II 304.

mentarischen Praxis" (Nr. 44). Man sieht an der dichten Folge dieser Nummern des Schriftenverzeichnisses (Nr. 37—44) wie sich in dieser Zeit die politischen Themen, seien sie auch juristisch angefaßt, häufen. Sie kehren auch nach 1851 vielfach wieder, schon durch Reyschers nicht nachlassende Aktivität in dieser Richtung bedingt[656]. Zum „Verfassungsstreit in Kurhessen" (1852) lieferte er einen Zusatz (Nr. 46), nachdem er bereits in Kammerreden seine Kritik deutlichst ausgesprochen hatte[657]. Über „die neuesten Vereinbarungen mit Rom" fand er kaum Gutes zu sagen (1857) (Nr. 63). Seine Schrift „Über das österreichische und das württembergische Konkordat" wurde sehr wichtig (1858) (Nr. 64)[658]. Im letzten Band der Zeitschrift steht eine Beleuchtung des Instituts „Bundesfeldherr" (1860) (Nr. 74). In seinen letzten Jahren mehren sich die politischen Themen noch einmal[659]. Man kann sagen, Reyscher hatte eine politisch rege Feder.

Dennoch steht für den Ordinarius des deutschen und württembergischen Privat- und Staatsrechts die *Beschäftigung mit dem geltenden Recht* durchaus im Vordergrund. Das beweist nicht nur sein schweres Unternehmen eines „gesammten württembergischen Privatrechts", das hier an erster Stelle zu nennen ist. Ich habe schon den Vergleich mit Wächters parallelen Werk gezogen[660] und das Buch ein wenig beleuchtet[661]. Ebenfalls ins geltende Recht gehören die „Grundherrlichen Rechte" (1836), da sie sich sehr um die Rechtsnatur der Feudalabgaben bemühen. Die „Publicistischen Versuche" (1832) und das „Hannoversche Gutachten" (1838/39) enthalten zwar politisch brisante Themen, diese sind aber zugleich Fragen des aktuellen Staatsrechts. In der Zeitschrift finden sich einige Beiträge, so zur Figur der „Realgewerberechte, im Hinblick auf einen Rechtsfall" (1841) (Nr. 21), oder über „Die rechtliche Wirkung des Raths und der Empfehlung" (1846) (Nr. 35), ein Thema aus der Vorgeschichte der *Jhering*schen c. i. c. Auch wenn man seine verbreiteten Lehensrechtsgutachten (1843) (Nr. 29) und einen Aufsatz bei Sarwey (1844) (Nr. 30) hinzunimmt, bleiben solche separaten Beiträge vor 1850 vergleichsweise selten. Die Hauptkraft forderte das dreibändige Privatrechtswerk, dessen letzter Band 1848 geschrieben war. Nach 1850/51 pflegt Reyscher diese Seite wieder in kleineren und damit häufigeren Veröffentlichungen. Schon der erste Band der wiederaufgenommenen ZDR (1851/52) enthält den hochinteressanten Versuch „Über die Rechte des Staates an den Eisenbahnen"[662],

---

656 Oben 72f.

657 Siehe bes. die Reden in „Austritt" als Nr. 16f, vgl. das Zitat daraus oben Fn II 292.

658 Oben 63.

659 Siehe die Schriften Nr. 75, 76, 78, 79, 80, 81 im Verzeichnis oben; zu „Ursachen" positiv *Treitschke* und *Preuß. Jb.* 19, 358ff, bei *Cornicelius* III 153f.

660 Oben 39ff.

661 Vgl. oben 95ff.

662 Einiges dazu oben 73f, 183f.

ein älteres Gutachten zu einem Fall von Handlungsunfähigkeit eines Geisteskranken (Nr. 48), einen aufschlußreichen aktienrechtlichen Beitrag (Nr. 49), in dem er sich gegen die Savignysche Fiktionstheorie für juristische Personen wendet[663] und „den Willen der zur Gesellschaft verbundenen Personen"[664] grundsätzlich genügen läßt, eine sichtlich liberale Lösung. Die Anwaltsjahre brachten viele praktische Fragen. 1856 erscheinen drei Aufsätze zu Problemen um Gemeindenutzungsrechte (Nr. 57—9). 1857 prüft er „Die Klagbarkeit von Nebenforderungen" (Nr. 61), 1859 bietet er wieder eine längere, interessante Untersuchung zu modernen Rechtsfragen, jetzt über „Das Telegraphenrecht, insbesondere die Haftpflicht aus unrichtiger oder verspäteter Telegraphierung" (Nr. 68). Daneben stehen noch selbständige Schriften in einem Fall um Erbfolgerecht in international privatrechtlicher Perspektive (Nr. 60)[665], in einem Streit um Holzgerechtigkeiten (Nr. 62) und in dem „eine wirtschaftliche und rechtliche Frage ersten Ranges" (Hattenhauer) berührenden Sächsisch-Meiningschen Domänenstreit (Nr. 76, 77)[666].

Damit komme ich zur dritten großen Gruppe unter Reyschers Schriften. Es sind die, die ihn als gelehrten *Rechtshistoriker* zeigen. Die ersten Schritte macht er in der ausführlichen württembergischen Verfassungsgeschichte, die er seiner Sammlung der Staatsgrundgesetze voranstellte (1828/30) (Nr. 4a)[667]. Liebevoll schreibt er 1833 „Über die Symbolik des germanischen Rechts" (Nr. 8)[668] und sammelt er alte Statutarrechte (Nr. 9)[669]. „Die Überlieferung der Rechte durch Sprichwörter" (1841) (Nr. 22) und „Das Erbrecht der adeligen Töchter" (Nr. 23) gehören ebenso in diese Gruppe wie die vielfachen historischen Passagen seines Privatrechts[670]. „Das Volksrecht der Alemannen" (1842) (Nr. 26) stellt er dar, die Herausgabe des Laßbergschen Schwabenspiegels vollendet er für den verstorbenen Freiherrn (1840) (Nr. 20). Der Aufsatz über „Die Einheit des gemeinen deutschen Rechts" (1845) bedurfte umfangreicher historischer Absicherung[671]. In den 48er Jahren tritt auch diese Seite zurück und nach seinem Berufswechsel lebte die Rechtshistorie nicht mehr in

---

663 ZDR 13, 382ff.

664 AaO: ZDR 13, 397.

665 Eine ganz zustimmende Rez. schrieb der Münchner Staatsrechtler *Pözl*, Münchner Krit. Überschau 4 (1857) 426—8; er weist eine weitere Stimme im „Gerichtssaal" nach.

666 Nach *Mohl*: LE I 208, enthält die letztere Schrift „unhaltbare Sätze"; kritisch auch *Frensdorff*: Zachariä, ADB 44, 624; *Landsberg* spricht erwartungsgemäß von „Reyschers politisierende Angriffe", s. T. 659; positiv dagegen brieflich *Treitschke*, bei Cornicelius II 445; guter Überblick für die mitspielenden politischen Interessen bei *Hattenhauer*: Grundlagen 93.

667 Oben 84.

668 Oben 89—93.

669 Oben 93f.

670 Vgl. oben 40 und Fn II 147.

671 Oben 156ff.

alter Fülle auf. Immerhin berichtet er über „Ein peinliches Verfahren unter Anwendung der Carolina" (1852) (Nr. 51). Er beschäftigt sich mit „Erbverzichte(n) der adeligen Töchter" (1855) (Nr. 56) und beschreibt „Überreste alten Gerichtsverfahrens in Holstein" (1861) (Nr. 71). Für Weiskes Rechtslexikon liefert er zuletzt noch einen größeren Artikel zu „Württemberg, Geschichte und Übersicht seiner Verfassung und Gesetzgebung" (1861) (Nr. 72).

Vollständig informiert auch nach diesem Überblick nur das Schriftenverzeichnis. Einen Hinweis wert ist aber noch Reyschers rezensierende und biographische Tätigkeit, da gerade dabei viel von seinen Wertungen einfließt, ja manchmal herausgefordert wird. Ich habe seine Rezensionen und Bücherschauen in der ZDR deswegen recht ausführlich im Schriftenverzeichnis zusammengestellt. Biographisches, meist Nachrufe, schrieb er zu *L. Griesinger* (gest. 1845) (Nr. 32a), dem großen württembergischen Praktiker[672], zu *K. F. Eichhorn* (Nr. 56a)[673], zu seinem engen Mitarbeiter *W. E. Wilda* (Nr. 59a), zu *E. Th. Gaupp* (Nr. 73a), zu dem Historiker *C. F. Wurm* (Nr. 69a), zu *Joh. Fr. Cotta* (Nr. 83) und dem Redakteur *Chr. G. Elben* (Nr. 84).

Die Übersicht belegt Reyschers Arbeitsgebiete. Sie entsprechen seiner Lehrtätigkeit[674]. Die politischen Themen sind vielleicht etwas deutlicher vertreten, als es den Titeln der Vorlesungen zu entnehmen wäre. Rein *quantitativ* steht aber das geltende deutsche Privatrecht mit 21 Titeln an der Spitze. Darunter finden sich viele größere Arbeiten. Im öffentlichen Recht zählt man ebenfalls 21 Titel. Diese Beiträge sind aber meist kürzer. Es ist die typische, durchaus amtsbedingte, nahezu paritätische Beschäftigung eines damaligen Germanisten. 16mal werden politische Themen, 13mal vorwiegend historische Probleme, 9mal Grundfragen untersucht. Mehrfach greifen diese Seiten am konkreten Fall dicht ineinander. Allein das belegt schon die feste Verbindung von privatem und öffentlichem Recht, von grundsätzlicher Reflexion und geschicht-

---

672 Vgl. über diesen nur *Grube*: Landtag 497.

673 Vgl. dazu die Reyscher teilweise kritisierende Würdigung von *v. Richthofen* in: Staatswörterbuch/Bluntschli 3 (1858) 237—66, der *Landsberg* N. 111 oben folgt; Richthofen spricht Eichhorn die *vollständige* Methodenreform zu, die Reyscher in weniger scharfem Bruch schon bei Runde u.a. wesentlich vorbereitet gesehen hatte. *Reyscher* verbindet also Eichhorn mehr mit Rundes liberal-aufklärerischer, aber doch nüchterner Methodik, während *Richthofen* im Banne der HS-Naturrechtsabwehr alles ganz anders gewichtet. Interessant ist weniger, was bei Eichhorns etwas schillernder Position nun richtig war, sondern daß hier offensichtlich das Bemühen wirkt, *Eichhorn*, die große Koryphäe, dem eigenen Geschichts- und Weltbild jeweils näherzubringen. Sehr aufschlußreich scheint mir daher, daß auch der streng konservative *Gerber* das Neue an Eichhorn bes. betonte (Abhandl. 16; System, Vorrede V, 64; nach Wilhelm: Methoden 105 Fn), während der etwas liberalere *Mohl*: aaO (Fn 318), 1856 sich *Reyscher* ziemlich anschließt, wenigstens keineswegs diesen Punkt moniert.

674 Oben 57.

licher Perspektive, von „geltendem“ Recht und Politik, die bei Reyscher festzustellen ist. *Qualitativ* etwas auszuzeichnen ist schwierig. Die Gegensätze in der Zeit waren so tief, daß allzuschnell von einer dieser Seiten aus auch heute noch die Würfel gefallen sind. Das größte Lob fand ich zu seinem Hannoverschen Gutachten, das nicht nur *Dahlmann* als „Meisterwerk“ einstufte[675]. Aber schon *W. E. Albrecht* war skeptischer[676]. Geniewürfe waren jedenfalls bestimmt nicht Reyschers Sache. Selbst Wohlgesonnene geraten nicht in Euphorie, denn auch *Beselers* Sentenz vom „vorurteilsfreien und hellblickenden Gelehrten“[677] wäre damit überbewertet. Immerhin kam Reyschers Privatrecht wirklich gut an[678], obwohl es in der *professoralen Welt* völlig in den Schatten Wächters geriet. Reyschers Gesetzessammlung war eine große editorische Leistung, die den Boden des württembergischen Rechts zuerst und dauernd befestigte. Diese Leistungen sind es dann unter anderem, an die Fr. Thudichum erinnert, als er 1902 Positives von Reyscher berichten will[679].

Reyscher hatte in seinen Schriften nicht *Mittermaiers* überwältigenden Empirismus. Mittermaiers Lübecker Votum für Geschworenengerichte[680] ist ein Paradebeispiel. Reyscher hatte auch nicht *Savignys* weitreichende, kunstvolle Gestaltungskraft und dessen gründlich-gelassene Ausführlichkeit. Ich denke besonders an Savignys „System“. Der spekulative dialektische Schwung eines *Kierulff* in seiner „Theorie des gemeinen Civilrechts“ (1839) und eines *Christiansen* in seiner „Wissenschaft der römischen Rechtsgeschichte im Grundrisse“ (1838) — beides unvollendet — ging ihm ebenso ab, wie die steifere, strenge Begriffs- und Systemfreude, ja -sucht, die *Lorenz Stein* in seinen großen Kritiken predigte[681]. Aber auch den ganz nüchtern-profunden, „derben Realismus“ *C. G. Wächters* (Beseler)[682], dem im öffentlichen Recht *R. Mohl* nahekam, teilte er bei aller milieubedingten Nähe dieser Schwaben, Tübinger, Amts- und Altergenossen nicht recht.

Reyschers Linie liegt dazwischen, so mißlich das ist, wenn man versucht, sie dingfest zu machen.

Er hat eine kräftige Portion jenes trockenen, nüchternen, Tübinger Realismus. Sein „Privatrecht“ bezeugt es. Er hat auch gestalterische Kraft, besonders wenn er Feuer fängt. Das „Hannoversche Gutachten“ steht dafür ein, gerade in der

---

675 Oben 102 im Zitat.

676 Oben Fn 166; einige Bedenken auch noch bei *Beseler*: Krit. Jb. II 818f (ZDR-Rez.).

677 ZDR-Rez., Krit. Jb. 1840 II 814; vgl. oben 9.

678 Oben 39; zum Echo in der Wissenschaft oben 96ff.

679 Oben 12f.

680 Verhandlungen 68—92.

681 Siehe Anhang k; außerdem zu R. *Köstlins* „Neuer Revision“, in: H.A.L.Z. 1846, Nr. 91—4, bes. Sp. 721—39.

682 Erlebtes 135, in der Anlage 4, einer Berliner Rektoratsrede von 1880.

ZDR-Fassung. Er versteht es weiter, sich liebevoll alten Zeiten zuzuwenden. Die à la Grimm fast romantisch gehobene Stillage in „Symbolik" (1833) weicht allerdings zunehmend nüchterner Beschreibung, etwa des „Volksrechts der Alemannen" (1842). Aber in keiner dieser Fähigkeiten liegt seine besondere Farbe und Stärke. Diese leuchtet in seiner vorwärtsdrängenden Aufgeschlossenheit, seiner fortschrittlich-praktischen Natur, seiner Nähe zu den unbefriedigten bürgerlichen Bedürfnissen der Zeit. Das sind Wertungen, und in der Tat schlagen sie charakteristisch durch, nicht nur bei Reyscher. Sie äußern sich in Kritik und Tatkraft, Programmatik und Neubau:
In *Kritik* am herrschenden konservativ-formalistischen Wissenschaftsbetrieb eines exklusiven „Romanismus" und eines aufkommenden rein juridischen Begriffshimmels (etwa in: Bedürfnisse, Daseyn, Begriff, Gerberkritik),
in *Tatkraft* für eine liberalere, volkstümliche Rechtswirklichkeit (Gesetzessammlung, ZDR-Gründung, Germanistenversammlung),
in *Programmatik* für eine liberalere, volkstümliche Rechtswissenschaft (Bedürfnisse, Daseyn usw.),
im *Neubau* einer solchen Wertungen entsprechenden Rechtswirklichkeit und Rechtswissenschaft (Privatrechtshandbuch, Handelsschiedsgerichte, Rechtspolitik, Publicistische Versuche).
„*Volksthümlich*" hieß ja ganz konkret: Mehr mit dem Volk und durch das Volk. Wesentliches davon mußte damals Torso bleiben, besonders der Neubau. Selbst der Schlußstein der Programmatik, die ausführliche Darlegung einer eigenen Methodik, blieb ungesetzt[683]. Reyschers Stärke war gegen stärkere Realitäten gerichtet. Andere Wertungen setzen sich durch. Er war nicht der Mann, an ihnen vorbei sich *literarisch* zu „vollenden". Seine Talente standen in der Opposition. Sie wurden so mißtrauisch beäugt wie diese. Der Moment ihres Zeniths, 1848/49, ihrer Verfestigung in Texten, blieb „nur" politisch. Verrechtlicht wurden Wertungen wie die Reyschers erst Generationen später. In seiner Zeit blieb seine Stärke Schwäche.

---

683 Oben 156, 165, unten 319 zu Gründen.

KODIFIKATIONSFRAGE UND RECHTSTHEORIE

Schon 1828 äußert sich Reyscher „Über die Bedürfnisse unserer Zeit in der Gesetzgebung (...)"[1]. Elf Jahre später sagt er selbst in einem Literaturbericht[2]: „Verwandt mit dem Streit über die Rechtsschulen, ja die Veranlassung desselben ist die Frage über die Kodifikation"[3]. Damit macht er die Abhängigkeit dieser Frage von Rechtstheorie bewußt, die mich veranlaßt, hier einen konkreten Anhalt für deren Darstellung zu suchen.

Die 1814 so entschieden geführte, bekannte Kontroverse „Über die Notwendigkeit eines allgemeinen bürgerlichen Rechts für Deutschland"[4] war noch längst nicht zur Ruhe gekommen[5]. „Rechtsschulen" geradezu hatten sich etabliert, wie die Zeitgenossen sich plastisch ausdrücken[6]. *Savigny* schlug zwar im gleichen Jahr, 1828, in der Vorrede der ansonsten unveränderten 2. Ausgabe seines „Beruf" einen versöhnlichen Ton an. In den wesentlichen sachlichen

---

1 Untertitel: „Mit besonderer Rücksicht auf den Zustand der letztern in Württemberg". 56 S., ein Sonderabdruck eines Teils der Vorrede des 1. Bandes seiner Gesetzessammlung (Nr. 4). Sie steht im erwähnten ersten Band der Gesetzessammlung auf S. III—LXXXV. Die Seitenzahlen des SA stelle ich im folgenden Kapitel in den Text.

2 Lit.übersicht, ZDR 2 (1839) 194ff, Nr. 17a.

3 AaO: ZDR 2, 201; zur Bezeichnung „Kodifikationsfrage" sagt *Warnkönig*: Rechtsschulen 207, „wie sie seit 1829 heißt"; vgl. weiter dessen: Rechtsphilosophie 253 Fn, wo er die englische Vorgeschichte seit 1826 näher nachweist; zum Wort „codify" u. ä. s. *Gagnér*: Studien 109 Fn, der es schon bei Niebuhr 1814 findet. Von Kodifikation spricht 1834 der mit *Bentham* bekannte *Albrecht*: aaO (Fn III 428f) VI; 1834 auch *Wilda*: Feuerbachrez. (s. Fn III 352) 358.

4 So *Thibauts* Titel von 1814.

5 *Warnkönig* meint aaO (Fn 3) „Der gelehrte Streit hörte 1819 (sc. mit Falck) wieder auf" u. findet dann Neubelebung in England seit 1826. Ich stelle im Anhang I einige Titel nach 1819 und bis 1850 möglichst vollständig zur Illustration zusammen, wobei ich teilweise nur auf die Bibliotheca Iuridica (B. I.) verweise. Man sieht daran die Häufungen 1828—31 u. 1836ff mit der Spitze 1848.

6 Mit „zwey Schulen" gab *Savigny* 1815 das zündende Stichwort (s. ZgeschRw 1, S. 1, 2, 6, 10 u.ö.); vgl. aber oben Fn III 358 a. E. über einen Beleg von 1810 in den *Hd. Jb.*; ähnliche Formulierungen vermeidet interessanterweise völlig *Eichhorn*, vgl. ZgeschRw 1, 124—146; vgl. sonst: *Welcker* brieflich 1816/17, s. Müller-Dietz: Welcker Fn 141; auch „System" (1829) 47, 171 Fn, 516 Fn; *Gans*: Erbrecht I (1824) VI u.ö.; s. kritisch zur Datierung des Streits erst ab 1815 *Hugo* in: Beyträge II (1824) 633: „stand gewiß kein Gedanke in diesen sieben Blättern (sc. Einleitung Savignys in ZgeschRw 1), welcher die Freunde von Savigny gewundert hätte", aaO 255 (aus seiner ZgeschRw-Rez. von 1816) „geschichtliche Schule, wie sie nun leider heißt"(Sperrung i.O. fett gedruckt); später z.B. nur *Bluntschli*: Rechtsschulen (1839); *Warnkönig*: Schulen (1839), jeweils im Titel.

Punkten bekräftigte er seine Meinung aber[7]; die Stellung war gefestigt, der Ton wurde ruhiger. Anders *Reyscher* — mit der jugendlichen Lebhaftigkeit seiner 26 Jahre versuchte er, die Probleme neu zu sehen. Savigny hatte übrigens 1814 35 Jahre gezählt. Noch im Vorwort hatte Reyscher angesichts „der Wichtigkeit des Gegenstandes und (...) vorausgegangener mehrfältiger Bearbeitung" sich bescheiden „ermutigt", seine „Ansichten auszusprechen". Im Verlauf seiner 56 Seiten[8] gerät ihm aber die kritische Auseinandersetzung mit Savigny ins Zentrum seiner Erstlingsschrift[9]. Diese Diskussion nimmt daher auch in meiner Untersuchung einen wichtigen Platz ein. Es erleichtert zudem den Zugang zu Reyscher, wenn der Weg über manches von Savigny her Vertraute führt.

Die politische Seite all dieser Schriften zur Rechtsreform ist geläufig[10]. Reyschers Satz, er wolle sich „insbesondere über die Zweckmäßigkeit neuer Gesetzbücher in dem gegenwärtigen Augenblick" verbreiten[11], verwundert daher nicht. Mit dem Akzent auf „Zweckmäßigkeit" hat er offen die politische Arena betreten. Eine „reine", bloß auf Erkennen, weniger auf Urteilen eingestellte Betrachtungsweise kommt ihm gar nicht in den Sinn. Er war auch gerade noch in der Verwaltung tätig gewesen. Als Sekretär im Justizministerium hatte er eine gute Position mit Einblick erst neben und dann für seinen Freund *Paul Pfizer* (1801—67)[12] innegehabt[13]. Da er die angestrebte Rechtsreform vor allem von einer „politischen Wiederbelebung des Rechts" abhängig macht[14], verläßt er den Schauplatz offensichtlich auf anderem Wege als Savig-

---

[7] 2. A., bei Stern 202: „obgleich in der Sache selbst meine Überzeugungen nicht nur dieselben geblieben sind, sondern sich auch durch fortgesetztes Nachdenken und manche nicht unbedeutende Erfahrungen noch mehr begründet haben"; die Lektüre seines bei *Stölzel*: Rechtsverwaltung II 733ff, abgedruckten Ministerprogramms vom Jan. 1842 zeigt, daß er weiterhin unbeirrt sehr gegen „Codification an sich" (aaO 736) votierte. Die Zeitgenossen gewannen aus seiner Ministertätigkeit allerdings oft ein allzu schnelles Argument für eine Art Gesinnungswandel.

[8] Sie sind wesentlich enger gesetzt als die 161 S. Savignys. Das genaue Verhältnis ist nach näherem Vergleich etwa wie 2:1,2.

[9] AaO, bes. S. 22—40; *Savignys* Name fällt mit Abstand am häufigsten, nämlich 12-mal, dagegen zum Vergleich: *Thibaut* 4-mal, *Gönner* 2-mal, *Schrader* 3-mal; Schraders Schrift (oben 33) betrachtet Reyscher als miterledigt durch die Einwände gegen Savigny, vgl. Bed. 23 Fn.

[10] Besonders bei *Wilhelm*: Methoden 25 Fn, 36—40, 72f u.ö.; *Wieacker*: Geschichte 390, 395; *Gagnér*: Studien 16ff, 19; *Wesenberg*: 146 (2. A.); *Koschaker*: Röm. Recht 259; dieser Akzent weniger bei *Böckenförde*: HS; milder auch *Gierke*: HS 9 mit Fn 17; schärfer *Jhering*: Savigny 368; bes. scharf die *Hall. Jb.* unter Ruge, s. unten 339; vgl. oben 33f die ähnliche Lage bei *Schrader*, dem Tübinger HS-Jünger.

[11] Vorwort IV.

[12] Über *Pfizer* unten 262—7.

[13] Oben 54.

[14] Bedürfnisse 26 und bes. 30—3, s. das ausf. Zitat unten 226.

ny. Er sieht nicht einfach wie dieser „das rechte Mittel in einer organisch fortschreitenden Rechtswissenschaft“[15]. Seine Therapie ist mehrdimensional. Er fordert:

1) „Geschichtliche Ergründung des Rechts“[16]

2) „Kunstgemäße Bearbeitung des Rechts“[17] in „Handbüchern“[18]

3) „Politische Wiederbelebung des Rechts“[19]

1) und 2) müsse von der Wissenschaft geleistet werden, 3) bedeute eine Reform der Rechtswirklichkeit von allen Seiten. So will Reyscher „ohne eine völlige Umwerfung des Bestehenden“ (S. 55) den „Übergang zu neuen Gesetzbüchern“[20] ermöglichen. Gesetzbücher hält er nämlich doch für die beste, zeitgemäße[21] Art, die angestrebte dauerhafte Festigkeit des Rechtszustandes zu erreichen[22]. In dieser allgemeinen Zielvorstellung ist er Kind nicht nur seiner Zeit[23].

Auf dem Wege zu den Ergebnissen singt Reyscher nicht einfach ein politisch Lied, sondern er führt eine „ernste Untersuchung“ (S. 1). Mit wissenschaftlichem Anspruch will er zunächst „die Gründe des vorhandenen Übelstandes“ (S. 1), wie er im Rückblick sagt, „geschichtlich nachweisen“ (S. 25), um dann die „Mittel zu seiner Abhilfe“ (S. 1) vorzuschlagen.

Dieses Vorgehen Reyschers erlaubt es, schon hier nach Theorie zu fragen. In welchen Umrissen erscheinen in diesem frühen Zeugnis rechtliche Grundbegriffe? Reyscher bringt in seiner Gesetzgebungsschrift immer wieder einen

---

15 So *Savignys* Schlußwort, Beruf 166.

16 Bed. 26, dann 27—9, dazu unten 228 ff.

17 Bed. 26, dann 34—40, dazu unten 236 ff.

18 Laut Bed. 34: „vollständige und zum Gebrauche in jeder Beziehung taugliche“ Darstellungen, s. unten 237; die Handbuch-Idee hatte auch *Schrader*: Civilgesetzbuch 32, 49, der aber *umgekehrt* wie Reyscher das gelehrte Recht sozusagen durch „populäre Darstellung“ (S. 32) zugänglicher machen will, um dann *vielleicht* auch Mitwirkung von „unten“ anzuregen, während Reyscher das im Volke lebende Recht in die „Handbücher“ bringen will. Der scharfe Widerspruch des — wie man sagen kann — Technokraten *C. G. Wächter*: Privatrecht I 1 (1839) 293 Fn 1 direkt dagg. (sogleich ausf. in Fn 47, allg. unten 375 f) war daher nur passend.

19 Bed. 26, dann 30—3.

20 Überschrift zu Bed. 41 f.

21 Bed. 40: dient „zeitgemäßer Verbesserung des Bestehenden“, ebenso inhaltlich 41 f; näher sogl. im Abschn. Rolle der Gesetzgebung.

22 Bed., bes. 42.

23 Zu diesem Ideal meint *Savigny*; Beruf 166: „In dem Zweck sind wir einig (...)“; vgl. *Reyscher*: Privatrecht I 38, bei der Rezeptionsdarstellung; für den breiteren Hintergrund mit anschaulichen Belegen *Gagnér*: Studien 112 „Sorge um Rechtssicherheit“; als stärkstes Motiv auch bei *Kierulff*: Theorie XIII, XIX, XII, betont; besonders ausgeprägt damals bei *Wächter*: Bed.-Rez. (1829) 307 „Das Haupterfordernis eines brauchbaren Privatrechts ist Bestimmtheit, Festigkeit, Sicherheit“; genauso: Privatrecht I 1, aaO (Fn 18); von hier kommt dann die Naturrechts-, Willkür- und NdS-Abwehr, vgl. unten 375 f, 343 f.

bestimmten Gedanken vor. Es lohnt sich, die Aufmerksamkeit dafür zu schärfen, da seine Grundbegriffe alle von daher gefärbt sind.
Im ersten Abschnitt (S. 2—6) spricht er die Wissenschaft und die Juristen von der Alleinschuld an der „Gesetzesverwirrung" los. Von da an findet sich auf fast jeder Seite das Wort *Leben*[24]. Es ist Haupttopos in Reyschers Reformprogramm. Rechtstheoretisch relevant wird die Vorstellung, weil Reyscher nicht nachläßt, einen „unmittelbaren Zusammenhang der Gesetze mit den Sitten" „mit dem organischen Leben des Ganzen" (S. 7), „mit dem allgemeinen Volksleben" (S. 25) zu betonen. Er nennt diesen Zusammenhang sogar einmal „notwendig" (S. 7). Neben diese erste These stellt er die Diagnose, der erwähnte Zusammenhang sei gestört[25]. Sein naheliegender Vorschlag ist, die Störung durch Wiederbelebung des Zusammenhangs zu beheben[26]. Was heißt es, daß Reyscher also weder mit *Savigny* ganz auf die Wissenschaft, noch mit *Thibaut* vor allem auf den Gesetzgeber setzt, daß er aber doch wie *Savigny*[27] einen organischen Zusammenhang von Recht und Leben annimmt und wie *Thibaut*[28] deutlich Kodifikation anstrebt? *Reyscher* zieht offenbar seine eigene Lehre aus der Geschichte, der er zeitgemäß zugänglich ist[29]. Der Zusammenhang, von dem er ausgeht, scheint seine besondere Qualität zu haben. *Savigny* hatte ihn benutzt, um die „innere Nothwendigkeit"[30] von Rechtsentwicklung zu zeigen[31] und die staatliche Gesetzgebung als Störfaktor erscheinen zu lassen[32]. *Reyscher* hält den Zusammenhang für gestört und ruft die Gesetzgebung vorsichtig zu Hilfe. *Thibaut* hatte sich noch instrumentaler ganz auf den Gesetzgeber konzentriert. Solch unterschiedliche Argumentation aus dem Spannungsfeld von *Recht und Leben* läßt auch das wichtige Adjektivum „notwendig" nicht unberührt. Zugespitzt kann man sagen: Reyscher hält einen Zusammenhang von Recht und Leben für erforderlich und insofern notwendig, Savigny hält ihn für unbedingt und gesetzmäßig vorhanden und insofern für notwendig[33]. Verschiedene Auslegung ist also im Spiel[34]. Es ist nicht die

---

24 Entweder als Substantiv oder Adjektiv, auf 20 von 56 S.

25 Bed. 13, auch 8f, 30: „gestörte Entwicklung".

26 Bed. 30f: „hierin sehe ich nämlich das letzte Mittel, der gestörten Entwicklung unseres Rechts wieder aufzuhelfen".

27 Bes. Beruf 76—8, 88 die berühmte Formulierung: „kein Daseyn für sich".

28 Notwendigkeit: etwa 64: „Gebt uns also ein solches gediegenes Ehrenwerk (...)".

29 Ausf. unten 228ff, 247ff.

30 Dies ein Stichwort, s. Beruf 76; s. näher unten 206 die Wortschatzanalyse.

31 Dies bes. im ideologisch tragenden Kapitel 2: „Entstehung des positiven Rechts", S. 75—80, wo er dann entgegen der Überschrift doch zu einem Ergebnis für „alles Recht" gelangt (S. 79).

32 Dies ebenfalls primär im 2. Kapitel, s. etwa S. 79: Das Recht entstehe „überall also durch stillwirkende Kräfte, nicht durch die Willkühr eines Gesetzgebers".

33 Die angeschnittene Doppelbedeutung findet man allg., etwa bei *Kluge*: Etym. Wörterbuch, unter „notwendig".

34 *Savigny* schreibt klärend, Beruf 78, von „Gesetz (!) innerer Notwendigkeit".

einzige. Die ontologische, immanenzphilosophisch[35] befrachtete Spitze, die Savigny mit seinem Zusammenhang gegen eine als subjektivistisch disqualifizierte „Willkür"[36] richtet, würde also, so gesehen, bei Reyscher gerade fehlen. Auswirkungen für die Rechtstheorie wären zu vermuten. Was meint also Reyscher mit seinem Zusammenhang? Ist er ihm vorgegeben oder aufgegeben ben[37]? Wie hält er's mit der Geschichtsmetaphysik? Reyscher sagt auch damals nichts Neues und ist sich dessen bewußt, wenn er sich in gelehrter Manier auf *Montesquieu* und andere beruft und ausführt:

„Der unmittelbare Zusammenhang der Gesetze mit den Sitten, der Denkweise u.s.f. der verschiedenen Völker ist bekannt, und es wäre eben so unnütz, als zeitraubend, das, was seit Montesquieu darüber gesagt worden, hier wiederholen zu wollen".

Schon weniger selbstverständlich scheint ihm das im nächsten Satz folgende:

„Nur dies kann hier nicht unbemerkt gelassen werden, wie — auch abgesehen von einem solchen nothwendigen Zusammenhange — schon nach der vorhin bemerkten Bildungsweise bei jedem Volke sich gewisse Eigenthümlichkeiten in der Gesetzgebung entwickeln müssen, in deren Verbindung erst diese, als etwas Individuelles, mit dem organischen Leben des Ganzen enge Verbundenes, sich darstellt."

Er schiebt also neben den bekannten, Montesquieuschen Gedanken einen — wie er meint — eigenen[38]. Er fordert also durchaus eine Verbindung mit dem organischen Leben des Ganzen. Von diesem doch *Savignys* Formeln so ähnlichen[39] Stützpunkte her, führt er aber das Wort gegen diesen (S. 10f, 30f), etwa dagegen, daß Savigny der Rezeption „innere Nothwendigkeit" zuschreibt[40] und ein wissenschaftliches Recht empfiehlt, das — laut Reyscher — die Wissenschaft vom Leben absondere (S. 24f, 41).

Sucht man bei Reyscher nach *Konkretisierungen seines Gedankens*, so stellt sich heraus, daß er mit dem Lebensbezug einen Bezug zu den Rechtsbetroffenen meint[41]. *Sie* sind das „Leben", das „Volk". Lebensnähe des Rechts heißt demgemäß:

„Es muß so viel als möglich Gemeingut aller werden, die nach demselben handeln, mit ihm sich gleichsam verbinden sollen" (S. 31).

---

35 Dafür bes. aufmerksam *Gagnér*: Studien, etwa 32; auch *Böckenförde*: HS, bes. 21; Belege für die Parallelisierung Schelling-Savigny bei *Reyscher* und früher unten bei Fn V 87, 111, 121.

36 Über dieses Reizwort bei *Savigny* unten 206f; es hat durchweg negativen Akzent, was damals nicht selbstverst. war, dazu oben 142.

37 Eine plastische Formulierung von *H. Ryffel*, vgl. seine „Rechts- und Staatsphilosophie" (1969).

38 Vgl. Bed. 7; recht instruktiv über die Nuancen Montesquieu-Savigny-Hegel ist *Schuler*: Grimm/Savigny 238, 241f.

39 Vgl. unten 205ff.

40 Vgl. Beruf 93: „was ohne innere Nothwendigkeit nimmermehr geschehen oder doch nicht bleibend geworden wäre".

41 Diese Richtung hat der Lebensbezug etwa S. 7f bei Beschreibung des röm. und germanischen Rechts, S. 10 gegen die Rezeption von oben, da „das Volk bei

Das sind freilich andere Empfehlungen als die des um seine Wissenschaft und gesellschaftliche Position besorgten Savigny, der von „Volk" nur spricht, um sein „Recht" zu erhöhen — modern: zu verinnerlichen[42] —, jedenfalls, es unberufenen „Menschenhänden" zu entziehen[43]. Eben den Händen übrigens, die er wegen ihrer entscheidenden Rolle in den Freiheitkriegen gerne preist[44]. Reyscher stellt dagegen das Recht auf den Boden des Volkslebens — dessen Festigkeit natürlich eine andere Frage ist. Von *daher* will er es mit Inhalten gefüllt sehen und das Vorhandene beurteilen. In solchen Geiste sagt er, das Recht habe „seine ursprüngliche Nahrungsquelle" im Leben des Volkes (S. 30), das Volksleben sei sein „belebendes Prinzip" (S. 31). Der Zusammenhang von Recht und Leben, der bei Savigny seine Funktion primär in der Abwehr gegen Willkür hat, sei es gesetzgeberische, wissenschaftliche, theologische, menschliche überhaupt, wird bei Reyscher ins Positive gewendet. Er gewinnt konstitutiv-reformatorische Funktion. Auch bei Reyscher klingt noch die Willkürabwehr mit[45]. Primär geht es ihm aber nicht mehr darum, sondern um eine *positive Leitlinie* für eine unformale, gegenwartsbezogene Jurisprudenz.

Wollte Reyscher nicht unverbindlich allgemein bleiben und eine bloße Leerformel geben, so war er gezwungen, seinem Gedanken festere Konturen zu verleihen. Dies tut er vor allem in dem Abschnitt *Politische Wiederbelebung des Rechts* (S. 30 mit 34). Dort finden sich seine selbständigsten Thesen. Er selbst hält sie für die wichtigsten[46]. Es ist der Teil, der auch harte Kritik auslöst, etwa von Seiten *Wächters*[47]. Gerade in diesem Abschnitt setzt er sich entschie-

---

jeder nicht durch das Leben selbst vorbereiteten, durchgreifenden Änderung in seinen Rechten verletzt wird"; hier sieht man klar, daß es um die konkreten, berechtigten Bürger geht, nicht um bloßen „Volksgeist", zus.fassend unten 337f; s. auch noch Bed. 24.

42 Man beachte bei *Savigny* die Parallelisierung von Recht, Glaube und Religion, etwa Beruf 96f, 79 (Recht aus „Sitte und Volksglaube"), die durchgehende Verankerung des Rechts gerade im „Bewußtseyn" (S. 76, 77, 79); mehr bei Fn III 184 zum Fehlen des Wortes „Volksrecht"; vgl. die Gruppe mit „inner" unten 207; bezeichnend der Vergleich Bibel-jur. Texte, Beruf 144; diese Aspekte betont auch *Strauch*: Savigny, mit Zustimmung von *Wieacker*, SZ Rom 78, 518.

43 Beruf 96: „was so vor unseren Augen von Menschenhänden gemacht ist (sc. ein allg. Gesetzbuch) wird im Gefühl (!) des Volkes stets von demjenigen (sc. positiv) unterschieden werden, dessen Entstehung nicht eben so sichtbar und greiflich ist (...)".

44 Vgl. Beruf 72 (S. 1 im Original): „abgewendete Unterdrückung der Nation".

45 Gegen die „philosophischen Systeme", s. unten bei Fn 64; gegen souveräne Gesetzgebung, s. unten bei Fn 58/59.

46 Bd. 30, s. das ausf. Zitat unten 226f.

47 Über *Wächter* ausf. oben 35ff; Wächters Rezension in: TüKrZ 6 (1829). Er wendet sich scharf gegen die eine Hauptempfehlung Reyschers, die Beteiligung ungelehrter Richter auch in Zivilsachen (Bed. 32) und weitet dies grundsätzlich aus. Er meint, „daß in Civilprozeßsachen ungelehrte Richter für die Regel

den von Savignys Vorschlag ab. Er sagt hier sogar, die Rolle der Wissenschaft sei der des Volkes — der Rechtsbetroffenen — *und* der gesetzgebenden Gewalt *untergeordnet*[48]. Der wissenschaftlichen Rechtsbildung Savignys stellt er die durch das Volk als „schaffendes", „belebendes Prinzip" (S. 31) entgegen. *Beselers* aufsehenerregender Titel von 1843 „Volksrecht und Juristenrecht" ist schon hier ein zentrales Thema. Beselers Schrift hätte wohl auch kaum so „eingeschlagen", wäre sie nicht schon längst geistig vorbereitet gewesen. Es ist interessant, nach der Lektüre des „Beruf" erst *Reyscher*, dann *Beseler* zur Hand zu nehmen. Die Entwicklung wird ganz deutlich. *Savigny* ist übermäßig um rein wissenschaftliches Vorgehen bemüht, nimmt dafür auch hohe Autorität in Anspruch. *Reyscher* verlagert die Gewichte entscheidend zu einer wieder offener werdenden Betrachtung. Er hat aber noch etwas Mühe damit. *Beseler* führt diesen Standpunkt selbstbewußt und unbefangen weiter. Vor allem sein Kapitel 8, „Das Volksrecht in seinem Verhältnis zur Gesetzgebung", zeigt das. Seine Argumentation ist bewußt politisch[49], stellt sich den Wer-

---

durchaus nichts taugen, daß sie selbst nicht einmal politisch wünschenswerth sind, daß bei unserm jetzigen Culturzustande ein Gesetzbuch für Ungelehrte, durch welches diese in den Stand gesetzt würden, über Rechtssachen selbst (!) vollkommen zu entscheiden, und das zugleich die gerechten Anforderungen an ein G. B. nur einigermaßen erfüllte, ganz unmöglich sey, daß durch solche Tendenzen, durch solche Gesetzbücher und durch in solchem Geiste geschriebene Volkscatechismen unter allem möglichen Schlimmen das Schlimmste erzeugt, die Jurisprudenz als Wissenschaft vernichtet, die Rechtspflege verworrenen Begriffen und dunkeln Gefühlen anheim gegeben, der heillosesten Pfuscherey Thür und Thor geöffnet, und dem Rechte das, was ihm seinen Hauptvorzug geben muß, alle Sicherheit und Festigkeit gänzlich genommen werden würde. — Zutrauen des Volks zu seinem Rechte, volksmäßiges Recht ist total verschieden von einem Recht, welches das Volk selbst handhaben könnte. Das Volk soll gerade so viel Jurist werden können, als Mediziner — für seinen nächsten Hausbrauch und um zu wissen, wo es weiter fragen soll." Das war mehr als deutlich. Wächter *wiederholt* seine Kritik *1839* im Privatrecht (oben Fn 18), wobei er seine Verwunderung über die mangelnde Solidarität ausdrückt, daß „selbst von dem Juristenstande aus" solche Vorschläge laut wurden; erneut dann *1842* in: Privatrecht I 2, 1059 Fn 15, jetzt aber wesentlich milder ausgedrückt; vgl. dann seine Opposition, eigentlich die entscheidende überhaupt, in Lübeck *1847*, s. Verhdl. 118ff über die Geschworenengerichte, 236ff in der Schlußdiskussion, wo er zufällig, aber zukunftsweisend das letzte Wort hatte; schließlich sein Art. „Gesetzgebung" im STL 6 (*1862*, 3. A.) 482—517; zu einigen Folgen unten 343f; sehr aufschlußreich ist auch, was in: Leben 66—108 aus seinen politischen Kämpfen 1848/49 an Reden wiedergegeben ist, die sich oft mit Rechtsreformproblemen befassen.

48 Zitiert unten vor Fn 239 (aus Bed. 30).

49 *Beseler* arbeitet ganz aus der Antithetik von Freiheit und Unfreiheit, vgl. Volksrecht 8, 12, 15, 16, 22, 24 u.ö., 41; S. 43 macht er klar die Reform „von der weiteren politischen Gestaltung Deutschlands" abhängig, S. 236 gibt er einer nationalen „Codification" den „Charakter einer politischen Reconstituirung der Nation",

tungsfragen, orientiert sich an Zweckmäßigkeiten. Dennoch wird man sie keineswegs als unwissenchaftlich abtun können. Sie ist einfach auf die unentschiedene Offenheit der Frage eingestellt, die eben Wertung erfordert.
Ich will damit die mehr auf den größeren Zusammenhang gehenden Bemerkungen zunächst abschließen. Eine Diskussion der Rolle der Gesetzgebung wird die Stellungnahmen detaillierter aufzeigen.

Die Rolle der Gesetzgebung

Reyschers Konzeption

Die Rolle der Gesetzgebung zu untersuchen, bedeutet nicht, einer bloß politischen Querele nachzugehen. Gesetzgebung war ein Paradigma des Voluntativen im Recht. Ihre Bewertung zeigt, wie man sich Recht vorstellte.
Reyscher konzipiert die Gesetzgebung wesentlich unbefangener als Savigny. Ich habe bereits erwähnt, daß er sie vorsichtig zu Hilfe ruft (S. 2). Viele Stellen, in denen er der gesetzgebenden Gewalt eine ziemliche aktive Rolle zubilligt, könnten beigebracht werden. So sagt er etwa, es sei „eine der würdigsten Aufgaben der Staatsgewalten[50], auf die natürlichen Fortschritte des geistigen, wie des sittlichen Lebens der ihnen untergeordneten Völker (...) hinzuwirken"[51]. Unter Berufung auf das „Bedürfnis" (S. 9 oben) wünscht er, eine „überall durchgreifende gesetzgebende Gewalt"[52] wäre der Rezeption zugunsten des lebendigen einheimischen Rechts zuvorgekommen oder entgegengetreten (S. 9, 10, 12). Später heißt es, die Staatsgewalt habe durch Gesetzgebung die Bildung des Rechts im Volk zu leiten (S. 30, et 31), sie wirke zu „zeitgemäßer Verbesserung des Bestehenden" (S. 40). An der wohl entschiedensten Stelle erklärt er: Daß „überhaupt Gesetzbücher unsern Staaten zuträglich sind (...), darüber ist wohl an sich kein Zweifel"[53]. Auch Savigny zählt er hier offenbar nicht unter die Gegner von Gesetzgebung „an sich", da er sicher nicht unterlassen hätte, wie auch sonst stets[54], dessen Abweichung

547; erstaunlich ist das nur aus einer pro domo-Sicht zu erklärende Urteil der *B.L.Z.* von 1846, lfd. 11, Febr., Sp. 174, die zentralen Vorschläge in „Volksrecht", bes. der Popularisierung des Rechts, hätten „nirgends Anklang gefunden und auch mit vollem Recht".

50 *Reyscher* spricht im Plural, vgl. seine „Berichtigung" S. 63, da er ganz allgemein an Staaten überhaupt denkt.

51 Bed. 12; man spürt die Tradition der Fürstenspiegel.

52 So im Rückblick Bed. 12, die „allen jenen Mißgriffen hätte zuvorkommen können".

53 Bed. 52, fast wörtlich ebenso in der Bücherschau, ZDR 8 (1843), 354 zu Sonnenschmidt (s. Anhang l).

54 Man vergleiche die Nennungen zu *Savigny*: Bed. 2 Fn, 14, 22, 25, 26, 27, 28, 30, 36, 38, 39.

zu verzeichnen. Unter beifälliger Erwähnung Thibauts erklärt er sich dem Grundsatz nach *für* ein allgemeines deutsches Gesetzbuch, wenn er auch aus politischen[55] Gründen keine reale Chance dafür sieht (S. 15).
Sähe man nur diese Äußerungen, so erschiene Reyscher vielleicht schlicht als ein neu aufgelegter *Thibaut* oder gar *Gönner*[56]. Schon sein kurzer Ausfall gegen Gönner, dessen „Einwendungen, welche, wie man bald sieht, etwas flüchtig aufgegriffen" (S. 22 Fn) seien, muß davor warnen. Ebenso deutlich wie er Gesetzgebung an sich billigt, grenzt Reyscher das ein, *was* er daran billigt. Dies lassen schon die Klauseln in den gerade zitierten positiven Äußerungen spüren: „hinwirken" soll sie, aber *nur* auf die „natürlichen Fortschritte" (S. 12)[57]; „Verbesserung" soll von ihr ausgehen, aber *nur* „zeitgemäße" (S. 40). *Gesetzgebung ist nicht frei.* Reyscher läßt keinen Zweifel daran, daß er dem „modernen Systeme der Gesetzgebung, welches von den Rechten einer unumschränkten Staatsgewalt ausgehend, mehr in philosophischem als in historischem Geiste[58] die Verhältnisse (...)" regeln will, nicht gewogen ist[59]. Schon auf den ersten Seiten zeigt Reyscher, daß sich die streng wissenschafts- und

---

55 Also ganz anders als *Savigny*, der schon grundsätzlich dagegen war.

56 Über *Gönner* vgl. die neue Arbeit von *Bomsdorf*: Prozeßmaximen (1971).

57 Die Verwendung von *natürlich* damals wäre eine eigene Analyse wert. Vgl. für *Savignys* „Beruf" unten 206, für *Puchtas* „Gewohnheitsrecht" unten Fn V 75, auch bei V 95; „natürlich" spielt eine ähnliche Rolle wie „lebendig", vgl. 209. Leider gibt die philologische Wortforschung hier recht wenig Hilfestellung, da die Belege noch viel zu knapp und unstrukturiert geboten werden. Vgl. die Wörterbücher von *Grimm, Trübner, Kluge*, das Werk von *Maurer-Stroh*, die Arbeit von August *Langen* im „Aufriß" (jeweils Lit.-verz.). Letztere verbindet noch am ergiebigsten Material und Charakteristik, vgl. für „lebendig" in der „Klassik" aaO 1162, für den Naturkult in der „Romantik" aaO 1173, 1177, für die gewisse Politisierung im 19. Jahrhundert, die hier einschlägig ist, aaO 1260ff.

58 *historisch* heißt in diesem Kontext so viel wie „ohne Rücksicht auf das Bestehende (vgl. Bed. 19, 21, 52) und auf „geschichtliche Grundlagen" (Bed. 34, 45) sowie „geschichtliche Rechte" (S. 16). Es hat klar politisierende Bedeutung, wenn auch im Württemberg der stark freiheitlichen Tradition gerade nicht einfach apologetische, dazu unten 270ff ausf.; über *geschichtlich* bei *Savigny* u. allg. näher unten 274ff, zum Gesamtbild *Wilhelm*: Methoden 17ff. Das Gegenbild zu *historisch* ist weniger „durchgreifend", denn Reyscher bejaht auch „durchgreifende" Gesetzgebung u.U. (s. soeben bei Fn 52), sondern „*unumschränkte*" Staatsgewalt, die die bürgerlichen Interessen mißachtet (s. im Zitat); vgl. abschließend zum Lebensbezug 247ff.

59 Bed. 16, ähnlich 34; die politische Spitze gegen den Absolutismus hat ihre konkret württembergische Basis in König Friedrichs rigorosem spätem Regiment von 1805—16. Dazu *Weller*: Württ. Geschichte 181—6; *Grube*: Landtag 483ff, 489ff; *Reyscher* selbst: Privatrecht I § 45, charakterisiert diese Zeit als „ganz auf die Willkühr seines souveränen Herrschers angewiesen" (S. 76); die Zustände erweisen sich anhand Reyschers Abwehr als durchaus noch aktuell, was ja auch historisch belegbar ist.

juristenfeindliche Haltung der sogenannten Naturrechtsgesetzbücher[60] weder tatsächlich durchführen lasse, noch bewährt habe[61]. Noch im Schlußabschnitt wendet er sich gegen dieses „bisherige Gesetzgebungssystem“[62]. Aber auch abgesehen von der Stellungnahme zu diesem Extremfall bestimmt Reyscher die Rolle der Gesetzgebung an etlichen Stellen auch restriktiv. Die Gesetzgebung soll „die natürlichen Fortschritte der menschlichen Gesellschaft begleiten“ (S. 54). Ein Vorzug „der Gesetze der Alten“, hier der Römer, ist ihm, „daß sie aus dem innern Leben des Volks hervorgegangen (sc. sind)“ (S. 7). Voller Wärme bemerkt er

„die Gesetze der germanischen Nation (sc. seien) diesem alten Volke so sehr eigen (sc. gewesen), daß alle Versuche sie zu verdrängen, Jahrhunderte hindurch und zum Teil bis jetzt fruchtlos waren (...)“ (S. 8).

Sein Hauptvorwurf gegen Preußens ALR und Österreichs ABGB ist die mangelnde Rücksicht auf „das bereits gesetzlich Bestehende“ (S. 19)[63], auf die „geschichtliche Grundlage“ (S. 16, et 34, 45). Ausdrücklich beschränkt er die Gesetzgebung ganz allgemein auf „die im Leben für notwendig erkannten Bestimmungen“ (S. 41). Sie soll „nicht aus einem beliebigen philosophischen System, sondern aus der Masse der mit dem Leben des Volks verwachsenen, hier bereits erprobten Bestimmungen (...) sich ergeben“[64]. Mehrfach wird also die Gesetzgebung an das *Leben* oder ähnliche Klauseln verwiesen[65].

Hält man Reyschers Äußerungen zusammen, so konkurrieren *zwei* Elemente. Die Rolle der Gesetzgebung wird in etwas unausgeglichener Weise hier freier und dort gebundener bestimmt. Die im Schlußabschnitt versuchte Integrationsformel,

„ein Gesetz müsse in allen seinen Teilen sowohl dem bisherigen Stoffe, als den Anforderungen der Gegenwart und einer möglichst langen Zukunft“ (S. 54)

entsprechen, ist ein nur sehr allgemeiner Wegweiser. Eine konkrete Rollenanweisung liegt darin nicht. Immerhin: *Savignys* dogmatische, dichotomische Trennschärfe fehlt ihr gewiß[66]. Gerade in ihrer Allgemeinheit ist Reyschers

---

60 Dazu statt aller *Wieacker*: Geschichte 322—47.

61 Bed. 2—6.

62 Bed. 54.

63 Daß dies als Hauptvorwurf gemeint ist, ergibt S. 21: die „technischen“ Mängel seien im Gegensatz zu den „geschichtlichen“ „offenbar (...) die geringeren“; günstiger später das Urteil in „Quellen“ (1854), s. unten 321, dort auch Vergleich mit *Savigny* und *Eichhorn*.

64 Bed. 17f in der Fn, mit Berichtigung S. 63; ebenso schon in der Ankündigung der Gesetzessammlung, aaO 58.

65 Siehe in der Reihenfolge der in diesem *Absatz* gegebenen Zitate folgende Klauseln: „natürlich“, „zeitgemäß“, „natürlich“, „innern Leben“, „Volke so sehr eigen“, „geschichtliche“, „im Leben für notwendig erkannt“, „Leben des Volks“.

66 Z.B. *Savignys* scharfe Trennung zwischen eigentlicher, ändernder Geetzgebung und bloßer Aufzeichnung mit ihren Konsequenzen, s. Beruf 81f, eine übrigens

Formel aber vorurteilsloser. Sie hält den inhaltlichen Bezug zu den Rechtsbetroffenen und ihrer Wirklichkeit, der bei Savigny den Fachleuten „anheim fällt"[67]. Der Lebensbezug dient also nicht vor allem dazu, das Bestehende einseitig als „lebendig" zu legitimieren. Reyscher gewinnt vielmehr aus der Wirklichkeit, besonders der neuen, auch Impulse für Veränderungen.

Über die Integrationsformel hinaus ergibt der *Lebensbezug* einen konkrete Inhalte abgrenzenden Bezugspunkt. Nimmt man ihn als Zentrum, so verliert die Rolle der Gesetzgebung einiges von ihrem unpräzisen Schillern zwischen Selbständigkeit und Gebundenheit. So gesehen, leuchtet ein, daß Reyscher „durchgreifende Gesetzgebung" als Rezeptions*hindernis* gutheißt[68], ansonsten aber verwirft[69], daß die Gesetzgebung die Wiederbelebung der Rechtsbildung durch das *Volk* „leiten"[70] soll, während sie sonst nur „begleiten"[71] darf. In allen Fällen geht es darum, die Rechtsbildung durch das Volk selbst zu wahren oder zu fördern. Freilich bleibt der Lebensbezug selbst wieder unter den meisten der häufigen Belege formelhaftes Argument[72].

Ich will den nicht so zahlreichen *konkreteren Anwendungen* dieses Maßstabs kurz nachgehen. Dies ist angesichts des äußeren Gleichklangs zu Savigny gerade in diesem Punkt ein Bedürfnis. Einen Weg weist Reyschers Stellungnahme zum code civil. Man müsse, sagt er, bei dem Vorwurf, das bereits gesetzlich Bestehende sei zu wenig berücksichtigt worden, Frankreich von den deutschen Staaten trennen. In Frankreich seien die Verhältnisse infolge der Revolution ganz anders und — dies das Entscheidende — bei der Gesetzgebung sei „die Verbindung mit dem neuen Leben des Ganzen" geglückt. Die Gesetze hätten daher „Wurzel gefaßt" und „sowohl bey den Gerichten, als unter dem Volke allgemeine Achtung und Liebe geärndtet" (alles S. 19). Demgegenüber seien die „inneren (sc. technischen) Mängel (...), weil die Gesetzgebung streng nur an die im Umlauf befindlichen neuen Ideen gebunden war, und diese

ganz politisierende Begriffsbildung; vgl. zu Savignys Trennschärfe als allg. Phänomen seines geistigen Hintergrundes unten 207ff unter dem Stichwort Antithetik.

67 Beruf 78.

68 Bed. 9, 10, 12, zitiert soeben bei Fn 52.

69 Vgl. soeben die Zitate nach Fn 57, in Fn 65 die Klauseln.

70 Bed. 30: „Warum es solchem (sc. das Recht des Volksleben) durchaus entzogen werden sollte, dafür bietet wenigstens das keinen Grund, was wir oben über die natürliche Entstehung des Rechts und der Rechtswissenschaft vernommen haben, sofern letztere der Bildung des erstern im Volke nur zu Hülfe kommen, nicht einmal dieselbe leiten — dieses ist späterhin Sache der Staatsgewalt — noch weniger dem Volke ganz abnehmen soll."

71 Bed. 5, zitiert oben nach Fn 62.

72 Vgl. die Umschreibungen: S. 3 „bürgerliches Leben", S. 10 „durch das Leben vorbereitet", S. 12 „Einsicht in das Leben selbst", S. 30 „ursprüngliche Nahrungsquelle (...) Leben des Volkes", S. 36 „Gebrauch im Leben selbst", S. 41 „im Leben für notwendig erkannt".

auch wirklich anerkannte, weit weniger empfunden" worden (S. 21). Also kein „blinder Trieb gegen das Bestehende (...) ausschweifend, sinnlos", keine Niederlage „edlerer Kräfte und Gesinnungen", kein „trostloser Eindruck" und der Negativa mehr, die *Savigny* findet[73], als er den „Code" in politischer Hinsicht[74] bespricht. Offensichtlich ist für Savigny und Reyscher das beiderseits vielberufene „Bestehende" nicht das gleiche. Savigny meint *vor*revolutionäre, Reyscher *nach*revolutionäre Zustände. Reyscher beruft sich auf die „allgemeine Achtung und Liebe". Savigny mißt an Höherem[75] und weiß darauf hinzuweisen, daß

„auch (...) bey den Franzosen selbst nicht selten durch die stehenden Lobpreisungen ein Gefühl dieses unseligen Zustandes und der Unvollkommenheit der auf denselben gegründeten Arbeit" hervorblicke[76].

An diesem Punkt präzisieren sich Reyschers Vorstellungen zu Lebensbezug und Rechtsquellenfrage also dahin, daß es auf allgemeine Anerkennung ankomme. Diese ist ihm Maßstab für die Richtigkeit von Gesetzgebung. Gesetzgebung ist zurückverwiesen auf Anerkennung als einer Form der geforderten Verbindung „mit dem organischen Leben des Ganzen" (S. 7). Diese Verdeutlichung des Zusammenhangs von Recht und Leben bleibt allerdings vereinzelt[77]. Mehrfach richtet Reyscher den Blick weniger auf *allgemeine* Anerkennung als nur auf eine bestimmte „Klasse der Gesellschaft"[78], die der „Geschäftsmänner"[79]. Diese „Klasse" wird man auch für die, das vielberufene „Bedürfnis" prägende, halten dürfen. *Bedürfnis* ist nächst „Leben" der häufigste Topos in Reyschers Gesetzgebungsschrift — schon im Titel[80]. Bedürfnisgerechtigkeit und Lebens-

---

73 Vgl. Beruf 72 (S. 1 des Originals) „krebsartig immer weiter fraß", 150 „überstandene politische Krankheit"; dies nur einige der starken Worte des sonst besonnen genannten *Savigny*.

74 *Savigny* trennt ja ausdrücklich S. 78, auch 102, das „politische" und das „technische" Element, den „Zusammenhang mit dem allgemeinen Volksleben" und „das abgesonderte wissenschaftliche Leben des Rechts".

75 Beruf 103 „edlere Kräfte und Gesinnungen", 104 „innerer Werth"; bez. die Forts. des in Fn 43 gegebenen Zitats aus Beruf 96: „und wenn wir in unserem löblichen Eifer diese Unterscheidung ein blindes Vorurtheil schelten, so sollten wir nicht vergessen, daß aller Glaube und alles Gefühl für das was nicht unsres gleichen ist, sondern höher (!) als wir, auf einer ähnlichen Sinnesart beruht." Daneben sieht er den Code ausschließlich als Instrument eines Unterdrückers *Napoleon* (S. 104), was allein schon höchst bezeichnend für seine aristokratische Optik ist; vgl. zum Aussagewert des *Napoleonbildes* unten 258 bei *Hauff*.

76 Beruf 104.

77 Siehe noch seinen Blick auf das Urteil der „Mehrheit" bei der Rezeption (Bed. 10 unten), sowie die „Anerkennung" bei der kunstmäßigen Bearbeitung des Rechts (S. 34).

78 Bed. 35, auch 3.

79 Bed. 9, 35, 52; vgl. den Hinweis auf die Optik des „Bürgers", Bed. 3, 42.

80 „Über die Bedürfnisse (...)"; vgl. sonstige Fundstellen: Bed. 4, 9, 16, 17 Fn, 20, 24, 25, 30, 33, 35, 42, 46, 48 (— der Gegenwart), 49, 51, 53, 54.

gemäßheit sind austauschbare Forderungen. Meist konkretisiert Reyscher aber den geforderten Lebensbezug nicht näher. Inwieweit sein Sprachgebrauch aus einem bestimmten Horizont in der Zeit Trennschärfe bezog, wird sich ergeben[81].

Ein Blick auf Savignys Konzeption im „Beruf"

Die Rolle der Gesetzgebung in Savignys „Beruf" ist ein fast zu beliebtes Forschungsobjekt. Hier ist sie aber unentbehrlicher Hintergrund zum Verständnis Reyschers. Schlägt man die viel interpretierte und immer wieder umstrittene Schrift auf, so scheint mir schon und besonders auf den ersten Seiten eines klar zentral: Ich meine Savignys Kampf gegen „Willkühr". Fast so wie später (1892) Karl *Bergbohm* das Naturrecht bis in seine letzten „Schlupfwinkel" (Landsberg)[82] verfolgt, — heute oft mit einem kleinen Lächeln zitiert[83] — spürt Savigny dort der Willkür nach, ohne allerdings dafür belächelt zu werden. Schon seinen ersten größeren Angriff[84] führt Savigny gegen die Rechtsquellenlehre „der großen Mehrzahl der deutschen Juristen"[85], dergemäß das Recht „von ganz zufälligem, wechselndem Inhalt" sei[86]. Im Kampf gegen die Willkür „befragt (sc. Savigny) zuerst die Geschichte"[87]; mit Erfolg: „Historisch aufgestellt" entsteht „alles Recht (...) nicht durch die Willkühr (!) eines Gesetzgebers"[88]. Das unangenehme, brisante Thema, das seine Zeitgenossen so sehr

---

81 Vgl. unten 247ff, 360ff.

82 *Landsberg* T. 979, vgl. *Bergbohm*: Jurisprudenz, im Vorwort u. S. 118; *wörtlich* steht der Ausdruck bei B. auf S. 12, dort dient er aber nur der Aussage, „Vorgefaßte Ideen" (S. 11) verschwänden aus der Rechtsphilosophie der Philosophen nicht, „als bis ihnen eine methodisch korrekte Philosophie des positiven Rechts auch den letzten Schlupfwinkel verlegt hat" (S. 12). Allzu oft werden von B. nur wenige reißerische Sätze gegeben, die seinem Werk nicht gerecht werden. S. 118 spricht B. aber drastischer als sonst vom „Unkraut Naturrecht"; diese Stelle zitiert auch *Hattenhauer*: Grundlagen 185.

83 Schon *Landsberg* T. 979; *Larenz*: Methodenlehre 36; *Ryffel*: Rechts- u. Staatsphil. 207; *Wieacker*: Geschichte 437 Fn 21, 599; näher *Boehmer*: Grundlagen II 1, 124f; *Esser*: Vorverständnis: 87 mit Fn 44; *del Vecchio*: Rechtsphil. 292; abweisend *Welzel*: Naturrecht 162 Fn, 164, 246; ähnlich *E. Wolf*: Naturr. 95 Fn; *Viehweg*: Positivismus 108 „etwas enttäuschend"; krit. *Baumann*: Einführung 7f; freundlicher *Friedrich*: Phil. d. Rechts 58 Fn; näher dagg. *Verdross*: Rechtsphil. 177—9.

84 Beruf 75: „Ob diese Ansicht von der Entstehung des Rechts Realität habe (...)".

85 Beruf 75.

86 Beruf 75.

87 Beruf 75.

88 Beruf 79.

interessiert — wie er selbst erwähnt[89] —, inwieweit Gesetzgebung „Abänderung (!) des bestehenden Rechts“[90] sein dürfe, diese Frage erledigt er in *fünf* Sätzen bei 160 Seiten. Nicht als ob er diese drängenden Fragen übersähe. Er selbst nennt „die Bestimmung der gutsherrlichen Rechte eines der wichtigsten Beispiele“[91]. Es geht in der Tat um den ganzen sozioökonomischen Aufbau des Staates[92].

Ein kleiner Seitenblick auf seine kluge Argumentation sei erlaubt. Er sagt möglichst wenig (5 Sätze), wo Argumente fehlen oder entlarven würden. Nur eine deutliche Warnung gibt er (Änderung sei „leicht eine fruchtlose Corruption“[93]), um eine *weite* Begründungsformel anzuschließen („wird jedem einleuchten, der die Geschichte zu Rate zieht“[94]), nach dem Motto: Je weiter, desto schwerer zu widerlegen.

Der so von abändernder Willkür schon weitgehendst gereinigten gesetzgebenden Gewalt zieht er sofort einen weiteren Dorn. Auch soweit sie etwa bloß „einzelne Rechtssätze“ klären will, bindet er sie „vorsorglich“ an ein „wirkliches Recht“, den „eigentlichen[95] Willen des Volks“, den sie richtigerweise lediglich „rein erhält“[96]. Das „Volk“, als Träger eines „wirklichen Rechts“ wird hier zur eigentlichen Legimitationsbasis von Recht. Hier liegt sicher ein Anknüpfungspunkt selbst für Reyscher. Die Wirkungsgeschichte dieser Savignyschen Berufung auf das Volk gleicht aber ein wenig dem Schicksal von Goethes Zauberlehrling mit seinem „Die ich rief die Geister, werd' ich nun nicht los“[97]. Denn einen wirklichen, effektiven Einfluß des „Volkes“ wollte Savigny bekanntlich gerade nicht[98]. Der Großangriff schließlich, den *allein*

---

[89] Beruf 80: „Wenn in unseren Tagen Nichtjuristen von dem Bedürfnis neuer Gesetzgebung sprechen, so ist gewöhnlich blos dieses gemeynt“; der Bezug für „dieses“ ist „Abänderung“.

[90] Beruf 80.

[91] Beruf 80, = Forts. des Zitats in Fn 89; über *Savignys* Beiträge zur westfälischen Agrargesetzgebung im Staatsrat 1820, s. *Stoll* II 164, leider recht oberflächlich; *Eichhorn*: Rechtsgeschichte IV (nach der 5. A.) hält diese Probleme für „ohnstreitig einen der wichtigsten Gegenstände der neuesten Reformen“ (S. 652f in der Fn) und spricht für langsamere Gangart im Reformieren. Diese Ansicht der *1. A.* schwächt er 1844 ein wenig ab (aaO).

[92] Stichworte: Eigentumsordnung, Wirtschaftsordnung, Bauernbefreiung, Lastenablösung; vgl. *Hedemann*: Fortschritte II; für Stellungnahmen der Jurisprudenz *Busz*: Geteiltes Eigentum.

[93] Beruf 80.

[94] Beruf 80.

[95] „eigentlich“ ist entscheidende Klausel, vgl. *Savignys* andere Umschreibungen, zusammengestellt oben Fn III 184.

[96] Beruf 81.

[97] Aus der Ballade „Der Zauberlehrling“ (1798), Werke (Hamburger Ausgabe) I 276—9; wie ich sehe, benutzt die Wendung auch *Thieme*: Savigny 14.

[98] Vgl. noch die Zusammenstellung oben Fn III 184, sowie unten 337f zum Volksbegriff; auch in der Gönnerrez., VS 5, 128, wo er sich gegen *Gönners* Vor-

Savigny ausführlich durchführt[99], gilt der bloßen, eben kodifikatorischen Bestandsaufnahme des materiellen Rechts[100]. Hier ist eigentlich ex definitione an Änderung oder Klärung schon nicht mehr zu denken[101]. Dennoch lehnt er auch dies schließlich ab[102]. Ich verkenne nicht, daß sich insoweit in der Tat sehr ernsthafte Argumente finden ließen[103]. Mir kam es auch weniger auf das Ergebnis als die Strategie Savignys an.

Positiv setzt er der gefürchteten Willkür schlicht antithetisch „innere, stillwirkende Kräfte"[104] entgegen. Auch andere Umschreibungen finden sich, etwa „innere Notwendigkeit"[105], „organische Weise"[106], „organische Entwicklung"[107], „lebendiger Zustand"[108], „rechtes Leben"[109], „wahres Leben"[110].

---

wurf der Regierungsfeindlichkeit verteidigt und Volk *und* Monarch als echter Aristokrat lediglich die Aufgabe zuweist, „das unabhängig (!) von ihnen seyende Recht zu erkennen und auszusprechen", ebenso Gönnerrez. 129f.

99 Beruf, ab 82: „Um also unsere Untersuchung nicht zu verwirren, wollen wir die neuen Gesetze ganz beiseite setzen (...)"; Diese, das Konservative noch verstärkende Beschränkung wird oft nicht hinreichend beachtet. Neue, d.i. abändernde Gesetzgebung war somit ganz knapp als indiskutabel abgetan. Die Gesetzgebungswünsche wurden einfach in Richtung bloßer Aufzeichnung interpretiert (S. 81).

100 Beruf 82.

101 Diese heute gängige Verfestigung des Begriffs *Kodifikation*, welches Wort *Savigny* aber noch nicht führt, hat S. maßgeblich gefördert; vgl. *Coing*: Rechtsphilosophie 136f über Benthams wichtige Rolle; grundlegend dazu und zur Vorgeschichte *Gagnér*: Studien 88ff; *Savigny* unterläuft bezeichnenderweise seine Aufgabenstellung aber doch wieder, um in *anderer* Weise auch die Zukunft ins Spiel zu bringen. Er fordert ja „Vollständigkeit" (S. 83) und führt sie mit seiner Vorstellung „leitender Grundsätze" (S. 84) herbei. Das Gegebene wird also als Vollständiges perpetuiert, das Neue als willkürlich ausgeschlossen.

102 Beruf, schon 86, dann etwa 101, 135.

103 Vgl. *Kunkel*: Savigny 460f, der die „politischen Realitäten" und den unausgegorenen Stand einer Wissenschaft in „Neuorientierung" anführt; ähnlich schon *Jhering*: Savigny 362 (1861); *Reyscher*, oben 199.

104 Dies eine der bes. bekannt gewordenen Formulierungen aus dem tragenden 2. Kapitel, aaO 79; es sind diese Passagen, mit denen Savigny sogar Eingang in *Killy*s verbreitete Anthologie „Zeichen der Zeit. Ein deutsches Lesebuch", Bd. 2 (1786—1832), findet (S. 109—12).

105 Beruf 76, 93.

106 Beruf 78.

107 Beruf 90; vgl. für *organisch* noch 77 (— Zusammenhang), 78/90 (— Entwicklung), 91 (—Zustand), 95 (—Wesen), 140 (—Zustand), 99 (—rechtsbildende Kraft); u.a. 115, 163, 164, 166; zur Bewertung von *organisch* als treffendem Indiz der jur. Methode gut *Wilhelm*: Methoden 87 Fn (Abwertung bei Gerber und Jhering).

108 Beruf 91.

109 Beruf 155.

110 Beruf 144.

Kurze Wortschatzprüfung des „Beruf"

Eine nähere Überprüfung dieser Beobachtungen schien mir sinnvoll. Ich sah daher den „Beruf" auf Peiorativa und Meliorativa durch. Im einzelnen ergab sich folgende Häufigkeit, wenn man alle Verbindungen mit dem Stichwort, sowie seine Substantivierungen zählt[111]:

Meliorativa:		Peiorativa:	
lebendig	38	willkührlich	19
innerlich	23	schwankend	8
eigenthümlich	19	flach/oberflächl.	8
wahr/wahrhaft	19	mechanisch	6
notwendig	14	zufällig	5
organisch	14	unbestimmt	5
bestimmt	14	äußerlich	4
gründlich	13	unlebendig u. ä.	4
natürlich/naturgemäß	12	fabrikmäßig	3
sicher	11		
wirklich	10		
individuell	8		

Außerdem sind zu erwähnen:
ungestört 4, volksmäßig 4, gesund 3, frisch 3, rein 2, würdig 2[112],
und auf der Gegenseite
unnatürlich 2, krankhaft 2, trostlos, sinnlos, fruchtlos, bodenlos, gränzenlos, hohl, leer, blind (meist 1).
Danach bezeichnet *lebendig* das weitaus häufigste Positivbild. *willkühr-* ist deutlich bevorzugtes Negativum. Dies sind die Säulen von Savignys Antithetik. Der breitere Boden wird sichtbar, wenn man mit sehr ähnlicher und gleicher Funktion Verwendetes zusammengruppiert[113]. Drei Gruppen lassen sich etwa bilden:

---

[111] Der Einzelnachweis der Stellen, so interessant er ist, würde doch zu viel Raum beanspruchen.

[112] Also wenigstens im „Beruf" ist „würdig" nicht gerade Lieblingswort Savignys, wie *Hattenhauer*: Grundlagen 166 u. neuestens: Thibaut u. Savigny, Einl. 24 meint. „würdig" mag allerdings eine bestimmte Vorstellung von Savigny treffend umschreiben. Empirisch gesehen ist im *Beruf* „lebendig" Lieblingswort.

[113] Die Gruppierung beruht auf dem Gesamttext und einer Zusammenstellung der Stichworte mit ihrem Kontext. Da hier Inhaltliches eine Rolle spielt, kann man nur annähernd scheiden.

1) lebendig	38	5	unlebendig/abgestorben
eigenthümlich/individuell	27		
2) innerlich/organisch	37	13	äußerl./mechan./fabr.mäß.
notwendig/unwillkührlich	16	24	willkührl./zufällig
natürlich/naturgemäß	12		
3) bestimmt/scharf/sicher/klar	34	15	schwankend/unbestimmt
gründlich	18	8	flach

Etwas weniger in Antithetik verflochten sind jetzt lebendig/eigenthümlich/individuell. Darin steckt ein zukunftsträchtiger Hinweis auf die versöhnlichen Harmonisierungsformeln aus diesem Bereich in der Vorrede des „System I" (1840). Gegensatzbildung beherrscht stärker Gruppe 2), aber auch Gruppe 3). Hier liegt das Hauptstreitfeld. *Inhaltlich* stehen sich Gruppe 1) und 2) sehr nahe. Einen eigenen Akzent hat 3). Es geht dabei meist um erkennende Schärfe[114]. In 1) und 2) stehen meist Wesensfragen[115] zur Debatte. Gemeinsam ist allen Gruppen ein gewisser *Rigorismus*: die Schärfe im Erkennen, die harte Gegensatzbildung und das entschiedene Billigen und Verwerfen. In dieses Bild fügt sich, daß vermittelnde Ausdrucksweisen fast ganz fehlen. Zwischen die „Säulen" seiner Antithetik läßt Savigny nichts.

Die *Antithetik* macht einen guten Teil nicht nur des stilistischen Schwungs im „Beruf" aus[116]. Sie wirkt auch gedanklich eindringlich, kompromißlos, klar. Es handelt sich wohl um eine Modalität der bei Savigny stets gerühmten Klarheit[117]. Sicher darf man hier an den die zeitgenössische Klassik prägenden Formwillen[118] denken, ohne in die geradezu schwelende Debatte über die Zuordnung Savignys einzugreifen[119]. Willkür steht also gegen Sicherheit, der

---

[114] Beruf 99 „scharf auffassen", auch 123, 124, 151; 109 „Schärfe der Begriffe", auch 88; 143 „sichere Anschauung", „sichere Kenntnis", 114 „mit wissenschaftlicher Sicherheit", 99 „sicheres Urtheil"; 124 „bestimmte Resultate", 129 „bestimmte Begriffe"; in diesem Präzisionsdrang wirkt ersichtlich ein idealistisches Systemideal.

[115] Beruf 99 „lebendigerer Geist", 144 „wahres Leben", 155 „rechtes Leben", 91 „lebendiges Fortschreiten"; 99 „eigenthümlich und nothwendig"; für „organisch" oben Fn 107.

[116] Sie wird betont von *Bluntschli*: Rechtsschulen (1839) Sp. 1916; von *Homeyer*: Bornemannrez. (1834); *Brinz*: Savigny 12; gut *Berghohm*: Jurisprudenz 190 Fn: Die HS verhalte sich rein negativ; zum Stil statt aller *Wieacker*: GuB 124 „hinreißende Schrift".

[117] So sofort 1804 *Thibaut*: Besitzrez. Sp. 321, „eine glückliche Gewandtheit und Leichtigkeit im Auffassen und Darstellen der feinsten und schwierigsten Begriffe"; statt vieler *Wieacker*: Geschichte 387 Fn 35; *Wesenberg* 140; *Bruns*: Savigny 7, 17.

[118] Vgl. *Langen*: Dt. Sprachgeschichte 1153f, 1165; ich nenne absichtlich nur Langens wortphilologisch bes. abgesichertes Urteil.

[119] Vgl. *Wieackers* etwas mißvergnügten Satz von „den allgemeinen geistigen Vorbedingungen, welche die Forschung vielleicht zu lange zu sehr beschäftigt

Synonyma nicht zu gedenken[120]. Seine Hoffnungen richtet Savigny auf „Schärfe und Bestimmtheit der Begriffe“[121], auf gründlich[122] wissenschaftliche Perfektion Diese Wissenschaftsgläubigkeit ist vorwiegend Wissensgläubigkeit. Gründe dafür darf man in Gruppe 1)[123] und 2) suchen: in seinem Weltbild[124]. Der darin dominierende *Entwicklungsglaube* gibt sich einer stetigen, gesetzmäßig notwendigen Entwicklung sicher. Auf solchem Boden wird folgerichtig Wissen um Genese, d. i. historisches Wissen, ganz primär wichtig, wichtiger als bei Skepsis gegenüber solcher Stetigkeit. Wissensgläubigkeit verengt sich im Verein mit Entwicklungsglauben auf historisches Wissen. Dies wieder spitzt sich in der Kontroverse zu zum „einzigen (!) Weg zur wahren Erkenntnis unseres eigenen Zustandes“[125]. *Lebensbezug ist hier Entwicklungsglaube. Seine Funktion ist Willkürabwehr* — nicht etwa aufklärerisch fortschrittsgläubiger Verweis auf Reformbedürfnisse. So verdeutlicht kann man ihn zum Schlüssel der ganzen Rollenverteilung bei Savigny nehmen[126].

Savignys Grenzen liegen nahe. Der Schematismus von Willkür und Sicherheit ist zu eng, ist Schema. Er sieht alle Willkür beim Gesetzgeber, alle Sicherheit bei einer wissenschaftlichen Jurisprudenz. Wo aber der tatsächliche Unterschied bleibt, wenn auch die Juristen schließlich „erfinden“[127], „den historischen Stoff frey (!) als (...) Werkzeug gebrauchen“[128], wird nicht mehr mit erkennender Schärfe gefragt. Inwiefern wirkt hier der Jurist *tatsächlich* still und inner-

---

haben“ (Geschichte 367); ich verzichte auf die Aufzählung der literarischen Fülle und verweise statt aller auf *Wieacker*: Geschichte 348ff und seine recht ausf. Nachweise.

[120] Vgl. zu *Willkür*: Philosophie, Corruption, Unsicherheit, Bodenlosigkeit, Zufälligkeit; zu *Sicherheit*: Notwendigkeit, organisches Ganze, natürliche Rechtsbildung, Lebendigkeit, Innerlichkeit.

[121] Oben Fn 114.

[122] Soeben Gruppe 3).

[123] Vgl. zur zentralen Funktion seines Lebensbezugs, verglichen mit Reyscher unten 215, 217, 247ff.

[124] Vgl. dazu vor allem auch die fast noch schärfere Antithetik in: Zweck, ZgeschRw 1 (1815) 1ff; zum allgemeinen *Wilhelm*: Methoden 17ff; *Wieacker*: Geschichte 385, 392ff; *Böckenförde*: HS; *Schröder*: Savigny/Universitäten; *Engel-Janosi*: Savigny; *Schnabel*: Dt. Geschichte III 49—66.

[125] ZgeschRw 1 (1815) 2.

[126] Der Lebensbezug verdeutlicht ähnliche Faktoren, wie sie *Wilhelm*: Methoden, breiter gefächert entwickelt hat und zeigt zugleich auch den politischen und philosophischen Bezug.

[127] Beruf 141, dort malt er sich die Vorstellung lebhaft aus, wie die Römer „selbst zu erfinden und so ihre unterbrochene Arbeit in gewissem Sinne fortzusetzen“, ähnlich spricht er S. 145 von den wenigen, „die durch ihren Geist zu eigentlicher Erfindung berufen sind“, oder den „historischen Stoff frey als unser Werkzeug zu gebrauchen“ (S. 137, ebenso 144).

[128] Beruf 137 und 144. Damit erweist sich auch im „Beruf“ das *produktive* Element der HS, das Savigny 1840 entfaltete. Zugleich tritt es charakteristisch instrumental auf („Werkzeug“), was den kommenden Formalismus bestätigt.

lich notwendig, der Gesetzgeber aber nicht? Fragt man, wann Gesetzgebung willkürlich, also verwerflich sei, so wird man auf die innere Notwendigkeit, das „wirkliche" Recht verwiesen. Woher aber kennt man dieses? Hier soll der historische Weg einsetzen: Wirkliches Recht ist alles Recht, das lebendig, nicht abgestorben[129], vorhanden ist. Das heißt, es kommt *nicht* a priori aus der Vernunft. Mehr heißt es aber kaum. *Das übrige bleibt unentschieden.* Hier wird nun wichtig, daß Savigny mit der Figur eines *wirklichen Rechts* arbeitet. Sie wirkt als beliebige Füll- und Korrekturgröße. Es steht nämlich *neben* dem tatsächlichen Recht, wie es angewendet wird. So wird die Realität überwölbt von einer *zweiten* Rechtswelt, in der alles stimmig ist. Vom Hin und Her zwischen „wirklichem" und angewendetem oder — zeitgenössisch — praktischem Recht lebt Savignys Lehre. Nur von daher gerät Rechtssetzung stets in die untergeordnete Rolle des Dienens. Prinzipiell *beliebig* ist Savignys „wirkliches Recht", weil es die von ihm angenommene sichere Leitlinie einer inneren Notwendigkeit nicht gibt. Ein explizites, klares Kriterium nennt er nicht. Er selbst erklärt die innere Notwendigkeit für unbewußt, also nicht äußerlich erkennbar[130]. Dennoch will er aber um sie wissen. Eine andere Sache als dieser übertriebene Anspruch an seine eigene historische Methode ist, daß diese natürlich überaus informativ und wichtig ist, auch wenn es um Entscheidungen geht, die relativ offen sind. Aber sie beweist nicht „Richtigkeit" oder „innere Notwendigkeit" oder „wirkliches Recht", selbst wenn sie eine Entwicklungslinie aufzeigen kann. Angeblich entnimmt Savigny die Notwendigkeit von etwas nicht aus einer Beurteilung, etwa bei der Rezeption oder der zum Juristenrecht führenden Arbeitsstellung, sondern einfach aus seinem Gegebensein. In diesem Sinne wäre aber auch der code civil innerlich notwendig zu nennen. Tatsächlich *urteilt* Savigny, wo er bloß zu *beschreiben* meint. Daher bleibt auch das Wörtchen *lebendig* immer in seinen Formeln enthalten[131], weil es sozusagen die Variable ist, durch die seine Thesen erst konkret anwendbar werden. In der Anwendung dieses Wörtchens fließt das endgültige Urteil in die Beschreibung ein, unmerklich.

Der Unterschied zwischen Gesetzgeber und Jurist scheint mir daher nur ideologisch, so willkürlich wie es gerade Savigny nicht liebt. Davor oder dahinter oder sonstwo steht die Lehre vom wirklichen Recht, vom Juristenrecht[132] — ein Ausdruck, den Savigny vermeidet[133] —, und damit wieder die ganze Entwick-

---

129 Beruf 140.

130 Beruf 79: „stillwirkend", auch schon das „innere" daran; ähnlich auch in: System I 14.

131 Siehe soeben die Wortschatzliste.

132 Beruf 78; dazu unten 223 ff, 365 ff.

133 Das Schlagwort führte vor allem *Puchta* ein, auf den die damaligen Nachweise stets zurückkommen, vgl. sein Gew.recht I (1827) 161 die Überschrift u.ö., näher unten bei Fn V 211.

lungslehre[134]. *Beruf wird hier Berufung*[135]. Berufung macht Unterschiede, nicht relativ meßbares Fachwissen, könnte man verschärfen. Wie wenig tragfähig diese seine „allgemeinen Ansichten“[136] sind, ergibt Savignys eigene Durchführung. Er durchbricht sie in genau dem starken Maße, indem er die Juristen vom bloßen Organ zu faktischen Alleinvertretern und Rechtsschöpfern werden läßt[137]. Die Notwendigkeitsthese ist damit längst unkenntlich, de facto gesprengt. Sie läßt sich auch nur halten, da die notwendigen Kräfte angeblich *still wirken*. Sie sind so gar nicht überprüfbar; ihre Behauptung ist immun gegen jeden Angriff, der sie nicht einfach als nonsens oder höflicher als uninteressanten metaphysischen Satz abtut. Denn ob das, was die Juristen aussprechen, wirklich notwendig ist — das ist von vornherein ausgemacht, explizit einer Überprüfung entzogen, undiskutierbar gemacht, Glaubenssache geworden[138]. Es ist dies ein bis heute nicht selten begangener dogmatischer Weg der „Willkür“abwehr gegenüber sich regender Veränderungsfreude.
Diese Struktur Savignyscher Grundbegriffe wollten wohl zumeist die Kritiker treffen, die von *Mystizismus* sprachen[139]. Wie sehr in all dem nicht nur Ideen, sondern Politik wirken, sei erneut beachtet[140]. Es ist die eine der „größten Tendenzen des Zeitalters“, die der nicht durchweg im heutigen Sinne „romantische“[141], erstaunliche *Friedrich Schlegel*[142] benannte[143], *die französische Revolu-*

---

134 Bes. Beruf, Kapitel 2, s. unten 224f, 326ff.

135 Oben Fn 127 das Zitat; ganz genauso auch dann konkret in „Städteordnung“, VS 5, 192ff.

136 So rückblickend: Beruf 87.

137 Dazu näher unten 225.

138 Der unaufgelöste Rest der widerspenstigen Realität kommt dann im „System“ mit der Lehre von den Anomalien (I 31f, 57f).

139 *Gierke*: HS 8 meint rückblickend, man habe oft die Volksgeistlehre als „mystisch getadelt“; beachtlich *R. Schmid*, der 1844 in seiner Beselerrez. (Krit. Jb. 1844 I 385—420) an der HS „eine Art von idealistischem Empirismus (...) (sc. und insofern) mystischen Charakter“ (S. 389 oben) fand. Die Kritik des Rugefreundes *Schmid* (Nerrlich: Ruge I 276, seit 1837) erinnert im Prinzip stark, in der schwächeren Formulierung weniger, an die *Marx*' von 1842 (Marx: Hist. Rechtsschule); vgl. sonst zum Mystizismusvorwurf ausf. unten 333f; dagegen *Landsberg* N. 13; betont wieder bei *Hattenhauer*: Grundlagen 164, 166.

140 Vgl. schon oben bei Fn 10.

141 Dazu den Band „Die andere Romantik. Eine Dokumentation“ von H. *Schanze* (1967).

142 Vgl. seine recht jakobinische Rez. zu Kants „Ewiger Frieden“, bei *Schanze* 33ff.

143 Athenäum-Fragment 216, bei *Rasch*: Krit. Schriften 48; benutzt auch bei *Sandkühler*: Schelling 42 mit Nw einer bezeichnenden späteren Einschränkung; zur *Wirkung* der französischen Revolution existiert eine recht umfangreiche Lit., vgl. etwa die noch immer eindrucksvolle Würdigung bei *Schnabel*: Dt. Geschichte I (zuerst 1929) 108—31; eine ausf. Gesamtschau für „Das Zeitalter der europäischen

tion, im frischen Gewande der deutschen Freiheitskriege. Diese Wellen lockten auch Savigny aus der Reserve[144]. Demgemäß gibt es auf seiner *Wertskala* ein negatives Extrem, die durchgreifende, alles ändern wollende Philosophie, und ein positives, das „richtige Ebenmaaß“, bei welchem das Neue bloß zur Entwicklung des Alten dient[145], verkörpert durch eine organisch fortschreitende Rechtswissenschaft[146]. Diese Skala hat bereits die Methodenlehre[147]. Sie

---

Revolutionen (1780—1848)“ jetzt bei *Bergeron-Furet-Koselleck*; für Schelling sehr ergiebig *Sandkühler*: Schelling 38—73; sonst *Gebhardt-Braubach* § 1; *v. Raumer*: Deutschland um 1800; gut auch *Epstein*: Conservatism „Part two: The Challenge of the French Revolution and Napoleon (1790—1806)“, S. 341 ff, bes. 434ff; allg. ergiebig schon *Troeltsch*: Restaurationsepoche, Ges. Schr. IV, 587ff; 19. Jahrhundert, Ges. Schr. IV, 614ff; zum „Muster der französischen Revolution“ in Sachen Kodifikation näher *Gagnér*: Studien 76ff; die Wirkung bezeugt schließlich schön konkret die laufende Verwendung der Formel von der „Revolution des Geistes“, dazu näher unten 304 mNw.

Aus der Zeit noch *Kant*: Fakultäten A 150 (Werke 11, 61) „vergißt sich nicht mehr“; *Hegel*: Philos. d. Geschichte (Werke 12, 529 = Glockner 557): „Solange die Sonne (...)“; *Thibaut*: Berufrez. (Stern 177) „besonders seit der, aus den neueren Revolutionen erfolgten Abspannung und Kleinmüthigkeit“; *Hugo*: Lit.geschichte (2. A. 1818) 531, nennt Pütter und frz. Revolution als Voraussetzung für Kant; für *Feuerbach*: Radbruch 8, negativ 24; *Eichhorn*: Rechtsgeschichte IV (zuerst 1822) der ganze § 614, bes. S. 641 (5. A.), 638, 647, 648—50 Fn (Burkebilligung).

144 Vgl. schon die Aufforderung *J. Grimms*, der Savigny noch nicht entsprach, im Brief vom *13. 3. 1809*, s. Schoof: Savignybr. 65f: „In Almendingens neuem Journal ist ja nun einmal ein herber Aufsatz über das französische Recht, am Schluß wird doch wieder eingelenkt, ich kenne das Ganze nur aus der Hall. L.Z. Warum gehen Sie nicht einmal mit Ihrer Arbeit hervor, ich wünsche es mit heimlicher Freude, Arnim sagte, daß sie keine äußeren Bedenklichkeiten mehr dabei hätten. Wollen Sie das hiesige Gesetzbulletin? (...) Mit den Fideicommissen haben Sie ganz recht, sie wird völliges Eigentum in der Hand des jetzigen Besitzers, sowie demnächst jedes vor 1808 existierenden Erben.“

Der Brief belegt die länger schwelende gegenrevolutionäre (Fideikommisse!) Stimmung, die dann zum „Beruf“ führte, zugleich handfeste Rücksichten Savignys, der gerade in Landshut war und dort nächste rheinbündische Anschauung hatte. Der Ruf dorthin erfolgte im Frühjahr 1808, vgl. Stoll I 322 den Brief an Zentner vom April, offiziell am 13. 5. (Stoll I 324), Berliner Kontakte seit Anfang 1810 (Stoll I 355); schon 1809 im Febr., klagt Savigny über das Münchner „Partey- und Protectionswesen“ und beschreibt den Zustand der Uni Landshut desolat, s. Stoll I 375f; vgl. *Wieacker*: Geschichte 388, über die Indizien für 1810; diese konkreten Umstände des „Beruf“ bedürften genauerer Zusammenstellung, die hier aber zu weit abführte.

145 Beruf 90; man kann danach auch sagen, es gebe eigentlich gar nichts Neues; diese Zuspitzung traf *Savigny* im „System“, vgl. I 14.

146 Beruf 166, im Schluß.

147 Besonders gereizt ist Savigny schon damals gegen jede „*Verbesserung der Jurisprudenz durch ihre Form*“ (S. 47); die Philosophie wird der Politik zugewiesen (S. 49) und aus der Jurisprudenz verabschiedet (S. 50), was damals sehr eigenwillig war. Diese Abwehr hat nichts mit seinem eigenen, bloß historischen,

blieb auch in den Vorreden zu Bd. 1 (1840) und 7 (1848) des „Systems"[148]. Die erstgenannte Position verhält sich „ungeschichtlich", die andere „geschichtlich". Die Skala lebt aus *politischen*, zeitgenössischen Kategorien. Sie verläuft zwischen Revolution und Reform. So wichtig ist ihm diese Scheidelinie, daß der sonst sehr behutsame Savigny alles zwischen den Extremen Liegende nicht dort sehen will. Biblisch rigoros passen die Worte: Wer nicht mit mir ist, ist wider mich[149].

Es scheint mir ein Verdient gerade neuerer Geschichtsschreibung, die *politischen* Bedingtheiten der Zeit in klärender Weise zusammenhängend betont und vertieft zu haben[150]. *Franz Schnabel*, der zweite große Historiker des 19. Jahr-

systematisierenden Philosophieideal zu tun (dazu S. 48, 16). Sie geht auf die verbessernde, also die *kritische* Philosophie, die „philosophischen Juristen, weil sie sich zuviel von der Willkür leiten lassen, eine Art von Revolution gegen die Gesetzgebung" (S. 37). Das peiorative Stichwort „Willkür" erscheint dann auch für die konsequent verworfene sog. interpretatio extensiva (S. 40), gegen zu weit gehende Richter (S. 14f, 40, 45), sehr bez. gegen die Einteilung in Nominal- und Realdefinitionen (S. 38), u.ö. (S. 14, 15, 16, 20, 29). Aus ähnlichen Motiven wird das Staatsrecht ausgeschieden (S. 13), *ergänzende* Philosophie verworfen (S. 49 „Subsidiarquellen"). Auf der anderen Seite hat die Methodenlehre auch schon eine ganz *objektivistische Normvorstellung*. Das Gesetz wird zwar noch „gegeben" (S. 15), aber allein zur „Ausschließung der Willkür" (S. 15), ja „es ist lediglich etwas Äußeres, das von keiner Willkür abhängt, das Gesetz" (S. 14). Der Sprachgebrauch für Gesetz war ja überhaupt noch nicht so fest, wie man an *Hugos* damals begonnenem Kampf gegen die Bezeichnung „lex" sieht. Nur das Norm*subjekt*, das sich in der Rheinbundzeit als unzuverlässig erwiesen hatte, war also auszutauschen, weshalb im „Beruf" und „System" Volksbewußtsein und vor allem Juristenrecht hinzutreten, von denen in der Tat in der Methodenlehre noch nicht die Rede war. Die *Wertungen* waren aber voll da, es bedurfte nur der passenden Fundierung zu den Verhältnissen seit 1806 und 1814. Diese Optik widerspricht etwas der heutigen Neigung, die „Methodenlehre" in *diesem* Punkt zu isolieren; sie ließe sich aber weiter ausführen. Außer einer „*Wendung ins Romantische*" *bei Savigny müßte man also die Wendung der damaligen Gesetzgebung ins Unromantische mehr beachten.*

148 Dies ergab eine Überprüfung der Peiorativa und Positiva in der Vorrede von 1840, wo „lebendig", „natürlich", „wahr", „inner-" u.ä. wieder an der einen Spitze, „todt", „willkür-" u.ä. wieder an der anderen liegen. Allerdings zeigt sich die harmonisierende Tendenz der Vorrede in der geringeren Verwendung von Peiorativa überhaupt und der häufigeren Verwendung des schwächeren „einseitig". Für 1848 vgl. nur System VII, S. IV Fn wonach die Vorrede nur einen „gedrängten Auszug" derj. von 1840 enthalte. Weitere Durchführung würde zu weit führen, zudem liegt allgemein *Wilhelm*s wertvolle Untersuchung vor.

149 Vgl. ZgeschRw 1 (1815) 2; die nicht ganz wörtliche Bibelstelle Matt. 12, 30 und Luk. 11, 23 (Jesus gegen die Pharisäer).

150 Verdienstvoll der kleine Band 26 der Fischer-Weltgeschichte: Das Zeitalter der Revolutionen, 1780—1848. Frankfurt, 1969, 356 S., hg. und verfaßt von *Bergeron-Furet-Koselleck*; vgl. das grundlegende Werk *Kosellecks*: Preußen zwischen Reform und Revolution (1967); weiter den Band „Moderne Sozialge-

hunderts nach Treitschke[151], schrieb schon 1929 wegweisend: „Die enge Verbindung der politisch-sozialen und der literarisch-künstlerischen Bewegung ist für die deutsche Geschichte um die Wende des 18. zum 19. Jahrhundert besonders bezeichnend“[152]. Man wird die Jurisprudenz nicht ausnehmen wollen, oder die Aussage streng auf die „Wende“ beschränken. Die angesprochene Verbindung hat *Savigny* so sehr wie *Reyscher*, um nur zwei Protagonisten zu nennen[153]. Mit der Aufwertung des „Volkes“ durch die Freiheitskriege drohte die Verbürgerlichung der Parlamente[154] und Exekutiven. Dieser erste Schritt der Demokratisierung schien vor der Ohnmacht der Fürsten und der reformwilligen Bürokratie[155] möglich. Savigny kam dem allem jedenfalls ideell zuvor: Er desavouierte Parlament *und* Exekutive als Gesetzgeber und Gestalter der gesellschaftlichen Wirklichkeit. In diesen Bereichen liegen bestimmende Wurzeln[156] seiner juristischen Welt und insbesondere seiner Bewertung der Gesetzgebung als — wie gesagt — Paradigma des Voluntativen im Recht.

Vergleich der Reyscherschen und Savignyschen Konzeption

Dies alles ist offenbar nicht Reyschers Problem. Er suchte im labilen Machtgefüge des ständisch-dualistischen konstitutionellen Staates Württemberg die

---

schichte“ der NWB (Bd. 10, 1968²), hg. *H. U. Wehler* mit reicher Bibliographie; den Band „Staat und Gesellschaft im deutschen Vormärz. 1815—1848“, hg. von *W. Conze* (1962); das amerikanische Werk von *Th. S. Hamerow*: Restoration. Revolution. Reaction. Economics and Politics in Germany 1815—1871. Princeton, U. Pr., 1958, 347 S.

151 *Treitschke*: Deutsche Geschichte im 19. Jahrhundert, 1. Aufl. 1879ff, 6. Aufl. 1897ff.

152 *Schnabel*: Dt. Geschichte I 284.

153 Vgl. oben Fn III 344 die weiteren Nennungen, unten 370ff die jeweils einbezogenen Juristen.

154 Die bis dahin ständisch waren, soweit überhaupt vorhanden; vgl. für das Beispiel Württemberg *Grube*: Landtag; die Aufwertung ist auch eine übereinstimmende Erkenntnis der Wortgeschichte, vgl. die Wörterbücher von *Grimm*, *Trübner*, *Kluge*.

155 Die lange gemiedene rheinbündische Vorstufe jetzt zusammengestellt bei *Knemeyer*: Regierungsreform; für Württemberg sehr gut *Wintterlin*: Behördenorganisation; weiter gespannt und daneben *Grube*: Landtag 489ff; für Preußen grundlegend *Koselleck*: Preußen; für Baden *Gall*: Baden; für Bayern jetzt *Weis*: Montgelas.

156 Sie müßten neben den geistesgeschichtlichen Grundlagen weiter ausgearbeitet werden und könnten sicher manches dort umstrittene Problem, etwa Savigny-Schelling, das *Hollerbach* sehr ideell-persönlich bearbeitet hat (Schelling 275ff; vgl. dagegen den etwas anderen Akzent bei *Sandkühler*: Schelling), klären helfen.

schmale gemeinsame Reformbasis von Monarchengewalt, konservativ altständischer, feudaler Ständevertretung und bürgerlichem Interesse, nämlich das „wahre (!) Bedürfnis“[157] — dies alles in durchaus lokaler Bedingtheit[158]. Willkürabwehr ist da, aber sekundär[159]. In Reyschers Optik ist „Willkühr“ hauptsächlich die absoluter Souveräne[160]. *Diese* „Willkühr“ war gerade in Württemberg mit seiner betont konstitutionellen Verfassung von 1819 weniger aktuell. Weniger aktuell war 1828 auch noch ein „Absolutismus in der Form der Demokratie“[161], „von unten“ wie man sagte. Der Geist der Freiheitskriege war nicht ohne Erfolg beschnitten worden[162]. Wie verlaufen die Linien nun auf der wissenschaftlichen Ebene weiter?

Von einem Großangriff gegen die Gesetzgebung als Rechtsquelle kann bei Reyscher nach dem schon Dargelegten[163] keine Rede sein. Für einen näheren Vergleich mit Savigny empfiehlt sich eine Differenzierung. Savignys Ausführungen zielen im wesentlichen auf *materiell*rechtliche *Privat*rechtskodifikation. Reyscher zieht, wie er selbst betont[164], den Kreis der Reformdebatte weiter. Er dehnt ihn aus auf die Probleme des öffentlichen Rechts[165] und andere Rollen der Gesetzgebung, vor allem die bei der mehrfach erwähnten politischen Wiederbelebung des Rechts. Die materielle Privatrechtskodifikation ist für ihn ein Teilproblem der anstehenden Rechtsreform. Seine Stellungnahme dazu läßt sich zusammenfassend etwa so skizzieren: Umfassende[166] materielle Gesetzgebung hält er momentan für „nicht zweckmäßig“[167]. Er verweist dafür *erstens* auf die schlechten Erfahrungen in Preußen (ALR) und Österreich (ABGB)[168],

---

157 Bed. 17 Fn.

158 Dazu ausf. unten 267ff.

159 Nwe oben Fn 45.

160 Oben Fn 59.

161 Dies ist schon sehr früh konservatives Stichwort gegen die Ideen der frz. Revolution. Aktuell wird es wieder 1848, wofür ich das Zitat aus einer Rede Wächters entnahm, s. *Wächter*: Leben 98.

162 Vgl. Karlsbader Beschlüsse, bei *Huber*: Dokumente I 90ff; „Epuration des Bundestags“ selbst von liberalen Elementen (s. oben Fn III 6); breit ausgefächert bei *Schnabel*: Dt. Geschichte II 215ff, 256ff.

163 Oben 198ff.

164 Bed. 24 Fn unten.

165 Bed. 45—54, öffentliches Recht heißt danach genauer: Verfassung, Verwaltung, Kirche, Schule, Militär, Finanzen.

166 Gegen *konkrete* Neuerungen einzelner Bereiche, wie Ablösung, Pfandrechte, die ja in Württemberg betrieben wurden und sehr wichtig waren (s. *Wächter*: Privatrecht I 2 (1842) § 94; *Reyscher*: Privatrecht I § 48—52), war er von vorneherein nicht, anders als *Savigny*, der von Änderung, auch konkreter, tunlichst abriet, oben 203ff.

167 Bed. 22: „Daß es nicht geraten seyn möchte auf demselben Wege, welchen diese Gesetzgebungen (sc. Preußen, Österreich) eingeschlagen haben, ein gleiches Ziel zu erstreben, werde ich nicht mehr zu bemerken nöthig haben“.

168 Bed. 22, nach Prüfung der „Erfahrungen“ auf S. 18—21.

hier im Ergebnis einer Meinung mit Savigny[169]. Frankreich nimmt er konsequent[170] wieder aus[171]. Ein *zweites* Argument ist ihm die eigene wissenschaftliche Unreife, das Fehlen „vollständigerer wissenschaftlicher Bildung“ (S. 25, et 24), „vollständigerer Meisterschaft über den gegebenen Stoff“ (S. 26). Seine Empfehlung ist schließlich eine elastische Übergangsstufe mit bloßen *Handbüchern* (S. 34 et 41). Daß diesen keine „gesetzliche Sanktion“ zukomme, sei „für jetzt eben der Hauptvorzug der Handbücher vor den Gesetzbüchern“ (S. 41): ihre Elastizität also. Er verlangt, ein solches Handbuch müsse „zum Gebrauch (!) in jeder Beziehung tauglich“ sein, um seinen Zweck zu erfüllen[172]. In ähnlichem Aufbau wie Savigny malt er dann das frohe Zukunftsbild eines festen Rechtszustandes mit Gesetzbuch (S. 41 f).

Als *Parallele* zu Savigny in Sachen Gesetzgebung läßt sich notieren: Auch Reyscher lehnt sofortige, umfassende, materielle Gesetzgebung ab. Er behält sie der Zukunft vor. Wissenschaftliche Reifung ist auch ihm eine wesentliche Voraussetzung fruchtbarer Reform. ALR und ABGB beurteilt er ähnlich negativ. Das verbindet ihn sachlich mit Savigny.

Dennoch überwiegen die *Unterschiede*: Neben der noch vorhandenen Rücksicht auf die „geschichtliche Grundlage“ steht ein ***energischer Reformwille.*** Er ist das agens bei Reyscher, das seiner Konzeption ihre Eigenständigkeit gibt. Mit der Savignyschen Skala[173] gesprochen, nähert sich Reyscher schon gefährlich der Willkür, — der Freiheit und Selbstbestimmung. An diesem Willen scheiden sich die Wege von Anfang an. Gesetzgebung erscheint keineswegs als Störfaktor. Sie ist bezogen auf „Leben“ und „Bedürfnis“ und von daher sinnvolles, wenn auch nicht zügelloses Gestaltungsinstrument. Daneben setzt Reyscher mit großem Gewicht die klare Forderung nach politischer Wiederbelebung des Rechts. Damit geht er wesentlich über Savigny hinaus. Die Differenz in Sachen code civil etwa[174] hat hier ihre Wurzeln. Erneut ist das zentrale Gewicht des Lebensbezugs zu betonen[175].

Bevor ich als nächstes die Rolle der Wissenschaft untersuche, sei der Vergleich der *Ergebnisse* noch durch einen Blick auf die *Begründungen* ergänzt. Inwieweit vollzieht Reyscher Savignysche Argumente gegen Gesetzgebung nach?

---

169 Die Anlehnung an den „Beruf“ ist deutlich; *Eichhorns* etwas positiveres Urteil zum ALR kommt *Reyscher* erst 1854 näher, wenigstens soweit dies die schriftlichen Quellen erweisen, dazu unten bei Fn V 26.

170 Oben 201 f.

171 Bed. 22: „Das französische (sc. Gesetzbuch) kann uns in dieser Hinsicht wieder nicht in demselben Grade als Beispiel dienen“.

172 Bed. 34, vgl. unten 237, auch Fn 18.

173 Soeben 211.

174 Oben 201 f.

175 Dazu ausf. 247ff.

Es wäre zu eng, hier lediglich Savignys geschichtsmetaphysischen Entwicklungsglauben heranzuziehen. Wohl wird dieser den tragenden ideologischen Faktor in Savignys Gesetzgebungsfeindlichkeit ausmachen[176]. Daneben finden sich aber noch andere Erwägungen. Sie füllen den Diskussionsraum, den Savigny zweimal ausdrücklich offen gehalten haben will: Ausdrücklich betont er, „dieser Zustand ist bis jetzt nur historisch aufgestellt worden, ob er löblich und wünschenswert ist, wird die folgende Untersuchung zeigen"[177]. Mit der Feststellung „innerer Notwendigkeit" will Savigny also die Gesetzgebung noch nicht erledigt haben. Nimmt man das ernst, so ist es ein gewisser Bruch. Die „Notwendigkeit" wird mit diesem Vorbehalt ihrer gerade volltönend behaupteten Unbedingtheit und Gesetzmäßigkeit beraubt — eine die Interpretation nicht gerade erleichternde Wendung. Dem mit großer romantischer Gebärde angesetzten Entwicklungsschema wird damit seine Pointe eigentlich genommen. Die Gesetzgebung kommt vor den Richterstuhl der Savignyschen Vernunft. Das historisch Festgestellte, die wirkliche, „naturgemäße Entwicklung"[178] wird ihm hier explizit ganz aufklärerisch nüchtern zum Beispiel[179]. Diese *Einschränkung* der Bedeutung seiner Entwicklungsthesen kann man wohl nicht als bloß rhetorisch qualifizieren. Sie sind wohl auch keine bloße Inkonsequenz gegenüber diesen Vorstellungen — womit den Savignyschen umstrittenen Inkonsequenzen[180] eine weitere hinzugefügt wäre. Mir scheint sie als kleine Ambivalenz vielmehr zu bestätigen, daß die tragenden Motive aus politischen Bereichen kommen und weniger aus den sich hier überlagernden rein ideellen. Letztere sollen damit nicht übergangen sein, nur sind sie wohl nicht so entscheidend, daß sie bis ins letzte abgeklärt wären.

Neben dem Entwicklungsargument sprechen Savigny gegen Gesetzgebung das Vorbild des römischen Rechts[181], die grundsätzliche politische Gefährlichkeit von Änderung und Nivellierung[182], die augenblickliche wissenschaftliche Unfähigkeit, ein gutes Gesetzbuch zu leisten[183], die seines Erachtens mißglück-

---

176 Dazu unten die Auseinandersetzung *Reyschers* u. anderer Zeitgenossen, unten 326ff; heute bes. *Gagnér*: Studien 40, 43.

177 Beruf 79, im Anschluß an die These, alles Recht entstehe aus inneren stillwirkenden Kräften; ebenso Beruf 76 im Kapitelanfang: „Was hieran (sc. an der historisch wirklichen Entstehung des Rechts) gut, vielleicht notwendig oder tadelnswerth seyn möge, ist damit keineswegs vorgegriffen."

178 Beruf 74.

179 So bes. auch *Gagnér*: Studien 46 für das Mittelalterbild und die ganze Entwicklungslehre, auch S. 29.

180 Dazu näher unten 335ff.

181 Dies der Tenor seines 4. Kapitels, Beruf 87, etwa 91.

182 Tenor von Kap. 5, vgl. Beruf 95f.

183 Tenor von Kap. 6, vgl. Beruf 100, 102; zu beachten ist, daß Basis seine etwas hypertrophen Maßstäbe sind, s. Beruf 86.

ten Versuche des ALR, ABGB und besonders des Code Civil[184], die gründliche Abneigung gegen ein jedes „sermocinari tamquam e vinculis“[185].
Es klingt dem historischen Entwicklungsargument sehr ähnlich, wenn *Reyscher* mehrfach seine Ansicht von „natürlicher Entstehung des Rechts“ in der Debatte verwendet[186]. Wieder einmal kommt damit der Lebensbezug ins Spiel. In den allgemeinen Ausführungen dazu, auf die er S. 30 ungenau Bezug nimmt[187], fällt Savignys Stichwort „innere Notwendigkeit“ aber nicht. Er beschreibt dort eine Entwicklung, die er zwar für „natürlich“ hält, ohne sie aber für innerlich notwendig, für gesetzmäßig zu erklären. Ihm kommt es auf den Einfluß der Rechtsbetroffenen, auf das Recht an, nicht auf die Alternative willkürlich-notwendig. Es geht modern gesprochen um Mitbestimmung, eine Vorstufe von Selbstbestimmung. So wird ihm *sein* Bild von natürlicher Rechtsbildung im Gegensatz zu Savigny prinzipiell ein Argument *für* Gesetzgebung als Mittel der Selbstbestimmung und gleichzeitig *gegen* Gesetzgebung als Ausdruck eines höheren, Autonomie mißachtenden Prinzips, wie etwa „innere Notwendigkeit“[188]. Die Berufung auf eine „natürliche Rechtsbildung“ führt gerade nicht zu prinzipieller Gesetzgebungsfeindlichkeit, da sie selbst schon von dem bei Savigny verworfenen Gedanken der Selbstbestimmung getragen ist, in dessen Rahmen dann Gesetzgebung ohne weiteres ein taugliches Mittel ist. In dem einigermaßen ähnlichen Verfahren, sich auf eine „naturgemäße“ oder „lebensgemäße“ Entwicklung zu berufen, ist daher im *Unterschied der Bezugspunkte weittragende Divergenz* angelegt. Das Argument dieser inneren Notwendigkeit sucht man so bei Reyscher ebenso vergeblich wie die ganze schroffe Savignysche Antithetik.

---

184 Tenor von Kap. 7, vgl. Beruf 135.

185 So bes. in Kap. 8, vgl. Beruf 137, 144; gegen die Überbewertung des Wissens, der Vollständigkeit und Vollkommenheit schon *Eichhorn* in seiner ALR-Würdigung, Rechtsgesch. IV § 618, S. 692ff, der den praktischen Wert und den relativen Fortschritt betont (S. 697f); bes. klar aber *Hegel*: Phil. d. Rechts § 214, Zusatz: „Es ist wesentlich eine Seite an den Gesetzen und der Rechtspflege, die eine Zufälligkeit enthält und die darin liegt, daß das Gesetz eine allgemeine Bestimmung ist, die auf den einzelnen Fall angewandt werden soll (...). Diese Zufälligkeit aber ist selbst notwendig; und wenn man daraus etwa gegen ein Gesetzbuch überhaupt argumentiert, daß es nicht vollkommen sei, so übersieht man eben die Seite, woran eine Vollendung nicht zu erreichen ist und die daher genommen werden muß, wie sie liegt.“ § 216 bezeichnet H. das Vollkommenheitsstreben als „vornehmlich eine deutsche Krankheit“ und umschreibt Savignys „Mißkennung der Natur endlicher Gegenstände“ erneut. § 211 hatte er deutlich auf Savigny angespielt mit dem sehr bekannten Kraftwort von „einer der größten Schimpfe.“ Seine wichtigere *Begründung*, die soeben herangezogen wurde, bleibt meist unerwähnt. ALR-Lob auch in: Phil. d. Gesch., Werke 12, 523.

186 Bed. 30, 22, auch 33, 39f.

187 Bed. 30: „was wir oben (...) vernommen haben.“ Er meint wohl S. 5f und 7—12.

188 Oben Fn 105.

Zugespitzt könnte man sagen, Savigny ist Fremdbestimmtheit „natürlich", Reyscher Selbstbestimmung. Savigny hält sich dazu an den status quo, Reyscher an den status quo ante. Beide finden ihr Beispiel. Es ist klar, daß sich hier die Positionen einer *Philosophie* abspiegeln, die diese Juristen lasen und zu ihrer Allgemeinbildung zählten, und deren zentrales Thema eben die so sehr politische und rechtliche Problematik von Freiheit und Bindung, *Freiheit und Notwendigkeit* war[189]. Selten schrieben Philosophen so eifrig Rechtsphilosophien[190]. Die Wahl des Mittels Gesetzgebung ist also bei *Reyscher* von praktisch-politischen *Zweck*mäßigkeitsüberlegungen geleitet. Sein Einsatz hängt davon ab, wieweit Selbstbestimmung dadurch gefördert wird. Bei *Savigny* dagegen ist die gesetzgebende Gewalt von Anfang an disqualifiziert, da die in ihr sich gerade damals verwirklichende Selbstbestimmung — für ihn negativ Willkür[191] —

---

[189] Diese Ansicht entnehme ich weniger der philosophiegeschichtlichen Literatur als eigener Anschauung. *Überweg* hat seinen Wert im Detail (vgl. Band 4, §§ 1, 2 den Überblick), *Windelband-Heimsoeth* ist dagegen wertvoll problemorientiert (vgl. dort zu Kant § 39 für die Ethik), achtet aber weniger auf diesen gemeinsamen Aspekt. *Copleston* fächert umfassend beschreibend auf.
Anhalte gibt die Art der Kantwirkung, die bes. in der Ethik einsetzte und eine Schwemme von „Naturrechten" zu jeder Messe (*Hugo*) brachte. Das gleiche bezeugen *Reinholds* „Briefe" (s. Windelband-Heimsoeth: Geschichte 493; v. Aster: Geschichte 295). Im Grunde laufen die Auseinandersetzungen mit dem Determinismus parallel in der Erkenntnistheorie *und* Ethik (vgl. das unten 299f zu Kant gesagte). Zeitgenössische Bestätigung geben *Schellings* Münchner „Vorlesungen zur Geschichte der neueren Philosophie" S. 73ff, und noch mehr seine sehr einflußreichen Methodenvorlesungen von 1802 (vgl. Werke I/5, 218f, 222, 273f, 540ff). Instruktiv jetzt der Art. Freiheit im *Hist. Wb. Philos.* 2, 1091—3. Interessant ist noch *E. Cassirers*: Freiheit und Form. Studien zur deutschen Geistesgeschichte, 1916, der damit ein ähnliches „durchgehendes Problem" (S. VII) verfolgt, bes. 221ff, 290ff, 488ff, eigentlich durchweg.

[190] *Kants* Grundlegung (1785) und Methaphysik der Sitten (1797) wurden erst in würdigem Alter geschrieben. *Fichte* begann mit politischer Problematik und blieb zeitlebens dabei. Auch *Schelling* schrieb zwar nicht systematisch, aber doch reichlich zu grundlegender rechtlicher Problematik (vgl. Hollerbach: Schelling und Sandkühler: Schelling). *Fries* schrieb seine „Philosophische Rechtslehre" (1803). *Fr. Schlegel* rezensierte Kant (vgl. Schanze: Die andere Romantik). *Hegels* „Grundlinien der Philosophie des Rechts" (1821) wurden sehr wichtig; M. Riedel erweist die subjektive Bedeutung: „Neben den Vorlesungen über Logik und Metaphysik gibt es kein Thema, das der junge Hegel öfter behandelt hätte" (Einleitung der Fischer-Ausgabe, S. 10). *Schleiermacher* widmet sich der Ethik mit „Monologen" (1800) und „Sittenlehre" (1803/34/35). Durch einen Blick etwa in *Warnkönigs* verdienstvolle Übersicht (Rechtsphilosophie 137—44) läßt sich die Liste der „Größten" bereichern etwa mit den Philosophen-Namen Bouterweck (1798, 1820), Krug (1800, 1811, 1817), Krause (1803), G. E. Schulze (1813), Eschenmayer (1819f), Sigwart (1828), Stahl (1830f).— Gegen Ende des Jahrhunderts konstatiert dann *Bergbohm* aus vollem Überblick für *seine Gegenwart* einen Tiefpunkt *nicht*juristischer Beschäftigung mit rechtlichen Grundfragen, s. Jurisprudenz u. Rechtsphilosophie (1892) 3ff.

[191] Oben 206f.

seiner Tendenz, das Recht den „Menschenhänden" zu entziehen, genau entgegen steht. Was für *Reyscher* „eine der würdigsten Aufgaben der Staatsgewalt" (S. 12) ist, gewinnt für *Savigny* Wert nur als eventuelles Vorsorgegeschäft seltener glücklicher Zeiten für schwächere Erben[192]. „Vollständige Meisterschaft über den gegebenen Stoff" (S. 24f), die Forderung nach Wissen und Wissenschaft also, ist demgemäß für *Reyscher* sinnvoll als eine *Voraussetzung* fruchtbarer Selbstbestimmung der Allgemeinheit. Für *Savigny* ist sie prinzipiell Erkenntnis des Notwendigen, neben der für unberufene, nicht abgeleitete Selbstbestimmung gerade kein Raum mehr bleibt[193]. Die auch von Savigny nicht übersehene Aufgabe zu reformieren, wird daher der aristokratisch-elitären „Berufung" einiger weniger überstellt[194]. Noch die an sich vertrauenswürdige Elite wird also in ihrer Freiheit auf eine „Berufung" verpflichtet. Erst dieses fast priesterliche Berufensein scheint geeignet, ihrem Wirken das Odium der Willkür zu nehmen und es wahrhaft frei werden zu lassen. Der sachliche Gegensatz zu Reyscher ist hier denkbar groß.

Dennoch darf man einige *Gleichklänge* nicht übergehen, schon um Ambivalenzen mancher Ausdrucksweisen festzuhalten. Die Bindungen an „Leben", unter die Reyscher die gesetzgebende Gewalt stellt[195], ähneln Savignyschen Ausdrucksweisen stark[196]. Beide betonen, wie notwendig „Rücksicht auf das Be-

---

192 Beruf 86.

193 Das „Erfinden" u.ä. (oben Fn 127), das er den Juristen zuspricht, ist nicht Selbstbestimmung. Erstens sind sie nur Repräsentanten des Volksbewußtseins, zweitens bedarf es einer Berufung zum „Erfinden" (oben Fn 127), drittens ist diese Wendung Savignys vor dem Hintergrund der längst geläufigen Vorstellung von *natürlich-künstlich* zu sehen, die ihren Anfang bei *Winckelmann* nahm. Dieses Schema liegt Savignys Entwicklungshypothese zugrunde, die von der einfachen „naturgemäßen" „Jugendzeit" (Beruf 76) zum „künstlicheren" „Daseyn" (Beruf 78) als wissenschaftliches Recht führt. Von *daher* ist klar, wieso seine Juristen „künstlich" und „frey" handeln, die Römer nachahmen (Beruf 141 „ablernen") sollen, wie *Winckelmann* es 1755 der Kunst empfohlen hatte. Das war die zu *Savigny* passende ästhethisch-aristokratische Vermittlung von Freiheit und Notwendigkeit, die *Goethe* (vgl. nur seinen Winckelmannaufsatz (1805!, zu einer Zeit der Gärung für Savigny), Werke 12, 96ff (Hamburger Ausgabe)), sowie etwa „Antik und Modern" (1818), Werke 12, 172—6) und *Schiller* (vgl. den Aufsatz „Über naive und sentimentalische Dichtung" (1795/96)) pflegten, die *Herder* hatte (vgl. Schnabel III 55), den *Savigny* gerade 1807 hervorzog (Stoll I 304 „Ich habe in der letzten Zeit viel in Herders Schriften gelesen, und mich sehr daran erfreut"), über die *J. Grimm* und *Arnim* 1811/12 unter reger Anteilnahme *Savignys* (vgl. Schoof: Sav. briefe 101ff) mit den dem Lit.historiker ganz bekannten Stichworten Natur- und Kunstpoesie stritten (vgl. Dünninger im „Aufriß" I 150ff); nach *Thompson*: Hist. Writing 160, meinte schon damals ein amerik. Berlinbesucher, Anwalt in Boston, der „Beruf" sei eine „Application of Winckelmann and Wolf for law".

194 Dazu das Zitat oben Fn 127.

195 Zusammengestellt oben vor und in Fn 65.

196 Für diese 205f.

stehende" sei, auf die „geschichtliche Grundlage"[197]. Damit machen beide nichts anderes als einen *Lebensbezug* restriktiv gegen Gesetzgebung geltend. Besonders auffallend ist eine Äußerung Reyschers bei der Erörterung des „Verwaltungsrechts". Die Grundsätze in der „Regierung" sagt er dort[198], „bilden sich nicht wie jene des Rechts, von selbst aus dem Leben heraus, sondern mehr nach dem Sinne der Regierenden, entstehen nicht vorzugsweise durch Gewohnheit, sondern durch schriftliche Bestimmung". Diese Gegenüberstellung klingt dem Leser des „Beruf" doch sehr vertraut. Einmal spricht Reyscher auch von „innerer Nothwendigkeit"[199]. Er verwendet damit jenes Stichwort, das etwa nach dem Zeitgenossen *F. W. Unger*, dem Göttinger Privatdozenten, Eichhornadepten und späteren Kunsthistoriker, „das Bezeichnende der historischen Schule ausmacht" (1842)[200].

Man wird nicht übersehen, daß Reyscher überhaupt versucht, von „Regierung" zu reden, nicht nur von Zivilrecht, vor allem, daß ihm deren Grundsätze *auch* Recht sind und daß dem scharfen Gegensatz sofort die Abschwächung zu „vorzugsweise" folgt. Doch ohne Zweifel mischt sich Savigny-Lektüre deutlich ein. Entscheidend bleibt aber, daß bei allem Gleichklang die *konkreten* Stellungnahmen sehr verschieden ausfallen; so verschieden, daß der Lebensbezug eben verschiedene Funktion gewinnt. Ich nenne die Frage der Rezeption[201], des code civil[202], der politischen Wiederbelebung[203], des Juristenrechts[204]. Die Richtung zur Differenz mag auch folgende Bemerkung Savignys weisen: „Zu diesem vergangenen Zustande (sc. in welchem „das Recht wie die Sprache im Bewußtsein des Volkes lebt"[205]) zurückzukehren, würde ein fruchtloser und thörichter Rat seyn"[206]. In dieser, soweit ich sehe, einzigen direkteren

---

197 Für *Reyscher* die Stellen in Fn 58, für *Savigny* ohnehin Tenor.

198 Bed. 49.

199 Bed. 43: „Die Haus-Bestimmungen (sc. des fürstl. Hauses) entstanden theils vermöge einer inneren Notwendigkeit, wie das bürgerliche Privatrecht, theils vermöge des im Streit mit dem Privat-Interesse einzelner Familien-Glieder obsiegenden Bestrebens anderer zu Aufrechterhaltung und Beförderung des Stammes-Ansehens, und wohl auch des Landes-Wohls."

200 In: Über die gleichartige Entwicklung des römischen und deutschen Rechts, ZDR 7 (1842) 111; über *Unger* vgl. *Landsberg* N. 231.

201 Oben bei Fn 40.

202 Oben 201 f.

203 Oben 196, und sogleich im Text.

204 Unten 223 ff, 366 ff.

205 Beruf 76, worauf *Savigny* im Zitat S. 139 verweist.

206 Beruf 139; das ist in milder Form der — wie man ihn nennen könnte — oft benutzte *Barbareivorwurf*; für *Wächter* (1829) oben Fn 47 das Zitat; für *Kierulff*: Theorie (1839) XXII; bei *L. Stein*: Savignyrez. (1841) 373 l. Sp.; bei *Puchta*: Gew.recht I (1828) 200; bei *Heffter:* Verhandlungen Frankfurt 82; bei *Niebuhr*: Rhein. Museum I (1827) Vorwort (nach Landsberg T. 291); über starkes

Bemerkung[207], weist Savigny schon 1814 der Sache nach Reyschers Vorschlag politischer Wiederbelebung des Rechts ab. Der vergangene Zustand nämlich ist Savigny gerade der einer „allgemeinen Rechtsbildung“ aus dem Volk und durch das Volk[208], den Reyscher anstrebt. Es geht um die Rolle des „politischen Elements“[209] in der Rechtsbildung der Gegenwart. Daß Savigny sich solche „allgemeine Rechtsbildung“ nur als „Rückkehr“ vorstellen kann oder will, erleichtert ihm deren Verwerfung natürlich sehr. Das Rad der Geschichte wird niemand zurückdrehen wollen. Warum aber prüft Savigny die Möglichkeit einer „allgemeinen Rechtsbildung“ unter den veränderten Umständen seiner Zeit nicht näher, da er doch in warmen Tönen die frühere preist[210] und diesem Gedanken an der eben zitierten Stelle so nahe kommt? Warum nimmt er den früheren Rechtszustand nicht in diesem Sinne zum Vorbild? Warum will er nur die wissenschaftliche Methode der römischen Juristen wiederbeleben[211] und nicht seiner mindestens ambivalenten Erkenntnis folgen: „Was nämlich Rom groß gemacht hat, war der rege, politische Sinn, womit dieses Volk (!)[212] die Formen seiner Verfassung stets (sc. im richtigen „Ebenmaß“)[213] zu verjüngen bereit war“[214]. Warum liegt ihm nur an der Aktualität dieser Vorbilder im „geistigen (!) Leben“[215]?

Savigny begründet diese kurze Stellungnahme gegen die *Wiederbelebung allgemeiner Rechtsbildung*, gegen diese Art eines Lebensbezugs, hier nicht weiter. Man muß seinem Rückverweis[216] auf seine „allgemeinen Ansichten von Entstehung des Rechts“[217] nachgehen. Dort formuliert er nicht bewertende und begründende, sondern beschreibende Sätze, eine „„historische Ansicht“[218]. Das Verschwinden der allgemeinen Rechtsbildung ist ihm einfach eine Frage

---

Vorkommen dieses Gedankens bei *Leibniz* und *Fuchsberger* s. *Sturm*: Leibniz 44; umfassend *H. P. Schneider*: Leibniz (1967).

207 Vgl. Beruf 141: „Es ist nicht vorher zu bestimmen, wieviel von altgermanischen Einrichtungen, wie in Verfassung, so im bürgerlichen Recht, wieder erweckt werden kann“; altgermanisch war aber auch die allgemeine Rechtsbildung. Diese Passage wirkt offen, war aber in der Zeit quietistisch.

208 Vgl. Beruf 76f, auch 78f die Verbindung mit „Republik“.

209 So *Savignys* Scheidung, Beruf 78.

210 Beruf 76, 77, 139.

211 Beruf 141.

212 Also nicht nur die Juristen, jedoch ist für *Savigny* mit einer implizit engeren Bedeutung zu rechnen, was schon eine Erklärung ist.

213 So im Nachsatz.

214 Beruf 90; genau diesen Ansatz beim Volk hat man versucht, gegen Savignys Ergebnis auszuarbeiten; bes. *Ruge*: berl. Juristen, Bln. Jb. 1841, 507; ähnlich *Reyscher*: Bed. 30 (zit. unten 226); ZDR 10, 163.

215 Beruf 140, in der Fortsetzung des Zitats bei Fn 206.

216 Beruf 139 im Satz zuvor.

217 So Beruf 87 als rückblickende Kennzeichnung des fraglichen Kap. 2.

218 Beruf 79.

der historischen Perioden[219], des Unterschieds von „Jugendzeit“[220] und „Zeit der Cultur“[221]. Eine Repräsentation des Volks (allgemeine Rechtsbildung) durch die Juristen (wissenschaftliches Recht) entwickelt sich mit „innerer Notwendigkeit“[222]. Dies nimmt er als historisch geworden hin[223]. Die politische Relativität der Entwicklung auf die Verfassungsgrundlagen spricht er zwar an[224], aber ohne von daher die Notwendigkeit des Gewordenen in Frage zu stellen. In der angeblich bloß historischen *Beschreibung* steckt eben mehr: *Beurteilung*. Er findet es gut so[225]. Seine Antipathie gegen das willküranfällige „politische Element“ (sprich: Volk) ist erneut treibendes Motiv. Seine Abneigung gegen die dem „politischen Princip“ günstige „republikanische Verfassung“[226] ist nicht zu übersehen. So kommt sein „Apparat allgemeiner Ideen“[227] zustande, seine Metaphysik.

Diese Ergebnisse Savignys werden von Reyscher entschieden abgelehnt. Er geht hier, 1828, anders als später 1839[228] weniger auf die dahinterstehende Entwicklungslehre ein, sondern begnügt sich im wesentlichen damit, seine Ansicht dagegen zu setzen[229]. Gerade die Wiederbelebung der allgemeinen Rechtsbildung ist nämlich Reyschers Hauptanliegen[230].

Mit Savignys *anderen Argumenten*[231] weiß Reyscher wesentlich mehr anzufangen. Sie lassen sich ja auch im Rahmen von beurteilenden Zweckmäßigkeitserwägungen verwenden. Im Vorbild des römischen Rechts anerkennt er den

---

219 Beruf 76 leitet er ein: „Wir wollen versuchen einige allgemeine Züge dieser Periode darzustellen“.

220 Beruf 79.

221 Beruf 78; ähnlich 78 und 79: „bey steigender Cultur“.

222 Beruf 78; synonym „auf organische Weise“ (S. 78).

223 Beruf 79; den Beweis, daß es auch gut so sei, behält er sich vor, dazu oben bei Fn 177, ohne ihn positiv zu führen.

224 Beruf 79.

225 Über die parallele Verknüpfung des Beschreibens mit dem Urteilen, das man in England zuerst skeptisch trennte, vgl. heute lehrreich *Hart*: Concept of Law 185.

226 Erwähnt in Beruf 79; eigenartigerweise hatte er sie für Rom ja gepriesen, aber diese Zeiten waren vorbei.

227 So faßte *Jhering*: Savigny (1861) 364 zusammen: „Die dauernde Bedeutung jener Schrift (sc. des Beruf) liegt in dem Apparat allgemeiner Ideen, den Savigny gegen seine Gegner in Bewegung zu setzen für nötig hält.“ *Jhering* hatte sich 1844/45 mit einigen Artikeln in der B.L.Z., die jetzt *Losano*: Bibliograph. I 3 genau angibt, als genauer Kenner der HS ausgewiesen. Die Artikel brachten übrigens schon eine bezeichnende Verdrängung des der HS vorgeworfenen konservativen Purismus und Betonung der gegenwartsoffenen Elemente in der Organologie, s. dafür bes. B.L.Z. 1844, Nr. 36, 4. Mai, Sp. 565—9; „Die historische Ansicht und der Fortschritt.“

228 Dazu unten 326ff.

229 Vgl. etwa Bed. 30 unten, das Zitat sogleich 226f.

230 Siehe das Zitat 226f: „hierin sehe ich nämlich das letzte Mittel“.

231 Siehe die Zusammenstellung oben bei Fn 181.

Wert ungestörter, nationaler Entwicklung (S. 6). Die große, positive Bedeutung von rechtlicher Kontinuität würdigt auch Reyscher (S. 10, 17 Fn). Beides spricht ihm freilich *gegen* Rezeption. Wie wichtig wissenschaftliche Reife ist, ist auch ihm klar (S. 25 f). Nur den code civil sieht er grundsätzlich positiver[232].

Bei aller Nähe in der Achtung des Gewordenen verzichtet Reyscher also doch nicht auf die Gesetzgebung als Reformfaktor. Er hält einen Weg *zwischen* den Savignyschen Extremen „Philosophie" und „Geschichte", dessen Nähe zu beiden scharfe Etikettierung schwierig macht, wenn nicht verbietet.

Daß dieser Weg freilich „seicht und flach" sei, ja die „vollkommenste Verseichtigung der Wissenschaft" mit sich bringe, wie *C. F. Gerber* 1846 meint[233], oder im wesentlichen Punkt der Wiederbelebung und Popularität des Rechts unbrauchbar sei, wie *C. G. Wächter*[234] ausführt, scheint mir nicht so klar.

Die Rolle der Wissenschaft

Vornehmlich zwei Aufgaben hat die Wissenschaft nach Reyschers Jugendschrift: „Geschichtliche Ergründung des Rechts"[235] und „Kunstmäßige Bearbeitung des Rechts"[236]. Ausdrücklich anerkennt er mit Savigny einen „nothwendigen Einfluß der wissenschaftlichen Tätigkeit" (S. 25). Ihre „vollständige Erholung", „vollständigere wissenschaftliche Bildung" (S. 25) wird ihm gar zum „einzig möglichen Weg"[237] zu einem besseren Rechtszustand. Die Parallele zu Savigny, zu seinem „zweyfachen wissenschaftlichen Sinn"[238] scheint perfekt. Dem so ähnlich formulierten Ansatz folgt aber wieder eine grundverschiedene Durchführung. Das drückt Reyscher aus mit den Worten:

„wiewohl sich bald ergeben wird, daß ich selbst in den ersten Grundsätzen über die Art dieses Einflusses (sc. der Wissenschaft) von dem genannten Gelehrten (sc. Savigny) abweiche".

Unübersehbar deutlich, entschiedener und klarer als die Abweichungen bei der Rolle der Gesetzgebung, verwirft Reyscher Savignys Vorstellung von *Juristenrecht* (S. 25, 30f) — übrigens ohne daß dieser Spezialausdruck schon fällt. Wieder gilt Reyschers Hauptaugenmerk dem Kräfteverhältnis zum „Leben", jetzt also der Wissenschaft zum Leben. Hier ist seine Stellungnahme

---

232 Oben 201 f.

233 In: Princip (1846) 310.

234 Oben Fn 47 das Zitat.

235 Bed. 26, 27—9.

236 Bed. 26, 34—40.

237 Bed. 25; beachtlich aber die Rücknahme dieser rhetorischen Überhöhung in der breiteren Optik des Schlußabschnittes auf S. 55: „notwendige Bedingung"; ZgschRw 1 (1815) 2 spricht S. vom „einzigen Weg zur wahren Erkenntnis unseres Zustandes."

238 Beruf 99: historisch-systematisch, vgl. unten Fn 344.

ganz original. Er meint, die Rechtswissenschaft solle der Bildung des Rechts im Volke „nur zu Hilfe kommen, nicht einmal dieselbe leiten (...), noch weniger (!) (sc. sie) dem Volke ganz abnehmen“ (S. 30). Das geht vor allem gegen Savigny, wie der nächste Satz[239] und andere Stellen zeigen[240]. Eine „Absonderung des wissenschaftlichen Lebens“ (S. 25) vom allgemeinen Volksleben sagt er, vermöge er nicht „für nothwendig oder für vorteilhaft anzuerkennen“ (S. 26). Sie sei im Gegenteil Hauptfehler, „Grund so vieler anderen Verirrungen (...)“[241]. Ein altes und immer wieder neues Thema ist angeschlagen: die gesellschaftliche Rolle der „Hüter von Recht und Ordnung“[242], das Verhältnis von Jurisprudenz (oder Recht) und Gesellschaft[243].

Bedenkt man, wie sehr auch Savigny im „Beruf“ ein lebendiges Recht fordert[244], wie es auch ihm „Annäherung der Theorie und Praxis ist (es), wovon die eigentliche Besserung der Rechtspflege ausgehen muß“[245], so nimmt sich die Differenz wieder schmaler aus. Nur ein genauerer Vergleich der Konzeptionen im wichtigen Bereich von *Theorie-Praxis-Leben* kann das Verhältnis klären. Auch hier liegt eine Schwierigkeit darin, neben den Unterschieden das Gemeinsame nicht zu kurz kommen zu lassen.

Savignys Konzeption ist bekannt. Dennoch lohnt es, sie sich kurz im Original zu vergegenwärtigen.

„Bey steigender Cultur“, mit diesen Worten führt er seine „neue (!) Ansicht der Entwicklung des Rechts“ im berühmten zweiten Kapitel[246] ein, „nämlich sondern sich alle Tätigkeiten des Volkes immer mehr, und was sonst gemeinschaftlich betrieben wurde, fällt jetzt einzelnen Ständen anheim. Als ein solcher abgesonderter Stand erscheinen nunmehr auch die Juristen. Das Recht bildet sich nunmehr in der Sprache aus, es nimmt eine wissenschaftliche Richtung, und wie es vorher im Bewußtsein des gesamten Volkes lebte, so fällt es jetzt dem Bewußtsein der Juristen anheim, von welchen das Volk nunmehr in dieser Funktion repräsentiert wird“[247].

Damit ist bei aller bloß beschreiben wollenden Vorsicht ein Modell geliefert, das nach Alleinvertretung, nach Blankovollmacht und Monopol klingt — damals sogar noch eher als heute[248]. Vielleicht spürte Savigny dies selbst, denn schon im nächsten Satz relativiert er gerade diesen Punkt auf schillernde

---

239 Bed. 30: „Savigny hat nun zwar hier wieder (...) seine eigene Ansicht“.

240 Vgl. Bed. 25 die Reserve gegen *Savignys* „abgesondertes wissenschaftliches Leben des Rechts“.

241 Bed. 31; Reyscher präzisiert das hier nicht näher.

242 So der Titel der gründlichen soziologischen Untersuchung *W. Kaupens* (1969) zur heutigen Jurisprudenz.

243 Dazu zus.fassend unten 336ff.

244 Oben 206—8.

245 Beruf 145f; dies also nicht erst in der Systemvorrede, wenn auch dort dann darauf das Gewicht gelegt wird, System I (1840) XXff.

246 Zur anthologischen Verwendung dieser Passage schon oben Fn 104.

247 Beruf 78; gleich doppelt heißt es „fällt anheim“.

248 Das Schreckbild des gelehrten Juristen war wohl noch näher.

Weise. Er setzt hinzu, das Recht höre nicht auf, „Theil des ganzen Volkslebens zu sein"[249]. In der Formel vom „doppelten Leben", vom „Zusammenwirken" von Volksleben und Wissenschaft fängt er das Problem in schönem „Ebenmaß" auf. Das damit fast paritätisch formulierte Kräfteverhältnis von Wissenschaft und Leben, von Juristenrecht und Volksrecht, löst sich aber doch schließlich zugunsten der Juristen auf. Wie er im ersten Anlauf von „anheimfallen" sprach, so zieht er als Summe, *alles* Recht entstehe „erst (!) durch Sitte und Volksglaube, dann (!) durch Jurisprudenz"[250]. Daß seine Zeit auf der Entwicklungsstufe überwiegend[251] wissenschaftlicher Rechtsbildung steht, ist für ihn klar. In diesem Sinne kann ihm dann eine stärkere Rolle des zweiten Prinzips nur als fruchtloser Rückfall erscheinen[252]. Deswegen kann er seine Hoffnungen nach den Prämissen *fast nur* und im Ergebnis *allein* auf eine organisch fortschreitende Wissenschaft setzen[253]. Im *doppelten Lebensprinzip* läuft eines leer. *Savignys* Lebensbezug meint auch hier nicht ein Volk als mitgestaltende selbständige Kraft, sondern nur ein legimitierendes „Volksbewußtsein". Nicht Mitsprache ist beabsichtigt, sondern gerade umgekehrt soll damit die Verbindlichkeit des *gelehrten* Rechts für *alle*, auch die Ungelehrten, einleuchtend erklärt werden[254]. Die Forderung nach Annäherung von Theorie und Praxis wird demgemäß im Interesse einer zuletzt maßgebenden Wissenschaft erhoben, *nicht* in *der* Absicht, von der *Reyscher* dabei sprach, das „im Leben für notwendig erkannte" (S. 41) als Richtlinie zu nehmen. Reform von oben, Verwissenschaftlichung der Praxis, des Rechts überhaupt, sind hier gemeint. Auch jetzt gilt also nicht Selbstbestimmung und Autonomie. Lebensnähe ist damit natürlich nicht ausgeschlossen, nur — sie ist nicht konstitutives Prinzip, sondern wird sozusagen in angemessener Dosis von berufenen Repräsentanten gewährt.

Vor diesem Hintergrund werden *Reyschers Thesen* deutlich. Das Kräfteverhältnis Volksrecht — wissenschaftliches Recht ist grundsätzlich anders ausgeformt. Für Reyscher ist das wissenschaftliche Leben des Rechts „nur eine höhere Entwicklung desselben Lebens, das sich forthin in dem Volk (!) verwirklicht". Auch bei Reyscher klingt also ein Repräsentationsmodell an. Aber das Wort „nur", die schon zitierte Passage („nur (!) zu Hülfe kommen"[255]) und das ganze Kapitel „Politische Wiederbelebung"[256] zeigen, wie anders er das Modell

---

249 Beruf 78.

250 Beruf 79: „Die Summe dieser Ansicht ist also (!!!)".

251 So drückt sich *Savigny* vorsichtig aus, Beruf 79 oben.

252 Zitiert oben bei Fn 206.

253 Beruf 166, im Schluß; zur Klausel „organische" oben Fn 107.

254 Auch ohne Mitsprache; vgl. die parallele Funktion der zweitrangigen „empirischen Freiheit" bei *Schelling* gegenüber der absoluten Freiheit, *Sandkühler*: Schelling 71 f.

255 Oben vor Fn 239.

256 Bed. 30—3; näher sogleich im Text.

füllt. Ihm war die Absonderung der Wissenschaft vom Leben selbst das *Hauptübel*[257]. Reyschers Juristen haben eine möglichst *un*selbständig gedachte Rolle. So sehr er ihre Unentbehrlichkeit anerkennt[258], so deutlich sollen die Wissenschaftler nur Experten sein. Während Savigny dahin kommt, die Wissenschaft zur authentischen Interpretin innerlich notwendiger Rechtsbildung, de facto also zur Rechtsquelle Nr. 1 zu machen, tut Reyscher gerade diesen Schritt nicht.

Festzuhalten ist:
Die Forderung nach einem „lebendigen" Recht gibt eine Art gemeinsame Plattform ab. Dahinter stehen aber durchaus konträre Absichten. *Savigny* tendiert zum *Primat der Juristen*, *Reyscher* sind sie ganz betont nur *Experten*. In dem Maße, wie Savigny mitgestaltenden Einfluß des Volkes zurückdrängt, wenigstens die Juristen als maßgebenden Filter davorsetzt, betont Reyscher die unmittelbare Rechtsbildungskompetenz der Rechtsbetroffenen (Volk) und läßt folgerichtig die Juristen nur als Experten gelten. In diesem Sinne kann Reyscher Savignys Vorschläge zur Belebung gutheißen, sie aber im gleichen Atemzug für unzureichend erklären, da es entscheidend auf die Teilnahme des Volkes selbst an der Rechtsbildung ankomme. Ich gebe die wichtige längere Passage, die den Anfang des Abschnitts „Politische Wiederbelebung des Rechts" bildet, aus Seite 30 wieder:

„Mit der politischen Wiederbelebung des Rechts wollte ich die zunächst der Staatsgewalt anheimfallende Sorge für die Wiedereinführung desselben in das Volksleben bezeichnen; hierin sehe ich nämlich das letzte Mittel, der gestörten Entwicklung unseres Rechts wieder aufzuhelfen. Savigny, indem er das Recht im Zeitpunkte dessen höherer Bildung lediglich dem Bewußtsein der Juristen anheimgibt, konnte konsequenter Weise das Volk (!) für die von ihm beabsichtigte gelehrte Bildung nicht gewinnen wollen. Die Entscheidung unauflösbarer und häufig vorkommender Widerstreite unter den bestehenden Gesetzen oder den Meinungen der Rechtsgelehrten, die Aufzeichnung entschiedener Gewohnheiten, und endlich die Abstellung einiger Gebrechen in den Formen der bürgerlichen Rechtspflege, wobey er zugleich den Vorschlag eines gewissen Verkehrs der Juristen-Fakultäten mit den Gerichtshöfen wieder in Anregung bringt, sind diejenigen politischen[259] Verbesserungen, welche er in dem bemerkten Sinne für zweckmäßig hält.

Nicht als ob ich das Bedürfniß unmittelbarer Abhülfe von Seite der Gesetzgebung weniger erkennen würde; ich halte vielmehr aus Gründen, welche mit meiner im Allgemeinen schon bisher entwickelten Ansicht von einer natürlichen Rechtsbildung zusammenhängen, die dafür vorgeschlagene Maaßregel für unzureichend (!), und jeden gleichartigen Versuch für einen Schritt weiter in die Irrgänge der Gesetzgebung — so lange derselbe nicht im Gefolge jener durchgreifenden Maaßregeln geschieht, welche nach meiner Ansicht das Recht zu seiner ursprünglichen Nahrungsquelle (!) zurückzuführen geeignet sind. Diese ist, wie Savigny selbst erkennt, das

[257] Oben bei Fn 240.
[258] Bed. 2—6 und unten 246.
[259] Offenbar in Anlehnung an *Savignys* „politisches Element".

Leben des Volkes. Warum es solchem durchaus entzogen werden sollte (...)" verstehe er nicht, schließt Reyscher.

Offensichtlich drängt hier bürgerliches Interesse auf Berücksichtigung gegenüber einem ständisch-aristokratischen neuhumanistischen status quo. Ich erinnere an die bereits dargelegten Konkretisierungen des Lebensbezugs[260], die in diese Richtung wiesen. Der *Volksbegriff* differiert entscheidend[261]. Den Unterschied formuliert etwa *Puchta* 1841 prägnant, indem er einen Unterschied zwischen dem „Volk" der HS und einem „Volk im politischen Sinne"[262] macht. Es ist der Unterschied zwischen einem bloßen Dekor „Volksgeist" und einem sich selbst regieren wollenden, politisch beteiligten Volk[263]. Sprachlich zeigt sich die Differenz ab und zu in der Nuance zwischen dem verinnerlichten „Volksbewußtsein" — so oft Savigny[264] — oder „Volksgeist" — so Puchta[265] — und Reyschers schlichterem „Volk" oder „Volksleben"[266]. Daß der weitere Schritt zu *demokratischer* Rechtsbildung, also voller Kompetenz des Volkes, damit *nicht* verbunden war, ist zu erwähnen. Dem Volksleben,

„wie früher wieder die Herrschaft darüber zu geben (sc. über das Recht), oder einzig durch Gewohnheiten das Recht fortbilden zu lassen, dazu sind die Verhältnisse längst zu verwickelt geworden" (S. 31).

Der Gedanke taucht immerhin auf, aber Reyscher bleibt im *konstitutionellen* Rahmen der Kooperation von Monarch und Volk, auch bei der Rechtsfortbildung. Kennzeichnend ist hier besonders die Zurückhaltung, mit der er Teilnahme des Volkes an der Ausbildung des *öffentlichen* Rechts kurz diskutiert:

„Mittel zu politischer Wiederbelebung der Gesetze — versteht sich mit Beachtung der Verschiedenheit ihrer Entwicklungsweise — sind auch hier denkbar. Zwar ist es nicht — wie im Gerichtswesen — das Volksleben (!) unmittelbar (!), welches, meiner Meinung nach, einen Einfluß auf diese verschiedenen Gesetze erhalten sollte; — wohl aber wird eine lebendige Verbindung mit demselben auch hier sehr förderlich seyn, um die Bedürfnisse in der Gesetzgebung unbefangen wahrnehmen zu können" (S. 51).

Das ist gewunden, aber verständlich. Mit seinen Thesen machte sich Reyscher ohnehin politisch schon ein wenig verdächtig[267]. Man muß sich hier auch er-

---

[260] Oben 195f, 202.
[261] Dazu zus.fassend unten 337f.
[262] Institutionen 26 (6. A.); für „Gew.recht" s. unten 326, 328f.
[263] Institutionen 29 lehnt er direkt Mitwirkung ab; für „Gew.recht" s. unten 326, 328f.
[264] Zusammengestellt oben Fn III 184.
[265] Unten bei Fn V 79.
[266] Bes. Bed. 30f. im Kap. „Politische Wiederbelebung des Rechts".
[267] Das scheint mir aus *Wächters* harter Reaktion (zitiert oben Fn 47) mitzuklingen. Bez. auch die Feststellungen in den Wörterbüchern von *Grimm* und *Trübner* über die regelrechte Phobie der vormärzl. Zensur vor dem Wort „Volk", s. *Grimm*, Sp. 468; *Trübner*, Sp. 691.

innern, daß die Juristen gesamtgesellschaftlich damals ein entscheidender Faktor waren — unvergleichlich mehr als heute — um das Gewicht aller Thesen zu ihrer Rolle richtig einzuschätzen. Juristen trugen die Hauptlast im Staatsapparat. Sie waren in vielen Fällen maßgebliche Ratgeber der Fürsten[268]. Sie waren die stärkste Gruppe an den Universitäten[269]. Sie waren die Träger der immer wichtiger werdenden Bürokratie und Judikative[270]. An ihnen lag es, die reichlichen und dringlichen politischen Impulse der Zeit zu verarbeiten. Es verwundert daher nicht, daß Schriften wie Savignys „Beruf" und Thibauts „Notwendigkeit" *allgemeine* Aufmerksamkeit fanden. Das lag auch bei Savigny nicht so sehr am guten Stil. Die ganze Gesellschaft war in diesen Diskussionen betroffen.

Das Problem Geschichte

Die beiden anfangs der Wissenschaft gestellten Aufgaben (S. 25) führt Reyscher näher durch. Je ein Kapitel widmet er der „geschichtlichen Ergründung (S. 27—29) und der „kunstmäßigen Bearbeitung" (S. 34—40) des Rechts. Geschichte und System als Thema verdienen Aufmerksamkeit. Interesse an gegenwartsnaher praktischer Brauchbarkeit leitet Reyscher auch in diesen Kapiteln und führt zu Differenz und Schwerpunktverlagerung gegenüber Savigny. Savigny stand noch vordringlich im Banne des Kampfes um Überleben der Wissenschaft überhaupt und damit in der Antithetik gegen Gesetzgebung und die diese ideell stützende Philosophie. Reyscher ist die Unentbehrlichkeit der Wissenschaft selbstverständlich und erst ihre Ausgestaltung Problem. *Eine* Seite dabei ist das Verhältnis zur Geschichte.

268 Personalunion zwischen Politik und Universität war gang und gäbe, in interessanter Verteilung zwischen Staatsräten, Ministerien und — soweit vorhanden — Ständen und Kammern. Die folg. biographischen Hinweise entnahm ich im Laufe der Arbeit allen möglichen Quellen, wie Landsberg, Döhring, ADB, und den einschlägigen Spezialwerken. *Savigny* war seit 1817 (Stoll II 162—5) preuß. Staatsrat, später (1842) Minister. *Welcker*, *Rotteck*, *Mittermaier*, *Jordan*, *Duttlinger*, *Reyscher*, *Beseler*, waren gewählte Abgeordnete. *Wächter* und *Gerber* waren als Kanzler deputierte Kammermitglieder; Gerber durchlief eine ganze Staatskarriere bis zum sächsischen Minister. *Eichhorn* war längere Zeit in der Berliner Exekutive, *Falck* war aktiver holsteinischer Staatsrat. *G. L. Maurer* war seit 1830 in staatlicher Aktivität. Die Liste ließe sich erheblich verlängern und wahrscheinlich aufschlußreich strukturieren.

269 Vgl. die Zahlen für Tübingen bei *Klüpfel*: Uni. Tüb. a. E.; für Heidelberg *Dickel*: Jur. Fak. 54; für Göttingen s. nur die bei *Ebel*: Hugo 17 genannten Zahlen.

270 Vgl. für Preußen *Koselleck*: Preußen; für Baden *Gall*: Baden; für Württemberg *Dehlinger*: Geschichte; vgl. die Zusammensetzung der *Paulskirchenversammlung* bei *Huber* II 610, wo Richter, Staatsanwälte und höhere Verwaltungsbeamte den Löwenanteil stellen und die Kennzeichnung „Beamtenparlament" veranlaßten.

Das *Problem Geschichte* reduziert Reyscher in zwei Sätzen auf den ihm wichtigen Kern. Im Eingang des Kapitels „Geschichtliche Ergründung des Rechts" anerkennt er beeritwillig das Verdienst Savignys, „der gewiß hier der beste Gewährsmann ist" (S. 27). In die berühmten Leitworte geschichtlicher Rechtswissenschaft[271] stimmt er durchaus ein[272]. Nach diesen Verbeugungen kommen aber die Vorbehalte. *Nicht* zustimmen will Reyscher Savigny, „wenn er gerade in historischer Beziehung das römische Recht, und hierin wieder den vorjustinianischen Teil desselben vorzugsweise empfiehlt" (aaO). Dieser Teil der rechtlichen Tradition habe „keinen unmittelbaren Anteil an unserer Rechtsgeschichte — liegt außer dem Wurzelgrunde (!) unseres Rechts", spielt er an[273]. „Auf das ursprünglich Einheimische und das Einheimisch-Gewordene" dagegen müsse die „geschichtliche Ergründung unseres Rechts gegründet sein" (S. 28). „Jene Rechtsalterthümer[274], oder ältere Quellensammlungen" seien „selbst zu leichterem Verständnis des bey uns angewendeten, römischen Rechts" (S. 27 Fn) nur mit Vorsicht zu gebrauchen, da es nur auf ihre oft modifizierte Gestalt in der wirklichen Anwendung komme. *Deren* historische Aufklärung sei daher „von weit (!) vorzüglicherer Wichtigkeit" (S. 29 Fn) als etwa die neue *Schradersche* „Ausgabe des Corpus Iuris[275], welche in kritischer (!) Absicht nichts zu wünschen übrig lassen" wolle. Mit diesen Vorbehalten ist auch schon der größte Teil des Kapitels referiert.

Auf ihnen liegt also fast alles Gewicht. Die geschichtliche Rechtswissenschaft, die Savigny 1814/15 noch mehr oder weniger geschlossen als erlösenden Weg begründen konnte, ist Reyscher fragwürdig. Er, der aus der Einflußsphäre eines ihrer Getreuesten, *Eduard Schrader*, stammte, warf sie nicht einfach über Bord. Aber er modifizierte grundlegend. Reyschers Vorbehalte zeigen, wie wenig eigentlich mit Savignys Hauptformel von der Reform durch organische, geschichtliche Rechtswissenschaft *positiv* entschieden war. Den Ansatz zu einer positiven Entscheidung, der in Savignys „vorzugsweiser Empfehlung" des klassischen römischen Rechts steckte, greift Reyscher, dem es um eben diese Entscheidung geht, jetzt heraus, um ihn zu bestreiten. Ohne Zweifel setzen sich in dieser Kontroverse Motive und Parteiungen von 1814 fort[276]. Enga-

271 Beruf 140: „strenge historische Methode der Rechtswissenschaft (...). Ihr Bestreben geht vielmehr dahin, jeden gegebenen Stoff bis zu seiner Wurzel zu verfolgen, und so sein organisches Princip zu entdecken, wodurch sich von selbst das, was noch Leben hat, von demjenigen absondern muß, was schon abgestorben ist, und nur noch der Geschichte angehört."

272 Bed. 27: „Vollkommen bin ich mit demselben (sc. Savigny) darin einverstanden, daß das juristische Bestreben dahin gerichtet seyn möge, jeden (...)", es folgt das Zitat in Fn 271.

273 Bd. 27 unten.

274 Eine Anspielung auf *Grimms* eben erscheinendes Werk.

275 Zu dieser unvollendet gebliebenen Arbeit oben 32.

276 Zu diesem Streit oben 191, zur Linienführung oben den Abschnitt 128ff.

giert findet Reyscher Savignys Empfehlung „schon nicht in Übereinstimmung mit der vorangeführten Methode" (S. 27). Mit logifizierender Härte wird „der Widerstreit der vorgedachten Ansicht Savignys mit der von ihm aufgestellten Methode nachgewiesen" (S. 28). Gerade in diesem Punkt gibt sich Reyscher ganz sicher, so schwerwiegend Angriff und Abweichung auch sind. Damit hat Reyscher schon 1828 einen Vorwurf prägnant formuliert, der Geschichte machen sollte: *Inkonsequenz der historischen Schule* gegenüber ihren eigenen Voraussetzungen[277]. Es ist bei Reyscher ein selbstbewußter Versuch, den Anspruch des Gegners gegen ihn selbst zu kehren. Es fragt sich, inwieweit das „Geschichtliche" bei Savigny immer wieder verzeichnet wurde, sei es aus Unverständnis, sei es um des Vorteils willen, einen „Widerstreit" aufzeigen zu können. Rhetorisch gesehen ist es ja eine zweckmäßige Waffe gegen einen zunächst *stärkeren* Gegner, dessen Voraussetzungen umzudeuten und die *eigene* Meinung als ihre eigentliche Konsequenz aufzuzeigen. Stärkerer Gegner war damals nicht nur für Reyscher die romanistische Richtung der historischen Schule.

Deutlich anerkennt Reyscher das Bündnis Savignys und Eichhorns von 1814/15 für sich nicht. Reyscher gibt ein frühes Zeugnis von Spannungen. Ich habe mich schon skeptisch dazu geäußert, ob man sie, wie es meist geschieht, *innerhalb* der historischen Richtung ansiedeln soll und verweise darauf[278]. Wenigstens wäre *Reyschers* Eigenständigkeit, wie sie bisher sich bei aller Ähnlichkeit wichtiger Formeln doch stets erwies, zu behaupten. Trotzdem nutzt er natürlich das mit der geschichtlichen Rechtswissenschaft erreichte historisch-kritische, methodische Niveau. Die Voraussetzungen dieser Spannungen gehören sicher zum Zentrum des wissenschaftlichen und politischen Milieus damaliger Jurisprudenz und ihrer Repräsentanten. Freilich ist ihre Aufklärung bis heute umstritten. Insbesondere *eine* Seite des Ganzen, ein gefestigtes Savignybild, ist nicht abzusehen und doch wäre es nur *eine* Seite. An diesen Spannungen wird jedenfalls deutlich, wie brüchig Savignys Verweis auf geschichtliche Rechtswissenschaft war. Gerade eine wesentliche, wenn nicht *die* Voraussetzung seines Reformprogramms erwies sich schon jetzt als Illusion. Ich meine die 1814 so sicher verkündete Aussicht, kraft geschichtlicher Forschung werde

> „sich von selbst (!) das, was noch Leben habe, von demjenigen absondern (...), was schon abgestorben ist, und nur noch der Geschichte angehört"[279].

Genau dies war die *ungelöste Aufgabe der Zeit*, die Kernfrage überhaupt: „was noch Leben habe"? Seit 1789 und erst recht nach den weiteren Veränderungen interessierte nichts *mehr*, war nichts drängender, dringender[280].

---

277 Ausf. unten 335—7.

278 Oben 128ff.

279 Beruf 140.

280 Man sieht das exemplarisch an *Kosellecks* grundlegender Arbeit über „Preußen

Es ist wohl nicht übertrieben zu sagen, daß selten die geistige Welt so im *Banne des Politischen* stand wie damals. Wenn das Hauptproblem der Philosophie Freiheit und Notwendigkeit war, so heißt das nichts anderes, als daß sie eminent politisch war. Es ging um die *soziale* Problematik, um Freiheit und Bindung, Selbstbestimmung und Fremdbestimmung[281]. Längst vorbereitet[282] erörtert man die Grundlagen der Verankerung von Ordnung. Überaus eindringlich diskutiert man die Frage der Kompetenzen für die Ordnung einer Gesellschaft. Man spricht für und gegen fürstlichen Absolutismus[283], aufgeklärten despotimo illustrado[284], konstitutionell-labile Kooperation[285] und auch schon demokratische Souveränität des Volkes[286]. Dies gilt auch und gerade für die Jurisprudenz[287]. Auch in Kodifikationsfrage, Geschichtsproblem und Wissen-

---

zwischen Reform und Revolution" (1967), vgl. für Württemberg *Grube*: Landtag; eindrucksvoll dafür auch *Hedemann*: Fortschritte.

281 „Sozial" meint hier nicht die spätere, in den dreißiger Jahren aufkommende „soziale Frage", sondern allgemeiner das Problem der Vermittlung von Individuum und Gesellschaft. Siehe zur Relevanz als Hauptproblem schon die Belege oben Fn 189, weiter die in Fn 143; zur Wortgeschichte gut *Geck*: Sozial (1963).

282 Am ergiebigen Fall der Gesetzgebung verdeutlicht *Gagnér* die ehrwürdige Vorgeschichte in seinen „Studien zur Ideengeschichte der Gesetzgebung." Vgl. weiter *Wieacker*: Geschichte 280ff zum „Vernunftrecht"; in aufschlußreicher konkreter Brechung erscheint die Problematik bei *Wolzendorff*: Widerstandsrecht; zu nennen ist auch die ebenso konkrete Studie von *Fr. Müller* über „Korporation und Assoziation" (1965), der am Problem der Vereinigungsfreiheit bes. im Vormärz die Überlegungen zu Individuum und Gesellschaft mit sehr beträchtlicher Vorgeschichte darstellt. Weiter gespannt wieder der Artikel von *Böckenförde* zum „Rechtsbegriff", im Archiv für Begriffsgeschichte 12 (1968) 145—65.

283 Vgl. die Gruppierungen bei *Huber* II 324ff, die zwar im Einzelnen recht zweifelhaft sind, jedoch einen Eindruck der Vielfalt vermitteln. Für die konservative und hochkonservative Seite aaO § 29; auch I 652; für die Aktualität des Absolutismus im Kontext *Reyschers* oben Fn 59.

284 Hierher gehören die Theorien, die den Fürsten ideologisch, aber noch weniger rechtlich-institutionell binden. In der Funktion ähnelt das sehr dem *Savignyschen* „Volksbewußtseyn", mit dem das Recht ja in seiner Instanz über Volk *und* Monarch verankert sein sollte, s. oben das Zitat Fn 98.

285 Das war mit Schattierungen, die bes. gut bei *Krieger*: Freedom, etwa 216ff „Post-Liberation Politics: Bureaucrats, Constitutionalists, and Radicals (1815—1830)", herausgearbeitet werden, die zumeist in Südwestdeutschland bekräftigte Variante. Konkret sieht man die Unterschiede auch bei *Goessler*: Vormärzl. Liberale; vgl. auch *Huber* II § 31; sehr klar werden die Positionen bei *Müller*: Korporation 220ff.

286 Vgl. dazu *Huber* II § 32; konkret *Ruge*: Berl. Juristen (1841), s. Fn 214; über *Reyschers* Nähe *und* Abstand oben 227, 284, 64f.

287 Vgl. für *Thibauts* bürgerlichen Hintergrund unten 293f; für *Wächters* mehr gouvernementalen unten 276f, auch oben Fn 47; für *Savignys* mehr aristokratischen oben 34f, 210f, auch Fn 284; diese Abschichtung mag vielleicht etwas

schaftsproblem, die ich bisher anschnitt, wirken diese Kompetenzdiskussionen. Gerade dort wirken sie, da ein Großteil der drängenden praktischen Unsicherheit aus den mehrfachen Rechtsänderungen und der ziemlich unentschiedenen Vielfalt der Tradition, aus der man Recht entnehmen sollte, resultiert.

Savigny nun bot etwa das an, was heute noch juristische Gemüter besticht, wenn es werbend heißt: „Im Palandt steht, was gilt". Für ihn stand, was gilt, in der Geschichte. Und das machte seinen Vorschlag interessant — auch für ihn selbst. Nur so gedachte geschichtliche Rechtswissenschaft war eine tragfähige Grundlage für die beabsichtigte Lösung der Zeitfragen. Danach wurde aber auch gemessen, ob der 1814 ausgeschriebene Wechsel einzulösen war. Die weitere Aktivität Savignys und seiner Anhänger mochte gerade davon weniger überzeugen[288] — man denke an den Extremfall *Schrader*, dem doch Savigny „gesunden praktischen Sinn" bescheinigt hatte[289]. „Praktische" Romanisten wie *Mühlenbruch*[290] und der junge *Wächter*[291] erweckten hier mehr Vertrauen. Mehr und mehr wurde bewußt, wie wenig „von selbst" sich ergab, was noch „Leben" hatte, was galt. Vornehmlich dies scheinen mir die besonders seit 1830 von neuem und stärker auftretenden Klagen über den Rechtszustand auszudrücken[292]. Hier ist auch der Ort des Vorwurfs *Quietismus*[293]. Es wurde

---

simpel erscheinen, aber sie bestätigt sich in vielen Einzelheiten und bezeichnet als Interessenmittelpunkt doch einen Kern.

288 Vgl. dazu *Wilhelm*: Methoden 30ff; eine ständige zeitgenössische Mahnung ist die vor antiquarischer Einseitigkeit, „Mikrologie", s. dafür unten 335 die Stimmen von Beseler, Bornemann, Kierulff, Mittermaier, Bluntschli.

289 Oben 33.

290 Über *Chr. Fr. Mühlenbruch* (1785—1843), der lange in Rostock, dann in Greifswald, Königsberg und Halle, schließlich in Göttingen lehrte (seit 1833), an Wächters Stelle nach Leipzig berufen worden war und bes. durch sein Werk zur Zession (zuerst 1817, 3. A. 1836) bekannt wurde, s. *Landsberg* T. 375—80, N. 176f; *Döhring*: Geschichte 426f, 336; zeitgenössisch aufschlußreich die positive Passage über ihn im Art. der *Dt. Jb.* zur Universität Göttingen, aaO 1841 II 542f, wo sein juristischer Scharfsinn, seine Klarheit und Brauchbarkeit gelobt werden; *J. Grimm* nennt ihn 1838 etwas gereizt durch seine eigenwillige Rolle beim Protest der Sieben ein „treffliches Bauernpferd" (s. Schoof: Savignybriefe 395f).

291 Über *Wächter* ausf. oben 35ff.

292 Siehe die Zusammenstellung oben 150f; weiter die der Kodifikationsschriften, Anhang I; Genau im Sinne des Textes ruft ein anonymer Rezensent zu *Tellkampf*, Verbesserung des Rechtszustandes (1835), worin eine „schmale Reproduction der Savignyschen Abhandlung (sc. Beruf)" gegeben sei, aus: „Als ob es damit gethan wäre! und es nicht vielmehr gerade darauf ankäme, sich darüber vor allen Dingen klar zu werden, was man denn unter der organischen und zeitgemäßen Fortbildung des Rechts meine!", s. B.L.Z. 1835, lfd. Nr. 4071.

293 Denn „von selbst" blieb es nur beim Alten; für heute s. *Wilhelm*: Methoden 39; diesen Vorwurf betrieb besonders *Thibaut* 1815 und erneut 1838.

klar, wie sehr der Verweis auf die Vergangenheit eben der auf eine *bestimmte* sein *mußte*[294] — etwa die klassisch römische—, *wenn* der Anspruch auf Erkenntnis des Gültigen eingelöst werden sollte; wie wenig es praktisch half, römischrechtliche und deutschrechtliche Tradition erst säuberlich zu scheiden und großzügig gleichermaßen historischer Forschung anzuempfehlen[295], weil damit gerade *offen* blieb, *was* noch Leben hatte; wie stark bei dem Verweis auf die Vergangenheit eine verdeckte, vielleicht uneingestandene Metaphysik Pate stand [296], ohne die es eine böse Illusion sein mußte, finden zu wollen, was noch Leben hatte. „Praktischer" denkende Juristen übersahen die prinzipielle theoretische Selbständigkeit der dogmatischen Aufgabe nie[297]. Ich denke an *Feuerbach*[298], *Mittermaier*[299], *Wächter*[300]. Savigny hatte 1814 manchen für geschichtliche Rechtswissenschaft gewonnen, weil er die Geschichte als Dienst an der Gegenwart konzipierte[301], weil er sie für die, wenn auch langsame Lösung der dringlichsten praktischen Aufgabe empfehlen zu können glaubte. Sein guter Ruf beruhte damals, als die „Geschichte des römischen Rechts im Mittelalter" erst zu erscheinen begann (1815) vor allem auf dem gefeierten Werk über „Das Recht des Besitzes" von 1802. Der Anspruch des „von selbst" war aber nie zu erfüllen. Er war naiv oder Frucht eines ontoteleologisch metaphysischen Weltbildes. Er verdrängte das mehr oder weniger ausgeprägte volitive Element bei Ermittlung von Richtigem. Mit dem „von selbst" wurde das Problematische im Verhältnis von Rechtsgeschichte und Rechtsdogmatik

---

294 *Savigny* empfahl im „Beruf" 91f, 140 vordringlich das römische Recht, an der letzteren Stelle aber auch das alte germanische. Hier ist aber weniger das Programm als die einseitigere Durchführung maßgebend.

295 So aber *Savigny*: Beruf 140; Gönnerrez. VS 5, 118; System I Vorrede XIVf; sehr stark auch gegenüber *Bluntschlis*: Rechtsschulen; in seinen Briefen an Bluntschli will *Savigny* einen grundlegenden Gegensatz deutsch-römisch nicht zugeben (s. Stoll II 359f).

296 Den metaphysischen Kern bei Savigny-Puchta erkennt und betont *Reyscher* später, dazu unten 326ff.

297 Vgl. *Wieacker*: Geschichte 395.

298 *Feuerbach*: Einige Worte (1816) 143: „Die Geschichte erklärt, wie etwas nach und nach geworden; wie und was dieses Etwas gegenwärtig sey, lehrt die Geschichte nicht."

299 *Mittermaier*: s. seine Kritik unten 335.

300 *Wächter*: s. für seine klare Trennung oben 40; sie korrespondiert der Verbindung von innerer und äußerer Rechtsgeschichte; direkt Privatrecht I 1 (1839) X: „eine möglichst vollständige Geschichte unsres Privatrechts dem Ganzen vorauszuschicken, um in den folgenden Bänden das geltende Recht, getrennt vom historischen, vom rein praktischen Standpunkte aus folgen lassen zu können."

301 Das zeigt bekanntlich einleuchtend der Titel „Zeitschrift für geschichtliche Rechtswissenschaft" (vgl. *Wieacker*: Geschichte 389; allgemeiner *Wilhelm*: Methoden 28). *Savignys* Erwartung im „Beruf", das noch lebendige werde sich „von selbst" ausscheiden (zitiert oben Fn 271) ist nur so verständlich.

überspielt. So gesehen hat Savigny, ein anerkannter Wegbereiter des *juristischen* Historismus, ja nicht nur dieser Spielart[302], sowie eines vertieften Geschichtsbewußtseins[303], der Geschichte in der Jurisprudenz in Wahrheit einen weniger eindeutigen Dienst erwiesen, indem er ihre Möglichkeiten überspannte. Die *Entdeckung der Rechtsgeschichte* ist denn auch eine Leistung mehr der zeitgenössischen Philologie eines *Friedrich August Wolf* (1759—1824) und *Barthold Georg Niebuhr* (1776—1831), ja erst der Jahre um 1880[304]. Es ist die Frage, inwiefern das Verhältnis zwischen Geschichte und Gegenwart nicht *entgegen* dem noch nachwirkenden Urteil Savignys in der „trostlosen Aufklärerey" doch recht ausgewogen war[305]. Man könnte die sogenannte „Entdeckung" auch ohne Abwertung der Aufklärung als *Vertiefung* eines vorhandenen fruchtbaren Verhältnisses zur Geschichte mit den ergiebigeren Mitteln und vor allem dem viel größeren Aufwand[306] modernerer Historie begreifen.

Kommt man von dieser kurzen Ausweitung auf *Reyscher* zurück, so fällt auf, wie wenig *er* sich mit diesen allgemeinen Problemen aufhält, wenn er von „geschichtlicher Ergründung" handelt. So klar wie er den Wert von geschichtlicher Forschung anerkennt, steuert er auf die Klärung zu, *was* daran wichtig ist. Er weicht der Entscheidung nicht aus. Die Fruchtbarkeit, ja Unentbehrlichkeit historischer Betrachtungsweise ist ihm geläufig. Gleichzeitig ist der

---

302 Die allgemeine Bedeutung hat bes. *Rothacker* betont, in: Savigny, Grimm, Ranke HZ 128 (1923) 425ff; Einleitung in die Geisteswissenschaften (1930, zuerst 1920) 37—62, 89ff u.ö.; Logik und Systematik der Geisteswissenschaften (ND 1965, zuerst 1927) 114ff; erneut in: Mensch und Geschichte (2. A. 1950); vgl. über den Historismus unten 275ff.

303 Dies dokumentieren einmal die grundlegenden historischen Leistungen der HS, wie *Savignys* „Geschichte", *Eichhorns* „Geschichte", die ich hier nicht im einzelnen aufzählen will, da *Warnkönig* schon in seiner „Enzyklopädie" (1853) einen sehr nützlichen Überblick über die „Deutsche Rechtswissenschaft seit 1815" (S. 338—56) gegeben hat. Spezieller gibt eine „Übersicht der Leistungen" der HS *Jhering* 1844 in der B.L.Z., Nr. 34, 27. 4., Sp. 533—6.

304 *Wieacker*: Geschichte 416ff; *Gagnér*: Studien 26; zum wichtigen Faktor Philologie unten 275f.

305 *Troeltsch*: Aufklärung, Ges. Schr. IV 353 und unten 278ff; zum Hintergrund dieser Beurteilung; vgl. jetzt die speziell dieser Frage gewidmete bemerkenswerte Habil.schrift von *N. Hammerstein*: Ius und Historie. Ein Beitrag zur Geschichte des historischen Denkens an deutschen Universitäten in späten 17. und im 18. Jahrhundert. Göttingen 1972, 405 S., etwa S. 10 bei Fn 2: „anerkannt, daß dieses Urteil in seiner sehr allgemeinen Form nicht zutrifft", auch S. 30, 132 u. Schlußkapitel.

306 Die Möglichkeiten eines *Savigny* mit seinen Forschungsreisen und den Mitteln entwickelter Philologie müssen auch unabhängig von seiner Weltanschauung als Faktor beachtet werden. Für die Weltanschauung ist der Bruch zur Aufklärung klar. Für die konkrete historische Arbeit hatte man aber doch etliche Vorarbeit, für ihre Zeit ebenfalls sehr „historische" Leistungen; man sollte mit der weltanschaulichen Verwendung von „historisch" nicht die konkrete geschichtliche Arbeit und deren Kontinuität vernachlässigen.

Glaube an ein „von selbst“ vermieden. Reyscher greift diesen tieferen Begründungszusammenhang Savignys in seinen „Bedürfnissen“ nicht ausdrücklich an. Dies tut er erst 1839 in „Daseyn“ (Nr. 16). Er bleibt nicht in der Antithetik gegen Willkür befangen. Das praktische Problem, die unentschiedene Fülle der Tradition zu bewältigen, wirkt bei ihm voll in die Rollengebung für die Wissenschaft hinein und führt zu den dargelegten Vorbehalten gegen Savignys Koexistenzkonzept. Alle Vorbehalte Reyschers dienen ersichtlich der Entscheidung der Zeitfrage, was noch Leben hat. Bei ihm stellt sich die Wissenschaft. Wenn Reyscher die Richtlinie ausgibt, „auf das Einheimische und Einheimisch Gewordene“ müsse die geschichtliche Ergründung gehen (S. 28), gibt er ihr die bestimmte *positive Richtung*, die Savigny noch eher vermieden hatte. Diese Richtung geht auf die *deutsch*rechtliche Tradition und die nähere Vergangenheit. Damit stellt sich Reyscher zur aufblühenden Germanistik[307] eines Eichhorn, Mittermaier, Grimm, G. L. Maurer, Rogge, W. E. Albrecht, Homeyer, Stenzel, Gaupp, Kraut, J. F. Runde und Wilda[308]. Eine Verzeichnung zum bloßen *Deutschthümler* droht hier immer[309]. Ich übersehe die kräftig vaterländischen Töne Reyschers nicht und habe mich mit seinem Nationalismus bereits beschäftigt[310]. Hier ist zu vermerken, daß er ganz klar dem *römisch*-rechtlichen Anteil sein Recht gibt. Er verlangt nur dessen tatsächliche Übernahme in die Rechtsanwendung, das Leben, oder wie er sagt, daß er „einheimisch geworden“ sein müsse[311]. Zweifellos steckt darin eine restriktive Absicht, aber sie geht nicht bis zu blinder Rezeptionsfeindlichkeit[312]. Auch gibt er dem Studium des römischen Rechts einen „technischen Wert“ (S. 28) für die Förderung der juristischen Sprachkraft (S. 38). „Jedermann weiß, daß ein zweckmäßiges Studium der Klassiker (...) für die Bildung einer jeden Sprache förderlich seyn muß“. Sie sollen als Muster, als „Vorbilder dienen“ (aaO). Sympathischer sind Reyscher allerdings die

„Muster von Ernst und Kraft des Ausdrucks in deutscher Sprache (...) (sc. da sie) doch näheren Vorteil bringen, als jene römischen Vorbilder, welchen wir ungeachtet ihrer Vortrefflichkeit, doch nicht das Leben (!) einhauchen können, das sie mit uns verbände“ (aaO).

Hier kommt also eine gewisse Abneigung durch.

---

307 Siehe die Nachweise zur Germanistik oben 109 nach Fn III 191.

308 Siehe schon die Zusammenstellung oben 109.

309 Dazu neigen etwa *Dickopf*: Maurer 97; *Mayer*: Reyscher (vgl. oben 4f, s. meine Kritik zu Mayer oben Fn II 300.

310 Oben 143; s. *Reyschers* eigene Abwehr im „Begriff“-Aufsatz, oben 169.

311 Bed. 28; vgl. auch die anderen Belege oben Fn III 480.

312 Vgl. *Wieacker*: Geschichte 407; bei dieser Optik wird das Freiheitliche am Nationalen zu wenig beachtet, von dem her das Rezeptionsurteil ein Ausdruck des Unbehagens an der damaligen wie zeitgenössischen Rolle der Juristen war. Der ganze Rezeptionsstreit geht ja schließlich um die Bewertung der Gegenwart und war genausogut von *Savigny*'s immanenter, beliebiger innerer Notwendigkeit her blind, vgl. *Savignys* Unverständnis gegenüber *Bluntschli* oben Fn 295.

Angesichts seiner tiefgreifenden Vorbehalte muß man Reyschers am Kapiteleingang ausgesprochene[313] Zustimmung zu Savignys Leitwort daher mit Vorsicht aufnehmen. Das beifällige Zitieren des Juristenfürsten bleibt doch eher bloße Verbeugung. Die geistige Grundlage wenigstens bei Savignys Vorschlag, die „von selbst"-These, ist verlassen; ja sie wurde von Reyscher damals wohl gar nicht wirklich nachvollzogen[314]. Die genannten Vorbehalte wären sonst ohne Funktionszentrum. Denn ihr Sinn war ja durchweg[315], durch die nähere Festlegung der geschichtlichen Methode auf die primäre Erforschung des „Einheimischen", die ungelöste Zeitfrage, was gilt, zu entscheiden. Die Tendenz war bewußt und vertraute gerade nicht auf ein „von selbst". Genau zugespitzt, hat Reyscher also mit seiner Modifikation Savignys These ihre Essenz genommen, — was wohl auch seine Absicht war. Die Einordnung des „geschichtlichen" in Reyschers geistige Kontexte verändert seine Funktion. So bleibt es auch beileibe nicht der „einzige Weg"[316]. Daneben steht, was er etwas hausbacken „kunstmäßige Bearbeitung" nennt. Mit diesem Punkt ist der Übergang zur *zweiten* Aufgabe der Wissenschaft bei Reyscher eröffnet.

Das Problem Ordnung-System

Stand bei der „geschichtlichen Ergründung" die Parallele mit Savignys „geschichtlichem Sinn" zur Debatte, so läßt sich bei der „kunstmäßigen Bearbeitung" an dessen „systematischen Sinn" denken[317]. Das Verhältnis wird dem für die Geschichte Dargelegten nicht unähnlich sein.

Reyscher betont, wie wichtig diese zweite Aufgabe der Wissenschaft sei. Ihr Gewicht wird ihm fast bedeutender als das der geschichtlichen Ergründung[318]. Auch das erinnert an Savigny. Im „Beruf" hatte dieser die für sein Wissenschaftsideal und Hauptinteresse bemerkenswerte Feststellung getroffen,

„jeder Teil unsres Rechts (sc. hat) solche Stücke, wodurch die übrigen gegeben sind; wir können sie die leitenden Grundsätze nennen. Diese heraus zu fühlen (!), und von Ihnen ausgehend den inneren Zusammenhang und die Art der Verwandtschaft (!) aller (!) juristischen Begriffe und Sätze zu erkennen, gehört eben zu den schwersten

---

313 Oben 228.

314 Deutlich dagegen in der späteren Kritik, s. unten 326ff.

315 Vgl. oben 229f die Vorbehalte.

316 Wie für *Savigny*, s. oben bei Fn 125 das Zitat.

317 Beruf 99: „Ein zweyfacher Sinn ist dem Juristen unentbehrlich, der historische, um das eigenthümliche jedes Zeitalters und jeder Rechtsform scharf aufzufassen, und der systematische, um jeden Begriff und jeden Satz in lebendiger Verbindung und Wechselwirkung mit dem Ganzen anzusehen, d.h. in dem Verhältnis, welches das allein wahre und natürliche ist."

318 Bed. 34: „Die vielleicht noch größere, dritte Aufgabe, deren Lösung der Wissenschaft obliegt (...)".

Aufgaben unserer Wissenschaft, ja es ist eigentlich dasjenige, was unsrer Arbeit den wissenschaftlichen Charakter giebt"[319].

Dieser große Atem geht Reyscher entschieden ab. Bei ihm heißt es:

„Wenn jene (erste) geschichtliche Aufgabe das Bestehende, von welcher Form es sey, getreu wieder zu geben hat, so ist es nun Sache der wissenschaftlichen Kunst, demselben eine eben so sehr dem Stoffe selbst, als dem Raume, welchem er angewiesen ist, entsprechende Gestalt zu geben" (S. 34).

Er denkt an Gestaltgebung und Formgebung. Der Zusammenhang des Systematischen schon mit der Erkenntnis des Inhalts selbst, die Rückwirkung (oder Mitwirkung) der Form auf den Inhalt, die bei Savigny hervortrat, sieht Reyscher kaum. Er folgt einer schlichteren Auffassung, die vereinfachend das *Formproblem* zum bloßen *Darstellungsproblem* werden läßt. Das ist ein ziemlicher Abstand zu Savigny. Er braucht seine Gründe aber nicht einfach in verschieden weit gehender Reflexion zu haben. Wenn Reyscher fortfährt, ein so entstandenes „Handbuch" müsse jedenfalls ;„vollständig und zum Gebrauche in jeder Beziehung tauglich" sein (aaO), zeigt das: Der Blick auf die Anwendbarkeit, also sein praktisches Interesse schlägt wieder durch. Dieser Aspekt fehlt *Savignys* Systemvorstellung völlig. *Reyscher* führt ihn intensiv durch, wenn er als „Methode" zusammenfassend

„practisch (!) — wissenschaftliche Anordnungsweise (sc. empfiehlt), welche mit vorzüglicher Rücksicht auf den unmittelbaren Gebrauch (!) im Leben selbst, die allgemeinen Gesichtspunkte, wie sie wohl ohne Künstelei in demselben gewählt werden, aufstellt, und diesen alsdann die einzelnen, hier von selbst in die Augen fallenden Bestimmungen, in natürlicher Reihenfolge unterordnet — kurz die Methode unserer Juristen vom sechzehnten und siebzehnten Jahrhundert" (S. 36).

Diese Stelle ist für Reyscher sehr bezeichnend, auch für seine Schwächen. Sie vereinigt sein jugendliches Vertrauen, seinen Blick auf „Leben" und unmittelbaren Gebrauch, seine Rollengebung für die Wissenschaft, die fast ganz rezeptiv wird, da sie nur die im Gebrauch gewählten Gesichtspunkte aufstellen soll, sein Lob der „praktischen" Juristen des 16. und 17. Jahrhunderts[320]. *Reyscher* fällt fast ein wenig in das andere Extrem, die Wissenschaft dem unmittelbaren Gebrauch zu überliefern. *Beseler* sollte einmal genau diese Neigung kritisieren[321]. Dies alles trennt *Reyscher* von dem Idealisten *Savigny*, für den das Systematische notwendiger Bestandteil der Erkenntnis der Wahrheit ist, nicht bloßes Schub- und Ordnungsfach[322].

---

319 Beruf 84, die Sätze zeigen klar sein organologisch-axiomatisches Rechtsbild, das die irrationale Variante (Fühlen) des Vernunftrechts darstellt.

320 Bed. 36, vgl. auch Fn 330.

321 Oben bei Fn III 251.

322 Das verbindet Savigny mit dem idealistischen Wissenschaftsbegriff bei Fichte und Kant, darüber jetzt *A. von der Stein*: Der Systembegriff in seiner geschichtlichen Entwicklung, in: Studien zur Wissenschaftstheorie 2 (1968) 1—13, der die ältere grundlegende Untersuchung von *Ritschl*: System (1906) fortführt, aber nicht ersetzt (vgl. noch Ritschl 68ff zu Kant, 74ff über die Fortsetzung);

Reyscher schreibt dann noch über die *Sprache* als „ein weiteres (!) Erfordernis guter Darstellung“ und bestätigt damit die obige These, ihm gehe es in schlichterer Weise um Form. Dadurch angeregt, schließt er exkursförmig noch zwei besondere Problemkreise an, ehe er das Kapitel beendet: die Frage der *Gemeinverständlichkeit* von Gesetzbüchern (S. 36—39), die auch Savigny noch zum Schluß aufgegriffen hatte[323] und die „Verirrung eigener Art (...), die der positiven Rechtslehre in das Gebiet der Philosophie“ (S. 39)[324].

Die Frage der kunstmäßigen Bearbeitung wird also ersichtlich anders angefaßt und durchgeführt als mit Savignys systematischem Sinn. So verschieden, daß sich in diesem Punkte jede Parallele verbietet. Sogar die bei der allgemeinen Rolle der Wissenschaft noch aufweisbare gemeinsame Plattform „Leben“[325] entfällt. Reyscher ist „kunstmäßige Bearbeitung“ — wie schon der Ausdruck anzeigt — ein Problem der Umsetzung von Gegebenem in Form. Es ist keine Erkenntnisfrage. Diese Aufgabenstellung und Lösung entwickelt er aus praktischem Impuls. Etwas, was den erwähnten Savignyschen Intentionen dabei entspräche, findet sich in „Bedürfnisse“ nicht. Für eine gewisse Parallele kann man eine andere Stelle aus dem „Beruf“ heranziehen, die der erwähnten alsbald folgt:

„Außer dem Stoff muß aber auch die Form des Gesetzbuchs in Erwägung gezogen werden, denn der Verfasser kann das Recht, welches er bearbeitet, völlig durchdrungen haben, und seine Arbeit wird dennoch ihren Zweck verfehlen, wenn er nicht zugleich die Fähigkeit der guten Darstellung (!) hat“[326].

Savigny erwägt dann Kürze und Weitläufigkeit als Methode, sieht aber keine „allgemeinen Regeln“. Die zuerst wiedergegebene Frage des inneren Zusammenhangs hatte er dagegen in einem mit „In Ansehung des Stoffs“[327] eingeleiteten Absatz behandelt. Gerade diese verschiedene Ausgestaltung erweist noch einmal die Unterschiede zwischen Savigny und Reyscher.

Zur Forderung praktisch-wissenschaftlicher Anordnungsweise kommt Reyscher auf einem aufschlußreichen Weg. Ziemlich weit ausgreifend erörtert er nämlich *drei* „verschiedene Ansichten“ die er so einführt:

„Da die wissenschaftlichen Handbücher (...) nach meiner Absicht die Gesetzbücher einstweilen in gewisser Art ersetzen sollen, so dürfte es nicht unmerkwürdig seyn, zuerst die verschiedenen Ansichten, welche man im Publikum von der erforderlichen

---

weiter die kurzen Bemerkungen *von der Steins* über „System als Wissenschafts kriterium“, Studien zur Wissenschaftstheorie 4 (1970) 99—107; vgl. *Wieacker*: Geschichte 369f; *Wilhelm*: Methoden 57ff.

323 Beruf 165: „Es ist oft verlangt worden, daß ein Gesetzbuch populär seyn solle (...)“; *Savigny* zieht auch dieses Seitenproblem bezeichnend ins irrational unverbindliche: „Wenn wir ihn (sc. den populären Stil) einmal wiederfinden, dann wird manches treffliche möglich seyn, (...)“.

324 Dazu unten 254f, auch 244f.

325 Oben 226.

326 Beruf 85.

327 Beruf 83.

allgemeinen Einrichtung eines Gesetzbuchs hat, ihrem Hauptcharakter nach kennenzulernen" (S. 34).

Auf diese Weise verknüpft *er* die Frage der kunstmäßigen Bearbeitung mit der Gesetzgebungsideologie. Savigny hatte diese Probleme „in Ansehung des Stoffs" eines gedachten Gesetzbuchs erörtert. In sehr bildhafter Weise[328] beschreibt Reyscher auf S. 35 folgende drei Modelle:

1) eine auf das „Bedürfnis"[329] ausgerichtete Form
2) eine nach den sogenannten „höheren Regeln der Kunst" und den „Forderungen der Symmetrie" erstellte und
3) eine lockere, die sich auf „allgemeine Grundsätze" beschränke.

Er verdeutlicht diese Typologie mit seinen launigen Bildern vom „bequem eingerichteten Gebäude mit dem Inhalte nach wohlbezeichneten Fachwerken" für 1), dem „Gebäude" von „Schönheit und Form", in dem „wohl auch Manches, was man nicht gerade nothwendig hätte, Aufnahme" fände für 2) und einem „einfachen Obdach, mit weiten, unverschlossenen Räumen (genügen), worin man, nur hie und da durch einen kräftigen Strebepfeiler aufgehalten, nach Belieben sich ergehen könnte", für 3). Die „Malerei" ist wohl nicht so harmlos, wie man zunächst meinen sollte.

Er selbst versieht sie gleich anschließend mit dem ernsten Bezug zu je einer „Klasse der Gesellschaft". Die nicht streng logische, bedürfnisgerechte Form sei die der „*Geschäftsmänner*", vorgebildet in den Gesetzgebungen des 16. und 17. Jahrhunderts[330]. Die „Geschäftsmänner" hatten sich ja schon in anderem Zusammenhang als prägender Faktor erwiesen[331]. Die kunstgerechte und symmetriebedachte Form sei die der „*Künstler* oder der *höher Gebildeten*". Sie habe „bei den umfassenderen Gesetzen des vorigen und des jetzigen Jahrhunderts Eingang gefunden, und ist wohl (sc. jetzt) einzig die einer Anzahl *Gelehrter* vom *Fache*". „Die dritte endlich" könne man „vielleicht die der *Philosophen* nennen", er meint, sich selbst bestimmender autonomer Menschen.

Die Auflösung der Bilder geht noch weiter. Auch den Bezug zu *Verfassungszuständen* stellt er her. Form 3), „weite" Gebäude, finde sich bei jungen *republikanischen* Staaten, welche Alles erst durch eigene Kraft erschaffen, und nur die wenigst möglichen Beschränkungen dulden wollen. Die „Philosophen" sind daher, was er wohl nicht zu sagen wagte, aber in dem „vielleicht" andeuten könnte[332], eigentlich jeder, das Volk! Es ist klar, und er sagt es schließlich selbst, daß besonders Frankreich und sein code civil gemeint sind. Es ist offen gesagt die *Gesetzesform* der *größtmöglichen Freiheit* aller, eben um, wie man jetzt besser

---

328 Das moniert *Wächter* in seiner Rezension, aaO (Fn 47).
329 Bed. 35; über die wichtige Funktion des Topos „Bedürfnisse" vgl. oben bei und in Fn 80.
330 Bed. 35.
331 Oben bei Fn 79.
332 Zitiert soeben.

versteht, „nach Belieben (!) sich ergehen zu können". Zu Form 2) sagt er wenig. Sie scheint mit dem vergangenen Jahrhundert, dem diese Formen angehören, undiskutabel geworden zu sein. Ihre Träger waren demnach Absolutismus und mehr noch aufgeklärter Absolutismus; feudale Verfassungszustände könnte man sagen. Form 2) ist danach die *Gesetzesform mehr oder weniger beschränkter Herrschaft*. Form 1) schließlich meint er, sei für das gegenwärtige Württemberg passend (S. 36). Es ist die Form des „Geschäftsmannes", des *Bürgers*, „der großen Anzahl derjenigen (...), welche nicht nach streng logischen Regeln zu denken und zu handeln gewohnt sind." Beides, Württemberg und Bürger, kennzeichnen sie als die *Gesetzesform vertraglich geregelter, gesetzmäßiger konstitutioneller Ordnung*.

Die Zurückführung der legislativen Bauformen auf bestimmte gesellschaftliche Verhältnisse, denn das sind ja Reyschers Verfassungszustände, und die „Ansichten" und „Erwartungen" (S. 35), also nichts anderes als die Interessen der verschiedenen „Klassen der Gesellschaft", ist ein äußerst ungewöhnlicher Ansatz in der damaligen Diskussion. Ich habe ihn daher genauer beschrieben. So dilettantisch er ausgeführt ist, er zeigt doch einen gewaltigen Unterschied des Blickwinkels etwa gegenüber Savigny. Es ist ein sehr *offen politisch* denkender Zeitgenosse, der so die gesellschaftlichen Interessenlagen mit den Formen von gesetztem Recht in Verbindung zu bringen versteht. *Jetzt* sind aber auch, wie bei Savignys innerem Zusammenhang, *Inhalte* betroffen. Das Systematische, oder die Form (bei Reyscher), erhält zwar keine Funktion für die *Richtigkeit* von erkannten Inhalten. Aber den verschiedenen Formen entsprechen verschiedene Inhalte. Form 1) läßt sich vom Bedürfnis führen, Form 2) von einem fast ästhetischen Ordnungssinn, Form 3) bleibt möglichst offen für Inhalte aller Art. Die Verbindung von Inhalt und Form ist dennoch ganz anders als die von Inhalt und Methode bei Savigny. Reyscher verbindet Leben, Interesse und Form. Savigny hat ein rein philosophisches Problem der Hermeneutik. Auch das ist bezeichnend, wie Unterschiedliches den beiden hier einfällt.

Es bedurfte kaum des Hinweises, daß der schon bisher ganz nüchtern denkende und mit der „Geschäftswelt" sympathisierende Reyscher der „praktisch-wissenschaftlichen Anordnung" in allem den Vorzug gab. Das Problem des Systematischen findet hier eine fast banale Lösung. Man kann auch sagen, es wurde gar nicht erst so kompliziert gestellt. Ob man das als erfrischend, lebensnah, ziemlich klar und unmetaphysisch begrüßen oder als unreflektiert simpel desinteressiert beiseite lassen will, das wird, abgesehen natürlich von Reyschers jugendlich ungründlicher Manier, schon eine Frage des eigenen juristischen Weltbildes des Beurteilers sein.

System und Willkürabwehr

Es ist nicht ohne Reiz, die Systemkonzepte Savignys und Reyschers auf ihren Bezug zur Willkürabwehr zu betrachten. Es geht dann um die Funktion des

Systematischen zwischen Freiheit und Notwendigkeit, Selbstbestimmung und Fremdbestimmung.

Für Savigny folge ich damit nur seinem eigenen Hinweis im Einleitungsaufsatz von 1815 „Über den Zweck dieser Zeitschrift“[333], wo er zunächst den Gegensatz zwischen Selbstbestimmung und Fremdbestimmung in seiner „allgemeinen Natur“ herausarbeitet[334], um ihn dann auf die Rechtswissenschaft anzuwenden[335] und zuletzt „die Anwendung dieser Grundsätze auf das Einzelne (sc. zu) versuchen“[336]. Das betrifft dann „besonders die wissenschaftliche Behandlung des Rechts — und alles wird von Grund aus anders, je nach der einen oder anderen Ansicht“[337]. Der grundlegende Einfluß des allgemeienn Zeitproblems gerade auf die juristische Methode konnte kaum eindringlicher expliziert werden. Der sogenannte systematische Sinn ist ein Teil der „zweyfachen“ juristischen Methodik. Er fällt also unter den genannten Einfluß und die damit verbundene Fragestellung.

Im „Beruf“ war Willkürabwehr besonders wichtig[338]. Hier gerät auch das Systematische in besonderem Maße in ihr Gravitationsfeld. Die oben bereits wiedergegebene Stelle[339] belegt insofern zweierlei:

erstens den Bezug des Systematischen auf die Erkenntnis des Stoffs;

zweitens den Bezug des Systematischen auf die Frage der Vollständigkeit.

Den ersten Bezug verdeutlicht besonders der Kontext. Die Passage steht im mit „In Ansehung des Stoffs“ eingeleiteten Absatz[340] und erläutert die dafür angegebene Aufgabe, das Vorhandene müsse gründlich erkannt werden[341]. Der systematische Sinn dient dazu, den „inneren Zusammenhang und die Art der Verwandtschaft aller juristischen Begriffe und Sätze zu erkennen“[342]. Der Zusammenhang soll nicht bloß ein *äußerer* sein, wie bei einer „Kompilation“ oder einem „bloßen (!) Aggregat“[343]. Er soll die einzelnen Begriffe in ihrer Verwandtschaft mit dem Ganzen zeigen, also als *unselbständig* gedachte *Teile*, die in etwas Übergreifendes eingeordnet sind. Die Vorstellung, das einzelne als Teil eines Ganzen zu sehen, beherrscht schon — und deren Thema gemäß ausführlicher — die Methodenlehre[344]. Es geht um generalisierende Erkenntnis. Die darin

---

333 ZgeschRw 1 (1815) 1—17.
334 aaO 2ff.
335 aaO 5 unten.
336 aaO 6 unten.
337 aaO 7.
338 Dazu ausf. oben 203f.
339 Oben 236.
340 Beruf 83f.
341 Beruf 83.
342 Beruf 84.
343 Beruf 163 benutzt *Savigny* dieses Gegenstichwort zu seinem organischen System.
344 Dort mit Schwankungen zwischen der Bezeichnung „philosophisch“ und „systematisch“, vgl. 15, 16f; anders das *peiorative* „philosophisch“ S. 37; später spricht

liegende Funktion des Systematischen wird anschaulicher durch einen Blick auf das ihm korrelierende zweite Element, das Historische. Es ergänzt die generalisierende systematische Betrachtung durch die Richtung auf das Individuelle[345]. Dabei wird etwas Gegebenes als *selbständiger Teil* gesehen, in seiner Individualität. Mit seinem „zweyfachen Sinn" beschreibt Savigny also eine *doppelte Perspektive zum jeweiligen Erkenntnisobjekt*[346]. Mit historischem Sinn wird das einzelne als einzelnes gewürdigt. Mit systematischem Sinn wird es in einer übergreifenden Einheit gesehen. Da es bei letzterem, wie dargelegt, nicht um eine bloße Katalogisierung oder Formgebung in Reyschers Sinn[347] gehen soll, handelt es sich um ein *materiales* Systemideal. System ist Ordnung des Stoffs durch *Erkenntnis* des Stoffs nach seiner *allgemeinen* Seite. Ordnung kommt nicht *nach* Erkenntnis und von außen her oder sonstwo, sondern ist eine Seite der Sache selbst. Diese wird daher als *immer schon geordnet erkannt*. Sie wird weiter *nur* erkannt, Ordnung wird vorgefunden, nicht gemacht. Ordnung ist immanent, vorgegeben. Auch Zusammenhang und System sind also bei Savigny *innerlich*, nicht durch *Willkür* erst konstituiert. In dieser Weise wird auch das Systematische von der beherrschenden, politisch bedingten[348] Antithetik erfaßt. Die Verdrängung der Willkür und des Machens auch aus dem Bereich des Systematischen fügt sich der schon bisher behaupteten Linie der Savignyschen Willkürabwehr ein.

Die Krone wird dem Ganzen aber erst mit dem *zweiten* Bezug des Systematischen aufgesetzt: dem zur *Vollständigkeit*. Ausgehend von leitenden Grundsätzen sollte der systematische Sinn die Verwandtschaft *aller* juristischen Begriffe zeigen. Auch diese umfassende Vorstellung hat schon die Methodenlehre[349]. Im „Beruf" wird sie prägnant, da Savigny dort untersucht, wie Vollständigkeit in der Jurisprudenz möglich sei. Er lehnt diese rationalistische Vorstellung ja nicht etwa ab[350]. Vollständigkeit kann nach Savigny eben durch Darstellung der Verwandtschaft *aller* juristischen Begriffe, ausgehend von richtigen lei-

---

S. strenger nur von „systematisch", vgl. unten Fn 779; zum Sprachgebrauch der Methodenlehre bei „philosophisch" oben Fn 147; den sinnentstellenden Ausdruck „philosophisch" S. 17 unter 3., 5. Zeile, der schon von *Wieacker*: Wandlungen 13 und *Wilhelm*: Savignys überpositive Systematik 124, zu „historisch" verbessert wurde, wird man in Analogie zur Klammer S. 17 auch textdichter als „philologisch" verbessern können.

345 Methodenlehre 14, 17 in der Klammer.

346 Wobei aber die *kritische*, die man damals allgemein mit „philosophisch" meinte, gerade fehlt. Mit „Form" und „Stoff" umschreibt diese Doppelung *Wieacker*: Wandlungen 13 und Geschichte 353f; vgl. aber die Verwahrung *Savignys* gg. die Deutung des Systematischen als formell, Gönnerrez. VS 5, 141.

347 Oben 238.

348 Oben 207ff zur Antithetik und ihren Folgen.

349 Methodenlehre 14 sein Normideal: „so vollständig (...)".

350 Vgl. Beruf 83f, wo er sie für ein sinnvolles Gesetzbuch ausdrücklich und nicht nur hypothetisch fordert.

tenden *Grundsätzen*, erreicht werden, also durch systematische Arbeit. Das ist freilich nicht die altmodische kasuistische Vorstellung, die jeden Fall einzeln im vorhinein erfassen will[351]. Der Gedanke der Vollständigkeit ist in der bestechenden Form einer Art *Richtlinienvollständigkeit* gewahrt[352]. Die zweite Funktion des Systematischen ist demnach, Vollständigkeit zu sichern. Damit ist die Willkürabwehr auch von der Methode her perfekt.

Sie läßt sich so *zusammenfassen*:

Die *historische* Ausrichtung soll die *direkte* Benutzung von Argumenten aus den Bereichen *autonomer* Kräfte versperren. Solche Kräfte sind konkret etwa „Vernunft", „vernünftige Natur", „Gesetzgebung", mitbestimmendes „Volk". Aus ihnen allen pflegte man damals energische Reform, manchmal sogar Revolution zu begründen. Sie hatten anders als der historische Blick vornehmlich kritische Funktion. „Naturrecht" in kritischer Rolle wird damit gar nicht erst als „Stoff" der Jurisprudenz zugelassen, mit durchaus praktischer Folge für das Angebot an Vorlesungen, Schriften und Stellungnahmen.

Die *systematische* Arbeit garantiert dann die Verankerung alles Stoff gewordenen Einzelnen in übergreifender Ordnung und Notwendigkeit. Die Figur eines „wirklichen Rechts"[353] oder das Entwicklungsmodell[354] sind Beispiele. Auch der Institutsbegriff und der Systembegriff selbst haben solche Funktion[355]. So ordentlich eingerahmt wandelt sich schließlich auch die verwerfliche „Willkür" zur gebilligten Freiheit[356]. Mit der gleichen Tendenz verdrängt die systematische Arbeit durch Darstellung eines *vollständigen Systems des Gegebenen* der Intention nach jede systemüberschreitende Kritik. Konflikte werden harmonisiert. Ein Beispiel ist Savignys Unverständnis gegenüber Bluntschlis These von einem neuen Gegensatz[357]. Seine leitenden dogmatischen Grundsätze haben dabei *erkenntnisleitende Funktion*. Sie helfen, volitives Mitwirken in der Anwendungsstufe zu verhindern. Das gegebene System ist zudem *organisch*. Es lebt sozusagen und bedarf keiner Steuerung, keiner Eingriffe. Es hat auch keine „Lücken"[358]. Es ist autark. Die Wissenschaft davon ist in ihm

---

351 Dagegen Beruf 84.

352 Vgl. Beruf 84: „eine solche Vollständigkeit in anderer Art".

353 Beruf 81 zieht er dies gegen Gesetzgebung heran; zur Funktion oben 209.

354 Dazu oben 208f.

355 Dazu die Nwe unten Fn V 102 (Wilhelm, Rüthers).

356 Vgl. die positive Umschreibung von „Freiheit" in *Savignys* „Zweck"-Aufsatz, ZgeschRw 1, 3.

357 Bei Stoll II 359f bestreitet *Savigny* hartnäckig die Vorstellung eines wirklichen Gegensatzes Romanisten-Germanisten; ebenso System 7 (1848) Vorrede.

358 Bezeichnend schon die Auslegungslehre der Methodenlehre, vgl. oben Fn 147; für das „System" s. I 290—6: „positives Recht aus sich selbst ergänzt" (290); ebenhierher gehört seine Idee der „organischen Ergänzung", die er im „Beruf" (S. 114) so sehr betont; vgl. *Wilhelm*: Methoden 66; ganz genauso schrieb *Wächter*: Privatrecht II 1 (1842) § 14.

autonom. Sie wird formal[359]. Die gefährliche Willkür findet keinen Platz mehr.

Nur ein als *vollständig* gedachtes *positives* Recht taugte ja auch zum autonomen Gegenstück des „willkürlichen“ Naturrechts. Savignys Antithetik ruft paradoxe Ähnlichkeiten mit diesem hervor. Man könnte von einem Gegennaturrecht sprechen, statt wie schon oft von einem Kryptonaturrecht[360]. „Neuer Wein in alten Schläuchen“, die „Ähnlichkeit der feindlichen Brüder“[361] und ähnliche Bilder bieten sich zur Veranschaulichung an. So weitgehend schlägt der Schematismus von Willkür und Notwendigkeit durch.

Erneut läßt sich *Reyschers Position* von der Savignyschen Folie griffig absetzen. In anderen Bezügen erwies sich bereits, daß Reyscher nicht wie Savigny im Banne der Willkürabwehr steht [362].Dieser Aspekt bewährt sich auch bei der Rolle des Systematischen. Für Reyscher sind System und Ordnung nicht bloß ein zu erkennendes Abbild eines sachimmanenten Prinzips innerer Notwendigkeit, sondern Ergebnis des „unmittelbaren Gebrauchs im Leben selbst“ (S. 36). Sie sind konkret-praktisch bedingt, was sich von Savignys Zusammenhang gerade nicht sagen läßt. Sie bedürfen der „Anerkennung“[363], der praktischen Bewährung. Sie sind nicht, wenn einmal richtig aufgefunden, ohne weiteres verbindlich. Sie müssen die Probe der Selbstbestimmung bestehen.

Die Lösung des Problems Ordnung und System ist ihm auch nicht schlicht Folge „philosophisch“ abstrakter Kategorien. Reyscher fällt nicht in den *zweiten*, von *Savigny* gesehenen und verworfenen Weg, den abstrakt deduktiven. System ist ihm nicht aus Vernunft oder einem anderen „höheren“ Prinzip vorgegeben. Gegen diese Art von System, fast Systemlosigkeit, die sich in der Gesetzgebung mit wenigen allgemeinen Grundsätzen begnüge (s. o. Modell 3), führt Reyscher an, daß diese als „Grundlage aller (!) Entscheidungen (sc. des Richters) nicht auszureichen im Stande seyn würden“ (S. 35). Das ist ein typisches, konkret-praktisches Argument. Dazu gehört, daß Reyscher sich eigens gegen eine „Verirrung (...) der positiven Rechtslehre in das Gebiet der Philosophie“ (S. 39f) wendet. *Solche philosophische* Richtung würde ja eine Abkehr der Wissenschaft von der erwünschten leitenden Funktion des „unmittelbaren Gebrauchs im Leben selbst“ mit sich bringen. Nur auf die Gesetzgebung will er dem philosophischen Recht einen gewissen Einfluß zugestehen „aber nur, sofern es ihr die Richtung anzeigt zu zeitgemäßer Verbesserung des Bestehenden“ (S. 40). Mit der Klausel „zeitgemäß“ ist noch in diesem Zugeständnis das „philosophische Recht“ wieder an „das Leben selbst“ rück-

---

359 Grundlegend für diesen Aspekt *Wilhelm*: Methoden.

360 Statt aller *Wieacker*: Geschichte 372f mNw und oben Fn III 274.

361 So *Welcker* 1829 in: System 571 Fn 273.

362 Etwa oben 214.

363 Bed. 34.

gebunden. Es ist eine der Klauseln, in denen sich Reyschers eigene Vorstellungen von Lebensbezug geltend machten[364].
Ähnlich steht es mit der *Vollständigkeit*. Auch sie wird praktisch genommen: Vollständigkeit ist erreicht, wenn alles vom Bedürfnis Geforderte erfaßt ist.

Resümee

Bei Savigny fallen also sehr passend bestimmte politisch soziale Motive mit idealistischen Wissenschafts- und Wahrheitsvorstellungen zu Willkürabwehr zusammen. Paradox scheinende Gemeinsamkeiten mit den befehdeten „Philosophischen" sind die Folge. Man teilte sich in den wahrheitssuchenden Systemglauben der zeitgenössischen idealistischen Systeme[365] und stritt so gesehen erst darüber, was des Systems würdig sei. Insofern war es denn in der Tat kein „feindlicher Streit" (Savigny). Reyscher huldigt diesem Glauben nicht. Darin scheint ein Wissenschaftsbegriff durch, der ganz anderen Richtigkeitskriterien folgt. Die Glaubenssätze von einer *gelehrten* Wahrheit haben ihn in seiner Kodifikationsschrift nur wenig berührt. Das mindert den Anspruch sachlicher Präzision nicht.
Savignys und Reyschers Vorstellungen laufen hier also stark auseinander. Systematische Arbeit in Savignys spezifischem Sinne gibt es bei Reyscher gar nicht. Sein Bemühen um Ordnung, Form und System steht nicht im Dienste, sei es negativ, der Willkürabwehr, sei es positiv, immanent gedachter Notwendigkeit. Es richtet sich vielmehr nach Bedürfnis und konkreter Praxis. Reyscher leugnet weder die Rolle von Notwendigkeit (Ordnung, Natur, innere Gesetzmäßigkeit, etc.), noch von Selbstbestimmung (Freiheit, Vernunft, Gesetzgeber, Philosophie, etc.). Aber er sieht beides durch das Medium des konkreten Gebrauchs. Damit vermeidet er, sich in dem antithetischen Schematismus Savignys allgemein festzulegen. Er bleibt theoretisch gesprochen *offen für beides*. Gleichermaßen wendet er sich gegen eine „Diktatur" der Natur[366], wie der Philosophie[367]. Mit einem gewissen Optimismus vertraut er auf das „Leben" selbst, ganz konkret aufgefaßt. Diese Lösung ist sehr ambivalent. Denn was „Gebrauch" ist, steht natürlich weniger fest als sichere Formulierungen glauben lassen sollen. Es steht so wenig von vorneherein fest, wie „das Historische" Savignys oder „das Philosophische" seiner Gegner. Aber Reyscher behauptet dies auch nicht.
Die Ausführungen zur Rolle der Wissenschaft lassen sich vielleicht mit folgender Beobachtung abschließen. In auffallender Weise nimmt Reyscher eine Leistung für sich in Anspruch, die er Savigny abspricht. Savigny setze auf

---

[364] Dazu ausf. unten 247ff, weitere Zitate oben 200.
[365] Vgl. die Charakteristik bei *Copleston*: History 7 (1963) 1ff, 9.
[366] Dies wendet er später ausdrücklich gegen *Savigny* ein, vgl. unten 331f.
[367] Dazu unten 244, 254f, 356.

Wissenschaft, „ohne das Bedürfnis der Wissenschaft für sich geschichtlich nachzuweisen". Er, Reyscher, habe erst die *Unentbehrlichkeit der Wissenschaft* eigentlich „historisch begründet" (S. 25). Diese Frage und Begründung ist ihm sogar so wichtig, daß er seine Schrift damit eröffnet[368]. Sein erstes Bedürfnis ist also, „die wissenschaftlichen Bemühungen der Gelehrten" (S. 2), „die zahlreiche Klasse derjenigen, welche sich die Auslegung der Gesetze zum Gewerbe macht" (S. 3), vom Vorwurf eines bloß „nachtheiligen Einflusses sowohl auf die Jünger der Gesetzes-Wissenschaft, als auch auf die Rechts-Ordnung im Staate selbst" (S. 2) loszusprechen. Dies tut Reyscher auf den ersten sechs Seiten. Interessant ist dabei, daß er nicht einfach dem Vorwurf eines „oft unberufenen Hin- und Herzerrens selbst der unläugbarsten Grundsätze des Rechts" (S. 2) die tatsächliche Berechtigung abspricht. Er anerkennt vielmehr dieses Problem durchaus. Nur meint er, man würde

„die nützliche Pflanze mit der schädlichen vertilgen, wollte man, wie in den angeführten Fällen versucht worden, um einer Überfruchtung oder regelwidrigen Richtung willen, welche in dem wissenschaftlichen Streben zu entdecken sein möchte, solches gänzlich ausschließen." (S. 4)

Reyscher läßt spüren, daß ihm die Rolle der Wissenschaft wesentlich fragwürdiger ist als Savigny. Er folgt damit dem verbreiteten Impuls eines aus der Sphäre des Nichtjuristen kommenden Mißtrauens gegen „die Priester des irdischen Gesetzes" (S. 3), das bis heute geläufig ist[369]. Dieses Mißtrauen nimmt Reyscher durchaus ernst; viel mehr als Savigny. Aber er versichert doch, daß die Wissenschaft „dem Richter einen Reichtum des einzelnen Wissens aufschließt, welcher ihm in allen, fast immer möglichen Fällen leitend zur Seite geht", daß sie „beleuchtet" und feststellt" nach welchen allgemeineren Gesichtspunkten" sich „die verschiedenen Stellungen im Staate (...) betrachten lassen" (S. 5), daß sie den „Grund anlegt" (S. 6) für geschriebene Gesetze und überhaupt erst „vollständigere Meisterschaft über den gegebenen Stoff" (S. 26) ermöglicht. Das macht ihm ihren Wert aus. Die Zuordnung zum „Leben" ist völlig anders als bei Savigny. Dies ist eine Folge der Divergenz der Bezugspunkte „Leben"[370]. Konkret lebendig soll Wissenschaft sein, geradezu „das Leben begleiten". Das Bezeichnende an Reyscher ist, wie sich hier ganz andere Interessen bemerkbar machen, die zeitgenössisch rechtswissenschaftlichen Diskussionsformeln erfassen und zum anderswertigen Baustein eines neuen Gebäudes machen. Das andere, *praktischere Interesse* beeinflußt die *Problemstellung*: Wissenschaft ist in größerem Maße fragwürdig, die *Durchführung*: Ihr Bedürfnis wird eigens historisch begründet, die *Rollengebung*: Sie ist praxisbezogen. Der Jurist ist Experte, nicht „Priester des irdischen Gesetzes".

---

368 Bed. 2: „Man betrachtet oft (...)".

369 Vgl. *Engisch*: Einführung 7, 8; noch *Zweigert*: Jurist, betont fachexklusive Gelehrtheit deutscher ggüber franz. Juristen.

370 Dazu oben 217 und zus.fassend sogleich.

Der Lebensbezug. Folgen. Ergebnisse

Es ist an der Zeit von der Naheinstellung wieder auf größere Perspektiven überzugehen, das Objektiv zu wechseln. Die Behandlung des Lebensbezuges[371] soll dazu dienen.

Ich habe bereits gezeigt, daß der von mir so genannte Lebensbezug für Reyscher ebenso wie für Savigny grundlegende Bedeutung hat[372]. Bei der Rolle der Gesetzgebung[373], der Wissenschaft[374], des Geschichtlichen[375] und des Systematischen[376] erwies er sich als bestimmend. Darin daß Reyscher und Savigny den stets gerne benutzten Bezugspunkt „Leben" unterschiedlich füllen, meinte ich, Konvergenz und Divergenz zugleich bezeichnen zu können[377]: Konvergenz in der Rückbindung von Recht an Leben, Divergenz in der Art, die Formel zu konkretisieren und einzusetzen.

Die *Denkform*, auf das *Leben* zu rekurrieren, hat Tradition. Ich will nur die altständische, direkte Vorstufe erwähnen. Diese stammt aus der Abwehr gegenüber einem bürokratischen Rationalismus, der gerne über das Individuelle hinweg regierte, sei es auch zu dessen Bestem. Die Abwehr betont den Eigenwert des Individuellen und Lebendigen. Sie verwirft einen Despotismus, der alles nach wenigen Regeln zwingen will[378]. *Justus Möser*, *Edmund Burke*, *Adam Müller* und schließlich auch *Savigny* haben sich dieser Argumentation bedient. *Eichhorn* erwähnt Burke ausdrücklich und billigend. Klaus Epstein hat gerade für den auch von Savigny stets gepriesenen *Möser*[379] dies besonders schön beschrieben[380]. Man braucht nur einmal einige Titel der Möserschen „Patriotischen Phantasien" (1774, 1775, 1778, 1786) zu lesen, etwa „Sollte man nicht jedem Städtgen seine besondere politische Verfassung geben?"[381], um das zu sehen.

---

[371] Diese Bezeichnung ist ausgerichtet am Sprachgebrauch Savignys *und* Reyschers, die beide das „Leben" und „lebendig" vielfach beschwören.

[372] Bes. oben 217 zur Divergenz bei diesem Bezugspunkt.

[373] Oben 200f.

[374] Oben 225f.

[375] Oben 229, 235.

[376] Oben 238, 240, 244.

[377] Oben 217.

[378] Exemplarisch hierfür *Justus Möser*: Der jetzige Hang zu allgemeinen Gesetzen und Verordnungen ist der gemeinen Freiheit gefährlich, Werke II (1772) 20—6 (aus Patr. Phantasien II); leider nicht in der Reclam-Auswahl.

[379] Beruf 80, 138, 146; vgl. den Nw bei *Epstein*: Conservatism 297 Fn 3 für Mösers Wirkung auf Savigny und Niebuhr.

[380] *Epstein*: Conservatism, Chapter 6, p. 297—338: „Justus Möser: Portrait of Prevolutionary Conservative"; dort ist die gesamte Literatur verarbeitet. Für Burke u. Müller s. *Mannheim*: Kons. Denken 460ff, 466ff.

[381] Patr. Phantasien III Nr. XX, hier nach der Reclamausgabe S. 142ff; vgl. *Epstein*: aaO 314 Fn 37.

Auch Reyscher wendet diese Denkform an. Aber sie macht vorher einen *Funktionswandel* durch. Bei ihm dient die Berufung auf „Leben" nicht zur Abwehr, sondern sie ist Postulat. Sie wirkt nicht konservierend und liebevoll detaillistisch, sondern antreibend und vorwärtsweisend. Sie kommt ganz so zum Einsatz, wie sie noch viel entschiedener etwa im „Jungen Deutschland" geltend gemacht wurde[382] und im Vormärz geläufig war[383]. Das lag nahe, weil sich eben das „Leben", die Wirklichkeit, beträchtlich verändert hatte. Sie war in Bewegung geraten mit der französischen Revolution[384], den Freiheitskriegen, der beginnenden Industrialisierung[385]. Diese Bewegung wollte eine junge Generation aufnehmen, zu der auch Reyscher gehörte[386].

Ich stellte zu Anfang dieses Kapitels die Frage, ob Reyscher sich seinen organischen Zusammenhang von Recht und Leben als *auf*gegeben oder *vor*gegeben vorstelle[387]. Reyscher stellte sich diese scharfe Alternative nicht. Klar ist, daß er ihn nicht für vorgegeben hält. Er neigt ja sehr dazu, die Offenheit und Gestaltungsbedürftigkeit der Verhältnisse zu betonen. Andererseits spricht er auch von „natürlicher Rechtsbildung". Das schließt sich bei ihm nicht aus. Sein Ansatz will sich der exklusiven Antithetik von Freiheit und Notwendigkeit entziehen. Es liegt an seiner politisch-praktischen Wirklichkeitsnähe, daß er Selbstbestimmung *und* Fremdbestimmung sieht, so wie sie sich alltäglich mischen. Über dem Blick auf die Bedürfnisse schrumpft die idealistische Antithetik in den Grundvorstellungen.

In der Berufung auf „Volk", „Leben", „Natur" bekennt sich Reyscher zum Zeitgenossen der geschichtlichen Rechtswissenschaft, aber gegen sie. Es scheint eine „List der Vernunft" — mit Hegel[388] —, daß die legitimistische Verwendung dieser Formeln nun, anders gewendet, gegenwartsfreundlich und veränderungsfreudig verstanden, *gegen* Savigny ausschlägt. Den Wandel belegt vor allem Reyschers Ruf nach „politischer Wiederbelebung des Rechts"[389]. Die Reformbewegung weicht damit nicht einfach angesichts der geringen Aussichten auf Erfolge im materiellen Recht auf Prozeß und Rechtsvollzug aus. Savigny, der letzteres als Nebenbereiche ansah, hatte hier Zugeständnisse gemacht[390]. Reyscher hält aber dieses Gebiet für zentral. Es ist schon eine ganz andere bezeichnende Wertung, daß er nicht das materielle Recht völlig in den

---

382 Dazu *Hermand*: Junges D./Quellen, etwa 99f (Wienbarg: Der Griff in die Gegenwart), 173f, 371 im Nachwort.

383 Vgl. *Hermand*: Vormärz/Quellen, etwa 5, 74; stark etwa im Artikel: Literatur und Leben, in: Wigands Conversationslexikon II (1845).

384 Dazu bes. *Bergeron-Furet-Koselleck*: Zeitalter der Revolutionen.

385 Dazu etwa *Gebhardt-Treue* 376ff, 438ff.

386 Siehe die Ausführungen oben 151f zum Generationswechsel.

387 Oben bei Fn 37.

388 *Hegel*: Enzyklopädie § 209 (Werke 8, 365).

389 Dazu das ausf. Zitat oben 226f.

390 Beruf 148f.

Vordergrund schiebt. Die Idee der politischen Wiederbelebung selbst ist die schärfste Konsequenz dieser anderen Wertung. *Politische Wiederbelebung*, d.h.: „Wiedereinführung (sc. des Rechts) in das Volksleben" (S. 30), Recht als „Gemeingut aller" (S. 31), „vollständigere Theilnahme an dem Rechtssprechen" (aaO), „öffentliches Verfahren" (S. 32), „bürgerliche Rechtspflege" (aaO), allgemein verständliche „Handbücher" (S. 34), „Gemeinverständlichkeit" (S. 36) der Rechtssprache, „Landesversammlungen" (S. 52) der Stände als „Vorübung" allgemeiner Mitwirkung, zuletzt „wahrhafte Mündigkeit"[391] in Gesinnung und Handlung, zu „reiner und selbständiger (!) Achtung vor dem Gesetze".

Es ist frühliberales Traditionsgut, das Reyscher hier geltend macht. Er geht dabei recht weit, da er *Öffentlichkeit und Mündlichkeit* in Straf- *und* Zivilprozeß rühmt, sowie Mitwirkung von gewählten Laien in Tat- *und* Rechtsfrage empfiehlt. Beifällig kann er auf die auch mit Laien besetzten württembergischen Oberamtsgerichte verweisen[392]. Das ist ein Beispiel dafür, wie er sich stets an Bestehendes zu halten versteht. In dieser Weise argumentiert er „geschichtlich". In der Tat konnte man bei der überreichen institutionellen Formenvielfalt des damaligen Deutschland eigentlich fast alles „geschichtlich" begründen. Die Forderung nach Öffentlichkeit war neben der nach Geschworenengerichten wenigstens seit Montesquieu[393] in der Diskussion. Unter den Beiträgen zu diesem „Eckstein politischer Freiheit"[394] fehlte kaum ein berühmter Name. Feuerbach[395], Mittermaier[396], Welcker[397], G. L. Maurer[398], später etwa Wilda[399], Köstlin[400] oder Gneist[401] hielten nicht zurück. Höhepunkte waren die

---

391 Bed. 52; näher unten 296f.

392 Bed. 31; ausführlicher dann in ZDR 6 (1841) 363.

393 Auf diesen beruft sich auch *Reyscher*, Bed. 31.

394 Wie man sie euphorisch nannte.

395 Betrachtungen über die Geschworenengerichte, Landshut 1813, ersch. 1812 (Landsberg N. 65); Betrachtungen über die Öffentlichkeit und Mündlichkeit der Gerechtigkeitspflege, Gießen, 1821 unf 1825.

396 Die öffentlich-mündliche Strafrechtspflege und das Geschworenengericht in Vergleichung mit dem deutschen Strafverfahren, Landshut 1819; eine ausf. Rezension zu *Feuerbach* in den Hd. Jb. 1825, Nr. 33ff, 513—47; von *Mittermaiers* ständiger Beschäftigung mit diesem Thema vgl. noch seinen bes. eindrucksvollen Bericht für Lübeck, Verhandlungen 68ff.

397 Wichtig die große Rezension zum „Gutachten der (Königl. Preußischen) Immediat-Justiz-Commission (zu Köln) über die Geschworenengerichte.", Hd. Jb. 1818, Nr. 50ff, 785—822; vgl. dazu *Müller-Dietz*: Welcker 35 mit Fn 425 und bes. Fn 113.

398 Dazu ausf. *Dickopf*: Maurer 123ff und 138ff.

399 Er gab ein Gutachten für Lübeck ab, s. Verhandlungen 249ff.

400 Der Wendepunkt des deutschen Strafverfahrens im 19. Jahrhundert (...), Tübingen, 1849; daneben weiteres z. Thema.

401 Die Bildung der Geschworenengerichte in Deutschland, Berlin 1849.

von Reyscher initiierten Germanistenversammlungen[402] und § 178/179 der Paulskirchenverfassung vom 28. März 1849. Savigny begnügte sich 1814 mit der Bemerkung,

„es ist nicht vorher zu bestimmen, wieviel von altgermanischen Einrichtungen, wie in Verfassung so im bürgerlichen Recht, wieder erweckt werden kann"[403].

Reyschers Stimme ist hier eine kleine unter vielen. Seine Stellungnahme ist aber vergleichsweise ausgreifend[404]. 1841 hat er seine Thesen vertieft und bekräftigt[405]. Bei der Wiederaufnahme zeigt er sich als gelehrter Germanist mit Literatur-[406] und Geschichtskenntnis[407], sowie unverändert wachem politischen Bewußtsein. Man sieht klar, wie wieder der „geschichtliche Standpunkt" zugunsten der Kontinuität des ihm Erwünschten herangezogen wird. *Der Lebensbezug entfaltet seine politisch liberale Funktion.* Wesentlich ist die Richtung auf Beteiligung des Volkes, der Rechtsbetroffenen. Ich sage Richtung, denn die Tendenz ist gleichbleibend, wenn auch die konkreten Stellungnahmen je nach politischer Konjunktur differieren.

Reyschers Kodifikationsschrift zeigte seine Grundeinstellungen. Ich stelle einige Ergebnisse und Konsequenzen zusammen.
Für das Verhältnis von Recht und Rechtsbetroffenen, *Recht und Gesellschaft* oder *Recht und Volk* begnügt sich Reyscher nicht mit der Vorstellung, „Zutrauen des Volkes" zum Recht sei das richtige. So hatte C. G. Wächter[408] formuliert, dahin geht auch Savignys Meinung. Im Streit der Organisatoren Wangenheim und Malchus kamen 1817 in Württemberg die Positionen klar heraus[409]. Recht erscheint bei ihnen mehr als dargeboten, das Volk als unselbständig, zutraulich. Reyscher will mehr. Er will Teilnahme und Mitbestimmung und *darauf* beruhendes *Vertrauen.* Das verschiebt die *Rechtsquellenlehre.*

---

402 Frankfurt 1846, Lübeck 1847.

403 Beruf 140f.

404 Er befürwortet wie gesagt Öff. *u.* Mündlichkeit und Laienrichter für Strafrecht *und* Zivilrecht. *Jaup* (1781–1860, s. Wippermann ADB 13, 733f; STL^2 7 (1847) 551–6), Geh. Staatsrat in Darmstadt, vor 1806 Professor in Gießen, konnte 1846 noch ausrufen: „Wenn man vor 20 Jahren von Öffentlichkeit und Mündlichkeit gerichtlicher Verhandlungen gesprochen, glaubte man nicht eine Stimme zu hören, die in der Wüste verhallte?", s. Verhandlungen/Frankfurt 110; *Dahlmann* sprach unter den günstigen Auspizien der Germanistenversammlung von 1846 *nur* für Criminaljury (S. 100).

405 In: Das preußische und das k. württembergische Justizministerium über Öffentlichkeit und Mündlichkeit der Rechtspflege. Nebst einigen Worten für gemischte Gerichte: ZDR 6 (1841) 335—76.

406 Er nennt das Immediatgutachten, Feuerbach, Maurer, Senckenberg, bringt Montesquieu genau, setzt Voltaire hinzu (S. 350) usw.

407 AaO 350ff geht er genauer auf die geschichtliche Entwicklung in Deutschland ein.

408 Zitiert oben Fn 47.

409 Wiedergegeben bei *Wintterlin*: Behördenorganisation II 196f und *Hölzle*: Erhebung 242f.

„Höhere“ Prinzipien treten zurück zugunsten der Idee eines sich selbst bestimmenden Menschen. Selbstgestaltung tritt in den Vordergrund anstelle von still wirkenden, sich von selbst offenbarenden Kräften. Doch denkt Reyscher nie an die Selbstgestaltung eines isolierten „Robinson“, sondern stets schon an eine in und mit der *Gruppe* „Volk“. Diese Gruppe ist allerdings wieder bezogen auf „mündige“ einzelne. So sollen Selbstbestimmung und Fremdbestimmung verschränkt sein. Die Vorstellung Reyschers ist nicht weiter auflösbar, ohne seine paritätischen Absichten zu mißachten. Sein Ansatz steht *zwischen* entschiedener individualistischen und solchen mit „höheren“ Ordnungen. Reyscher fand später ersteres bei Kant und Fichte, letzteres bei Schelling, Stahl und Hegel[410]. *Beides* lehnt er ab. Er versucht eine *Mitte* zu halten, ohne die Gegensätze zuzudecken. Das gilt für die Wahl von Gesetzgebungsmodell 2[411], für den Kompromiß *energischer* Reform[412], für die Kritik „unumschränkter Staatsgewalt“ und „beliebiger philosophischer Systeme“[413], für die Verbindung von Wissenschaft und Leben[414]. Er denkt dualistisch, wie es den Verhältnissen seiner württembergischen Heimat entspricht.

Auch seine *Gesetzgebungsideologie* erhält von daher ihre eigentümliche Farbe. Gesetzgebung wird auf das Kriterium des Vertrauens der Rechtsbetroffenen relativ[415]. Sie dient nicht dem Vollzug vorgegebener Ordnungen[416]; auch nicht durch Unterlassen — wie bei Savigny. Sie ist nicht einfach Bestandsaufnahme des Richtigen; aber sie soll auch nicht ungebunden Vorschriften machen dürfen. Das Interesse der Rechtsbetroffenen soll sie leiten. Daher ist so oft vom „Bedürfnis“ die Rede[417] oder auch vom „Volksleben“[418], in dem ja diese Bedürfnisse auftreten, als „ursprünglicher Nahrungsquelle“[419]. Diese Ausrichtung ist nüchtern. Politisch wirkte sie bürgerlich, ja ein wenig demokratisch. Es kam Reyscher gar nicht so sehr darauf an, ob Gesetzgebung eingriff oder nicht[420]. Sie sollte vor allem den Zusammenhang des Rechts mit dem Volksleben wahren und so ein Stück „Teilnahme des Volkes“ durch die Berücksichtigung seiner Interessen verwirklichen. Die Teilnahmeforderung hatte ihre juristische Ebene, nicht nur ihre ökonomische und politische. Gesetzgebung ist

---

410 Dazu unten 327f.

411 Indem er das Volk *hinter* die Gesetzgebung schiebt, vgl. die drei bei *Gagnér*: Studien 47f herauskristallisierten Modelle für Rechtsentstehungstheorien.

412 Oben 64f, 215.

413 Bei Fn 58/59, Zitate zum Absolutismus (Bed. 16, 34); bei Fn 64 und 762f zur Philosophie (Bed. 17, 39).

414 Oben 223f.

415 Oben 202.

416 Vgl. *Gagnér*: Studien 47f.

417 Nwe oben Fn 80.

418 Oben 200.

419 Bed. 30, zitiert oben 226f a. E.

420 Oben 201.

in diesem Sinne dem schillernden, „schaffenden Prinzip" Volksleben untergeordnet[421]. Dies ist ihr Lebensbezug bei Reyscher.

Der *Bereich der Rechtsanwendung* mußte Reyscher nach alledem besonders am Herzen liegen. Er war ja der lebensnächste. So konnte er eine Geschichte des angewendeten Rechts fordern[422]. So war ihm Verbesserung des Rechtsvollzugs nicht nur ein sekundäres, sondern ein zentrales Problem[423]. Sein Lebensbezug läßt ihn „vor Allem Theilnahme des Volkes an dem Rechtssprechen" wärmstens preisen[424]. Erklärtermaßen will er damit Mitbestimmung, hier in der Form einer Kontrolle der obrigkeisstaatlichen Justiz durch die Rechtsbetroffenen[425]. Für Savigny war dagegen auch Rechtsprechung Wissenschaft, auch nur Erkenntnis des Richtigen[426].

Auch die Frage der *Rechtssprache* hat ihren bestimmten Platz in Reyschers juristischem Weltbild. Technokratische oder ästhetische Prägnanz, gar „Rechnen mit Begriffen", wie es Savigny träumte[427], war Reyscher 1828 nicht so wichtig. Später verwendet auch er einmal diesen Topos[428]. Vor Beginn seiner professoralen Laufbahn wünschte er sich vor allem „*Gemeinverständlichkeit*"[429]. Ohne diese war ja auch an ein effektives Mitreden nicht zu denken. Er sieht dies selbst[430]. Er spricht im Namen „der großen Anzahl derjenigen (...), welche nicht nach streng logischen Regeln zu denken und zu handeln gewohnt sind"[431]. Hier liegt die Wurzel für *sein* Mißtrauen gegen allgemeine, abstrakte

---

421 Bed. 30f.

422 Bed. 29 Fn.

423 Vgl. oben 248f.

424 Bed. 31.

425 Dies klingt in Bed. 31f nur an, „Bestandteil einer unschädlichen Volksgewalt" (S. 31), kommt aber 1841 deutlich, s. ZDR 6, 369.

426 Beruf 147f für den Richter, vgl. oben 242 für *Savignys* Ausrichtung am bloßen Erkennen.

427 Beruf 88 für das Vorbild der römischen Jurisprudenz; dies Lob kontrastiert eigenartig zu seiner Kritik einer „mechanischen Sicherheit des Urteils", Beruf 113, deren Befürworter doch ganz ähnlichem Ideal huldigen. Man streitet sich also nur um die Kompetenz zum „rechnen"! Der Topos für die Römer war damals bes. durch *Hugo* geläufig, der in seinem Civ. Mag. I (1791) 23—34 *Leibniz* sehr gepriesen hatte, von dem er schon 1789 das Lob des mathematischen Scharfsinns der röm. Juristen übernommen hatte, das allerdings im Civ. Mag. aaO fehlte. In Beyträgen I 149f, wo das angeführte Lob von 1789 steht, fügte er 1828 die sprechende Anm. bei: „Dies vielleicht die erste Anführung dieser von mir nachher, nicht immer zur Freude Anderer, so oft angeführten Stelle, in Allem, was ich habe drucken lassen." Zu Leibniz' Stellen jetzt *Sturm*: Leibniz 19, 37; vgl. für damals *Thibaut*: Versuche I 136f (ähnlich Hugo); *Feuerbach*: Einige Worte (1816) 145 (kritisch); *Kierulff*: Theorie XXIII (kritisch); *Welcker*: System XVII, 74 (ähnlich Hugo).

428 Privatrecht III (1848) Vorrede III.

429 Oben 238.

430 Bed. 32.

431 Der Zusammenhang oben 240.

Lehrsätze[432]. Sein Standpunkt läuft nicht etwa auf Logikverzicht hinaus. Aber mit der Idee eines sich selbst regelnden und fortpflanzenden Begriffssystems konnte Reyscher nichts anfangen, seine Sprachvorstellung hatte stets die erforderliche Pragmatik, wie man sich heute ausdrückt. Sein spezifischer Lebensbezug ist auch an diesem Baustein nicht zu übersehen. Die politische Sprengkraft dabei ist klar. Im „Jungen Deutschland" wußte man das noch schärfer[433].

Nicht anders als den bisherigen Topoi ergeht es dem *Systemgedanken.* System ist Reyscher mehr ein Problem des bequemen Zugriffs. Abbildung irgendwelcher immanenter Strukturen kommt ihm nicht in den Sinn. Er sucht nicht den wahren Organismus, sondern eine gewisse Ordnung für den „unmittelbaren Gebrauch"[434]. Der Stoff soll übersichtlich sein. Man soll ihn leichter verstehen können. Die Aufgabe, einen besonderen inneren Zusammenhang sichtbar zu machen, gar einen, den normale Leute nicht so ohne weiteres sehen, stellt er sich nicht. Er ist da ganz prosaisch, denkt wohl wieder an seine „Geschäftsmänner" und hütet sich, dergleichen Dinge für „höher Gebildete" zu postulieren[435]. So ist sein Systemgedanke auf „Bedürfnis" gestellt. Sein Lebensbezug läßt eine so hoch angesetzte Systemidee wie die Savignys nicht entstehen.
Wissenschaftsidee und Systemgedanke waren nach Kant fast Synonyma[436]. Sie finden auch immer wieder zueinander. Reyscher schließt sich hier nicht aus. Aber die Gemeinsamkeit besteht bei ihm darin, daß auch seine Wissenschaftsidee seiner Vorstellung von Lebensbezug folgt. In „Bedürfnisse" läßt sie sich im wesentlichen daran ablesen, welche Rolle er ihren Verkörperungen, den gelehrten Juristen, gibt. Sein Interesse an „reiner" Gelehrtheit erwies sich als denkbar gering. Das war durchaus damit vereinbar, daß er gerade noch 700 Seiten historischer Darstellung niedergeschrieben hatte[437]. Beides sollte der Gegenwart dienen. Ich habe diese seine Motivitation schon im Kapitel zu seinem Leben verfolgt[438]. Sie führt dazu, daß er ganz scharf ein *rein* wissenschaftliches Recht ablehnt[439]. Seine Juristen sollen das rechtliche Wissen nicht als *allein* Berufene predigen, sondern als Experten aufbereiten und für *alle* verfügbar machen. Daß *Wissenschaft und Leben* gegenseitig in engstem Kontakt

---

432 Die Philosophieabneigung, Nwse Fn 413; Bed. 40 „Unnütz sind dagegen in den Gesetzen selbst jene allg. Lehrsätze, welche nur Wenige anerkennen, und die Meisten im Volke nicht verstehen."

433 Vgl. *Th. Mundt*, „Gesprochenes statt geschriebenes Deutsch", bei *Hermand*: Jg. Dt./Quellen 109—12.

434 Oben 237f.

435 Oben 239.

436 Vgl. *von der Stein*: System/Kriterium, aaO (Fn 322) 107; *Kambartel*: System 99ff; bei *Kant* etwa: KdU § 68, B 305; KrV A 831f.

437 In der „Historischen Einleitung" (Nr. 4a), oben 84.

438 Oben 56.

439 Oben 223ff.

stehen sollen, fordert er mit nie nachlassender Energie[440]. Hier war eine weitverbreitete Opposition gegen seine modernen Thesen zu überwinden. Daß Wissenschaft auf die Bedrüfnisse, gar des Volkes, zu achten habe, gefiel den meisten Wissenschaftlern nicht. Gerade hier wurde Reyschers Lebensbezug brisant.

Ganz im Geiste des erwachten historischen Sinnes fordert auch Reyscher *historische Arbeit*. Er hatte seine eigene Arbeitskraft auch schon bereitwilllig in den Dienst der Geschichte gestellt, indem er seine „Sammlung der Staats-Grundgesetze" (1828—30)[441] ausführlichst historisch einleitete. Aber auch das geschieht vor allem im Interesse der *Gegenwart*. Deswegen soll sein Historiker das Volksmäßige, das Einheimische und einheimisch gewordene *zunächst* lebendig werden lassen[442]. Das ist kein Purismus[443]. Aber ferner liegende Vorbilder wie das römische Recht müssen dabei ihr bisher *erstes* Interesse verlieren. Hauptsächlich um diese Akzentverlagerung ging es eigentlich bei den folgenden heftigen Gefechten um Romanismus und Germanismus[444]. Mit seiner bewußten Bevorzugung des einheimischen Rechts hat Reyscher die Vorstellung „innerer Notwendigkeit", sowie die Von-selbst-These Savignys verlassen[445]. *Er* sah Entwicklungsbrüche und dachte an die „alte deutsche Freiheit"[446]. Damit war in seinen Vorschlägen zur „geschichtlichen Ergründung des Rechts" seine Art von Lebensbezug wirksam. Das Geschichtliche verliert das objektivistisch Metaphysische und seine Ausschließlichkeit[447]. Zugleich wird seine politische Funktion progressiv, da Reyscher die *Freiheit* in der Geschichte als der Beschreibung würdigen Kern heranzieht.

Das Problem *Philosophie* vergißt Reyscher bei aller Pragmatik schon in „Bedürfnisse" nicht. Sie ist ihm verdächtig, soweit sie seiner konkreten Basis „Volk" apriorisch erneuernd enteilt[448]. Will sie praktisch werden, so hat auch sie das Kriterium Lebensnähe zu erfüllen[449]. *Insofern* setzt er also das posi-

---

440 Etwa 1836, 1839, 1841, 1843, 1845, 1846.

441 Oben 84.

442 Oben 229.

443 Vgl. zu seiner Anerkennung des röm. Rechts oben 235, weiteres oben Fn III 480.

444 Vgl. das Echo zu „Daseyn" oben 111, die Stimmen oben 150f, den Beselerbrief unten 394, die Stimmen oben 163ff, für Lübeck oben 179, für die Fortsetzung nach 1850 die Zusammenstellung Fn III 77, für das Verhältnis zu Gerbers Germanismus oben 180f; aus der Literatur vgl. *Gierke*: HS; aufschlußreich am Beispiel der Rezeption *Bender*: Rezeption; eine mehr aus dem Gesichtspunkt des Liberalen als des Nationalen geschriebene Darstellung des Streits fehlt.

445 Siehe für *Savigny* und Kritik oben 230ff.

446 Das ist der Tenor seiner Beschreibung der „Gesetze der germanischen Nation", Bed. 8, aber auch der alt*römischen*, Bed. 7.

447 Zu der es bei *Savigny* tendiert, vgl. oben 233, 207ff.

448 Bed. 39f; vgl. die Zitate bei Fn 64 und 762.

449 Bed. 40: „Für die Gesetzgebung hat allerdings das philosophische Recht ein näheres Interesse, aber nur, sofern es ihr die Richtung anzeigt zu zeitgemäßer Verbesserung des Bestehenden."

tive Recht autonom und erklärt „beliebige philosophische Systeme" für irrelevant.

Im *öffentlich-rechtlichen* Bereich schwebt Reyscher konstitutionelle Kooperation vor. Seine Äußerungen bleiben vorsichtiger in diesem labilen Problemfeld, wo es um den harten Kern der erstrebten Mitbestimmung ging. Hier hielt sich Reyscher streng an den in Württemberg erreichten mehr oder weniger sicheren Boden der Verfassung. Aber anders als Savigny bezieht er immerhin auch diesen Bereich ein[450]. Darin kommt seine Tendenz durch. Seine Zielvorstellungen für Privatrecht und öffentliches Recht sind *prinzipiell identisch*. Sie sind es viel mehr, als es mit Blick auf heute so sehr geläufige Dichotomien scheinen mag. Gerade hier erweist sich noch einmal die ganze Bedeutung von Reyschers bürgerlich-frühliberalen Grundeinstellungen. Sie lassen nicht zu, daß hier privatautonome Entfaltung, dort Gängelung herrschen. Es ist kein bloßer Privatrechtsliberalismus, wie man ihn bei Savigny findet[451]. Für Reyscher beruhten die Unterschiede nicht auf Wesensverschiedenheit, sondern auf einer Art Provinzverspätung des öffentlich-rechtlichen, politischeren Bereichs in Sachen Mitbestimmung.

Seine hier immer wieder in Bezug genommene Lebensnähe bestimmt auch *Wahl und Sicht der Vorlagen*. Sie läßt den *code civil* keineswegs als Ausgeburt der Willkür, sondern vielfach positiv erscheinen, obwohl Reyscher blanke Nachahmung nie erwägt[452]. *Frankreich* und *England* gelten als Vorbilder und Argumente für die Zulassung einer „unschädlichen Volksgewalt" (S. 31)[453], für „ersprießlichere Erfahrungen" (S. 51), für „bürgerliche Vervollkommnung" (S. 52). Als Faktor der neueren Verfassungsentwicklung benennt er sogar in einem Nebensatz „die vom Auslande eindringenden, theilweise wohl auch nicht ganz unbegründeten, neuen politischen Ideen" (S. 44). Sie erscheinen zugleich als Träger altdeutscher Rechtsformen, besonders der Freiheit[454]. Die Hinweise sind behutsam verteilt, aber doch sprechend genug, um ein gutes Stück Sympathie zu zeigen. Positiv kommt auch das damals so gerne verketzerte lebensnahe 16. und 17. Jahrhundert des *usus modernus* ins Bild[455].

---

450 Vgl. oben bei Fn 165, 198 und nach 266.

451 Dazu unten 330.

452 Im Gegensatz zu weitergehenden damaligen Vorstellungen.

453 Mehr zu den westeuropäischen Vorlagen unten 289ff.

454 Bed. 31, am Beispiel der Jury; etwas übertrieben dann in ZDR 6 (1841) 350, wo er von seiner Zeit als der spricht, „wo man in Deutschland endlich belehrt sein sollte, daß alle (!) Größe in den Staatseinrichtungen Englands und Frankreichs auf deutscher Grundlage ruht, und daß Deutschlands Erniedrigung von der Zeit an sich schreibt, wo es sein gutes einheimisches Recht an griechisches und römisches, und vor Allem an päpstliches Recht hingab"; auch hier wichtiges Motiv aber das Antihierarchische neben dem Nationalen; vgl. zur Literatur Fn 497.

455 Zit. oben bei Fn 320 für die Juristenmethode, oben bei Fn 330 für die Gesetzgebung.

In all diesen Problemfeldern erschienen die *Leitworte* „*Leben*“, „*Volk*“, „*Volksleben*“ und das deutlichere „*Bedürfnisse*“[456]. Vor allem die ersten drei sind damals so verbreitete Formeln, daß sie sehr vieldeutig sind. Savigny, Thibaut, Reyscher, Welcker, ja Gönner reden gerne davon[457]. Die Kontexte wiesen den Weg zur näheren Bestimmung. Vor allem das Stichwort „Bedürfnisse“ deutete auf den bürgerlichen dritten Stand als interesseprägend. Reyscher selbst stellte die Bezüge zu den „Klassen der Gesellschaft“ und ihren Verfassungszuständen her [458]. Am Volksbegriff hat man diese Mehrdeutigkeit schon klar entfaltet, indem ein *kultureller* und *politischer* unterschieden werden[449]. Die Begriffsgeschichte lehrt, daß man „Volk“ „Hand in Hand mit der Aufwertung des Kulturguts der ungebildeten Schichten“ am Ende des 18. Jahrhunderts zu „neuer Würde adelte“[460]. Reyscher hat dann nicht die personalisierte Variante Herders[461] und noch Savignys[462], sondern die konkretere, die besonders seit den Befreiungskriegen aufkam[463]. Es ist die sogenannte politische oder auch freiheitlich-nationale Spielart. Von ihr aus muß man auch Reyschers Lebensbegriff verstehen, der bei allem Gleichklang mit Savignys Wortschatz von „innerlich“ über „organisch“ zu „lebendig“[464] doch aus ganz anderen Quellen bestimmt ist.

Reyschers *Idealvorstellung von Recht* prägt sich in seiner Jugendschrift klar aus. Jeder einzelne Baustein zeigte es. Die Gesamtidee geht schließlich gar nicht auf ein rein wissenschaftlich vollständiges, begrifflich scharf organisiertes System aus der Vergangenheit präparierter Rechtssätze, die dann doch „höhere“ Dauer haben und „höhere“ Richtigkeit verbürgen sollen. Reyscher denkt an ein fachmännisch aufbereitetes, übersichtliches, je bedürfnisgerechtes Kompendium zur Entscheidungsanleitung und -hilfe praktisch vorkommender Konflikte. In *diesem* Sinne soll es möglichst vollständig sein. Dauer erhält es in dem Maße,

---

456 Siehe oben Fn 24 die Nwe für „Leben“, oben Fn 80 für „Bedürfnisse“.

457 Für *Savigny* belegt oben 206, für *Thibaut* unten 294, für *Welcker* vgl. sein „System“, bes. die erste Abhandlung, S. 2ff; für *Gönner* dessen Kodifikationsschrift: Über Gesetzgebung und Rechtswissenschaft in unserer Zeit. Erlangen, 1815, 291 S.

458 Oben 239f.

459 Bes. *Wieacker*: Geschichte 391, 392f, auch 357; auch *Böckenförde*: HS 14 „metaphysisch und kulturphilosophisch orientiert“; näher zu den Volksbegriffen unten 337f.

460 Vgl. die Art. „Volk“ bei *Grimm*, *Trübner*, *Kluge*; das Zitat aus dem schönen Art. im RGG 6 (1962) 1435f von *H. Bausinger*; auch im Staatslexikon (Görres-Ges.) 8, 281—90 von *E. K. Francis*; weniger nützlich *Kluckhohn*: Die Idee des Volkes (...) (1934).

461 Dazu das RGG aaO; *Schnabel*: Dt. Geschichte I 187ff; vgl. allg. *Copleston*: History 6, 172ff.

462 Vgl. schon die Zusammenstellung Fn III 386.

463 Dazu das RGG aaO; vgl. *Schnabel* I 307f.

464 Zum Gleichklang oben 209ff.

wie es die konkreten Konflikte und Bedürfnisse bewältigen kann. Im ersten Fall waren Rechtsgewißheit und Richtigkeit durch Übereinstimmung mit einem höheren Prinzip, etwa „wirkliches Recht", garantiert. Im Reyscherschen Konzept liegt diese Bürgschaft im flüssigen Kontakt zu den Rechtsbetroffenen, ob sich Recht nun in Gewohnheit, Gesetz oder Jurisprudenz manifestiert.

Motive und Faktoren für Reyschers Einstellungen in „Bedürfnisse"

Persönliche Bezüge

Diese Bezüge sind naheliegend, aber doch wichtig. Das dörflich biedere *elterliche Pfarrhaus* war alles andere als ein Nährboden für gelehrt-elitären Aristokratismus. Die Rolle der Bürger und des Volkes wurde hier beachtet. Die besondere Verbundenheit des Vaters mit der Gemeinde gehört zu Reyschers Erinnerungen[465]. Seine Schilderung der winterabendlichen Gespräche mit Baron Leutrum, die 1820/21 das Pfarrhaus belebten, hinterläßt einen Eindruck der vermittelnden gesellschaftlichen Rolle des Pfarrhauses[466]. Der Vater, anfangs ja selbst Lehrer des Sohnes[467], kam aus der gärenden Generation der einst als „demokratisch" verschrieenen Stiftler[468]. *Körner*sche „freye deutsche Lieder" zählten 1814 zum Familienrepertoire[469]. Mit diesen bürgerlich-liberalen Akzenten verbindet sich aber doch stets eine loyale, konstitutionell-monarchische Haltung.

Reyschers *Schreiberausbildung*[470] hat ihm viel Rechtswirklichkeit gezeigt. Es ist nicht wenig wahrscheinlich, daß einiges davon provozierend wirkte. Die Schreiberzeit spielt schon rein altersbedingt für den jugendlich-wachen, knapp fünfzehnjährigen sicher eine kaum zu überschätzende Rolle. Das Verständnis für konkrete Bedürfnisse — dieses Reyschersche Stichwort —, das Vertrauen in Bürger und Volk, die energische Sorge Reyschers für nicht gerade sehr dankbare, aber „praktisch" wichtige Aufgaben mögen hier begründet worden sein. So empfahlen die „Beamten, welche in unser (sc. das Reyschersche Elternhaus) kamen" diesen Weg: „Die jungen Herren verstehen sonst das Volk gar nicht mit dem sie es zu thun hätten"[471]. Darauf baute Reyschers beschriebener Lebensbezug.

---

465 Erinnerungen 48; vgl. den Bericht über Hilfsdarlehen des Pfarrers aaO 30.
466 Erinnerungen 47f.
467 Oben 18.
468 Oben 17.
469 Oben 18 bei Fn 20.
470 Oben 19.
471 Erinnerungen 42.

Das *Studium in Tübingen* konnte trotz Eduard Schrader, vielleicht gerade in Abkehr von seiner übertriebenen Gelehrtheit [472], solche Anlagen und Wertungen kräftig bestätigen. Die bürgernahe praktische Tradition war und blieb an der schwäbischen alma mater lebensvoll. Ich habe das für Reyschers Umkreis näher gezeigt[473]. Das Engagement in der Burschenschaft führt die Motive fort. Baute man doch hier bei allem national „vaterländischen" Denken auf die Teilnahme des Volkes am Staate, was immer man sich auch im einzelnen darunter vorstellen mochte. Immerhin konnte ein so oft ganz ins Unverbindliche und Unpolitische romantisierter Poet wie *Wilhelm Hauff* im gleichen Jahr 1828, als Reyscher die „Bedürfnisse" drucken ließ, Napoleon aufschlußreich verherrlichen: als Sohn der Freiheit und Freund des kleines Mannes. So bestimmend wirkten noch 13 Jahre nach Waterloo die eigenen Ideale[474]. Hauff stand aber wieder als „Feuerreiter"[475] Reyscher besonders nahe. Auch der junge Reyscher war ja bei aller „Deutschheit" nicht geneigt, die Frucht französisch-napoleonischer Gesetzgebungskunst, den Code Napoleon — wie er oft noch hieß — als „politische Krankheit" (Savigny) zu verdammen[476].

Das praktische Intermezzo, so hatte ich beschrieben, war die Frucht einer Empfehlung seines Onkels *Albrecht Le Bret*[477]. Jetzt ist Anlaß, Reyschers Erinnerungsworten zu folgen, in denen dieser Onkel als lebhafter Faktor der eigenen Entwicklung auftritt:

„Ich konnte mich als Deutscher nicht mit dem Napoleonkultus Le Bret's vereinigen", erzählt der rückblickende Germanist. „Dagegen waren wir in allgemein menschlichen Interessen vielfach übereinstimmend (sc. und da blieb damals nach der Nation vor allem die Freiheit) und ich kann es wohl sagen, daß er durch die Hebung des Blicks über das Alltägliche und über manche Vorurtheile, durch Erweckung größerer Anschauungen mir einen mächtigen Antrieb von Jugend auf gegeben hat"[478].

Die übertriebene Napoleonverehrung teilte der Neffe also nicht. Aber sonst ist er weltanschaulich — so kann man wohl verdeutlichen — sehr empfänglich.

---

472 Oben 31ff, 47.

473 Oben 46ff.

474 Für die Romantisierung des Märchendichters *Hauff* s. etwa *W. Baumgart* in den anspruchsvollen „Annalen der deutschen Literatur" (1971, 2. A., S. 609f); weniger ausgeprägt bei *Storz*: Schwäb. Romantik; die andere Seite bei *Hermand*: Studien 111, im Rahmen einer sehr fruchtbaren Prüfung einiger Napoleonbilder; allgemeiner zum Thema *H. O. Sieburg*: Deutschland und Frankreich in der Geschichtsschreibung des 19. Jahrhunderts. Wiesbaden, Steiner, 1954, XII und 340 S., etwa 107, 112, 116, 122.

475 Zu diesem engen Freundeskreis oben 20.

476 Zitat oben 202 mit weiterem.

477 Oben 53; Über ihn *Reyscher*: Familienbuch 47f, Erinnerungen 68—71; *Le Bret* starb 1846; Weder die ADB, noch die „Württ. Bibliographie" führen ihn; die Schreibweise wechselt von Le Bret zu Lebret.

478 Erinnerungen 69f; vgl. aaO 41 über die Besuche des Onkels: „Festzeit für uns Kinder (...)".

Das ist natürlich allzu allgemein, ebenso wie der angedeutete Schluß auf Freiheitliches als Punkt der Übereinstimmung. Genaues über Albrecht Le Bret konnte ich weder in der Allgemeinen Deutschen Biographie, noch über Heyds sorgfältige Württembergische Bibliographie feststellen. Beide würdigen ihn nicht. Reyscher selbst erzählt aber noch einiges, das ein wenig weiter führt. Der Onkel war ein studierter Mediziner, daneben weitgereist wie sein Bruder— Reyschers Großvater[479] — aber ausgesprochen naturwissenschaftlich interessiert. Der Gedanke an das berühmte zeitgenössische Brüderpaar von Humboldt paßt aber nur sehr ephemer. Le Bret steuerte in eine Gymnasialprofessur in Stuttgart, dem einzigen Gymnasium Württembergs. Sie behagte ihm aber bald nicht mehr, so wenig wie Reyscher später die Kanzleistube[480]. Er versuchte sich jetzt in der freien Schriftstellerei und gab mit anderen auch Napoleons Werke heraus. Schließlich fand er eine Bleibe bei der Cottaschen „Allgemeinen Zeitung" in Augsburg[481]. Er übernahm die Redaktion für Frankreich und England und „zugleich die Aufsicht über die ganze Anstalt in Augsburg"[482]. Damit hatte er eine beachtliche Position an einem beachtlichen Blatt. Die Augsburger Allgemeine Zeitung, 1798—1898, war als das bedeutendste politische Blatt ihrer Zeit anerkannt. Nicht nur pro domo meint 1839 ein „W. M.", also Wolfgang Menzel, in der Cottaschen Vierteljahresschrift, die Allgemeine sei „immer die erste Zeitung in Deutschland geblieben"[483]. Menzel schreibt dies ihrer Neutralität zu. Den Rang des Blattes gesteht man aber auch aus sehr kritischer Perspektive zu, nur: man mißbilligt dann eben seine unkritische neutrale „Charakterlosigkeit". So urteilt zum Beispiel der einschlägige Artikel in Wigands Conversationslexikon von 1842 [484]. Die heutige pressegeschichtliche Forschung und die Spezialliteratur stimmen bei, jedenfalls was den Rang angeht[485]. Le

---

479 Oben 17 mit Fn 9.

480 Zitiert oben 54.

481 Darüber bes. *Ed. Heyck*: Die Allgemeine Zeitung, 1798—1898. Beiträge zur Geschichte der deutschen Presse. München 1898, IV/344 S; dies die einzige Quelle zu Lebret außer Reyscher. Nach *Heyck* 146, trat Lebret am 12. 1. 1824 in die Redaktion ein und war ein sehr wertvolles Mitglied derselben. Sein Kollege *Kolb* schreibt 1830, sein Rücktritt wäre ein unersetzlicher Verlust: „Ein solcher Mann ist nicht leicht wiederzufinden, und ein so edler Charakter, mit so gesundem Sinn verknüpft, hält ein Institut mehr zusammen, als alle Talente", s. Heyck 147.

482 Erinnerungen 69; ganz genau scheint man das nicht nehmen zu dürfen, da laut *Heyck* erst Stegmann (Heyck 88f), seit 1837 Kolb (Heyck 116), die tatsächliche Leitung gehabt haben soll. Vgl. aber Fn 481 zu Lebrets Funktion und Heyck 116, wonach Kollegialität gelten sollte.

483 So die DVjS, 1839, Teil 1, S. 4 im Artikel „Das deutsche Journalwesen" (S. 1—32); vgl. die Abonnentenzahlen bei *Heyck*: aaO 126f.

484 Dort sind im Band 1, Artikel „Deutschland", auf S. 501—4 Kritik und Journalistik erörtert, zur „Allgemeinen" S. 502 r. u.

485 *Kosyck*: Dt. Presse im 19. Jahrhundert (1966) 20f; *Heyck*: Allgemeine Zeitung (1898), durchweg.

Bret stand also in bevorzugtem Kontakt mit *westeuropäischem Gedankengut*. Und dazu zählten ja nicht nur so bekannte Konservative wie Burke, Chateaubriand, de Maistre, Bonald und Toqueville, sondern auch z. B. Constant, Madame de Stael, Thiers, Saint-Simon und die Ausstrahlung der Charte von 1814, sowie etwa Fox, Paine, Bentham und J. St. Mill in England[486]. Eine positivere Sicht der Revolution und Napoleons als ihres Vollstreckers kam vor der Folie restaurativen Drucks seit 1819 wieder auf. Der Tod des Heros, 1821, begünstigte solche Legendenbildung, vor allem im süddeutschen Milieu Le Brets[487]. Heines „Le Grand" (1846) bezeugt das ebenso wie Hauffs erwähnte Dichtung (1828)[488]. Napoleon galt hier als Sohn des Liberalismus, weniger als Diktator[489]. Daß sich Le Bret dieser Seite und nicht konservativeren anfügen läßt, dafür spricht mehreres. Man denke an die Übereinstimmung mit dem ebenfalls freiheitlichen Reyscher, an die Stellung bei dem liberalen Cotta [490], an die Parallele mit dem sonst gängigen Napoleonbild. Schließlich war Heinrich Heine, der scharfsichtige Deutsche im Pariser Exil, 1832 und erneut 1842—1845 Frankreichkorrespondent der Allgemeinen[491]. Le Bret war denn auch laut Reyscher „gewissermaßen selbst Franzose dem Temperament und der Abstammung nach" — die Vorfahren waren Hugenotten[492]. Die „*Vorurtheile*", über die er nach des Neffen Bericht dessen Blick hob, sucht man also wohl am besten in der verbreiteten chauvinistischen Beschränktheit deutschtümelnder Burschenschafter[493] und norddeutsch-preußischer Ressentiments[494], die *Übereinstimmung* in bürgerlich-liberalen weltanschaulichen Ansichten, die *Differenz* in übertriebener Frankophilie Le Brets.

So wenig man also die Einflüsse ganz konkret ausgesprochen findet und daher zu etwas grobflächigerer Betrachtung gezwungen ist, überrascht es nicht, daß Reyscher 1828 in „Bedürfnisse" Revolution und Code Napoleon sehr verständnisvoll beurteilt[495], daß er Frankreich und England mehrfach als Vor-

---

[486] Vgl. dazu *Bergeron-Koselleck*: Zeitalter, Kap. 5, 6, 7; *Herzfeld*: Moderne Welt I 55ff, 74ff, 88ff; *Sabine*: History, Ch. 19, 21, 22; *Sieburg*: Deutschland/Frankreich 15ff, 25, 26, 27; der einschlägige Bd. 5 des Handbuches der Europäischen Geschichte, hg. *Th. Schieder*, ist noch nicht erschienen; *Hearder*: Europe 1830—80; *Ruggiero*: Europ. Liberalismus; *Bury* (Ed.): 1830—70; *Crawley* (Ed.): 1793—1830.

[487] Vgl. *Sieburg*: Deutschland/Frankreich 111f; *Herzfeld*: Mod. Welt I 93.

[488] Soeben bei Fn 47; allg. zu Napoleon im liter. Biedermeier *Hermand*: Studien 100ff.

[489] Vgl. *Sieburg*: aaO, für Rotteck (S. 112—4) und Schlosser (S. 116); *Hermand*: Studien 111 (Hauff), 112 (Heine); das Gegenbild bei *Savigny*: Beruf 104, und *Niebuhrs*. Sieburg: aaO 122.

[490] Über Georg Cotta (1796 geb.) s. *Heyck*: Allg. Zeitung 100—10 .

[491] Dazu *U. Radlik*: Heine in der Zensur der Restaurationsepoche 474f.

[492] Erinnerungen 5f.

[493] Vgl. *Sieburg*: Deutschland/Frankreich 105, 107ff (Arndt).

[494] Vgl. *Sieburg*: Deutschland/Frankreich 106, 108ff (Rühs, Berliner Historiker), 122 (Niebuhr); *Savigny*: Beruf 104.

[495] Oben 201f.

bilder insgesamt glücklicher staatlicher Entwicklung heranzieht[496], daß er, obwohl Burschenschafter, übertriebenen Nationalismus vermeidet. Seine altdeutsche Freiheit vertrug sich mit seinem Frankreich- und Englandbild vorzüglich[497]. Auch 1854 scheut er Verdammungsurteile zum Code Civil[498], ja, 1846 nimmt der Rhetor einer „nationalen Rechtswissenschaft"[499] Anlaß, vor „einseitiger deutschthümelnder Richtung" eindringlich zu warnen[500].

Das *praktische Intermezzo* nach dem Studium führte Reyscher in München mitten in die ersten Verhandlungen über einen kleinen Zollverein[501]. Das konnte die „Geschäftswelt"[502] auf Reyschers Skala weiter steigen lassen. Hier tat sich etwas. Der mittelständische Blick auf die wirtschaftlichen Bedürfnisse erkannte einen erfolgversprechenden Katalysator auf dem Weg zur ersehnten politischen Freiheit und Einheit[503]. An dieser Erfahrung konnten sich bei Reyscher zwei seiner tragenden Motive verbinden und befestigen: Lebensnähe und Einheitsstreben.

Seit Mai 1826 saß Reyscher dann als Sekretär im Justizministerium am Puls der so wichtigen vormärzlichen *Bürokratie*[504]. Sein spezielles Arbeitsgebiet fand er, wie ich schon erzählte[505], wenig reizvoll. Interessanter ist, daß ihn jetzt die Mentalität einer gerade damals aufgeschlossenen Bürokratie berühren konnte. Das Wort vom *Reformbeamtentum* ist ein gerne und oft zu global verwendeter Topos[506]. Aber selbst ein in vielem sehr konservativ-monarchi-

---

496 Oben 255, unten 291ff.

497 Dazu das Zitat aus ZDR 6, oben Fn 454, auch unten 290ff; allg. oben 142 zur zeitgenössischen liberalen Verbreitung des Topos „altdeutsche Freiheit"; sehr nützlich *W. Samtleben*: Die Idee einer altgermanischen Volksfreiheit im vormärzlichen deutschen Liberalismus. Hamburg, 1935, 71 S.; Reyscher paßt dort genau hinein; zur Vorgeschichte *Hölzle*: Freiheit; jetzt auch *Sjöholm*: Germanistische Theorie.

498 Quellen 862, wo er den Einfluß franz. Rechts kurz darlegt.

499 Siehe bes. die Stellen in „Zweck" (1839), oben 107.

500 Zitat oben 169.

501 Vgl. oben 54 und Erinnerungen 64f.

502 Zu deren wichtiger Funktion in „Bedürfnisse" die Belege oben 195f, 239f.

503 Diese Optik hat *Reyscher* in Erinnerungen 64—6, 78f; auch ZDR 8, 357 gg. *Pfizers* Dissent; s. zum kleinen Zollverein und der weiteren Entwicklung nur *Gebhardt-Treue* § 71 = S. 412—20; *Huber* II 282ff.

504 Siehe die Zusammenstellung oben Fn III 393, Fn IV 270 zur Paulskirche als Indiz.

505 Oben 54.

506 Für *Preußen* jetzt grundlegend *Koselleck*: Preußen (1967), etwa 14f, 153f, eigentlich durchweg; vgl. schon *Schnabel*: Dt. Geschichte I 332; wichtig als Panorama für 1799 bis ca. 1813 jetzt die Bochumer Hab. Schrift von *F. L. Knemeyer*: Regierungs-und Verwaltungsreformen in Deutschland zu Beginn des 19. Jahrhunderts. Köln/Berlin 1970, 363 S.; Knemeyer beachtet vor allem einmal die damalige deutsche Vielfalt und Süddeutschland, s. nur seine sehr interessante Einleitung; für Baden *Gall*: Baden; für Württemberg etwa *Wintterlin*: Behördenorganisation (bis 1822); wertvoll zur Ideologie *Krieger*: Freedom 217ff, 229ff, *Heffter*: Selbstverwaltung 173, 177ff, 208, 251, 256f (in der Kritik).

scher Verwaltungschef wie der württembergische *Freiherr von Maucler* (1783 bis 1859) konnte reformerisch gedachte Tatkraft fördern[507]. Ich denke an seine Unterstützung für Reyschers Gesetzessammlung[508]. Vertrauen zu den prinzipiellen Gestaltungsmöglichkeiten der Regierung und Verwaltung konnte Reyschers Einblick in dieses Ministerium[509], dessen Leiter wesentlich an Diskussion und Ausführung der tiefgreifenden Neugestaltung Württembergs unter seinem Freund König Wilhelm I. (reg. 1816—1864) mitgewirkt hatte, sicher bestätigen. Davon unabhängig war ja, im Sinne welcher politischen Pläne man dieses Instrumentarium anzuwenden gedachte[510]. Reyscher hielt diesem Milieu gemäß schon 1828 bürokratische Staatsgestaltung für einen ganz maßgebenden *und* sympathischen Faktor. Ein Hauptmoment dabei war natürlich, horribile dictu gegenüber Savigny, die Gesetzgebung. So hielt er es auch 1854 [511].Vor diesem realen Hintergrund konnte er den Faktor Gesetzgebung ohne besondere Scheu in seine Rechtstheorie einbauen.

Paul Pfizer (1801—1867)

Noch kräftigere Anregungen werden von Reyschers engstem Mitarbeiter im Ministerium ausgegangen sein, dessen Name die Überschrift bildet[512]. Der fast gleichaltrige „Freund“[513] war schon damals ein lokal profilierter Liberaler. Bald darauf, 1831, sollte er mit Erscheinen seines „Briefwechsels zweier Deutschen“[514] in Deutschland berühmt[515] und in Württemberg, formal

---

507 Aufschlußreich zu dem wichtigen *von Maucler* ist außer dem ADB-Artikel von Erich *Schneider*, ADB 20 (1884) 687f, das bei von *Mohl* berichtete: M. sei „damals einflußreichster Mann in Württemberg“ gewesen (LE I 131, 173), also 1823 und 1827, und „despotismo illustrado war sein Ziel“ (LE II 22), insgesamt nennt er ihn einen ehrlichen, energischen und straffen Neuorganisator (aaO). Maucler war ein Jugendfreund des Königs, seit 1818 Justizminister, 1831 Präsident des Geheimen Rats, April 1848 in erzwungenem Ruhestand, aber weiter aktives Mitglied der 1. Kammer (ADB aaO); danach auch *Huber* I 383; die Werke zur Württ. Geschichte wie *Weller*, *Marquardt*, *Grube*, *Dehlinger*, *Grauer* sind alle erstaunlich unergiebig. *Heyds* Bibliographie verweist lediglich auf die ADB.

508 Oben 55.

509 Über den Geschäftskreis unterrichtet perfekt *Wintterlin*: Behörden II 140—52.

510 Dazu die interessante Bemerkung *Knemeyer*s in: Regierungsreform 15, zur Kontinuität dieses Instrumentariums unter so verschiedenen Vorzeichen wie Monarchie, Demokratie und NS-Staat.

511 In: Quellen 864f.

512 Vgl. schon oben 54 zur Zusammenarbeit.

513 So *Reyscher* in: Erinnerungen 76.

514 Zuerst Stuttgart, Cotta, 1831, 356 S. Eine 2. Aufl. schon 1832, 434 S.

515 Für die Berühmtheit s. die stete Erwähnung im kleinsten Werk, aber auch bis heute in das Handbuch von *Gebhardt-Schieder* 123; auch *Landsberg* T. 395f; zeigenössisch der sehr beeindruckte *J. Grimm*, s. seinen Brief an Savigny vom

auf eigenen Wunsch[516], entlassen werden. Der „Briefwechsel" war 1827—29 entstanden. Als Markstein der Einheitsbewegung erregte er weites Aufsehen und wurde von Cotta, so berichtet Schott[517], mutig gegen alle Zensur verlegt, wohl nicht ohne schönen Gewinn. In Österreich verbot man ihn sofort, da er offen Preußens unvermeidliches Übergewicht einkalkulierte und daher eine *klein*deutsche Lösung empfahl, allerdings mit einem *freiheitlich* gedachten Preußen[518]. Pfizer verfaßte auch eine Programmschrift, die „Gedanken über das Ziel und die Aufgabe des deutschen Liberalismus" (1832), die in das berühmte Rotteck-Welkersche Staatslexikon Eingang fand[519]. Er kämpfte sehr entschieden gegen die drückende bundesrechtliche Umarmung des konstitutionellen Württemberg, sehr zum Leidwesen Robert Mohls, aber ganz parallel zu Reyscher[520]. 1835 schrieb er nach Heffters Sicht eine Parteischrift „des reinen und absoluten Liberalismus", dessen Orakel Frankreich sei, mit „Über die Entwicklung des öffentlichen Rechts in Deutschland durch die Verfassung des Bundes"[521]. Zu dieser Zeit hielt sich Reyscher staatsrechtlich lieber zurück. 1836 verteidigte Pfizer mit Verve den Nerv ständischer Einflüsse, das Steuerbewilligungsrecht[522]. Ein letztes größeres, und abstrakteres Werk legte Pfizer mit seinen „Gedanken über Recht, Staat und Kirche" 1842 vor[523].

Das Profil dieses interessanten Mannes war in seinen Schriften kaum weniger ausgeprägt als in seinem Lebenslauf. 1831 quittierte er den Staatsdienst, 1832

3. 9. 31 bei Schoof: Savignybriefe 368: „Es ist darin vieles ausgesprochen, was not tut und gut, daß es einmal ausgesprochen ist. Der alte Rehberg, der jetzt hier wohnt, meint zwar, es sei ein höchst gefährliches Buch. Ich habe nie bei einem Mann so viel verständige und kränkliche Ansichten der Politik zusammen gefunden."

516 Für die Entlassung s. *Schott*: ADB 25 (1887) 672.

517 Vgl. *Schott*: ADB 25, 672.

518 Man dachte dabei an das *Reform*preußen von 1806/07 und die Stimmung von 1813; für *Reyscher* Belege oben Fn II 310.

519 Staatslexikon, Art. „Liberalismus" und „liberal", in Bd. 9 (1840); zuerst als Anhang zur 2. A. des Briefwechsels, 1832.

520 Für *Pfizer* bes. seine Schrift: Über das staatsrechtliche Verhältnis Württembergs zu dem deutschen Bunde. Ein Beytrag zur Würdigung der neuesten Bundesbeschlüsse. Im Juli 1832, II und 62 S.; parallel im Ziel sind *Reyschers* „Publicistische Versuche" und eine Schrift *Wangenheims*, die Reyscher in der Vorrede streift. Die schneidende Kritik *Mohls* steht in: J.A.L.Z. 1833, Nr. 34, Sp. 265f.

521 Erschienen bei Liesching, Stuttgart, 1835, XII und 394 S.; *Heffters* sehr ablehnende Beurteilung steht in: Bln. Jb. 1837 I, Sp. 161—74.

522 Das Recht der Steuerverwilligung nach den Grundsätzen der Württembergischen Verfassung. Stuttgart, 1836; vgl. dazu *Goessler*: Vormärzl. Liberale 67ff, der den Vergleich zu Rotteck, Welcker und Mohl liefert.

523 Bd. 1. 2, Stuttgart, Hallberger, 1842 (beide Bände), XXII und 458 S., sowie 356 S.; Stellungnahmen in: Deutsche Jb. 1842, S. 983—1028 von *R. Köstlin*, dem Tübinger Strafrechtler und in: ZDR 8, 357f von *Reyscher*; vgl. *Hock*: Liberales Denken 141 (naturrechtlicher Progressismus).

wurde er herausragender oppositionell-liberaler Abgeordneter in der württembergischen Kammer, 1848 war er Mitglied des württembergischen Märzministeriums — allerdings ohne die alte Kraft und recht enttäuschend[524]. Eine grundlegende Arbeit über diesen Streiter mit so großer Resonanz, dem 1833 zur feierlichen Landtagseröffnung der preußenfeindliche König nicht die Hand reichen wollte, weswegen der König fernblieb[525], liegt noch nicht vor[526]. Einige zusätzliche Worte schienen mir daher erforderlich.

Pfizer und Reyscher verband nicht nur Persönliches. 1832 fochten sie gemeinsam gegen die erneuerte Bundesreaktion und suchten die Eigenständigkeit des freiheitlicheren württembergischen Landesrechts zu wahren. Pfizer wirkte vor allem direkt politisch in der Kammer[527], Reyscher mehr literarisch, etwa in seinen „Publicistischen Versuchen"[528], aber auch in seinen Vorlesungen[529]. Die politische Basis ist recht ähnlich, mag auch Pfizer als exponierter oppositioneller Abgeordneter besonders zwischen 1833 und 1838[530] um einige Grade entschiedener aufgetreten sein, als es für Reyscher aus seinen Schriften erkennbar ist. Sie gaben sich beide entschieden freiheitlich liberal. Beide hielten Preußens deutsche Vormacht für beschlossen und suchten im Appell an das Reformpreußen von 1806 und 1813/15 die deutsche Einheit. Für Pfizer steht hier vor allem sein „Briefwechsel". Reyscher diskutiert besonders deutlich 1848 die „Plane" in Sachen deutsche Einheit[531]. Rückschauend und aktuell stimmt

524 Vgl. *Schott*: ADB aaO; auch die Kritik *E. Zellers* (1848/9) veröffentlicht bei *Wahl*: Politisches aus Briefen Eduard Zellers in: Württembergische Vergangenheit, FS für Dr. P. Goessler zum 60. Geburtstag, Stuttgart, Kohlhammer, 1952, X und 397 S., S. 368—79, hier S. 371.

525 Dazu *Grube*: Landtag 516.

526 Biographisch maßgebend ist bis heute der umfassende Nekrolog seines engsten Freundes *Fr. Notter* in der Schwäbischen Chronik von 1867, wie dessen neuester Biograph, *Hagen* in: Lebensbilder 11 (1969) 223, bestätigt. *Landsberg* erwähnt Pfizer im Text (S. 395f) und den Noten (188 Fn 10) ohne sonderliche Sympathie beim staatsrechtlichen Positivismus; *Müller-Dietz*: Welcker 39 macht auf Eigenarten seines Liberalismusprogramms aufmerksam; eine wertvolle Analyse seines idealistischen Freiheitsverständnisses unternimmt *Krieger*: Freedom, 318—22; in einigen wichtigen Fragen prüft Pfizer *Goessler*: Vormärzl. Liberale (1932) — leider sehr befangen; *Mohl* findet Pfizer auch noch in seinen „Lebenserinnerungen" zu radikal (I 28f); Quellentexte und eine kurze, sehr affirmative Erläuterung bringt *F. Federici*: Liberalismus (1946, Zürich) 147; Kritik vorher erwartungsgemäß bei *Treitschke*: Dt. Geschichte IV 257; auch *Meinecke*: Weltbürgertum 339ff; abweisend auch *Huber* II 37, 38, 39, auch 383 (zitiert oben Fn III 17); wenig ergiebig *Hock*: Liberales Denken 41, 141; *Angermann*: Mohl: 182; *Grube*: Landtag 515; *Heyd*: Württ. Bibliograph., enthält nichts Weiterführendes.

527 Belege oben Fn III 16.

528 Zu *Reyschers* „Publ. Versuche" oben 79ff.

529 Dies kann man den Reimen auf *Reyscher* entnehmen, die ein Hörer 1871 dichtete, zitiert oben Fn II 248.

530 Vgl. *Grube*: Landtag 515—20; *Adam*: Verfassung 41ff, 49ff.

531 Entwürfe: ZDR 12 (1848), hier 176ff.

er mit seinen „Freund“[532] Pfizer, dem „lieb gewordenen alten Namen“[533] im Vorschlag preußischer Führung überein, wieder wohlgemerkt einem „constitutionellen Preußen“, dessen suspekte „Bürokratie (...) gefallen“[534] war[535]. Wenn man die insgesamt so unglaublich tendenzielle Dissertation von Peter Goessler (1932) durchblättert, die doch im einzelnen fruchtbares Material auch zuPfizer erschließt[536], findet man Parallelen zu Reyscher bestätigt. *Widerstandslehre* und *Steuerverweigerungsdoktrin* lassen sich vom Ansatz her nennen. Pfizer ging hier zugunsten der Bürger und ihrer Vertretung sehr weit[537]. Reyscher teilt den Ansatz, verankert aber seine Thesen wesentlich konkreter in der Verfassung und wird dabei kompromißbereiter[538]. Die Fronten waren in beiden Lehren außerordentlich hart. Besonders beim Steuerbewilligungsrecht entsprach das nur der Wichtigkeit dieser ständischen Waffe. Noch 1880 polemisierte J. Schulze verhement gegen Pfizers einschlägige Schrift und fand darin „oberflächliche Auffassung der Rotteck-Welckerschen Schule mit ihrem französischen Firnisse“ und sogar der württembergische Staatsrechtler Otto von Sarwey befand dies eines Zitats würdig[539]. *Mohl* hatte *Pfizer* gleich 1840 auf der ganzen Linie mit gewohnter Zuspitzung widersprochen[540]. Auch *Reyscher* äußerte sich später kritisch[541]. Doch in den Augen der Junghegelianer erschienen beide, Pfizer wie Reyscher, als gut-landläufig-kantisch-liberal[542].

Die Verbundenheit war groß, aber deutliche Meinungsverschiedenheiten begleiten sie. Zu Pfizers „Gedanken“ von 1842 meint auch Reyscher: „das Werk ist aus der Kantischen Schule hervorgegangen und macht derselben alle Ehre“[543], wobei er sich selbst offenbar nicht zu diesem Kreise rechnet, sondern vielleicht an Rotteck, v. Gros, Jordan dachte. Gleich anschließend folgt

---

532 ZDR 12, 177.

533 ZDR 12, 176.

534 ZDR 12, 177.

535 Recht einseitig national interpretiert wieder *Mayer*: Reyscher 14f.

536 *Goessler*: Vormärzl. Liberale, testet einzelne Probleme jeweils bei Rotteck, Welcker, Mohl und Pfizer durch, z.B. Widerstandsrecht, Ministerverantwortlichkeit, Einheit/Freiheit.

537 Er bejaht umfassendste Steuerverweigerung, vgl. *Goessler*: Vormärzl. Liberale 64f, 70f.

538 Vgl. ZDR 2, 134ff; Steuerverwilligung (1845) Nr. 33.

539 *Sarwey*: Württ. Staatsrecht II (1883) 512 Fn.

540 *Mohl*: Ministerverantwortlichkeit (1837) 229, näher: Staatsrecht I (1840, 2. A.) 632—5; vgl. *Goessler*: Vormärzl. Liberale 69: „Mohl nimmt die gemäßigte Stellung ein“, d.h. neben Rotteck, Welcker und Pfizer; *Sarwey*: aaO, nennt den Einspruch gar ein „Hauptverdienst“ Mohls.

541 Unten Fn 548.

542 Siehe für *Reyscher*: Deutsche Jb. 1841, Nr. 54, S. 214, die Kritik seines Naturrechts; für *Pfizer* die Rezension seiner „Gedanken“ in: Deutsche Jb. 1842, S. 992 „eine reine Entwicklung des kantischen Prinzips“ (R. Köstlin).

543 In seiner Anzeige ZDR 8, 357f.

jedoch politische Kritik, in der sich eine kompromißbereitere Linie meldet, konkret vor allem in der Zollvereinsfrage. 1834 hatte Pfizer mit der württembergisch-liberalen Opposition gegen dieses Bündnis gestimmt, weil er eine Aushöhlung der letzten Waffe der Stände, des Steuerbewilligungsrechtes fürchtete[544]. Reyscher stellt dieses Bedenken zurück, indessen, er „ehrte die Gründe, welche früher einen Theil der württembergischen und badischen Opposition bestimmten, gegen den Anschluß an Preußen zu stimmen" noch 1848. „Sie lagen", gesteht er zu, „in einem natürlichen (!) Mißtrauen, das die Volkspartie im südlichen Deutschland wider den preußischen Beamtenstaat hattte, ein Mißtrauen", kann er hinzufügen, „das durch die spätere Erfahrung theilweise gerechtfertigt wurde"[545]. Doch ist *Reyscher* der Zollverein „der wichtigste, wo nicht der einzige öffentliche Fortschritt der letzten zwei Jahrzehnte"[546] — das sagt er 1843 und 1848 wieder. *Pfizer* sah im Zollverein eine Bedrohung der ständischen und damit bürgerlichen Freiheit. Diese Differenz erscheint bloß graduell politisch. Doch in einer Zeit, in der die Rechtssysteme und -theorien im Zeichen von Freiheit und Notwendigkeit ausgerichtet wurden, ist sie nicht bloß politisch. Sie wird sofort in grundsätzliche methodische Formeln übersetzt. Für Reyscher hatte ich besonders an der Kodifikationsschrift die tragende Rolle seines *Lebensbezuges* erwiesen. Dieser Lebensbezug ist ihm bei Pfizer nicht dicht genug. Pfizer „Gedanken" sind ihm zu sehr bloße „Anwendung seiner (sc. Pfizers) in der Theorie ganz unschuldig aussehenden Sätze auf das Leben"[547]. Reyscher hätte lieber etwas mehr Empirie. Aber das ist in diesen politisierenden, wertungsgesättigten Kontexten nicht einfach eine Aufforderung zur Faktensammelei. Die Empirie, das Gegebene, das Leben, das Bestehende — das damit bunt Umschriebene soll *respektiert* werden. *Pfizer gegenüber* gewinnt Reyschers Formel vom Lebensbezug eine neue ungewohnte Rolle. Sie hat die umgekehrte Funktion wie gegen Savigny. Sie wird Ausdruck einer gewissen Lebensapologie, sie bekommt konservative Bedeutung. Die besprochenen Einwände Reyschers sind in seiner kurzen Stellungnahme zwar überdeckt von Sympathie und klingendem Lob, aber sie sind doch unüberhörbar. Hierher gehört auch Reyschers klare Kritik an Pfizers Steuerbewilligungs- und Verweigerungsdoktrin[548].

Es paßt zu diesen Unterschieden, daß auch die Lebensläufe der beiden bezeichnend differieren. Während Pfizer sich schon sehr früh aktiv oppositionell

---

544 Siehe das Zitat bei *Goessler*: Vormärzl. Liberale 72; mit breiterem Hintergrund *Adam*: Verfassung 30ff.

545 ZDR 12, 176f.

546 ZDR 8, 357 und ZDR 12, 176.

547 ZDR 8, 357.

548 Dafür seine Vorrede zu *P. Georgii*: Das Recht der Steuerverweigerung in Württemberg. Diss. praes. Reyscher, Tübingen, Fues 1845, VI und 30 S.: Steuerverwilligung (Nr. 33). Dort spricht er mit dem Verf. gg. „das Recht einer absoluten Steuerverweigerung" (S. IV), mit positivrechtl. Gründen.

engagierte, den Staatsdienst aufgab, den politischen Kampf im Landtag der 1830er Jahre lebhaft führte und auch später, 1845, nicht Nachfolger Mohls auf dem Tübinger Staatsrechtslehrstuhl werden wollte, fand Reyscher viel langsamer zur politischen, nicht bloß literarischen Tat. Er ließ sich erst einmal zum Professor ernennen und betrieb, zumal anfangs, eifrig und liebevoll deutsche und württembergische Rechtsgeschichte. Dominieren ließ er das Politische später, in den 1848er Jahren und nach 1851, als es der neue Anwaltsberuf näher legte.

Gemeinsamkeiten und Unterschiede zeigen Reyschers lebhaftes Engagement bei diesem Mann und zugleich seine eigenen Überzeugungen in ihren Nuancen. Der frühe, enge Kontakt mit dem so gewinnenden und liberalen Pfizer war als beachtlicher persönlicher Faktor zu schildern.

Württembergisches Lokalkolorit

Nicht unterschätzen darf man das lokale Gesamtkolorit eines Landes, in dem man sich an der Spitze der deutschen Freiheitsbewegung fühlte, einem Platz, den auch nicht-schwäbische Beobachter dem Königreich neben Baden zugestanden. Görres, Thibaut, Dahlmann und J. Grimm, das Wigandsche Lexikon und andere geben Beispiele dafür[549]. Walter *Grube*, der neueste souveräne Kenner der Materie, schildert aus Anlaß der Vorgänge nach 1789 eindringlich die bodenständig freiheitlichen Wurzeln des Landes und ihre reformerische Wiederbelebung[550]. Eine Parallele zu den Jahren nach 1815 und 1830 bietet sich an[551]. Von Reyscher (1832) bis Grube (1957) benutzen besonders die Schwaben gerne den einprägsamen Ausspruch des liberalen englischen Politikers *Charles James Fox* (1749—1806) von ca. 1800, es gebe in Europa nur zwei Konstitutionen, die englische und die württembergische[552]. Als *Gustav Rüme-*

[549] Für *Görres* im „Rhein. Merkur" s. Hölzle: Erhebung 194, 207; *Thibaut* äußerte sich lobend aus Anlaß der „Kieler Blätter", s. Hd. Jb. 1815, Nr. 64, S. 1017; *J. Grimm*, Schoof: Savignybriefe 285, spricht am 3. 11. 1819 vom „glücklichen Beispiel der Württemberger" in Verfassungssachen; *Dahlmann* schreibt am 15. 4. 1839 von seinem Besuch in Tübingen bezeichnend über den württ. Vorsprung an freiheitlicher Tradition, s. v. Ippel I, 322; für das *Wigandsche Lexikon*, Bd. 2 (1845) Art. „Württemberg"; *Hölzle*: Erhebung 62, betont dies und bringt auch mehrfach Belege des gesamtdeutschen positiven Echos (S. 213, 198); *List*: Kampf, hat mehrere sprechende Zitate zur Selbsteinschätzung, vgl. S. 7 („Volksfreund"), 129 Fn 365 (A.A.Z. 1819); sonst *Schnabel:* Dt. Geschichte I 87; *Gebhardt-Schieder* 101; *Grube*: Landtag XIII.

[550] *Grube*: Landtag 451, 454ff; Konservatives betont überhaupt und auch hier gg. Grube *Grauer*: Wilhelm I. 156, 219.

[551] Vgl. *Grube*: Landtag 486.

[552] *Reyscher*: Publ. Versuche 250, als erster Satz seiner Mohlrez. mNw; *Grube*: Landtag 5; auch *Wintterlin*: Verfassung 365; *Schnabel* I 87; allgemeiner, aber ähnlich *Köstlin*: Wilhelm I, s. Fn 557; ein Anonymus, in: Die Gegenwart

lin 1864 „Altwürttemberg im Spiegel fremder Beobachtung“[553] betrachtet, um durch „eine gedrängte Vergleichende Zusammenfassung des Charakteristischen und Abweichenden in den altwürttembergischen Zuständen“ die schwäbische Selbsterkenntnis zu fördern, ergeben sich auch ihm wirkliche Freiheit und Freiheitsliebe seiner mutigen und zähen Schwaben als unzweifelhaftes Signum[554]. Nicht nur in diesem Punkt vermittelt Rümelin ein wertvolles Bild der Fremd- und Selbsteinschätzung. Der vielseitige Schwabe, der sich erst der Theologie, dann dem Lehramt, dann der Verwaltung, auch als Minister, schließlich der Statistik, zuletzt als Professor und Universitätskanzler, widmete[555], hat eine sehr empirisch-genaue, ökonomisch, politisch und praktisch aufmerksame Art, dieses Festredenthema zu verfolgen. Obwohl er besonders das 17. und 18. Jahrhundert heranzieht, stellt er mit dem Abschnitt über die Verfassungskämpfe zwischen 1815 und 1819[556] und den so häufigen Einschüben, Urteilen und Hinweisen aus der Perspektive von 1864 den Anschluß an seine und Reyschers württembergische Gegenwart gut her. Seine wohltuend konkrete Optik ist ergiebiger als die mehr atmosphärischen und parteilichen zeitgenössischen Charakterisierungsversuche eines Friedrich Theodor Vischer, David Friedrich Strauß, Christian Reinhold Köstlin und anderer[557]. Sie ist gezielter als breite und persönliche Erinnerungen der Zeitgenossen, etwa eines C. G. Wächter, Robert Mohl, oder Reyschers selbst[558] oder die teils blassen, teils einseitigen lexikalischen Auskünfte im Conversationslexikon Wigands oder Brockhaus', bei Weiske, Rotteck/Welcker oder Bluntschli[559]. Rümelins

---

(1850), s. Fn 559; zu *Fox* s. das hübsche zeitgenössische Portrait von *Geffcken*, in: Staatswörterbuch (Bluntschli/Brater) 3 (1858) 570—3.

553 So der Titel seines längeren Aufsatzes in: Württ. Jb. für Statistik und Landeskunde, Jahrgang 1864, hier benutzt nach dem gekürzten und konzentrierten Abdruck in: Reden und Aufsätze II (1881) 406—72.

554 *Rümelin*: aaO 443—6.

555 Er lebte 1815—89; einige Daten bei *Huber* II 401; ausf. *Schmoller*: ADB 53 (1907) 597—635; weiter *O. Schnizer*: G. Rümelins politische Ideen. Diss. phil., Tüb. 1919, IV 111 S.

556 *Rümelin*: aaO 442—72, „Das alte gute Recht“.

557 *Fr. Th. Vischer*: Dr. Strauß und die Wirtemberger, zuerst in: Hall. Jb. 1838, dann in Krit. Gänge I (1844) 3—130 mit Korrekturen im Vorw. S. XII—XXXIII; *D. F. Strauß*: König Wilhelm I. von Württemberg, in: Kleine Schriften Bd. 1, 1876 (zuerst 1847); *Chr. R. Köstlin*: Wilhelm der erste, König von Wirtemberg und die Entwicklung der Verfassung vor und unter seiner Regierung. Stuttgart, 1839, XI/554 S. (erneut 1841): eine breit angelegte, hegelianisch überhöhte Apologie des freiheitl. Württemberg, insgesamt eine Art Fürstenspiegel: Wilhelm der liberale Musterfürst des liberalen Musterlandes gegenüber dem feindlichen deutschen Bund; s. weiter die zahlreichen Titel bei *Heyd* I Nr. 1355 ff, III Nr. 1355 a ff.

558 *Mohl*: Lebenserinnerungen (1902); *Wächter*: Leben (1881); *Reyscher*: Erinnerungen (1884); vgl. auch *Karl Jul. Weber*: Vermischte Schriften aus dem Nachlaß (1843).

559 Convers. lex. *Wigand* II (1845) S. 571—4, anonym; Convers. lex. *Brockhaus*

Aufsatz ist schließlich in Interesse und Aussage oft bezeichnender als neuere größere Darstellungen[560], die natürlich mit allen genannten Quellen wiederum erst helfen, Rümelins Schattierungen zu würdigen.

Es ist sehr auffallend für einen Aufsatz von 1864, wenn darin mit freundlichem Verständnis die Spätaufklärung zur Sprache kommt. Rümelin (1815—89), dieser jüngere Landsmann Reyschers tut das. Er nimmt den sonst gern verspotteten Freund Lessings, *Friedrich Nicolai* (1733—1811) in Schutz, der es gewagt hatte, die deutsche Klassik pointiert zu kritisieren[561]. Gegen verbreitete, besonders literargeschichtliche Vorurteile betont er Nicolais praktische Modernität:

„Während uns die Literarhistoriker daran gewöhnt haben, in Nicolai die Personification einer verschollenen Zopfzeit zu sehen, wird derjenige, der z. B. diese drei Bände der Reise durch Schwaben (sc. ersch. 1786—96) zur Hand nimmt, viel mehr darüber erstaunt sein, wie unveraltet und modern der ganze Standpunkt und die praktische Richtung des Buches ist. Man glaubt oft ganz einen der liberalen nationalökonomischen Schriftsteller der Gegenwart zu hören"[562].

IV (1834) S. 978—1011, anonym; *Die Gegenwart* (Brockhaus) IV (1850) 305—39: „Das Königreich Württemberg bis zum März 1848", anonym: das probl. Verhältnis zum Bund wird dort betont (S. 307f, 320ff), der Bundeszwang als „Aushängeschild" angegriffen (S. 308), krit. zu Maucler (S. 309), lobend zu Fr. List (310ff); krit. zur württ. Staatsregierung, die für diesen Verf. groteskerweise „den allgemeinen Ruhm der Freisinnigkeit in Deutschland genoß" (S. 313): insges. eine *demokratische Optik; Reyscher*, in: Weiske, Rechtslexikon 15 (1861) 66—132 (Nr. 72): er bleibt ganz nüchtern, ohne größere Bezüge; *Klüpfel*, in: Staatswörterbuch (Bluntschli/Brater) 11 (1870) 229—53: ebenfalls sehr nüchtern, hauptsächlich Daten; betont liberal *H. Scherer*, im *STL*² 12 (1848) 812—27; viel verhaltener *G. Zeller*, im *STL*³ 14 (1866) 696—713.

560 Vgl. die knappe Standarddarstellung von *Weller*: Württ. Geschichte (5. A. 1963, zuerst 1909) 181—207; das liebevoll- umfangreiche, aber stark auf älterer Literatur basierende Werk von *Dehlinger*: Württ. Staatswesen (1951/52); grundlegend für Verfassungsprobleme ist *Grube*: Landtag (1957), zum 19. und 20. Jahrhundert das 4. Buch, hier S. 489—544, vgl. das Vorwort S. XII zur relativen Kürze dieses Teils des Werkes und dem Fehlen eines detaillierten Standardwerkes; daneben ist ausgezeichnet *Adam*: Verfassung (1919), am besten für die politische Geschichte seit 1819, mit souveräner Quellennähe, aus „freisinniger Optik", aber aufgeschlossen für alle Quellen; etwas salopp ist *Marquardt*: Geschichte Württembergs (1961); betont konservativ, aber nützlich durch ausführliche Quellenzitate ist *Grauer*: Wilhelm I. (1960); immer noch informativ *E. Schneider*: Württ. Geschichte (1896), sowie seine: Abhandlungen (ges. 1926); die starken und folgenreichen Parteiungen in den Verfassungskämpfen zwischen 1815 und 1819 zeigt *Hölzle*: Erhebung (1937), zu ergänzen durch die ältere Diss. von *List*: Der Kampf um's gute alte Recht (1912); wichtig dafür heute *Grube*: aaO; für die konkrete Organisation sehr wertvoll *Wintterlin*: Behördenorganisation (1902/06).

561 Über *Nicolai* traditionell absprechend etwa F. *Martin* in dem großen germanistischen Sammelwerk: Annalen der dt. Literatur (2. A. 1971) 452, 460; sehr differenziert und lehrreich dagegen *Epstein*: Conservatism 39—42.

562 *Rümelin*: aaO (Fn 553) 416, auch 438, 440.

Ja, der württembergische Nationalökonom von 1864 verteidigt in Nicolai die Spätaufklärung überhaupt, denn:

„Es gehört aber überhaupt zu den vielen traditionellen fortgeschleppten Vorurtheilen, daß der Standpunkt und das Zeitalter der Aufklärung längst überwunden und verschollen seien"[563].

Das ist bemerkenswert und entstammt nicht zufällig württembergischen Boden. Konnte doch Rümelin selbst von seinem Monarchen Wilhelm I. erklären, er sei ein religiös indifferenter, treuer „Zögling der Aufklärung" und konnte der neueste und gründliche Biograph des Königs, Johannes Grauer, dieses Wort billigend verwenden[564]. Rümelin findet Nicolai noch mehrfach erstaunlich modern[565], ohne indes dessen Schwächen zu übersehen. In seinen, nimmt man es gesamtdeutsch, ungewöhnlichen Perspektiven beweist er, wie lebendig in Württemberg die Verbindung und Sympathie zu *spätaufklärerischen Einstellungen* waren. Die Züge Nicolais, der weltzugewandt ist, genau und neugierig beobachtet, auf Wirtschaft, Gesellschaft und Politik gut achtet, nicht elitär und ästhetisierend, sondern praktisch und volksnah („populär" also) denkt und schreibt, der Freiheit und Wohlstand sucht und nicht den gesunden Menschenverstand mit idealistischem Jargon umnebelt, erscheinen ihm angenehm „modern".

Die Optik Rümelins verdeutlicht einen Zusammenhang und ein lokales geistiges Klima, dem auch Reyscher vieles verdankt. Diese Einstellungen wurden nicht nur von Rümelin beschrieben, sondern auch kraftvoll gelebt und vertreten. Das lehrt z. B. ein Blick in die Untersuchungen Lists, Hölzles, Adams und Grubes über die Parteiungen und tiefgreifenden ideologischen Auseinandersetzungen während der württembergischen Verfassungskämpfe[566]. Der enorme publizistische Aufwand[567] bezeugt, daß zumindest die *bürgerliche* Öffentlichkeit vollen Anteil nahm. Dazu darf man den jungen Schreiber Reyscher gerade schon rechnen. Seine politische Aufgewecktheit kam diesen Einflüssen entgegen. Mit sanftem Unterton gegenüber den späteren, weniger reformfreudigen Regentenjahren erinnert sich Reyscher, daß sein erstes Schreiberjahr (1816/17) „in die ersten Regentenjahre des Königs Wilhelm (sc. fiel), mit den vielen meist wohltätigen Änderungen in Gesetzgebung und Verwaltung"[568]. In der Tat war Wilhelms Anfang ein Anfang gewaltiger Reformen[569] und der junge Reyscher erlebte sie ganz schlicht, aber dicht: „Schon diese Ereignisse", weiß er, „welche das Leben in den einzelnen Gemeinden

563 *Rümelin*: aaO 416.
564 *Grauer*: Wilhelm I. 234, danach das Rümelinzitat zu Wilhelm, soeben.
565 *Rümelin*: aaO 438, 440.
566 *List*: Kampf; *Hölzle*: Erhebung; *Grube*: Landtag; *Adam*: Verfassung; speziell für 1848 ff sehr gut *Vollmer*: Verfassung, mit Vorgeschichte in der Einleitung.
567 Dazu die Bibliographie bei *List*: Kampf 174—83 mit 143 Titeln.
568 Erinnerungen 42.
569 Detailliert *Wintterlin*: Behördenorganisation (1902/6).

nahe berührten, brachten manche Arbeit"[570]. Was Reyscher hier miterlebte, war Reform, aber ganz und gar nicht eine deduktive, apriorische oder ungeschichtliche, wenn man auch die Vorgänge gerne dahin zu disqualifizieren suchte. Wenigstens für Württemberg, und nur das ist für Reyschers Motivation wichtig, gründeten die Wurzeln bodenständig tief. Der veränderungsfreudige Blick auf die konkreten Bedürfnisse war hier zu Hause.

Der lebendige Reformgeist selbstbewußter Stände trug den sogenannten „Reformlandtag" von 1797/99[571]. Mit diesen Überzeugungen führte man die Auseinandersetzung mit dem absolutistischen Friedrich[572], in ihnen erneuerten teils die „Altrechtler", teils entschiedener die „Volks- oder Bürgerfreunde" ihre Reformbestrebungen in den Jahren nach 1815[573]. 1823 war mit der „Epuration des Bundestages"[574] auch der bis dahin einflußreiche württembergische Reformator *von Wangenheim* (1775—1830) in Ungnade gefallen[575]. Gerade seine 1832 auf den Wellen der Julirevolution erneuerten freiheitlichen Tendenzen begrüßt auch Reyscher in der Vorrede der „Publicistischen Versuche" (1832) ausdrücklich[576]. Im weiteren Text beschreibt Reyscher den liberalen Part des Freiherrn mit unverhohlener Sympathie. Er bestand ja auch z.B. nach Hölzles genauer Schilderung darin, „Einheit und Freiheit durch den Bund" *selbst* zu erzielen[577]. Diese Vorstellung pflegte auch Reyscher, für den die tatsächliche Bundesentwicklung im wesentlichen eine einseitig monarchische Entartung der brauchbaren Ansätze von 1815 war[578]. Wangenheim beschwor auch den „deutschen Geist" und meinte damit den Geist der Freiheit[579]. Von hier aus ist Reyschers liberaler, wenn auch nicht demokratischer Germanismus zu sehen, den es schon mehrfach nach „links" (demokratisch) und „rechts" (chauvinistisch) abzuheben galt[580]. Im Wirken des damals anerkannten Wangenheim konnte sich der Schreiber, Student und Burschenschafter Reyscher angesprochen und bestätigt finden.

Daß speziell Reyscher dem geschilderten spätaufklärerischen und liberalen Boden vieles verdankte und ihm gewogen war, dafür erinnere ich an das, was schon sein Lebenslauf nahe legte. Eben „gesunder Menschenverstand" war

---

570 Erinnerungen 42.

571 Vgl. bes. *Grube*: Landtag 460, und überhaupt 450ff.

572 *Grube*: aaO 469ff.

573 Zu diesen Gruppierungen ausführlich *List*: Kampf und *Hölzle*: Erhebung.

574 *Grauer*: Wilhelm I. 179; *Huber* I 756f; weiteres oben Fn III 6.

575 Einige Daten bei *Huber* I 382; Abbildung bei *Hölzle*: Erhebung, nach 192; vgl. auch *Grube*: Landtag 496—501; Wangenheim versuchte 1832 erfolglos ein Come-back in die Kammer.

576 Publ. Versuche, Vorrede VI f.

577 *Hölzle*: Erhebung 246.

578 Dies der Tenor seiner historischen Ausführung in den Publ. Versuchen, Teil I, aber auch Teil II.

579 Siehe die Wiedergaben bei *Hölzle*: Erhebung 245f.

580 Bes. oben 64 f.

ihm so wichtig, daß mir eine seiner Sentenzen dazu als abschließendes Motto für seine Biographie passend schien[581]. Wie stark die Kodifikationsschrift von 1828 diesen Motiven entspricht, kann man ihren im Abschnitt zuvor zusammengestellten Thesen entnehmen. Freiheitlich, von „unten" her, volkstümlich, allgemein verständlich, praktisch, auf keinen Fall elitär, bedürfnisgerecht, das sind Stichworte für Einstellungen, die sie prägten. *Friedrich Nicolais* von Rümelin aufgenommene Prophezeiung, der gesunde Menschenverstand und die gemeine Erfahrung, die man jetzt so geringschätzig behandle, würden etwa um das Jahr 1840 immer noch in Ehren stehen, während vom reinen empirischen Ich, vom gesetzten Nichtich, vom Unterschied des Transcendenten und Transcendentalen u.ä. wenig mehr die Rede sein werde, war Spekulation. Aber für Reyscher und andere Vorkämpfer einer praktischen Rechtswissenschaft, z.B. Mittermaier, hat sie viel Wahres. Den notwendig elitären Ästhetizismus besonders des Spätidealisten Schelling[582], der aber auch schon in Kants hypertrophem Sprachgebäude angelegt war[583], praktizierten in der Rechtswissenschaft die Gegenspieler Reyschers. Die nach Reyscher „exklusiv-römisch-historische" Schule, die z.B. *Savigny*, *Puchta* und *Schrader* mehr oder weniger behutsam praktizierten, gehört hierher. Auch der entsagungsvolle „altdeutsche" Fleiß der Brüder *Grimm* kann hier genannt werden, denn er trug ein Gutteil ästhetizistischer Praxis an sich. *Eichhorns* Name führt dagegen schon wieder leicht ab, denn dieser alte Göttinger bewahrte stets sehr praktische Züge[584].

Auf die freiheitliche und die praxisnahe Verbindungslinie zur Spätaufklärung kam es mir an. Erstere wird zu leicht vernachlässigt, bildet aber doch einen ideologischen Pfeiler. Letztere fördert das Verständnis für Reyschers zeitlebens scharfe Attacken gegen jedes Juristenrecht. Beide harmonieren dicht. Es scheint mir eine gute Beobachtung von *Sabine* in seiner beliebten „History of political theory"[585], daß der sehr abstrakte, idealistische und rationale Liberalismus der Vernunftrechtler, etwa Kants, mit seiner zunehmenden Verflechtung in konkrete gesellschaftliche Reformaufgaben im frühen 19. Jahrhundert „tends to become utilitarian instead of revolutionary"[586]. Reyscher preist und verwendet die „Bedürfnisse" immer wieder als Maßstab. Das ist die gleiche Blickrichtung auf den Nutzen, nur in theoretisch anspruchslosem Gewande. Auch *Thibaut* zeigt solche Züge[587] und Thibaut war wieder *John Austin* in England in

581 Oben 77 zitiert.

582 Dies zeigt gut *Sandkühler*: Schelling 108ff.

583 Vgl. unten bei Fn 824.

584 Dazu bes. *Homeyers* Interpretation von 1834, s. oben Fn III 207; bezeichnend legt *Eichhorn* zum ALR *nicht* den Maßstab *wissenschaftlicher* Vollkommenheit an, s. Rechtsgeschichte IV (1822), s. unten Fn V 26.

585 Zuerst 1937, hier nach der 3. A. 1961.

586 *Sabine*: aaO 671; vgl. unten 350.

587 Dazu unten 293ff.

angenehmer Erinnerung[588]. Austin aber gehörte zu dem Kreis um den großen Utilitaristen *Jeremy Bentham*, dessen verstreute Ideen er sogar nach Sabine[589] bloß systematisch kompiliert haben soll. Diese Fäden kann ich hier nur sehr dünn knüpfen. Die europäische Perspektive aber, daß Reyschers praktischer Liberalismus recht utilitär war, war anzuführen.

Der Versuch, Reyscher auf das württembergische Lokalkolorit zu beziehen, soll damit abgeschlossen sein. Ich hoffe, der Weg „über Rümelin" war anschaulich und doch nicht zu umständlich.

Frühliberal. National. Geschichtlich

In dieser Weise etwa persönlich und milieubedingt vorbelastet, steht Reyscher aufgeschlossen in der Linie eines frühliberalen, loyalen Konstitutionalismus („früh" in Deutschland), eines kräftig erwachten Nationalbewußtseins und eines beträchtlich erstarkten „geschichtlichen Sinnes" (Savigny).

Das *Frühliberale* will ich nur mit einigen kurzen Hinweisen umreißen. Man sieht es an Reyschers politischer Aktivität, die ich im Kapitel „Leben" gezeigt habe, an seinen staatsrechtlichen Schriften ,wie sie im Kapitel III beschrieben sind, am soeben geschilderten württembergischen Milieu und im Vergleich mit einiger Literatur[590]. Einige zeitgenössische Namen können zur Assoziation dienen, etwa Pfizer, C. G. Wächter, Mohl, Welcker, Mittermaier, Duttlinger, Gervinus, Dahlmann, Hegewisch, Gagern, Jordan und B. W. Pfeiffer.

Das *Nationale* bedarf kaum weiterer Ausführung als der Erinnerung etwa an die Freiheitskriege und das stets beschworene „Volk", an Fichtes „Reden an die deutsche Nation" (1807/08), an Freikorps, Burschenschaft, Körner, Kleist (Hermannsschlacht), Görres, Arndt, Jahn oder Welcker, der 1814 „Deutschlands Freyheit (...)"[591] zurückrief. Man hat hinreichend Anschauung, wenn man z. B. den Jahrgang 1814 der „Heidelbergischen Jahrbücher der Literatur" aufschlägt. „Patriotische Gedichte", Deutschheit in Literatur, Kunst und Jurisprudenz überschwemmen ihn in gewaltigem Kontrast zu den Jahrgängen davor. Der nationale Zug der Zeit ist auch hinreichend erarbeitet[592].

---

588 *Gagnér*: Studien 96f, 100, 103.

589 *Sabine*: aaO 684.

590 Umrisse bei *Gebhardt-Schieder* 108; abgewogen *Herzfeld*: Moderne Welt I 100—2, 77—80; bes. wertvoll *L. Krieger*: Freedom (1957); viel Material bei *Huber* I 314ff, II 371ff; europäische Perspektiven bei *Sabine*: History 669ff; gute partikulare Anschauung liefern *Grube*: Landtag 489ff und *Adam*: Verfassung, durchweg. Siehe für *Reyscher* oben 60ff, 79, ff, auch 247ff, 281ff, 360ff.

591 Dazu ausf. *Müller-Dietz*: Welcker 15.

592 Gebhardt-*Braubach* 55—60; *Herzfeld*: Moderne Welt I 77ff; *Koselleck*: Zeitalter 161f, 291ff; umfassend *Kohn*: Nationalismus; *Lemberg*: Nationalismus;

Die Redeweise vom *Geschichtlichen* muß dagegen etwas geklärt werden. Savignys dictum aus dem „Beruf" ist ein herausragender Verwendungsfall[593]. Seine Sentenz hat nach ihrer Stellung in der besonders polemischen „Einleitung" mit ihrer politisch-ideologischen Antithetik, nach der ganzen Willkürabwehr dieser Abhandlung, die ich näher ausgeführt habe[594], und nach ihrer Verwendung im „friedlichen Streit" (Savigny) mit Thibaut nicht den wenig problematischen Sinn, etwa die gewachsene Genauigkeit im Umgang mit der Vergangenheit oder die Erkenntnis der darin liegenden Horizonterweiterung zu loben. *Darüber* wäre mit Anton Thibaut kaum zu streiten gewesen. Savigny verwendet den Ausdruck vielmehr apologetisch und weltanschaulich, genau wie seine beliebte Vokabel „lebendig"[595]. Sein Satz lautete unmißverständlicher etwa: Sinn für den Wert geschichtlich bestehender Verhältnisse ist überall erwacht. Mancher Versuch, das erhabene Orakel des Geschichtlichen zu deuten, seine Brüche und Widersprüche zu erfassen oder zu harmonisieren, wäre bei Beachtung dieses Kontextes vielleicht nicht unternommen worden — und dazu ebenso viele Versuche, von einer schiefen Savigny-Folie her seine Zeitgenossen zu verstehen. *Eduard Schrader*, der Tübinger Streiter der HS, dem Savigny 1817 persönlich mit wärmsten Worten „gesunden praktischen Sinn" bescheinigt hatte[596], ist da direkter als der behutsame Meister. In seiner offen politisierenden Kampfschrift gegen „die Abfassung eines Civil-Gesetzbuches für Württemberg" (1821), deren Vorwort mit einem Wortgeklingel von „Freiheit", „constitutioneller Freiheit", „wahrer Freiheit", „wahrer Liberalität", „Vaterland" und „ächt-vaterländisch"[597] geschickt undeutlich, aber doch wieder deutlich den konservativen Rahmen absteckt, erinnert er an frühere Mäßigung der Stände in Sachen Gesetzesreform mit dem Lob: „Diesem schönen ächt-geschichtlichen Sinn gemäß (...)"[598]. „Rechts-Revolution" und „Rechts-Verbesserung" werden in bekannter Manier als „ent-

---

in Verbindung mit den liberalen Aspekten gut bei *Krieger*: Freedom 174f, 196ff; eine beziehungsreiche Studie findet sich bei *Hermand*, der das Nationale am Wandel des Napoleonbildes abliest, in: Studien 99ff; Grundlinien auch bei *Wieacker*: Geschichte 350f mNwn; zur deutschen Frühphase vor 1800 vorzüglich *Epstein*: Conservatism 243ff, 328f: zu Mösers „more cultural, than political nationalism", was genau Savigny entspricht.

593 Beruf 74 (S. 5 des Originals): „Geschichtlicher Sinn ist überall erwacht, und neben diesem hat jener bodenlose Hochmuth keinen Raum."

594 Oben 203ff.

595 Oben 206 über seine diesbezügliche Vorliebe; zur Variablenfunktion bei Fn 131; eine typische Stelle auch wenig *vor* der jetzt herangezogenen: „natürliche Gegenwirkung (...) neue, lebendigere (!) Liebe", sogar im sprachlich falschen, bezeichnenden Komparativ, die *kritische* Verwendung dagg. dann Beruf 138f, in bez. Trennung zum „politischen Sinn".

596 Zitiert oben 33.

597 *Schrader*: Civilgesetzbuch 1—3.

598 *Schrader*: aaO 3.

gegengesetzte Systeme" beschworen[599]. Savignys Billigung für Schraders gleichartigen früheren Beitrag war deutlich genug, um sagen zu können, im Lichte der Schraderschen Verwendung leuchte die weltanschauliche Seite auch des Savignyschen „geschichtlichen Sinnes" lebhaft auf. Savignys Verwendung lehrt: von geschichtlichem Sinn zu reden ist wenigstens zweideutig.

Seit der geschichtliche Sinn als *Weltanschauung* wieder problematisch wurde, wie das *Nietzsche* in seinen „Unzeitgemäßen Betrachtungen" (1873) bezeugt[600], und sich zumal *Dilthey* seiner Genese zuwandte, nämlich „Das 18. Jahrhundert und die geschichtliche Welt" (1901) untersuchte, meinte man vorwiegend etwas Weltanschauliches, wenn man von geschichtlichem oder historischem Sinn sprach. Diese Verwendung hatte eine lange und fruchtbare, kaum übersehbare Blüte bei *Dilthey* (1833—1911), *Meinecke* (1862—1954), *Troeltsch* (1865—1923) und etwa *Rothacker* (1888—1965). Die Reihe der Beispiele ließe sich unschwer bis heute verlängern. Immer wieder umkreiste man in besinnlicher bis besorgter Rückschau die eigene Geschichtsphilosophie, den „Historismus und seine Probleme" (Troeltsch 1922), den „Historismus und seine Überwindung" (Troeltsch 1924), die „Entstehung des Historismus" (Meinecke 1936) oder die „Krisis des Historismus" (Meinecke 1942). Auch ohne kritische Referenz der ganzen unübersehbaren Diskussion[601] kann man feststellen, daß man immer wieder in *weltanschaulichem* Interesse Aufklärung und Historismus und ihre jüngeren Epigonen kontrastierte. Nicht die schlichte Tatsache interessierte, daß das Wissen von der Vergangenheit neben der Entstehung des „Historismus" zunächst einmal einfach viel gründlicher und genauer geworden war. Der große, in Deutschland von Göttingen ausgehende Aufschwung der *Philologie* in Chr. G. Heyne (1729—1812), Fr. Aug. Wolf (1759—1824), A. Boekh (1785—1867) und B. G. Niebuhr (1776—1831)[602], die Uni-

---

599 *Schrader*: aaO 4.

600 „Unzeitgemäße Betrachtungen" (1873) Teil 2, „Vom Nutzen und Nachteil der Historie für das Leben", Werke 2, 29ff.

601 Konzis informiert der Artikel „Historismus" von *H. G. Gadamer* im: RGG 3 (1959) Sp. 369—71; sehr ausführlich und mit fruchtbarer Distanz untersucht neuestens *G. G. Iggers* "The German Conception of History. The National Tradition of Historical Thought from Herder to the Present" (1968), hier nach der vom Autor durchgesehenen und erweiterten deutschen Ausgabe bei DTV, München 1971, 398 S., u. d. T. „Deutsche Geschichtswissenschaft. Eine Kritik der traditionellen Geschichtsauffassung von Herder bis zur Gegenwart", der auch die ganze Literatur benutzt und erläutert; hinzuweisen ist daher nur noch auf *F. Wagner*s handliche Dokumentation: Geschichtswissenschaft (1951), der S. 311ff den „Historismus als Wissenschaftsprinzip" in Auszügen veranschaulicht und auch etliche Literatur nachweist (S. 401, 437f).

602 Anschaulich-konkret: *Paulsen* II 36ff, 210ff, zum Ursprung in Göttingen 15ff, sehr aufschlußreich zum charakteristisch *neu*humanistischen dabei; für die Ausstrahlungen der Niederlande s. *Schneppen*: Ndl. Universitäten.

versität in ihrem Schwerpunkt als neuhumanistisches Philologenzentrum[603], die großen Quellenforschungen eines *Wolf* — Ilias mit Prolegomena (1794/95) —, eines *Niebuhr* — Römische Geschichte (I 1811) — und Geistesverwandter[604], die „philologische Philosophie" (Paulsen), die sich weniger der Naturwissenschaft (wie Kant) als den philosophischen Klassikern und der Philosophiegeschichte zuwandte[605], die Plato und Aristoteles wieder entdeckte, etwa in

---

603 *Paulsen* II 251 führt dies gut und quellennah aus; auch *Wilamowitz-Moellendorff*: Geschichte 51.

604 Eine knappe konzise Zusammenstellung dieser kritisch-exakten Forschungsleistungen scheint nicht zu existieren. Wenigstens wird sie in den mehreren großen Werken zum Thema Geschichte der Philologie leider nur am Rande mitgegeben oder versinkt im biographischen Detail. Vergleichsweise nützlich noch die kurze „Geschichte der Philologie" von *U. v. Wilamowitz-Moellendorf* in: Einleitung in die Alterthumswissenschaft I (1927, 3. A.), hg. Gercke/Norden, S. 1—80; Vgl. sonst *Th. Benfey*: Geschichte der Sprachwissenschaft und orientalischen Philologie in Deutschland seit dem Anfange des 19. Jahrhunderts mit einem Rückblick auf die früheren Zeiten, München, Cotta, 1869, XII u. 836 S., der noch vergleichsweise pragmatisch vorgeht, hier bes. S. 313ff. Dann *C. Bursian*: Geschichte der classischen Philologie in Deutschland von den Anfängen bis zur Gegenwart. München/Leipzig, 1883, 1271 S., in 2 Bänden, der ausführlich auf Wolfs „Prolegomena" und das Echo eingeht (S. 526ff) und Heyne als „Vorläufer" mit noch zu zaghafter Textkritik sieht (S. 476ff). Aufmerksamer für den Aspekt der exakten Forschung ist der sonst störend schubladenmäßige *F. Wegele* in seiner nicht direkt hierhergehörigen „Geschichte der deutschen Historiographie seit dem Auftreten des Humanismus, München/Leipzig 1885, 1093 S." Für die Begründung der deutschen Geschichtswissenschaft seit den Freiheitskriegen (S. 975ff) betont er die exakte Forschungsrichtung und das Aufblühen der Altertumsforschung als methodisch sehr anregend (S. 976f). Bei der sog. „Romantischen Schule" Grimms, Schellings, Hegels, auch Schlegels sei dies positiv exakte noch zu kurz gekommen (S. 980, im folg. ausgeführt); Görres' „Geschichte der Mystik" (1836—42) ist ihm dafür ein typisches Beispiel. Mehr wissenschaftlich exakte Methode und historische Kritik hätten Savigny, Eichhorn und besonders Niebuhr gezeigt (S. 987ff). Letzterer wird als der eigentliche Reformator (S. 995) in diesem Sinne näher beschrieben. *Hans Arens*: Sprachwissenschaft. Der Gang ihrer Entwicklung von der Antike bis zur Gegenwart, Freiburg, Alber, 2. Aufl. 1969, XVI und 816 S. (mit ausf. Bibliographie), dokumentiert durch Abdruck zahlreicher Texte. Auch hier stehen nicht die Forschungsleistungen im Vordergrund. Passim wird die Wichtigkeit kritisch empirischen Beobachtens festgestellt und als Verdienst schon der Aufklärung zugerechnet (S. 158). Unschön verkürzt durch das weltanschauliche, historistische Interesse ist das, was *J. Dünninger* im „Aufriß" zur Geschichte der deutschen Philologie vorträgt, s. Bd. 1 (1957), Sp. 83—222, hier 122ff, 148ff. Die Leistung Niebuhrs als Reformator der Kritik betont und belegt auch *F. Wagner*: Geschichtswissenschaft 172f. Sehr informativ sind die Rückgriffe des Literaturhistorikers *Sengle*: Biedermeierzeit 34ff; wenig ergiebig dagegen *RGG* 6, 263—6, „Sprachwissenschaft"; *Bernheim*: Lehrbuch d. hist. Methode (1908); *Fueter*: Historiographie (1936, 3. A.); *Thompson*: Historical Writing (1942).

605 *Paulsen* II 206f, er nennt Schleiermacher, Trendelenburg u. a. und belegt den

Christian *Garves* (1799—1802)[606] und J. G. *Schlossers* (1788)[607] Aristotelesübersetzungen, oder in *Schleiermachers* Platon-Bemühungen (1804—10)[608], das alles ist mit der weltanschaulichen Verwendung von „geschichtlich" nicht gemeint. Es wird denn auch z.B. bei Meinecke nur gestreift[609]. Bewußt trennt Troeltsch Historismus und Organologie von philologischer Historie und sieht das „philosophische Element" der HS in ihrer Organologie[610]. Hier ist das *weltanschauliche* Interesse bewußt und isoliert gefördert[611]. Das Interesse an spezifischen Wertungen provoziert ein ständiges Bemühen, den Wesensunterschied zur Aufklärung und zum dafür hauptsächlich verantwortlich gemachten Westeuropa zu umschreiben[612]. Dieses Interesse führt dann auch auf die bekannte Linie Möser, Herder, Goethe, Savigny, Ranke, deren politischen, die Weltanschauung belegenden Kontext man leider weniger gründlich untersuchte. Dilthey, Troeltsch, Meinecke, sowie Rothacker, auch v. Srbik versäumten in dieser Optik selten, Savignys weltanschauliche Formeln von 1814/15 ihrem Geschichtsbild einzufügen[613].

Die *andere Verwendung* begegnet regelmäßig bei solchen Autoren, die etwas „Historisches" auch an der Aufklärung oder schon früher finden. Logischerweise wird dann meist die lange Kontinuität des Empirismus gesehen und Herder erscheint bei allen Verdiensten keineswegs mehr als Begründer der „modernen" Geschichtsforschung. Fueter, Wagner, Iggers und Sengle geben dafür ein Beispiel[614]. Der genaue Literaturhistoriker *Sengle* tut dies besonders schön

---

Gedanken auch für Fichte, Schelling und Hegel; an H. Sigwart ist zu erinnern vgl. oben 20f.

606 Er übersetzte die „Politik" (1799/1802) und „Ethik" (1799) des Aristoteles mit Kommentar; dazu wertvoll *Stolleis*: Staatsräson (1972).

607 Er übersetzte 1798 erstmals Aristoteles' „Politik" ins Deutsche; wichtige Einzelforschung dazu bei *Riedel*: Aristotelestradition am Ausgang des 18. Jahrhunderts. Zur ersten dt. Übersetzung der „Politik" durch J. G. Schlosser, in: FS für O. Brunner, Göttingen, 1963, S. 278ff.

608 Platonübersetzung (1804f), vgl. *Schnabel*: Dt. Geschichte III 32f; *Copleston*: History VII 150 erwähnt 3 Teile (1804, 1809, 1828); nützlich *Kantzenbach*: Schleiermacher.

609 Vgl. *Meinecke*: Historismus 37f.

610 In: Historismus/Probleme, Ges. Schr. III 279f, auch 1ff; vgl. auch schon: Aufklärung (1897), Ges. Schr. IV 353.

611 Ähnlich explizit auch bei *Meinecke* in: Aphorismen (1942), Werke IV, „Zur Theorie und Philosophie der Geschichte", S. 230.

612 Für die konkreten Folgen ist lehrreich *Lübbe*: Pol. Philosophie 172ff.

613 Für *Dilthey* s.: 18. Jhrdt (1901) Schr. III 256; Einleitung (1883) Schr. I, S. XVI; Hegels Berl. Periode, Schr. IV 255f; für *Troeltsch* s. bes. das Kapitel „Die Organologie der deutschen historischen Schule", in: Werke III 277—313; weiteres schon oben Fn III 363; für *Rothacker* s. schon oben Fn 302; für *Meinecke* weniger deutlich Historismus 136, 573; Möser/Herder/Goethe, Werke IV 244 (auch die allg. Linie); deutlicher dagg.: Aphorismen, Werke IV 236 (Savigny/Frontstellung); für *Srbik*: Geist I 200, 205f.

614 *Fueter*: Historiographie 461ff; *Wagner*: Geschichtswissenschaft 85 (Text);

konkret. Er schreibt einen aufschlußreichen Abschnitt über „Erneuerung und Erweiterung des Empirismus" in der Biedermeierzeit, an dem schon dieser Titel reizt[615]. Unter reichen souveränen Rückgriffen wird dort auch bestimmt daran erinnert, welch tiefen und fundierten Empirismus schon das 18. Jahrhundert erreicht hatte, den erst die idealistische Wendung der Goethezeit wieder verdeckt habe[616]. Regelmäßig würdigen diese Autoren auch das weltanschaulich-historische als *zweiten* Faktor[617].

Der Sprachgebrauch in Sachen „geschichtlicher Sinn" ist nicht nur bloße Ausdrucksweise, sondern ein Geschichtsbild selbst. Die eigenwillige weltanschauliche Nomenklatur taugt für alles, was zwischen ihren antithetischen Formeln liegt nicht — und dazwischen findet sich viel. Ich mußte die bis heute gebräuchlichen Verwendungen und besonders die historisch-weltanschauliche etwas verfolgen, um klarzumachen, daß *Reyscher* zwar geschichtlichen Sinn hat, daß aber die gängigen weltanschaulichen Umrahmungen bei ihm nicht einfach mitgedacht werden dürfen. Reyscher hat einen quellennahen Ansatz und das dazugehörige kritisch-historische Bewußtsein. Diese Art von geschichtlichem Sinn war keineswegs neu, aber in dieser Intensität eine Frucht der blühenden Philologie der Zeit. *Anselm Feuerbach* benennt den Zusammenhang der „historisch-philologischen Bearbeitung der Jurisprudenz" mit der „Alterthumswissenschaft" in seinem „Blick auf die teutsche Rechtswissenschaft" (1810) ausdrücklich[618]. *Savigny* kam darauf mehrfach zu sprechen. In seinem Einleitungsaufsatz zur Zeitschrift (1815), in der Gönnerrezension (1815) und in „Stimmen" (1817)[619] klärt er gegen Mißverständnisse, kritische Quellenarbeit sei selbstverständliches Rüstzeug. Das war ohne weiteres auch für seine Praxis, gemessen an den Möglichkeiten der Zeit zutreffend und ließ sich dennoch mit Weltanschauung hinreichend durchsetzen. Philologische Reife war mit dem Neuhumanismus zum Bildungsideal geworden[620]. In den Bildungsanstalten der Zeit wirkten die Lehrkräfte zumeist in diesem Sinne[621]. Auch *Reyscher* studierte unter Anleitung des Vaters fleißig Latein. Es ist nur zeit-

---

Iggers: Geschichtswissenschaft 11, 43; *Sengle*: Biedermeierzeit I 34ff, 41f; klar trennt die Bedeutungen auch *Coing*: Rechtsphilosophie 37 (2. A.).

615 *Sengle*: aaO 34ff.

616 *Sengle*: aaO 35, auch 42.

617 *Wagner*: aaO; *Iggers*: aaO, der dies im Vergleich mit Westeuropa wichtig nimmt; *Sengle*: aaO 36ff bemerkt ausf. die „tröstende" Rolle, den „stärkenden" Anblick der Ahnen (S. 44).

618 Nach: Kl. Schriften 157f.

619 *Savigny*: Zweck 15; Stimmen 207 (bei Stern); ähnlich Gönnerrez. VS 5, 140f: an dieser wichtigen Stelle steht das darüber hinausgehende Verstehen im Vordergrund.

620 Darüber unterrichtet wieder gut *Paulsen* II 191ff.

621 Für die Universitäten s. *Paulsen* II 247ff, für die höheren Schulen und die partikularen Varianten dabei s. 278ff (Preußen), 406ff (Sachsen), 421ff (Bayern), 435ff (Württemberg).

gemäß, daß man ihn nach dem Entschluß zum Universitätsstudium das Griechische dazulernen ließ, um ihn zu wappnen[622]. Diese Kenntnisse waren inzwischen Pflicht[623]. Auch in Tübingen versuchte man dem „saeculum philologicum" (Paulsen) zu entsprechen. Aufklärerisch-praktische, utilitäre Haltungen waren aber daneben zäh lebendig geblieben. Ich habe diese Züge im Studienmilieu und für Württemberg speziell beschrieben[624]. Paulsen betont dasselbe für Württembergs Unterrichtswesen überhaupt[625]. *Eduard Schraders* hochmodernes neuhumanistisches Lehren und Forschen gab zwar auch hier ein leuchtendes Exempel. Das hat sicher auch die kritische Reife befestigt. Aber für die darüberhinausgehende Weltanschauung war das ansonsten nüchtern liberale Württemberg ein spröder Boden. Schraders schon berührte „Denkmal"-Position gehört hierher[626]. Seine „Schüler" bestätigen es deutlich: C. G. Wächter und R. Mohl, Scheurlen, M. S. Mayer, schließlich auch Reyscher, keiner unter diesen hat im neuhumanistischen Sinn geschrieben, obwohl die Anregung dazu alle erreicht hat. Dennoch waren andererseits besonders C. G. Wächter und Reyscher als kompetente Historiker anerkannt[627]. Wächters Privatrecht, 1. Teil, und der Überblick zu Reyschers Schriften allein genügt dafür. Reyscher wurde es besonders in den Hallischen Jahrbüchern von 1841 ausdrücklich bestätigt[628]. Das kritische Rüstzeug war nicht auf einen bestimmten Wertungsrahmen fixiert.

Die aufklärerische Orientierung an der Gegenwart und ihrer Verbesserung ist also *neben* einer sehr vertieften historischen Technik und einem geschärften Bewußtsein der Wertungen lebendig. Die Anliegen der Gegenwart sind dabei nicht auf die weltanschaulich-geschichtlich lange Bank geschoben, deren adäquate Rollenträger die fast total staatsabhängigen Wissenschaftler waren. Die Karlsbader Universitätsbeschlüsse und ihre Erneuerungen betrafen ja auch den „Geist, in welchem die akademischen Lehrer bei ihren öffentlichen und Privatvorträgen verfahren"[629]. Auch ohne diese Beschlüsse lag die entscheidende Stimme bei Berufungen u.ä. bei den Regierungen. Die Antwort auf die großen Gegenwartsfragen verlangte Entscheidungen, Wertungen. Die Bewertung der Vergangenheit konnte dabei durchaus davon unabhängig erfolgen, daß man sie mit allem kritischen Rüstzeug liebevoll erforschte.

---

622 Erinnerungen 47.
623 Darüber *Paulsen* II 437.
624 Oben 46ff, 45; für Württemberg oben 267ff.
625 *Paulsen* II 485ff.
626 Oben 47.
627 Vgl. dazu nur *Landsbergs* oben 37 zitiertes Urteil, sowie das zum historischen Teil des Wächterschen Privatrechts oben 39f Gesagte.
628 In „Die Universität Tübingen", 1841 II, S. 214 gelobt als „gelehrter Rechtshistoriker"; vgl. auch die freundlichen Urteile zur Statutarrechtssammlung, oben 93f.
629 Beschlüsse § 1, Abs. 2, Satz 1, s. *Huber*: Dokumente I 90.

Das ist für Reyschers Ort in einer Zeit, die man so oft mit „Wendung zur Geschichte" charakterisiert, sehr zu betonen. Seine Kodifikationsschrift ist ein jugendlich schwungvoller Entwurf. Sie betrifft zugleich aktuelle politische Wertungsfragen und methodische Grundprobleme der Rechtswissenschaft. Es gab zeitgenössische Betrachter, die diese Konstellationen aus gutem Überblick einzufangen wußten. Zu ihnen zähle ich den Badener *Leopold August Warnkönig* (1794—1866)[630]. Das war bei ihm schon laufbahnbedingt. Dieser Jurist hatte in Heidelberg und Göttingen gelernt[631] und nahm fast zwanzig Jahre an den deutschen Streitgesprächen aus der belgischen Distanz teil. 1817 war er im neugegründeten belgischen Lüttich Professor geworden, 1827 in Löwen, 1831 in Gent, erst 1836 wieder in Freiburg als Nachfolger Rottecks und Birnbaums[632]. In seinem Überblick über „Die Schulen der deutschen Rechtsgelehrten" (1839)[633] faßt er die geistigen Bedingungen überaus treffend zusammen. Warnkönig beschränkt sich einmal nicht auf den „geschichtlichen Sinn", sondern spricht auch vom „kritischen":

„Der kritische Sinn erwachte in der Philosophie und in der Philologie. Die in jener von Kant, in dieser von Hense und Wolf bewirkten Revolutionen[634] mußten auf die Rechtswissenschaft eine durchgreifende Wirkung äußern. Aus beiden erklärt sich einerseits die philosophische, andererseits die philologisch-historische Umgestaltung der Rechtswissenschaft und die Entstehung der Schulen unter den deutschen Rechtsgelehrten des neunzehnten Jahrhunderts"[635].

Die Faktoren lagen bereit. Kritisch-geschichtlicher Sinn und Reyschersche Wertungen gingen eine eigene Symbiose ein.

Ein kleines Testbeispiel für Reyschers Wertungen sind seine Vorstellungen über die *alte deutsche Vergangenheit*. Schon in „Bedürfnisse" benutzt Reyscher den beliebten Topos von der alten deutschen Freiheit. Es ist aber nicht die Mösersche behäbige „Landaktien"- und Grundbesitzersfreiheit[636], sondern eine recht mittelständische, deren Basis das Geschäftsleben ist[637]. Reyschers Vorstellungen sind also um einige Grade egalitärer. Das entsprach nur der allgemeinen Entwicklung seit Möser (1720—94). Reyschers jugendliche Darstellung ist hier vergleichweise direkt und historisch etwas salopp, wie schon Wächter empfand[638].

---

630 Dazu ausf. *Wild*: Warnkönig.

631 *Wild*: aaO 6—11.

632 Dazu *Wild*: aaO 12ff; 1844 wurde er Prof. in Tübingen.

633 DVjS 1839 III, S. 192—211; *Savignys* Mißfallen daran ergibt sein Briefwechsel mit Bluntschli, s. Stoll II 360; begründet vielleicht in *Warnkönigs* Hereinziehung des Praktischen, aaO 210f.

634 Über diesen Gemeinplatz unten 304f.

635 *Warnkönig*: aaO 199; auch S. 203, 205; „Heine" für „Heyne".

636 Für Möser zeigt das gut *Epstein* in seiner zusammenfassenden, abgewogenen Analyse, die die weltanschaulichen Zeitbezüge sorgfältig beachtet, in: Conservatism 323ff.

637 Oben 195f, 239f.

638 In seinen handschriftl. Bemerkungen von 1829, zitiert oben bei Fn II 132.

Auch die Geschichtsbilder schon fortgeschrittenerer Gelehrter waren mit zahllosen Wertungen durchsetzt. Ihr historisches Repertoire wurde ja auch ständig von den aktuell-politischen Erschütterungen provoziert. Ein schwacher Abglanz sind die gerafften Thesen der Kodifikationsschriften über „natürliche Rechtsbildung", die man auch bei Reyscher findet. *Thibaut* hatte in seiner mehr disputativen Erörterung diese Argumentation nicht benutzt. Aber er hatte sie, was wenig Echo fand, vorweg abgelehnt, in diesem Punkte mit *Feuerbach* ganz einig[639]. Thibaut betonte die völlige Selbständigkeit der *Bewertung*. Die „Erscheinung" — typische Tatsachensprache — gewöhnlicher Rechtsbildung besage prinzipiell gar nichts gegenüber dem, „was nach der Vernunft seyn kann"[640]. Der schlagende Unterschied zu *Savigny* ist hier vorweg präzise ausgesprochen. Die Gegensätze waren auch keineswegs neu. Thibaut meint, er müsse durch offene Bewertung entscheiden. Daher legt er Vor- und Nachteile umständlich dar. *Savigny* kleidet seine Stellungnahme so ein, daß sie als „innere Notwendigkeit" des Gegebenen erscheint. Das ist natürlich auch eine Wertung und er weiß das, kleidet sie aber bewußt so sein[641]. Die entscheidende Überzeugungskraft hat bei ihm das Erkennen des Notwendigen, nicht das Entscheiden für das Zweckmäßigste. *Reyscher* liegt in der Mitte. Er beginnt mit der Frage der Zweckmäßigteit und will offen werten; ich habe das ausgeführt[642]. Dennoch stützt er außerdem seine Wertung gerne mit einem Bild „natürlicher Rechtsbildung" ab[643]. Aber was für Savigny eigentlich unvermeidliche, aufzuspürende „innere Notwendigkeit" ist, das hat bei Reyscher mehr die Rolle eines Ideals, nur eben historisch konkretisiert. Der Eindruck des Schicksalhaften, der bei Savigny einfließt, fehlt völlig. Fast zu simpel zeitgemäß also hat der jüngere Reyscher *weder* nur Thibauts Abwägen, *noch* nur Savignys Genetik. Die klaren Konturen dieser Methodiken sind ineinandergeflossen. Dennoch kann man sagen, daß Reyscher den naturphilosophischen Grundlagen Savignys vergleichsweise ferner steht. Die Weltanschauung Thibauts gilt eher für ihn.

Oppositionell

Reyschers geschichtlicher Sinn war zugleich latent liberale Apologie, liberaler Ahnenkult. Das war vor den Fronten seiner Gegenwart eine aussichts-

---

639 Für *Feuerbach*: Einige Worte (1816) 198 (bei Stern): „Die Geschichte erklärt (...)".

640 So in: Notwendigkeit 61 (bei Stern).

641 Für sein Wissen siehe die klare Formulierung in: Beruf 79, „Dieser Zustand ist bis jetzt nur historisch aufgestellt (...)", zitiert oben bei Fn 177 mit einer weiteren Stelle.

642 Oben 192ff.

643 Vgl. die Zitate oben bei Fn 186, 57, 62.

reiche Argumentation. In einer Zeit der äußeren Vormachtsstellung des bewahrend-geschichtlichen Standpunktes vertrat Reyscher durch die Berufung auf eine freiheitliche Vergangenheit seine liberalen Motive geschickt. Dieser *evolutionäre Weg* war seinem weltanschaulich-politischen Interesse in den damaligen Konstellationen vorgezeichnet. Seine Interessen fanden seit 1829 ihren gemäßen Ausdruck in der Rolle des mehr und mehr *politischen Professors*[644], des engagierten Juristen, des Staatsrechtlers, Germanisten und Partikularrechtlers, des gemäßigten, also kompromißbereiten konstitutionell Liberalen. Trotz aller Loyalität ist Reyscher damit zur *frühliberalen Opposition* zu zählen. Dies gilt besonders bei gesamtdeutscher Perspektive. Aber auch im württembergischen „liberalen Musterland" war 1851 der Bogen überspannt, nachdem er schon vorher etwas hart zu führen war[645]. Oppositionell waren die geistigen und politischen Beiträge der Frühliberalen, bei Reyscher schon die Schrift „Bedürfnisse", wie Wächters harte Reaktion[646] bedeutet. Das ist wichtig für ihren Stellenwert, für Tonart und Exposition. Es ist zugunsten so mancher damaliger Polemiken zu beachten, die heute als unpassend oder gar „affektgeladen"[647] oder ähnlich empfunden werden. Das ist ein Urteil, das für die scharfen bis arroganten Worte eines Savigny wie „trostlose Aufklärerey", „ungeschichtlich", „politische Krankheit", „Lumpenvolk"[648] wenigstens ebenso zuträfe. Der tatsächliche Anteil dieser Liberalen an der *exekutiven* Macht, und diese war wesentlich, war minimal. Besonders in den Großstaaten Preußen und Österreich hatten sie nie das letzte Wort. Das hielt wiederum liberalere Kleinstaaten wie Baden und Württemberg in Schach, wie die Bundespolitik beweist[649]. Die Schwierigkeiten unter denen 1848 die sogenannten „Märzministerien" die Regierungslast übernehmen durften, belegen, wie verkrustet

---

644 Seine politische Aktivität sieht man im Überblick oben 61f; ausführlich, aber nicht unbefangen die Diss. von *Mayer*: L. Reyscher als Politiker (1928), auf die ich oben 4 eingegangen bin. Über den Topos des „politischen Professors" unterrichtet allgemein gut *Schnabel* II 204—8; ein Beispiel bei *Ehmke*; Karl von Rotteck, der „politische Professor" (1964) .

645 Vgl. die Urlaubsverweigerungen 1838 und 1844 (oben 61), die Angriffe auf das Hannoversche Gutachten (oben 103f).

646 Ausf. zitiert oben Fn 47.

647 So z.B. *Müller-Dietz*: Welcker 367 gegen *Thibauts* Aufsatz im AcP 21 (1838), „Über die sog. historische und nicht-historische Schule"; ähnlich damals *J. Grimm*, der am 29. 1. 1839 brieflich „Thibauts Zetergeschrei" erwähnt, s. *Schoof*: Unbekannte Briefe 275; sehr verständnisvoll zu Thibaut dagegen *Reyscher*: ZDR 2, 199; neuestens *Hattenhauer*: Thibaut u. Savigny, Einl. 17: keineswegs nur „senile Verbitterung".

648 Ersteres alles im „Beruf", letzteres brieflich an *Bluntschli* für die Hallischen Jahrbücher, s. *Stoll* II 360.

649 Anschaulich illustriert den Druck der Großmächte *Adam*: Verfassung 15: „nie fehlten die Gesandten der Großmächte auf der Galerie der 2. Kammer, und fleißig ward von ihnen berichtet", auch 18f, und öfter; vgl. schon oben bei und in Fn III 6.

die Lage war. Es wäre falsch, die Konstellationen nur düster zu malen. Aber eine stützende Bühne hatte die Opposition meist lediglich in der vielbeschworenen „Öffentlichkeit" und ihrer „öffentlichen Meinung". Die wirtschaftlichen Systemzugeständnisse wurden sorgsam unpolitisch gehalten. Die Realisierung der liberalen Vorstellungen und Argumente stand daher allzuoft in der Gnade von oben. Schon allein das *Wort* „Volk" soll im Vormärz die Zensur aufgestachelt haben und noch in der Paulskirche von manchen Rednern umgangen worden sein durch „Nation"[650]. Das konnte und mußte Polemik, auch bittere, hervorrufen. 1814—19, 1830—32 und wieder im unmittelbaren Vormärz überschwemmte eine ungeheure publizistische Welle den literarischen Markt. Allein daran sieht man, wie tiefgreifend die Auseinandersetzungen waren. Daß auch außerhalb dieser weniger gedämpften Abschnitte die Spannungen groß waren, darf man schließen.

Einen konkreten Anhalt für Reyschers ziemlich oppositionelle Stellung gerade mit der Kodifikationsschrift lieferte soeben *Wächters* Kritik. Vergleicht man anhand der Untersuchungen Hölzles, Lists und Grubes zu den Kämpfen und Parteiungen im damaligen Württemberg vor 1830[651], wie Reyscher hier einzupassen wäre, so lauten die Ergebnisse ähnlich. Reyschers fast gleichzeitig mit den „Bedürfnissen" geschriebene ausführliche „Historische Einleitung in die Staatsgrundgesetze"[652], die auch die jüngsten Kämpfe in Württemberg erzählt, ist eine zusätzliche Quellenstütze. Danach wäre Reyscher dicht neben die ganz oppositionellen sogenannten „Bürgerfreunde" oder „Volksfreunde" zu stellen[653]. Diese Gruppe um *Friedrich List*, *Heinrich Keßler*, *Justinus Kerner* und auch von *Wangenheim* war besonders egalitär. Mit dem Ausschluß Friedrich Lists aus der Kammer von 1819, der großes Aufsehen erregte[654], war ein Signal gesetzt, das die Eindämmung der progressiven Elemente in Kammer, Staatsleben, Publizistik und Verfassungswirklichkeit einläutete. Die Demütigung Württembergs am Bundestag 1823/24[655] und der resignierte Rückzug kritischer Abgeordneter 1825[656] sind zwei herausgegriffene Zeichen eines äußerlich ruhigeren Fahrwassers. In dieser Zeit relativen „politischen Stillstandes" (Grube)[657] war Reyschers eifriges Reformprogramm schon allein in

---

650 So die Wörterbücher von *Grimm*, 12 II (1951) Sp. 468; *Trübner*, 7 (1956) S. 691.

651 *Hölzle*: Erhebung 186ff; *List*: Kampf 94ff; *Grube*: Landtag 502, 511ff; vgl. auch *Adam*: Verfassung 15.

652 Oben 84.

653 Über diese ausf. *List*: Kampf 122ff, der sich bes. der ideengeschichtlichen Seite widmet. Der Wert der Arbeit liegt im quellennahen Bericht über die schwer zugängliche Literatur, weniger in den Ergebnissen.

654 Vgl. nur *Adam*: Verfassung 10; *Grube*: Landtag 513.

655 Dazu oben Fn III 6 die Nwe.

656 *Grube*: Landtag 514.

657 *Grube*: aaO 514; näher *Adam*: Verfassung 17ff; vgl. *Hölzle*: Erhebung 244 „Scheitern der Reformbewegung", auch 252.

seiner frischen Energie zugunsten längst verschobener Projekte (wie umfassender Gesetzgebung) oppositionell. Schon sein Ausgangspunkt, die Selbstverständlichkeit, mit der er von einem gründlichen Reformbedürfnis ausging, war typisch. Erst recht stellte er sich deutlich auf die Seite der Unzufriedenen, indem er im Zentrum seines Programms „politische Wiederbelebung" des Rechts anpries. Damit beschwor er Topoi aus den Verfassungskämpfen nach 1815, die gerade das *Gegenbild* der aktuellen rein *monarchischen* Fortbildung der Verfassung und Verfassungswirklichkeit waren. Freilich trennte Reyscher von „republikanischen" — wie man damals sagte — Vorstellungen seine unbedingte „Rechtlichkeit", mit der er auf dem Text der Verfassung streng beharrte, — soweit dieser etwas hergab[658]. Später, vor allem ab 1848, geriet Reyscher deswegen in Gegensatz zu den ehemals in paralleler Kritik verbundenen Volksfreunden und jetzigen Demokraten[659]. Das war aber erst eine Folge des seit 1830 und 1848 anders akzentuierten Hintergrunds, der einen gewissen Rollenwechsel bedingte[660]. Für seine frühen Meinungen, in denen die Abgrenzung zu demokratischen Gruppen noch kaum berührt wurde, ist die Gedankenwelt der sehr fortschrittlichen „Bürgerfreunde" und „Volksfreunde", die eine „monarchische Republik" anstrebten[661], ein gewichtiger Faktor. In ihrem „Volksfreund aus Schwaben" (1818/19) hatten die „Volksfreunde" weite publizistische Resonanz gefunden, bis nach 1819 die Presserestriktionen einsetzten[662].

Erwin *Hölzle*, der fleißige Ideenhistoriker Württembergs, würdigte die „Volksfreunde" als „Deutsche Bewegung"[663], nicht frei von speziell nazistischer Aufmerksamkeit[664]. Albrecht *List* hat sie 1912 in seiner Dissertation eingehend beschrieben. Dort kann man lesen, wie gerne sich die „Bürgerfreunde", *europäischer* Argumente bedienten[665]. Wenn Reyscher Frankreich und lieber noch England als Muster heranzieht[666], ist das der genaue, abgeblaßte Nach-

---

658 Vgl. dagg. für die Bürgerfreunde *List*: aaO 128ff, 141ff, 144.

659 Vgl. oben 64f, auch 227.

660 Die Hintergrundwechsel sind ein ständiges Thema der einschlägigen Werke etwa von *Adam*: Verfassung; *Glück*: Württ. Liberalismus (hier bes. interessant die Wiedergabe der Regierungsberichte von 1833/34, S. 47ff); *Grube*: Landtag bes. 514f, sowie *Vollmer*: Verfassung, bes. 116ff, die sich zur allmählichen Parteibildung äußern; auch schon *List*: Kampf 124. Vgl. oben 149ff zu den Hintergründen des „Daseyn"-Aufsatzes.

661 *List*: aaO 114, 153.

662 Dazu *Hölzle*: Erhebung 227.

663 *Hölzle*: Erhebung 226ff.

664 Etwa aaO 232 für Jüdisches.

665 Vgl. *List*: aaO 125 (England, Frankreich), 127 Fn (Amerika), 128 (norwegische Verfassung), 130 (Frankreich, England), 131 (England, Norwegen), 134 (Amerika, England), 135 (England), 144 (England), 152 (England), 154, 155 (zus. fassend).

666 Dazu unten 291ff ausf.

klang. Die „Altrechtler“ dagegen hatten diese Muster, besonders das französische, stets scharf abgelehnt[667]. Punkt für Punkt kann man auch sonst die Parallelen abhaken, die Lists zitierfreudige Wiedergabe bietet. Da List die Quellen so ausführlich sprechen läßt und die dabei überwiegenden Periodica nur schwer zugänglich sind, zudem Hölzle zur Kontrolle verfügbar ist, beschränke ich mich darauf, anhand beider die Programme zu vergleichen. Das Ergebnis ist fruchtbar und eindeutig genug, um die Gruppe der „Bürgerfreunde“ als Einflußfaktor anschaulich zu machen. Was läßt sich also feststellen?

Einmütig hält man „*Preßfreiheit*“ und *Öffentlichkeit* für die Ecksteine einer begrüßenswerten Verfassung[668]. *Freiheit* gilt als staatsfördernd. Mit dieser Argumentation setzt man sich vom abstrakten Liberalismus, den man Frankreich vorwarf, *und* von restaurativ-staatsfeindlichen „Altrechtlern“ ab[669]. Für die staatsbejahende *Kooperation*, in der Volk und Monarch in Freiheit und Einheit zusammenfinden und die Verwaltung zurücktreten sollen, wird eine *volksnahe Rechtspflege* unerläßliche Sicherung[670]. Auffallend ist daneben die Betonung, solche Gerichtsbarkeit sei ein „wohlhergebrachtes germanisches Recht des württembergischen Volkes“[671]. Diese Argumentation liebt auch Reyscher[672]. Gerade die Art, die eigene recht *liberale Vergangenheit als progressives Argument* einzusetzen, von alter deutscher und württembergischer Freiheit zu reden, und so Ideal und Geschichte — Philosophie und Geschichte — zu verbinden, findet sich regelmäßig bei den Bürgerfreunden[673]. Daß auch Reyscher dies Verfahren bevorzugt, plaziert ihn *zwischen* Savigny und Thibaut[674]. Daß also überhaupt das *Recht ganz im Volk* „leben“ müsse[675], war ja die Zentralthese Reyschers, wie sie sich aus den Formeln mit „Leben“ herauskristallisieren ließ[676]. Bei den Bürgerfreunden ist sie ebenso da und ganz klar politisch. Dahinter steckt als Pendant die Vorstellung der „*Selbstregierung*“[677], die wiederum auch Reyscher, obwohl in „Bedürfnisse“ etwas verdeckter, beherrscht[678]. Ein ebenfalls hierhergehöriger Mosaikstein ist wiederum der *Freiheitsbegriff*. Die „Bürgerfreunde“ dachten hier in erster Linie an Selbst-

667 Vgl. *List*: Kampf 23f, 84.
668 *List*: aaO 126, 135; für *Reyscher* oben 249.
669 *List*: aaO 126, 134, 145, 150, 158; für *Reyschers* Abwehr abstrakter philosophischer Systeme oben 254f.
670 *List*: aaO 129f, 136; *Hölzle*: aaO 231; für *Reyscher* oben 249f, 252; sehr deutlich auch im Geschichtsgrundriß von 1831, oben 86.
671 Nach *List*: aaO 130.
672 Dazu oben 254, 230; auch im Geschichtsgrundriß, oben 86.
673 *List*: aaO 130, auch 130 Fn, 134, 151 Fn, 156; ebenso *Hölzle*: Erhebung 229—31, 245f.
674 Vgl. oben 194, 281.
675 *List*: aaO 135.
676 Dazu oben 251, 202, 195f.
677 *List*: aaO 134f, 137ff, 152.
678 Dazu oben 251, 218.

regierung, nicht an bloße Abwehr[679]. Sehr ähnlich ist es durchweg bei Reyscher, der Freiheit immer schon als konkrete Mitbestimmung oder Selbstbestimmung konzipiert[680]. Die idealistische Antithetik verschwindet in der Vorstellung konkreter Kooperation. Parallel ist weiter das Verhältnis Einzelner — Staat, Einzelner — Recht, subjektives — objektives Recht, Gemeinde — Staat gedacht: als Summe in Freiheit vereinigter selbständiger Teile[681]. Hier kann man auch die Aversion gegen abstrakte, philosophische *Beglückungssysteme* anfügen, deren Ergänzung große *praktische* Neigung ist. Beides vertreten die Bürgerfreunde ähnlich[682]. Für Reyscher war es z. B. an seiner Systemvorstellung zu sehen[683] und am Bedürfnistopos.

Staatsbürgerliche Erziehung zur Mündigkeit darf nicht fehlen[684]. Die *weltliche* Rolle der *Kirche* wird gleichermaßen klein angesetzt[685], kleiner als bei den regierungsfreundlichen „Liberalen"[686]. Das *römische* Recht verwerfen auch die Bürgerfreunde. Sie fordern ein *allgemeines deutsches Gesetzbuch*, das sich aber „mit der Zeit auf organischem Wege aus dem Leben des öffentlichen Rechts" entwickeln soll, und ohne dabei gegen das Naturrecht zu polemisieren[687]. Wiederum ist das eine deutliche Parallele zu Reyschers Programm.

Daß schließlich hinter Reyschers Redeweise von „Volk" besonders die *Bürger* stehen, was erneut auf die „Bürgerfreunde" hinweist, ergab sich bereits[688]. Unerwähnt bleiben bei Reyscher dagegen der Gedanke progressiver Einkommensteuer[689], der wohl für sein Thema zu speziell war, die Frage des Widerstandsrechts[690]. die zu berühren kein Anlaß war, in der er später aber engere Grenzen zog[691], das Problem der Landwehr und die durchgängige Abneigung gegen die Bürokratie[692]. Doch warnt Reyscher vor „unnatürlicher Anhäufung der Gesetze" (S. 53) und findet deutliche Worte gegen Bevormundung (S. 52). Diese Mäßigung entspricht seiner Laufbahn[693] und vielleicht einem gewissen Optimismus, Bundesgenossen bei der Bürokratie zu gewinnen. Solche Zuversicht wäre noch 1828 in Württemberg nicht abwegig gewesen, während sie

---

679 *List*: aaO 148.
680 Vgl. oben 241, 249, 255.
681 *List*: aaO 145 f; *Hölzle*: aaO 233; für *Reyscher* oben 250.
682 *List*: aaO 156.
683 Dazu oben 239 f, 202.
684 *List*: aaO 146, 158 Fn; *Reyscher*: Bed. 52, gezeigt unten 296 f.
685 *List*: aaO 140; *Reyscher*: Bedürfnisse 48.
686 Vgl. *List*: aaO 116 f.
687 Nach *List*: aaO 135, Fn 394; *Hölzle*: aaO 231.
688 Dazu oben 195 f; zum Volksbegriff auch *Hölzle*: Erhebung 228.
689 *List*: aaO 131.
690 *List*: aaO 141.
691 Dazu oben 103.
692 *List*: aaO 136 und überhaupt 122 ff.
693 Dazu oben sein bürokratisches Intermezzo 53 ff, 261 f.

1833 nach den zahlreichen Urlaubsverweigerungen für gewählte Kandidaten (Uhland, Mayer, Römer, Knauß)[694] weniger erklärlich gewesen wäre.
Zu der Gruppe der „Bürgerfreunde“, die sich während der württembergischen Verfassungskämpfe nach 1816 bildete, bestehen also weitreichende Berührungspunkte. Man kann davon ausgehen, daß der junge Reyscher diese Kämpfe sehr aufmerksam verfolgte und dabei viele der Anregungen erhielt, die er in den „Bedürfnissen“ verwertete, obwohl er sie mit keinem Wort direkt andeutet. Als Schreiber (seit Mai 1816) und während der Vorbereitung auf das Studium (seit Ostern 1820) war er, der ohnehin aus einem politisch aufgeschlossenen Haus stammte[695] und den auch sein Onkel in dieser Richtung prägte, für all diese Auseinandersetzungen gerade auch um das „Schreiberei-Unwesen“ sicher empfänglich[696].
Daß Reyscher auch *Hegels* anonyme „Beurteilung der im Druck erschienenen: Verhandlungen in der Versammlung der Landstände des Königreiches Württemberg im Jahre 1815 und 1816“ aus den Heidelbergischen Jahrbüchern von 1817 oder den von der Regierung geförderten billigen Sonderdrucken von 1818[697] kannte, mag sehr wohl sein. Einen direkten Hinweis dafür fand ich nicht. Jedenfalls waren in dieser Philippika gegen die eigensinnigen Altrechtler und ihr „Privatinteresse“[698] viele der genannten Vorstellungen der Bürgerfreunde sehr gekonnt ausgebreitet und eingesetzt. Auch Hegel sah dabei im Staat ein „höheres Interesse“[699] und polemisierte immer wieder gegen jede privatistische Haltung als schädliches Sonderinteresse[700], die gemäß französischem „Atomismus“ handle[701]. Im gleichen Sinne verwarf er „abstrakte“ Prinzipien[702]. Aus diesen Motiven schien ihm eine „Wiedergeburt“ der Gemeindeverwaltung nötig[703] und fand er „lebendigen (!) Zusammenhang (ist) nur in einem gegliederten Ganzen, dessen Teile selbst besondere, untergeordnete Kreise bilden“[704]. Auch für Laienjustiz sprach er dort schon[705] und für staatsbürgerliche Erziehung[706]. Geschichte ist ihm ebenso häufiges liberales Argument wie der Blick auf England, Frankreich, nicht allerdings

---

694 Aufgezählt etwa bei *Glück*: Württ. Liberalismus 57, 53ff.
695 Vgl. Erinnerungen 48.
696 Zum Onkel oben 258ff; in Erinnerungen 47, berichtet er von eifrigem Zeitunglesen für diese Zeit; zum Streit um das Schreibereiinstitut oben 19.
697 Werke 4, 462ff, 623 (Sonderdrucke).
698 *Hegel*: Landstände, aaO 476.
699 Landstände, aaO 476.
700 Landstände, aaO 476f, 482f, 485, 488, 503 usw.
701 Landstände, aaO 482f, 485 u. ö.
702 Landstände, aaO 483, 472, 478, 506
703 Landstände, aaO 480, 483.
704 Landstände, aaO 483.
705 Landstände, aaO 563.
706 Landstände, aaO 492.

Amerika. Bei historischen Argumenten bedenkt Hegel auffallend sorgfältig den jeweiligen Funktionszusammenhang einer Einrichtung und zieht daher nur behutsam für die Gegenwart Schlüsse[707]. Ebenso vorsichtig ist er beim horizontal vergleichenden Blick auf Westeuropa[708], der gleichwohl sehr häufig gewagt wird.

In diesen Vorstellungen trifft sich *Hegel* mit den Forderungen der *Bürgerfreunde* weitgehend. Die Parallelen zu Reyscher summieren sich. Zugleich findet sich aber in Hegels Kritik ein Ansatz viel kräftiger als bei den Bürgerfreunden, den Reyscher *nicht* mitvollzieht. Die entscheidende Vermittlungsfigur zwischen Individuum und Staatsgemeinschaft ist für Hegel die *Gruppe*. Als Vorstufe nennt er die „Genossenschaften und Korporationen" des Mittelalters: „Die großen Anfänge", sagt er, „zu inneren rechtlichen Verhältnissen in Deutschland, wodurch die förmliche Staatsbildung vorbereitet worden, sind in der Geschichte da zu suchen"[709]. Sie sind die Glieder einer „organischen Ordnung"[710], die nicht erst der privatrechtlichen Figur des „Vertrages" bedarf, um Einheit zu stiften. Sehr klar sagt er dazu:

„Ein geringes Nachdenken läßt erkennen, daß der Zusammenhang von Fürst und Untertan, von Regierung und Volk eine ursprüngliche, substantielle Einheit zur Grundlage ihrer Verhältnisse hat, da im Vertrage vielmehr vom Gegenteil, nämlich der gleichen Unabhängigkeit und Gleichgültigkeit beider Teile gegeneinander ausgegangen wird; eine Vereinbarung, die sie miteinander über etwas eingehen, ist ein zufälliges Verhältnis, das aus dem subjektiven Bedürfnis und der Willkür beider her kommt. Von einem solchen Vertrage unterscheidet sich der Zusammenhang im Staate wesentlich, der ein objektives, notwendiges, von der Willkür und dem Belieben unabhängiges Verhältnis ist;"[711].

Hier sieht man Hegels kollektivistische Seite. Das ist sein Ansatz, der den Staat *primär* werden läßt, während andererseits doch die „untergeordneten Kreise" selbständig das allgemeine Interesse verfolgen sollen und als *Gruppe* nicht disponibel gemacht werden[712]. Hegel konnte daher gegenüber den Sonderinteressen fortschrittlich die Staatsgewalt betonen, die ja in Württemberg gerade ziemlich liberal war. Das ist Hegels ideologisches Zentrum in den „Landständen". Daraus wurde „sein Votum für die Korporation und gegen die Assoziation, zugleich damit aber das am eindrucksvollsten ausgearbeitete und begründete Gegenkonzept zur liberalen Vereinslehre." So schreibt Friedrich *Müller*, der die Problemgeschichte der Vereinigungsfreiheit im deutschen Vormärz und ihre davorliegenden Bezüge ganz ausgezeichnet untersuchte[713]. Dazu zählt auch ein aufschlußreiches Kapitel, in dem Hegels Kor-

---

[707] Landstände, aaO etwa 464, 466, 477f, 480, 486, 488f, 498ff, 504, 507ff.
[708] Landstände, aaO etwa 476, 473, 484, 489 u. ö.
[709] Alles Landstände, aaO 482.
[710] Landstände, aaO 482, auch 483.
[711] Landstände, aaO 505.
[712] Vgl. *Müller*: Korporation, etwa 204—6, 176.
[713] *Müller*: Korporation und Assoziation (1965), das Zitat aaO 179.

porationslehre in Detail und Gesamtzusammenhang dargelegt und in Bezug zu anderen Ansätzen gebracht wird[714].

Auf diese umfassende Analyse kann ich verweisen und hier fortführen, inwiefern Reyscher abweicht. Schon bei den „Bürgerfreunden" teilte er deren Skepsis gegenüber der Verfassung, dem „Grundgesetz" wie er sagt, nicht[715]. Daß die Vertragsfigur unpassend sei, wie es *Hegel* so scharf, und der „Bürgerfreund" *Keßler* kaum minder vertreten[716], kommt ihm nicht in den Sinn. Im Gegenteil, vier Jahre später preist er die württembergische Konstitution gerade wegen ihres singulären, vertraglichen Charakters[717]. Auch in „Bedürfnisse" selbst verrät seine knappe Erzählung der Verfassungsentwicklung (S. 43ff) nichts Ablehnendes. Vielmehr bedauert er nur, daß „die in der That sehr schätzbaren neuen Grundgesetze noch nicht tief genug im Volksleben gewurzelt haben" (S. 46) und wünscht eine „lebendige Fortbildung des Verfassungswesens" (S. 51). Dieser Unterschied hat durchaus weitreichenden Zusammenhang. An ihm erweist sich, daß Reyscher nicht im Sinne Hegels *korporativ* denkt, sondern *individualistisch*. Sein Ansatzpunkt ist der mündige Einzelne, obwohl er durchaus die Bindung in der Gruppe sieht und bejaht. Dies wurde schon in besonderem Bezug gezeigt[718]. Seine Vermittlungsfigur ist nicht die besondere und *vorgegebene* Korporation, der in hierarchische Stufen geordnete Staat, sondern das *selbstgegebene* Gesetz. Reyscher liegt mehr in der Linie des Rechtsstaatsgedankens, bei dem man sich das Individuum positiver erfaßbar und die Einheit nicht substantiell vorgegeben dachte. Das „landläufig-kantische" (Mohl) stand ihm also näher, obwohl er später das bloß Abstrakte, Einseitige an Kants Idealismus kritisch bezeichnete[719]. Was Friedrich Müller in diesen Fragen an *Kant* im Unterschied zu *Hegel* herausstellt[720], stimmt gut zu dem, wie sich Reyscher 1828 erstmals präsentierte: Als vorsichtiger geistiger Freund der „Bürgerfreunde", also sachlicher Dissenter zu Hegel, konkret als Oppositioneller.

Montesquieuverwendung. Frankreich- und Englandbild

Reyscher begünstigt die Suche nach Einflußfaktoren nicht gerade. Mit Belegen ist er äußerst sparsam. Offenbar will er Wissen und „Vernunft" zeigen,

---

714 *Müller*: aaO 146—219.
715 Soeben bei Fn 658.
716 *List*: aaO 128.
717 Zitat oben bei Fn 551/552.
718 Oben 250f, 255 (auch fürs öff. Recht).
719 Daseyn: ZDR 1 (1839) 30; näher unten 327.
720 *Müller*: aaO 208—10.

nicht Quellen und Akribie. Er benutzt z. B. *Montaigne*, *Montesquieu*, *Thibaut*, *Savigny*, *Locré*, *Ancillon*, *Schrader* und *Gönner* meist ohne genaue Belege. Das Gegenbild bietet *Savigny* im „Beruf", der fast alles penibel belegt.

Unter den geläufigen Vorlagen der damaligen Bildungswelt wird besonders *Montesquieu* strapaziert. Die Art, wie es geschieht, läßt sich als weitere Perspektive dem bisher entworfenen Bild anfügen. Reyscher weiß dem großen „De L'Esprit des Lois" (1748) vor allem den Lobpreis der Jury zu entnehmen (Bed. 31). Weniger bezeichnend ist, daß er auch an den Satz von der Abhängigkeit der Gesetze erinnert. Beides geschieht ohne Nachweis. Es ist eine recht flache Beschwörung von Allgemeingut, die keines Blickes ins Original bedurfte. Interessant ist dabei der Unterschied zu *Savigny*. Dieser Franzosenverächter — abgesehen von den Humanisten — wußte sich der allgemein geschätzten Stimme des maßvoll politisierenden Barons Montesquieu lediglich gegen die „unbeschreibliche Gewalt, welche die bloße Idee der Gleichförmigkeit nach allen Richtungen nun schon so lange in Europa ausübt" zu bedienen[721], „gegen deren Mißbrauch schon Montesquieu warnt". Wer Montesquieu „richtig" benutzte, vielleicht beide, kann dahinstehen[722]. Ergiebig ist hier, wie sehr sich jeder von beiden *sein* Bild von Montesquieu macht, d. h. ihn in aufschlußreicher Weise verwendet. *Reyscher* entnimmt Montesquieu eine Kardinalforderung des ganzen liberalen Vormärz, *Savigny* findet etwas für seine Warnung vor dem Geist derselben Revolution, die so wesentlich diese reformerischen Liberalen befeuerte. Dem entspricht das ganze recht freundliche Frankreichbild bei Reyscher[723] gegenüber dem sehr kritischen bei Savigny[724].

Von dritter Seite läßt sich eine weitere, interessante Montesquieuverwendung anfügen, die ebenfalls von der Savignyschen nicht zufällig abweicht. *P. J. A. Feuerbach* hatte 1810 mit Montesquieus berühmtem Namen seine Idee einer

---

721 Beruf 95.

722 Als „ausgesprochenen Gegner der Alleinherrschaft in jeglicher Form" kennzeichnet Montesquieu *Gagnér*: Studien 81; näher umreißt Montesquieus vermittelnde Position mit politischem Scharfblick und einigem zeitgenössischen Hintergrund *Franz Neumann*: Montesquieu, zuerst als Einleitung zu „Geist der Gesetze, New York, 1949", jetzt wieder gut zugänglich in der Sammlung „Franz Neumann: Demokratischer und autoritärer Staat. Studien zur politischen Theorie. Frankfurt 1967", S. 142—194; *Neumann* betrachtet mit guter Einbettung Person (S. 143 ff), Politik (151 ff) und Wissenschaft (157 ff) Montesquieus. Wichtig für M's Einfluß jetzt *Sjöholm:* Germanistische Theorie.

723 Vgl. sein Urteil zum Code Civil, oben 201 f; die allgemeine Heranziehung als Verfassungsvorbild, oben 255.

724 Vgl. Beruf 72 „krebsartig" (zum „Code"), 102 ff das vernichtende, *Rehberg* folgende Urteil über den Code civil und den darin manifestierten politischen Geist; oben 202 weitere Stellen; nur das Urteil über die französischen *Juristen*, nicht das über den Code civil nimmt er 1828 in der Vorrede zur zweiten Ausgabe zurück: „was sie Gutes haben (sc. die frz. Juristen), das haben sie ungeachtet des Code, nicht durch denselben." (s. Stern 203).

vergleichenden Rechtswissenschaft geschmückt. Feuerbachs montesquieusches Stichwort „Universal-Jurisprudenz“[725] fand im Lebenswerk seines Sekretärs und Schülers *C. J. A. Mittermaier* eine fruchtbare, konkrete, mehr empirische Anwendung. 1814 konnte es *Thibaut* sinngemäß Savigny entgegenhalten in den berühmten Worten, die zuerst in der Selbstanzeige seiner Kodifikationsschrift standen:

„Zehn geistvolle Vorlesungen über die Rechtsverfassung der Perser und Chinesen würden in unseren Studierenden mehr wahren juristischen Sinn wecken, als hundert über die jämmerlichen Pfuschereyen, denen die Intestaterbfolge von Augustus bis Iustinian unterlag.“[726]

Thibauts Wendung fand dann, um die bezeichnende Linie kurz weiterzuführen, 1824 als Motto (!) in *Eduard Gans*' „Erbrecht“, Band 1, das daneben auf Montesquieu und Feuerbach selbst zurückgriff. Das nahm schließlich der wichtige Savignykritiker *Carl Fr. Chr. Wenck* 1825 in Leipzig billigend auf in seiner Rede „De mysticismo“[727].

Abgesehen von Montesquieu ist das *Frankreichbild* überhaupt ein recht guter Seismograph. Auch *Jacob Grimm* hat da ganz feste Wünsche: „Ich wünsche z.B. nicht“, schreibt er an Savigny am 27. April 1819, „ein Engländer zu sein; ihre gepriesene Freiheit hat etwas rohherziges und unempfindliches (...). Am allerschädlichsten aber wirken die verwünschten Franzosen auf uns ein.“[728] Das sind handfeste Aversionen. Sie sprechen auch aus Savignys Tiraden. Verblüffend emotional sind die Einwände — wer redet heute noch von „rohherziger“ Freiheit, welcher Aufklärer hätte das getan? Von dieser tiefliegenden Abwehr ist Reyscher frei. Er will das Gute aus den französischen Erfahrungen benutzen. Sein behutsames Differenzieren, ja ganz sympathisierendes Augenwerfen ist angesichts der offiziellen, verbreiteten Frankophobie für mehr zu nehmen, als es heute isoliert klingt. Die Gegend der „rohherzigen“ Freiheit bewundert Reyscher als die, „wo man gerne die Musterbilder guter Staatseinrichtungen sucht“ (Bed. 31). Und dieses „wo man“ ist nicht etwa eine herablassende Spitze gegen die „man“, sondern ganz ernst benutzt, um den eigenen Gedankengang bildungsbeflissen anzureichern.

Englische Zustände kommen noch positiver zur Sprache[729]. Nicht zuletzt ist ihm das Gute am Englischen eigentlich deutsch: Die „Jury“ ist in „den deutschen Wäldern gewachsen (...) jetzt ist sie ehrwürdiges Denkmal der Vorzeit

---

725 In: Blick, Kleine Schriften 163, 164, 170.

726 Selbstanzeige, Hd. Jb. 1814 I, Nr. 33, S. 525—8, aus der auch die meisten seiner „Zusätze“ im Abdruck in den „Civilistische Abhandlungen“ (1814) stammen, die bequem bei *Stern* (S. 167ff) stehen; die erwähnte Stelle S. 527, bei Stern S. 170.

727 Erbrecht I (1824) Vorrede XVIIIf; *Wenck:* Oratio de mysticismo, Opuscula 288—300, dort S. 295.

728 Bei *Schoof:* Savignybriefe 279.

729 Vgl. Bedürfnisse 3, 9, 52.

und wichtigster (!) Bestandteil einer unschädlichen (!) Volksgewalt“[730]. Nicht bei allen Problemen ist der Brückenschlag zum Inselnachbarn so eng, aber der Unterschied zu *Grimm*, mit dem sich Reyscher über Dahlmann sogar einmal zu gemeinsamen Aktionen zusammenfinden sollte, bis man sich nach Frankfurt (1846) etwas zerstritt[731], ist doch mehr als graduell. Daß die Orientierung an diesen westeuropäischen Ländern gründlicher als aus zweiter oder x-ter Hand kam, muß man freilich bezweifeln. Bei Reyschers selten bezwungenem Drang, sein Wissen ins beste Licht zu stellen, dürfte man sonst Zitate erwarten. Englische *Quellen* werden aber in „Bedürfnisse“ überhaupt nicht, französische meist ohne Nachweis eingebracht. Nur *Locrés* vielbändige „Legislation civile“ (Paris, I, 1827) zitiert Reyscher zutreffend, um die französisch-republikanischen Kodifikationsvorstellungen zu belegen[732]. Der Vorsprung der Franzosen in den Quellenvorlagen erstaunt nicht. Reyschers mütterliche Verwandtschaft war hugenottischer Abkunft. Französisches wurde zu Hause eher vermittelt, vor allem durch den Napoleonbewunderer Onkel Albrecht Le Bret. Seine erste größere Reise richtete Reyscher 1829 nach Paris[733]. Als Fundgrube für allgemeine Vorstellungen über die westeuropäischen Nachbarn wirkten ansonsten die *Zeitungen*. Der „Volksfreund aus Schwaben“, das Blatt der „Bürgerfreunde“, zog eifrig Vergleiche[734]. Die „Augsburger Allgemeine Zeitung“ und der „Schwäbische Merkur“[735] gehörten zur Lektüre im Pfarrhaus, wo Sohn August Ludwig „mit vielem Eifer die Zeitungen (!)“[736] las. In den publizistischen Kämpfen um die württembergische Verfassung zwischen 1815 und 1819 wurden die westeuropäischen Erfahrungen von allen Seiten gerne bemüht[737]. Das alles war frisch aufgewühlt und zubereitet. Es hatte einige Jahre Zeit sich zu setzen. Reyschers Sentenzen sind zumeist ein Abglanz dieser lebhaften Verwendung. Obwohl sein Studium dazwischen liegt, spürt man eigene Lektüre der primären Texte kaum. Freilich kam die Absicht der Kodifikationsschrift, große Fragen werbend für den Verfasser zu erörtern und nicht eigene Forschung dazulegen, der genauen Aufdeckung ihrer Quellen weniger entgegen.

Montesquieu-, *Frankreich- und Englandbild* fügen sich in die volksnah liberale Linie Reyschers, die weder den ganz nüchtern ständischen Interessen der Alt-

---

730 Bedürfnisse 31; ganz ausgeprägt dann in ZDR 6 (1841) 350, zitiert oben Fn 454.

731 Über diesen bez. Streit ausf. oben 171ff.

732 Bedürfnisse 35; vgl. *Locré*: Legislation I (1827) 255f, wo Locré aus Portalis' „Discours preliminaire“ berichtet.

733 Über *Le Bret* ausf. oben 258ff, zur Reise oben 60.

734 Gezeigt oben bei und in Fn 665.

735 Erinnerungen 48.

736 Erinnerungen 47.

737 Vgl. *List*: Kampf durchweg, etwa 23f, 46 Fn, 60, 77, 115, 119f, wobei die Landtagsdebatten meist mit der Publizistik parallel gehen, also einen weiteren Faktor bilden.

rechtler, noch dem mehr von „oben" her denkenden gouvernementalen Liberalismus der Regierungsfreundlichen huldigte. Noch weniger entsprach Reyschers Linie dem elitären Ansatz Savignys oder dem verinnerlicht gefühlvollen Grimms, der aufs entschwundene natürliche Freisein zurückblickte. Ähnlicher ist wieder der norddeutsche Ansatz der *Kieler Blätter* unter Dahlmann, Hegewisch, Welcker, Falck u. a.[738], deren gesamtdeutsche Bedeutung gerade in ihrer wirkungsvollen politischen Programmatik lag[739]. *Dahlmanns* „Ein Wort über Verfassung" im ersten Jahrgang von 1815 gibt ein Vergleichsobjekt ab. Schon die Wiedergabe bei Springer[740] zeigt: Monarch *und* Volk werden recht gleichmäßig unterstützt. Auf „*Gemeinsinn*" kommt es besonders an, in ihm sollen sich Volk und Regent vereinigen. Auch hier lebt der Gedanke der freiwilligen *Kooperation*. Vermittelndes Band soll die wärmstens empfohlene *Verfassung* sein. Daß England so sehr betont wird, ist nicht nur Kieler Anglophilie. Es sind Motive darin, die gegenüber den Reyscherschen Nuancen verschieben. Durch das Vorbild England, so wie es in Kiel gebracht wird, wird einem traditionalistischeren, ständischeren Ansatz das Wort geredet. Dahlmann wirkt „bürgerlicher", sein Volksbegriff enger[741]. „Den besseren Theil des Volkes zum Sprechen zu bringen, ist die Kunst der Verfassungen", kann Dahlmann sagen[742]. *Reyscher* ist da nicht so deutlich gruppenorientiert, wenn auch das bürgerliche Interesse mehrfach zu Grunde liegt[743]. Aber die klare Abgrenzung nach „unten" beschäftigt ihn noch gar nicht — wohl später[744]. Sein Ansatz ist stärker *egalitär*. Er steht dadurch Französischem näher, wirkt weniger historisch und entschiedener liberal. Aufklärerischer Reformgeist gibt sich bei ihm ungebrochener.

A. F. J. Thibaut

Die Träger *zeitgenössischer Jurisprudenz*, die ohne viele abstrakte Formeln spätaufklärerisches Reforminteresse unter erneuerten Bedingungen vertraten, waren Reyscher sympathisch. Dahin zählt *A. F. J. Thibaut*. Reyscher berührt ihn nur selten direkt. Sein Engagement für eine gesamtdeutsche Gesetzgebung

---

738 Gekennzeichnet oben 132.

739 Dazu *Springer*: Dahlmann I 86f, neben oben 132.

740 *Springer*: Dahlmann I 87ff.

741 Vgl. die Vorbehalte zum „Volk im niedrigen Sinne", die *Pfaff*, der die Summe sicher nicht gegen Dahlmann ziehende Freund Dahlmanns, macht, *Springer*: aaO I 88.

742 Nach *Springer*: aaO I 90.

743 Für Bed. näher gezeigt oben 195f als konkrete Basis seines Lebensbezugs, oben 227 als tragend bei der politischen Wiederbelebung, oben 240 für seine Gesetzesvorstellung.

744 In den 48er Diskussionen kommt die Abgrenzung nach links öfter, vgl. die Zitate oben Fn II 304.

begrüßt er z. B.[745]. Da Reyscher keine Hoffnung darauf sieht, kommt es nicht zu einer besonderen Auseinandersetzung mit Thibauts Thesen. Thibauts Problemstellung ist nicht mehr die seine. Aber Thibauts Argumente für eine neue Gesetzgebung ergeben ein Positivbild, das in vielem Reyscher entspricht. Die *Zielsetzung* beider ist sehr ähnlich, der *Weg* Reyschers ist jedoch wesentlich illusionsloser und gesamtpolitisch besser durchdacht. Das war 14 Jahre nach 1814 zu erwarten.

Thibaut folgte mit seiner Kodifikationsschrift einem sehr „bürgerlichen" Impetus. Die „künftigen bürgerlichen Verhältnisse", „die heiligsten Verhältnisse des Bürgers" (S. 40)[746], ja „das Glück unsrer Bürger" (S. 45, 46, 47, 51), ihre „Sicherheit" (S. 46), schließlich ganz konkret „der bürgerliche Verkehr" (S. 52), das zu bessern, ist nach Thibaut dem „deutschen Bürger zu seiner Stärkung und Erhebung unentbehrlich" (S. 52). Neben der bloß juristisch stoffabgrenzenden Bedeutung von „bürgerlich" (S. 41) läuft die gesellschaftliche parallel und bestimmt die Ziele. „Klar, unzweideutig und erschöpfend" (S. 41) muß daher ein Gesetzbuch sein. Gesamtdeutsche Geltung ist wirtschaftlich eine „schreyende Nothwendigkeit" (S. 52). Am Ende steht als Generalkompaß das „Bedürfnis des Unterthanen" (S. 41), „das Bedürfnis des Volks" (S. 47, 48), in sorgloser Ausweitung der „bürgerlichen" Ziele zu ganz allgemeinen.

Der Topos „Bedürfnis" war auch bei *Reyscher* stehend[747]. Vom „Bürger" sprach er weniger. Daß Reyscher durchweg für „Volk" und „Volksleben" plädiert, macht ihn um eine Nuance egalitärer als den Heidelberger Romanisten. Aber der Abstand ist nicht groß. Bei näherer Befragung waren es auch bei Reyscher zumeist die bürgerlichen „Geschäftsmänner" des dritten Standes, die das „Bedürfnis" prägten und damit auch das „Volksleben"[748].

Reyscher und Thibaut korrespondieren in der *Wertungsgrundlage*. Der durchschnittliche Bürger, der „gewöhnliche Jurist" (S. 47), der praktische Mensch und sein Glück sind überall ihr Maßstab[749]. So entsteht bei beiden eine recht harte Abwehr gegen gelehrte, „vornehm academische Bildung" (S. 49), gegen Juristenrecht, gegen alles, was der durchschnittliche Mensch nicht versteht und verstehen soll (etwa übertriebene Philologie und Geschichte) und das geeignet ist, ihn zu disqualifizieren[750]. „Allein der Bürger wird immer darauf be-

---

[745] Bedürfnisse 15, unergiebig die Erwähnungen S. 14 und 18 Fn.

[746] Im folgenden setze ich die Seitenzahlen aus dem Abdruck bei *Stern* in den Text.

[747] Nachweise oben Fn 80.

[748] Gezeigt oben 195 f und 202.

[749] Für *Thibaut*: aaO 43, 45 f, 47 u. ö., auch 172 f; auch Antikritik 181; für bürgerl. Motive bei Th. auch *Wilhelm*: Methoden 52 Fn 30; für *Reyscher* zusammengefaßt bei seinem Lebensbezug, oben 251, 256.

[750] Für *Thibaut*: aaO 46, 172 f (Zusatz 18); auch Antikritik 183; für *Reyscher* deutlich in seiner Forderung nach „Gemeinverständlichkeit" (oben 252) und seiner Gesetzesvorstellung (oben 251).

stehen dürfen, daß er nun einmal nicht für den Juristen geschaffen ist, so wenig als für die Lehrer der Chirurgie, um an sich lebendigen Leibes anatomische Versuche anstellen zu lassen" (S. 46) — dieser Kernsatz Thibauts gilt voll für Reyscher. Bei beiden fällt der Wissenschaft eine durchaus der — bürgerlichen — Gesellschaft dienende Rolle zu. Zweckfreies Forschen soll stattfinden, aber erst in *zweiter* Linie, vor allem *ohne* die notwendig praktische und gesellschaftliche — wie man heute sagen könnte — Dimension der Jurisprudenz zu beeinträchtigen. Beides schließt sich ja keineswegs aus.

Der Jurist ist nicht wie bei Savigny der exakte, berufene Erkenner irgendeiner Wahrheit, sondern er dient kraß gesagt zuletzt ebenfalls dem Bedürfnis. Thibauts Lobpreis tüchtiger Geschäftskunst zeigt das genau (S. 50). Reyschers Systemgedanke von der „praktisch-wissenschaftlichen Anordnung"[751] entspricht dem ebenso wie seine ganze Vorstellung vom Juristen[752]. Daß dann auch Gemeinverständlichkeit der Gesetze und Beachtung des gesunden Menschenverstandes verlangt werden, ist nur konsequent[753]. Das Gegenbild ist frappierend deutlich: Bei *Savigny* findet sich das Wort „Bürger" oder ähnliches auch nicht *einmal* im politischen Sinne, nur mehrfach im rein stoffbegrenzenden wie „bürgerliches Recht"[754]. *Er* vergleicht ganz ernst juristische Textverwendung mit theologischer[755], worauf wiederum *Wenck* 1825 kritisch anspielt[756].

Die Zielvorstellungen und Wertungsgrundlagen Reyschers und Thibauts lassen sich also gut vergleichen. Das stützt das, was bereits für die allgemeine Kontinuität eines „liberalen" Engagement vorgebracht wurde[757]. Die Wege zur Realisierung fallen jedoch bei Reyscher wesentlich ernüchtert aus. Der tatenfreudige Optimismus Thibauts war vierzehn Jahre später auch kaum noch zu teilen, nicht einmal im partikularen Rahmen. Reyscher ist vorsichtiger. Er schaltet die Erfahrung der „Handbücher" zur Ermittlung des wahren Bedürfnisses der Gesetzgebung vor[758]. Er nimmt auch die geschichtliche Grundlage ernster und geht nicht mehr so direkt auf aktuelle Zweckmäßigkeit aus. Schließlich konzipiert er die Rolle der Gesetzgebung überhaupt etwas gebundener, nämlich lebensbegleitend. Allerdings steckt hinter dieser Bindung zuletzt ja wieder die ans bürgerliche Interesse, die auch Thibaut hatte. Was in Thibauts Schrift aber fehlte, ist die *gesamtpolitische Dimension*, in die Reyscher die Rechtsreform stellt, indem er „politische Wiederbelebung des Rechts" für eine unerläßliche Voraussetzung

---

751 Beschrieben oben 238ff.
752 Gezeigt oben 223ff, zus.fassend 253.
753 Für *Thibaut*: aaO 173; für *Reyscher* oben 252; *Savignys* bez. Verwendung dieser Forderung ist oben Fn 323 zitiert und gekennzeichnet.
754 Also Zivilrecht, vgl. Beruf 72f, 81, 92, 96, 149, 158, 160.
755 Beruf 144.
756 Oratio, aaO (Fn 727) 295.
757 Oben 131ff.
758 Beschrieben oben 215, 237.

hält. Später stellte sie Thibaut subjektiv her durch seinen Entstehungsbericht im „AcP“[759].

Man kann insgesamt sagen, daß Reyscher ganz ähnliche Wertungen propagiert, aber unter neuen Bedingungen neue Realisierungswege versucht. Daneben ist das Bewußtsein für die politische Dimension der Rechtsreformproblematik erheblich geschärft und demgemäß diese Seite entscheidend ausgearbeitet. Daß auf der Negativseite die Zeitgenossen *Savigny*, *Schrader* und schließlich auch der streng monarchistische *Gönner* erscheinen, stimmt zur bisherigen Tonart.

Die *Wertungsgrundlagen* Reyschers und ihre Wurzeln, wie sie sich in „Bedürfnisse“ niederschlagen und mit denen Thibauts harmonieren, lassen sich auch von einer ganz anderen Seite belegen, mit seinen Worten zum Schulwesen:

„Daß hier nicht davon die Rede ist, den Menschen im Zustande der Unmündigkeit zu erhalten — wie wohl die Anhänger despotischer oder theokratischer Gewalt beabsichtigen — leuchtet von selbst ein. Ich möchte ihn vielmehr wahrhaftig mündig, in Gesinnung und Handlung, zu reiner und selbständiger (!) Achtung vor dem Gesetze gebildet wissen“[760].

Menschenbild, Gesetzgebungslehre und Rechtslehre werden weiter verknüpft, wenn Reyscher fortfährt:

„Auf einer höheren Stufe (sc. als der Schule) tragen zu dieser Bildung bereits die schon gedachten Landes-Versammlungen bei, aber an Übergängen, an wahren Vorübungen hierzu, welche überall mehr im Volke verbreitet seyn müßten, fehlt es noch. Eben jene Öffentlichkeit und Mündlichkeit des Verfahrens in Gerichtssachen, und die unmittelbare Theilnahme des Volkes am Rechtssprechen werden jenen Zweck in dem reichsten Maße erfüllen, ohne wie man vielleicht glauben möchte, den Bürger (!) seiner eigentlichen Beschäftigung zu entziehen. Ich verweise hier auf das Besipiel Englands (!) und Frankreichs, wo solche Einrichtungen lange genug bestehen, und frage, ob nicht in diesen Staaten, unbeschadet des Ansehens der Regierungen und des Erwerbsfleißes der Einwohner mehr bürgerliche (!) Vervollkommnung ist, als in Deutschland?“:

Der ganze Staat eine staatsbürgerliche Erziehung zur bürgerlichen Selbstbestimmung, mit Westeuropa als behutsamem Vorbild — in dieser Idee sind einige grundlegende Tendenzen vereinigt. Die Anklänge an den *mündigen Menschen der Spätaufklärung* sind unüberhörbar. Daß *Reyscher* den Weg über Erziehung und Bildung allgemeiner Mündigkeit so herausstellt, entspricht gemäßigt aufklärerischen Vorstellungen. Zugleich trennen ihn diese Sätze um entscheidende Nuancen von der Bildungsbewegung in Berlin. Seine allgemeine Mündigkeit ist der Gegenpart zum aristokratisch elitären Bildungsideal des erneuerten Humanismus, der Philologie und Geschichte, dem man an Preußens Universitätsjuwel huldigte[761]. Andererseits predigt Reyscher nicht einfach abstrakte Weltverbesserungsformeln. Mit deutlicher Reserve spielt er auf *Wel-*

---

759 In: Sog. HS, AcP 21 (1838) 393f, wo er die Stimmung der erfolgreichen Freiheitskriege als Rahmen anführt.

760 Bedürfnisse 52.

761 *Paulsen* II 251ff.

ckers Erstling über „Die letzten Gründe von Recht, Staat und Strafe" (1813) an, um seine Abneigung gegen „beliebige philosophische Systeme" zu verdeutlichen[762]. Das praktisch und positiv Gegebene ist sein Umkreis. Allerdings betrachtet er es in bürgerlichem Interesse und betont daher bestimmte Seiten daran. Darin erweist sich wieder seine Zwischenposition. Er meidet Savignys rigorose Antithetik und verbindet spätaufklärerische bürgerliche Motive und historische Elemente in trauter Mischung. So ist er am Gegebenen ausgerichtet, versucht zugleich es bürgerlich fortzubilden und hat doch historische Perspektive.

Bezüge zu Kant. Zur doppelten Kant-Verwendung der Zeit

Es handelt sich noch darum, das Gesamtbild, das Reyscher in „Bedürfnisse" entworfen hat, auf *philosophische Bezüge* abzutasten. Ein Abtasten muß es sein, weil Reyscher hier weder einschlägige Namen einbringt, noch anders direkte Bezüge erkennen läßt. Andererseits ist deswegen dieser Abschnitt nicht überflüssig. Der schon zur Sprache gekommene starke politische Gehalt der Philosophie besonders seit Kant verlockt dazu, Reyschers rechtspolitischen Entwurf ein wenig dagegen zu halten.

Auch geht Reyscher schließlich nicht völlig achtlos an der blühenden Philosophie vorbei. Er anerkennt ganz allgemein ihren selbständigen Wert und ihren Nutzen für gesetzgeberische Einsichten. Gegen Philosophie *innerhalb* des positiven Rechts macht er sich dagegen stark. Für ihn gehört das, was er sich unter Philosophie vorstellt, mehr in den Bereich der Rechtspolitik, der „Forderungen an das Recht" wie er sagt[763]. Eine grundsätzlliche Trennung zwischen lex lata und lex ferenda nimmt er also zur Richtschnur. Er bewegte sich damit in gut ausgetretenen Bahnen. *Gustav Hugo* z. B., der schreibeifrige und sensible Zeitgenosse, hat 1809 in der dritten Ausgabe seiner „Philosophie des positiven Rechts" die dazugehörigen Gedankengänge und die Gegenbilder klargelegt. Man findet dort die Aufgabenstellung der „Forderungen an das Recht" sogleich im § 1 und auch sonst in der „Einleitung". Die Trennung wird besondeders deutlich in der Wendung vom „natürlichen Antagonismus" der Philosophie und des positiven Rechts[764]. Hugo zieht die Konsequenzen in den Paragraphen über den praktischen „Nutzen" seiner „Philosophie des positiven Rechts". Diese Philosophie wollte gerade keine Philosophie *im* positiven Recht sein und er verwarf daher ausführlich jeden direkten Nutzen für die juristische Praxis, etwa richterliche Messung des positiven Rechts am philosophisch dazu Gesagten[765], wobei er den „Kantianer" *Reinhold*[766] als frühesten Gegen-

[762] Bed. 39.
[763] Alles in: Bedürfnisse 39.
[764] *Hugo*: Naturrecht § 8 (S. 11 der 3. A., 1809).
[765] *Hugo*: aaO § 33/S. 32ff.
[766] Karl Leonhard *Reinhold*, Vorgänger Fichtes in Jena, lebte 1758—1823, s. *Überweg-Moog* S. 609f (sehr knapp).

redner bezeichnet. Diesen „positivistischen" Zug Hugos, den *Karl Marx* mit spitzer Feder ausarbeitete[767], findet man dann auch 1802 bei *Savigny*[768] und 1807 bei *Th. Schmalz*[769], weniger schon bei *Niels Falck*[770], der sich ein zweckfreies allgemeines oder „natürliches" Recht *im* positiven Recht denkt, noch weniger bei *A. F. J. Thibaut*[771] und *K. Th. Welcker*[772] oder einem *A. D. Weber*[773] und *J. F. Höpfner*[774], den Hauptantipoden[775], schließlich auch *K. H. Gros*[776].

Ein Abglanz dieser gängigen Diskussionen sind *Reyschers* kurze Bemerkungen. Er hält sich zunächst an die augenblicklich starke Partei derer, die scharf trennen. Aber ein gegenläufiges Motiv begleitet seine Worte. Er hat ein durchaus nicht abwehrendes Verhältnis zu den „Forderungen an das Recht", anders als etwa *Hugo* und *Savigny*. *Reyschers* ganze kleine Schrift dient ja nicht der Abwehr, sondern der Begründung solcher Forderungen. Sie gehen noch dazu recht weit über das Bestehende, Positive, hinaus. Wichtig bei der

---

767 „Das philosophische Manifest der historischen Schule", Rheinische Zeitung Nr. 221 vom 9. 8. 1842, MEGA I 78—85: „Wie das Princip, so ist die Argumentation Hugos positiv, d.h. unkritisch. Er kennt keine Unterschiede. Jede Existenz gilt ihm für eine Autorität (...)" (S. 79).

768 In der Methodenlehre streitet S. gegen jede „Verbesserung der Jurisprudenz durch ihre Form" (S. 47). Er prangert damit die philosophierend-kritische Interpretation an und erklärt, wie Hugo, die *positive* Jurisprudenz für neutral gg. *solche* Philosophie (S. 50). Sie dürfe nur „aus sich selbst ergänzt "werden (S. 42, genauso: System I 290). Er verwendet an *diesen* Stellen Philosophie wie Hugo *parallel zu Politik*, d.h. wie „Prüfung der Vernunftmäßigkeit" (so Hugo erläuternd in: Beyträge I 374). Eine andere Frage ist die Savignysche Hypostasierung des Positiven im „Beruf"; für einige weitere früh festgelegte Wertungen in der „Methodenlehre" auch schon oben Fn 147.

769 Nach *Hugo*s Angabe: aaO § 34 Anm. 3; der Hinweis auf *Schmalz*' „Rechtsphilosophie" (1807) S. 168 (= § 170) ist korrekt; *Falck*: Enzyklopädie § 49 am Ende, Anm., nennt weiter den Göttinger Philosophen „*Bouterweck*: Lehrbuch der philosophischen Wissenschaften" (1813) II 191, als Anhänger dieser Richtung.

770 Enzyklopädie (2. A. 1825) § 57/S. 100, § 54ff/S. 95ff, § 49/S. 88; vgl. *Volk*: Falck 38ff, 53f, 58: bloßer „Funktionswandel des Naturrechts" bei Falck.

771 *Thibaut* verweist noch in der Enzyklopädie (1797) § 10 schlicht auf allgemeine Naturrechtsformeln zur Lückenfüllung, vgl. auch: aaO § 123.

772 *Welckers* ganze „Enzyklopädie" (= System) predigt „organische Verbindung" aller Elemente, vgl.: aaO 453.

773 *Weber* in: Natürliche Verbindlichkeit (1. A. 1784, 5. A. 1825) § 41.

774 *Höpfner*: Naturrecht (1. A. 1780, 7. A. 1806) § 1.

775 *Hugo* nennt 1809 vor allem *Webers* „Nat. Verbindlichkeit", s.: Naturrecht § 34; *Falck*: Enzyklopädie § 25 (2. A. 1825) nennt vor allem *Höpfner* (6. A. 1801) § 1.

776 *Gros*: Naturrecht § 59f (6. A. 1841) anerkennt ausdr. einen „unmittelbaren" Nutzen für Lücken; er redet dort weiter von „allgemeinen Rechtsprincipien" *im* positiven Recht.

Klärung dieser Texte ist, daß *hier* die Verwendung von „Philosophie" und „Politik" *parallel* läuft. Der aufmerksame *Hugo* weist darauf hin, wenn er schreibt, „Politik, im wahren ursprünglichen Sinne des Worts, wäre ganz dasselbe, wie Philosophie des positiven Rechts"[777]. Hugo wollte in neuer Scheiddung nicht mehr Politik (als Klugheitslehre) dem Recht (als Richtigkeitslehre) entgegensetzen, sondern alles von „äußerer Legalität" (alles Positive) dem Nicht-Positiven[778]. Denselben Gebrauch findet man auch bei *Savigny*, wenn man seine zweispurige Verwendung als philosophisch-*kritisch* und philosophisch-*systematisch* beachtet[779]. Falck erläutert Hugo ausführlich im gleichen Sinne[780].

Reyscher mit Blick auf *Kant selbst* zu mustern, mag etwa folgendes ergeben: Eine Hauptthese Reyschers in „Bedürfnisse" war, daß die Gesetzgebung sich nach den Bedürfnissen des Volks zu richten habe. Sein Volksbegriff erwies sich dabei als „politisch", nicht als quietistisch verinnerlicht. Insofern bei Reyscher das Volk seine Bedürfnisse selbst bestimmt und nicht nur den Geist abgibt, den eine besondere Klasse ermittelt, tritt es selbstgesetzgebend auf. Volk wird als politisch autonom gedacht, wenn auch die bürgerliche Anwendung der Formel tendenziell den vierten Stand benachteiligt. Zur Wahrung der politischen Autonomie dient die besonders warm verteidigte und gepriesene Öffentlichkeit. Sie soll Kontrolle verankern. Sie ist trotz aller historisch altdeutschen Umrahmungen Instrument der Selbstbestimmung. Die Kontrollfähigkeit hat eine gezielte staatsbürgerliche, also nicht bloß klassische, Erziehung zur Mündigkeit zu verbürgen. Mündige autonome Menschen kommen schließlich im Wege des Vertrags, und richtigerweise nur auf diesem Wege, zur Kooperation mit einem Monarchen. Die Bindung wird dadurch Selbstbindung und, wenigstens dem Prinzip nach, erträglich.

Darin läßt sich recht gut, wie ich meine, ein Stück Kant erkennen. *Kants wichtigste Gedankengänge in der praktischen Philosophie* kann man kurz zusam-

---

777 *Hugo*: Naturrecht § 5/S. 5.

778 Naturrecht, aaO.

779 Methodenlehre 49 heißt es am Beispiel *Fichte*: „In diesen Fichtischen Werken hat es sich gezeigt, wie notwendig bei einer philosophischen Bearbeitung der Jurisprudenz die Verbindung mit Politik ist. Es ist bei Fichte sichtbar, wie er sich selbst darüber keine eigentliche Rechenschaft gegeben hat, er hat sehr viele politische Darstellungen, ohne daß er sich selbst dessen bewußt gewesen zu sein scheint (...)"; bez. auch die Briefstelle an *Fries* (Hollerbach: Schelling 299): „Die Scheidung des Rechts von der Moral scheint mir kaum so großer Anstalten zu bedürfen, als man bisher darauf verwendet hat; weit nötiger ist eine gründliche Darstellung des Verhältnisses zur Politik. Den Mangel dieser Darstellung halte ich für das eigentlich unkritische Prinzip in Fichtes Naturrecht"; *Savigny* hat in der Methodenlehre *zwei* Verwendungen für ‚philosophisch': philosophisch-kritisch verwirft er (oben Fn 147, 768), philosophisch-systematisch billigt er (oben Fn 344); dies ist sehr genau zu beachten.

780 Enzyklopädie (1825) § 53.

menstellen. Sie lassen sich besonders an seiner „Grundlegung der Metaphysik der Sitten" (1785) verfolgen, aber auch an der lehrbuchartigen Ausformung in der „Kritik der praktischen Vernunft" (1788) und der späten Anwendung in der „Metaphysik der Sitten" (1797)[781]. Kants Hauptinteresse ist, ein sittliches Gesetz von absoluter Notwendigkeit zu begründen. „Jedermann", so appelliert er in der Vorrede zur Grundlegung, „muß eingestehen, daß ein Gesetz, wenn es moralisch, d.i. als Grund einer Verbindlichkeit, gelten soll, absolute Notwendigkeit bei sich führen müsse"[782]. Diesen Ansatz führt Kant dann „auf die Idee der Freiheit zuletzt zurück (...)"[783], so daß er in der Vorrede zur „Kritik der praktischen Vernunft" (1788) den Begriff der Freiheit schon als „den Schlußstein von dem ganzen Gebäude" bezeichnen kann[784]. Sein Hauptproblem ist denn eigentlich, die Freiheit zu „retten"[785]. Es entsteht dadurch, daß sich Kant seines naturwissenschaftlichen deterministischen „Weltbaus" völlig sicher ist. Das spielt in der Grundlegung überall mit [786],steht aber besonders deutlich im „Beschluß" der Kritik:

„Der Fall eines Steines, die Bewegung einer Schleuder, in ihre Elemente und dabei sich äußernde Kräfte aufgelöst, und mathematisch bearbeitet, brachte zuletzt diejenige klare und für alle (!) Zukunft unveränderliche Einsicht in den Weltbau hervor, die bei fortgehender Beobachtung hoffen kann, sich immer nur zu erweitern, niemals (!) aber, zurückgehen zu müssen, fürchten darf"[787].

Die *Lösung* für seine Freiheit kann Kant daher nur in einer *zweiten* Welt ansiedeln, in der besagte Naturnotwendigkeit nicht gilt. Das ist die Rolle seiner „intelligiblen" oder „Verstandeswelt", in der nicht heteronome, sondern autonome Kausalität gilt. Diese Welt autonomer Kausalität, die der Freiheit den

---

781 Jeder Versuch, hier anhand der völlig unkontrollierbar zahlreich gewordenen Literatur vorzugehen, wäre willkürlich. Ich folge daher dem Kantschen Text. Das heißt nicht, daß die ganze Literatur unbenutzt geblieben wäre. Mit Gewinn las ich vor allem *Copleston*: History VI (1960) 180ff; sehr klar daneben die Partien bei *Naucke*: Feuerbach 12ff; stark aus eigenem Probleminteresse interpretiert *Welzel*: Naturrecht 167ff; klar, mit polit. Gespür schreibt *C. J. Friedrich*: Phil. d. Rechts 75—8; hervorragend für Kant im Kontext des Empirismus ist *Kambartel*: Erfahrung und Struktur (1968).

782 *Grundlegung*: Vorrede, Werke VII 13 (= BA VIII); eine Begründung folgt aaO S. 14: „weil die Sitten selber allerlei Verderbnis unterworfen bleiben, so lange jener Leitfaden und oberste Norm ihrer richtigen Beurteilung fehlt." S. 13 gibt er als Grund nur: „leuchtet von selbst aus der gemeinen Idee der Pflicht und der sittlichen Gesetze ein."

783 So im Rückblick, *Grundlegung*: 3. Abschnitt, Teil 4, Werke VII 84 (= BA 102).

784 *KprV*: Vorrede, Werke VII 107 (= A 4).

785 So *KprV*, aaO, auch VII 220 (= A 171).

786 Etwa Werke VII 81 (= BA 97ff).

787 KprV: Beschluß, Werke VII 301 (= A 291), auch Vorrede,VII 107, und VII 138 (= § 5).

erforderlichen Raum läßt, findet sich im „vernünftigen Wesen"[788]. Ihr Ansatz liegt also im Einzelnen, im Subjekt. Da auch jetzt nicht die empirische Naturnotwendigkeit stören darf, steckt die Lösung im Rückgang auf den „Willen" des Subjekts. Mit größter Sorgfalt hält ihn Kant gegen alle Glückseligkeitslehren von Empirischem, wie „Beweggründen" frei[789], eben im Namen der Freiheit. Seine stilistische Steigerung bis zur Polemik gegen die „Glückseligkeitslehren" signalisiert einen kritischen Punkt[790]. Grundbegriff seiner Ethik wird somit der autonome, gute Wille[791]. Dieser kann natürlich nicht isoliert bleiben wie Robinson auf seiner Insel. Getreu seinem subjektivistischen Ansatz liegt Kants schwungvolle Versöhnung zwischen Wille und Wille: Freiheit und Bindung, Wille und Gegenwille harmonieren durch die *Selbstgesetzgebung der Vernunft*. „Alle Moralphilosophie", erklärt er mit gewohnter Entschiedenheit in der *Grundlegung*, „beruht auf ihrem reinen Teil, und auf den Menschen angewandt, entlehnt sie nicht das mindeste von der Kenntnis (sc. der empirischen) desselben (Anthropologie), sondern gibt (!) ihm als vernünftigem Wesen Gesetze a priori"[792]. Gegen alte und neue Metaphysiker verdeutlicht er, sie sei gerade nicht bloßer „Herold derjenigen (sc. Gesetze), welche ihr ein eingepflanzter Sinn, oder wer weiß welche vormundschaftliche Natur eingeflüstert, die insgesamt, sie mögen besser sein als gar nichts, doch niemals Grundsätze abgeben können, die die Vernunft diktiert"[793]. Hier ist er ganz respektlos, aber: zugunsten einer neuen Autorität, denn nur als *allgemeines Gesetz* kann die Selbstgesetzgebung die angestrebte Vermittlung leisten. Nur so werden individueller und allgemeiner Wille identisch, zugleich frei und notwendig[794]. Das allein entspricht seinem Menschenbild, der „Idee der Würde eines

---

788 Die Dualismen kehren immer wieder. Siehe für *sinnliche-intelligible Welt*: Grundlegung: Werke VII 87 (= BA 107), 90; KrpV: Werke VII 210 (= A 156), 218ff (= A 169ff); vgl. MdR: Werke VIII 319ff (= AB 8ff); für *sinnliches-vernünftiges Wesen*: Grundlegung: Werke VII 88f (= BA 108f); KprV: bes. Werke VII 223ff (= A 175ff), worauf Kant selbst in der Vorrede aufmerksam macht (VII 12), s. auch VII 125, 135; MdR: Werke VIII 333 (= AB 28); *heteronome-autonome Kausalität*: Grundlegung: Werke VII 81 (= BA 97f), 89 (= BA 110); KprV: Werke VII 138 (= A 52f), 162 (= A 59), 183 (= A 114f), 219f (= A 169f).

789 *Grundlegung*: Werke VII 13, 15 (= BA VIII, XII), näher 39, 59, auch 27, 75f (= BA 33f, 63f, 15f, 88f).

790 *Grundlegung*: Werke VII 13f, 18ff, 38; *KprV*: Werke VII 133ff, 145ff (= A 46ff), 60ff), 182 (= A 113); *MdR*: Werke VIII 320 (= AB 9f); *MdT*: VIII 505 (= A VIIf).

791 *Grundlegung*: Erster Abschnitt, Werke VII 18ff (= BA 1ff); *KprV*: Werke VII durchweg, bes. 144 (§ 8); *MdT*: Werke VIII 537 (= A 46).

792 *Grundlegung*: Vorrede, Werke VII 13 (= BA IX).

793 *Grundlegung*: 2. Abschnitt, Werke VII 57 (= BA 61); vgl. auch *Grundlegung*: VII 13, 39, bes. 64f u. 67, 72, 88 (= BA VIII, 34, 71f, 76, 108); *KprV*: VII 141f (= A 56f); *MdR*: Einleitung, Werke VIII 332 (= AB 27f).

794 *Grundlegung*: VII 65, 88, 93 (= BA 73, 108, 116); *KprV*: VII 155, 169, 219ff

vernünftigen Wesens, das keinem Gesetze gehorcht, als dem, das es selbst zugleich gibt"[795]. Der gute Wille in der Moral und der rechtliche Wille in der Rechtslehre werden dann mit Hilfe einer Verallgemeinerung ermittelt, eben dem kategorischen Imperativ[796]. Er ist nicht produktiv, sondern dient dazu, unter vielen Vorschlägen nichts Falsches zu wählen. Kants Definition von Recht ist nur die Verdeutlichung des Imperativs speziell für die äußere Gesetzgebung. Der kategorische Imperativ in seiner Selbstverallgemeinerung des Subjekts verbürgt Harmonie auch im Recht und überbrückt die aufgestellten Dualismen wieder[797]. Bei alledem betont Kant immer wieder, der „Schlußstein Freiheit" sei bloß Postulat. Die Freiheit ist „Idee zum Beruf eines vernünftigen Glaubens"[798].

Das ist *Kants* Weg von der Freiheit über den autonomen guten Willen und das allgemeine Gesetz zur objektiven, harmonischen Sittlichkeit und Rechtlichkeit[799].

Die mühsame und aufwendige, so betont logische metaphysische Umrahmung, die Kant seinen Postulaten gibt, spart sich *Reyscher* völlig. Aber das *Freiheitsmotiv* und das *Bild vom mündigen Menschen*, das Kant umständlich, aber doch energisch in sein deterministisches Weltbild eingebaut hatte, das lebt hier weiter. Der Gedanke der *Selbstgesetzgebung* mag sicher um einige Stufen vereinfacht erscheinen. Aber will man überhaupt Linien zum Idealismus Kants ziehen, so steht Reyscher jedenfalls *diesen* Seiten Kants nahe, erheblich näher als z. B. *Savigny*. *Savignys* Vorstellung „innerer Notwendigkeit" fällt ziemlich genau unter einige kurz abweisende Bemerkungen Kants, zu „eingepflanztem Sinn oder wer weiß welche vormundschaftliche Natur"[800]. Noch mehr: Kant hat sie eine Generation vorweg vernichtend rezensiert im Gewande von *Herders* „Ideen zur Philosophie der Geschichte der Menschheit" (1784—91)[801]. In der Organologiekritik seiner „Kritik der Urteilskraft" (1790), an der *Goethe* bezeichnend besonders die „Seitenwinke" des „köstlichen Mannes" über „die Grenzen hinaus" gefielen[802], hat er diese Vorstellung schließlich systematisch auf bloß regulativen Gebrauch — als ob es so sei — reduziert[803].

(= A 72, 93f, 169ff); *MdR*: Einleitung § B am Ende, VIII 337 und Einleitung *MdS*, VIII 331—3 (= AB 33, 25ff).

795 *Grundlegung*: VII 67 (= BA 76f).

796 *Grundlegung*: VII 26ff, 41ff (= BA 14ff, 37ff).

797 *Grundlegung*: VII 89f (= BA 110f); *KprV*: V II136ff (= A 49f); *MdR*: vgl. VIII 340 (= AB 37f), 331f (= AB 25f).

798 *Grundlegung*: Werke VII 100, auch 84ff (= BA 126, 102ff); *KprV*: VII 218ff (= A 168ff); *MdR*: vgl. VIII 326, 338 (= AB 18, 35).

799 Diesen Zusammenhang nennt er selbst in der *Grundlegung*, bes. VII 88f, 99 (= BA 108f, 125).

800 *Grundlegung*, Werke VII 57 (= BA 61), soeben bei Fn 793.

801 Werke XII 781—806, bes. 791.

802 Nach *Vorländer*, Einleitung der Meiners-Ausgabe, S. XXVIII.

803 KdU, Werke X 469 (§ 61), 483ff (§ 65); dort über das „organisierte Wesen"

Kants Naturrecht, schrieb Savigny 1802 an Fries[804], spreche ihn gar nicht an. Darf man vermuten, daß es ihm zu selbstgesetzgebend war?[805] *Reyscher* erweist sich dagegen als durchaus ansprechbar, gerade in diesen Stücken, z. B. dem *Prinzip der Öffentlichkeit*. Daß Kant „die Freiheit der Feder das einzige (!) Palladium der Volksrechte“ genannt hatte, ist nur zu geläufig[806]. Zwar ist die Dissonanz zwischen „Feder“ und „Volk“ beträchtlich, bedenkt man, wer aus dem Volk damals die Feder führen konnte. Die Kantsche Formel ist eine Literatenformel. Aber Kant war doch diese Publizität ein echtes Essentiale. Das Selbstbeurteilen war eine Konsequenz der Selbstgesetzgebung, an der er nicht rütteln ließ[807]. In die gleiche Rubrik gehören der Gedanke der *Teilnahme* am Staats- und Rechtsleben, der *Erziehung* zur Mündigkeit, der Volksaufklärung[808]. Das fügt sich zum Bild des *Reformphilosophen*, das schon in der schulbuchbekannten „Beantwortung der Frage: Was ist Aufklärung?“ (1783) vorliegt[809]. Alle diese Motive, Freiheit, Öffentlichkeit, Mündigkeit, Erziehung, Teilnahme, Reform bewegen auch *Reyscher*. Auch die Vertragsfigur als Vermittlungsmodell findet sich bei ihm. Er benutzt damit die bürgerlich-liberalen Seiten an Kant, derentwegen man den Königsberger gern als „aufgeklärten Bürger“ apostrophiert[810]. Daß Kant wiederum *Rousseau*, *Hume*, aber auch *Wolff* weiter-

---

mit innerer „fortpflanzender, bildender Kraft“ (S. 486), dessen Begriff *Kant* betont als nur regulativ anerkennt (S. 487).

804 Bei *Hollerbach*: Schelling 299 Fn.

805 Dies bedürfte natürlich genauerer Untersuchung, die noch aussteht; vgl. unten kritisch zur geläufigen Linie *Kant-Savigny/Privatrecht* (330 mit Fn 109); zu beachten wäre die frühe Festlegung auf objektivistische Wertungen in der Methodenlehre (oben Fn 147).

806 In: Über den Gemeinspruch (1793), Werke XI 161 (= A 265).

807 Treffend zur Einbettung der Öffentlichkeit *Habermas*: Öffentlichkeit § 13: „Publizität als Prinzip der Vermittlung von Politik und Moral (Kant)“ (S. 127—43), der auch die sie tragende Schicht herausarbeitet (S. 129—32).

808 Der Erziehungsgedanke etwa in: *KrpV*: Werke VII 290ff, wo *Kant* sich gegen irrationale „Einflößung eines Enthusiasmus“ (S. 294) wendet; zentral in: *Streit der Fakultäten* (1798), 2. Abschnitt, 8. Teil, Werke XI 362ff und: *Über Pädagogik* (1803), Werke XII 695ff, 704 (Reformfunktion), 706: „Alle Kultur fängt von dem Privatmanne an“. Hier sieht man aber auch sehr seine Grenzen an dem, was er alles durch die „Natur“ geboten findet.

809 Werke XI 52ff.

810 Vgl. aus den Arbeiten zur politischen Philosophie Kants: *Willms*: Polit. Ideengesch. 67—72; *Sabine*: History 745f; *Aris*: Pol. Thought 65—105: „The first representative of liberalism in Germany“ (S. 104); *Bluntschli*: Geschichte 380; am besten wohl *Krieger*: Freedom 86—125, der Kants ambivalenten Liberalismus kennzeichnet und ihn in diesem Sinne als „the representative figure of German liberalism“ (S. 86) einführt, analysiert und wirken sieht (S. 124); weniger ergiebig der Bd. 2 der „Annales de philosophie politique“, 1962, 187 S. zu „*La philosophie politique de Kant*“ mit acht Beiträgen von E. Weil, Th. Ruyssen, M. Villey, P. Hassner, N. Bobbio, L. W. Beck, C. J. Friedrich, R. Polin.

gab[811], um nur einiges anzutippen, läßt sich, ohne die Proportionen zu sprengen, nicht tiefer einbeziehen.

Diese deutlichen Bezüge zu Kant lassen sich herstellen, obwohl Reyscher nach Vorbildung, Studium und weiterem Interesse[812], sowie dem Text selbst, kaum direkt aus Kant geschöpft haben wird. Damals *geläufige Kantvorstellungen* verdienen daher als Faktor Beachtung. Leider sind die Zeugnisse der Zeitgenossen zu Kant offenbar nirgends übersichtlich zusammengestellt[813]. Einer der beliebtesten Gemeinplätze scheint jedenfalls die Formel von der „*Revolution des Geistes*", die so oder ähnlich immer wieder benutzt wurde, wenn man Kant und die französische Revolution zeitlich und sachlich parallelisieren wollte. Man findet sie bei den verschiedensten Geistern, bei Fichte, Schelling, dem Juristen Schmalz, bei Herder, Hegel, Gans, Rosenkranz, Heine, Michelet, Warnkönig, Hinrichs, Marx und wieder in einem Buchtitel von heute[814]. Inwie-

---

811 Bekanntlich las er mit Leidenschaft den „Emile" *Rousseaus* und war in seiner Rechtslehre vom „Contrat social" stark geprägt (vgl. hier nur *Copleston*: History VI 96), während *Hume* maßgebend seine kritische Problemstellung beeinflußte (vgl. wieder *Copleston* VI 227ff, 427f u. ö.); für *Wolff* ebenfalls *Copleston* VI 427f; am Fall der Gesetzgebungslehre *Gagnér*: Studien 99.

812 Für sein geringes *abstrakt* theoretisches Interesse s. das Kapitel zum „Leben"; kurzgefaßt: Vorbildung zuhause, dann Schreiber, dann Studium mit starkem praktischem und politischem Interesse (vgl. oben 46ff, 51f), dann „praktisches Intermezzo" (oben 53ff); bez. sein Eingeständnis über anfänglich geringes Interesse für jur. Grundlagenliteratur; darüber und über weiteres zur Frage oben 153.

813 *Naucke*: Feuerbach 1, verweist auf Kants Briefwechsel nach 1780; *Borries*: Kant 3ff bringt nur ein paar herausgegriffene Hinweise; *Krüger*: Kant und die Staatslehre des 19. Jahrhunderts, in: Stud. Phil. 19. Jhrdt. 1 (1969) S. 49—56 ist in der Tat nur „Arbeitsprogramm" (S. 49); *Kiefner*: aaO 3—25 beschränkt sich auf Savigny; unergiebig auch *Überweg-Moog* 606—20.

814 *Fichte* sprach nach Willms: Revolution 35, bereits 1790 von der „Revolution im Kopfe"; *Schelling*: Kantnachruf (1804), Werke I/6, S. 4 „dort in einer realen, hier in einer idealen Revolution" (usw., bes. deutlich); *Th. Schmalz* nennt die kritische Philosophie 1795 „große Revolution im Reich der Wissenschaften" (Nach Kiefner: Thibaut 39, nicht mehr 1807 im „Handbuch der Rechtsphilosophie"); *Herder* schreibt Ende 1797 an Jacobi von der französischen und kantischen Revolution, s. Briefe 352; *Hegel* (1837), *Gans* (1831), *Rosenkranz* (1833), *Heine* (1834), *Michelet* (1837), *Hinrichs* (1843) und *Marx* (1844) findet man am besten bei Lübbe: Polit. Philosophie 44ff; *Warnkönig*: Rechtsphilosophie, leitet mit der Parallele „politische" und „ideelle Revolution" seinen Abschnitt zu Kant und dem nachfolgenden „deutschen Rationalismus" ein (S. 127, auch 133); betont ebenfalls in „Schulen" 198f; auch noch *Bruns*: Savigny (1879) 10—2, stellt so die allg. Lage vor 1814 dar; weiter *Feuerbach*: Blick (1810) 159; *Stahl*: Phil. d. Rechts I 289ff (3. Buch, 3. Abschn., 1. Kap.), hat umfassend die Optik; ebenso parallelisiert *Posselt* polit. u. philos. Revolution im verbreiteten Bd. I der Cottaschen „Neueste Weltkunde" (1. 1. 1798,) Einleitung, S. 3 r. Sp., hier aus der Beilage bei Heyck: Augsb. Allg. Zeitung; Der *heutige* Titel ist J. *Gebhardt* (Hg.): Die Revolution des Geistes. Goethe, Kant, Fichte, Hegel, Humboldt (1968).

weit die Aussage auf Kants Philosophie sachlich zutrifft, kann und muß hier dahinstehen. Für *Reyscher* ist nur festzustellen, daß ein solches Kantbild stehendes Bildungselement war. 1845 findet man im Wigandschen *Conversationslexikon* eine prägnante Zusammenfassung. Das tendeziell linkshegelianische Lexikon bringt sie im Artikel „Hegelsche Philosophie", denn nur Herbart, weder der ältere Fichte und Schelling, noch Kant erhalten zu dieser Zeit einen ähnlichen Artikel. Wie selbstverständlich ist die Formel aufgenommen und ausgeführt:

„Man hat vielfältig Kant und seine Philosophie mit der Revolution parallelisiert. Im Princip ist dies richtig, auch Kant stellt den Menschen auf seine eignen Füße, macht ihn autonom und läßt ihn die ganze sittliche Welt frei aus sich aufbauen, dasselbe was die Revolution thut. Kant ist die Philosophie der Aufklärung, die Revolution die Praxis derselben"[815].

Vor der Folie der Wöllnerschen Zensur und Staatserhaltung gerät Kant auf die Seite der *Freisinnigen*. Wöllners Religionsedikt von 1788, das gleich nach dem Regierungsantritt Friedrich Wilhelms II. erlassen wurde, galt den „sog. Aufklärern" und ihren „unzeitigen Einfällen" in Sachen Religion. Auch Kant bekam den neuen Druck zu spüren, worauf er beschloß, in dubio zu schweigen[816]. *K. Th. Welcker* teilt 1829 seine Kollegen schneidend in

„die eine Hauptpartei unserer Juristen, die Kantische, und ihren abstracten, formalistischen, von Religion, Politik und Moral losgerissenen gleichen Freiheits- und Zwangsmechanismus (...) (sc. und) die andere, die der Naturphilosophie und ihr unfreiheitliches, Moral, Recht und Politik vermischendes Sichvonselbstmachen und Canonisieren alles Bestehenden"[817].

Hie Kant, hie Freiheit, hie Schelling, hie Notwendigkeit heißt also sein einprägsames Kantbild. Auf einen *liberalen* Kant geht auch die Abwehr bei *Stahl* in seiner „Philosophie des Rechts nach geschichtlicher Ansicht"[818]. *Hugo* liefert 1809 einen Beleg, wenn er erzählt, „aus der Grundlegung zur Metaphysik der Sitten (1785) ward besonders das Argument von der ‚Behandlung der Menschheit als Mittel' sehr Mode"[819]. Das war nun ein zentraler Gedanke, der

---

815 Convers. Lexikon II (1845), Art. Hegelsche Philosophie, S. 40, r. Sp.

816 Neuestens eingehend zu diesen Vorgängen der Aufsatz von *W. Sellnow*: Die Auseinandersetzung Kants mit der feudal-absolutistischen Zensur, in: Wiss. Zeitschrift der Humboldt-Univ. zu Berlin, Gesellschafts- und Sprachwissenschaftliche Reihe, 1968, 431—448. Sellnow widmet sich einmal etwas mehr den gesamtgesellschaftlichen Zusammenhängen und gewinnt dabei fruchtbare Perspektiven. Materialistischer Schematismus fehlt allerdings nicht. Die älteren Beiträge sind bei *Haensel*: Widerstandsrecht 74—8 zusammengefaßt; vgl. daneben *Epstein*: Conservatism 360ff; *Sellnow*: aaO 440, berichtet auch über Versuche, einen religiös liberalen Kantianismus in Wien (1763), Marburg (1787) und Heidelberg zu bremsen.

817 *Welcker*: System XIV, Ausführung durchweg im Haupttext.

818 *Stahl*: Phil. des Rechts I 210ff (5. A. 1878): „Die Rechtslehre Kants", daneben die Zus.fassung 246—54.

819 *Hugo*: Naturrecht § 29.

laut Kant mit dem kategorischen Imperativ „im Grunde einerlei" war[820]. Hier interessiert, daß gerade die anschaulichere Zweck-Mittel Wendung „Mode" wurde, die den Menschen so einleuchtend autonom sprach. Noch 1838 meinte der spätere Mitherausgeber Kantscher Werke[821], *F. W. Schubert*, in von Raumers „Historischem Taschenbuch" Kant gegen landläufige Ansichten ins rechte, konservative Licht setzen zu müssen[822]. *L. A. Warnkönig* benennt wenig später den „Freunden der kritischen Philosophie", das ist der kantischen, ihre Tendenz: „Ihr Ziel fiel mit dem der französischen Revolution zusammen: es war die Freiheit, welche Allen zustand, und nach einem allgemeinen Gesetze für Alle anerkannt werden sollte"[823].

Um noch klarer zu zeigen, daß Reyscher nur ein *bestimmtes* Stück von Kant interessierte und akzeptierte und daß er damit einer bestimmten Gruppe der Kantausleger folgte, sei noch einiges zum „anderen", skeptischen Kant verfolgt.

Die Nachwirkungen Kants waren sehr unterschiedlich. Schon Kants hochkomplizierte und spröde, „unpopuläre" Ausdrucksweise, die bereits die Zeitgenossen monierten[824], begünstigte unterschiedliche Ausdeutungen sehr. Gerade in Sachen Politik, Recht und Staat, dem hier primär wirkenden Bereich, war Kant aber nicht nur kompliziert, sondern auch noch ambivalent. Prämissen, Prinzipien und Anwendung weisen manchen Bruch auf. *Bluntschli* hat das in einem sehr lesbaren, nicht überholten Kapitel seiner „Geschichte der neueren Staatswissenschaft, Allgemeines Staatsrecht und Politik" plausibel gemacht[825]. Der wahre Souverän ist der freie Bürger, das Volk, und doch bleibt die Freiheit der Feder das einzige effektive Palladium[826]. Die Ambivalenzen verunsicherten die Ausleger, so daß wenigstens *zwei große, gegensätzliche Linien von Kant aus weiterführen.* Dies gilt für die Philosophie so gut wie für die Jurispru-

---

820 *Kant*: Grundlegung BA 82.

821 Mit dem Hegelianer K. Rosenkranz, Leipzig 1838—42.

822 Hist. TB, 1838, 525—628: Imm. Kant und seine Stellung zur Politik in der letzten Hälfte des 18. Jahrhunderts, vgl. dort bes. S. 627: „Einer Ehrenrettung (...) bedurfte Kant bei den Kennern seines philosophischen Systems nicht. Aber (...)", worauf umständlich die Notwendigkeit einer Rettung in der *allgemeinen* Meinung dargelegt wird; die „Ehrenrettung" fand Billigung in der H.A.L.Z. 1838, Nr. 145, Aug., Sp. 556.

823 *Warnkönig* in: Schulen (1839) 199; auch in: Rechtsphilosophie 127, 133 (hier auch zum Unterschied von der franz. Rev.).

824 Vgl. *Kants* vielfache Abwehr solcher Kritik, etwa *KprV*: Vorrede, A 19f; *MdS*: Vorrede, AB Vf gegen *Garve*; Kants Frühstil ist übrigens gekonnt „populär", vgl. die vorkritischen Schriften.

825 *Bluntschli*: aaO, Kap. 12, S. 372—94, bes. 376, 386f; *Landsberg* spricht in seinem Kant-Abschnitt (III 1, S. 503ff) von „Januskopf" aus Alt und Neu, malt aber zu einseitig das Neue aus; durchweg und gründlich zeigt die Ambivalenz *Krieger*: Freedom 86ff.

826 Vgl. nur *Bluntschli*: aaO 388; *Habermas*: Öffentlichkeit § 13 zeigt deutlich die konkreten Hemmungen Kants, s. schon bei Fn 806.

denz. Das Interesse, die anerkannt gewichtigste geistige Koryphäe der Zeit vor den eigenen Wagen zu spannen, führte manchem Interpreten das Auge — wenn er überhaupt den Meister primär las. Was den strenger empirischen, psychologisierenden *J. Fr. Fries* (1773—1843)[827] und den „Realisten" *J. Fr. Herbart* (1776—1841)[828] von den Idealisten Fichte, Schelling und Hegel scheidet[829], trennt in der Jurisprudenz den nüchtern-skeptischen *Gustav Hugo* (1764—1844) in Göttingen[830] von einem ganzen Schwarm sich kantisch-kritisch gebender Autoren, voran dem wohl erfolgreichsten darunter, dem fast gleichaltrigen Schwaben *K. Hch. Gros* (1765—1840), der schon bei Reyschers Naturrechtsgrundriß begegnet war[831], aber auch dem geistreichen *P. J. A. Feuerbach* (1775—1833)[832] und den nach Heineccius lange maßgebenden Pandektisten *A. Fr. J. Thibaut* (1772—1840)[833]. Nicht umsonst hatten Gros und Feuerbach

---

827 Vgl. *Überweg-Österreich* 147ff; *Copleston*: History VII 248f.

828 Vgl. *Überweg-Österreich* 156ff; *Copleston*: History VII 249ff, der sehr gut resümiert: „Herbart's philosophy clearly lacked the romantic appeal of the great idealist systems. In one sense it was out of date. That is to say, it looked behind Kant, and its author was out of sympathy with the contemporary prevailing movement in Germany. But in another sense it was very much up to date. For it demanded a closer integration of philosophy and science and looked forward to some of the systems which followed the collaps of idealism and demanded precisely integration." (S. 255).

829 Siehe für *Fries-Hegel* nur die bekannte Polemik des Letzteren in der Vorrede der „Rechtsphilosophie" (1821), Werke VII 18, gegen Fries als den „Heerführer der Seichtigkeit" und z.B. Fries' brillante Rezension der Hegelschen „Wissenschaft der Logik" (I, 1812f) in den Heidelbergischen Jahrbüchern, 1815, Nr. 25, S. 385—93, wo er zugleich *sein* empirisches Programm verficht, Hegels metaphysischen Ansatz verwirft und klagt, „die feinere Lehre der kritischen Logik (sc. Kants) ist aber unglücklicherweise von vielen unserer Philosophen zu wenig beachtet worden" (S. 387), voran Reinhold, Fichte, Schelling und jetzt Hegel. Fries' Lieblingsabhandlung aus Kants Werken ist (vgl. S. 386) dessen vorkritische „Untersuchung über die Deutlichkeit der Grundsätze der natürlichen Theologie und der Moral" (1764) (= Werke II 742ff). Sein *Urteil zu Hegel* kulminiert etwa darin; „So macht man tiefsinnige Metaphysik, wenn man die grammatischen Formen der Rede und die logischen des Denkens tüchtig und unordentlich durcheinander schüttelt" (S. 391).

830 Über diesen mit Würze *Ebel*: Hugo (1964); ähnlich auch *Rehberg*, vgl. die Berufung auf Kants Kritik nach *Stolleis*: Staatsräson 92; mehr noch bei *Epstein*: Conservatism 554; *Warnkönig* nennt einen Aufsatz Rehbergs als die beste Zus.-fassung der Hugoschen Rechtsphilosophie (Rechtsphilosophie 157).

831 Oben 87–9, dort Fn 68 Nw der 6 Auflagen von 1802 bis 1841; *Kiefner*: Thibaut, stellt weitgehende Übereinstimmung mit Th. Schmalz fest (S. 42).

832 Dazu jetzt vorzüglich *Naucke*: Feuerbach; biographisch immer noch *Radbruch*: Feuerbach; eine interessante Analyse über „P.J.A. Feuerbachs politische und strafrechtliche Anschauungen" (1961) von R. *Hartmann* liegt aus ostdeutscher Perspektive vor.

833 Obwohl *Thibaut* sich in „Einfluß der Philosophie" (1798) als selbständig hinstellt: „Um die vorliegende Frage im Allgemeinen gründlich zu erörtern, braucht man weder Kantianer noch Antikantianer zu seyn", Versuche 133.

am Sitz der kritischen Philosophie in Jena gelernt und Thibaut gleich in Königsberg an der Quelle studiert[834], Hugo dagegen nur in Göttingen[835]. Andererseits ist die ungewöhnliche Vorliebe Hugos für den skeptischen Schotten *David Hume* bezeichnend, die er in seiner „Philosophie des positiven Rechts“[836], noch mehr aber schon 1792 im „Civilistischen Magazin“ gegen *E. F. Klein*, den preußischen Gesetzesreformator, bekundete. Dort beruft sich Hugo

„auf Hume's Untersuchung über die letzten Gründe der Moral (...), ein Buch, das wohl jeder gelesen haben sollte, der über diese Gegenstände (sc. des obersten Rechtsprinzips) schreiben will, und ein Buch, das man sicher nicht mit Aufmerksamkeit gelesen hat, wenn man das Principium der Glückseligkeit überhaupt mit dem Principium der Selbst-Liebe für einerley hält.“[837]

In erstaunlichem Einklang empfehlen schließlich *Hugo* und *Fries* die frühe, kleine kantische „Untersuchung über die Deutlichkeit der Grundsätze der natürlichen Theologie und der Moral“ (1764)[838]. Kant brilliert dort in der Kritik der deduktiven, demonstrierenden Manier im Bereich der „Weltweisheit“[839]. Hugo und Fries wenden diese Kritik gegen Kants eigene späte Metaphysik. Hugo verwirft „das Argumentieren aus willkührlich angenommenen Begriffen“ bei der „Wolfischen Schule, deren Fehler nicht sowohl bey Kant, als vielmehr bey den Kantianern alle wieder vorkommen“[840]. Kant wird hier geschont, genau besehen aber mitkritisiert. Hans *Kiefner* hat die verschiedenen Gruppen nach Kant, den er ganz als Überwinder des Naturrechts zeichnet, noch am ergiebigsten untersucht. In seiner Dissertation über Thibaut, die den Untertitel „Zugleich Versuch eines Beitrags über den beginnenden Einfluß Kants auf die Rechtswissenschaft“ trägt[841], sieht man anschaulich die große

---

834 Für *Feuerbach* s. Radbruch: Feuerbach 11ff; für *Thibaut* s. Kiefner: Thibaut 51f; für *Gros* s. Landsberg III 1, N. 321.

835 *Ebel*: Hugo 7ff.

836 Vgl. das Register der 3. A., in dem viele Stellen zu *Hume* nachgewiesen sind; näher schon oben 153 mit Fn 455.

837 Civ. Mag. I 2 (1792) 250; *Hugo* meint wohl *Humes* „An Enquiry concerning the principles of moral“, 1751.

838 *Kant*, Werke II 743ff; *Hugos* Empfehlung stand sehr dringlich im Civ. Mag. III 1 (1798) 96 Fn; für *Fries* s. schon den Nw oben Fn 829; bez.weise empfiehlt auch *John Austin* in England gerade diese kantische Abh., s. *Löwenhaupt:* Austin, 1973, S. 98.

839 *Kant*: aaO, bes. 752 gegen die Nachahmung der Mathematik; vgl. S. 754, wo er die falsche demonstrative Methode und die richtige induktive kennzeichnet, S. 756 den Hinweis auf Newtons empirische Naturwissenschaft als Vorbild, nochmals S. 760, wo er die richtige Methode als „natürlichen Weg der gesunden Vernunft“ umschreibt und S. 761 den Tadel, „daß man gar zu leicht ans Schließen geht“; *Copleston*: History VII 189—93, gibt gut den Inhalt und die Bezüge dieser kantischen Abhandlung.

840 *Hugo:* Civ. Mag. III 96.

841 München, 1959, Masch., IX/103 S.; weiter: A. F. J. Thibaut, ZSRom 77 (1960) 304ff.

Ausstrahlungskraft Kants und die Vielfalt der Wirkung[842]. Die genaue Zuordnung der damaligen Autoren ist nicht abgeklärt[843]. Hier kommt es auch mehr auf die Tatsache der Vielfalt an, besonders die doppelte, skeptische und optimistische Auslegung[844].

Gustav Hugo ist ein hervorragendes Beispiel der Kantwirkung. Verschiedene Zeugnisse belegen, daß der nachmals so gefeierte skeptisch-penible Göttinger Kauz nie so recht mit der philosophischen „Mode" (Hugo) ging[845]. *Feuerbach* sieht das 1810, als er einen „Blick auf die teutsche Rechtswissenschaft" wirft und *Hugo* lobt: „Hugo verließ zuerst die gemeine Heerstraße, und wagte den Versuch einer Rechtsphilosophie in einem anderen, als dem blos metaphysischen Sinne"[846]. Obwohl Fries schon 1803 des Lobes voll gewesen war[847] und Hugo selbst dann 1805 sagen konnte, 1790 sei es „noch weit gewöhnlicher (sc. gewesen) (war), über die Neuerungen des Verfassers zu seufzen, als jetzt"[848], schließlich das Doktorjubiläumsjahr 1838 eine Flut von Glückwünschen brachte[849], blieb Gustav Hugo ein *Nonkonformist*. Dies ganz besonders in der allgemeinen Rechtslehre: seine eigenen Klagen über die geringe Verbreitung seines „Naturrechts" bestätigen das mehrfach[850]. Bis 1814/15 und

---

842 *Kiefner* bildet drei Gruppen (S. 33): *1*) Hufeland, Tafinger, Zachariä *2*) Gros, Schmalz, Zeiller *3*) Hugo, Feuerbach; daneben plaziert er dann noch Thibaut; *Landsberg*, III 1, 511ff nennt als „erste Kantianer" Hufeland, Schmalz, Klein, Kohlschütter, Gros; *Bergbohm*: Jurisprudenz 176 Fn, nennt die Zahl der Nachfolger Kants mit Recht „sehr groß" und zählt ohne weitere Angaben dazu Hoepfner, Hufeland, Schmalz, Abicht, Schaumann, Hoffbauer, Heydenreich, Klein, Meister, Krug, v. Gros, Bauer, v. Droste-Hülshoff (S. 172 Fn), sowie genauer S. 249 v. Gros, Rotteck, Welcker, K. H. Hagen, Fr. Fischer, Fr. A. Schilling, J. Hodler (jeweils mit Titeln).

843 Exemplarisch ist der Unterschied in der Zuordnung *Feuerbach*s zwischen *Kiefner* aaO 48—50 und *Naucke*: aaO 64ff. Während *Kiefner* ihn der Hugoschen Überwindung des Naturrechts beigesellt (auf Grund der dünnen Basis der „Blick"-Vorrede von 1810, was er aber selbst anmerkt), entwirft *Naucke* ein sehr differenziertes Bild beträchtlicher Feuerbachscher Schwankungen und vor allem Abweichungen von Kant. Eine Gefahr, die *Naucke* vermieden hat, ist, mehr an den heute geläufigen erkenntniskritischen Kant zu denken, als an den *damals mehr* geläufigen liberal-kritischen.

844 Diese zwei Seiten bestätigt in etwa *Kiefner*: Thibaut, der die Seite wirklichen Fortschritts vom Naturrecht weg und nicht gelungener Lösung davon scharf trennt (S. 43f, 48, 50).

845 Der Ausdruck „Mode" für *Kant* fällt in: Naturrecht § 29.

846 *Feuerbach*: Blick, Kl. Schriften 170; insofern ist *Radbruch*: Feuerbach 40 zu ergänzen, um eine durchaus *nicht* kritische Stelle Feuerbachs zu Hugo.

847 Das berichtet *Hugo* selbst in der Vorrede der vierten Rechtsphilosophie (1820) S. XII (= Beyträge II 406) aus *Fries*: Reinhold, Fichte und Schelling (1803) S. 319; dies ausf. zitiert bei *Kiefner*: Thibaut 44.

848 In der Vorrede der dritten Rechtsgeschichte (1805) S. VI (= Beyträge II 49).

849 Dazu *Ebel*: Hugo 19f.

850 Sie finden sich mehrfach in den Vorreden, die in Beyträge gut zugänglich sind; s. zur 3. A. 1809 Beytr. II 53; zur 4. A. Beytr. II 403, wo er zugleich den besseren

selbst danach glänzte der „liberale" Kantianismus von „Ultra-Kantianern" (Hugo)[851]. Der Erfolg des *Gros*schen Lehrbuchs mit seinen sechs Auflagen von 1802—41 steht dafür so gut wie das gerade schon Gesagte und das zusammenfassende Urteil *Warnkönigs* in dem nützlichen historischen Abschnitt seiner „Rechtsphilosophie" (1839):

„Bei weitem die meisten der hier aufgeführten Systeme [852] des Naturrechts oder der philosophischen Rechtslehre wurzeln auf dem Boden der kantischen Philosophie. Auf einige haben Fichtes Ansichten Einfluß gehabt; andere, deren Verfasser nach Originalität streben, entfernen sich von Kant; nur wenige (sc. aus der Fußnote: wie Hugo, Stahl u. a.) bekämpfen die Behandlungsweise der Wissenschaft der Schule" (S. 144).

Nach 1814 führte *Savigny* unter dem neuen Namen „geschichtliche Schule, wie sie nun leider heißt" (Hugo)[853] wichtige Motive aus Hugos Nonkonformismus zu Erfolgen, nicht ohne sie geschichtsmetaphysisch und weltanschaulich zu überhöhen. Hugo blieb zeitlebens (1764—1844) differenzierter und nüchterner, mehr Sohn Göttingens und des späten 18. Jahrhunderts[854]. Will man sich orientieren, wie der „*andere*", *skeptisch ausgelegte Kant* aussieht, ist Hugo vor allen anderen ein Kronzeuge, wenigstens in der Jurisprudenz. Er betont fast allein Kants Erkenntniskritik[855], den *geringen* Anteil des rein

---

Erfolg seiner anderen Schriften bemerkt; seinen Nonkonformismus und das hieß seine Zurückhaltung gegenüber der kantischen Mode drückte er am Schluß der Vorrede zur ersten Rechtsphilosophie so aus, daß er zwar alles Metaphysische in Kants Rechtslehre akzeptiere, aber: „es ist nicht alles Metaphysik, was so aussieht" (Beytr. I 379); 1828 stellte er hier eine längere Anmerkung über seine „allmähliche Bekanntschaft mit Kants Schriften" ein, die früh und gründlich einsetzte.

851 So *Hugo*: Beytr. I 433 (= Vorrede der ersten Rechtsphilosophie), u. ö.

852 Unmittelbar zuvor, S. 137—44, hatte *Warnkönig* chronologisch *108* rechtsphilosophische Werke aufgelistet, die zwischen 1802 und 1831 erschienen waren.

853 Erwähnt bei *Ebel*: Hugo 33 ohne Nw; die Stelle steht in *Hugos* Rez. von Bd. 1 der ZgeschRw (1815), s. Beytr. II 255; die Mißbilligung dieses „Partey-Nahmens" hat er 1818 gegenüber Spangenberg noch bekräftigt, s. Beytr. II 335.

854 Vgl. schon *Ebel*: Hugo 33; Thibauts „Über den Einfluß der Philosophie" hatte Hugo 1798 vor allem mit der *taktischen* Begründung kritisiert, es werde *momentan* zu sehr philosophiert, s. Beyträge I 392f, H. war also keineswegs so philosophiefeindlich wie Savigny; Hugos Begründung gegen Gesetzgebung war kaum auf innere Notwendigkeit abgestellt, vgl. seinen Aufsatz: „Die Gesetze sind nicht die einzige Quelle (...)", Civ. Mag. IV 1 (1812) 89ff.

855 Subjektiv bestätigt *Hugo* dies 1828, Beytr. I 379 in der Anm., wo er seine bes. eifrige Beschäftigung mit den kantischen „Critiken und was dazugehört" berichtet; objektiv betont er die *Grenzen* der Metaphysik oft, z. B. in der Vorrede seiner ersten Rechtsphilosophie, s. Beytr. I 371: „Die Menschen sind nun ein Mahl nicht bestimmt, überall mit mathematischer oder metaphysischer Schärfe auszulangen, und da, wo diese nach der Natur des Gegenstandes nicht möglich ist, da hat man wenigstens ebenso Unrecht, Alles demonstrieren und deduciren

Metaphysischen und Notwendigen[856], den *großen* Anteil der „weitläufigen Anmerkungen“[857] und den bloß formalen Charakter des wenigen Metaphysischen[858]. Das zielt alles in die gleiche skeptische Richtung, die den Bereich metaphysischer Gewißheit fast auf Null reduzierte und dafür der Empirie und Geschichte, aber auch der Politik[859] breitesten Spielraum anbot. Kants Postulate und deren Konsequenzen, wie Freiheit, Selbstgesetzgebung, Öffentlichkeit, Volksaufklärung gefielen ihm dagegen fast gar nicht[860]. Privatrecht und öffentliches Recht erfreuen sich sehr unterschiedlicher Beliebtheit. Ersteres erhält die hohe Würde, es verkörpere die eigentliche Form des Rechts. Das schwankende öffentliche Recht führe dagegen schon ab ins Gebiet „der „Staatsmoral“[861]. Savigny dozierte 1802 ganz analog motiviert:

„Auf keine Weise läßt sich aber das Staatsrecht (...) in den Begriff der Jurispriudenz bringen (...)“[862].

---

zu wollen, als wenn man mathematische und metaphysische Sätze aus der Erfahrung darthut. Beydes heißt vernünfteln, und Beydes ist allem wahren Philosophiren entgegengesetzt“; vgl. auch schon gg. *E. F. Klein*, Beytr. I 135 (1789); auch mit *Madihn*, Beytr. I 207 (1970); gg. *Schmalz*, Beytr.I 227 (1790).

856 In der Selbstanzeige der ersten Rechtsphilosophie rühmt er sich, „das Reich der Möglichkeiten für das positive Recht in Rücksicht auf das a priori Bestimmte erweitert“ zu haben, s. Beytr. I 377; ähnlich: Naturrecht § 29.

857 Dies gegen die „unverständigen Kantianer“, die die weitläufigen Anmerkungen in Kants MdS mit der eigentlichen Metaphysik verwechselten, s. Naturrecht § 29.

858 So gegen *Schmalz*' „Handbuch der Rechtsphilosophie“ (1807), s. Beytr. II 5; auch schon in der Vorrede zur ersten „Rechtsphilosophie“ reduziert er die Metaphysik aufs Formale: Sie sei relevant nicht für die „Resultate, sondern nur, daß man leichter und consequenter zu denselben Resultaten kommen werde“, s. Beytr. I 370.

859 Seine ganze „Philosophie des positiven Rechts“ versteht sich geradezu als *Politik*: „*Die Politik*, im wahren ursprünglichen Sinne des Worts, wäre ganz dasselbe, wie Philosophie des positiven Rechts“, Naturrecht § 5; er nennt das auch „Critik“ (Beytr. I 368) oder „Prüfung der Vernunftmäßigkeit“ (Beytr. I 374, Anm. von 1828); die Parallele betont er auch bes. gegen *Wendt*, s. Beytr. II 108 (1808).

860 *Hugo* bestand demgegenüber auf der Möglichkeit alles Möglichen, wie man zuspitzen kann, mit Hugo: „Es ist durchaus kein einziges Rechtsverhältnis möglich das sich nicht chicanieren ließe (...)“, s. Beyträge I 376 (1798) in der Selbstanz. der 1. Rechtsphilosophie; bezeichnend dann die Selbstanzeige der 4. Rechtsphilosophie (1820), s. Beyträge II 417: „Auch der Anhang vom öff. Rechte enthält nicht, was man jetzt gern hört; weder die Verfassung mit einer, noch die mit zwey Kammern ist als die einzige den Menschen-Rechten gemäß dargestellt. Nicht einmal die Geschworenen kommen, als in jeder vernünftigen Verfassung wesentlich, vor. Den Aufgeklärten, den Liberalen, muß ein solches Buch eine Thorheit seyn; wie sehr es aber ihren Gegnern, den Eiferern für das Gesetz, ein Aergernis sey, hat sich genug dadurch gezeigt, daß in Wien eine frühere Auflage verboten worden ist und gar leicht auch diese verboten werden kann“. Er laviert also beträchtlich.

861 Beyträge I 343 (1796) mit *Zachariae*.

862 *Savigny*: Methodenlehre 13, mit einer systematischen Begründung aus seinem zuvor festgelegten Begriff von „Gesetzgebungswissenschaft“.

Auch die Kodifikationsschriften zeigen hier eine interessante Entsprechung, indem sie manchmal nur das Zivilrecht — im damaligen Sinne — manchmal *auch* das öffentliche Recht betrachteten. Savigny und Reyscher geben ein Beispiel[863]. Das Modeargument vom Menschen als Zweck bestrickte schließlich Hugo keineswegs [864].

An einem besonders neuralgischen Punkt der Kantrezeption lassen sich die divergenten philosophisch-politischen Linien noch einmal konzentriert zeigen. Das Schicksal der *Kantschen Widerstandslehre* zeigt exemplarisch, welche Wirkungen und Fernwirkungen kantisches Rechtsdenken entfaltete. Es ist ziemlich einfach, das auszuführen, da man eine sehr nützliche Stütze an Kurt Wolzendorffs „Staatsrecht und Naturrecht in der Lehre vom Widerstandsrecht des Volkes (...)" (1916) hat. Er überprüfte dankenswert viele Autoren zwischen 1767 und ca. 1850[865]. Daß Kant ein Widerstandsrecht ablehnte, war ungewöhnlich unter seinesgleichen[866]. Wieder einmal ist es aufschlußreich, Gustav Hugo zu befragen, den Wolzendorff als bloßen Privatrechtler überging. Er hält hier zu Kant und findet diesen auch ganz konsequent. Gleich zu Anfang des „öffentlichen Rechts" nennt er es ganz offen. Es sei

„eine heilige Gewissenspflicht, dem Staate zu welchem man angehört, der Obrigkeit, welche die Gewalt in Händen hat, und durch ihren Schutz einen rechtlichen Zustand

---

863 Dazu oben 255.

864 Naturrecht § 29 a. E.

865 *Wolzendorff*: aaO 415ff.

866 Die Ablehnung steht besonders deutlich in: Über den Gemeinspruch (1793), Werke XI 154ff, A 251ff; dort *gg.* Achenwall (S. 156) und das Prinzip der Glückseligkeit (S. 159) und *mit* der englischen Verfassung (S. 160); außerdem in: MdR (1797) § 49, Allg. Anmerkung, A 173 = Werke VIII 437f: „Beschwerden, aber keinen Widerstand"; ob *Kant* dabei konsequent war, blieb bis heute umstritten und zeigt gut die Nachwirkungen des schon damals divergenten Kantverständnisses. Ausf. untersuchte diese Fragen *W. Haensel* in seiner Monographie „Kants Lehre vom Widerstandsrecht" (1926). H. zeigt die unterschiedlichen Interpretationen Jellineks und Wolzendorffs (S. 7). Selbst meint er, Kants philosophische Prämissen hätten eine vernunftrechtliche Widerstandslehre durchaus zugelassen (S. 54—8) und stellt subtil in Kants Begründung einen „Bruch" (S. 67) fest, der auf den Einfluß der evolutionären kantischen Religionsphilosophie zurückzuführen sei (S. 92—4). Auch *Borries*: Kant als Politiker (1928) 169ff und früher *Bluntschli*: Geschichte 387ff finden Brüche.
Die Konsequenz an Kant beschreibt dagg. *Henrich*: Einleitung 25ff (1967); *Stolleis*: Staatsraison 83, 88 weist treffend auf die zeitgenössische Versuchung hin, Kants Sympathien zur Revolution in Widerspruch zu seiner Widerstandslehre zu bringen; ein Blick auf das breite Nichtverstehenwollen, das Kant entgegenschlug, zeigt erneut die Relevanz eines festen *liberalen* Kantbildes; vgl. den Meinungsstand bei *Wolzendorff*: Widerstandsrecht 413ff, der meint, Kants Lehre sei insoweit „ohne jede Nachwirkung geblieben" (S. 421); obwohl das nicht stimmt, wenn man *Hugo* beachtet (s. im Text), war doch die Ablehnung fast allgemein, vgl. *Stolleis*: aaO 83 für Garve, *Henrich*: aaO 23 für Gentz, *Haensel*: aaO 74 für weitere.

wenigstens provisorisch bewirkt, zu gehorchen, und daß der Einzelne sich dieser Pflicht, weder um deswillen, weil er eine andere Verfassung für besser hielte, noch weil er glaubt, die RegierungsGewalt sey nur durch einen Zufall in diese Hände gekommen, entziehen dürfe — dieß folgt aus den ersten Ideen von Sittlichkeit und rechtlichem Zustande gerade ebenso leicht, wie die Pflicht aller Regenten, nicht ihren Privatvortheil, sondern das Beste des Staates, die Erhaltung des rechtlichen Zustandes, bey der Regierung vor Augen zu haben — (...)"[867].

Was Hugo bei seinem Verweis auf Kant dann sagt, bestätigt erneut, wie verschieden Kant gelesen wurde:

„Diese Grundsätze", erinnert er, „sind von niemand mit so vieler Evidenz vorgetragen worden, als von Kant (...). Es ist aber lehrreich anzusehen, wie wenig selbst seine Autorität bey manchen Kantianern vermocht hat, die nun vielleicht eben deswegen UltraKantianer geworden sind, weil sie das Verhältnis des Bürgers zum Staat so viel besser einsehen, als Kant"[868].

Wolzendorffs Ergebnisse bekräftigen Hugo. Der Gedanke eines rechtlich zulässigen Widerstandes beherrschte in Deutschland bis 1848, aber auch nicht länger, das allgemeine naturrechtlich-politische Schrifttum ebenso wie die Staatsrechtswerke[869]. Aus Reyschers „Bedürfnisse" läßt sich keine Stellungnahme entnehmen. Man könnte allenfalls aus der zentralen Rolle des Volkes, das er nicht nur als „Geist", sondern politisch effektiv dachte, Vermutungen anstellen und dazu seine allgemein liberale Haltung anführen. In der Tat ist das eine nicht unberechtigte Ahnung, denn 18 Jahre später hat Reyscher im Tübinger Gutachten zu den Hannoverschen Verfassungsfragen als einziger Gutachter einen Fall des Widerstandes, die Steuerverweigerung, bejaht[870]. Er nahm dabei ausführlich die Geschichte zu Hilfe. Wolzendorff sieht daher das Gutachten als letztes, aber doch interessantes, um positivrechtliche Ansatzpunkte bemühtes, Glied in der Kette „der stereotyp gewordenen uralten Lehrsätze der Widerstandslehre"[871]. Mag man das Abwertende daran in Frage stellen[872], richtig getroffen ist die Verbindung Reyschers mit der liberalen Tradition, sein gleichzeitiges Geschick, zeitgemäß historisch zu begründen, und sein zukunftsweisendes Bestreben, seine Sätze möglichst konkret, sei es in der geschichtlichen Entwicklung oder aktuellen Texten, zu verankern.

Ein letztes nützliches Beispiel für die Kantrezeption ist die *Korporationslehre*. Friedrich Müller schrieb dazu eine profunde Untersuchung. Von Hegel her

---

867 Naturrecht § 367; weitere Begründung: Widerstand sei unmoralisch, denn es sei praktisches Postulat: Alle Staatsgewalt komme von Gott, über ihre Richtigkeit fehle daher jeder irdische Richter (§ 371), insoweit genau wie *Kant*.

868 Naturrecht § 371 Anm. 2.

869 Dazu *Wolzendorff*: Widerstandsrecht 413, 424, 444.

870 Dazu oben 103 mit Fn 156.

871 *Wolzendorff*: Widerstandsrecht 451.

872 *Wolzendorffs* Arbeit zielt auf den Lobpreis der modernen „Einheit der Staatsgewalt", die prinzipiell nicht mehr in Frage gestellt werden dürfe, vgl. bes. den Schluß S. 494ff; ähnlich *Haensel*: Widerstandsrecht 95; heute mag man darüber skeptischer denken als 1916 und 1926.

zeigt er die Verschiebungen dieser zentralen Lehre im deutschen Idealismus. Kants individualistischer Ansatz ignoriert die Gruppe, Fichte steigert sich zur Verbandsfeindlichkeit und zum Umschlag in Kollektivismus, Schelling kommt zurück auf transmenschliche soziale Stufung, konkret Ständestaat, an der individualistisch zu rütteln verwerflich sei[873].

So ergibt sich die denkbar verschiedenste Verwendung Kants. Während die meisten mit der Aufklärung und Revolution Kants Kritik gegen das Bestehende wandten, führte sie Hugo zum Zweifel an der souveränen Vernunft und Kritik selbst. Der Effekt war philosophisch und politisch durchaus konträr[874]. Was Hugo störte, verband seine Gegenspieler. Hugo ist auch da ein scharfsichtiger Beobachter. Er konstatiert warme Anteilnahme an der französischen Revolution, die „diese Art von Schriftstellerey" besonders befördert habe[875]. Das deutet weiter bis zu Reyschers rechtfertigenden Worten für die „neuen Rechte in Frankreich"[876]. Reyscher übernahm von Hugos skeptischer Rechtslehre nichts. Dessen skeptisch-konservative Kantverwendung wirkte aber indirekt. Einige Hugosche Thesen waren beim biedermeierlichen Diskussionsstand von 1828 nicht mehr zu umgehen. Die Abneigung gegen abstrakte, beliebige philosophische Systeme[877], die Mäßigung in Sachen Kodifikation, die selbstverständliche Einbeziehung des Geschichtlichen[878], sind späte Früchte einer Kritik, die in der Jurisprudenz Hugo angeführt und Savigny verstärkt hatte. Sie war übrigens schon 1810 von Feuerbach und vermutlich Thibaut zugestanden und verarbeitet worden[879]. Diesen Stimmen konnte sich ein junger Jurist von 1828 auch bei tendenziell gegenläufiger Veranlagung nicht entziehen. Im Ausweichen auf die „Bedürfnisse", auf die „Praxis", im Rückgang auf ein selbstgesetzgebendes Volk, in der Bevorzugung einer freiheitlichen vaterländischen Geschichte kommen aber die alten aufklärerischen Ge-

---

873 *Müller:* Korporation 207—15, für Kant 209, für Fichte 211, für Schelling 212f.

874 Genaueres über *Hugos* lavierendes Verhältnis zum „Fortschritt" und zur Politik liegt hier außer dem Rahmen. Er ist sowohl gg. „Despotismus" von oben, als auch gg. einen von unten d.h. „Democratie", s. Beytr. I 321, außerdem gg. Widerstand (= von unten); heranzuziehen wäre bes. der Hintergrund *Rehberg/Brandes/Göttingen*, den er selbst vorführt; vgl. nur Beyträge II 175—81 die Eloge für Rehbergs: Über den Code Napoleon; dafür wichtig *Epstein*: Conservatism, ch. 11, S. 547—94; fulminant schrieb zum Thema schon *Marx*: „Das philos. Manifest der historischen Rechtsschule" (1842), der Hugo als Diener jeder Autorität kennzeichnet.

875 Naturrecht § 29 a.E.

876 Bed. 19; näher schon oben 201, auch 291 zum Frankreichbild.

877 Oben 254f.

878 Oben 293f, 194 im Vergleich mit *Thibaut* zur Kodifikation, oben 228ff, 278f zum Geschichtlichen.

879 *Feuerbach*: Blick 161, 170, wo er Hugos Kritik der reinen Abstraktionen lobt, aber doch zugleich seine Idee der *Universalgeschichte* davor schiebt; *Thibaut* als wahrscheinlicher, zustimmender Rezensent Feuerbachs, in: Hd. Jb. 1810 II 143.

genpositionen noch und wieder durch. Soweit Kant diese auf einen Höhepunkt geführt hatte, wirkt er hier unmittelbar nach. Daß *K. Wächter-Spittler* und *Sigwart* hier Mittler waren, wurde schon berührt[880].

Bezüge zu Fichte, Schelling und Hegel

Noch besser als Kant ließ sich *J. G. Fichte* (1762—1814) im freiheitlichen Licht sehen. Er selbst rühmte sich ja, sein System der Wissenschaftslehre sei „das erste System der Freiheit"[881]. Der streitbare Philosoph und Rhetor hatte gegen *Rehberg*, den hannoverschen Konservativen[882] und *Edmund Burke*, den englischen Revolutionsgegner, die französische Revolution gewürdigt (1793) und die „Zurückforderung der Denkfreiheit von den Fürsten Europas, die sie bisher unterdrückten" betrieben. Der immerhin geschickten Einschränkung auf bestimmte Fürsten (von „den" Fürsten) folgte wieder dringender: „Eine Rede. Heliopolis, im letzten Jahre der alten Finsternis" (1793)[883]. Selbst in den bis heute meist besser gehüteten „Reden an die deutsche Nation" (1807/08), deren Wiederabdruck von 1814 bis 1824 untersagt war, verleugnete Fichte das Freiheitliche nicht[884]. Die Zeitgenossen sahen aus verschiedenen Perspektiven, aber darin durchaus einig, kantische Anstöße fortgeführt. *Hugo*[885], *Jacobi*[886], *Jean Paul*[887], *Reyscher* im „Daseyn"-Aufsatz[888] und der Natur-

---

880 Oben 20f (Sigwart), 30f (Wächter-Sp.).

881 Dieses Zitat aus *Schulz*: Briefwechsel I 449 findet sich ausführlich bei *Streisand*: Fichte 42 (1969), der sorgfältig Fichtes politica auf freiheitlich-kleinbürgerlich-demokratisches durchprüft. Kurz auch bei *Willms*: Revolution 35 (1969), der schon in: Die totale Freiheit, Fichtes politische Philosophie, 1966, Grundlegendes entwickelt hatte.

882 Dazu wichtig *Epstein*: Conservatism, ch. 11.

883 Siehe den kritischen Abdruck beider Revolutionsschriften in der Akad. Ausgabe, Bd. I 1; vgl. auch die bes. eindrucksvollen Worte *Fichtes* „Über die Würde des Menschen" (1794), aaO I 2, S. 79ff.

884 Ausgezeichnet in der schwierigen Interpretation dazu schon die Rede *Ernst Blochs*, der es 1943 in London unternahm, gegen die „Chauvinisierung Fichtes" zu sprechen und dies in seiner eindrucksvoll farbigen Art aus der Zeit heraus zu begründen; jetzt bequem in: Politische Messungen, Ges. W. 9 (1970) 300—12; etwas spitzer, aber in der Sache ähnlich und mit weiteren Argumenten *Streisand*: Fichte 50—2; in einem Satz relativierend auch *Copleston*: History VII 36, auch 74f; kritischer wieder *Lübbe*: Pol. Philosophie 196ff, ein wenig aus der Optik der fragwürdigen Wiederbelebungen Fichtes um 1914.

885 Naturrecht § 29 (1809).

886 Er ruft am 3. 3. 1799 aus, er vermöge „den Königsberger Täufer aber nur als ihren (sc. des Messias) Vorläufer anzunehmen", s. *Schulz*: Briefwechsel II 28.

887 Er schrieb ebenfalls an Jacobi am 1. 5. 1800: „Der Fichtianismus wird, glaube ich, sein handelndes Leben nicht hochbringen; aber was hilft der Tod des Teufels, wenn seine Großmutter fortlebt, die kritische Philosophie?", s. Fichte in vertr. Briefen 143.

888 ZDR 1,32.

rechtsvorlesung[889], schließlich etwa *Warnkönig*[890], bezeugen dies ebenso wie *Welcker*[891].

Direkte Einflüsse Fichtes sind nicht erkennbar. Reyschers Abneigung gegen abstrakte Systeme dürfte auch gegen Fichte zutreffen. Was Fichte zur gemäßigt liberalen Linie beitrug, hat seine Wirkung auf Reyscher nicht verfehlt. Den bei ihm angelegten „Despotismus" der Freiheit[892] vollzog Reyscher nicht mit. Gegen solche Konsequenzen war er durch seinen nüchtern-praktischen schwäbischen Sinn, seine Veranlagungen und Umstände, wie sie im Kapitel zum Leben beschrieben wurden, von vorneherein weniger empfänglich. In der „Naturrechtsvorlesung" charakterisiert er dann auch Fichte als einen übertriebenen Kant[893], dessen System „allerdings zu weit führe"[894].

Friedrich Wilhelm Schelling (1775—1854), der dritte einflußreiche Idealist, debütierte a la Fichte. Kurz vor diesem veröffentlichte er eine „Neue Deduktion des Naturrechts" (1796). Auf diesem Gebiet waren damals offenbar für aufstrebende Jungphilosophen Meriten zu machen. Die Abhandlung entsprach Fichtescher Methodik so sehr, daß sie weitgehend mit der bald darauf gedruckten „Grundlage des Naturrechts" (1796) zusammentraf [895]. Aber allgemeiner bekannt und beachtet wurde Schelling nicht mit dieser und anderen recht fortschrittlich-freiheitlichen Jugendschriften, sondern mit seinen „naturphilosophischen" Thesen, seinen „Ideen zu einer Philosophie der Natur" (Landshut 1797, 2. Auflage 1803), dem „Erster Entwurf eines Systems der Naturphilosophie" (Jena/Leipzig 1799) und dem „System des transcendentalen Idealismus" (Tübingen 1800). Damit war seine Identitätsphilosophie umrissen[896]. Eine vorzügliche Bühne erhielt er dafür dann 1798 mit einer Professur in Jena, die er neben dem berühmten Fichte, seit 1799 alleine, wirkungsvoll ausfüllte. Was Jena damals bedeuten konnte, sieht man am Wunsch des jungen Savigny von 1800 sich dort „inscribieren zu lassen", denn: „sicher findet man auf keiner Universität solche Zirkel von genialischen und sich wahrhaft bildenden Menschen wie hier", wobei er besonders an Fichte und Schelling dachte[897]. Dort trug Schelling auch 1802 seine sehr verbreiteten, „allgemein faßlichen" „Vorlesungen über die Methode des akademischen Studiums" vor[898]. Diese „Vorlesungen" zitiert dann auch *Reyscher* 1839, als er Schelling und Savigny

---

[889] Grundriß S. XIV in Anknüpfung an einen freiheitlich genommenen Kant (S. XII); Vorlesung S. 11 f.

[890] Rechtsphilosophie (1839) 134—7.

[891] Weniger in: Letzte Gründe, deutlich aber in: System 114, 260.

[892] So *Welcker* ausgeprägt in: System 124; vgl. oben 305.

[893] AaO S. 11 f.

[894] AaO S. 12, und die nähere Kritik S. 14/§ 29.

[895] Ausführlich über die Schellingsche Schrift *Hollerbach*: Schelling 97 ff.

[896] Vgl. *Überweg-Österreich* § 4; besser ist *Copleston*: History VII 94 ff.

[897] *Stoll* I 153, 154.

[898] Werke I/5, 207—352; im Vorwort „allgemein faßlich" genannt.

in Verbindung bringt[899]. Davon findet sich aber 1828 noch keine Spur. Die liberalen Einstellungen Reyschers, die sich in „Bedürfnisse" niederschlugen, zeigen keinen direkten Bezug zu Schellingschem. Schelling galt auch in liberalen Kreisen als Philosoph der Notwendigkeit. Wenigstens ist das *Welckers* Auffassung von 1829[900], *Warnkönigs* Kennzeichnung von 1839[901], *Reyschers* Verwendung im „Daseyn"-Aufsatz und der Naturrechtsvorlesung[902] und *Bluntschlis* späteres Bild in seiner „Geschichte der neueren Staatswissenschaft"[903]. Für Reyscher kann man schon anhand dieser kursorischen Feststellungen positive Bezüge zu seinem Landsmann Schelling verneinen.

Zu dem zweiten großen schwäbischen Philosophen der Zeit, *G. F. W. Hegel* (1770—1831) hat Wieacker Bezüge angedeutet, Schönfeld versuchte sie näher zu begründen[904]. Reyschers Studienzeit in Tübingen ergab für Hegeleinflüsse nichts[905]. In „Bedürfnisse" findet sich ein kleiner Anhalt. Sein kurzer Ausfall gegen die „Verirrung (...) der positiven Rechtslehre in das Gebiet der Philosophie"[906] richtet sich ja gegen „in neuerer Zeit aufgekommene" Verirrungen. Der Hinweis auf „den allgemeinen Leitstern, als welchen man jetzt die Rechtsphilosophie preist", sei „allbereits aus Jedermanns Munde zu vernehmen"[907]. Diese einzige direktere Stelle der Kodifikationsschrift zur Philosophie läßt sich vielleicht am besten auf Hegel beziehen. Dafür spricht nicht schon der Ausdruck „Rechtsphilosophie", der sich in Hegels Titel von 1821 nicht findet, vielmehr etwa bei W. Tr. Krug (1800), Th. Schmalz (1807), K. Fr. W. Gerstäcker (1812), C. J. A. Baumbach (1823) und Droste-Hülshoff (1825)[908]. Hegels Philosophie und gerade seine „Philosophie des Rechts" (1. Auflage 1821) gingen aber vor 1828 allgemein in Führung[909].

Als Indiz für die Jurisprudenz können *Stahl*, der sich 1830 besonders lang mit Hegel auseinandersetzt[910], *Welcker* in seinem „System" (1829)[911] und *Hugo* mit seiner bissigen Rezension[912] gelten. *Falck* äußert sich dagegen erst 1839 in der vierten Auflage seiner beliebten Enzyklopädie. Ziemlich tastend hält er Hugo, Hegel und Stahl für prinzipiell gleich außerhalb dem positiven Recht

---

899 ZDR 1, 31; näher unten 328, 331 f.
900 System XIV, 183, 262f.
901 Rechtsphilosophie 148: „vollkommener Gegensatz" zu Kant und Fichte.
902 ZDR 1,31f; Vorlesung S. 12.
903 AaO, Kapitel 18, S. 597—601.
904 Für *Wieacker* das Zitat oben 1; für *Schönfeld* oben 4 bei Fn 22.
905 Dazu oben 48—50.
906 Dazu oben 317f.
907 Bedürfnisse 39.
908 Siehe die Titel in der Bibliotheca Iur. I² 1840, anhand des Sachregisters.
909 Statt aller *Überweg-Österreich* 86: Hegels Berliner Vorlesungen haben „auf die Kultur der Zeit den stärksten Einfluß ausgeübt".
910 Philos. d. Rechts I 270—319; vgl. Vorrede.
911 System 169, 175, 177—81, 263.
912 Beyträge II 464—71.

philosophierend[913]. Hegel stand seit 1818/19 in zunehmend glänzender Wirksamkeit in Berlin[914]. Selbst wenn diese Aspekte noch zu spekulativ sein mögen, um Reyschers Abwehr wirklich auf Hegel als die vor 1828 jüngste und wirksamste Rechtsphilosophie zu beziehen: Inhalt, Wertungen und Ausdrucksweise Reyschers in „Bedürfnisse" geben jedenfalls keinen Anhalt für positive Bezüge zu Hegel. Ein Blick in Reyschers Naturrechtsgrundriß von 1831 desavouiert dann solche Vermutungen vollends. In der dort abgedruckten vorbereitenden Ansprache von 1829[915] ist von den Idealisten allein *Hegel* übergangen[916]. Daß Hegels Name dann unter vielen anderen im § 25 „von Kant bis auf die neueste Zeit" immerhin genannt ist, fällt demgegenüber wenig ins Gewicht. Reyschers Gewährsmann *v. Gros*[917] hatte sogar die Geschichte des Naturrechts noch schlicht mit Kant abgeschlossen. Der Gesamtbefund für Hegel bleibt auch für die Kodifikationsschrift negativ.

913 Enzyklopädie § 53/S. 84f; die dritte und zweite Auflage (1830, 1825) bringen gleichermaßen nichts zu Hegel; für *Falcks* Dissens zu Hegel vgl. allg. *Volk*: Falck 90 Fn 26.

914 *Dilthey*: Hegels Berliner Periode, G.W. IV 252—8; *Copleston:* History VII 161.

915 Dazu oben 88.

916 Vgl. oben 88 die anderen Nwse.

917 Dazu oben 87ff, 153.

UMRISSE EINER PRAGMATISCH-LIBERALEN ALLGEMEINEN RECHTSLEHRE

August Ludwig Reyscher fand allgemeine Sentenzen zu seiner Wissenschaft zwar oft und gerne und am liebsten vor einem größeren Forum. Aber er legte nie Hand an diese Fragmente, um sie zu einem geschlossenen Gebäude zu formen. Er kündigte mehrfach den Schlußstein zu seinen allgemeinen Aufsätzen an, der eine geschlossene Methodik zu seinen Grundbegriffen bringen sollte. Ich habe das beim Gang durch seine Schriften vermerkt[1]. Auch das Material aus seinen zahlreichen Vorlesungen[2] über Naturrecht und Enzyklopädie ließ er unbehauen. Das lag wohl nicht nur an seinem Abschied von der Universität. In den Biographica zu Reyscher steht dazu keine abschließende Antwort. Aber die Vermutung ist angebracht, Reyschers Schicksal als „Unvollendeter" habe durchaus auch innere, sachliche Gründe gehabt. Seine Beiträge zu Grundfragen atmen nämlich einen gewissen Eklektizismus, bei dem bündige Synthese sehr schwer fallen mußte. Tenor seines Programmaufsatzes zur Zeitschrift war die Abwehr aller Einseitigkeiten[3]. Auch im Aufsatz über den Begriff des gemeinen deutschen Rechts (1846) kehrt das wieder[4]. Die vielen Bausteine wollen sich nicht recht zum Neubau fügen, trotz aller Mühe, die man z. B. im „Daseyn"-Aufsatz und im systematischen „Württembergischen Privatrecht" deutlich spürt. Reyscher erfordert daher differenzierte Aufmerksamkeit. Ich will versuchen, die Umrisse seiner pragmatisch-liberalen allgemeinen Rechtslehre zusammenzustellen, den Einzelteilen und dem, was sie doch wieder zusammenhält, nachzugehen. Für beides sei kurz die „Zeitschrift für deutsches Recht und deutsche Rechtswissenschaft" herangezogen. Der wichtige Vorspann „Über den Zweck dieser Zeitschrift" offenbart, worin die Integrationskräfte lagen: im Programm einer nationalen, praktischen Jurisprudenz. Aber auch von der „Mündigkeit des Volks" ist die Rede[5]; das ist das liberale Element. Doch diese Kräfte waren erst im Werden. Das Nationale war unfertig, das Liberale bedrängt, das Praktische außer der gelehrten Mode. Das Jahrzehnt bis 1848 genügte nicht, eine feste Integration zu leisten. Der Zustand von Jurisprudenz und gesellschaftlicher Wirklichkeit ähnelte sich enorm.

---

[1] Oben 156, 165.
[2] Oben 57.
[3] Oben 123.
[4] Oben 169.
[5] ZDR 1, 5.

Reyschers Rechtsbegriff im Spiegel der Kontroversen

So wie Reyscher selbst in „Über das Daseyn und die Natur des deutschen Rechts" (1839) seine Position im Kontrast entwickelt, soll es zunächst auch hier geschehen.

Absage an einen formalen Rechtsbegriff

Einer prinzipiellen Gesetzgebungsfreundlichkeit korrespondiert oft die Meinung, das positive Recht werde „von der gesetzgebenden Gewalt mit freier Willkür hervorgebracht" und erschöpfe sich in dem, „was durch ausdrückliche oder stillschweigende Anerkennung dieser Gewalt dazu erhoben ist"[6]. Recht wird dann zu Recht kraft eines äußeren, formalen Aktes. Dieser *formale Rechtsbegriff* hat 1839, als Reyscher dazu schreibt, seine eigentliche Konjunktur zwar noch vor sich. Aber eine ehrwürdige Geschichte liegt auch schon hinter ihm. *Savigny* hatte ihn 1814 als eine „bey der großen Mehrzahl der deutschen Juristen" verbreitete Irrlehre desavouiert[7]. Noch 1840 bekundet aber Savigny nicht die erwartete Erfolgsstimmung: „Es fehlt aber viel, daß die hier aufgestellte Ansicht von der Entstehung und dem Wesen des Staats allgemein Anerkennung fände"[8]. Um die weitreichenden Wurzeln des Widerstands bis zum aristotelischen Muster kreist die umfassende Studie von *Sten Gagnér*[9]. Dort findet man eine lange Ahnenreihe berühmter und vielbenutzter Autoren, die die Lehre von der menschlichen Satzung alles positiven Rechts künden. Nur an einige wenige Namen wie *Thomasius*[10], *Wolff*[11] und ihre Epigonen, zu denen hier auch *Kant* gehörte[12], an *Montesquieu* und *Rousseau*[13], *Bentham* und *Austin*[14] sei erinnert.

Reyscher setzt sich dezidiert von diesem bloß *formalen Rechtsbegriff* ab. Besonders eingehend legt er seine Ansicht im „Daseyn"-Aufsatz (Nr. 16) dar, aus dem das eben benutzte Zitat stammt. Aber auch im „Begriff"-Aufsatz (Nr. 34), im „Privatrecht" (Nr. 11) und in „Quellen" (Nr. 55) hat er wichtige Hinweise dazu formuliert. Seine Ablehnung begründet Reyscher unter historisch-empirischen, praktisch-politischen und prinzipiellen Aspekten.

---

6 *Reyscher*: ZDR 1, 27.
7 Beruf 75; fast wörtlich ebenso *Puchta*: Gew.recht I 182.
8 System I 28.
9 Studien zur Ideengeschichte der Gesetzgebung (1960), vgl. S. 61.
10 *Gagnér*: aaO 62 u. ö.
11 *Gagnér*: aaO 62 ff.
12 *Gagnér*: aaO 99.
13 *Gagnér*: aaO 76 ff.
14 *Gagnér*: aaO 88 ff.

Mit *historisch-empirischem* Blick meint er, ein „materielles“, auf „Vernunft und Sitte“[15] gegründetes Recht sei stets anerkannt gewesen. Im alten deutschen Reich[16], vor Verbreitung des römischen Rechts in Deutschland[17], im römischen Recht[18], von jeher habe man damit gearbeitet[19]. Dieses Recht habe zwar nur subsidiäre Anwendung nach dem formellen, das sind Gesetz *und* Gewohnheit, gefunden, aber auch bei diesem Gebrauch sei ja Verbindlichkeit vorausgesetzt[20]. Zur Widerlegung der formalistischen Extremtheorien bedürfe es also nur „eines Blicks auf die Geschichte“[21]. Noch in „Quellen“ (1854) hält er die den „Rechtsverhältnissen gemeinsame Natur der Sache“ als Rechtsquelle fest[22], was bei ihm nur eine andere Ausdrucksweise für das „materielle“ Element der Rechtsbildung ist. Im „ältesten deutschen Recht (...) bis 888“ läßt er das „Recht (...) aus der öffentlichen Sitte“ hervorgehen[23]. Es habe keiner Niederschrift bedurft, „eben weil es nichts Willkürliches, Ersonnenes war, sondern in der Natur des Volkes und seiner Verhältnisse begründet lag (...) wie die Muttersprache“ [24]. Auch für die zweite Periode vom Jahre 888 bis 1495 stellt Reyscher viel Rechtsbildung von den Rechtsbetroffenen her fest, die das „Gepräge lebendiger Anschauung und unmittelbaren Verständnisses eines Rechts (sc. trage), das aus den Verhältnissen des Volkes hervorgewachsen war“[25]. Später lobt er die Zielsetzung des ALR, ganz anders als *Savigny*, aber *Eichhorn* sehr ähnlich. Es zeichne sich dadurch „vor anderen Gesetzbüchern aus, daß es die bestehenden Verhältnisse zur Grundlage nahm und für alle Fälle eine sichere, der Natur der Sache entsprechende Entscheidung zu geben suchte“[26]. In „Bedürfnisse“ hatte er insoweit noch Savignys Urteil näher gestanden[27]. Die 1854 entworfene Rechtsquellengeschichte fügt sich insgesamt noch ganz in die historischen Argumente von 1839.

In der ersten Auflage des *Privatrechts* (1836) verweist er im § 2 sogar bloß lapidar auf „D. 1.3. fr. 40. Omne ius aut consensus fecit, aut necessitas constituit,

---

15 Die Formel „Vernunft und Sitte“ findet sich etwa in ZDR 1, S. 17, 24, 41.

16 ZDR 1, 17; Privatrecht I § 12.

17 ZDR 1, 19, 21 (zus.fassend); Privatrecht I §§ 12, 75.

18 ZDR 1, 13, 23, 25, 41; Privatrecht I § 75 mit *Puchta* und *Thibaut*.

19 ZDR 1, 21, u. 26f zus.fassend.

20 ZDR 1, 14.

21 ZDR 1, 30.

22 Quellen 845.

23 Quellen 846.

24 Quellen 847; daneben findet er aber auch Satzungen! (aaO).

25 Quellen 851.

26 Quellen 860; für *Savigny*: Beruf 118—26; für *Eichhorns* zu wenig beachtetes sorgfältig freundliches Urteil zum ALR: Rechtsgeschichte IV § 618/S. 692—705 (5. A.); er betont die Bedürfnisgerechtheit (S. 694, 699, 701) und spricht teilweise direkt, aber ohne Nachweis gegen Savigny; *Thiemes* Ansicht, Eichhorns Urteil „unterscheidet sich in nichts von Savignys Schullehre“, Preuß. Kodifik. 413, kann ich nicht bestätigen.

27 Oben 200.

aut firmavit consuetudo". 1839 steht dieselbe Stelle sehr hervorgehoben im „Daseyn"-Aufsatz[28]. Zehn Jahre später als in der ersten Ausgabe schlagen sich auch im positivistisch-konkreten Partikularrechtslehrbuch die allgemeinen Unsicherheiten nieder. Der neue § 2 ist um mehrere stützende Sätze ergänzt. Den Anfang macht ein Hinweis auf die einheimische Vergangenheit:

„Beruhte das Recht bloß auf Satzung, so hätten wir in Württemberg vor dem 18. Jahrhundert kaum ein Recht gehabt, und doch wurde auch damals nach dem Rechte geurtheilt"[29].

Im „Privatrecht" steht auch schon 1836 — und genauso 1846 — die verteidigende empirische Beobachtung,

„selbst diejenigen, welche das Daseyn einer eigenen Wissenschaft (sc. des Naturrechts) unter diesem Namen läugnen, müssen zugeben, daß wenn die historischen Quellen nicht zureichen, die Natur der Sache zu Hülfe genommen werden müsse"[30].

Leider sagt er nicht näher, wer „diejenigen" sein sollen[31]. Sein Argument hat eine ähnlich entlarvende Funktion wie der Hinweis, die Ableitung alles Rechts von einem Gesetzgeber habe „als Fiction keinen Werth"[32]. Im „Begriff"-Aufsatz beschreibt er die „formale Ansicht vom Rechte" erneut[33]. Er beruft sich wieder auf die „Römer"[34], aber auch auf „Franzosen und Engländer", d.h. Merlin und Blackstone[35]. Im übrigen bringt er aber weniger neue Begründungen als erneute Darstellung, einen Rückgriff auf den „Daseyn-"Aufsatz[36], vor allem aber eine Konzentration auf das Problem der juristischen und politischen Selbstbestimmung[37].

Das Stichwort „Selbstbestimmung" leitet über zum zweiten Begründungskomplex, dem *praktisch-politischen*. Bei der formalen Ansicht drohe „subjektive Gesetzgebungspolitik"[38]. Fast noch gezielter schreibt er 1846 in der zweiten Auflage des „Privatrechts", § 2, die Gesetzgebung müsse sich hüten, den Spielraum des Richters und damit die anderen Rechtsquellen „allzusehr einzu-

---

28 ZDR 1, 39.

29 Privatrecht I § 2.

30 Privatrecht I (1837 und 1843) § 75.

31 Vermutungen gehen auf *Stahl*, vgl. ZDR 10, 166; weniger *Savigny*, vgl. dessen System I 55, das erst 1840 erschien, also *nach* Reyschers Äußerung.

32 So gegen die dahingehende lange üblich gewesene Begründung von Gewohnheitsrecht in: Privatrecht I § 65; für die Gegenposition vgl. etwa den verbreiteten Kommentar von *Höpfner-Weber*: Institutionen (8. A. 1804) § 58; breiteres Spektrum bei *Klötzer*: Gew.recht (1813), der § 1 den Zustand der Lehre als desolat beschreibt und selbst den vermittelnden weitmaschigen Weg der Autonomie *plus* consensus generalis geht (S. 220ff).

33 ZDR 10, 167—71, dazu oben 167.

34 Jetzt mit D. 1. 1. fr. 6. pr. fr. 9: ZDR 10, 154.

35 ZDR 10, 154: *Merlin*: Repertoire de jurisprudence und „Droit naturel"; *Blackstone*: Commentaries (1811) I 63, 67f.

36 ZDR 10, 180.

37 Vgl. oben 168.

38 ZDR 1, 28.

schränken, damit nicht an die Stelle richterlicher Willkür eine andere trete". Jetzt erinnert er sogar an seine mutige Kodifikationsschrift, wo er im Sinne einer selbstbestimmenden Rechtsbildung von unten „politische Wiederbelebung des Rechts" gefordert hatte[39]. Gerade diesen Aspekt erneuert er 1846, während er in der ersten Auflage von 1836 darüber geschwiegen hatte[40]. Auch im „Begriff"-Aufsatz pocht er auf Autonomie und Mitbestimmung gegenüber dem Gesetz „von oben"[41]. Daneben führt er an, die Vielzahl der nach der formalen Ansicht erforderlichen Gesetze mache das Recht in praxi nur wieder ungewiß und unterlaufe das dabei verfolgte Ziel äußerster Rechtssicherheit entscheidend[42]. Schon das tatsächliche Bedürfnis treibe dazu, materielles Recht anzuerkennen, um Rechtslücken zu vermeiden und dem Rechtsverweigerungsverbot gerecht zu werden[43]. Außerdem laufe sonst die Rechtswissenschaft Gefahr, „zu einer bloßen Gesetzeskunde herabzusinken"[44], was er offenbar nicht will. Schließlich meint er auch ganz offen, ein gemeines deutsches Recht sei nach dieser Ansicht[45] nicht möglich, und ein solches Opfer sei doch nicht nötig.

Alle diese Argumente münden in einige *prinzipielle Einwände*. Diese lassen sich schon an der Kodifikationsschrift erkennen, die das Recht zuletzt auf das politische „Volk" gründet[46]. Im „Daseyn"-Aufsatz fügt Reyscher hinzu, es sei

„unmöglich (ist), ein lebendiges Recht in dem todten Buchstaben festzuhalten, oder die wechselnden Verhältnisse oder Erscheinungen des Lebens mit allen Merkmalen vorherzusehen und zu fixieren"[47].

Diese Auffassung verkenne in Überschätzung des Willensanteils im Recht „den wesentlichen Antheil, welchen die Natur der Menschen und Dinge und die Macht der Gewohnheit, unabhängig von der Gesetzgebung, an der Gestaltung des positiven Rechts nimmt"[48], sehe also die Natur des Rechts falsch. Reyscher kann *hier* die Gewohnheit, die „eiserne Macht" (Reyscher)[49], der Gesetzgebung entgegensetzen, da er hier gegen Gesetzgebung von *„oben"*, über die Stimmen des „Volkes" hinweg, spricht. Eine andere Herkunft hat die „Natur der Menschen und Dinge". Sie ist ihm etwas Objektives, aber keineswegs „das sog. Natur- oder Vernunftrecht, sofern es von concreten Bedürfnissen, Sitten und Willensäußerungen absieht"[50]. Die gleiche Ansicht

---

39 Dazu oben 284f zus.fassend.
40 Vgl. § 2 der ersten Aufl.
41 Beschrieben oben 168.
42 ZDR 1, 29; ZDR 10, 169.
43 ZDR 1, 26; auch Privatrecht I § 58/S. 101.
44 ZDR 1, 28.
45 ZDR 1, 13.
46 Zus.fassend oben 250f, 256.
47 ZDR 1, 29.
48 ZDR 1, 35.
49 Privatrecht I § 65/S. 115 in Fn 8.
50 ZDR 1, 35 im Anschluß.

von der Natur des Rechts hat Reyscher schon im „Privatrecht" § 2[51]. Er bekräftigt sie vor allem im „Begriff"-Aufsatz[52].

Reyscher lehnt also die Lehre vom Rechtssetzungsmonopol eines souveränen Gesetzgebers ab. Dennoch konnte er der *Kodifikationsidee* in „Bedürfnisse" und auch sonst, etwa noch in „Quellen"[53], Geschmack abgewinnen. Das erklärt sich, wenn man einerseits die Rolle bedenkt, die er der Gesetzgebung schon in „Bedürfnisse" zuwies und andererseits beachtet, *welche* Bedeutung er der „formalen Ansicht" zuschrieb. Gesetzgebung, so ließ sich für die Kodifikationsschrift feststellen, war Reyscher relativ auf „Leben", auf Volk, auf die Rechtsbetroffenen und deren Bedürfnisse[54]. In den ablehnenden Passagen zur „formalen Ansicht" spitzt er Gesetzgebung dagegen in anderer Bedeutung auf das zu, was von „oben" kommt und über die Köpfe der Rechtsbetroffenen hinweggeht. Er denkt an „gesetzgebende Gewalt des Staats"[55], an „Unbeschränktheit der Staatsgewalt"[56], an völlige „feste Regulierung der Rechtsverhältnisse"[57]. Deutlich geht schon in „Bedürfnisse" sein *Negativbild* von Gesetzgebung auf die „modernen Systeme der Gesetzgebung, welche von den Rechten einer unumschränkten Staatsgewalt ausgehend"[58], die Bedürfnisse der Bürger allenfalls zufällig beobachten. *Man muß also bei Reyscher zwischen ‚Gesetzgebung' und ‚Gesetzgebung' differenzieren.* Befolgt sie bürgerliche Bedürfnisse und Interessen, so ist sie willkommenes Gestaltungsmittel, sonst nicht. Die Verwerfung geht ersichtlich auf absolutistische Gesetzgebungsideologien. Reyscher verteilt seine Sympathien in einer Weise, die den bürgerlich Liberalen und Erfahrungen mit dem Absolutismus offenbaren. Staat und Gesellschaft geraten auch im Rechtsbegriff aneinander. In der Tat lagen revolutionärer, napoleonischer und rheinbündischer Absolutismus erst in der jüngsten Vergangenheit. Ihn haben zunächst auch *Rehberg*[59], die *Heidelberger Jahrbücher*[60]

---

51 Erste und zweite Auflage stimmen hier überein.

52 ZDR 10, 155, 157, 159, 171f.

53 Quellen a.E., s. schon oben 184.

54 Zus.gefaßt oben 251, 256.

55 Privatrecht I § 2.

56 ZDR 1, 27.

57 ZDR 10, 169.

58 Dazu oben 199.

59 *Rehberg* in seiner Tirade „Über den Code Napoleon und dessen Einführung in Deutschland", Hannover, Hahn, 1814, XVI/319 S.; lt. *Hugo*s Rezension, Beytr. II 175—81, schon im Dez. 1813 erschienen. Hugo benennt auch frühere Kritik *Joh. Müller*s (1807), in Göttingen und in den Hd. Jb. (aaO 176); für letztere sogleich in der nächsten Fn.

60 Durchweg anonym bei den zahlreichen Rezensionen von Schriften zum Code Napoleon, s. *Hd. Jb.* 1810 II 3ff, 14f (bemängelt unkritisches Loben „in genere"), 1810 II 296ff: lobt Anton Bauers (Marburg) „Beiträge zur Charakteristik und Kritik des Code Napoleon, 1. Abt. Marburg, 1810, 234 S.", „worin endlich einmal mit deutscher Offenherzigkeit, neben den Vorzügen, im Ganzen auch die Fehler des C. N. angezeigt werden".

und *Hugo* im Civilistischen Magazin vor Augen, der schon im Titel „Gesetze sind nicht die einzige Quelle der juristischen Wahrheit“[61], aber auch im Kontext zeigt, daß er von ganz bestimmten Gesetzen redet. „Von oben herab“, vom „Regent (...) befohlen“, sind sie ihm das, was die „Regierung sich für das Volk ausdenkt“[62]. Frühere Beiträge Hugos zeigen nicht so ausgeprägt die Stoßrichtung gegen den Absolutismus[63]. Auch *Savigny* sieht 1814 im Eingang seines „Beruf“ zunächst hier die Hauptgegner, bevor er als geborener Dogmatiker das Gegenbild stark verallgemeinert[64]. Viel konkreter, aber in der Sache ganz ähnlich, äußerte sich *Eichhorn*[65]. Noch *Warnkönig* beschreibt 1839 in seiner „Rechtsphilosophie“ Kant, die Revolution und Napoleon als Faktoren der Ansichten vom Staat als der „einzigen Quelle alles Rechts“[66]. Diesen konkreten Hintergrund hat auch Reyscher. Nur der bayerische Gegenspieler Savignys, *Nikolaus Thaddäus Gönner* fällt ihm als „aufrichtiges Organ“ der Etatisten ein, wobei er passend zuerst auf einen Aufsatz vom Jahre 1808, also aus der Montgelasschen Rheinbundzeit verweist[67]. Derart konkret betrachtet entschlüsseln sich die Fronten.

Absage an einen rein „geschichtlichen“ Rechtsbegriff

Die Abhängigkeit der Disputanten von diesem Hintergrund ist geeignet, zu Reyschers *Auseinandersetzung mit Savigny* überzuleiten, auf dessen Thesen sich Reyscher klugerweise beschränkt. Diese Diskussion bildet die gründlichere Fortsetzung seiner Worte zur „formalen“ Ansicht. Reyscher trifft sich mit Savigny in der Kritik an der Überschätzung gesetzten Rechts. Während aber Savigny diese Kritik verallgemeinert und schließlich *alles* bewußte Setzen von materiellen Normen im Banne seiner Willkürabwehr als unnatürlich verwirft, differenziert Reyscher. Er erklärt staatlich-souveränes Rechtsetzen von oben und „apriorische Erneuerungsversuche“ für verfehlt[68]. Das eine sei „ideali-

---

61 Civ. Mag. IV 1 (1812) 89—134.

62 So *Hugo* aaO 119, 130, auch 115, 121.

63 Vgl. seine Rez. zu *Schlossers* „Briefe“, Beyträge I 107—20 (1789); dann Naturrecht § 130 (1809); auch 1812 bleibt er aaO jedoch durchaus *dualistisch* bei Gesetz *und* dem, was sich „von selbst macht“ (S. 116, 119, 121); leicht einseitig akzentuiert daher *Mokré*: Gewohnheitsrecht (1932) 13.

64 Beruf 72f: Diese Gegner sind die Fürsprecher des Code Nap., mit denen es nur „feindlichen“ Streit gibt; vgl. auch aaO 102ff.

65 Rechtsgeschichte IV § 614.

66 Rechtsphilosophie 147f.

67 ZDR 1, 27; vgl. Bedürfnisse 22 Fn; dazu jetzt *Weis*: Montgelas (1971), leider erst bis 1799.

68 AaO, ZDR 1, 27 und 30.

stische", das andere „mechanistische" Hybris[69]. Andererseits findet er im Objektivismus Savignys eine „sehr materialistische Färbung"[70] und weigert sich, nun im Gegenschlag alles Recht auf unbewußte Naturkräfte zurückzuführen. *Die Gründe der gemeinsamen Abwehr gegenüber den Etatisten sind also durchaus verschieden.* Reyscher sieht nur einen „Anteil (!) der Natur der Menschen und Dinge und der Macht der Gewohnheit"[71]. Savigny ordnet das *gesamte* Recht einem höheren „Gesetz innerer Nothwendigkeit" unter[72]. Wenn er 1840 im „System" vom Volk als „Naturganzes" redet[73] und dieses zur Basis seines Rechtsgebäudes macht[74], meint er genau wie *Puchta* 1828[75] etwas über dem Einzelnen Stehendes[76]. Im gleichen Sinne entzog Savigny im „Beruf" das Recht wenigstens allen *un*berufenen „Menschenhänden"[77]. Puchta drückt sich jeweils entschiedener aus. Er streitet immer wieder gegen individualistische Auslegungen von Volk[78]. *Deswegen* redet er bewußt nur von „Volks*geist*" oder „Volks*überzeugung*"[79]. Schon 1828 hat Puchta sein „Volk" in der „natürlichen Bedeutung"[80] vom „Volk im politischen Sinne"[81] mit aller Schärfe unterschieden. Früheres fand sich nicht. Denn *Stahls* „Philosophie des Rechts" und *Welckers* „System" begannen erst 1830 bzw. 1829 zu erscheinen. Mit *Puchtas* Unterscheidung waren die Freunde der „patriarchalischen" Monarchie, wie er sie sich dachte, effektvoll von den suspekt gewordenen Volksfreunden abgesetzt[82]. Der Rechtsquellenbegriff „Volk" wird damit ein Beispiel der unterschiedlichen Motive in den Theorien.

Reyscher hat den *metaphysischen Kern* der Lehre der „geschichtlichen Schule" sehr klar herausgestellt. Dies gelingt ihm, weil er die HS auf dem Hintergrund des Streits um Freiheit und Notwendigkeit, Subjekt und Objekt sieht, der in der Tat ein Zentralproblem des Idealismus wie der idealistischen Rechtstheorie war. Reyscher faßt recht bündig zusammen, wie er sich diesen Hintergrund vorstellt. Seine eigenen Worte vermitteln das am besten:

---

69 So unterscheidet *Reyscher*: ZDR 1, 28; „mechanisch" hatte auch *Savigny* im „Beruf", S. 74 u. ö., verwendet.

70 ZDR 1, 31; vgl. ZDR 10, 164 „naturalistische Fassung".

71 ZDR 1, 35.

72 Beruf 78.

73 System I 19, 30.

74 Bes. System I 14, auch 34, 50.

75 Gewohnheitsrecht I (1828) 136f; *Puchta* redet auf fast jeder Seite zur Rechtsentstehung (S. 133ff), teilweise mehrfach, von „natürlich"; für die Parallele bei *Savigny* oben Fn IV 57.

76 Deutlich System I 14, auch I 30, wo er klar andere Volksbegriffe bringt und ablehnt.

77 Beruf 96, zitiert oben Fn IV 43.

78 Gewohnheitsrecht I 136f, 139, 155, 157, 160, 208.

79 Vgl. die in der Fn zuvor angg. Stellen, im Grunde überall.

80 Gew.recht I 148.

81 AaO 195, 136f u. ö.

82 Vgl. bes. Gew.recht I 136f Fn.

„Um die Extreme, wozu der subjective Idealismus, zumal wenn er auf Verhältnisse des Staatslebens übertragen wird, nothwendig führen muß, wahrzunehmen, bedarf es nur eines Blicks auf die Geschichte, welche die Unstetigkeit und Haltlosigkeit aller apriorischen Neuerungsversuche darthut, und auf das Bedürfniß hinweist, dem Materiellen oder sinnlich Gegebenen gleich dem Ideellen oder Geistigen Antheil an der Gestaltung menschlicher Einrichtungen, mit anderen Worten, dem Subject in dem Objecte, der Freiheit in der Nothwendigkeit ein vermittelndes Gegengewicht zu geben, ohne darum auf die individuelle Erkenntniß und Selbstgesetzgebung zu verzichten, deren Aufgabe es vielmehr ist, Sinnliches und Geistiges, sofern beide sind und sich wechselseitig bestimmen, anzuschauen und zu verwirklichen. Wäre die letztere Aufgabe von der neueren Philosophie nicht verläugnet worden, so hätte solche fruchtbringend und versöhnend auch für die Rechts- und Staatswissenschaften wirken können. Aber indem sie, die einseitige Subjectivität bekämpfend, den Einfluß der Dinge auf den Menschen und die Begränzung der Freiheit durch die Nothwendigkeit nachweisen wollte, war sie bereits zu einem andern äußersten Ende, nämlich dahin gelangt, die persönliche Freiheit in einer allgemeinen Nothwendigkeit, bald ‚Schicksal', bald ‚absoluter Wille' genannt, und die subjective Erkenntnißfähigkeit in einer objectiven Vernunft oder Offenbarung untergehen zu lassen. Was ist und geschehen soll, ist und geschieht nach dieser Ansicht auch ohne unmittelbares Zuthun des Einzelnen vermöge jener höheren Macht, welche verborgen die menschlichen Zustände leitet und zur Reife bringt. Nur auf die Thätigkeit des Alls oder die Geschichte, nicht auf das Bewußtseyn und Wollen des Einzelnen soll also eine Wissenschaft gegründet seyn, welche die Gesetze des Menschengeschlechts zum Gegenstande ihrer Untersuchungen macht"[83].

Auf diesem Kern beruhen seine Auseinandersetzungen mit den zeitgenössischen Richtungen der Jurisprudenz. Ihr Tenor ist der Einwand der *Einseitigkeit*, den er nach allen Seiten richtet und mehrfach erneuert, vor allem im „Daseyn"-Aufsatz, dann im „Begriff"-Aufsatz, implizit im „Privatrecht"[84]. An dem metaphysischen Gegensatz von *Freiheit und Notwendigkeit* scheiden sich nach Reyscher die Geister in Einseitigkeit. Die juristische Pointe war, daß sich diese Metaphysik nur zu gut „auf Verhältnisse des Staatslebens übertragen" ließ[85]. Dann ging es um Vorrang des Individuums und seiner Freiheit oder eines unbeeinflußbaren Ganzen und seiner Bindungswirkung. Konkret findet Reyscher auf der ersten Seite, und zwar im Extrem, den „subjectiven Idealismus". Das sind nach damals verbreitetem Sprachgebrauch *Kant* und *Fichte*, Reyscher erwähnt auch Fichte namentlich[86]. Auf der objektivistischen Gegenseite verortet er *Schelling* mit seinen Methodenvorlesungen (1802)[87]

---

83 ZDR 1, 30f.

84 Dazu *Daseyn*: ZDR 1, 12, 15, 30, 32, 35; vgl. auch *Einheit*: ZDR 9, 341, 359; *Begriff*: ZDR 10, 171, 180; *Frankfurter* Verhandlungen: 85, 90; *Privatrecht* I 100 „zusammengesetzte Lehrart", aber sonst hier weniger ergiebig; *Eichhornnachruf*: ZDR 15, 441 „Manche" zu antiquarisch, wovon er Eichhorn ausdr. ausnimmt.

85 ZDR 1, 30, ähnlich 31, 32.

86 ZDR 1, 32.

87 ZDR 1, 31, 32.

dessen Anhänger *Stahl* mit seiner „Philosophie des Rechts“ (I 1830)[88], den Berliner Erfolgsphilosophen *Hegel*, der eine „rationalistische“ Variante durchführe[89] und schließlich *Savigny*, der die „Schellingsche Grundansicht (...) auf die Sphäre des Rechts übertrug“[90]. Später gesellt Reyscher noch *Puchta* zu dieser Gruppe[91]. Das sind die konkreten metaphysisch-juristischen Fronten, die Reyscher herausarbeitet und vor denen er den metaphysischen Kern der Lehre Savignys, Stahls und Puchtas transparent macht. Reyscher hat ein feines Gespür für alles, was mit Freiheit zusammenhängt, dazu die Konsequenz, es auch auszusprechen. „Das Prinzip der geschichtlichen Schule“ findet er in der Annahme einer „höheren Macht“, „der Nothwendigkeit des Bestehenden“, der Ausscheidung alles individuell Voluntativen als „Willkür“, dem Rekurs auf ein willkürfreies „reines Gesetz der Natur“[92]. Im „Begriff“-Aufsatz findet sich dann 1846 die bemerkenswerte Akzentuierung, der Grund, warum er Savignys Rechtslehre kritisch gedenke, sei

> „übrigens nicht die geschichtliche Methode, welche er mit Eichhorn und Anderen theilt, und welche vielfach anregend gewirkt hat, sondern seine Ansicht von der historischen Natur des Rechts, welche ihren Werth behauptet, auch wenn man die naturalistische Fassung und noch mehr die romanistische Wendung derselben nicht für gerechtfertigt erkennt“[93].

Im Anschluß an diesen Text analysiert Reyscher 1846 noch einmal und sorgfältiger den objektivistischen Kern der Savignyschen Rechtslehre, in der Volk nur als „Naturganzes“, nie als bewußt handelnd, nur als Kollektiv — „Volksgemeinschaft“ — erscheint; ein Volk also, dessen juristisch maßgebender Wille nicht ein Wille der handelnden Individuen, sondern bloßer Niederschlag der sie bestimmenden mit innerer Notwendigkeit verlaufenden Geschichte der Nation sei[94]. *Puchta* hatte ja schon 1828 schärfer festgehalten, daß das Volk, das die Basis der HS-Quellenlehre ausmache, als immer schon „natürliches Ganzes“[95] ebenso natürlich „natürlicher Handlungs*un*fähigkeit“ unterliege[96]. Das ist das Savigny-Stahl-Puchta, also HS-Bild, gegen das Reyschers Angriffe zielen. Es fand sich durchaus in ihren Texten. Das *Fazit* all dieser Umschreibungen kehrte Reyscher hervor: Der Einzelne und sein Wille, sei es auch in der Summe oder Majorität, gelten gegenüber der schicksalhaften

---

88 ZDR 1, 31; erneut ZDR 10, 164, 165, 166.

89 ZDR 1, 31; näher ZDR 10, 160; weiter die Worte zur „Rechtsphilosophie“ in ZDR 4, 346—8; die Ironie zum „Hegelschen Begriffswagen“ bei *Carové* in ZDR 8 (1843) 398; zu *Hegel-Reyscher* abschließend unten 345ff.

90 ZDR 1, 31; ähnlich auch wieder ZDR 10, 165.

91 ZDR 10, 166f; ausführliche Polemik in ZDR 7, geschildert oben 125f.

92 Alles ZDR 1, 31, ähnlich S. 32.

93 ZDR 10, 164.

94 ZDR 10, 164f.

95 Gew.recht I 136f.

96 Gew.recht I 138, auch 158f.

„natürlichen Gemeinschaft“[97] nichts. Er ist, wie *Puchta* unverblümt aussprach, „nur als Glied eines Volkes einer rechtlichen Überzeugung fähig“[98]. Die Ableitung etwa des Gewohnheitsrechts von einem handelnden Willen, nicht einem „natürlichen Ganzen“, wird Puchta zum Paradigma einer gefährlichen Irrlehre:

„Denn gerade das Gewohnheitsrecht hat man als ein von den Unterthanen ausgehendes Recht betrachtet, ein Irrthum, der für sich allein schon fähig ist, die ganze Theorie unserer Rechtsquellen auf den Kopf zu stellen“[99].

Naheliegenderweise sah man in diesen Volksgeist-Thesen, die in zahlreichen Auflagen weitergegeben wurden[100], oft schon die „völkischen“ *Wolken der NS-Zeit* heraufziehen[101]. Freilich wäre eine strenge *inhaltliche* Verknüpfung von „Volksgeist“ und Totalitarismus schon wegen der tiefgehenden, teils religiösen (Savigny, Puchta, Stahl), teils liberal-bürgerlich-sittlichen (Beseler, bes. Reyscher, weniger aber Gierke) Verankerung der Volksgeistlehre etwas brüchig. *Methodische* Parallelen lassen sich dagegen besser ziehen. Der doppelbödige Rückgang der HS auf den „Volksgeist“ und die funktionsgleichen „Rechtsinstitute“ wurde gerne benutzt — dies aber wiederum nicht nur seitens der NS-Jurisprudenz[102]. Puchtas eben vorgeführte Angriffe gehen übrigens schon 1828 vor allem auf die „Germanisten“ und deren vornehmsten Kopf, *K. F. Eichhorn*[103], denn: „Kein Romanist würde dem Gewohnheitsrecht soviel geschadet haben als die Germanisten (sc. mit ihrer Autonomie)“[104]. Der Blick auf Puchta bedeutete hier keine Verzeichnung der Savignyschen Position, die ja Reyscher primär, im „Daseyn“-Aufsatz allein, diskutiert. Denn gerade in diesen Teilen, die allerdings grundlegende Sätze seines Rechtsgebäudes betrafen, stimmte der behutsamere Savigny mit dem schneidenden Puchta sachlich ganz überein. Dies wurde bereits angesprochen, als von den Gründen der Formalismusabwehr die Rede war[105].

---

[97] *Puchta*: aaO 144, und durchweg S. 133ff.

[98] *Puchta*: aaO 139.

[99] *Puchta*: aaO 137.

[100] *Puchta*: Cursus I (= „Enzyklopädie“): 1. A. 1841, 10. A. 1893; *Stahl*: Philos. d. Rechts 1. A. 1830, 5. A. 1878; *Savigny*: Beruf: 1. A. 1814, 4. A. 1892.

[101] Vgl. *Wieacker*: Geschichte 363 Fn 51 gegen solche Andeutungen bei *Thieme* (1947!); jetzt *Hattenhauer*: Grundlagen 164f, der Beselers und Gierkes Anteil im Vergleich zu Savigny-Puchta-Stahl zu einseitig betont.

[102] Vgl. dazu *Rüthers*: Instit. Rechtsdenken (1970) 33 und durchweg; *Rüthers*: Unbegr. Auslegung 278—93; *Wilhelm*: Methoden 46ff; *Wilhelm*: Savignys überpositive Systematik (1969), durchweg; vgl. *Schnur* (Hg.): Institution und Recht (1968). Vgl. jetzt auch *Stolleis*: Gemeinwohlformeln 23f, der ebenfalls methodische Parallelen betont, auch S. 37 („gemeinsame methodische Voraussetzung eines idealistischen Geschichtsverständnisses“).

[103] *Puchta*: aaO 156 Fn, 158f Fn, 207, 208 mit direkter Polemik.

[104] *Puchta*: aaO 207f.

[105] Vgl. soeben bei Fn 75.

Es widerspricht dem auch gar nicht, daß Savigny — wie oft gesehen — im *Privatrecht* vom einzelnen Subjekt her konstruierte und das Recht als „unsichtbare Gränze" zwischen dem „freyen Raum" jedes Einzelnen bestimmte[106]. Man muß nur Savignys Systematik beachten, die er im Eingang des benutzten § 52 betont: *Nur* „das Wesen der dem Privatrecht (!) angehörenden (sc. Rechtsverhältnisse) soll nunmehr entwickelt werden!" Savigny bestimmt also mit diesen Umschreibungen nicht das Recht überhaupt, sondern allein das Privatrecht. Deswegen liest man diese Sätze auch erst im § 52 des „Systems". Es wurde oft bemerkt, daß diese Gedanken Savignys zum Rechtsbegriff der Kantischen Formulierung ähneln[107]. Kant stellte aber *alles* Recht unter das Postulat der Freiheit[108]. Savigny trennt zwischen Staatsrecht und Privatrecht. Der Effekt der ähnlichen Worte war damit geradezu konträr. Savignys Privatrechtsdefinition muß mit seiner allgemeinen Rechtslehre am Anfang des „Systems" zum vollen Bild zusammengelesen werden. Dann ergibt sich: Savigny stellt die Individuen in ihrem privatrechtlichen Besitzstand frei, macht sie aber überhöhend von einem höheren Gesetz abhängig, das keineswegs der Kantischen Selbstgesetzgebung der Vernunft entspricht[109].
Daß hier ein spezifisches *gesellschaftliches* Interesse wirkt, scheint mir ziemlich deutlich — und ebenso welches. Man könnte überspitzen zu der Formel: privat alles, im Staate nichts. Nur daß das für verschiedene Parteien gilt, da nicht alle „privat" etwas haben. Das Schicksal des Staatsschiffes insgesamt wird dem „Takt" Berufener anheimgestellt. Das Wort „Takt" liebt Savigny als Richtschnur für „den rechten Weg" z.B. in der Systemvorrede[110]. *Daran* hat der Einzelne institutionell nichts mitzubestimmen. Das Volk und die Sache

---

106 System I 331f.
107 Vgl. *Kant*: MdS A 33/Einl. § B.
108 Vgl. oben 299ff zur Rechtslehre Kants.
109 Der Einfluß Kants auf Savigny ist ein heikles Problem, in dem konkreter differenziert werden müßte. Sehr dagegen ist *Zwilgmeyer*: Savigny (1929) 39f, 53, bes. anhand von frühen Briefen, wobei er die Linie Goethe-Romantik hervorkehrt. Recht allgemein bleibt *Wieacker*: Geschichte 353, 397, 431, 442; in: GuB 134f etwas ausführlicher: Autonomie des Rechts bei beiden; sehr knapp die Rede *Coings*: Kant (1955) 37ff; sehr aufs rein Privatrechtliche verengt: *Kiefner*: Savigny; zurückhaltend *Kunkel*: Savigny 439f; interessante Ergebnisse am Beispiel des Erbrechts bei *Wegmann*: Die Begründung des Erbrechts im 19. Jahrhundert, Diss. Münster 1969; *Gagnér*: Studien 97f stellt behutsam und treffend „eine gewisse Ambivalenz" fest: Anerkennung der allgemeinen kritischen Philosophie, Mißachtung der Gesetzgebungslehre; wenig brauchbar *Tegethoff*: Savigny; Bekanntlich sprach *Kants* Naturrecht *Savigny* gar nicht an (so brieflich an Fries, 1802, vgl. oben in u. bei Fn IV 87). Zum „Kant der Rechtswissenschaft" konnte er daher inhaltlich nur *gegen* Kant (mit *Herder*, s. oben 302), *mit* Kant allenfalls formal parallel, als ein ebenso ‚gewaltiger Zertrümmerer' der Aufklärungstradition, werden. *Kants* freiheitlich-autonome Ethik war nicht ebenso formal wie *Savignys* nur noch autonome.
110 System I S. XLV.

werden sonst unnatürlich, nämlich politisch. Der Einzelne ist daher allgemeinrechtlich ohne Mitbestimmung seiner „natürlichen Gemeinschaft" ausgeliefert, im Privatrecht den bestehenden „unsichtbaren Gränzen". Das ist ein krasses Bild, dessen harte Konturen in der Tat durch Savignys patriarchalisch-humanen aristokratischen Elitarismus, wiederum seinen „Takt", weitgehend gemildert werden. Doch das Prinzip ist hart.

Nach dem, was schon über Reyschers liberale Einstellungen gesagt wurde, konnte man erwarten, daß er für diese Punkte besonders aufmerksam war. Vor dem mit Reyscher entworfenen Hintergrund scheint es auch durchaus angebracht, mit Reyscher *sachliche Parallelen von Savigny zu Schelling, Stahl und Puchta* zu ziehen, mag auch sonst das so umstrittene Verhältnis Schellings und der Romantik zu dem juristischen „Olympier"[111] zweifelhaft sein[112].

Reyschers Einwände gegen diesen geschichtlichen Objektivismus sind zahlreich. Viele wurden weitergegeben bis heute[113], obwohl Reyschers damalige Einsichten längst ad acta gelegt sind. Eine umfassende, quellennahe Geschichte der Kritik an der folgenreichen Lehre von der bloß geschichtlichen Natur des Rechts ist noch nicht geschrieben. Reyscher hätte darin einen frühen und beachtlichen Platz einzunehmen. Sein Vorwurf der „Einseitigkeit" ist eine bündige Formel für ganz verschiedene Argumente. Man kann etwa *folgende Einwände* zusammenstellen: Den Einwand der Geschichts-, Natur- und Volksgeistmetaphysik, der Unklarheit oder des „Mystizismus", der quasinaturrechtlichen Anwendung des römischen Rechts, der Inkonsequenz, der lebensfremden Praxisferne, des Elitarismus, des juristisch-politischen Konservatismus. Sie werden im folgenden erläutert.

Geschichte, Natur und Volksgeist sind ein Komplex, dessen Hypostasierung Reyscher klar widerspricht. Wenn er von „materialistischer Färbung", von „reinem Gesetze der Natur"[114], von „Naturnothwendigkeit", „eingepflanzten Gesetzen", „Naturgesetz"[115], „innerer Nothwendigkeit", „organischem Bildungsprozeß"[116], polemischer von „Zug des Schicksals"[117], bloßer „Empirie

---

111 Ein Ausdruck *Radbruchs*: Feuerbach 51

112 *Gagnér*: Studien 32ff (vorsichtig dafür); *Wieacker*: Geschichte 357 oben, 360f, 370 (skeptisch); *Böckenförde*: HS 15 Fn 22, 21 mit Fn 39f (dafür, gg. Hollerbach) *Zwilgmeyer*: Savigny 54 (dagegen); ausf. *Hollerbach*: Schelling 275—321 (dagegen); für erledigt hält damit das Problem *Schuler*: Grimm/Savigny 217; vgl. aber neuestens *Sandkühler*: Schelling, der positive Vergleiche zu Savigny sehr nahelegt. Bei stärkerer Betonung der politisch-gesellschaftlichen Dimension in Savignys Grundlehren werden sich wohl ohnehin leichter Anhaltspunkte ergeben.

113 Vgl. nur den Tenor von *Böckenförde*: HS 14f: identitätsmetaphysisch; 16, 21: „ungeschichtlich"; 19, 21ff: formalistisch.

114 Alles ZDR 1, 31.

115 Alles ZDR 1, 32 u.ö.; 10, 164.

116 Alles ZDR 1, 33, auch 32.

117 ZDR 1, 34.

und Geschichte"[118], später von „naturalistischer Fassung" und sogar von „Positivismus der historischen Schule"[119], weiter von „Volksbewußtsein" im Gegensatz zu „Volkswille"[120] spricht, um damit den philosophischen Kern der Lehre zu erfassen, will er immer auf die — für ihn falsche — *Naturphilosophie* darin hinaus. Das war nicht neu, denn der bekanntere *Welcker* hatte 1829 in seinem „System" den Zusammenhang von Savigny und Schellingscher Naturphilosophie deutlich beschrieben, *Thibaut* ihn schon 1814 angedeutet[121]. *Eduard Gans*, der Berliner Lokalerzfeind Savignys, der ja auch über die nächste Erfahrung verfügte, hatte 1823 für Zeitgenossen unmißverständlich den „Grundirrthum" der HS mit spitzer Zunge so bezeichnet:

„Es hat etwas von der Identität von Freiheit und Notwendigkeit auch bei den Historikern verlautet, und ohne zu wissen, was es eigentlich damit für eine Bewandtniß habe, haben Sie sich nicht gescheut, diesen Satz an die Spitze ihres Systems zu stellen"[122].

Ein Schellingscher identitätsphilosophischer Satz bildete also nach Gans den Grundstein der „Philosophie dieser historischen Schule"[123]. Das Resultat sei „blinde Nothwendigkeit", Philosophie der Unfreiheit.

Es ist unverkennbar, daß Reyscher wesentliche Stücke gerade dieser philosophisch grundsätzlichen Argumentation verwendet, wenn er auch mit keinem Wort daran erinnert, selbst eher von einem liberalen Kant her denkt und Hegel ebenfalls stark kritisiert. Bündig konzentriert sagt er 1846, „die historische Schule (sc. entzieht) dem positiven Recht seine natürliche Unterlage in der Autonomie oder menschlichen Wahlfreiheit"[124]. Er scheint die Doppelung zwischen der inneren Rechtsgrundlage Volksgeist und den äußeren Quellen Gesetz, Gewohnheit und Gerichtsgebrauch gar nicht recht zu verstehen. Daß zwischen dem sichtbaren Äußeren und dem unbewußten Inneren eine qualitative Differenz stattfinde, ja sogar die innere Qualität die äußere präge und schließlich bloßen Ausdruck werden lasse, das begreift Reyscher nicht. Er sieht Satzungen *und* Gewohnheiten, Gemachtes *und* unmerklich Gewordenes, und vermag vor diesem naiven Befund den doppelbödigen objektivistischen Konstruktionen eines Schelling, aber auch Savigny einfach nicht zu folgen. In deren Objektivismus findet er einen falschen *Entwicklungsglauben* („eingepflanzte Gesetze" u.ä., s. soeben), ein unzutreffendes *Geschichtsbild* und ein falsches *Menschenbild*.

---

118 ZDR 1, 34.

119 Alles ZDR 10, 164.

120 ZDR 10, 164, 165.

121 *Welcker*: System, bes. 262ff, auch 183. *Thibaut*: Antikritik 177: „Aber das weiß ich freilich, daß man bey uns mehr, als bey andern Nationen, die Nothwendigkeit des zufälligen Seyns zu construiren versteht."

122 Erbrecht I (1824) XIII, Vorrede datiert v. 23. 3. 1823.

123 Die *Philosophie* trennt er aaO, etwa S. VII, X, XIV, säuberlich von der *Praxis* der HS.

124 ZDR 10, 166.

„Zu all dem", sagt er, „steht die angenommene innere Nothwendigkeit des Rechts und der ihr entsprechende angeblich organische Bildungsproceß so sehr im Widerspruch mit der Geschichte, der er gemäß seyn soll, daß es kaum nötig seyn dürfte, die Erfahrung dagegen anzuführen"[125].

Die Aufnahme des römischen Rechts, die jüngere Einwanderung des französischen Rechts lieferten den Beweis, „daß möglicherweise das Recht seiner eigenthümlichen Bildungsquelle im Volke theilweise entfremdet werden kann"[126]. Es gebe durchaus Voluntatives, willkürliche Neuerungen, die sich längere Zeit behaupten. Es gebe „wohltätiges Eingreifen" des Gesetzgebers und „geschichtliches Unrecht"[127]. Die ganze objektivistische Konstruktion würde schließlich

„voraussetzen, daß der Mensch kein durch Vernunft, sondern durch thierischen Instinct oder bloße Naturkraft geleitetes Wesen, daß der Staat keine freie, sondern eine aus unmittelbaren Naturgesetzen hervorgehende Gemeinschaft sey. Mit der Vernunft ist allerdings das Naturgesetz, welches man nicht verlassen kann, zugleich vorhanden; allein zur Naturnothwendigkeit tritt bei der Rechtsgestaltung hinzu die Einsicht oder Vernunft, der gesunde Menschenverstand, und so ist das positive Recht nicht etwa ein durch sich selbst belebtes Naturwesen oder ein durch bloßen organischen Bildungstrieb abgesetzter Körper (...)"[128].

Hier sind schon *Jherings* Begriffshimmel und Zeugung der Begriffe lebhaft vorausgeahnt („selbst belebtes Naturwesen"). Hinter Reyschers Kritik steht ein von Kant her befruchtetes, doch naiver *dualistisches Denken*, das für Savignys Identitätsdenken unzugänglich bleiben mußte. Reyscher setzte diesem philosophisch den Dualismus einfach entgegen, aus dem heraus er zu folgender Umschreibung seines eigenen Rechtsbegriffs fand:

„Das Recht (...) ist weder bloßes Natur-, noch bloßes Kunstproduct, vielmehr wesentlich beides."[129]

Bei diesen prinzipiellen Einwänden war Reyscher sich des willkürfeindlichen „Grundzugs"[130] der HS ganz sicher, den er wie beschrieben herauskristallisiert hatte. An der Kennzeichnung als „materialistisch", die er im „Daseyn-" Aufsatz gewählt hatte, zeigte er dagegen 1846 Zweifel[131]. Das leitet über zu einem weiteren Einwand.

Daß der Grundzug der Lehre vom geschichtlichen Recht schwer auf einen philosophischen Begriff der Zeit zu bringen war, wurde recht allgemein empfunden. Man sprach dann oft sehr kritisch von „*Mystizismus*" — nicht ganz zu Unrecht[132]. Reyscher drückte das Gleiche aus, wenn auch kurz. Ganz zu Anfang seiner Einwände heißt es:

---

125 ZDR 1, 33.
126 ZDR 1, 33.
127 ZDR 1, 33.
128 ZDR 1, 32f.
129 ZDR 1, 37.
130 ZDR 1, 32.
131 ZDR 10, 164.
132 Dazu oben 210 mit Fn 139 (Gierke, R. Schmid u. a.).

„aber es ist unklar, was unter jener Natur des Volkes verstanden ist, welche das Recht mit innerer Nothwendigkeit, gleichsam organisch erzeugen soll"[133].

1846 wiederholt er diese Ansicht[134]. Man findet sie 1829 bei *Welcker*[135], 1838 bei *Thibaut*, der Welcker ja sehr schätzte[136], gegenüber Hugo schon 1813 in den *Heidelbergischen Jahrbüchern*, vermutlich seitens Thibaut[137], aber auch 1825 bei dem Leipziger Hauboldschüler *C. Fr. Christian Wenck* (1784—1828)[138], ferner 1841 in den *Hallischen Jahrbüchern*, als *Ruge* die „Berliner Juristenfakultät" wenig schmeichelhaft charakterisiert[139] und kurz darauf ebendort bei dem jungen *Lorenz Stein*, dem scharfsinnigen Savignykritiker[140]. Mit besonderer Klarheit kommt der *Mystizismusvorwurf* dann 1845 im Artikel „Historische Rechtsschule" des hegelianisch beeinflußten *Wigandschen Conversationslexikons*[141]: Nach einer recht einleuchtenden Vorgeschichte der HS, nämlich einer Übersicht der juristischen Richtungen im 18. Jahrhundert und einiger gesellschaftlicher Faktoren, werden die „Grundirrthümer und Mängel" der HS zusammengefaßt. An erster Stelle steht der Einwand, Savigny setze mit seinen inneren stillwirkenden Kräften „etwas Mystisches (!) statt der Vernunft und nennt das Selbstbewußtsein des Geistes, welches mit Freiheit Gesetze schafft, menschliche Willkür"[142]. Anregung durch *Gans*[143] ist hier überall, zumal bei den hegelianischen Äußerungen, aber auch bei *Wenck*[144], deutlichst zu spüren[145]. Diese Kritik zielt genau auf den Punkt, den auch Welcker und Reyscher für zentral hielten. Es verwundert nicht, daß hier einige *politisch besonders engagierte Zeitgenossen so gut harmonieren*. Reyscher war ja auch in den „Hallischen Jahrbüchern" bemerkenswert freundlich begrüßt worden[146]. Sie alle sehen das *Politische* in der Philosophie und von daher die Parallelen in den allgemeinen Lehren der Jurisprudenz. In der Tat bestätigte Savigny auf der Gegenseite

---

133 ZDR 1, 32.

134 ZDR 10, 164.

135 System 571 Fn: „mystische Ansicht", „Mysterium"; vgl. auch aaO 2, 3 Fn, 11, 17, 19, 50, 153, 184f u. ö.

136 In: Sog. HS (1838) 391, das ist die erste Seite; für die positive Haltung zu *Welcker* s. *Thibauts* Rez. der „Letzten Gründe", in: Hd. Jb. 1813 II 800—21.

137 Hd. Jb. 1813 I 115 in einer ungez. Rez. zu *Hugos* Literaturgeschichte (1812).

138 *Wenck*: Oratio de mysticismo, Opusc. 288—300; W. denkt bes. an eine mystische Vorliebe für das röm. Recht (vgl. S. 294, 298); vgl. dazu den Hg. *Stieber*, aaO LVf; *Landsberg* T. 62f und N. 26 Fn 51; erwähnt ist W. auch bei *Thieme*: Spätes Naturr. 202 Fn, als früher Verteidiger des 18. Jhdts.

139 *Ruge*, aaO (Anhang k), 501ff, 502: „Mysterium".

140 Savignyrez. aaO (Anhang k), 384: „vollkommen unklarer Gedanke".

141 Convers.lex. II (1845), Art. „Historische Rechtsschule", S. 73—8.

142 Convers.lex., aaO, S. 77 l. Sp.

143 Soeben 332.

144 *Wenck* lobt *Gans* aaO 295; *Gans*' Vorrede war 1824, *Wencks* Rede 1825 erschienen.

145 Bei *Ruge* viel direkte Übereinstimmung.

146 Gezeigt oben 117ff.

diesen nervus rerum des Biedermeier nur zu gut. Wie sehr Savigny im Banne der Willkürabwehr schrieb und dachte, habe ich näher ausgeführt und kann darauf verweisen[147].

Für den Mitstreiter *Puchta* gilt das in fast noch stärkerem Maße. Schon die oben[148] aus seinem „Gewohnheitsrecht" gezogenen Einsichten veranschaulichen dies; ein Blick in seine „Institutionen", die 1841 zuerst und in 10. Auflage 1893 zuletzt erschienen, wobei der Text im wichtigen „ersten Buch", der „Enzyklopädie", nur wenig geändert wurde, bestätigt es[149]. Grundbegriff des Rechts ist auch Puchta die „Freiheit" (S. 4), aber ihr Inhalt „wird bestimmt durch die Existenz eines göttlichen Willens" (S. 7), im „Gehorsam gegen Gott liegt die wirkliche Freiheit" (S. 8). Andererseits muß die „reine Macht, z.B. über eine Sache, das Eigenthum, (muß) anerkannt werden" (S. 10). „Wie das Recht selbst, so ist auch der Staat in seinem ersten Ursprung etwas von Gott gegebenes" (S. 25). Dieser theistisch untermauerte Objektivismus wird mit großer Konsequenz bis auf die letzte Seite durchgeführt. Gegen diese bis 1881 so erfolgreiche Lehre focht Reyscher. Der theistische Einschlag, den er „supranaturalistisch" nannte, von dem er Savigny ziemlich frei fand, dafür aber *Stahl* umso deutlicher befrachtet, dieser Einschlag war ihm prinzipiell identisch mit Savignys geschichtsmetaphysischen Thesen[150]. Da Reyscher auf die objektivistische Rolle all dieser Lehren eingestellt war, hatte er auch durchaus recht.

Zu diesen schon sehr grundsätzlichen Einwänden gesellt sich bei Reyscher regelmäßig ein harmloser wirkender Gedanke. Ich meine das *Inkonsequenzargument*. Schon in „Bedürfnisse" trug es Reyscher sehr klar vor[151]. Auch im „Daseyn"-Aufsatz heißt es, die HS sei durch die vorzugsweise Anpreisung des römischen Rechts „in Widerspruch mit sich selbst gekommen"[152]. 1846 findet man den Gedanken ungeschwächt wieder[153]. Der Vorwurf hatte eine sehr gute Konjunktur auch bei anderen Kritikern wie *Beseler*, *Bornemann*, *Kierulff*[154]. Er klang auch bei *Bluntschli*[155] und in interessanter Steigerung bei *Mittermaier* durch. Im „Versuch", 1815, berührt Mittermaier die Problematik der HS noch gar nicht, sondern er geht frisch empirisch sammelnd vor[156]. 1820 im „Neuen Archiv des Criminalrechts" berichtet er „Über den neusten Zustand der Criminalrechtswissenschaft in Deutschland" und erörtert im

---

147 Oben, bes. 203ff.
148 Vgl. oben 326, 328f.
149 *Puchta*: Cursus I (nach der 6. Aufl.), Seitenzahlen i. folg. Absatz im Text.
150 ZDR 10, 164ff; 1, 31.
151 Gezeigt oben 230.
152 ZDR 1, 34.
153 ZDR 10, 163.
154 Belege ausf. oben Fn III 362.
155 In: Rechtsschulen, s. Fn III 362.
156 Vgl. nur aaO 38 seine unbefangene Verwendung des „Beruf".

Eingang den methodischen Zustand[157]. Jetzt beklagt er aus *praktischen* Motiven die „rein philosophische Behandlung"[158] und lobt die „wiedererwachte Achtung für die große Lehrmeisterin, die Erfahrung, und die (sc. neueste) Entwicklung des historischen Strebens des Zeitalters"[159]. 1824 warnt er aber schon deutlich in den „Heidelbergischen Jahrbüchern" vor „Einseitigkeiten"[160]: „Nicht weniger als (sc. die philosophische Behandlung) schadete die geschichtliche Behandlung durch Einseitigkeit", nämlich durch antiquarisches Verbleiben bei den „ehrwürdigen Denkmälern"[161]. 1829 rügt er im „AcP" schon schärfer: „Am meisten", muß er für das Prozeßrecht feststellen, „ist die historische Behandlung des Processes in neuerer Zeit Gegenstand von Mißverständnissen gewesen"[162]. Als Einseitigkeiten beklagt er das zu Antiquarische, zu rein Rechtsgeschichtliche, die Beschränkung auf Gesetz und Gewohnheit, das zu Romanistische und vor allem die fehlende Durchführung bis zur Gegenwart[163]. 1837 zählt er der Germanistik ihre Versäumnisse vor und betont, „Ein Fehler endlich der historischen Methode ist es, daß sie auf halbem Wege stehen bleibt"[164]. Vor Mittermaiers kritischer Gedankenfülle versagt fast das Bemühen, einzelne Argumente zu verfolgen. Hier lag so gut wie alles frühzeitig bereit[165]. Mittermaier vermeidet den direkten Vorwurf der Inkonsequenz, vielleicht um nicht umgekehrt den brisanten Gedanken ahistorischer Konsequenz der HS aussprechen zu müssen. Ihm liegt nicht an Streit. Aber er, der so beispielgesättigte Beiträge, auch Lehrbücher[166], schreiben konnte wie kein anderer, fand die Praxis der HS immerhin sehr einseitig. Das war nur eine Nuance milder, als von Inkonsequenz gegenüber einer richtigen, nicht einseitigen geschichtlichen Methodik zu reden.

Andererseits verbargen sich in solchen Nuancierungen der Kritik nicht nur Temperamente, sondern *tieferliegende Unterschiede*. Schon im dritten Kapitel kam zur Sprache, daß sich das Inkonsequenzargument und die schwächere Formel von der „Einseitigkeit" bei *scharfen* Gegnern weniger findet. Ich hatte dabei *Welcker*, *Feuerbach*, *Rotteck* und auch *Thibaut* (1838) herangezogen[167].

---

157 Neues Archiv IV (1820) 76—108, zur Methodik 76—86.

158 AaO 77, 79 u. ö.

159 AaO 81.

160 Hd. Jb. 1824 II, Nr. 41, S. 641 ff: Rez. zum „Entwurf eines Strafgesetzbuchs für das Königreich Hannover. Allgemeiner Theil. 1824, 66 S.". Dort reflektiert er auf einigen Eingangsseiten wieder den meth. Zustand der Jurisprudenz.

161 AaO 643.

162 *Mittermaier*: AcP 12 (1829) 133—58, 362—408, Forts. in Bd. 13: „Was hat der deutsche Prozeß im Ganzen und im Detail durch die neuere doctrinelle und legislative Behandlung gewonnen?"; zur Methodik besonders 133—56, 372 Fn.

163 AaO 140—3; 148, 153, 376, 382 zum Mangel an dogmengeschichtlichen Werken.

164 *Mittermaier*: Behandlungsweise XVIII.

165 Vgl. über *Mittermaier* die Nwe oben Fn I 44.

166 Vgl. nur die Anmerkungen seiner „Grundsätze".

167 Dazu oben bei Fn III 361; für *Welcker* auch Fn III 319.

Die noch entschiedenere hegelianische Kritik läßt sich anfügen. *Ruge* in seinen Jahrbüchern und das Wigandsche *Conversationslexikon*[168] im einschlägigen Artikel bescheinigen der HS 1841 und 1845 unter Berufung auf Hegel und Gans konservativ-historistische Konsequenz[169]. *Gans'* Kritik war allerdings besonders kompromißlos[170]. Die Diskussion ist über *Bergbohms* eindringlichen Beitrag bis heute um die Brüche im Konzept der HS sehr bemüht. Die Waagschale neigt sich gegenwärtig mehr auf die Seite der Konsequenz[171]. *Reyscher läßt sich dazwischen verorten.* Er redet von „Widerstreit" *und* „Einseitigkeit", gibt sich 1828 in „Bedürfnisse" weniger versöhnlich, 1854 in „Quellen" versöhnlicher[172], recht entgegenkommend auch 1846 im „Begriff"-Aufsatz und in Frankfurt[173], ganz schroff aber gegen *Gerber* 1852[174]. Es ist bemerkenswert, daß Reyscher in Frankfurt die Metaphysik der HS fast unberührt läßt[174a].

Die tieferliegenden Unterschiede lassen sich vielleicht am besten am *Schicksal des Volksbegriffes* demonstrieren[175]. *Savigny* war an den Ambivalenzen nicht ganz unschuldig, denn er hatte 1814 das Recht zuerst auf das „Bewußtseyn des gesamten Volkes" gegründet und es dann doch den „Menschenhänden" entzogen[176]. Darin lag aber auch eine gerade 1814 zunächst unschätzbare integrierende Kraft. Die Paradoxie daran arbeitete besonders *Ruge* 1841 aus[177]. *Gönners* diffamierende jakobinische Ausdeutung hatte hier nicht völlig abwegige Wurzeln[178]. *Gans*

---

168 *Ruge:* Hall. Jb. 1841, Berliner Juristenfakultät; *Convers. lex:* aaO (Fn 141).

169 *Ruge*: Hall. Jb. 1841, Berl. Juristenfacultät: bloß „nominelle" Anerkennung der Geschichte (S. 502 u. ö., 503, 507, 509, 512), „wesentliche Schranke (...) Verkennung des selbstbewußten Geistes" (S. 509, vgl. 511), politisch und juristisch „reactionär", „rückwärtsgewendet" (S. 509, 515), „unfreiestes Resultat", „so republikanisch (sc. im Volksrecht) sein erster Anlauf sich ausweist" (S. 511); *Ruge* kehrt dort in einem zweiten Argumentationsstrang noch eifrig die im „Volksbewußtseyn" liegenden freiheitlichen Möglichkeiten der HS hervor, um von da aus — wie zu erwarten — „vielfache Inkonsequenzen" zu beklagen (S. 513, auch 511, 512); für das *Convers. lex.* s. aaO 75 l. Sp.: „gegen jede neue Rechtsschöpfung", in der Politik „reactionären Principien geneigt" (S. 76 r. Sp.), die HS denunziere Freiheit zu Willkür und setze dagegen etwas Mystisches (S. 77), andererseits heißt es: „Daß wir das Historische nicht ignorieren dürfen (...) ist nicht minder wahr" (S. 77 r. Sp.).

170 Vgl. das soeben 332 Gesagte.

171 Bes. bei *Wilhelm*: Methoden; *Böckenförde*: HS 19 Fn 35; weitere Nw oben Fn III 362 a. E.; vgl. *Bergbohm*: Jurisprudenz 480ff, 516.

172 Vgl. dort die sehr freundliche Betonung der historischen Perspektive S. 845 unten.

173 Dazu ZDR 10, 180 der Schluß; für Frankfurt sein Schlußwort, Verhdl. 188f.

174 Dazu oben 180f.

174a Verhandlungen: bes. 93ff; vgl. oben 176ff.

175 Zur „kulturellen" (Wieacker) Variante *Savignys* und zu weiteren Spielarten schon oben 141 mit Fn 366, auch 227.

176 Dazu Beruf 78, 79 „Volksglaube"; 96 „Menschenhände".

177 Hall. Jb., Berl. Juristenfakultät, durchweg, vgl. Fn 168.

178 Vgl. *Wieacker*: Geschichte 384 Fn.

hatte 1824 die Redewendung vom „Volks*geist*“ in die juristische Diskussion eingeführt[179]. Zugleich hatte er dem historistisch-schellingschen Objektivismus heftig widersprochen und einen politisierenden Volksbegriff benutzt. Bei ihm hat das „Volk“ Wille, Vernunft, Einsicht, Kraft und Freiheit[180]. *Puchta* erkannte die Einbruchstelle in der Volksgeistlehre mit voller Schärfe und unterschied 1828 ausführlich und breit abgeklärt den „richtigen“, „natürlichen“ Volksbegriff der HS von dem gefährlichen und verwerflichen „politischen“, bei dem man an ein Volk mit Rechten gegenüber der Staatsgewalt dachte, der die Grundlagen der monistisch-integrierenden HS-Lehre dualistisch aufgespaltet und das philosophisch-politische Resultat ins Gegenteil verkehrt hätte[181]. *Gans'* vernünftiger „Volksgeist“ wurde *Puchta* zum schicksalhaften „natürlichen“. Genau das nahm *Savigny* 1840 mit sicherem Gespür auf, indem er selbst noch einmal richtige und falsche Verwendungen klärte[182]. *Reyscher* war dagegen nicht nur im Jahr zuvor, im „Daseyn“-Aufsatz, sondern schon 1828 in „Bedürfnisse“, fast noch entschiedener 1832 in seinen „Publicistischen Versuchen“[183] und auch später, ganz unmißverständlich von einem „politischen“ Volk ausgegangen, das in der Rechtslehre nicht nur innerliche, unkontrollierbare legitimierende Funktion haben, sondern tatsächlich mitreden und -bestimmen sollte. Ich habe die hierhergehörigen juristisch-politischen Forderungen Reyschers wie Öffentlichkeit und Petitionsrecht, Geschworenengerichte und Versammlungsfreiheit, Wiederbelebung des Rechts im Volke überhaupt beschrieben[184]. Reyschers ganze praktisch-politische liberale Laufbahn ist hier Beleg[185]. Schon *Feuerbach*, der Savigny besser nachvollzog als Gönner konnte oder wollte, hatte ja 1816 die vorwitzige Frage gestellt, „Ist etwa das Recht, das die geschichtliche Rechtswissenschaft lehrt, wirklich das volksthümliche, lebendige?“[186] und damit Anspruch und Praxis unterschieden. Es zeigt sich: Die Schattierungen des Volksbegriffes weisen zurück auf die Verschiebungen der zwischen Freiheit und Notwendigkeit irrenden Philosophie und auf die parallelen Probleme des zwischen Reaktion und südwestdeutscher Liberalität schwankenden Biedermeier. Sie wirken hinein in die juristisch rechtstheoretischen Diskussionen um den Rechtsbegriff bis hin zur Frage des gemeinen deutschen Rechts, unter deren Titel sie sich bei Reyscher einstellen. Sie schlagen sich zuletzt bis heute nieder im Ringen um eine äda-

---

179 Erbrecht I (1824) XII, XIV, XX.

180 Vgl. Erbrecht I S. XII.

181 *Puchtas* Verwendung im Gew.recht I 133ff, durchweg; Zitate oben 326.

182 System I 30.

183 Für die „Publ. Vers.“ ausf. zitiert oben Fn III 18, für „Bed.“ zus.fassend oben 256, 227.

184 Oben 249.

185 Übersicht oben 61ff.

186 *Feuerbach*: Einige Worte 143f.

quate Ausdeutung des Savignyschen Programms, dem Schwanken zwischen ‚Konsequenz' und ‚Inkonsequenz' als Zeugnis.

Geschichts-, Natur- und Volksgeistmetaphysik, Mystizismus in den Grundlagen, Inkonsequenz bis zum Ahistorischen, das waren einige wesentliche Einwände Reyschers. *Konservatismus* ist nicht so explizit angekreidet, steht aber als Einwand überall hinter der Verteidigung von Freiheit und Selbstbestimmung. In der scharfen Polemik gegen Puchta kam dieser Einwand deutlicher heraus[187]. Hier war soweit ich sehe *Ruge* mit Abstand führend, der Politik und Theorie der HS als „reactionär" kennzeichnete[188]. 1848 regte sich in Lübeck ähnlicher Widerspruch[189]. 1864 expliziert sogar *Bluntschli* solche Zusammenhänge[190]. *Jhering* hatte 1861 in seinen Jahrbüchern diesen Aspekt deutlich ausgesprochenchen[191]. Die Frage ist bis heute über Kantorowicz, Wilhelm, Böckenförde und Wieacker nicht zweifelsfrei und vor allem nicht genügend speziell untersucht[192].

Quasinaturrechtliche Verwendung des römischen Rechts empfand Reyscher als eifriger Germanist schnell. Puchta erhält wieder die direktesten Angriffe[193]. Aber auch Savigny erfährt insofern Kritik[194]. Hugo[195], Savigny[196] und J. Grimm[197] hatten von „unser Naturrecht" (Hugo) und „natürliches Recht" gesprochen. Aber nicht diese mehr spielerischen Ausdrücke wollte Reyscher treffen, sondern die romanisierende Praxis und *deren* theoretische Überhöhung.

Ein letzter Komplex von Einwänden gruppiert sich um die *elitäre Wendung* Savignys, das Recht falle heutzutage im wesentlichen den Juristen anheim[198]. Sie rundete die Volksgeistlehre gegenwartstauglich ab. Sie war elitär, denn die Juristen wurden dabei in Gegensatz zum breiteren politischen Volk gebracht, obwohl Savigny seine Ansicht bloß mit dem sachlich-fachlich klingenden Ge-

---

187 Für und Wider: ZDR 7 (1842); vgl. oben Fn III 290 Nwe und oben 125f.

188 Zitate oben in Fn 169.

189 Vgl. *Hattenhauer*: Grundlagen 98; seine Bemerkung, diese Vorwürfe habe „bis dahin kein Jurist auszusprechen gewagt", trifft nicht zu.

190 Geschichte 629, 633 (nach der 3. A. 1881).

191 *Jhering*: Savigny, Jher Jb. 5 (1861) 368f.

192 *Kantorowicz*' drei Beiträge (1911, 1912, 1937) jetzt bequem in: Rechtshist. Schriften (1970); im übrigen Nwe oben Fn III 319.

193 ZDR 1, 34 Fn: „Wie vollends andere jene historische Einseitigkeit ausgearbeitet haben, liegt klar am Tage", geht sicher u.a. gg. *Puchta*; dann ZDR 7, 129, 137 „wissenschaftliches Normalrecht"; ZDR 10, 166 „übernatürliche Stellung" für römisches Recht bei *Puchta*; ähnl. Kritik *Beselers* ist oben Fn III 274 zitiert.

194 ZDR 7, 1, 34, 129; 10, 163.

195 Beyträge I 151 (1789): „Das Römische Recht ist unser Naturrecht (...)", aber dies etwas ironisch.

196 Beruf 78, in Gegensatz zu „Naturrecht".

197 Im Brief auf Savignys „Beruf", *Schoof*: Savignybriefe 173.

198 Beruf 76.

danken der Arbeitsteilung begründet hatte. Seine Konzeption wurde im 3. Kapitel dargelegt[199]. Das war ein Punkt, den der vielleicht nicht minder elitäre *Gans* 1824 weniger moniert hatte[200], der aber *Reyscher* von Anfang an besonders störte. Lebensfremdheit und mangelnde Praxisnähe[201], Verunsicherung des praktischen Rechts mit unlösbaren gelehrten Aufgaben[202], das alles gruppiert sich zu sehr lebhaften Angriffen. Sie finden sich allerorts, bei *Eichhorn* und *Thibaut*[203], satirisch bei *Siegen*[204], bei *Gans*[205], bei *Wächter*[206], später *Jhering*[207], früh auch bei *Mittermaier*[208] und *Bornemann*[209], um nur einige sonst verschieden orientierte Teilnehmer der Diskussion auszuwählen. Das zeitgenössische Reizwort, wieder einmal von Puchta wie es scheint geprägt[210], hieß „*Juristenrecht*". *Puchta*, *Maurenbrecher*, *Weiske* und *Savigny* waren die führenden Formulierer zu seinen Gunsten[211]. *Reyscher*, *Welcker*, *Mittermaier*, weniger *Beseler*, verteidigten die Gegenmeinung, wobei sie auf des angesehenen Germanisten *Falck* Hilfe verzichten mußten[212]. Die Diskussion um das „Juristenrecht" hatte Bezüge zur Rechtsquellenlehre und damit auch zum Rechtsbegriff. Reyscher widmete sich ihr daher z. B. im „Daseyn"-Aufsatz. Der Hintergrund dieser Versuche, die Rolle der Juristen zu bestimmen, war aber weniger der des Rechtsbegriffs, also Freiheit und Notwendigkeit. Bei allen Bezügen dazu spielte sich diese Diskussion mehr unter der Rubrik Wissenschaftsbegriff ab. Es ist daher zweckmäßiger, Reyschers Meinungen dazu erst in diesem Zusammenhang abschließend zu untersuchen.

---

199 Oben 224f.

200 Erbrecht I (1824) Vorrede.

201 Für *Bedürfnisse* oben 265f; 247ff; dann *Privatrecht* I (1836) § 57; dann *ZDR* 1, 35f; ZDR 6, 360; ZDR 7, 129; 9, 363; 10, 167; betont gg. Gerber: ZDR 13, 3; *Frankfurter Verhandlungen*: 86, 89; angedeutet auch noch im *Eichhornnachruf*: ZDR 15, 441.

202 ZDR 9, 363; Frankfurter Verhandlungen 90.

203 *Eichhorn*: Rechtsgeschichte IV (5. A. 1844) 689: vermehrte prakt. Unsicherheit. *Thibaut*: Antikritik (1814) 181, 183; Verteidigung der Praxis (1823).

204 Dazu oben Fn I 104.

205 Erbrecht I (1824) XXVIII: Verwirrung der Praxis.

206 Gemeines Recht (1844) 204f.

207 Jher. Jb. 1 (1857) 30ff, 31f, 41.

208 Spätestens seit 1824, geschildert oben 335.

209 Civilrecht I (1834) 83f.

210 Gew.recht I (1828) 161, Überschrift „Gewohnheitsrecht und Juristenrecht"; *Beseler* (Phillipsrez. 1838, Sp. 214) und *Stobbe* (Privatrecht I 2 § 22 Fn 11/S. 153) rechnen *Puchta* den ersten Gebrauch zu. *Welcker*: System (1829) 569 Fn nimmt es sogleich kritisch auf.

211 Sehr ausgeprägt bei *Maurenbrecher*: Privatrecht I (1832) § 16ff; *J. Weiske*: Dt. Privatrecht (2. A. 1834) § 26f; *Savigny*: System I § 14, der aber den Ausdruck selbst vermeidet; kritisch *Reyscher*: Privatrecht I (1836) § 57; *Mittermaier*: Grundsätze I (5. A. 1837) § 34/S. 116.

212 Vgl. Fn zuvor und für *Beselers* eigene etwas sanftere Version: Volksrecht 85ff, 299ff; System I (1847) § 34—36 (dualistisch); für *Falck*: vgl. *Volk*: Falck 83ff.

Resümee. C. G. Wächter. C. Th. Welcker. Hegelianisches

Reyschers Argumentation in Sachen *Rechtsbegriff* ist damit so gut wie erschöpfend ausgebreitet. Ich habe mich zugleich bemüht, durch einige Seitenblicke Reyschers Beitrag zu konturieren. Der Blick auf seine Kritik kann verschiedene Strömungen der zeitgenössischen Jurisprudenz offenbaren. Zwischen ihnen und mit ihnen versteht man Reyscher besser. Besonders seine Kritik an der HS durfte Raum beanspruchen. Reyscher fand und führte diese Diskussion zentral, obwohl er mit *C. G. Wächter* vor Augen die andere Seite nie vergaß. Aber in Frankfurt z. B. war dessen etatistische Position fast aus dem Blick geraten, obgleich hier für die Zukunft die eigentlichen Gegner saßen. Reyscher erkennt dies 1846 auch noch selbst[213].

Nach zwei Seiten hielt Reyscher 1839 Korrekturen für nötig. *Gönner* einerseits, *Savigny-Stahl-Puchta* andererseits bilden den doppelten Widerpart. Ihnen gegenüber behauptet Reyscher einmal ein materielles Element (oben 321), zum anderen ein voluntatives Element (oben 333) im Rechtsbegriff. Nach der einen Seite erinnert er an das, was sich von „unten" her „von selbst macht" (Hugo) (oben 321, 323), nach der anderen Seite an das, was gemacht wird. Weitgreifende geschichtliche und liberale politische Argumente begleiten die Korrekturen. *Beides geschah im Interesse bürgerlicher Selbstbestimmung im Recht.* Im ersten Fall galt es, einer gouvernementalen Rechtssetzung entgegenzuwirken, die allzuleicht über die Köpfe der Rechtsbetroffenen hinwegging, und das Recht in den konkreten Interessen zu verankern. Das ist die Funktion des *materiellen* Elements, heiße es Vernunft, Sitte, Natur der Sache oder sogar Natur der Menschen und Dinge. Diese Funktion wird zu beachten sein, wenn Reyschers schillernde eigene Lösung abschließend beschrieben wird. Ganz ähnlich ist die Funktion des *voluntativen* (auch „rationalen") Elements gegenüber der Volksgeistlehre. Hier geht es Reyscher darum, die im Willen sich realisierende Selbstbestimmung nicht mystisch verinnerlicht leerlaufen zu lassen. *Sein* Volk hat einen Willen, ist Summe der Individuen, Majorität hat Sinn. Der Einzelne soll nicht in einem unbewußten Naturganzen untergehen. Konsequent ist Gesetzgebung als Selbstbestimmung sinnvoll:

„Wie die vergangene Generation, so ist daher auch die gegenwärtige befugt, ihre Verhältnisse mit Freiheit zu bestimmen, und es dürfte diese Selbstbestimmung jedenfalls vorzuziehen seyn einem blinden Hingeben an den Zug des Schicksals."[214]

Zwei Stichworte für Reyschers Positivbild von Gesetzgebung sind hier schön vereinigt: „Freiheit" und „Selbstbestimmung". Reyschers HS-Kritik rundet die schon in „Bedürfnisse" vorgetragene *Kodifikationslehre* präziser ab[215].

---

213 Begriff: ZDR 10, 170f, wo er die „formale Ansicht" sehr ernst nimmt.
214 ZDR 1, 34.
215 Zus. gefaßt oben 251f.

Gewohnheitsrecht wird entgegen *Puchta* (oben 329) ebenfalls auf Autonomie gegründet[216]. Auch von der alten Einwilligung des Souveräns, mit der die Formalisten gerne dem Gewohnheitsrecht eine entschärfte Rolle gaben, ist nichts mehr zu hören[217].

Reyschers Argumentation kreist in allen Ebenen um Paralleles: Prinzipiell um Freiheit und Notwendigkeit, historisch um Satzung und Sitte, aktuell um Gesetzgebung und Quietismus, politisch um liberale Selbstbestimmung und restaurative Ordnung. Was Reyscher dazu beiträgt, gewinnt seine programmatische Zugkraft weniger aus der Originalität der Argumente. So gut wie alle waren in die schon längst geführte Diskussion um Gesetzgebung und Rechtsquellen eingebracht. Es war nicht erst seit Savignys „Beruf" geläufig, vor Überschätzung des Willensanteils im Recht zu warnen. Savigny selbst hat ja mit *Möser*, *Hugo*, *Rehberg* und *J. G. Schlosser*, mit *Leibniz* und *Baco* seine näheren und ferneren Autoritäten sorgfältig benannt[218]. Auch die bürgerliche Selbstbestimmung hatte schon in *Feuerbach* und *Thibaut* beredte Anwälte gefunden[219]. *Reyschers* Verdienst konnten daher weniger die Inhalte sein. Er gefällt vielmehr durch zupackende Formulierung, etwa gegenüber *Welcker*[220], und durch seine *Konzentration* auf das Grundproblem Freiheit-Bindung. Reyscher reflektierte es auf allen genannten Ebenen. Das gefiel wohl auch seinen Studenten, neben den Inhalten, wenn berichtet wird, gerade sein „edler Freymuth" habe angezogen[221]. Aus dieser Konzentration erklärt sich, daß er rein abstrakt mit der philosophischen Problematik von Freiheit und Notwendigkeit nicht viel anzufangen wußte, obwohl er sie im „Daseyn"-Aufsatz zum Hintergrund nimmt. Erst der politischen Seite dieser Ideenwelt verstand er sehr konkrete Ergebnisse abzugewinnen. Diese waren dann aber auch um so präziser. Auf diese Weise kam er zur scharfen Analyse des metaphysisch-politischen Kerns der Lehre vom geschichtlichen Recht (oben 326ff). Reyschers Ansicht von Freiheit und Bindung bringt ihn nach allen Seiten in Dissens. *Kant* und *Fichte*, *Schelling*, *Stahl* und *Puchta*, *Gönner* und *Mohl* nennt er im „Daseyn"-Aufsatz. *Schrader* ist aus „Bedürfnisse" hinzuzufügen[222]. *Gerber* findet 1852 bissige Abwehr (oben 179f).

---

216 Privatrecht I § 65.

217 Vgl. dagegen noch die ausf. Beschäftigung damit bei *Klötzer*: Gewohnheitsrecht (1813), durchweg; auch *Puchta*: Gew.recht I (1828) 180—213.

218 Beruf 80, 138, 146: dort jeweils Rückgriff auf *Möser*; S. 80, 85, 121, 142: auf *Hugo*; S. 73, 97, 103, 104, 137: auf *Rehberg*; S. 122, 125, 126: auf *Schlosser*; S. 146: auf *Leibniz*; S. 83, 85, 97, 137: auf *Baco*.

219 Vgl. für *Thibaut* ausf. oben 293ff; für *Feuerbach*: Einige Worte (1816); Gerichtsverfassung (1830); vgl. *Hartmann*: Feuerbach 130, 143, 194.

220 Über dessen breiten Stil belehrt am besten sein „System", schon allein der Titel, s. Lit.verz.

221 Oben bei und in Fn II 248.

222 Bedürfnisse 23 Fn.

C. G. Wächter

C. G. Wächter zählt zeitlebens zu Reyschers wichtigsten etatistischen Gegnern. Von „Bedürfnisse" (oben 84, 79) und dem württembergischen Privatrecht (oben 39ff) bis zum gemeinen deutschen Recht (oben 164). Wächter hatte von Anfang an streng auf objektiver Anerkennung alles Rechts bestanden. Das bedeutete:

„Es kann daher in einem Vereine — und somit in einem Staate — eine Norm nur dadurch äußerlich gültig werden und alle Vereinsgenossen binden, daß sie von den Vereinsmitgliedern als objektiv gültig anerkannt wird, sey es unmittelbar — ausdrücklich oder stillschweigend durch Rechtsgewohnheiten — oder mittelbar, indem sie von dem verfassungsmäßig hierzu befugten und bestimmten Organe, entweder dem Gesetzgeber unter den verfassungsmäßigen Formen, oder den Gerichten durch deren legale Gewohnheiten festgesetzt wird. Dadurch entsteht in einem Staate das positive, d.h. das durch den Staat gesetzte und in demselben wirklich geltende Recht"[223].

Diese von seinem Lehrer *Welcker* angeregten Sätze[224] verweisen jede für ihn stets „nur subjektive Ansicht über das vernunftgemäße Recht" aus dem Bereich des allgemeinen Gültigen[225]. Aus Gründen der Rechtssicherheit realisiert sich ihm diese Anerkennung nur in Gesetz und Gewohnheit[226]. Alles Recht ist ihm darin „Willensgesetz"[227], weswegen ihn Reyscher zu den Formalisten im weiteren Sinne zählt[228]. Mit eindrucksvoller Klarheit zieht Wächter die Konsequenzen. Die *Natur der Sache* als historische oder allgemeine „Abstraction aus bestehenden positiven Gesetzen"[229] entfällt als Rechtsquelle. Das daraus abstrahierte gemeine Recht deutschen Ursprungs hat daher nur theoretischen Wert[230] und dient auch nicht zur Lückenfüllung[231]. Nur als „juristische Natur der Sache", d.h. aber als „consequente Anwendung der Prinzipien des geltenden Rechts"[232], nützt sie, denn: „das positive Recht ist bei Lücken desselben nur aus sich selbst zu ergänzen"[233]. Diesem mes-

---

[223] Privatrecht I 1 (1839) § 3/S. 10f; ebenso II 1 (1842) S. 4.

[224] Vgl. oben 37; die Anerkennungslehre bei *Welcker* beleuchtet *Schreiber*: Rechtspflicht 84ff; *Wächter* zitiert bei solchen Fragen Welckers „System" häufig, vgl. aaO 11, 1111.

[225] *Wächter*: aaO 10; ebenso S. 1111 und Bd. II 1 (1842) S. 61 beim Lückenproblem.

[226] Vgl. Privatrecht I 10, II 4, 18.

[227] Privatrecht II 4.

[228] ZDR 10, 169ff.

[229] Vgl. aaO I 2 (1842) 1111 Fn 8; ähnlich: Gem. Recht 210f beim Versuch, Reyschers Nds zu verstehen.

[230] Privatrecht I 2, S. 1081f, 1106; anzuwenden also nur dann, „wenn gerade das in Frage stehende Institut in diesem Lande durch seine Rechtsquellen (Gesetze oder Gewohnheitsrechte) anerkannt ist."

[231] Privatrecht II 1, S. 61, 63; ebenso in: Gem. Recht 256ff fürs Strafrecht.

[232] Privatrecht I 2, 1111, ebenso II 61.

[233] Privatrecht II 61.

serscharfen Rechtspositivismus wurde dann alles andere zum bloßen, wenn auch ehrenwerten, „Ideal“ oder zur theoretischen Einleitung[234]. Der „Geist des positiven Rechts“ nahm alle Funktionen der alten Ergänzungsquellen wahr[235]. Die einschneidendste Folge war, daß Wächter 1844 überhaupt kein gemeines Recht mehr anerkennen wollte[236].

Der Blick auf Wächter war ein Blick in die *positivistische Zukunft*. *Wächter* verengte den Rechtsbegriff in umfassender Diskussion und aus durchaus berechtigten Motiven der Rechtsklarheit auf Gesetz und Gewohnheit, bei starker Prärogative des verfassungsmäßigen Gesetzes. Er isoliert lex lata und lex ferenda und stellte der Gesetzgebung die Aufgabe der Rechtsfortbildung[237]. *Reyscher* will diese Elemente noch zusammenhalten, obwohl er die Unterschiede ganz klar erkennt. Er setzt all den kritisierten Einseitigkeiten eine ausgesprochen *pluralistische Theorie* entgegen. Das Recht zerlegt er in mehrere „Stoffe“ und „Elemente“[238], die aber doch eine Einheit bilden sollen. Dieser Pluralismus ist nicht besonders gut zu begreifen. Er überschneidet sich auch noch mit einem Dualismus von „formellem“ und „materiellem“ Recht, sowie einer Stufung in allgemeines und besonderes Recht. Ich werde ihn im nächsten Abschnitt näher erörtern. Bezüge zu Juristen wie *Mittermaier*, *Welcker*, *Beseler*, *Wilda*, *Bornemann*, *Bluntschli*, *Zoepfl*, mit denen Reyscher eher harmoniert, werden dann aufgenommen.

K. Th. Welcker

Reyscher begründet seine Kritik auf den verschiedenen Ebenen immer wieder über die philosophisch-politischen Pole Freiheit und Notwendigkeit. Das erweist ihn ganz allgemein als Schüler zentraler Problemstellungen des zeitgenössischen deutschen Idealismus. Aber man wird seine Vorlagen weniger in diesem selbst suchen dürfen, als in der gleichzeitigen allgemeinen juristischen Literatur. Vor allem *Carl Theodor Welckers* ausführliches „System“ kommt in Betracht. Dort wird eine „Classification“[239] der Theorien über Recht vermit-

---

234 Privatrecht I 10; ebenso S. 12, auch II 4; zur „Einleitung“ s. Gem. Recht 256ff.

235 Privatrecht I 1111, II 61.

236 So das Fazit von: Gemeines Recht Deutschlands (1844): Vorrede VIII, vgl. S. 10ff die Prämissen, die Resultate S. 171ff; ebenso noch 1862 im Staatslexikon (3. A.) Bd. 6, Art. Gesetzgebung, S. 482ff, etwa 482, 500, 506, 509; zum Hintergrund für Gem.Recht oben 163f.

237 Vgl. Privatrecht II 41, 63f das Richterbild; S. 47 die Rolle der Wissenschaft: „aufdecken“, S. 61 die Lückenlehre; I 10, 11f die Überstellung dessen, was „seyn sollte“ an die Rechtspolitik und den Gesetzgeber; ganz scharf dann in: Gem.Recht, durchweg.

238 Vgl. ZDR 1, 7 „Stoffe“; laut 1,37 zerfällt Recht in „theils (...) theils“; ZDR 10, 172f zählt er die „Elemente“ auf (S. 176 u. ö.).

239 Lt. System 47 Fn, stand diese „Classification“ schon in: Kieler Blätter I 1 (1816).

telt, wie sie Reyscher seiner Diskussion zugrundelegte. Welckers „System" kreist beharrlich um subjektivistische und objektivistische Extreme und empfiehlt ebenso beharrlich die eigene Synthese der „Dreiheit"[240]. *Kant* und *Fichte*, *Schelling* und *Hegel* werden genau wie bei Reyscher katalogisiert[241]. Die freiheitlich-kantische ist Welcker die eine „Hauptpartei", die „Naturphilosophie" die andere[242]. Die Analogie zu Reyscher ist sehr kräftig. Der eigenwillige Reyscher stimmte zwar auch mit Welcker nicht genau überein; aber er zeigte gleich 1829, daß er dessen „System" kannte und sehr wichtig nahm. In seiner Eröffnungsansprache zur ersten Naturrechtsvorlesung nimmt er Welcker besonders ernst, schon allein wegen des ihm zugeschriebenen Erfolges:

„Wirklich wurde, wie einst Kants Nachricht von dem nahen Abschlusse eines ewigen Friedens, so die Idee vom Rechtsvertrage mit einer Zuverlässigkeit proklamiert und mit einer gläubigen Miene von dem überraschten Publikum aufgenommen, wie wenige der früher angeführten Theorien."[243]

Auf der nächsten Seite erklärt Reyscher die Welckersche Theorie für prinzipiell gleich mit der Hugoschen „reinen Abläugnung der Existenz eines natürlichen Rechts". Sie sei nur als „indirecter" Angriff „gefährlicher"[244]. Zugleich macht er auf das soeben, 1829, erschienene „System" aufmerksam. Das bestätigt die Parallele. Daß Reyscher seine eigene Lösung der Welckerschen hart konfrontierte, brauchte ihn nicht hindern, wichtige Aspekte der Welckerschen *Kritik* aufzunehmen. Auch Reyschers Verbindung Schelling-Savigny fand sich ja schon bei Welcker, ebenso andere HS-Kritik (oben 332, 334, 336, 340). Reyschers Abweichung zu Welcker beruhte dann darauf, daß er bei diesem das Recht auf positives Recht reduziert fand[245], während er selbst „ein von Natur aus gültiges Recht" in der Naturrechtsvorlesung verteidigt[246].

Hegelianisches

Welckers Einfluß läßt sich also behaupten. Im „Begriff"-Aufsatz von 1846 geht Reyscher dann etwas von seinem dualistischen Gemälde ab. Der Grund

---

240 Anschaulich ist das Inhaltsverzeichnis, S. XXXVIff; zur Dreiheit dann S. 82ff, 94 Fn u. ö.

241 Vgl. System 51, 260 (Kant); 260 (Fichte); 19, 262 (Schelling); 175, 177ff, 263 (Hegel).

242 Schon aaO Vorrede XIV, dann durchweg im System, etwa 262ff.

243 Naturrechtsgrundriß IX, das geht nach dem Kontext zuvor klar auf *Welcker*.

244 Naturrechtsgrundriß X.

245 So Naturrechtsgrundriß aaO; dann in ausführlicher Kritik in der Vorlesung, S. 12 und 13; *Reyscher* betont dort die positivistische Rolle der Welckerschen Anerkennung und Vertragskonstruktion.

246 AaO S. 13.

liegt in einer interessanten Korrektur seiner Ansichten zu *Hegel*, die Gelegenheit gibt, dieses Verhältnis abschließend zu beschreiben. Die Korrektur wäre unverständlich ohne einen Faktor, der sich vor Hegel lautstark ins Bild drängt. Die *Junghegelianer*, die ja in Tübingen mit Strauß, Vischer u.a. gut vertreten waren, und die „Hallischen Jahrbücher" waren seit 1838 eifrig bemüht, Wissenschaft und Leben, das hieß Fortschritt und Freiheit, einander näher zu bringen (oben 24f). Neben Welcker kamen Richtung und Intensität der Reyscherschen Kritik dem von dieser Stelle Vorgetragenen am nächsten. Besonders Reyschers Angriffe auf Savignys konservative Rechtsmetaphysik trafen sich nur zu gut mit den etwa gleichzeitigen Bemühungen dieser Hegelianer, den alten Berliner Gegensatz zur HS auszufechten. Die Linkshegelianer und die „Hallischen Jahrbücher", laut Savigny „Lumpenvolk" (oben 24 Fn), waren dabei führend[247]. Diese Gruppe neben Reyscher zu stellen, heißt zugleich an einen wesentlichen Unterschied zu erinnern, der den schon bisher festgestellten (oben 117ff, 126, 166, 289) anzufügen ist. In der Fülle der Argumente liegen die Akzente doch sehr verschieden:

Einen bestimmten Einwand vergaßen die Hegelianer selten. Spät, aber besonders plastisch wurde er 1845 im Wigandschen Conversationslexikon formuliert, wo es hieß: „Das Princip läßt sich nicht ergraben"[248]. Eine Wendung *Ruges* von 1841 kam dabei erneut zu Papier. Als dieser die Berliner Juristen vor das Forum seiner Wissenschaft brachte, hatte er darauf bestanden, daß rein

> „empirisch und historisch der Anfang und das Prinzip nicht zu erreichen ist, so wenig als man mit dem Grabscheit zu dem reellen Mittelpunkt der Erde hindurchdringt (...)"[249].

Lorenz Stein hatte sich im gleichen Jahr 1841 vergeblich nach einem „Princip" in Savignys „System" umgesehen und ebenfalls der Rechtsgeschichte diese Eignung abgesprochen[250]. Die Wurzeln dieser Sicht lagen bei *Gans*, nach dessen Worten der HS schon 1824 das Eigentliche, nämlich der ‚Begriff', vollends verloren gegangen war[251], vor allem aber bei *Hegel* selbst. Wieder einmal war es besonders der § 3 seiner „Philosophie des Rechts", der die einschlägigen Auseinandersetzungen allgemeinzugänglich enthielt[252]. Daneben erinnerte man sich des schon ganz ähnlichen Widerspruchs *Anselm Feuerbachs* von 1816[253] kaum noch. Feuerbach lebte ja auch in der Ansbachischen Abgeschiedenheit und war 1816 von Savigny gleich „köstlich abgefertigt" (Grimm)

---

247 Eine Übersicht über deren Anteil unten Anhang k.

248 *Ruge*: aaO (Fn 141) 77 l. Sp.

249 *Ruge*: Berl. Juristenfakultät, Hall. Jb. I S. 502 r. Sp.

250 Savignyrez., Dt. Jb. 1841 II 394 r. Sp., 379 r. Sp.

251 Erbrecht I (1824) XVI, auch XXf.

252 *Hegels* HS-Kritik näher oben Fn IV 185; vgl. *Wieacker*: Geschichte 413f; *Wilhelm*: Methoden 41f.

253 In: Einige Worte (1816): „Die Geschichte erklärt (...)" (Stern 198).

worden[254]. Wie leicht sich Savigny das gemacht hatte, schien kaum bemerkt oder offiziell vergessen bis ein Jahr nach Feuerbachs Tod, als *Wilda* 1834 darauf zurückkam[255].

Für die „Begriff"- und „Princip"-Vorliebe der Hegelianer hatte Reyscher sehr wenig übrig. Selbst als er 1842 *Steins* Savignykritik anerkennend benutzt[256], geht er an dieser Seite fast völlig vorbei. 1846 spricht er ein wenig ironisch seine großen Vorbehalte aus: „Höher kann man das deutsche Recht auf dem speculativen Standpunkt nicht stellen"[257]. Drastischer hatte er *Carové* 1843 entgegengehalten: „aber mit dem Hegelschen Begriffswagen wird der Verfasser die Feinde nicht aus ihrer Stellung vertreiben"[258]. 1839 verliert er bei *Gärtners* Jargon die Lust, „tiefer hineinzulesen"[259]. Bei aller „Achtung für die Philosophie habe diese doch nicht das ‚Privilegium' (...) unverständlich zu sein"[260]. Den Meister selbst begrüßt er in der durchaus nicht nur deutschrechtlichen „Übersicht der deutschrechtlichen Schriften" (Nr. 20b) im Jahre 1840 aus Anlaß der dritten[261] Ausgabe der Hegelschen „*Grundlinien der Philosophie des Rechts*"[262]. Reyscher verrät dabei recht genaue Lektüre dieses Zeniths der materialen Rechtsphilosophie[263]. Doch findet er vieles „unaufgelöst und dunkel", ja „widersprechend"[264]. Dasselbe Unbehagen formuliert er gegen *Friedrich Bitzers* „Philosophie des Privatrechts"[265] und spät noch zu *Köstlins* wenig „fruchtbringendem" zu „spekulativen Standpunkt"[266]. Für den Schlußpunkt, den Reyscher zu Hegel und Hegelianischem liefert, den „Begriff"-Aufsatz, wurde Reyschers Mißfallen am Begriffskult *Gärtners*, *Kierulffs* und *Steins* schon beschrieben (oben 166). Es scheint paradox: Reyscher, der die „rationale Grundlage" des Rechts gegenüber den Formalisten und der HS verteidigt[267], will mit dem „Hegel'schen Begriffswagen" nichts anfangen. Als ich das Echo der „Hallischen Jahrbücher" auf den „Daseyn"-Aufsatz und Reyschers Verhältnis zu Steins Savignykritik beschrieb (oben 117ff, 126), wurde die Erklärung erkennbar. Dort zeigte sich, daß man sich in den *Ergebnissen* recht sympathisch war. An den *Begründungen* hatten die Hegelianer dagegen etliches

254 *Schoof*: Savignybriefe 254.
255 Dazu oben 137.
256 Oben 126 geschildert.
257 ZDR 10, 162: „höher" hier wie unerreichbar hoch; vgl. oben 166.
258 Bücherschau: ZDR 8 (1843) 398.
259 Lit.übersicht: ZDR 2 (1839) 222.
260 ZDR 2, 222.
261 Bei Zählung *mit* der in der ersten *Gesamt*ausgabe.
262 ZDR 4, 346—8.
263 Zenith lt. *Welzel*: Naturrecht 173ff; für *Reyschers* Genauigkeit vgl. aaO 348 seine Detailprobleme.
264 ZDR 4, 347.
265 ZDR 4, 348f.
266 Im Wildanachruf: ZDR 16 (1856) 480.
267 Oben 155, 341.

auszusetzen. Vor allem vermißten sie ihre „Bewegung des Geistes" (oben 118), man könnte ergänzen, ihr „Princip". Reyschers Antwort nimmt nichts zurück. Ihm sind die hegelianischen Begründungen zu spekulativ und prinzipiell. Auf der anderen Seite bestätigt Reyscher aber die Sympathien in den Ergebnissen oder wenigstens den Zielsetzungen. *Carové* und *Gärtner* gab er in der Tendenz recht[268]. *Kierulffs* Zielsetzung in der Einleitung seiner „Theorie" findet er immerhin „zum Theil ganz schön und gut"[269]. 1846 widmet er sich dann mehr der Durchführung und ist kritischer[270]. *Steins* Kritik hatte er 1842 gern benutzt (oben 126), 1846 wird aber auch hier eher der Dissens hervorgekehrt[271]. Man spürt, die These vom Dissens in den Begründungen und der Harmonie in den Zielsetzungen oder Ergebnissen bedarf der *Differenzierung*, um nicht das Bild unzutreffend zu vereinfachen. Die gern benutzten Etikette für alle möglichen „Schulen" werden der unglaublichen Vielfalt der Meinungen auch innerhalb solcher „Schulen", hier der Hegelschen, nicht gerecht. Die obige These zum Hegelbezug wurde zuerst an *links*hegelianischen Äußerungen entwickelt, nämlich den „Hallischen Jahrbüchern" von 1839 (oben 118). Reyschers Abneigung gegen den hegelianischen Begriffs- und Spekulationskult ließ sich dann durchgehend von Hegel selbst bis zu Stein und Köstlin verifizieren. Die Sympathie in den *Ergebnissen* schwankt dagegen. Deutlich kann man sie im Vergleich mit den Jahrbüchern bejahen. Diese waren 1839 auch noch vergleichweise gemäßigt[272], so daß eine gewisse Harmonie mit liberalen Juristen wie Reyscher nicht erstaunte. In den Universitätsartikeln der Jahrbücher werden solche Juristen auch mehrfach recht freundlich beurteilt[273]. Bei den Kielern *Kierulff* und *Stein* ist Reyscher dagegen ablehnender. Er wird es in dem Maße, als sie sich von einer konkreten intersubjektiv erfaßbaren Grundlage entfernen; daher die Kritik an Kierulffs „Rechtsbegriff idealer Natur" und an Steins unpraktischem Rückzug auf „die Substanz der Rechtsgeschichte der ganzen Welt"[274]. Er wird es zugleich, da sein „Volksrecht (...) nach dieser Ansicht keine selbständige Bedeutung" hat[275]. Hier sind schließ-

[268] ZDR 8, 398; für *Gärtner* ZDR 2, 222: „daß er in der Sache selbst mit dem rüstigen Verf. sich leicht würde verständigen können"; ähnlich ZDR 10, 160f.

[269] ZDR 2, 200.

[270] ZDR 10, 161.

[271] ZDR 10, 162f; oben 166.

[272] Vgl. oben 24f zum Verbot 1843 und zum Hintergrund.

[273] Vgl. für *Tübingen* und *Reyscher* oben 10, zum „Hann.Gutachten" o. III 166; für *Berlin* aaO (Anhang k) S. 515 zu Heffter, Woringen, Heydemann, Gneist, u. bes. Bornemann (zu diesem oben 114f); für *Göttingen* s. Dt. Jb. 1841, Nr. 61, 138; dort fand man keinen klar Liberalen, die Sympathien zeigen sich daher nur in der Kritik; die früheren Universitätsartikel zu *Halle*, *Freiburg*, *Jena* und *Leipzig*, Hall. Jb. 1838 und 1839, erwiesen sich als weniger ergiebig in dieser Frage. Sie stammen aus einer weniger eingeschworenen Autorenschaft, was im Einzelnen zu verfolgen, hier zu weit führte.

[274] ZDR 10, 161 und 162.

[275] ZDR 10, 162.

lich auch Reyschers eingangs erwähnte Schwankungen zu *Hegel* selbst zu klären. Noch 1839 im „Daseyn"-Aufsatz[276] und zur gleichen Zeit in seiner Naturrechtsvorlesung[277] wurde Hegel von Reyscher als freiheitsfeindlicher Anwalt eines willenlosen logischen Gesetzes der Notwendigkeit abgetan. Reyscher entsprach damit einem verbreiteten liberalen Klischee, das sich weniger an Hegels Texten, als an einer zeitgenössischen Vorstellung von Hegels Stellung in Berlin und der schnellgegriffenen Formel vom Wirklichen, das vernünftig ist, orientierte. *Welckers* „System" (1829) gibt hier erneut gute Anschauung[278]. Wenig später schon, 1840, gestand Reyscher aber ein:

„Allerdings hat man früher, theilweise mit Unrecht, an einzelnen Sätzen Anstoß genommen, welche den Hofphilosophen zu verkündigen scheinen, wie z.B. dem Satze der Vorrede: ‚was vernünftig ist, das ist wirklich, und was wirklich ist, das ist vernünftig'[279], ohne sich die Mühe zu nehmen, näher auf den Kern einzugehen. Eine nähere Betrachtung zeigt, daß in der That wichtige Elemente für einen vernünftigen Fortschritt in der Hegelschen Rechtsphilosophie eingeschlossen sind, und daß der Standpunkt des Verfassers von der bisherigen Auffassung des Naturrechts als eines absoluten Rechts, nicht so himmelweit unterschieden ist."[280]

Das traf auch Reyscher selbst. Man wird nicht fehlgehen, wenn man die progressive Korrektur im Hegelbild Reyschers den seit 1838 in den „Hallischen Jahrbüchern" kräftig artikulierten Linkshegelianern zurechnet, die anfangs auch eine starke Anhängerschaft in Tübingen hatten[281]. Seine Korrektur hält Reyscher auch 1846 aufrecht[282]. Zweierlei zeigt das obige Zitat: Man sieht, daß Reyscher mit vernünftigem Fortschritt harmoniert, mit dem „Hofphilosophen" dagegen nicht. Angesichts der wachsenden Skepsis gegenüber einem bloß inhaltlich begründeten, „materiellen" Recht, wie es Reyscher verteidigte, wurde der freiheitlicher gedeutete Hegel außerdem zu einem willkommenen Bundesgenossen für eine nicht bloß formelle Verankerung des Rechts. *Wächter* hatte ja 1844 besonders eindringend die vernichtenden Konsequenzen der erwähnten Skepsis gezogen. *Die Übereinstimmung hängt demnach von der Nähe zu Reyschers liberal-aufklärerischem Weltbild ab.* Deswegen will er stets von dem elitären Jargon, der die rechtlich-politische Wahrheit in kom-

---

276 ZDR 1, 31; vgl. oben 328.

277 Siehe *Belsers* ungedruckte Mitschrift S. 12 und 31; dort der Satz, *Hegel* biete „eine philosophische Geschichte des positiven Rechts, warum sich das Bestehende bei einem Volke nothwendig so und nicht anders gestaltet habe; ein solches wissenschaftliches System kann nur jenen zusagen, welche die Philosophie überhaupt dem Gesetz unterordnen, welche das Wirkliche für vernünftig halten, weil es wirklich ist."

278 Vgl. System 175, 177—81.

279 Steht bei *Hegel*: Phil. des Rechts, Werke 7, 24.

280 ZDR 4, 347.

281 *Vischer*, *Köstlin*, auch *Bruns*, *Schwab*, *Strauß*, vgl. *Nerrlich*: Ruges Briefwechsel I 96 u.ö; *H. Fischer*: Die Hall. Jb. u. die Schwaben, WüVjsh 1916, 558—71.

282 ZDR 10, 160.

plizierte Formeln kleidet, gar die Beherrschung der Weltgeschichte verlangt, und daher nur wenigen zugänglich ist, nichts wissen. Die Unverträglichkeit mit seinen Postulaten der „Gemeinverständlichkeit" und des „gesunden Menschenverstandes" liegt auf der Hand. Aus dem gleichen Weltbild heraus opponiert er *Steins* Tendenzen, diejenige Selbstbestimmung zu schmälern, die *Reyscher* mit dem Ideal „Volksrecht" ansteuerte.

Überblickt man die mehrfachen Begegnungen mit Hegel und Hegelianischem, so lautet die *Zusammenfassung* etwa: Hegelsches Rechtsdenken erreichte Reyscher im Studium nicht (oben 48 ff). Es erscheint auch in „Bedürfnisse" allenfalls andeutungsweise und auch das nur in liberaler *Abwehr* (oben 317f). Das Verhältnis zum preußischen „Hofphilosophen" bleibt noch 1839 sehr kühl (oben 328). Freundlicher wird es im Gefolge der progressiv junghegelschen Konjunktur nach 1838, besonders der Hallischen Jahrbücher (oben 117ff, 126, 166). Interessiert hat Reyscher an Hegel fast ausschließlich sein konkreter Ort zwischen Freiheit und Bindung. Der komplizierten und dialektischen Begrifflichkeit und Metaphysik zog er seinen „gesunden Menschenverstand" stets vor. Das entsprach seiner liberalen Empfindlichkeit gegen elitäre Neigungen. Reyschers praktisch-liberales juristisches Weltbild ist in der Genese unabhängig von Hegel. Hegel wird auch später nie Grundlage. Nur als gelegentlich stützendes Beiwerk kommt ein etwas linkshegelianisches Hegelbild mit dem Wechsel der Kulissen nach 1830 ins Spiel. *Parallelen* liegen in der Abwehr der Savigny-Puchta-Stahlschen Theorien (oben 346). Reyschers Beitrag fällt jedoch bezeichnend nüchterner aus. Parallel sind auch die doppelte Abwehr von Formalismus *und* HS sowie die dazugehörige synthetische Tendenz (oben 341, 156ff). Reyscher führt diese Motive jedoch ohne dialektisch geschichtsphilosophischen Aufbau durch. Er denkt viel kürzer von der Gegenwart und den Interessen des Bürgers her. Dabei belebt er spätaufklärerische Tendenzen (oben 45, 46ff, 279, 296, 314) und bleibt kantisch-landläufigem Dualismus weitgehend treu (oben 154, 333, 297ff). Dieser *Dualismus* war der bescheiden gewordene Überbau eines sehr konkreten, pragmatischen, utilitären und liberalen Verhaltens.

Reyschers eigene Lösung

Nach der Kritik der Einseitigkeiten blieb nur Vielseitigkeit. Diesen Weg ging Reyscher. Er entwickelt einen etwas verwirrenden Pluralismus in Sachen Rechtsbegriff. Der Zusammenhang mit seinen gesamten bisher beschriebenen Einstellungen wird aber die Interpretation erleichtern. Die spezielle Funktion einzelner Elemente, wie des antiformalistischen „materiellen" Elements und des antihistorischen „rationellen" Elements, wurde bereits im vorigen Abschnitt klar. Es bedarf insoweit lediglich der Synthese.

„Natur der Sache": Verwendung in der Zeit

Reyschers *Zauberformel* zwischen abstrakten Vernunftbegründungen und Hugo-Wächterschem Positivismus, aber auch gegen Savignys Wünschelrute „Volksbewußtseyn", hieß *„Natur der Sache"*. Das war keineswegs originell. Bei Ralf *Dreier* findet man umfängliche „Historische Untersuchungen" zum Topos von Plato bis Hegel, von Kleinschrod (1794) bis Maihofer (1958)[283]. Dreiers Absicht, „Grundlinien der Entwicklung aufzuzeigen"[284], leidet zwar unter der schlicht fehlenden dogmengeschichtlichen Vorarbeit[285]. Den Grundlinien geht nicht die eigene Übersicht voraus. Sie bleiben abhängig von teils eigenwilliger älterer Optik bei Landsberg und Thieme — so ist etwa Pütters Verwendung keineswegs „eindeutig" naturrechtlich[286], der wichtige A. D. Weber[287] fehlt ganz und die juristische Vorgeschichte ist unzureichend geklärt[288]. Aber man erhält jedenfalls eine Anschauung der breiten Verwendung, die hier die Aufzählung zeitgenössischer Fundstellen vertreten kann. Die Detailstudie Heinrich *Marx'* zu Pütter und Runde und die jüngste, eindrucks-

---

283 *Dreier*: Zum Begriff der „Natur der Sache" (1965, abgeschlossen Ende 1962), Teil 1, S. 3—82, zur Rechtswissenschaft S. 35—82.

284 *Dreier*: aaO 35 Fn 207.

285 Das sieht er selbst durchaus, etwa aaO 35 Fn.

286 So aber *Dreier*: aaO 38 Fn 221; man sieht es gut bei *Pütter*: Beyträge II (1779) 96f; an dieser viel zitierten Stelle fällt Pütter die NdS fast mit Gewohnheit zusammen und er verweist *allein auf ganz reale* Anhaltspunkte. Allein der *ganze* Kontext klärt hier: „Da zeigt sich nun freylich eine Schwierigkeit, wenn man fragt, aus welchen Rechtsquellen sollen nun diese Fälle beurtheilet werden? Den Vorzug, den ein Gesetzbuch hat, das man nur nachschlagen darf, müssen wir hier freylich entbehren. Aber man verfahre nur so, wie es die Natur der Sache erfordert, wenn eine Nation kein ander gemeines Recht hat, als das auf bloßer Gewohnheit beruhet. Man forsche nach, wie es bisher in solchen Fällen gehalten worden. Man gehe, soviel möglich, bis auf den Ursprung, bis auf die erste Quelle der ganzen Sache zurück. Man denke über die Natur der Sache, über die Veranlassung ihres Gebrauches, über die Gründe, die sich aus der Denkungsart oder Verfassung der Nation herausbringen lassen, nach. So wird man ergiebige Quellen genug entdecken, um nicht unsicherer, als an geschriebenen Gesetzen, sich daran halten zu können, und darnach richtige und bestimmte Entscheidungen vorkommender Fälle zu treffen." Vgl. zu *Pütters* Induktion, zugleich kritisch, *Neusüß*: Ges. Vernunft 79f; ausf. darstellend jüngst *Blühdorn*: Positivität und Empirie (1971) 132ff: P. s. Verfahren sei induktiv.

287 Für seine Wichtigkeit genügt der Hinweis *Hugo*s auf ihn als Hauptgegner in diesen Fragen, s. Naturrecht (1809) § 34; vgl. jetzt *Neusüß*: Ges. Vernunft 101—11, bes. 106ff, der die breite NdS-Programmatik von *Weber*s tatsächlichem Vorgehen fruchtbar trennt.

288 Dazu jetzt gut *Neusüß*: Ges. Vernunft (1970) 24ff (zu J. H. Böhmer und Thomasius), 55 (zus.fassend nach Nettelbladt), 73f zum Eindruck einer neuen Methode, der aber täusche. Die philos. Basis sei geblieben. Sicher ist sein Ausdruck „Entwicklungsstufen" (S. 75) treffend für diese lange Übergangsphase. Er verstellt weder das Bleibende, noch das Neue. Vgl. auch aaO 117.

voll übergreifende Arbeit von Wolfgang *Neusüß* über „Gesunde Vernunft und Natur der Sache. Studien zur juristischen Argumentation im 18. Jahrhundert" (1970) runden das Bild auf der Basis erneuerter Quellenlektüre ab. *J. H. Böhmer* und *Christian Thomasius* haben danach betont von den überkommenen Autoritäten weg auf die „Sache" verwiesen[289]. *Chr. Wolff* perfektionierte das Verfahren[290]. Zugleich nahm er ihm die erste lebensvolle Frische, indem er mit seinem großen Prestige und im Einklang mit den Fachautoritäten der Zeit die einschlägigen „Naturen" der Sachen abklärte[291]. *J. St. Pütter* und *J. F. Runde* arbeiteten im nüchternen, so einflußreichen Göttingen des späten 18. Jahrhunderts wieder mehr die Richtung auf die konkreten Verhältnisse aus[292]. *Gustav Hugo*, der jüngste dieser folgenreichen Göttinger, hatte das philosophische Rüstzeug, mit Kant und Hume[293] diese Tendenzen in seiner „Philosophie des positiven Rechts" (zuerst 1798) in ihren Zenith zu führen. Sehr viele Zeitgenossen empfanden diesen Zenith allerdings als den „Gipfel historischer Einseitigkeit" (Gaupp 1827)[294]. Die unklare „Natur der Sache" hatte Hugo nur gestreift, aber ganz göttingisch[295]. *Reyscher* stellte die verwaschene Formel ins Zentrum seines Rechtsbegriffs. So weit waren weder *Pütter*, noch *Runde*, auf den sich Reyscher beruft[296], noch *A. D. Weber*[297], gar *Eichhorn*[298] oder *Thibaut*[299], auch nicht *Welcker*[300], von dem er doch sonst einiges profi-

---

289 *Neusüß*: aaO 26f, 30f.

290 *Neusüß*: aaO 35ff, bes. 45, 117.

291 *Neusüß*: aaO 42f, 44f.

292 Dazu *Marx*: aaO; *Dreier*: aaO § 10; *Neusüß*: aaO 76—93, 93—101.

293 *Hugo* war philosophisch sehr beschlagen (oben bei Fn III 454), verwendete vor allem einen *skeptisch* ausgelegten Kant (oben 307f, 309ff). Vgl. jetzt *Blühdorn*: Positivität und Empirie, der einige Hinweise zur deutschen Humeverwendung im späten 18. Jahrhundert gibt und auf die Linie Hume-Pütter-Hugo-Positivismus verweist, S. 125 Fn 10 (Humekenntnis allgemein), S. 131 Fn (bei Hugo speziell), 137 Fn 31, 141ff zu *Hugos* Empirismus, aber weniger zu Hume-Hugo direkt.

294 *Gaupp*: Falckrez. (1827) 134.

295 Vgl. Naturrecht (1809) § 34: „der Natur der Sache, wie wir sie nun einmahl haben (...)".

296 Zuerst Privatrecht I (1836) § 66 Fn 4; ebenso 2. A. § 75 Fn 4; dann ausf. in: Einheit, ZDR 9 (1845) 358f; nicht in: Daseyn (1839), Begriff (1846).

297 Vgl. dafür *Neusüß*: aaO 101ff.

298 *Eichhorn* verdeutlichte *Rundes* NdS in: Über das Studium (1815) 131 dahin: „Diese Bestimmung nehmlich ist nur von dem historischen Standpunkte aus möglich." Zugleich faßte er sie mit kräftigem dogmatischen Akzent als „rechtliche Idee" (S. 130) und „ursprüngliches Grundprincip" (S. 132). *Schmalz*: Dt. Privatrecht § 38/S. 24 (1818) und *Chr. L. Runde* als Hg. durch einen Zusatz in J. F. *Rundes*: Privatrecht (8. A. 1829) § 80, vgl. schon seine Vorrede zur 5. A. 1817, nahmen dies sofort auf.

299 Vgl. seine Enzyklopädie (1797) § 123, wo in der Zus.fassung der Rechtsquellen von NdS nichts steht; auch § 178, zum dt. Privatrecht: dagg.

300 Vgl. sein „System", in dem zwar von NdS die Rede ist, s. S. 484 Fn, 485 Fn, 486 Fn, 73ff u. 554 lobend für die Römer; für W. ist dieser Aspekt aber nur ein *Teil*.

tierte[301], oder *Warnkönig*[302] gegangen. Auch *Mittermaier* gibt hier keine Vorlage ab. Er wurde selbst erst durch Reyscher angeregt, die NdS von einer bloßen, wenn auch „vortrefflichen Auslegungsregel" (1815)[303] oder einer Betrachtungsweise, die gegebene Institute rein geschichtlich nachvollziehe (1837)[304], zur allgemeinen materiellen Grundlage des gemeinen deutschen Rechts aufzuwerten (1842)[305]. Vor diesem Hintergrund seien zunächst die wichtigsten Kontexte für Reyschers Verwendung der NdS zusammengestellt, um seine Meinung zu erfassen.

Verwendung bei Reyscher: Lückenergänzung. Reales Recht

In seiner sonst so grundlegenden *Kodifikationsschrift* von 1828 sucht man den Topos vergebens. Zwar liegen hier Reyschers maßgebende Wertungen bereit. Unschwer läßt sich auch die NdS-Formel mit der Art verbinden, wie er dort ständig das „Leben" und die „Bedürfnisse" heranzog, mit seinem Lebensbezug (oben 247ff) also. Der juristisch theoretische Sprachgebrauch setzt aber später ein. Selbst im *Geschichtsgrundriß* (1831) und im *Naturrechtsgrundriß* (1831) fehlte er. Erst im ersten Band seines *Privatrechts*, der insoweit 1836 erschien[306], trifft man auf etliche verstreute Belege, die insgesamt die tatsächliche Rolle der Formel verdeutlichen. Bedeutsamer sind besonders zwei Stellen mit der NdS-Formel. Im Abschnitt über die „in Württemberg geltenden Privatrechtsnormen" (S. 97ff)[307] meint Reyscher im § 66:

„daß, wenn die historischen Quellen nicht zureichen, die Natur der Sache zu Hülfe genommen werden müsse," und fährt fort, „welche am Ende nichts anderes ist,

---

301 Vgl. oben 344f.

302 Vgl. *Warnkönigs* „Rechtsphilosophie" (1839) S. 206—81, wo er „NdS" vermeidet; bloß beiläufig S. 247, 266; häufig kommt „NdS" dagg. in seiner „Enzyklopädie" (1853) vor, etwa 11, 28f, 42, 45f, 55, 57, 77, 107, 187 u. ö., aber *nie* als Basisbegriff.

303 *Mittermaier*: Versuch (1815) 12 Fn d, dort auch noch längere Abwehr weitergehender Bedeutung, auch aaO 28.

304 So in: Grundsätze I (5. A. 1837) § 36 Fn 12/S. 122, näher auch § 40/S. 128f, im vollständigen Einklang mit *Eichhorn* und *Chr. L. Runde*.

305 Diese Änderung kommt in: Grundsätze I (*6. A. 1842*) § 37, mit Verweis (aaO Fn 2) auf *Reyscher*, ZDR 1, 40—6 und Anklang in der Formulierung („rationelle" und „historische Notwendigkeit"), unter Streichung der Beschränkung auf bloße Theorie in der Voraufl. (aaO § 37 a. E.); weiter spricht er in § 34/S. 124 jetzt von „materiell gemeinem Recht" mit *Reyscher* (aaO Fn 3); auch § 40 berücksichtigt er *Reyschers* rationelles Element (aaO mit Fn 2), aber zugleich fordert er Ausrichtung an den konkreten Verhältnissen; § 34 heißt es ähnlich „aus dem Bedürfnisse, der Veranlassung und der Rechtsmeinung der Contrahenten hervorgehende Natur des Instituts." (aaO Aufl. 5 u. 6).

306 Die Seitenzahlen der 1. A. stelle ich i. f. in den Text.

307 2. A. S. 109ff.

als ein angewandtes Naturrecht, d.h. eine allgemeine Vernunftansicht (naturalis ratio), angewandt auf die Natur gegebener Verhältnisse."

Er beruft sich dabei für die NdS auf *J. F. Rundes* „Grundsätze", § 80, der „diese Quelle richtig bezeichnet" habe (S. 105 Fn), im Gegensatz zu seines Sohnes neuestem Zusatz „‚historisch aufgefundene' Natur der Sache" (S. 105 Fn)[308], der ihr diese „Eigenthümlichkeit" wieder entziehe (S. 105 Fn).

Reyschers etwas schwankende („am Ende") *Verbindung von NdS und „angewandtem Naturrecht"* ist ebenso ungewöhnlich wie scharfsichtig und bezeichnend. Er stellt hier zwei sonst säuberlich geschiedene Dinge zusammen, eine empirisch-induktive NdS und abstrakt-deduktive allgemeine Grundsätze, wie sie das s. g. Naturrecht zur Anwendung gab. *Pütter* etwa hatte hier immer klar getrennt[309]. *Hugo*s Wort vom „natürlichen Antagonismus" der Philosophie und des positiven Rechts[310] brachte die nach der französischen Revolution und angesichts des Napoleonischen Despotismus fällige Zuspitzung. *Savigny*s Neutralisierung von Jurisprudenz und *kritischer* Philosophie — denn nur diese war hier gemeint[311] — war bloß die sanftere Version[312]. Wie kommt Reyschers Verbindung zustande? Man muß den Eingang des benutzten Paragraphen hinzunehmen, in dem er laut Überschrift von der Quelle „Naturrecht" handelt. Dort heißt es leitsatzartig:

„Die unmittelbar aus der Natur der Menschen und der Dinge fließenden Grundsätze des Rechts (...) sind noch jetzt als reale Quelle wichtig in allen denjenigen Fällen, wo es an einer formalen Quelle, d.h. an positiven Bestimmungen fehlt" (§ 66).

In der Begründung kommt Reyscher zur angesprochenen Verbindung:

„Mag man denselben ein natürliches Gefühl, den s. g. gesunden Menschenverstand, zur Grundlage geben, oder mag man sie aus einem obersten Vernunftsgrundsatze oder gar aus einem unmittelbaren göttlichen Gesetze theoretisch zu erweisen suchen: das Wesen dessen, was man Naturrecht im obigen Sinne füglich nennen kann, bleibt überall und selbst diejenigen, welche das Daseyn einer eigenen Wissenschaft unter diesem Namen läugnen (sc. etwa Hugo), müssen zugeben, daß (...)",

worauf die soeben zitierte Passage mit dem Hinweis auf die Rundesche NdS folgt. *Ungewöhnlich* ist diese Verbindung der verschiedenen Ergänzungslehren im erwähnten Vergleich zu Pütter, Hugo, Savigny, aber auch anderen. *Scharf-*

---

308 Ebenso 2. A. S. 134 Fn 4; *Reyscher* zeigt hier starken Anklang an eine Äußerung *Gaupp*s in seiner „Eichhornrez.", H.A.L.Z. 1831, Sp. 59, der dort geschrieben hatte, mit dem Zusatz habe *Rundes* NdS aufgehört, „eine selbständige Methode zu repräsentieren und sich in der Pütter-Eichhornschen Methode verloren"; ebenso dann *Reyscher*: Einheit, ZDR 9 (1845) 358f.

309 Deutlich beschrieben bei *Marx*: Pütter/Runde 93: Ergänzung aus allg. Grundsätzen des Rechts war P. so viel wie das Gegenteil von Aufsuchung der gegebenen NdS, die er induktiv verstand. P. benutzte gleichwohl *beide* Verfahren.

310 *Hugo*: Naturrecht § 8/S. 11 (1809).

311 Die jeweilige, nämlich zweifache Verwendung von „philosophisch" in der „Methodenlehre" von 1802 ist oben Fn IV 147 u. 779 gezeigt.

312 Methodenlehre 50 u. ö.; auch *A. D. Weber*: Pandecten I 3.

sichtig scheint sie mir, da die Funktion all dieser Formeln und ihrer Umkehrung, der Hugoschen Verweigerung, klar gesehen ist. Sie alle sind eine Antwort auf die Schwierigkeiten mit dem nicht aufgehenden Rest eines als vollständig gedachten positiven Rechts. Selbst die eleganteste damalige Lösung, *Savignys* Kombination von leitenden Grundsätzen, organischer Ergänzung, Volksbewußtsein und Juristenrecht, kann dieses „Wesen" nicht verleugnen. Diese Juristen sind alle Erben eines (zu)weitgehenden, wolffisch-kantischen Systemideals. *Bezeichnend* scheint mir Reyschers Zusammenschau, da sie besonders gut aus einer praktischen Perspektive kommen konnte, einer Perspektive, die ja für ihn charakteristisch war. Gerade vor dem Blick auf das praktische „Bedürfnis", bei s. g. Lücken *überhaupt* zu entscheiden, konnte das woher und wie dabei relativ werden und die gemeinsame Rolle der Formeln hervortreten.
Reyscher folgt also im Streit um die Lückenergänzung, einem prekären Lehrstück der Zeit, zunächst schlicht dem praktischen Bedürfnis nach Entscheidung überhaupt und macht sich mit der genauen Herkunft der Lösung weniger Probleme. Klar ist nur, daß er das Recht *nicht „aus sich selbst"* ergänzen will, wie etwa *Hugo*, *Wächter*, *Savigny*[313]. Er ist nicht Positivist, hatte er ja 1846 „Positivismus" gerade an Savignys HS gerügt[314]. Reyscher kennt vielmehr neben den „positiven Bestimmungen" (S. 105) noch eine

„reale Quelle" (S. 105), „die unmittelbar aus der Natur der Menschen und Dinge fließenden Grundsätze des Rechts" (S. 105), eine „ursprüngliche Bildungsquelle", nämlich „das Leben selbst und seine Gewohnheiten" (S. 90),
„das Leben", das sich darbietet in der „Volkssitte und in dem Volksbewußtseyn" (S. 91), und zwar zur „Vervollständigung und Belebung der Rechtswissenschaft" (aaO), schließlich eine „minder nahe liegende Rechtsquelle", die „reine juristische Natur der betreffenden Verhältnisse" (S. 137).

Nur die beiden letzten Stellen kehren in der zweiten Auflage von 1846 nicht wieder, da er dort im Anschluß an seinen „Daseyn"-Aufsatz von 1839 zwei Paragraphen änderte. Die anderen Belege blieben, ebenso in der Sache die *Doppelung*. In dem neuen Paragraphen über die „Auslegung des Geists des positiven Rechts und der Natur der Sache" (S. 156) verkündet dies schon die genannte Überschrift. *Neben* der Ermittlung des „Geists des positiven Rechts"[315], die nur Gesetze, Gewohnheit und Gerichtsgebrauch „als Anhaltspunkte" (S. 157) benutzt, kennt er die Aufgabe,

„die Natur gegebener Verhältnisse zu erforschen und daraus praktische Folgesätze abzuleiten." (S. 157)

---

313 Für *Hugo* sein: Naturrecht § 34; für *Wächter* wörtlich sein: Privatrecht II 1 (1842) 61; für *Savigny* wörtlich sein: System I (1840) 290.
314 *Reyscher*: Begriff ZDR 10, 166.
315 Dort synonym mit „Geist der Gesetze, d.h. die Richtung der Gesetzgebung und des positiven Rechts überhaupt".

Diese Klärung war wohl dadurch angeregt, daß sein Rivale *Wächter* wenig zuvor (1842) den „Geist des positiven Rechts" betont und in seine bis heute durchgehaltene Rolle eingesetzt hatte[316].

Reyschers Formeln sind nicht apriorisch gemeint. Es gilt, diesen Verdacht zu prüfen, seit Savigny so folgenreich jedes *tertium* zwischen „historisch" und „philosophisch" (1815) stillschweigend übergangen hatte. Savignys eigener späterer Versuch im „System", zwischen bloßer „Wahrnehmung der Thatsache" und einem „über allen positiven Rechten schwebenden Normalrecht" zu vermitteln, blieb bemerkenswert folgenlos[317]. *Hugo*s deutlicher positivistische Ausschaltung der kritisch-philosophischen Dimension setzte sich im Puchta-Gerberschen Formalismus durch; dies obwohl die Beschreibung, die Savigny der positivistischen „Einseitigkeit" gab, sie fasse den Inhalt des Rechts als einen zufälligen und gleichgültigen auf und begnüge sich mit der Wahrnehmung der Tatsachen als solcher, allzu gut auf Hugo paßte, der *jedes* Rechtsverhältnis „chicanieren" zu können meinte, und über den Savigny insofern stets tunlichst geschwiegen hatte. Über allen positiven Rechten soll *Reyscher*s „reale Quelle" nicht schweben. Am verdächtigsten ist hier vielleicht noch die Wendung von „der Natur der Menschen und Dinge". In der obigen Zusammenstellung sieht man aber die Parallele zu sämtlich sehr konkreten Erscheinungen wie etwa „Leben". Die Wendung wird auch gleich als „reale Quelle" erläutert. Zu ihrer Ermittlung endlich verweist Reyscher klar auf die tatsächlichen, „gegebenen Verhältnisse"[318]. In ihnen und aus ihnen soll der Rechtsanwender eine Regel „finden" oder „ableiten" und dann „weisen" oder „anwenden"[319]. Den Unterschied zwischen der Arbeit mit Positivem, Verfestigtem und der NdS leugnet Reyscher nicht. Doch er räumt eben „dem Juristen nebst der Auslegung der Gesetze noch eine höhere, selbständigere Thätigkeit" ein[320]. Diese erläutert er aber gerade als „empirische Erkenntnis"[321], als Richtung auf das konkrete „Leben" im Volke selbst.

Ein *Rückblick* auf die Verwendung im „Privatrecht" ergibt: Die NdS erscheint vor allem bei der Lückenfüllung. Sie gerät in eine gemeinsame Rolle mit allen möglichen Anhaltspunkten, auch apriorischen. Doch nimmt Reyscher seine

---

316 *Wächter*: Privatrecht II 1 (1842) § 14/S. 60—4.

317 Vgl. System I 52f; wie ich noch sehe, arbeitet *Wilhelm*: Recht 231ff, 238 „Doppelnatur"-Lehren nach 1850 heraus. In der *Programmatik* ist demnach Nachhall, aber Umkehrung bei Jhering(S. 234), recht folgenlos bei Leist (S. 235 Fn); für zuverlässige Akzentuierung der „Folgen" und „Nichtfolgen" fehlt es trotz Landsberg und Wieacker schlicht am genauen *Gesamt*überblick. Bes. *Wächter*, etwa Privatrecht II 1 (1842) § 1ff, wird trotz damals allg. Begeisterung (oben Fn II 137/138) entschieden zu wenig beachtet.

318 *Reyscher*: Privatrecht I § 58 a.E./S. 101 (= 1. A. § 56); weiter I (1. A.) § 85/S. 137.

319 Privatrecht I (2. A.) 157, ähnlich I (1. A.) 137, beides soeben zitiert.

320 Privatrecht I § 59/S. 102, in der wichtigen „Schlußbemerkung" zur Methodik.

321 Privatrecht I aaO.

NdS-Variante empirisch-konkret, parallel zu dem aus „Bedürfnisse" vertrauten Lebensbezug. Aber die NdS ist noch nicht zentral. Sie erscheint nur ganz knapp und beim Rechtsbegriff in § 2 nur der Sache nach[322]. Sie bleibt im wesentlichen spezieller Hinweis auf einen „realen" Grund des Rechts. Reyscher ist damit apositivistisch. Er spaltet im Ergebnis die Quellen des Rechts auf in „positive" oder „formale" und nichtpositive oder „reale". Sein Dissens ist doppelt. Weder apriorisch, noch aus sich selbst soll das Recht ergänzt werden. Das führt auf den „Daseyn"-Aufsatz und die „Begriff"-Abhandlung. Auch *einige Zweifel* bleiben aus dem „Privatrecht" und fordern Prüfung an diesen Texten: Neben dem „Leben" hatte Reyscher an ein „rationelles Princip" verwiesen[323] und die NdS sollte zwar aus den gegebenen Verhältnissen, aber „theils auf geschichtlichen, theils auf philosophischem Wege" ermittelt werden[324]. Drittens war von „empirischer Erkenntnis" die Rede gewesen[325]. Diese methodischen Ausdrücke deuten auf eine zu klärende Vielfalt im Rechtsbegriff hin, die im „Privatrecht" nicht explizit gemacht wurde. So viel läßt sich danach klar sagen.

Schwieriger ist es, die einzelnen Elemente und ihr Verhältnis anzugeben. Hier wird zunächst seine Unterscheidung in *„formelles"* und *„materielles"* Recht wichtig. Sie ist schon im „Privatrecht" vorbereitet[326] und kehrt dann beständig wieder. Genau angegeben ist das *Formelle*, nämlich als Gesetz, Gewohnheit und Gerichtsgebrauch[327]. Das *Materielle* bleibt etwas unklar. Es kommt von der „Natur der Menschen und Dinge" oder der „Natur gegebener Verhältnisse" laut „Privatrecht"[328], ist Produkt von „Vernunft und Sitte"[329], gleicher Sitte, Verfassung, Sprache, Abstammung[330], juristisches „Natur-Product", „natürliches Recht", der Natur der menschlichen Verhältnisse gemäßes Recht[331], „Ergebnis innerer Rechtsbildung", „Natur der Sache, d.h. die rechtliche Idee, welche der äußeren Beschaffenheit eines ge-

---

322 Privatrecht I § 2/S. 3 (= 1. A. S. 3) heißt es: Das Recht wird „nicht blos durch Gesetz, sondern auch durch Vernunft, Naturnothwendigkeit und Sitte gebildet."

323 Privatrecht I § 58/S. 101: „so muß man der Rechtslehrer theils durch Zurückgehen auf das rationelle Princip im Rechte, theils durch unmittelbare Anschauung des Lebens selbst und seiner Gewohnheiten zu der ursprünglichen Bildungsquelle des Rechts hindurch zu dringen suchen."

324 Privatrecht I § 89/S. 157.

325 Privatrecht I § 59/S. 102, zitiert soeben bei Fn 321.

326 Vgl. im Zitat oben nach Fn 312 die Trennung real-formal; weiter Privatrecht I § 2/S. 3 (= 1.A. S. 3): „Recht werde einerseits durch Gesetz, andererseits durch Vernunft, Naturnotwendigkeit und Sitte" gebildet.

327 So etwa im Privatrecht I § 89, auch 58; ZDR 1, 14, 16, 17 u. ö., etwa 42f; sehr deutlich ZDR 9, 339; wieder ZDR 10, 173.

328 Privatrecht I §§ 89/S. 157, § 75/S. 133.

329 Daseyn, ZDR 1, oft, etwa 17, 24, 43.

330 Daseyn, ZDR 1, 17, ähnlich 41.

331 Alles ZDR 1, 37.

gebenen Rechtsverhältnisses zu Grunde liegt", zugleich auch „Ausdruck des menschlichen Geistes", nur „angewandt auf die Natur positiver Verhältnisse"[332], schließlich „den einzelnen Rechtsverhältnissen (z. B. der Ehe, den Reallasten) anhängende rechtliche Natur der Sache"[333], *jedenfalls* weder willkürlich, d. h. „allein durch den Willen der Beteiligten geschaffen"[334], noch „apriorisch"[335], völlig allgemein, rein abstrakt oder „rein rational"[336] laut „Daseyn"-Aufsatz. Es ist ein Zwischending. Dies bleibt es auch im „Einheit"-Aufsatz[337] und im „Begriff"-Aufsatz, wo es genauer zur Zusammenfassung von Natur, Vernunft und Geschichte, von materialem, rationalem und nationalem NdS-Element avanciert[338].

Den Gesamtverlauf der beiden Aufsätze habe ich beschrieben[339]. Dabei zeigte sich auch, daß sie zwar jeweils an den konkreten Streit um das gemeine deutsche Recht anknüpfen, dabei aber zum Schmelztiegel allgemeiner Thesen wurden[340]. In beiden Aufsätzen mündet die Diskussion zum Rechtsbegriff in die zusammenfassende Formel der „Natur der Sache"[341]. Aus dem Anhaltspunkt bei der Lückenfüllung im „Privatrecht" wird eine allgemeine, umfassende Lösungsformel.

Am deutlichsten wird das, wenn man vom „Begriff"-Aufsatz herkommt. Dort ist der Rahmen der NdS am stärksten ausgeweitet. Die gesamte „Realität"[342] ist NdS. Sie zerfällt wiederum in verschiedene einzelne NdS-Elemente, nämlich[343]:

a) ein „materiales", oder „physisches",
b) ein „rationales" oder „geistiges",
c) ein „nationales" und
d) ein „positives" oder „formelles".

Damit will Reyscher alle Faktoren eines „wirklichen" Rechts benannt, seine „Realität (...) vollständig"[344] beschrieben haben. Sie alle zusammen führen auf das Recht, das Reyscher in „Daseyn" als „Natur-" und „Kunstproduct" *zugleich* definiert hatte[345]. Das Recht ist die *Resultante* all dieser Faktoren.

---

332 Alles ZDR 1, 40.
333 ZDR 1, 41.
334 ZDR 1, 40.
335 So direkt ZDR 1, 40 u. ö., etwa 30, 42.
336 ZDR 1, 42.
337 ZDR 9, 339, 340.
338 ZDR 10, 173.
339 Oben 149ff, 156ff.
340 Oben 155, 168, auch 156, 162f für „Einheit".
341 ZDR 1, 37 (Natur der Verhältnisse), 40; ZDR 10, 171, 172f.
342 ZDR 10, 173.
343 Alles ZDR 10, 172f.
344 ZDR 10, 173.
345 ZDR 1, 37.

Fest steht durch die Unterscheidung formell-materiell, daß das formelle Recht zunächst, also vorrangig zur Anwendung kommt[346].
Weiter denkt sich Reyscher das Verhältnis wie das von *Besonderem und Allgemeinem*. Nur so war ja auch die gemeinsame Qualität Recht begründbar. Auch Savigny ging im „System" diesen Weg der Vermittlung[347], um Philosophie und Geschichte zu versöhnen. Reyscher zerlegt das Recht also in eine Art Naturstufe („Natur-Product") und eine Art Kunststufe („Kunst-Product")[348], in „eine unterste und breiteste Stufe", die der „allgemeinen Menschen-Natur", und eine „zweite Stufe" ‚die des „Volksrechts" oder des „der Natur des bestimmten Volkes gemäße und beziehungsweise von ihm selbst geschaffenen Rechts"[349]. Diese beiden Stufen sind aber auch zugleich und aktuell, anders als bei *Savigny*, der die Naturstufe der Arbeitsteilung hatte „anheim" fallen lassen[350]. *Reyschers* Recht hat also diese doppelte Seite, dieses „theils (...) theils"[351]. Über den Vorrang des Formellen ist es zur praktischen Einheit und Anwendbarkeit gebracht.

Damit sind die entscheidenden Umrisse der Reyscherschen Lösung zum Rechtsbegriff festgehalten.

Doppelnatur des Rechts. Bürgerlich-liberale Prämissen des „realen" Rechtsbegriffs

Charakteristisch vor der zeitgenössischen Folie ist die *Doppelung*, die Reyscher durchhält. Sie kommt sukzessiv vor, in geschichtlichen Stufen, und aktuell, in Doppelnatur des Rechts. Aufgefangen ist sie in der alten Harmonisierungsformel vom Allgemeinen und Besonderen. Reyscher steht damit in diametralem Gegensatz zu den einspurigen allgemeinen Rechtslehren eines *Wächter*, *Gerber* oder des frühen *Jhering*. Sein Dissens zur „formalen Ansicht" wurde ausführlich gezeigt (oben 320ff). Weniger unmittelbar verständlich ist sein scharfer Dissens zur *Savignyschen* Lehre. Auch Savignys Konstruktion war ja doppelbödig und zwar zwischen Volksbewußtsein und positivem Recht, höherem und einfachem Recht. Die Spannung zwischen Volksbewußtsein und Recht war sogar der Reyscherschen zwischen unmittelbarem „Volksrecht" und positiv geschaffenem Recht sehr ähnlich. In der Tat ist die *Bauweise sehr parallel* und insofern Reyschers Beeinflussung durch die Programmatik

---

346 Vgl. Privatrecht I § 58; ZDR 1, 14; ZDR 9, 339; ZDR 10, 173.
347 System I 52f, das Philosophische als „allgemeine Aufgabe", das Geschichtliche als besondere Aufgabe der einzelnen Völker.
348 Mit diesen Worten bes. ZDR 1, 37.
349 ZDR 10, 172.
350 *Savigny*: Beruf 76; zu erinnern ist an den Zusammenhang mit den romantischen Natur-Kunst Theorien, oben Fn IV 193, wo man sich über sukzessiv und zugleich der Elemente stritt.
351 ZDR 10, 172 u.ö., auch ZDR 1, 37.

Savignys deutlich. Dennoch war der *Unterschied*, um im Bild zu bleiben, so groß wie der zwischen einem auf Erde und einem auf Wasser erstellten Gebäude. Er läßt sich in mehrfacher Weise umschreiben. Savignys Lehre war doppelbödig, lebte aber doch aus sich selbst. Das ist nur bei identitätsphilosophischen Prämissen zu begreifen. Sie war jedenfalls trotz ihrer Spannung insgesamt formalistisch. Man sieht das gut, wenn man den Volksbegriff, das eine Element der Spannung, näher betrachtet. Er erweist sich als verinnerlicht, als bloß apologetisches Accessoire[352]. An diesem Punkt wird der Unterschied zu Reyscher besonders greifbar. *Reyschers* Volksbegriff erwies sich mehrfach als ausgesprochen effektiv, relational und keineswegs verinnerlicht[353]. Nicht zufällig scheiden sich am kritischen Punkt der Rolle der Juristen in und gegenüber dem Volk die Geister besonders heftig. Hier wurde der Volksbegriff bzw. der Formalismus praktisch. Überhaupt ist die Rollengebung für die Juristen ein vorzüglicher Indikator formalistischen oder unformalistischen Rechtsverständnisses. *Die Lage beim Rechtsbegriff erweist sich also der allgemeinen beim Lebensbezug ganz ähnlich.* Anhand der Kodifikationsschriften hatte sich nach näherer Analyse ja ergeben, daß der gleichermaßen postulierte Lebensbezug im Unterschied der Bezugspunkte und der konkreten Ausfüllung höchst divergente Funktion entfaltete (oben 217, 247ff).

Reyscher wird auch beim Rechtsbegriff der *bürgerlich-liberalen Einbettung*, die die Kodifikationsschrift beherrschte, nicht untreu. Sein doppelter Rechtsbegriff hatte vielmehr eben die Aufgabe unter den tatsächlichen und theoretischen Bedingungen der damaligen Wissenschaft vom gemeinen aktuellen Recht die Interessen des mittelständischen Bürgertums optimal zu wahren. Das ist nicht zu simpel schematisiert. Bei der Beschreibung der kritischen Seite Reyschers, seiner verschiedenen Absagen, wurde die Rolle der Elemente seiner dualistischen Synthese klar. Mit dem „materiellen" Recht aus der NdS schuf er gegen gouvernementales, stets positives Recht von „oben" eine Handhabe. Zugleich bestand er auf einem volitiven (rationalen) Element im Recht und sah insofern etwas Gutes auch an der Gesetzgebung, mehr noch aber in der Gewohnheit aus Autonomie. Damit konnte dann wirksam der aristokratisch-elitären Juristenrechtslehre und -praxis begegnet werden. Denn das volitive Element lag konkret im Recht schaffenden Volk und dessen Volksleben. Da sie diesen Bezug nicht verinnerlichte und entwertete, war Reyschers Rechtslehre zutiefst relational, rückbezogen auf etwas, das Recht stets neu zu fundieren hatte. Bürgerlich war dieser Bezug, da hinter Volk und Volksleben konkret der Mittelstand und die Geschäftswelt hervorkamen, wie das für „Bedürfnisse" näher gezeigt wurde und auch hier gilt. Reyschers politisch-liberale Mittelposition bestätigt das[354]. Was hier im Gerüst gezeigt ist, blieb bei Reyscher ebenso-

[352] Dazu bes. oben 227; weiter oben 337.

[353] Dazu bes. oben 227, 337, 80 Fn.

[354] Vgl. oben 64f und 271.

wenig graue Theorie wie bei seinen Zeitgenossen. Eine kurze Erinnerung an seinen Lebenslauf genügt, um die Parallele im praktischen Engagement zu sehen. Reyscher macht sein ideologisches Zentrum aber auch hinreichend explizit. Das ist kurz darzulegen.

Im Zusammenhang des Rechtsbegriffs ist hier wieder der „Begriff"-Aufsatz besonders deutlich. Daneben läßt sich auch die Zusammenfassung zur konkreten Anwendung der Rechtsquellen im „Privatrecht" heranziehen, sowie der kleine abgewogene Vorspann „Über den Zweck" der ZDR.

Der wichtige Schlußabsatz des „Begriff"-Aufsatzes wurde bereits ausführlich wiedergegeben und seine spezifische Richtung auf die „*lebensvolle Wirklichkeit*", auf „practisches Verständnis der Erscheinungen des gegenwärtigen Lebens", die Reyscher dort als seine „Losung" bezeichnet, hervorgehoben. Zugleich wurde seine Tendenz zur Emanzipation festgehalten, die darin liegt, daß Reyscher an die Wirklichkeit der *bürgerlichen* Bedürfnisse denkt und deren juristische Sanktionierung fordert (oben 168f). Dieser ideologisch sehr offene Schlußabsatz steht in direkter Verbindung mit dem zuvor von Reyscher entwickelten Rechtsbegriff, wie er soeben beschrieben wurde. Ganz ähnlich formuliert er auf dieser spezielleren Ebene als erstes Charakteristikum *seiner* Ansicht vom Rechte:

„Einen Gegensatz sowohl zu der ebengedachten formalen Auffassung, als auch zu der rationalen und dann wieder zu der einseitig (!) nationalen Ansicht, bildet die von mir (sc. Reyscher) versuchte (reale) Begründung des gemeinen Rechts auf die Natur der Sache oder die Verhältnisse des wirklichen Lebens"[355].

Den Lebensbezug arbeitet er sofort noch näher aus:

„Die reine Wirklichkeit, welche wir uns nicht als bloß materielle Welt, sondern als geistig belebte Einheit, nicht als abgeschlossene Schöpfung, sondern als fortschreitendes Leben zu denken haben, ist der Natur-Grund des Rechts"[355].

Hier hat man seine Doppelung und zugleich seinen umfassenden Wirklichkeitsbezug. Schärfer als *Savigny*, der ja auch schon das Recht als bloße Seite des „Daseyns" beschrieben hatte [356], hält *Reyscher* diesen Aspekt durch. Es ist nur folgerichtig, daß er dann das Recht in mehrere „Stoffe" (so in „Zweck")[357] oder Elemente (so in „Begriff")[358] oder Bestandteile (so in „Daseyn")[359] zerlegt. Wohl alle damals denkbaren Faktoren waren damit direkt, nicht erst durch den Filter der berufenen Juristen einbezogen. Zugleich ordnete Reyscher die Faktoren in praktisch treffender Weise subsidiär hintereinander, in einen Regreß vom Bestimmteren zum Unbestimmteren. Diesen Regreß sieht man besonders gut im zusammenfassenden Paragraphen 58 des „Privatrechts", in dem

355 ZDR 10, 171 als erster Satz des Abschnitts zu seiner Ansicht.
356 So bes. in: Beruf 88f, um die „Vortrefflichkeit" der Methode der römischen Juristen, die stets den Bezug zum „vollen Daseyn" gewahrt habe, zu betonen.
357 ZDR 1, 7f.
358 ZDR 10, 172f, ausgeführt oben 358.
359 ZDR 1, 37.

er laut Überschrift seine „zusammengesetzte Lehrart“ ausführt. Die „Behandlungsweise“ richte sich „nach der Beschaffenheit der Quellen“, sei also wie folgt einzurichten: Zunächst müsse man „exegetisch“, eventuell auch „geschichtlich“, die eigentlichen *Gesetze* heranziehen, dann das *Gewohnheitsrecht*. Geschichte und Exegese reichten jedoch für ein vollständiges „lebendiges Bild“ nicht aus. Daher müsse der Jurist

„Theils durch Zurückgehen auf das rationelle Princip im Rechte, theils durch unmittelbare Anschauung des Lebens selbst und seiner Gewohnheiten zu der ursprünglichen Bildungsquelle des Rechts hindurch zu dringen suchen; kurz er muß nicht bloß Gesetze auslegen, sondern auch wo Gesetze fehlen, wie der germanische Schöffe und der römische Iudex und Iureconsultus das Recht ‚finden‘ (condere) und das Gefundene ‚weisen‘ (edicere, respondere)“[360].

Das „rationelle Princip“ hatte er in „Daseyn“ und deutlicher in „Begriff“ als *ein* Element der rechtlichen *Realität* erläutert. Zentral ist also der Rückgang auf das „Leben selbst“, die ursprüngliche Bildungsquelle, zu der eben das rationale, der Faktor Geist/Vernunft, dazugehört. Auch hier mündet Reyscher in einen grundlegenden Wirklichkeitsbezug. Reyscher stellt damit eine Forderung an die Jurisprudenz, die heutige Beobachter gerne als Kennzeichen eines rechtswissenschaftlichen Neueinsatzes beim späten *Jhering* hervorheben. *Karl Engisch*, der die moderne „Hinwendung zum Realen in Recht und Rechtswissenschaft“ grundlegend beschrieb unnd durchdachte, kann auch insoweit als repräsentatives Beispiel gelten[361]. *Jherings* nüchterne Hinwendung zur rechtlichen Wirklichkeit[362] war aber bei Juristen wie *Reyscher*, mehr noch *Mittermaier*, längst fundiert und hier wiederum spätaufklärerisches Erbe (oben 45, 272, 336). Freilich geschah diese im Zeitalter der nüchternen „Realpolitik“ nach 1850 und der vormärzliche, liberal-politische Unterbau, der bei Reyscher dem Wirklichkeitsbezug Richtung gab, fehlte. Damit war die Wendung zum Realen positivistisch verschärft und zugleich politisch entschärft.

Im ZDR 1-Vorspann „Über den Zweck dieser Zeitschrift“ wurde bereits als „neue Leitlinie“ Reyschers die *Richtung auf ein „practisches“ „Volksrecht“* hervorgehoben (oben 107f). „Einbürgerung unseres Rechts“ ist dort eine zentrale Forderung[363], die wohl für heutige Leser besser erklärt, was mit der synonymen Redeweise von „vaterländischer“ oder „nationaler Rechtswissenschaft“[364] gesagt sein sollte. „Einbürgerung“ des Rechts in das Leben ist zugleich Verbürgerlichung des Rechts selbst. „Und“, so Reyscher

---

360 Privatrecht I § 58/S. 101 (= 1.A. S. 90).

361 Vgl. *Engisch*: Konkretisierung, Kap. 4, S. 85ff, wo er mit *Jhering* einsetzt; daneben etwa *Larenz*: Methodenlehre; *Boehmer*: Grundlagen II 1, 87, 132ff; *Wieacker*: Geschichte 449, 450—3 mNw.

362 Lehrreich jetzt der Symposionband von *Wieacker/Wollschläger* (Hg): Jherings Erbe (1970), u.a. mit der nützlichen Bibliogr. von *Losano*.

363 ZDR 1, 6.

364 Vgl. ZDR 1, 3, zitiert oben 107.

„was die Wissenschaft dazu beitragen kann, soll in dieser Zeitschrift freimüthig (!) besprochen, und zugleich der That nach versucht werden"[365].

Die Richtung zeigt auch noch Reyschers sonst recht dünne Begründung. Die Einbürgerung forderten

„die Natur eines Gemeinwesens, das sich selber achtet (lies: seine Bürger), das Bedürfnis der Gegenwart und die Hoffnung auf eine gute Zukunft"[365].

Wer Reyschers frühere Schriften kannte, insbesondere seine Kodifikationsschrift, konnte darin die direkte Fortsetzung einer dort zentralen Vorstellung erkennen, einer Forderung die *Wächter* so übel aufgenommen hatte: Die „politische Wiederbelebung des Rechts", über die in mehreren Zusammenhängen ausführlich berichtet wurde (oben 226f, 196, 248f). Sie stand sogar im „Privatrecht", aber erst in der 2.A. von 1846[366].

Die nach der Betrachtung des „Privatrechts" noch bestehenden Zweifel (oben 357f) über ‚rationell', ‚geschichtlich', ‚philosophisch' und ‚empirisch' finden Aufklärung. *Damit sind einzelne Faktoren der Rechtsfindung gemeint, die zusammen die Realität Recht ausmachen, die nicht völlig isolierbar sind, die aber eine gemeinsame Tendenz zur Wirklichkeit, d.i. zum bürgerlichen Leben hin haben sollen und von daher ihren Sinngehalt mitbringen.*

Lösung der Geltungsfrage

Zuletzt soll festgehalten werden, daß Reyscher sich über die Lösung der *Geltungsfrage* nicht stillschweigend hinwegsetzt. *Der* Unterschied, sagt er deutlich, finde statt,

„daß das gesetzliche Recht und ebenso das Gewohnheitsrecht in ihrer Form schon den Grund ihrer Verbindlichkeit haben, während die Verbindlichkeit des materiellen Rechts aus der Beschaffenheit seines Inhaltes nachzuweisen ist"[367].

Das letztere ist wieder keineswegs *apriorisch* gemeint. Mit allgemeinen abstrakten Erwägungen soll es nicht getan sein. Freilich setzt diese Vorstellung Reyschers die Möglichkeit voraus, auch noch nicht positiv verfestigte Wertungen intersubjektiv begründet auszuweisen. Daß Reyscher das bejaht, gehört wiederum zu den Grundfesten seines Rechts- und Menschenbildes. Diese Seite wird greifbar an seinen Thesen zur „*Gemeinverständlichkeit*" von Gesetzen, die sich in der Kodifikationsschrift fanden (oben 252) — in Gegensatz zu Savignys Fachsprachenidealismus —, an seiner Forderung nach *Laienrichtern* und Öffentlichkeit und Mündlichkeit (oben 249), an der Einbettung der *Juristen* ins Volk, an seinem Glauben an den „gesunden Menschenverstand", der im „Daseyn"-Aufsatz schön explizit wurde (zit. oben 77), und etwa an seiner

---

365 ZDR 1, 5f.
366 Privatrecht I § 2/S. 4.
367 ZDR 10, 173.

soeben zitierten Beschreibung des juristischen Rückgangs auf das „Leben". „Kurz", schloß er da bündig ab, der Richter solle finden und weisen wie ein germanischer Schöffe (oben 362). Deren Rechtfinden und Rechtweisen hatte er im historischen Teil des „Privatrechts" beschrieben. Die Richter behalfen sich danach teils mit ihrem „persönlichen Rechtsbewußtseyn", teils mit „dem Bewußtseyn der Umstehenden (des sogen. Umstandes)"[368]. „Öffentlichkeit und Volksmäßigkeit" war ihm schon im Geschichtsgrundriß der „germanische Charakter" der Gerichtsverfassung[369]. Noch ausführlicher beschreibt er diese Vorstellungen volksmäßiger Gerichtsverfassung und Rechtsanwendung in „Öffentlichkeit und Mündlichkeit" (1841) (Nr. 24) anhand württembergischer Quellen[370]. In der Tat ist diese Vorstellung von germanischer Gerichts-, ja Staatsverfassung ein Modell, an dem man sich der Möglichkeit intersubjektiv ausweisbarer Wertungen auch unabhängig von positiven Texten versicherte, von *Rogges* einflußreicher Schrift (1820) — er lehrte zuletzt kurz in Tübingen[371] — bis zu den Germanistenversammlungen. Die Frage liegt parallel wie bei der von den gleichen liberalen Juristen stets vertrauensvoll gepriesenen „*öffentlichen Meinung*"[372]. Das Zusammentreffen freier Meinungen, so dachte man, konstituiere ein Ergebnis mit Richtigkeit[373], überzeuge und binde. Das war in einer relativ konformen Schicht gebildeter, interessenmäßig eng verbundener, bürgerlicher Disputanten vorstellbar. Mit den 48er Diskussionen erwies sich das Modell als zu eng. Hier war Richtigkeit kraft allgemeinen Zusammenstimmens nicht mehr verbürgt. Wie sehr Reyscher auf diese Art von Erkenntnis eines Richtigen vertraute, zeigt das Beispiel der *Handelsschiedsgerichte* und seine Schilderung davon, die er in Frankfurt gab. Selbst Präsident im Reutlinger Schiedsgericht (oben 75), berichtete er, die Kaufleute in den Handelsschiedsgerichten verstünden nicht nur von dem Handel „wie natürlich mehr (verstehen), als die Juristen", sondern gäben auch ein durchaus „vernünftiges Urtheil bei vorkommenden Rechtsfragen" ab[374]. Es fehle ihnen nur an technischer Rechtskenntnis, also „sofern man unter dem Recht versteht eine kaum zu bewältigende Masse von einzelnen Gesetzen, juristischen Meinungen und Forma-

---

368 Privatrecht I § 12/S. 17, vgl. § 13 Fn 1 zum Ausdruck „weisen" im MA.

369 Geschichtsgrundriß VII f.

370 ZDR 6, bes. 354, 360 Fn die Aktualisierung, 370 die Widerlegung eines reinen Fachrechts als unrealistisch.

371 Zu *Rogge* einiges oben II Fn 57.

372 Vgl. *Welcker*: Letzte Gründe 94: Sie sei einer der „unerläßlichen Constitutionspunkte des Rechtsstaates" (S. 93), auch 166; neutral *Schrader*: Civilgesetzgebung (1821) 2f; skeptisch-ironisch und einschränkend *Savigny*: Städteordnung (1832) VS 5, 185, 215, 219f; vgl. f. *Reyscher*: ZDR 6, 361; Publ. Vers. 155, 157.

373 Grundlegend hier *Habermas*: Öffentlichkeit, etwa 136f, 121 für die Basis bei Rousseau. Wichtige Reflexion der Prämissen etwa bei *Herzog*: Allg. Staatslehre, Frankfurt 1971, S. 54ff; *Scharpf*: Demokratietheorie zwischen Utopie und Anpassung, Konstanz 1970 (gut zusammenfassend).

374 Verhandlungen/Frankfurt 88.

litäten"[374]. Hinsichtlich der Richtigkeitsfrage spreche sich „das unmittelbare Rechtsbewußtseyn des Bürgers kunstlos"[375] aus. In diesen Sätzen zeigt sich Reyschers entscheidendes Vertrauen auf die vernünftige Selbstbestimmung der Rechtsbetroffenen. Zugleich wird die Schwäche dieser Fundierung sichtbar. Bei grundlegenden Interessenkollisionen, etwa in einer nicht wie in Reyschers Beispiel[376] nur bürgerlichen Gesellschaftsschicht, mußte dieser Konsens schnell versagen. Reyscher hat das aber offenbar geahnt, und drängte daher mit der „politischen Wiederbelebung des Rechts", mit Öffentlichkeit und Laienjustiz, mit dem Verlangen nach Teilnahme an Recht und Staat, stets auf eine politisch-institutionelle Lösung dieser Probleme.

Wissenschaftsbegriff — Rolle der Juristen

Wissenschaftsbegriff und Rollengebung für den Juristen stehen in dem dichten Bezug, den die gemeinsame Überschrift ankündigen soll. Die Verlautbarungen zur Rollenbestimmung der Juristen sind nur die Konkretisierung allgemeiner und weniger zugänglicher Thesen über die Jurisprudenz überhaupt. *Anselm Feuerbach*, der so anschaulich darstellen konnte, stellte nicht zufällig in seiner Landshuter Antrittsrede von 1804 sein abstraktes Thema in einen bestimmten konkreten Rahmen. In Verbindung mit einer Typologie der Juristen und ihrer Rollen erhielt sein kühnes bayerisches Debut „Über Philosophie und Empirie in ihrem Verhältnisse zur positiven Rechtswissenschaft" die rechte Plastik[377]. Auch der Karlsruher „Geheimrath" *J. G. Schlosser* hatte in seinem „durchaus vortrefflichen Aufsatz" (Savigny)[378] „Über das Studium der reinen Römischen Jurisprudenz" in *Hugos* Magazin[379] sich dieser erhellenden Konkretisierung fleißig bedient. „Drey Secten" der Juristen seit Irnerius schied er mit beachtlichem Weitblick (S. 77): die „*practischen*" (S. 77ff), zugleich die zahlreichsten und verächtlichsten (S. 77), ohne „Streben nach dem höhern, schönern und bessern" (S. 81), bloße Zimmermänner statt Architekten (S. 79)[380], die „*theoretischen* (S. 82ff), darunter „philosophische", „critisch"-gelehrte und — neuestens — rein römische (S. 84) und die „*theoretisch-practischen*" (S. 84ff). Unter diese rechnet er die „weisen Rechtsgelehrten" (S. 85), die Römisches und

---

375 Verhandlungen 87.
376 Vgl. weiter aaO 87f.
377 Vgl. *Feuerbach*: Empirie 1—10; treffend weist *Naucke* in seiner „Einleitung" zum reprogr. ND, S. XXIII—V, auf den engen Zusammenhang mit Feuerbachs Gesamthaltung und auf das bezeichnende Fehlen des Rollenthemas in sonst ähnlichen neueren Texten (S. XXIVf) hin.
378 Beruf 126.
379 Civ. Mag. I 1 (1790) 72—108; im folg. Absatz Seitenzahlen im Text.
380 Ein weiterer Vergleich ist aaO der von „Quacksalberey" gegenüber „Medicin".

Deutsches zeit- und zweckgemäß verbinden und nicht, wie er gezielt einwirft, wie „unsere neuen Emileschöpfer"[381] wider die Gesetze „räsonnieren" (S. 85). Das ist ein Stück des Hintergrundes für *Savignys* „zwey Schulen", aber auch noch für die „System"-Vorrede und ihr Thema Theorie — Praxis. *Hugo* hatte Theoretiker und Praktiker scharf geschieden[382]; doch 1828 setzte er hinzu, „Auch hier (...) müßte man eigentlich ‚das Eine thun und das Andere nicht lassen'"[383]. Noch *Warnkönig* schied dann 1839 Dogmatiker, Historiker und Philosophen unter den Juristen[384]. Das methodische Bewußtsein war jedenfalls durchweg ausgeprägt.

Reyschers Auffassung

Charakteristisch andere Einteilungen benutzte *Reyscher*, als er 1828 in seiner Kodifikationsschrift dazu Gelegenheit hatte. Abweisend stellte er den überkommenen Hin- und Herzerrern und „Priestern der irdischen Gesetze"[385] einerseits, und den formalistischen, das „Volk" vertretenden Juristen Savignys andererseits, das Leitbild eines gesetzestreuen *und* lebensnahen Kenners der Rechte entgegen. Diesen mit der „ursprünglichen Nahrungsquelle" des Rechts, dem Volksleben, vertrauten, aber doch fachkundigen Juristen empfiehlt Reyscher[386]. Die Juristen und mit ihnen die wissenschaftliche Jurisprudenz geraten in die Verantwortung vor dem „Volksleben", in die „öffentliche" Verantwortung (oben 253 f). Vor dieser Folie teilt Reyscher in einer Weise ein, die über den „Daseyn"-Aufsatz, wo die Termini schon fallen[387], direkt zu *Beselers* „Volksrecht und Juristenrecht" führt, sowie zum Engagement in Frankfurt

---

381 *Rousseaus* „Emile ou l'éducation" war 1762 einen Monat nach „Du Contrat social" erschienenen, mit dem er alsbald verboten wurde. Über die dennoch bemerkenswerte Wirkung, u. a. eine Flut von pädagogischen Schriften, informiert gut die „Introduction" der Garnier-Ausgabe (Paris, 1964) von Francois und Pierre *Richard*, S. XXVIIIf: „L'influence", auch die Bibliographie, aaO XLff.

382 Etwa Beytr. I 57f (1789) gg. *Hofacker*; neutraler in „Über Facultätsarbeiten" in: Civ. Mag. III 1 (1798) 102—10, als Beilage II zu „Höpfner." S. 84 hatte *Hugo* die briefl. Klage Höpfners wiedergegeben, „Sind Sie denn so ganz und gar mit Leib Seele und Geist ein Facultist geworden, daß Sie die Autorschaft ganz an den Nagel gehängt haben? Ich habe Ihren Namen seit 1½ Jahren weder in den Meßcatalogen, noch das Gepräge Ihres Genies in den jurist. Recensionen der G. A. gefunden." In der Beilage schildert er dann in einer „kleinen Herzenserleichterung" eindringlich die Arbeitslast und sieht die Scheidung in Theorie und Praxis mehr als Problem der Arbeitskraft (S. 104f).

383 Beytr. I 58, Anm. von 1828.

384 Schulen 194f.

385 Zitiert oben 246.

386 Bed. 6, 30f; näher gezeigt oben 223 ff, zus.fassend 253f.

387 Von „Volksrecht" — „Juristenrecht" spricht Reyscher in „Daseyn" mehrfach, etwa ZDR 1, 15, 36 (1. Zeile).

(1846) und 1848. In den Vorstellungen über die eigene Wissenschaft laufen *zahlreiche Linien* zusammen. Die Achtung der „Geschäftswelt" und der Praxis, die Abneigung gegen ästhetisch-elitäre Züge, Reyschers Variante der Systemidee, des Präzisions- und Vollständigkeitsideals, sein Verhältnis zur Politik im Recht und zum Volitiven im Recht, sei es Gesetzgebung, Vernunftrecht, Natur der Sache, „materielles" Element oder extensive Auslegung, die Ausgestaltung oder Nichtausgestaltung der Jurisprudenz als bloßer Erkenntnislehre oder auch Entscheidungslehre, die Wertschätzung des „gesunden Menschenverstandes" und die Abneigung gegen sich berufen gebendes Fachwissen, zuletzt wieder sein Lebens-, Praxis- und Wirklichkeitsbezug, schließlich das Verhältnis der wissenschaftlichen Jurisprudenz zum „Volk", zur Gesellschaft, das alles mündete hier ineinander. Ich werde zunächst belegen, welch zentrale Bedeutung Reyscher der Rollenbestimmung seiner Wissenschaft zumaß, um dann einige der angeschnittenen Ausprägungen heranzuziehen.

Immer wieder kommt Reyscher mit großer Intensität auf die Juristen und insbesondere das konkrete Puchtasche Stichwort *Juristenrecht*[388] zu sprechen. Häufigkeit, Intensität und Inhalt dieser Passagen in seinem Werk erweisen das Problem als ein Hauptanliegen. Hier hebt sich Reyschers Stillage regelmäßig ins dringlich-appellierende oder schlägt auch einmal um in Polemik, etwa in „Für und Wider" (oben 125f, 142f).

Schon sein Debut in „*Bedürfnisse*" ließ daran keinen Zweifel. Ich habe näher beschrieben, daß ihm dort die „Absonderung des wissenschaftlichen Lebens" von der „ursprünglichen Nahrungsquelle" „Volksleben" geradezu das „*Hauptübel*" im Zustand seiner Wissenschaft und in den Perspektiven Savignys war (oben 223ff). Nähe zum „Volksleben" aber hieß vor allem Kenntnis der „Geschäftswelt" (oben 195f, 239f), der bürgerlichen Verkehrswelt. Die praktischen Juristen des 16. und 17. Jahrhunderts konnte Reyscher von daher ungewöhnlicherweise loben (oben 255, 239).

Im „*Privatrecht*" sind schon in der ersten Auflage (1836) die Akzente ganz parallel gesetzt. Den Abschnitt über die Methode des württembergischen Rechts beschließt eine dringlich geschriebene „Schlußbemerkung"[389]. Dort betont er den großen Unterschied zwischen der „selbstständigeren Thätigkeit" der Juristen, die er selbst zugestanden hatte[390], und der rechtserzeugenden Rolle „unter dem Namen eines Juristenrechts"[391]. Er hält fest:

> „wenn oben dem Juristen nebst der Auslegung der Gesetze, noch eine höhere selbstständigere Thätigkeit eingeräumt worden, so ist der Grund hiervon nicht eine allenfalls nothwendige — kastenmäßige — Absonderung des Juristenstandes, der juristisch gar nicht existiert"[391].

---

[388] Für die prägende Rolle *Puchtas* bei diesem Stichwort oben bei Fn 210.
[389] Privatrecht I § 59/S. 102f = 1. A. § 57/S. 90f, nur in einer Fn leicht ergänzt.
[390] Dies wurde beim Rechtsbegriff, oben 362, berührt.
[391] Privatrecht § 59.

Unverkennbar ist die Anspielung auf *Savignys* Vorstellung eines „Erfindens“ und einer „freyen“ Herrschaft über das „historische Material“ im „Beruf“[392], sowie auf *Puchtas* „productive“ Wissenschaft im „Gewohnheitsrecht“ (I 1828)[393]. *Romeo Maurenbrecher*[394] und den Germanisten *Weiske*[395] nennt Reyscher neben den ersteren in der Anmerkung[396]. Reyscher leitet aber bei seiner „selbständigeren Thätigkeit“, wie er fortfährt,

„im Gegentheile die Ansicht, daß die Jurisprudenz die empirische Erkenntnis des Rechts neben der historischen und philosophischen pflegen und dadurch wieder zum Leben zurückkehren müsse, von dem sie sich seit der Glossatorenschule[397] gewaltsam losgerissen hat, und daß also nicht blos der Gegensatz zwischen Theorie und Praxis, sondern auch zwischen Theorie und Praxis auf der einen und dem Leben auf der anderen Seite gehoben und das, was dieses in der Volkssitte und in dem Volksbewußtseyn darbietet, zur Vervollständigung und Belebung der Rechtswissenschaft benützt werden sollte.“

Deutlicher ließ sich die spezifische *Funktion des „rationellen Princips“* und des „Lebens“ in der „selbständigeren Thätigkeit“ kaum benennen. „Natur der Sache“ und „materieller“ Rechtsteil haben hier gleichermaßen ihren Ort, wie schon berührt (oben 357f). Den wichtigen Topos vom „gesunden Menschenverstand“, der das „Leben“ zu bewältigen hat, fügt Reyscher in einer polemischen Anmerkung mit einigen Beispielen gleich an:

„Wie will z.B.“ fragt er, „eine bloße Buchgelehrsamkeit richtige Ansichten über Handelsgeschäfte, namentlich über den Handel mit Staatspapieren, den Buchhandel, ferner über Lotterien, Leibrentenverträge, über viele unserer gutsherrlichen und Lebens-Verhältnisse zu gewinnen hoffen, und warum sollen wir überhaupt immer nur aus zweiter und dritter Hand unsere Erkenntnisse schöpfen, während einem gesunden und aufmerksamen Auge deren Objekte unmittelbar zugänglich sind?“[398].

Eine Erkenntnistheorie des „gesunden Menschenverstandes“ war das unentbehrliche Komplementärstück, um den Rückgang auf das wirkliche Leben, die „Bedürfnisse“ und die Rechtsbetroffenen selber, nicht doch wieder den Juristen anheim geben zu müssen. Das Urteil eines *jeden* sollte gleichwertig sein, was das *Sollen* anbetraf — nicht auch für das Wissen über das Sein. Die „Schlußbemerkung“ des „Privatrechts“ legte schon frühzeitig das Gewicht auf die

---

392 Beruf 145, 141 (erfinden), 144 (frey gebrauchen).

393 Gew.recht I, bes. 146f.

394 *Maurenbrecher:* Privatrecht I (1. A. 1832) Vorrede I, § 16/S. 11f, § 21/S. 23f, § 97/S. 109f.

395 *Weiske*: Einleitung (2. A. 1834) § 26f.

396 *Reyscher*: Privatrecht I § 59 Anm. 2; für *Puchta* beruft er sich auch schon auf dessen „Enzyklopädie“ von 1825, S. 22.

397 Hier verweist er ironischerweise auf *Savignys*: Geschichte des römischen Rechts im MA, Bd. 5, 201—16.

398 Privatrecht I § 59 Anm. 4; vgl. auch Privatrecht I § 77/S. 137 Fn 3; dort bezeichnete er „Verkündigung“ als Erfordernis von Gesetzen und fügte an: „Anders bei der sog. Natur der Sache, welche sich von selbst (!) den Handelnden aufdringt.“

Rolle der Juristen und wies ihnen eine nicht das „Volk" bevormundende Richtung.

Schon bevor Reyscher das Selbstverständnis seiner Wissenschaft derart im „Privatrecht" zentral wurde, hatte er durch die Tat, d.i. durch seine „*Publicistischen Versuche*" (1832), seine Lebensnähe bekräftigt. Ein Blick in das „Vorwort" zeigt schon im ersten Satz, wie bewußt das geschah: „In einer Zeit", heißt es da kurz nach der Julirevolution und dicht vor den Juliordonnanzen des Jahres 1832,

„wo alle geistige Regsamkeit eine öffentliche Richtung zu nehmen strebt, darf die Wissenschaft nicht ruhig zurückbleiben und dem Tagesräsonnement ausschließlich das Feld überlassen; sie muß vielmehr, will sie anders mit dem Leben befreundet bleiben, — Stoff und Form von ihm aufnehmend — der wichtigeren Begebenheiten sich bemächtigen und mit ihrem Ernste, ihrer Gründlichkeit und ihrer Mäßigung jedesmal dann zwischen die Extreme treten, wenn die Gründe des Urteils aus ihrem eigenen Bereiche gezogen oder durch eine rasche unüberlegte Entscheidung ihre Institute bedroht werden sollten"[399].

Dieses Bekenntnis bildet den ersten Absatz seines „Vorworts" und belegt wiederum Ernst und Wichtigkeit der Frage für Reyscher.

Auf der gleichen Linie liegt es, daß er 1836 das Thema der „*Grundherrlichen Rechte*" aufgreift (oben 94f).

Im „*Daseyn*"-*Aufsatz* verwirft Reyscher erneut ein „Juristenrecht" mitsamt den dazugehörigen Vorstellungen über Wissenschaft vehement. Keineswegs habe „die lebendige Rechtsentwicklung im Volke aufgehört und dem gelehrten Wissen einzelner Eingeweihten Platz gemacht."[400] In nahezu wörtlicher Wiederaufnahme seiner Kodifikationsschrift von 1828[401] heißt es gezielt gegen *Puchtas*[402] und jede „productive" Begriffsjurisprudenz, ihm scheine es

„nicht Aufgabe der Wissenschaft zu seyn, in anderer Weise productiv zu werden, als indem sie das, was der menschlichen Erkenntnis überhaupt sich darbietet, wirklich erkennt und ihm diejenige Form des Bewußtseyns gibt, wodurch es auch anderen erscheint, und der gemeinen Erkenntnis überliefert wird. Nur als Träger des bereits geschaffenen oder mit innerer Nothwendigkeit von Anfang an vorhandenen Rechts, mit anderen Worten, nur als Erkenntnis-, nicht als Bildungsquelle des Rechts können wir daher das sogenannte Juristenrecht ebenso wie das Aemterrecht betrachten"[401].

Wissenschaft erkennt, gibt Form und sorgt für Kommunikation, aber sie schreibt nichts vor — das ist wiederum sein Tenor an dieser betonten Stelle in „Daseyn", dicht bevor er seine pluralistische Rechtsbegrifflehre entfaltet.

Wie sehr Reyscher 1845 in „*Einheit*" die Absonderung vom Leben beklagt, die er dort bis auf *Hugo* zurückführt, wie er weiter *Maurenbrechers* und *Weiskes*

---

399 Publ. Versuche, Vorwort III.
400 ZDR 1, 36.
401 Vgl. ZDR 1, 36 und Bed. 26.
402 Dieser erscheint in der Fn zu ZDR 1, 36.

Lehren wieder kritisiert und jetzt auch *Beselers* jüngste Lehre vom Juristenrecht unbefriedigend findet, wurde bereits näher beschrieben (oben 159f) und es sei nur daran erinnert.

Auch im „*Begriff*“-*Aufsatz* wendet er sich gegen „die neuere Idee eines Juristenrechts“, das „unmittelbar Quelle sei“[403]. In *Frankfurt* schließlich ist ihm Angelpunkt wieder die „Stellung zum Leben“, welche die Juristen einnehmen[404]. An den Schluß dieses kleinen Gangs durch Reyschers Texte paßt eine teilweise etwas derbe, aber besonders offene und erhellende Stelle. Sie stammt aus „Öffentlichkeit“ (1841), wo Reyscher für Beteiligung von Laien an der Justiz plädiert. In einer sehr ausführlichen Anmerkung wehrt sich Reyscher lebhaft gegen das verbreitete Mißtrauen gegenüber dem „schlichten Bürger“:

> „Wann werden die deutschen Juristen aufhören“, ruft er aus, „sich für die allein Wissenden und Andere, weil sie nicht die juristischen Examina gemachten haben (worin, beiläufig bemerkt, vaterländisches Recht nicht vorzugsweise erfragt wird), für die Unwissenden zu halten? Nicht früher“,

so antwortet er selbst,

> „als bis sie sich überzeugt haben, wie sehr einer großen Anzahl unter ihnen deutsche Bildung abgeht, wie vieles Recht noch jetzt im Volke ruht, und wie etwas ganz Anderes nothwendig ist, um dieses Volk und seine Verhältnisse zu beurtheilen, als eine von dem Leben abgekehrte Wissenschaft!“[405]

Auch hier sind wieder Lebensnähe und Elitarismus intensiv polarisiert. Man spürt zugleich, daß es nicht etwa einfach darum geht, mehr Fakten zu wissen oder gar Fachwissen abzubauen, um dem „Leben“ näher zu kommen. Darüber wäre kaum zu streiten gewesen. Es geht vielmehr darum, die im „Leben“ bereitliegenden und teilweise befolgten *Wertungen* herauszuarbeiten und wissenschaftlich zu vertiefen. Diese Wertungen waren für Reyscher die Interessen bürgerlicher Selbstbestimmung, die offenbar in der herrschenden Jurisprudenz zu kurz kamen. Der Streit um das Juristenrecht wird also um grundlegende Wertungsfragen geführt.

Verhältnis zu Savigny, Puchta, Maurenbrecher, Mittermaier, K. Th. Welcker, Thibaut, C. G. Wächter, Beseler

Die Belege haben den Stellenwert der Juristenrechtsfrage für Reyscher und die Richtung seiner Lösung gezeigt. Sie läßt sich nunmehr relativ einfach anderen zeitgenössischen Positionen gegenüberstellen. Der Dissens zu *Savigny* in diesen Punkten ist eindeutig. Savigny hatte mit der entwicklungsbedingten Arbeitsteilung den Juristen einen qualitativen Primat zugesprochen. Sie sollten nicht nur fachlich mehr wissen, sondern auch *besser*

---

403 ZDR 10, 165 und 155.
404 Verhandlungen 85.
405 ZDR 6, 360.

wissen was gut sei. Dieses Berufen-Sein wurde besonders aus dem „Beruf" näher gezeigt (oben 210). Es korrespondiert einem aristokratischen Menschen- und Gesellschaftsbild, das mit Reyschers Bild vom mündigen Menschen, das sich etwa in „Bedürfnisse" (oben 296f), aber auch durchweg im Lob des „gesunden Menschenverstandes", aussprach, wenig gemein hatte. Reyscher war in Sollensfragen jeder Bürger gleichwertig. Die soeben zitierte Stelle aus „Öffentlichkeit" ist da besonders deutlich.

Daneben steht *Puchta*. Von Puchta zu Reyscher war kein Weg. Ließen sich bei Savigny allenfalls noch seine volksrechtlichen Ansätze begrüßen[406], bei Puchta war die bevormundende Haltung allzu stark. Volk war bloß „natürlich" zu nehmen[407], selbst Gewohnheit wurde verinnerlicht, d.h. die Übung für nicht maßgebend erklärt[408], die Begründung mit Autonomie gar wurde zu einer gefährlichen Irrlehre erklärt[409]. Jeder emanzipatorische Ansatz gegenüber den berufenen Rechtsverkündern, die ja letztlich ihre Position bloß den herrschenden politischen und hochschulpolitischen Konstellationen verdankten, wurde abgefangen. Die Betonung des einheimischen Rechts, des Volkslebens, des gemeinen Rechts, der Gewohnheit — stets kam die passende Gegenbewegung. Das war andererseits das Brillante an Puchta.

Auch mit *Maurenbrecher*, dem Bonner Germanisten, war hier keine Harmonie erreichbar. Zwar hatte man sich aus Anlaß der ZDR-Gründung freundlich geschrieben[410]. Auch findet sich bei Maurenbrecher ein gewisser Gleichklang, um den sich besonders Urbaschek[411] bemühte. Ich meine die Art, wie Maurenbrecher die Jurisprudenz ans „Leben" verweist, diesen bei Reyscher nur allzu häufigen Topos. „Endlich ins Leben eindringen" soll die Jurisprudenz[412]. Das „Juristenrecht entsteht" nach Maurenbrecher wie alles Gewohnheitsrecht, „aus dem Leben, aus den Handlungen der Menschen"[413]. „Die Gegenwart" müsse der Germanist im historischen Sinne auffassen, die Natur der Sache sei nicht Folgerung „aus einem gemachten Begriffe, sondern aus den Thatsachen und den sie leitenden Principien"[414]. So weit so gut, würde Reyscher

---

406 So *Reyscher* in ZDR 7, 130 (zit. oben 126); in ZDR 10, 163.

407 Dazu oben 338.

408 Eine damals breite Streitfrage; für *Puchta*: Gew.recht I 144f, 169ff; der Streitstand bis 1842 sehr gut bei *Wächter*: Privatrecht II 1, § 9 N. 9; mit Bezug auf die allg. Gegensätze durchdenkt die Lehren vom Gew.recht sehr scharfsinnig *Welcker*: System I 565 Fn 435, wo er nachweist, wie sich in der ganzen Lehre bis in die Details die allg. Gegensätze ausprägen.

409 *Puchta*: Gew.recht I 137 (zit. oben 329).

410 Siehe Anhang unter d).

411 *Urbaschek*: Maurenbrecher (1966, Diss. 1963), vgl. 9, 17, 79, auch schon den vollständigen Titel: Empirische Rechtswissenschaft und Naturrecht. Der Beitrag Romeo Maurenbrechers (...).

412 *Maurenbrecher*: Privatrecht I (1832) Vorrede IV.

413 Privatrecht I § 21/S. 23.

414 Privatrecht I § 95/S. 108.

vielleicht sagen. Die Richtung nach dem „Leben" scheint gegeben. Doch, nach Maurenbrecher geben die *Juristen* den „Erscheinungen des täglichen Lebens den Stempel der Nothwendigkeit (des Erzwingbaren, des Juristischen)"[415]. Damit war der Ansatz *im springenden Punkt* desavouiert. Reyschers mehrfacher Widerspruch verwundert daher nicht[416]. Ihm kam es ja gerade darauf an, daß das Volksleben nicht bevormundet wurde und die Richtigkeitslinie schon mitbrachte, nach der die Juristen sich dann zu richten hatten. Auch hier also Dissens trotz größtem Gleichklang. Anders ausgedrückt: „Leben" war für Maurenbrecher wieder etwas ganz anderes als für Reyscher. Er stand Savigny näher[417]. Sein von Urbaschek irreführend allgemein betonter Empiriebegriff hat eine ganz eigene Dimension.

Paralleles bietet eher *Mittermaier*. Dieser große Empiriker, zugleich Abgeordneter der Badischen Kammer, vermochte der Idee des Juristenrechts ebenfalls nichts positives abzugewinnen. Man könne Maurenbrecher „nicht beistimmen" meint er 1837 in seinen „Grundsätzen"[418]. Das gemeine ungeschriebene Recht sei kein „Juristenrecht", widerspricht er unter Anführung des Reyscherschen „Privatrechts"[419]. Maurenbrecher sehe aber richtig, daß der Germanist nicht aus einem gemachten Begriffe folgere[420] und dementsprechend sei das gemeine Recht ein „von den Juristen nicht erst gemachtes, sondern nur von ihnen angewendetes und bezeugtes Recht"[421]. Mittermaier unterschied also ganz genau das ihm Zusagende an Maurenbrechers „Empirismus" und die ihm mißfallende Einsetzung der Juristen. Das hätte von Reyscher stammen können, es bezeichnete genau Nähe und Abstand. Mittermaier steht Reyscher hier sehr nahe. 1842 wiederholt Mittermaier gegen *Puchta*, *Maurenbrecher* und jetzt auch *Phillips*, seine Ansicht, das Juristenrecht sei keine Rechtsquelle[422]. Wieder benutzt er Reyscher, diesmal den „Daseyn"-Aufsatz[423]. Die bei Reyscher häufigen ideologischen, liberalen Ausschmückungen vermeidet er im Lehrbuch. Aber ein Primat der Juristen in Sollensfragen kommt auch ihm nirgends in den Sinn. Ganz wie Reyscher spricht er in Frankfurt den „heißen Wunsch aus(spreche), die Wissenschaft möge frischer, lebendiger, und den künftigen Praktikern möge es möglich gemacht werden, mehr in's Leben zu treten"[424]. An einem Beispiel nur sei auch vermerkt, daß bei diesem

---

415 Privatrecht I § 21/S. 23.
416 Siehe ZDR 1, 35; Privatrecht I § 59; ZDR 4, 359; ZDR 9, 360 (oben 159).
417 Für *Savignys* Lebensbezug oben 208, 225 (apologetisch); *Maurenbrecher* erscheint als bloße, etwas modische Vereinfachung Savignyscher Axiome.
418 Grundsätze I (5. A. 1837) § 34/S. 116.
419 Grundsätze I § 34/S. 116 Fn 6.
420 Grundsätze I § 34/S. 117 Fn 7.
421 Grundsätze I § 34/S. 117.
422 Grundsätze I (6. A. 1842) § 34/S. 125f.
423 Grundsätze I § 34/S. 126 Fn 9.
424 Verhandlungen/Frankfurt 184.

behutsameren und nüchterneren Mann, als der er sich gerade in Frankfurt erwies (bei der Abstimmungskontroverse zum Beispiel oben 171ff), daß diesem Manne ein klar liberales Gerüst nicht fehlte. „Das Verfahren der Engländer", sagt dieser Anglophile (oben 165), „wenn sie Gesetze machen, verdient Nachahmung"[425]. Er meint die dort übliche Befragung der Praktiker, der „Männer aus dem Volke"[425], deren Erfahrungen „ein herrliches Material für die Arbeit" abgäben. Auch in Baden habe man schon ähnliches versucht und „höchst zweckmäßig gefunden". Das Verfahren — Hearing würde man heute sagen — war nicht nur praktisch und lehrreich. Es war auch ein Mittel, den Rechtsbetroffenen und ihren Wertungen Einfluß zu verschaffen. Auch und gerade insofern gefiel es Mittermaier. Es war eine Art von bürgerlicher Selbstbestimmung. Bedeutende Parallelen zu Reyscher lassen sich insgesamt behaupten.

Zu einem weiteren badischen Juristen ergeben sich bei der Frage des Juristenrechts positive Bezüge. *Karl Theodor Welcker* erwies sich bereits in anderem Zusammenhang, in seiner HS-Kritik, als einflußreich (oben 344f). Daß dieser politische Kopf von besonderer Berufung der staatlicherseits in Amt und Würde gebrachten Juristen nichts wissen wollte, ist zu erwarten. In der Tat hat Müller-Dietz, sein neuester Biograph, eine lange Anmerkung zusammengestellt, die Welckers stets latentes Mißtrauen gegenüber jeder kastenmäßigen Abschließung vom Volk belegt[426]. Dort findet man eine Fülle von heftigen Anklagen gegen den Juristenstand. Die Bevormundung des Volkes spielt dabei wie bei Reyscher eine maßgebende Rolle. Welcker ist nur um einige Grade heftiger und polemischer.

Auch *Anton Friedrich Justus Thibaut* hatte hauptsächlich in Heidelberg gelehrt und verleugnete den Einfluß dieses Milieus nicht. Allein daß er 1814 für die „Nothwendigkeit eines allgemeinen bürgerlichen (!) Rechts für Deutschland" plädiert hatte, aber auch der Inhalt dieser Schrift (vgl. oben 293ff) belehrt, daß er sich nicht als mit höherer Berufung versehen verstand, sondern als Repräsentant konkreter bürgerlicher Anliegen betrachtete, der „Sicherheit" und des „bürgerlichen Verkehrs" etwa (zit. oben 294). Seine Abneigung gegen ein Juristenrecht hatte er schon früh in historischer Einkleidung bekundet. In seinen „Versuchen" (1798) führte er in der siebenten Abhandlung den „Beweis, daß die responsa prudentum weder zu dem geschriebenen noch dem ungeschriebenen Recht gehören" (Überschrift)[427]. „Die Meynungen der Rechtsgelehrten waren für sich nichts, als was der Name von ihnen aussagt"[428], spitzt er dort gegen *Höpfner* zu. Man könne wohl sagen, „daß dieser oder jener Theil

---

[425] Verhandlungen/Frankfurt 184.
[426] *Müller-Dietz*: Welcker 34 Fn 416.
[427] Versuche I 111—5, nach dem unveränderten Abdruck in der zweiten Auflage 1817.
[428] Versuche I 114.

des iuris scripti oder non scripti sich nach den Vorschlägen der Rechtsgelehrten bildete; aber diese Vorschläge lassen sich nicht bloß deswegen zu einer besonderen Art der Rechtsquellen machen", es sei denn man erweitere den Begriff des ungeschriebenen Rechts unpassend bis auf „die entferntesten Veranlassungen"[429]. 1822 schon unternimmt Thibaut im AcP eine „Vertheidigung der Praxis gegen manche neue Theorien"[430]. Er anerkennt sehr „das, was in den letzten dreißig Jahren durch genaues Quellen-Studium, wie durch geschichtliche und (!) philosophische Bearbeitung, für das Römische und Deutsche Recht geschehen ist"[431]. Aber, „die Rechts-Theorie kann aber ohne fleißige Berücksichtigung der Praxis durchaus nicht bestehen"[432]. Seine Begründung nähert sich Reyscherschen Postulaten. „Erst im practischen Leben" sagt er, „lernt man genau die Rechtsbedürfnisse, und den Erfolg der Rechtsgrundsätze kennen"[433]. Auch bei ihm erhält das „*Leben*" richtunggebende Funktion. Ein „großer Theil unserer Rechtsbücher", fährt er fort, „entstand nicht aus philosophisch-historischen Untersuchungen, sondern aus der Betrachtung des Lebens (...)"[433]. Anschließend bemängelt er: „Welchen schnöden und schneidenden Ton haben sich viele unserer jüngeren Schriftsteller angewöhnt?" [433]. Daß er gerade 1822 so schrieb, war kein allgemeines Klagen, sondern bewußt. Er habe „immer seine besten Stunden der Theorie gewidmet"[434], aber jetzt sei eine Gegenbewegung erforderlich. Jetzt — das war 1822 unter der aufblühenden historisch-kritischen Neubegründung des römischen, gleichzeitig praktischen, Rechts. In diesem Sinne widersprach er dann z. B. Thesen *Wening-Ingenheims*[435], *Neustetels* und *Zimmerns*[436], *Unterholzners*[437], auch *Löhrs*[438] und *Gans*'[439] — hier einem „philosophischen". 1838 spielt er ähnlich den „gesunden einfachen Verstand unsrer großen Praktiker" gegen „die stolze Partei Derer (sc. aus), welche durch widernatürliche historische Dichtungen und Schrauberein die Wahrheit nicht selten auf die unnatürlichste Weise verfälschten"[440] und pocht auf „Character und Bedürfnisse" der eigenen Gegenwart[441]. Hier liegen *Parallelen* zu Reyscher. Doch sieht *Thibaut* mehr auf den „gesunden Verstand" von „*gebildeten* Männern"[442] und schließt das „Volk" aus, da es „über

---

429 Versuche I 115.
430 AcP 5 (1822) 313—54.
431 AcP 5, 313.
432 AcP 5, 315.
433 AcP 5, 315; ausf. auch in AcP 21, 406f gegen „unleidlichen Hochmuth".
434 AcP 5, 316.
435 AcP 5, 317.
436 AcP 5, 323 und 333, wieder 345.
437 AcP 5, 331 und 337.
438 AcP 5, 338.
439 AcP 5, 350.
440 In: Sog. HS, AcP 21 (1838) 393.
441 AcP 21, 395.
442 AcP 21, 397; vgl. 394 die Heranziehung der „gebildetsten Rechtsgelehrten".

solche Dinge kein Urtheil hat"[443]. Der politisch-egalitäre Akzent fehlt bei ihm ziemlich. So ist seine Position etwas zwiespältig: „Kenntnis des Lebens" ist ihm das „Beste"[444], „gemeinverständliche Gesetzbücher" wünscht auch er, „Freund des Volkes" gar nennt er sich[444]. Aber dasselbe „Volk" schließt er andererseits aus zugunsten der Kompetenz „gebildetster Rechtsgelehrter"[445]. Seine Vorstellung von Wissenschaft zeigt damit zwar das Bewußtsein der Rolle in der Gesellschaft. Aber er tut hier nur halbe Schritte und ist im Ergebnis Savigny gar nicht so unähnlich. Andererseits hat er aber schon Programmatik, die auf die in das „Volksleben" eingebettete Rolle der Juristen bei Reyscher hinweist.

Carl Georg von Wächter, der herausragende württembergische Jurist, entwickelte 1842 in seinem „Privatrecht" eine Rechtsquellenlehre von beispielhafter Prägnanz und Klarheit. Er stand in detaillierter Ausführung dem Meister *Savigny* kaum nach und verstand es, die Probleme zupackender zu verarbeiten, hierin *Puchta* nicht unähnlich, aber ohne dessen ausgeprägt konservative Wertungen. Wächter bestimmt die Rolle seiner Wissenschaft verhalten und realistisch. „Juristenrecht" will er nicht zugeben. „Die Wissenschaft", so hält er bestimmt fest,

„entwickelt den Inhalt der bestehenden Rechtsquellen, legt ihn nach allen seinen Seiten aus, geht auf die Principien des bestehenden Rechts zurück, baut auf ihnen consequent fort, erweitert die Rechtssätze durch analoge Anwendung auf verwandte Fälle und sucht das gegebene Recht mit den Bedürfnissen und Anforderungen der Gegenwart zu vermitteln"[446].

Treffend zieht er selbst die Summe dieser Umschreibungen:

„Dieß ist aber eigentlich kein Schaffen eines neuen Rechts, sondern mehr nur ein Aufdecken dessen, was zum Theile unentwickelter Inhalt des bestehenden und gewordenen Rechts ist"[446].

Die Basis für diese Beschränkung ist nicht romantisch und nicht zufällig, sie liegt in seiner konsequenten Beachtung des konstitutionellen württembergischen Staats- und Verfassungsrechts[447], während zum Beispiel *Savigny* und *Puchta* in ihren Rechtsquellenlehren bemerkenswert verfassungsfrei argumentierten[448]. Andererseits betont Wächter das *Gewicht der Wissenschaft* gebührend:

„der bewährte Bearbeiter der Wissenschaft (sc. wird) stets mit Recht einen bedeutenden Einfluß im rechtlichen Leben üben"[449].

---

443 AcP 21, 397, auch 398 gg. die Landstände.
444 AcP 21, 400.
445 AcP 21, 394.
446 *Wächter*: Privatrecht II 1 (1842) § 10/S. 47.
447 Vgl. Privatrecht II 1, S. 11 N. 5, S. 16 Nr. 13, vor allem S. 18/§ 5 überhaupt; weiter § 7/S. 26ff.
448 Auch im „verfassungslosen" Preußen wäre Rückgang auf das ALR und das preußische Staatsrecht zu erwarten gewesen.
449 Privatrecht II 1, § 10/S. 48.

und umschreibt auch das näher. Will man das Verhältnis dieser Rollenbestimmung zu Reyscher erfassen, so muß man aber einen schon erwähnten Punkt hinzu nehmen. Reyschers Idee, die Juristen nicht nur als Rechtsquelle abzulehnen, sondern sie darüberhinaus zu konkreten Vollziehern des Rechts im Volke zu machen, zudem das Volk selbst mehr an der Rechtsbildung zu beteiligen, hatte Wächters schärfsten Widerspruch gefunden.

„Durch solche Tendenzen", schrieb er schon 1829, „durch solche Gesetzbücher (sc. populäre), und durch in solchem Geiste geschriebene Volkscatechismen (sc. wird) unter allem möglichen Schlimmen das Schlimmste erzeugt, die Jurisprudenz als Wissenschaft vernichtet, die Rechtspflege verworrenen Begriffen und dunklen Gefühlen anheim gegeben, der heillosesten Pfuscherey Thür und Thor geöffnet, und dem Recht das, was ihm seinen Hauptvorzug geben muß, alle Sicherheit und Festigkeit, gänzlich genommen."[450]

Wächter ging von diesen Worten aus der Rezension zu Reyschers „Bedürfnisse" nicht ab[451]. Noch in Lübeck, 1847, sprach er gegen Schwurgerichte[452] und erst 1848 hielt er sie unter dem Druck der Entwicklung für eine „politische Nothwendigkeit"[453]. Wächter besteht auf absoluter Kompetenz des Fachmannes. Eine Gleichordnung in Sollensfragen erscheint ihm als unsinnig. Verfassungsmäßig geregelten Einfluß auf die Gesetzgebung beachtet er streng. Aber mehr gibt er nicht zu, will er keineswegs ansteuern. Dem gesunden Menschenverstand traut er hier gar nicht, so praktisch er selbst war. Der Jurist ist ihm der geborene Sachwalter. *Fachkompetenz und Richtigkeitskompetenz* gehören und fallen ihm ganz wie Savigny zusammen, obwohl er Juristenrecht als solches verwirft. Indem er vor allem die „Sicherheit und Festigkeit" betont — nicht nur an dieser Stelle[454] —, führt er eine Begründung ein, die ihn gleichermaßen von Reyscher und Savigny trennt. Hier kommt sein „derber Realismus" (Beseler) durch. Wirtschaftlich-ökonomische angebliche Sachzwänge, so kann man modern formulieren, schieben sich an *die* Stelle, die bei Savigny die geschichtliche innere Notwendigkeit der „Culturstufen" und der Arbeitsteilung eingenommen hatte. Rationalität des Rechts geht vor — zeitgemäß — „Nationalität", d. i. Volkstümlichkeit und solche Lebensnähe. Wächters Haltung läßt sich vielleicht als technokratisch bezeichnen. Das paßt zu seinem Leben[455] und zum Stil etwa seines „Privatrechts"[456]. In dessen Vorrede hatte er ja die „Wissenschaft" doch zum entscheidenden Wegweiser der wichtigen Rechtsfortbildung werden lassen (oben 43), Wächters „Sicher-

---

[450] In: TüKrZ 6 (1829) 305—15; mehr an Zitat noch oben Fn IV 47.
[451] Dazu oben Fn IV 47.
[452] Verhandlungen/Lübeck 118ff.
[453] Siehe die Wiedergabe einer Stellungnahme in der württ. Abgeordnetenkammer in: Leben 72.
[454] Vgl. oben Fn IV 23.
[455] Oben 44.
[456] Oben 39.

heitsbedürfnis" entspricht seiner Abwehr alles Volitiven wie Natur der Sache u. ä., führt zur Ergänzung des positiven Rechts „aus sich selbst" (oben 343), wird zur entschiedenen Abneigung gegen alles nicht ganz Präzise. Zu Reyschers Volksrecht fand er daher nur sehr kühle Worte. Wie Reyscher auf die Stimme der Rechtsbetroffenen zurückzugehen, und insofern das „Leben selbst", gar sich damit zu begnügen, gesunder Menschenverstand habe von jeher „immer mehr oder weniger das Rechte gefunden" (Reyscher)[457], war ihm zuwider.

Zuletzt ist das nicht ganz einfache Verhältnis zum Hauptmatador *Georg Beseler* zu beleuchten. Er gilt als *der* Verkünder der Lehre vom Volksrecht, d.i. von einem tatsächlichen Rückgang auf die Wertungen der Rechtsbetroffenen und nicht nur ihren Geist und ihr Bewußtsein. In der Tat hat Beseler in „Volksrecht und Juristenrecht" (1843) und erneut — wohl auch klarer — in seinem „System", Band 1, 1847, diese Haltung gezeigt[458]. Schon in seiner Phillipsrezension von 1839[459], wo er sich auf seine

> „in der Entwicklung begriffene Disziplin (...) einmal besinnt, den zurückgelegten Weg übersieht, ihre gegenwärtige Stellung betrachtet und einen prüfenden Blick in die Zukunft wirft"[460],

also grundsätzlich sprach, hatte er sich

> „nie zu der Lehre bekennen können, so lockend sie klingt, daß der Juristenstand das Recht als sein ausschließliches Besitzthum an sich ziehen müsse, und das Volk, jedes rechtlichen Bewußtseins entkleidet, in dieser Beziehung zu vertreten habe"[461].

Seine Begründung ist ähnlich politisch wie bei Reyscher. Eine solche Repräsentation sei einer „freien Nation" unwürdig[462]. Andererseits stellt er auch dort schon den Juristen die hohe Aufgabe, in „Beobachtung des Lebens und des Verkehrs (...) das Recht zu finden"[462]. Die Wissenschaft müsse „das ungefügige Material durch eine wissenschaftliche Methode bezwingen"[463]. „Dogmengeschichte" sei dabei entscheidend[463]. Ohne die Juristen ging es in der Tat nicht. Nur ihre Rolle konnte verschieden angesetzt werden.

Differenz zu Reyscher klingt gleich bei der ersten Bekanntschaft, in der ZDR-Rezension (oben 117) an. Freilich war sie vom freudig einstimmenden Hauptton ziemlich überlagert. Es hieß dort, Reyscher weise im „Daseyn"-Aufsatz „dem sogenannten Juristenrecht (...) eine bestimmte, aber wohl zu beschränkte Stellung an"[464]. Zugleich warnte er vor zu unmittelbarer Heranziehung der Praxis[465]. Als dann Beseler in „Volksrecht" den Juristen und ihrem Recht ne-

---

[457] ZDR 1, 30, zit. oben 77.

[458] Vgl. Volksrecht 109ff: „ganz nach Art eines Naturforschers" sei die Volksanschauung zu ermitteln, doch für seine Gegenwart schränkt er ein (S. 115f).

[459] Bln. Jb. 1839, Febr., Sp. 209—29.

[460] aaO Sp. 209.

[461] aaO Sp. 213.

[462] aaO Sp. 214.

[463] aaO Sp. 218.

[464] Krit. Jb. 1840 II 814.

[465] Krit. Jb. 1840 II 811

ben dem Volk eine „selbständige Bedeutung" (Reyscher)[466] gab als „geschichtliches Factum, welches als solches seine volle Anerkennung verlangt"[467], widersprach Reyscher alsbald in „Einheit" (zit. oben 159f), wenn auch noch nicht in seiner Bücherschau von 1843[468]. Beseler konstruierte den aktuellen Rechtsquellenzustand ganz nach seinem Titel *doppelspurig*, Volksrecht auf der einen, Recht eines abgeschlossenen Juristenstandes auf der anderen Seite[469]. Den Juristen kam es dabei zu, die „weitere Entwicklung des Einzelnen" konsequent zu deduzieren, „Rechtsinstitute" selbständig zu begründen und „Lücken" zu füllen[470]. Genau hier widersprach Reyscher[471]. Die Bedeutung seiner ganzen NdS- und Lebensbezuglehre stand hier in Frage. Erst der *Zukunft* stellt Beseler anheim, „in welches Verhältnis (sc. das Juristenrecht) zum Volksrecht tritt und ob die Juristen es über sich gewinnen werden, ihre isolierte Stellung aufzugeben (...)", ob schließlich man weiter „im Volke den ursprünglichen Träger des Rechts nicht (sc. mehr) verkennt".

Damit ist ein wichtiger *Unterschied* zu Beseler herausgearbeitet. Für Beseler liegt die Rolle, die Reyscher allein den Juristen zusprach, erst in der *Zukunft*. Er akzeptiert die zugegebenermaßen unbefriedigende aktuelle Macht[472] eines abgesonderten Juristenstandes, mit der sich Reyscher *nicht* abfinden wollte. Auch im ausgereifteren „System" hielt Beseler die Doppelung in Volksrecht und Juristenrecht[473] unter der einen Rubrik des „ungeschriebenen Rechts"[474] fest, und akzeptiert sie als rechtserzeugend[475]. In der Anmerkung verteidigt er diese Ansicht:

‚Die hier geschilderte Stellung der deutschen Juristen und ihr bestimmender Einfluß auf die Rechtsbildung ist etwas Thatsächliches und muß von jedem anerkannt werden, der unbefangen genug ist, ein Factum gelten zu lassen, auch wenn man es eben nicht für wünschenswerth und heilsam hält"[476].

Das ging genau auf den Dissens mit *Reyscher* und nahm in der Sache exakt seine briefliche Verteidigung gegenüber Reyscher vom Juli 1846 auf, die im Anhang (unter f) wiedergegeben ist. Doch waren die Positionen damit nicht vereinbarer geworden, daß Beseler auf seinem „factum" bestand, während es

466 ZDR 9 (1845) 260.

467 Volksrecht 299, als erster Satz zum Juristenrecht.

468 ZDR 8, 349f zeigte er *Beselers* „Volksrecht" an, gestand ihm klare, würdige und eingängige Darlegung als Verdienst zu, hätte aber eine Ausführung mit vollem wissenschaftlichem Apparat lieber gesehen.

469 Für die abgeschlossene Stellung der Juristen dabei etwa Volksrecht 304; für die Doppelung etwa 110f (hist. beschrieben), 361—3, 343ff (als Frage der „politischen und socialen Zustände" in einer Gesellschaft erörtert).

470 Alles: Volksrecht 361.

471 ZDR 9, 360 unter Aufnahme der *Beselerschen* Worte.

472 Wörtlich: Volksrecht 303

473 System I (1847) 108ff, 128ff.

474 System I 105ff.

475 System I 131.

476 System I 131 Fn 6.

doch auf die wertende Anerkennung dieses Faktums ankam, die er eben nicht revidierte. Beseler machte also Kompromisse an die Gegenwart und setzte auf eine vernünftigere Zukunft. Das erklärt den Abstand zu Reyscher, der trotz aller Parallelen vorliegt, es entspricht seiner versöhnlicheren Haltung im Streit mit den Romanisten, seiner Verlegung einer nationalen Rechtswissenschaft mehr in die Zukunft (oben 117)[477], vielleicht auch seiner lauen Teilnahme an der ZDR [478], seiner Ablehnung der NdS[479], seinem Urteil „einziger Mißton" zu Reyschers Frankfurter Abstimmungsversuch (oben 171). Reyscher und Beseler bieten also nicht ganz das traut-gemeinsame Bild, das man meist von ihnen bietet. Dennoch ist es zweifellos sehr berechtigt sie zueinander zu stellen, denn vor der Folie Savigny-Puchta-Stahl-Gerber verbindet sie mehr als genug. Ihre liberal fundierten Wertungen sind stark parallel. Schon das beiderseits ausgeprägte politische Empfinden, das sie auf die Unterscheidung Volksrecht-Juristenrecht überhaupt erst führte, brachte sie einander so nahe, daß die Differenz in dieser das Politische so sehr beachtenden Zeit weniger stark zur Geltung kam. In Frankfurt und der ZDR stand man jedenfalls weitgehend zusammen. In der Richtung auf freiheitlich-nationale Rechtsreform war man sich genau so verbunden, wie es Beseler in einem seiner ersten Briefe an Reyscher ausrief:

„Was historische, was philosophische Schule! Das Recht, dessen unsere Nation und unsere Zeit bedarf, das sey der Gegenstand unserer Tätigkeit" (s. Anhang e).

In der Realisierung brachen dann allerdings die bezeichneten Differenzen auf. Vielleicht darf man einen inneren Grund der Differenz, der freilich nur schwer anzugeben ist, will man nicht einfach von einer anderen Überzeugung reden, darin sehen, daß Beseler dem „Volksleben", d.i. seinen Mitbürgern, trotz aller Beschwörungen nicht mit dem gleichen Optimismus wie Reyscher vertraute. In „Volksrecht" hatte er den aktuellen Rechtszustand auch in Bezug auf das „Volksrecht" als „verworren, unorganisch gestaltet" beklagt und sehr klar davor gewarnt, „die Rechtskunde im Volke für etwas anzusehen, was sich von selbst versteht, und mit einer gewissen Nothwendigkeit jedem Einzelnen, der in der großen Gemeinschaft ist, wie etwa die Sprache sich aufdrängt"[480]. Gerade so lesen sich aber Reyschers Passagen zu Volk, Volksleben, Leben, Wirklichkeit: als unproblematisch. Reyscher sprach mehrfach aus, „einem gesunden und aufmerksamen Auge" seien die „Objekte unmittelbar zugänglich"[481], und fast mit Beselers Worten meint er an einer anderen Stelle des „Privatrechts" gar, die Natur der Sache sei es, „welche sich von selbst den Handeln-

477 Krit. Jb. 1840 II 811, zit. oben Fn III 250; ausf. Anhang e.
478 Dazu näher oben Fn III 168 der Vergleich der Beiträge, ebenda *Reyschers* Klage darüber.
479 System I 112f.
480 Volksrecht 115, 117
481 Privatrecht I § 59/S. 103 Fn 4.

den aufdringt"[482]. Das weist alles auf seinen beliebten Topos vom *gesunden Menschenverstand*, den er in „Öffentlichkeit"[483], im „Daseyn"-Aufsatz[484], in „Einheit"[485], in einer Anmerkung zu Unger[486], und ähnlich in Frankfurt[487], um einiges zu nennen, immer wieder benutzte. Hier lag ein recht *naives Axiom* vor, das *Beseler* erkannt hatte, Reyscher weniger (oben 363 f). Es verfügte über eine ehrwürdige Vorgeschichte im 18. Jahrhundert[488] und weist zurück auf die englische Aufklärung und common-sense Philosophie. Dahinter steht ein freisinniges, aufklärerisches und wohlmeinendes Menschenbild. In Wertfragen war jeder Mensch danach gleichberechtigt. Dies hielt Reyscher am prägnantesten durch.

Reyschers Vertrauen auf diese Form der Richtigkeitserfassung offenbart einen schon mehrfach berührten zentralen Punkt. Hier liegt eine weltanschauliche Schaltstelle. Hier hat die Differenz zu *Beseler* eine weitreichende Grundlage. Auch *Wächters* Empfindlichkeit gegen politische Wiederbelebung und Laienjustiz hat hier entscheidende Motive. *Kierulff* beweist in der Vorrede seiner „Theorie" ähnliche Abwehr[489]. Die hypertrophe Begrifflichkeit der *Hegelianer*, aber auch *Kants*, kommt beziehungsreich ins Spiel. Auch *Carl Friedrich Gerbers* heftige Attacken lassen sich passend anknüpfen. Nicht mehr und nicht weniger als die „vollkommenste Verseichtigung der Wissenschaft" vom Recht meinte Gerber in Reyschers Prinzipien zu entdecken[490]. „Die Natur der Sache im Sinne von Runde, gemeiner und anderer Schriftsteller des vorigen Jahrhunderts" auf die Reyscher zurückgreife, sei ein solches Prinzip[490]. Es stehe dem „alten Naturrecht" grundsätzlich nicht nach:

„Das Räsonnement ist dort ebenso haltlos als hier (sc. bei der NdS), und es beruhte auf einer Täuschung, wenn man glauben wollte, daß der Verteidiger der Natur der Sache auf positivem Rechtsboden steht."[490]

Das war 1846 eine nicht ganz unbedenkliche Anschwärzung. Sie kam aus grundlegendem Wertungsdissens, der bei Gerber ein hypertrophes Präzisionsideal provozierte, an dem gemessen freilich alles seicht aussehen mußte, der

---

482 Privatrecht I § 77/S. 137 Fn 3.

483 ZDR 6 (1841) 360 Anmerkung; teilw. zit. oben bei Fn 405.

484 ZDR 1, 30; zit. oben bei Fn II 388.

485 ZDR 9, 406: dort lobt er den „gesunden Menschenverstand, der die Dinge nimmt, wie sie sind."

486 ZDR 12, 14 Fn merkt er zu *Unger*s umständlichen Abklärungen über Rechtsquellen an: „(...) mit welchen Worten wir das Wesen unseres gemeinen Rechts zusammenfassen wollen, daran ist zuletzt nicht viel gelegen; die Hauptsache nur, daß aus der frischen Quelle wirklich geschöpft werde, und daß man sich den klaren Grund nicht durch unnützes Bauwerk trüben lasse."

487 Verhandlungen 87, zit. oben Fn bei 375.

488 Dafür jetzt etwa *Neusüß*: Gesunde Vernunft; ein paralleles Axiom ist für Reyscher die „öff. Meinung", oben 364.

489 *Kierulff:* Theorie XXII.

490 Princip 310—3.

ihn selbst aber konsequent zu formalistischer „Armuth an Inhalt" (Reyscher)[491], zu Begriffsjurisprudenz führte. Der Dissens war zum größten Teil politisch bedingt und nicht kompromißfähig. Er wurde 1848 entschieden. Zwischen *Gerber und Reyscher* fand die Entscheidung sinnfällig statt. Reyscher verließ 1851 *den* Lehrstuhl aus weltanschaulich-politischen Gründen, den Gerber anschließend einnahm und gleich mit einer indolenten Rede neu prägte (vgl. oben 180). Gerbers Vorwurf konnte den *Dogmatiker* Reyscher, der wesentlich an einer festeren Begründung des württembergischen Rechts mitgewirkt hatte, nicht treffen. Mit der NdS-Lehre, die in der Tat keine Präzisionslehre der Lückenfüllung im gemeinen deutschen Recht gab, wollte sie vielmehr die ganze liberale und aufklärerische Basis vernichtend desavouieren. Ob damit die Rechtswissenschaft vor der „vollkommensten Verseichtigung" — eine ähnliche Wendung hatte schon *Savigny* gegen die Spätaufklärung benutzt[492] und auf ihn berief sich Gerber[493] — bewahrt wurde, mag heute nicht mehr so gewiß scheinen. Zugespitzt könnte man vielleicht sagen, daß einer gewissen „Verseichtigung" im positiven Rechtsdetail eine ebenso abträgliche „Verseichtigung" im Wirklichkeitsbezug und der gerade damals unerläßlichen offenen Reflexion der Basiswertungen gegenübersteht. *Reyscher* hatte sich der unentschiedenen Offenheit der Grundlagen, die zwischen älteren ständisch-personalen und neueren abstrakt-verkehrsrechtlichen Modellen schillerten[494] gestellt, als Privatrechtler, „Publicist" und — nicht zu vergessen — Mensch und Bürger auf einem württembergisch-positiven Fundament. Mit seinem Rückgang auf das „Leben selbst" gab er freilich keine Präzisionslehre der Grundlagen des damaligen Rechts. Aber er beachtete bewußt die tragenden Interessen. Der Ansatz war treffend. Seine Durchführung gab vielleicht nicht wesentlich weniger an Präzision, als in den so unausgetragenen Fragen damals ehrlicherweise möglich war. Die Art, wie er die Natur der gegebenen Verhältnisse in alle möglichen Elemente zerlegte (oben 358), wies einen Weg zur bewußten und kritischen Verarbeitung[495] derselben. *Mittermaier* etwa leistete hier Konkreteres, war aber auch seiner Zeit weit voraus. *Gerbers* apodiktisches „System"[496] gewann der Realität Klarheit ab, aber mehr als sie hergab. Das war, wie für ihn hinreichend erarbeitet ist, formalistisch. Zugleich brachte Gerber nachrevolu-

[491] ZDR 13, 2; warnend insoweit auch *Bluntschli*: Privatrecht I (1851) XVII—XIX.

[492] Vgl. Beruf 99, 98, 145, 151 (flach, oberflächlich).

[493] Vgl. seinen Überblick von 1851, in: Charakteristik, zit. oben 183; grundlegend für die Linie Savigny-Gerber ist *Wilhelm*: Methoden.

[494] Vgl. dazu etwa *Hedemann*: Fortschritte, bes. Teil 1 (1910); *Wieacker*: Geschichte 462.

[495] *Insofern* paßt *Dreiers* vorsichtiger, gewagter Hinweis, *Reyschers* Lehre enthalte hier „in manchem eine Vorwegnahme der Genyschen Lehre von den Gegebenheiten (données) des Rechts". Seine anschließende Kritik läßt die Frage offen, wie eine weniger offene und vielgestaltige Grundlage realistisch vorgestellt werden soll, s.: NdS 39 Fn 228.

[496] Zuerst 1849, 5. A. 1855, 12. A. 1875, 17. Fassung durch *Cosack*, 1898.

tionäre, konservative Klarheit (vgl. oben 181). Anzumerken ist, daß Formalismus nicht stets erhaltend wirkt und demgemäß nicht immer aus parallelen weltanschaulichen, sozioökonomischen und ideengeschichtlichen Quellen fließt — man denke nur an Kants formal-freiheitliche Rechtslehre ca. zwei Generationen vor Gerber. Reyscher liegt hier in der Mitte.

Die Rolle der Juristen schien mir eine passende Gelegenheit, noch einmal Reyscher mit einigen zeitgenössischen Kollegen zu kontrastieren. Wie in anderen Zusammenhängen ergab sich eine Art Harmonieskala etwa von Mittermaier, über Beseler, Welcker, Thibaut, Wächter, Maurenbrecher, Savigny und Puchta, bis zu Gerber. Nur andeuten kann ich noch, daß *Wilda* etwa bei Beseler einzupassen wäre[497], daß zu *Warnkönig* mit seiner, wie er selbst sagt, „ekletischen“[498] Drei-Elemente-Lehre[499] sachliche Bezüge bestehen, obzwar Reyscher seinen Elementen mehr eine gemeinsame liberale Richtung gibt und daher Warnkönig widerspricht[500], daß *Bornemann* wichtige Gleichklänge bietet[501], daß zu *Zoepfl* und *Bluntschli* eher Abstand einfließt[502], daß *Falck* wesentlich verhaltener wirkt[503] und wieder mehr auf die formale Linie tendiert.

Um den Wissenschaftsbegriff auch nach der abstrakten Seite kurz zu erläutern, sei der Gegenschritt von der Konkretisierung Juristenrolle zu allgemeineren Problemen unternommen. Ich kann mich dabei auf die Vorarbeit im 4. Kapitel zum Problem Geschichte und Ordnung-System stützen. Reyscher hat die für seine Kodifikationsschrift ausführlich erarbeiteten Positionen in keinem wichtigen Punkt revidiert.

---

497 Vgl. seinen kurzen grundsätzlichen Beitrag in ZDR 1, bes. S. 167—71; *Reyscher* im Nachruf, ZDR 16, 448—63 (Nr. 19a); *Wildas* aufschlußreiche Worte zu *Zoepfls* Staatsrecht, ZDR 6, 399f; der ganze Briefwechsel in Stuttgart wäre erst gründlich auszuwerten, was beträchtlichen Aufwand voraussetzt, zumal Wildas Nachlaß hinzuzunehmen wäre.

498 *Warnkönig*: Rechtsphilosophie 174 mit Fn.

499 *Warnkönig*: Rechtsphilosophie 214—6, 237; er wirkt mehr elitär (S. 230), ist gegen die öffentliche Meinung (S. 229), verlangt verhalten — für damals — von Zeit zu Zeit Reform (S. 236); die 3fache Grundlage auch in: Enzyklopädie 22 u. ö.

500 Lit.übersicht: ZDR 2, 197f.

501 Zu *Bornemann* vgl. oben 114f anhand seiner ZDR-Rez.; weiter: Rechtsentwicklung in Deutschland und deren Zukunft (1856), eine zusammenfassende Grundlagenschrift.

502 Vgl. für *Zoepfl* seinen Aufsatz „Über das Verhältnis des rationalen und nationalen Rechts“, ZDR 4 (1840) 91—123, wo er wie *Reyscher* einen Dualismus aufstellt (S. 98) und recht parallel wirkt. Er schrieb aber nur noch in ZDR 5 (1841) und seine späte „Rechtsphilosophie“ (1878) geht nicht den Weg einer Zerlegung in Elemente, sondern polarisiert weiter Rationales und Nationales; für *Bluntschli* siehe seine Abhdlg. über d. Rechtsbegriff, in: Kl. Schriften I 1—43.

503 Für *Falck* jetzt *Volk*: Falck, bes. 83ff.

Geschichte, die historisch-philologische Seite seiner Wissenschaft, blieb ihm lebenslang primär „einheimische" Geschichte (oben 254). Für eine vom praktischen Nutzen ganz freigestellte Historie des Rechts vermochte er sich bei aller Liebe zum Altehrwürdigen nie durchzuringen. Nicht zufällig hatte Geschichte, etwa in dem Topos der alten deutschen Freiheit, aktuelle, liberale Funktion, wenn sie auch nicht schlicht Mittel der Rechtspolitik war[504]. Rein historisches Vorgehen, gar weltanschaulich überhöht, fand er stets unzureichend, einseitig[505]. Geschichte allein reiche nicht hin[506], auf die Vergangenheit sei „nur soweit zurückzugehen, als es zur Erkenntnis der Gegenwart notwendig" sei[507]. Er neigt nicht dazu, alles Recht als vollständig gegeben zu betrachten und die Jurisprudenz zu einer bloßen historischen Erkenntnislehre zu machen.

Sein *Systemideal* war und blieb bemerkenswert unidealistisch. Fernab ästhetischer Lust am Problem oder Form/Stoff-Problematik, kam es ihm vor allem auf zweckmäßige Darstellung und bequemen Zugriff auf ein Problem an[508]. Er suchte nicht den „wahren" Organismus (oben 237f), sondern eine gewisse Ordnung für den „unmittelbaren Gebrauch". Auch hier schlägt das „Bedürfnis" leitend durch. Das muß man im Verhältnis zu Savigny als Kontrast betonen, obgleich Systemprobleme deswegen bei Reyscher keineswegs mit leichter Hand übergangen wurden. Im § 5 des „Privatrechts" postuliert er mit vollen Worten „Einheit und Vollständigkeit". „Wissenschaftlicher Zusammenhang" ist ihm sehr wichtig[509], aber er baut auf den Grund des „Lebens", sieht die Sache mehr als eine Frage von „auffassen und darstellen"[510]. Der „Zusammenhang des jetzigen Rechtszustandes" soll „klar" werden, fordert er gegenüber Phillips' „Grundsätzen des deutschen Privatrechts"[511]. Im Sachenrecht begründet Reyscher selbst eine „eigenthümliche" Anordnung[512], ähnlich in der „Lehre von den Verträgen"[513]. Sein Lebensbezug läßt aber eine so hoch angesetzte Systemidee wie die materiale Savignysche nicht zum Vorschein kommen. Sein systematisches Werk, das „Privatrecht", war denn auch vor allem für die Praxis gedacht und wurde auch von der Praxis am meisten gewürdigt[514].

---

504 Vgl. oben 254 (zus.fassend); zur Freiheit auch oben 280, 142.
505 Vgl. oben 327 mit Fn 84, dort Nwe für *Reyscher* zusammengestellt; ein längeres Zitat aus „Einheit" oben 159.
506 ZDR 1, 7, in „Zweck".
507 Privatrecht III (1848) Vorrede IV.
508 Vgl. oben 253 (zus.fassend).
509 Vgl. Privatrecht I § 9.
510 Privatrecht I § 9.
511 ZDR 2, 213.
512 Darüber Privatrecht I Vorrede X, näher aaO § 223/S. 420—2.
513 Darüber Privatrecht I Vorrede XIV.
514 Vgl. Privatrecht I Vorrede III; II Vorrede III; *Thudichums* Zeugnis für solchen Erfolg, in: Verteidigung; die Tatsache einer zweiten Auflage.

Obwohl Reyscher mehrfach *Vollständigkeit* verlangt[515] und den fruchtbaren Gedanken eines „Geists des positiven Rechts" anerkennt[516], denkt er nicht daran, das positive Recht aus sich selbst zu ergänzen. Auch hier wahrt er die Relation auf die Realität. Schraders und Savignys „organische Ergänzung"[517] lehnt er zwar nicht ab, aber der Topos beruhigt ihn nicht. Zu offensichtlich war bei seiner liberalen und politisch aufmerksamen Perspektive das geltende Recht unorganisch. Mit einem verinnerlichten Volksbegriff als Klammer konnte er nichts anfangen. Vollständigkeit ist Reyscher zugespitzt erreicht, wenn alles vom „Bedürfnis" und „Leben" Geforderte erfaßt ist. Seine Vorstellung ist also auch sehr zukunftsoffen.

Zuletzt paßt hierher, daß er nie hypertrophe *Präzisionsvorstellungen* hatte, sei es historisch-philologischer oder philosophisch-begrifflicher Ausprägung. Im „Daseyn"-Aufsatz fand er einmal die Formulierung, „mehr oder weniger" das Richtige gefunden zu haben, sei schon sehr viel. Dort steht auch im gleichen Zusammenhang sein Vertrauen auf „gesunden Menschenverstand und practischen durch das Leben selbst gebildeten und gestärkten Sinn"[518]. Diese Stichworte gehören in eine zusammenhängende Vorstellungswelt, die Vertrauen auf konkretes selbstbestimmtes Handeln zur Grundlage hat. Reyscher waren denn auch volitive Elemente im Recht, die nach „selbstständigerer Thätigkeit" aussahen und mehr zu Entscheidung als zu Erkenntnis tendierten, keineswegs durchweg suspekt. Sein Methodikparagraph im Privatrecht[519], das dortige Vorbild des Schöffen, seine ganze NdS-Lehre zeigen das.

Die eingangs zu diesem Abschnitt angeschnittenen zahlreichen Linien (oben 367) sind damit etwas erläutert. Reyschers Wissenschaftsbegriff erweist sich als so nichtidealistisch, wie die Rolle, die er dem Juristen zuweist, politisierend lebensnah ist. In letzterem und seinem Vertrauen auf Konsens kraft gesunden Menschenverstandes und allgemeiner Diskussion kann man allerdings wieder einen idealistischen Zug sehen, wenn auch in anderer Funktion.

Rechtsquellenlehre und Methodik

Rechtsquellenlehre

Rechtsbegriff, Natur der Sache, Volksrecht und wissenschaftliches Recht wurden bereits abgeklärt. Damit sind zugleich die wesentlichen Fragen der Rechts-

---

515 Privatrecht I §§ 9, 58/S. 101.
516 Privatrecht I § 89.
517 Für *Schrader* oben 33; für *Savigny* Beruf 114, System I 290f.
518 ZDR 1, 30.
519 Privatrecht I § 58; vgl. dazu schon oben 362 das längere Zitat.

quellenlehre umrissen, die lediglich die Spiegelung des genauer ausgeführten Rechtsbegriffs ist.

Wie beim Rechtsbegriff zerfallen die *Geltungsquellen* in formelle und materielle. Auch die Quellenlehre ist dualistisch, ja pluralistisch. Gesetz, Gewohnheit, Herkommen und Gerichtsgebrauch, schließlich aber das Leben selbst, werden Reyscher zur Rechtsquelle. Recht kraft ihrer äußeren Form sind Reyscher das staatliche Gesetz[520], das Herkommen, d.i. Gewohnheit kraft allgemeiner Autonomie[521] und Gerichtsgebrauch[522] — dieser aber nur für den jeweiligen Gerichtsbezirk und mit Vorrang des jeweils engeren Kreises[523] —, sowie besondere Quellen, wie das autonome Recht einzelner „Orte und Bezirke"[524], des Adels[525] und der „Gesellschaften und Einzelnen"[526]. Daneben stehen „Gemeine Hilfsquellen", das römische Recht (teilweise)[527], das kanonische Recht[528], das langobardische Recht[529], das mosaische Recht[530] und schließlich das „Naturrecht", in der Explikation als NdS, die oben (353ff) beschrieben wurde[531], also praktisch das „Leben selbst" in allen seinen Faktoren. Die Geltungsquellen sind konsequentes Abbild der Ansichten zum Rechtsbegriff. Die NdS ist Geltungsquelle, wenn auch schwächerer, inhaltsabhängiger Art[532]. Die Wissenschaft oder die Juristen — ständisch gedacht — lehnt Reyscher als auch nur entfernte Geltungsquelle ab. Sie bilden Grundsätze, nicht Rechtssätze[533]. Recht als „Eigenthum eines Juristenstandes" fordert Reyscher nur zu Polemik heraus[534].

Prämissen und Einbettung dieser Rechtsquellenlehre wurden bereits anhand des Rechtsbegriffes untersucht. Nur ein interessanter Punkt läßt sich hier anfügen. Die Begründung alles nichtstaatlichen formellen Rechts liegt für Reyscher in Autonomie, in Selbstgesetzgebung[535]. Diese wird nur in verschieden allgemeine Wirkungskreise gestuft. Reyscher hält hier entschieden eine Rundesche Tradition fest. *Justus Friedrich Runde*, der beliebte Göttinger Germa-

---

520 Privatrecht I § 63f/S. 109—13, klar unterschieden von Verordnungen und Verfügungen.
521 Privatrecht I §§ 65 und 88: „Beweis des Gewohnheitsrechts".
522 Privatrecht I §§ 66 und 88 (Beweis).
523 aaO § 66.
524 aaO § 67.
525 aaO § 68.
526 aaO § 69.
527 aaO § 71.
528 aaO § 72.
529 aaO § 73.
530 aaO § 74.
531 aaO § 75 mit 89: „Auslegung (...) der Natur der Sache".
532 Dazu oben 363.
533 Dazu ausf. oben 365ff.
534 Privatrecht I § 59 Fn 2/S. 103 gegen *Savigny* u.a.
535 Privatrecht I §§ 65—9.

nist, hatte „gesetzgebende Gewalt“ und „Autonomie“ als grundlegende Rechtsentstehungs- und -geltungsformen bezeichnet[536] und gerade auch das Gewohnheitsrecht so begründet[537]. Runde hatte hier einen noch berühmteren und ihm naheliegenden Vorgang in dem Göttinger Glanzstück *Johann Stephan Pütter*. In der 21. Abhandlung seiner „Beyträge“ (1779) hatte dieser Gesetz und Gewohnheit ganz dualistisch nebeneinander gestellt, obwohl er das fürstliche Einwilligungserfordernis nicht vergaß[538], und den plastischen Satz geprägt:

„So wird also die Autonomie gemeiniglich bald die Mutter von Gewohnheitsrechten, die wenn man sie auf ihre erste Quelle zurückführt, immer in der Autonomie ihren ersten (!) Grund haben“[539].

„Autonomie“ aber ist ihm „natürliche Freyheit“[540]. Bei ihm sieht man auch den über Runde bis zu Reyscher vor allem sich verschiebenden Hintergrund. Nicht zufällig stand Pütters Beitrag unter solchen zum „Staats- und Fürstenrechte“. Er dachte zunächst an *standesherrliche* Autonomie. Aber diese Begründung wird auch bei ihm schon paritätisch erweitert ins „natürliche“, in die des „Nachbarn“ und „Mitbürgers“[541]. *Eichhorn* hält die Begründung im wesentlichen fest[542], wenn auch mit einer unübersehbaren Abschwächung, denn:

„die Gewohnheiten entspringen“, so erläutert er, „eben daher aus einer durch jene (sc. gegebene Individualität der Rechtsverhältnisse) selbst bedingten Regel, welcher die handelnden Personen bewußt oder unbewußt folgen“[543].

Nur unter dieser Voraussetzung lasse sich einsehen, „wie Handlungen einzelner Personen für Dritte verbindend werden können“[544]. An dieser Stelle hat der sonst theoriescheue Eichhorn der Pütter-Rundeschen Autonomie eine neue Wendung gegeben, die ihr die ehemalige Basis der natürlichen Freiheit und die bei Pütter mitschwingende, bei Runde deutliche Selbstbestimmung *entzog*. ‚Konsens‘ etwa war für Eichhorn kein einsichtiger Grund für Gewohnheitsrecht. Dennoch wurde Eichhorn 1828 für *Puchta* noch einmal zum Repräsentanten einer gefährlichen germanistischen Irrlehre von Autonomie[545]. Puchta erst verortete die Gewohnheit präzise zwischen Freiheit und Bindung, zwischen Selbstbestimmung und „natürlich“ geleitetem Handeln. *Welcker*, der ideologisch nicht weniger sensible Gegner, unterzog dann 1829 die verschiedenen Theorien einer sehr scharfsinnigen Analyse vor der Folie Freiheit

---

536 Grundsätze § 2/S. 2; vgl. auch §§ 40, 56, 58, 80.
537 aaO § 56 mit § 2.
538 Beyträge II (1779) 14.
539 Beyträge II 13.
540 Beyträge II 11.
541 Beyträge II 12.
542 Einleitung §§ 25, 26.
543 aaO § 26/S. 87.
544 aaO § 26/S. 87.
545 Gew.recht I (1828) 155—60 und 207f, daraus zitiert oben 329.

— Bindung[546]. Vor diesem Hintergrund wird *Reyschers* betonte Art, die Autonomie als Selbstgesetzgebung zu nehmen und zu verfechten signifikant. Sie zeigt ihn erneut als freiheitlichen Rechsdenker, dem an Rechtsbildung „von unten her" (Frankfurt 1846) liegt.

Methodik

Reyschers *Methodik* blieb unvollendet. Die mehrfach versprochene Abhandlung die den Schlußstein seines Theoriegebäudes bilden sollte, blieb ungeschrieben[547]. Die der Methodik vorausliegende Problematik der „Natur" des Rechts blieb zu kontrovers, solange Reyscher schrieb. Doch liegen mit dem Methodenkapitel des „Privatrechts"[548] und den Hinweisen in „Zweck"[549] hinreichende Klärungen vor. An die Spitze der Methodik stellt Reyscher mehrfach den Satz, sie müsse „jedem zu bearbeitenden Stoffe angemessen" sein[549], müsse sich „nach der Beschaffenheit der Quellen" richten[550]. Die Methode ist somit objektabhängig, auch sie wird zum Spiegel des Rechtsbegriffs. Man findet die Abfolge der verschiedenen Faktoren des Rechtsbegriffs demgemäß in der Methodik wieder, die von „exegetisch", zu „systematisch", „geschichtlich", „empirisch" und „rationell" fortschreitet, je nach dem „Stoff"[551]. Es ist nicht weiter ergiebig, diese einzelnen Elemente näher zu beschreiben, da sie ganz dem Zusammenspiel der Faktoren des Rechtsbegriffs entsprechen. Die Hauptproblematik liegt schon bei der Bestimmung des „Stoffs", eben des Rechtsbegriffs, und hier in der Wahrung des materiellen Elements gegen die Formalisten (oben 320ff), sowie des volitiven (rationellen) gegen die „Historischen" (oben 352ff). Am griffigsten hat Reyscher seine Methodik in „Zweck" bezeichnet, wo er das Etikett *„pragmatische Methode"* benutzt[549], das in der Tat treffend ist und die blasse Kennzeichnung als „zusammengesetzte Lehrart" im „Privatrecht"[552] übertrifft. Reyschers Methodik weist auf die Praxis hin, und zwar auf eine konstitutionell-liberale. Auch hier ist auf die mitspielenden Prämissen wie beim Rechtsbegriff, etwa den gesunden Menschenverstand hinzuweisen. Sieht man die Begründungen seines „Privatrechts" durch, so erweist sich die schillernde NdS konkret methodisch als recht harmlos. Ebenso wie beim Rechtsbegriff (oben 360f, 363f) wird ihre positive Rolle im Zusammenhang mit den Hintergrundprämissen verständlich, für die sie sozusagen Einfallstor ist, eine Funktion, die heute etwa

---

546 System 565ff in der Fn.
547 Oben 156 für „Daseyn", 165 für „Begriff", 319 (Gründe).
548 Privatrecht I §§ 56—9/S. 98—103.
549 ZDR 1, 7.
550 Privatrecht I § 58/S. 100.
551 Bes. in: Privatrecht I § 58.
552 Privatrecht § 58, Überschrift.

den Generalklauseln und der richterlichen Rechtschöpfung zukommt. Die NdS ist demgemäß ultima ratio, wie eine umfassende Überprüfung der Reyscherschen Begründungen ergab. Im konkret dogmatischen Gesamtbild hat sie eine äußerst untergeordnete Bedeutung. Meist geht es nur um begriffliche Konsequenz. Der Lebensbezug steckt mehr in den schwerer zugänglichen Ergebnissen.

An einem Punkt der Methodik allerdings wird er noch einmal sehr plastisch. Es ist Reyschers Grundsatz, das gesamte in Württemberg, bzw. Deutschland, geltende Recht ohne Rücksicht auf seine unterschiedliche Herkunft als eine Einheit zu nehmen, sein *Einheitsgrundsatz*. Dies verband ihn mit *Wächter* (oben 44f), dies forderte ihm seinen längsten Aufsatz zur ZDR ab und wurde bei dessen Darlegung näher beschrieben (oben 156ff), mitsamt den Wurzeln bis *Hofacker*. Reyschers usus-modernus-Lob in „Bedürfnisse" ist hier motiviert (oben 255). An den Begründungen dieser zentralen Forderung, an der Kritik aus Berlin (oben 97f), erweist sich die Divergenz im Lebensbezug. Die methodische Notwendigkeit, über die unbefriedigende Situation der Rechtsanwendung hinauszukommen und das geltende Recht in *ein* Buch—einfach ausgedrückt—zu bannen, empfand Reyscher dringlich. Sein „Privatrecht" war neben Wächter für Württemberg, aber auch für Deutschland, gerade in diesem Punkt ein wichtiger Schritt. Die Spannung von „historisch" und „philosophisch" führte vor diesen Problemen ein Schattendasein. Immerhin hatte aber gerade Savigny in seiner „Methodenlehre" (1802) in einem „practischen System" das „letzte, aber auch schwerste Geschäft aller Bemühungen der Juristen" gesehen[553].

---

[553] Zitiert oben 44.

SCHLUSS

Der Gang durch Leben, Werk und Theorie des frühliberalen Germanisten, Privatrechtlers und „Publicisten' August Ludwig Reyscher ließ eine *selbständige* Strömung aufleuchten. Sie war gegen geschichtliche, ältere apriorische und neuere hegelianische, aber auch gegen formal-etatistische Positionen vielfach abzusetzen. Die Konturen laufen in dieser Übergangszeit höchst vielfältig ineinander. *Mehrdeutigkeit* grundlegender Formeln wie „Leben", „Natur der Sache", „Freiheit/Willkür", „natürlich", die nichtsdestoweniger Legion sind, kann geradezu als Signum genommen werden. Die Divergenz der Lösungen bei allem Gleichklang, etwa gegenüber Savignys vielbeachteten Formeln, durchbricht manche äußerliche Harmonie. Reyscher zählt zu der vormärzlichen Generation zwischen Savigny (geb. 1779), Jhering (geb. 1818) und Gerber (geb. 1823), aber auch Marx (geb. 1818). Mehr als andere Formeln trafen die über Freiheit und Notwendigkeit, Geist und Natur, Freiheit und Bindung, Selbstbestimmung und Fremdbestimmung auf engagiertes Mitdenken. Von hier aus lassen sich problematische Gleichklänge besser verstehen. „Volk" ist nicht gleich „Volk" (oben 337f), „Freiheit" nicht gleich „Freiheit" (oben 142), „Gesetz" nicht gleich „Gesetz" (oben 324), „geschichtlischer Sinn" nicht gleich „geschichtlicher Sinn" (oben 274ff). Die *partikularen* bundesstaatlichen Gefüge von Gesellschaft, Wirtschaft, Recht und Politik, die in stärkerem Maße, als unsere zentralistische Optik zunächst vermuten läßt, den bestimmenden Hintergrund bilden, waren auch zu unterschiedlich. Reyscher kann jedenfalls seinen württembergischen Mutterboden nicht verleugnen und will es auch gar nicht (oben 267ff). Ohne das konstitutionell-liberale Milieu dieses Verfassungsstaates ist Reyschers Rechtslehre nicht zu verstehen. Andererseits spielt dieses Juristenleben vor der Folie des Deutschen Bundes und hat von daher seine Problemstellungen.

Reyschers Linie ist etwa die einer *engagierten Mitte*. Kant ist hier freiheitlich, nicht skeptisch fortgeführt. Schellingsche und andere Naturphilosophie liegt fern. Hegels komplizierte Spekulation ist suspekt. Erst mit der linkshegelianischen Interpretation stellt sich eine Annäherung ein, aber auch die nur in den Ergebnissen. Wenig ‚philosophische' Juristen wie *Mittermaier*, auch *Beseler*, weiter etwa der Breslauer *Gaupp*[554], kommen ihm am nächsten. Formalistisch-erhaltende Positionen wie die *Puchtas*, später *Gerbers*, aber auch schon *Savignys*, kontrastieren. Die *politische* Ebene bildet durchweg einen wichtigen Faktor und verlangt nach integrierender Beachtung[555]. Reyschers deutliche „natio-

---

[554] Vgl. dessen „Zukunft" und *Reyschers* warmen Nachruf, in: ZDR 20 (1861) 117f (Nr. 73a).

[555] Vgl. jetzt die fruchtbare Einbeziehung bei *Löwenhaupt*: Austin (1973), auch bei

nale Tendenz" ist nicht imperial. Entgegen wilhelminischer und späterer Projektionen muß das freiheitlich-volksnahe daran betont werden (oben 143). „Man spricht jetzt so viel von Nation und nationalem Bewußtseyn; und fragt Ihr die Bewußten nach des Volkes Art und Gesezen (!): siehe so ist am eigenen Herd keiner zu Haus", mahnt er selbst[556].

Fast alle Texte Reyschers haben einen programmatischen Grundton, seinen Lebensbezug. *Wirklichkeitsbezug* sollte man vielleicht sagen angesichts der Ambivalenz von „Leben". Aber auch die „Wirklichkeit" zwischen 1802 und 1880 ist ambivalent. Konkret faßbar wird dieser Grundton erst als Rückgang auf eine bürgerlich-liberale Realität. Deutlicher ist daher vielleicht die Relation zu „Bedürfnis", dem weiteren Grundtopos. In diesem schlichteren Vorläufer des „Interesses" und des nachmals beschworenen „Zwecks" hat Reyschers Rechtstheorie einen konkreten Halt. Einen Halt freilich, auf den sich nur unter Prämissen wie dem „gesunden Menschenverstand" vertrauen ließ. Doch hat Reyscher damit in seiner Zeit ein vernachlässigtes Feld fruchtbar bestellt. Die Relationalität der geschichtlichen Lehre vom Recht war bei ihm in voller, gerade nicht verinnerlichter, bewußter Blüte. „Bedürfnis" wird zum Topos, der nichts beweist, aber Theorien und Ergebnisse bewirkt.

Nach der umfassenden Kritik der Einseitigkeiten bleibt eine theoretisch nicht tiefer abgeklärte *Vielseitigkeit*, deren prinzipieller Vorzug aber in ihrer undogmatischen Offenheit für alles Mögliche liegt, für die — wieder einmal — lebensvolle Wirklichkeit. Reyscher zeigt ein Stück vom lebhaften Fortwirken des usus-modernus und aufklärerischer Wertungen, die zwischen 1815 und 1848 mit größtem Einfallsreichtum unter neuen Bedingungen vertreten wurden, nicht zuletzt unter Benutzung der frisch blühenden Historie. Diese Strömung wurde damals konkret, sie durchdrang den juristisch-gesellschaftlich-politischen Alltag.

Robert *Mohl* gab das Stichwort vom Querkopf und flachen Denker. Aber es ist wohl weniger Reyschers Querköpfigkeit, die ihn überall anecken läßt, als die Zerissenheit seiner Zeit, die sich an ihm, der die Gegenwart eifrig aufnimmt und zu bearbeiten sucht, erweist, gerade wegen seiner deutlichen, freimütigen Linie.

Vitzthum: A. Hänel (1971), *Sjöholm:* Germanistische Theorie (7972), *Hattenhauer:* Grundlagen (1971) und Einführung (zu Thibaut u. Savigny ²1973), früher schon bei *Wilhelm:* Methoden (1958). Hervorragend differenziert der Historiker *K. G. Faber* in seinem Vortrag: Rheinisches Recht. Exemplarisch auch die Studie von *L. Gall:* Gervinus, in Dt. Historiker V.

556 Das Pathos entspricht Zeit und Ort: Es handelt sich um die feierliche Signatur zu einem Bildnis Reyschers von 1845, das mir freundlicherweise sein Nachfahre, Herr Dr. G. Veiel, zugänglich machte. Die Signatur steht undatiert auf dem Passepartout, ist aber vermutlich ebenfalls aus dem Jahr 1845, zu dessen Hintergrund es paßt. Oben 169 sind Ruges berühmte Patriotismusschrift von 1844 und eine in der Richtung ähnliche Erläuterung des „nationalen" aus Reyschers „Begriff"-Aufsatz von 1846 angeführt.

ANHANG

Übersicht zum Anhang

a)	Brief Reyscher — Gervinus, vom 15. 10. 1845	392
b)	Brief Reyscher — Gervinus, vom 1. 9. 1847	392
c)	Brief Eichhorn — Reyscher, vom 13. 11. 1837	393
d)	Brief Maurenbrecher — Reyscher, vom 27. 11. 1837	393
e)	Brief Beseler — Reyscher, vom 20. 12. 1840	393
f)	Brief Beseler — Reyscher, vom 9. 7. 1846	395
g)	Brief Beseler — Reyscher, vom 12. 1. 1851	395
h)	Brief Beseler — Reyscher, vom 10. 5. 1851	396
i)	Brief Beseler — Reyscher, vom 19. 11. 1853	397
j)	Vorlesungen Reyschers	397
k)	Beachtliche Artikel in den „Hallischen Jahrbüchern" (1838—1842)	398
l)	Kodifikationsschriften, besonders zwischen 1821 und 1865	399
m)	Stellungnahme des Finanzministeriums Stuttgart zur Statutarrechtssammlung, vom 4. 6. 1839	400
n)	Persönliches Schreiben des Außenministers v. Beroldingen an den Archivdirektor wegen Archiverlaubnis für Reyscher, vom 11. 1. 1833	401

Zum Abdruck der Briefe

(?)	bezeichnet unleserliche Stelle, die aber mit sehr großer Wahrscheinlichkeit im angegebenen Sinne zu lesen ist.
(...?)	bezeichnet völlig unleserliche Stelle
(xxx?)	bezeichnet vermutliche Lesart sehr unleserlicher Stelle
(...)	bezeichnet bewußte Auslassung von mir

a) *Brief an Georg Gottfried Gervinus, 15. 10. 1845*[1]:

Es geht zunächst um die „deutsche Versammlung in Frankfurt", um organisatorische Probleme wegen Vorbereitungen in Frankfurt selbst. Er, Reyscher, habe selbst Reisen gemacht um zu werben. Gewonnen seien jetzt: Dahlmann, Droysen, Waiz (!), Falck, Beseler, Wilda, Michelsen, Heffter und beide Grimm. Dann folgen Neuigkeiten über Mohl, den Mittermaier und Nebenius nach Heidelberg berufen wollen. Mohl begann laut Reyscher den Wahlkampf mit einem

„tollen Manifest, worin er der Regierung den dauernden Krieg erklärt, ihr einen Abgrund von Unwissenheit vorwirft, sich als den einzig intelligenten und wohlhabenden Mann, 28 jährigen Staatsrechtslehrer den Wählern empfiehlt, und nun ist er zwischen zwei Stühlen niedergesessen, zwischen der Regierung, die ihn zur Verantwortung zieht, und zwischen der Opposition, die ihn von sich stößt, weil sie seinem Ehrgeiz und seiner Eitelkeit nicht traut und Anstoß nimmt an seiner bisherigen Richtung. Ich hatte heute eine Sitzung mit ihm wegen der bevorstehenden Einweihung des Universitätshauses und fand, daß er sehr angegriffen von (...?) zurückgekehrt ist. Er scheint das bedenkliche seiner Stellung (?) noch nicht einzusehen, und ich fürchte, er wird neue Streiche machen. Es fehlt seinem Streben ein sittliches Princip. Daher wird seine Opposition, und wenn er sich noch so liberal anstellt, kein Glück machen. Mit der Narrenfreiheit aber, die er bisher als Professor genossen, ist es aus. Vielleicht setzt D[2] noch ein Wörtchen bei.

Ihr Reyscher"

1 UB Heidelberg.
2 Das ist Reyschers Frau *Dorothea*, geb. Dahlmann.

b) *Brief an Georg Gottfried Gervinus vom 1. 9. 1847*[1]:

Reyscher berichtet von der Geburt seines „Sohnes" und daß er nicht nach Lübeck kommen könne. Er sei

„diesen Sommer sehr beschäftigt gewesen und noch, mit Beendigung meines Privatrechts, das seit 10 Jahren mir wie Blei an den Füßen hängt. Die Aufgabe, das ganze gemeine Recht (römisches und deutsches), soweit es gilt in seiner Verbindung und Durchdringung nachzuweisen und zwar auf einem bestimmten faßbaren[2] Boden, hat mich sehr angezogen, aber die partikulären Details aus der häufig gedankenlosen Gesetzgebung des Landes sind sehr ermüdend. Ich hoffe übrigens den Gedanken einer Einheit unseres gemeinen Rechts dadurch anschaulicher gemacht zu haben, und daß die Besonderheiten unserer Landesrechte nicht unüberwindlich, sondern vielmehr (?) die Brücke sein werden zu einer künftigen deutschen Gesetzgebung, dürfte gleichfalls hervorgehen, trotz des schwächlichen Geredes gegen die Kodifikation das wir kürzlich in einem Aufsatz Ungers in der Augsburger Allgemeinen Zeitung[3] gelesen haben."

1 UB Heidelberg.
2 Vielleicht auch „festeren".
3 Diesen Aufsatz habe ich noch nicht ermittelt.

c) *Brief von K. F. Eichhorn, Berlin, 13. November 1837*[1]:

Eichhorn klagt über schlechte Gesundheit und lehnt Mitarbeit ab:
„(...). Es ist schon genug, daß mein Name auf der hiesigen Zeitschrift[2] stehen geblieben ist, weil ich es nicht wohl versagen konnte ihn stehen zu lassen wo er einmal stand, ohngeachtet ich seit 1817[3] nicht den geringsten wirklichen Antheil daran gehabt habe, da der kleine Aufsatz, der sich in eines der neuen Hefte verirrt hat, ein Ab(schnitt?) von der neuesten Ausgabe der RG, jenen Namen nicht verdient. Steht doch auch schon toll(?) genug mein Name als Mitarbeiter auf der Heidelberger Zeitschrift der auswärtigen jur. Literatur[4], ohngeachtet ich von Anfang an erklärte, daß ich schwerlich etwas beitragen würde, da ich nicht absähe, wie meine Studien mich darauf führen könnten, etwas dahin gehöriges zu arbeiten und alle Zusendungen verbat. — Meinen herzlichsten Wunsch des Gedeihens Ihres Unternehmens würden, so hoffe ich, alle Theilnehmer desselben ohne (...?) für aufrichtig annehmen. Ihrem Privatrecht von Württemberg sehe ich mit Freuden entgegen. — (...)".

1 Wü LB Stuttgart.
2 Genauer: Zeitschrift für geschichtliche Rechtswissenschaft, 1815—1850.
3 Also seit seinem Weggang von Berlin nach Göttingen, s. Landsberg T. 255, der seit Herbst 1816 beschlossen war. In Berlin wurde am 20. 3. 1817 der Staatsrat konservativ konstituiert (dazu Stölzel: Rechtsverwaltung 445; Koselleck: Preußen 226ff; Schneider: Staatsrat 36ff), in den auch *Savigny* berufen war.
4 Genauer: Kritische Zeitschrift für Rechtswissenschaft und Gesetzgebung des Auslandes, 1829—1852, hg. von Mittermaier und K. S. Zachariä.

d) *Brief von Romeo Maurenbrecher, Bonn, 27. November 1837*[1]:

„(...) nämlich den historisch-praktischen. Gern biete ich Ihnen daher meine ganze Kraft und Muße an, den Geist dieser unserer Schule neben Ihnen in der Zeitschrift zu repräsentieren; mögen die anderen, mir genannten Herren Mitarbeiter ihre Schulen in gleicher Art werten (...?).
Und die Zeitschrift kann das Universal- und Critische (?) Blatt der Juristen werden. Vor allem aber freue ich mich, verehrter Herr Kollege, mit Ihnen in persönliche nähere Berührung zu kommen, da ich mich durch Ihre geistesverwandten (?) Arbeiten wie durch Ihre Persönlichkeit schon lange zu Ihnen hingezogen fühle (...?) (...)".
Der Brief fährt sehr herzlich fort, ohne weitere bes. interessante Aussagen.

1 Württ. LB Stuttgart.

e) *Brief von Georg Beseler, Rostock, 20. Dezember 1840*[1]:

„(...) Was historische, was philosophische Schule! Das Recht, dessen unsere Nation und unsere Zeit bedarf, das sey der Gegenstand unserer Tätigkeit.
Ich habe mich über die Gelegenheit gefreut, Ihrem vortrefflichen Trachten (?) in der hannöv. Sache einmal öffentlich das Wort reden zu können[2]. Mögen die Diplomaten, so weit ihre Macht geht, über Recht und Gerechtigkeit schalten und walten; mag das öffentliche Leben in Deutschland nur langsam zu der Kraft und Tüchtigkeit heranreifen, daß es solchem Beginnen eine tatsächliche Grenze setzt, im Heiligthum deutscher Wissenschaft ist sie schon gegeben, und hier soll nicht Bann und Acht der äußern

1 Württ. LB Stuttgart.
2 Vgl. seine Rezension zu ZDR 2, in: Krit. Jb. 1840 II 818f.

Gewalt herrschen. Wenigstens, so weit meine schwachen Kräfte reichen, werde ich mich stets dagegen auflehnen. Sie haben freilich Recht, in unserem gepriesenen Juristenstande ist wenig Muth und Überzeugung; fast alles löst (?) sich in Ansichten auf, welche beliebig zum Gegenstand einer höflichen Kontroverse gemacht werden können. Es wird auch nicht gründlich besser werden, bis der Stand mehr in das ganze Volk zurücktritt (?), — mit anderen Worten, bis wir eine gesündere Gerichtsverfassung haben. Die Entwicklung des materiellen Rechts ist und bleibt doch immer nur eine Vorarbeit; ließe sich doch ein vortreffliches Privatrecht „in despotico" denken.
Sie tadeln mich, daß ich mit den Romanisten zu glimpflich umgegangen. Sie nennen das Ängstlichkeit. Nun wenigstens nicht vor der (... ?), — dessen können Sie gewiß sein. Ich will Ihnen offen sagen, welche Gründe mich zu jener versöhnlichen Rede gestimmt haben. Einmal war es die Befürchtung, daß die Erhebung des rein deutschen Rechts höher gesteigert werden möchte, als die gegenwärtige Beschaffenheit der germanistischen Literatur es gestattet; daß eine *Einseitigkeit*[3] sich geltend machen möchte, welche weder dem tatsächlichen Zustande, noch dem innern Werth des rein deutschen Rechts entspricht. Sagen wir unbefangen und erkennen wir es an, daß ein großer Theil des heutigen Rechts, und nicht der Schlechteste, ja (...), der am besten bearbeitete, auf das Römische zurückgeführt werden muß, und in den Händen der Civilisten liegt. Die Vernünftigen unter ihnen, und von diesen ist natürlich allein die Rede, sind es nun auch zufrieden, wenn man in dieser besonderen Sphäre sie schalten läßt, und überlassen den deutschrechtlichen Theil des Rechts gern den Germanisten. In dieser Beziehung darf man sagen, es bestehe keine Verschiedenheit zwischen beiden. Allein es liegt außerdem freilich noch ein bedeutendes streitiges Gebiet vor uns, welches jede Seite für sich in Anspruch nimmt, und außerdem kommt es darauf an, welches Recht, ob das römische oder deutsche unserem gegenwärtigen und zukünftigen Rechtszustande seine allgemeine Färbung geben soll. Darüber allerdings besteht schon ein Streit, und wird noch immer lebhafter entbrennen.
Allein es kam mir vorläufig darauf an, einmal den Thatbestand aufzunehmen, daß die germanistische Jurisprudenz der civilistischen schon jetzt ebenbürtig zur Seite stehe; das (... ?) litis wird dadurch nicht verrückt, und konnte um so eher auf sich beruhen bleiben, als hierüber in den verschiedenen Lägern selbst verschiedene Meinungen bestehen. Übrigens will ich nicht leugnen, daß ich anders geschrieben haben würde, wenn ich schon Puchtas Äußerungen in seiner Rezension des neuen (?) Savignyschen Werkes[4] gelesen, und gesehen hätte, wie (... ?) Savigny selbst in der (... ?) für seinen (... ?) die Behandlung in Anspruch nimmt. Namentlich Puchta verdient eine ernste Zurückweisung. Haben Sie Lust dazu, so fassen Sie mich wegen meiner Äußerung in Ihrer Zeitschrift[5] an; ich repliziere (?) dann darauf und bringe die Sache noch einmal vor das Publicum[6].
Sehen Sie nur, so viel an Ihnen liegt, darauf daß die Zeitschrift wo möglich von (?) unbedeutenden Aufsätzen freigehalten wird, und daß sie nicht aus der vorzugsweise practischen Richtung ausbricht (?). Lieber einmal ein Heft weniger. Jetzt nachdem meine Erbverträge fertig geworden sind, werde ich lebhaften Antheil daran nehmen, und namentlich mit practisch wichtigen Gegenständen. Denn diese sind nothwendig um eine allgemeinere Theilnahme zu erregen und festzuhalten.
Wenn Sie mir antworten, und ich hoffe, daß Sie es bald thun, so haben Sie die Güte, mir eine offene Mittheilung über den Werth der Tübinger Professoren Fischer und

[3] Im Original unterstrichen.
[4] Krit. Jb. 1840 II 675 ff, zu System I, II.
[5] Direkt nicht feststellbar, vgl. ZDR 7 (1842) 142; 9 (1845) 360 (oben 159).
[6] Soweit ich sehe nicht geschehen. Speziell gegen *Puchta* schrieb B. erst im Nachtrag zu ‚Volksrecht', 1844.

Vischer als Menschen und (...?) zu machen. Wir sind hier in Verlegenheit wegen eines Philosophen. Auf meine Diskretion können Sie rechnen. Wollen Sie aber einen oder beide nicht fahren lassen, so sagen Sie es mir nur geradezu. Ich grüße Sie herzlich und freundschaftlich.

Ihr ergebenster

G. Beseler

Rostock, d. 20. Dez. 1840"

f) *Brief von G. Beseler, Greifswald, den 9. 7. 1846*[1]:

„(...) Thöl ist nämlich mit seiner Streitschrift[2] hervorgetreten, und ich denke etwas darauf zu erwidern und zugleich die Begriffe des Volks- und Juristenrechts einer nochmaligen Revision zu unterziehen. Die Schrift von Thöl ist eigentlich grundschlecht, und wenn ich auf vernünftige und unbefangene Leser rechnen dürfte, würde ich nichts darüber sagen. Aber wie wenig gibt es davon. Und dazu kommt noch, daß Thöl zu den mit den Romanisten innerlich verbundenen, stets mit ihnen (sympathisierenden?) Germanisten gehört, die in ihm einmal eine Züchtigung erhalten können[3]. Persönliche Rücksichten, die ein früheres freundschaftliches Verhältnis mir etwa auflegen könnten, binden mich nicht mehr. — Auf 3—4 Bogen denke ich mich beschränken zu können und so viel haben Sie wohl noch für mich offen?

Was Sie IX, 360[4] über meine Auffassung des Juristenrechts sagen, kann ich doch nicht zutreffend finden. Es handelt sich darum, ein historisch begründetes *factum*[5] zu begreifen, nicht darum, festzustellen, was dem Juristenstande *zukommt*; ich will nicht einen *wißenschaftlichen*, sondern einen thatsächlichen Zustand des Rechtslebens erklären und bedarf daher keiner Fiction. Der (Idee?) des gemeinen Rechts will ich mit dem J. R. (Juristenrecht) nicht zu Hilfe kommen, sondern ich finde in demselben einen Theil von jenem enthalten. Die nähere Entwicklung meiner Ansichten in dem angekündigten Aufsatz[6] wird Sie glaube ich von ihrer Richtigkeit überzeugen (...)".

1 WüLB Stuttgart.
2 Volksrecht. Juristenrecht. Genossenschaften. Stände. Gemeines Recht. Rostock, Stiller, 1846.
3 Vgl. dazu oben Fn III 344.
4 Einheit (Nr. 32): ZDR 9 (1845) 360; vgl. das Zitat oben 159.
5 Im Original jeweils unterstrichen.
6 Ein solcher Aufsatz erschien in der ZDR und soweit ich sehe auch sonst nicht.

g) *Brief von Georg Beseler, Berlin, 12. Januar 1851*[1,2]:

(...)

„Ich theile ganz Ihre Ansicht, daß wir mit vielem Anderen auch unsere Zeitschrift wieder aufnehmen müssen, und ich gebe Ihnen anheim, etwa durch die Verlagshandlung etwas darüber zu veröffentlichen. Namentlich wird es gut seyn, daran zu erinnern, daß Beiträge an die Verlagshandlung oder einen der Herausgeber einzusenden sind. Ein paar Aufsätze, von den beiden Delbrücks auf Rügen sind mir vor einiger Zeit zugegangen; ich habe sie aber beide als ungeeignet zur Aufnahme zurückschicken müßen. Jetzt stehe ich mit einem in Mecklenburg sehr angesehenen Mann in Verhandlung, uns über die dortige Verfassungskritik und namentlich über den

1 Wü LB Stuttgart.
2 Also *vor* Reyschers Austritt aus dem Staatsdienst.

Schiedsspruch eine Arbeit zu liefern und hoffe es in Ordnung zu bringen[3]. Ich selbst kann jetzt noch nichts bieten, da ich namentlich als Vorsitzender im Ausschuß über das Strafgesetzbuch sehr in Anspruch genommen bin; indessen wird die Muße schon kommen und für künftige Arbeiten häuft sich das Material. Über die Frankfurter Sache und namentlich die Grundrechte schon jetzt zu schreiben[4], ist mir kaum möglich; dazu fehlt mir noch die Stimmung. Indessen wird später wohl eine größere Arbeit darüber zu Stande kommen.
Hier in Berlin ruiniert uns die Abhängigkeit der Beamten in der Kammer und die Hoffnungslosigkeit des Landes auf eine losere Leitung der Geschäfte — im Krieg oder Frieden — unter diesem Regiment. Die an sich sehr schmale Reactionspartei wird immer mehr zu einer russisch (... ?) und treibt in sicherem Fortgang der Dinge das Land zur Revolution hin. Die konstitutionelle Monarchie findet keinen Glauben mehr, und ist, wie ich fürchte, wenigstens für die nächste Zukunft in Deutschland verloren. Wenn nicht besondere Ereignisse eintreten, so gehen wir durch eine Periode der Reaction und der Verdumpfung den heillosesten Zerrüttungen entgegen. Daß aber das Germanenthum[5] siegreich aus dem Kampfe hervorgehen wird, ist für mich noch immer ein unerschütterlicher Glaubenssatz".

3 Nach dem Gesamtregister in ZDR 20 offenbar doch nicht gelungen.
4 Es war wohl eine Aufforderung Reyschers vorausgegangen.
5 Nach dem Gegensatz zu „Reactionspartei" hat das wieder einmal nicht nur, oder sogar weniger *nationale*, als *freiheitliche* Bedeutung; dazu näher oben 143.

h) *Brief von Georg Beseler, Berlin, 10. Mai 1851*[1,2]*:*

(...)
„Es ist mir namentlich sehr erfreulich gewesen, daß Sie eingangs den Gerber einmal ordentlich gegerbt haben[3]. Ich wäre schwerlich so bald dazu gekommen. Gott gebe denn eine rechte frische Theilnahme für das Unternehmen. Merkel[4] ist sehr gerne bereit, sich als thätiger Mitarbeiter zu bemühen; ich zweifle auch nicht, daß er in die Redaction mit eintreten würde[5], und auch Wilda, dem ich darüber geschrieben, hat nichts dagegen. Was mich abgehalten hat, ihm Anerbietungen zu machen, ist der Umstand, daß er[6] jetzt so abgelegen in Königsberg sitzt. Die schon so sehr umständliche (... ?)[7].
Wilda schreibt mir außerdem noch manche Bedenken gegen die unveränderte Wiederaufnahme der Zeitschrift. Er wünschte wenigstens ein neu formuliertes Programm und ein ausreichendes Material im Vorrath für unsere Hefte. Ich theile diese Auffassung nicht, (... ?)[8].
Sie lieber Freund, werden wohl zunächst in Stuttgart ihre Kräfte verwenden müssen. Daß man auch Sie von der Universität weggemaßregelt hat, ist empörend; diese Regierungen zeigen sich auf allen Seiten als dem Untergang verfallen! Ich hoffe aber zuversichtlich, daß Ihr germanistischer, wißenschaftlicher Name sie bald wieder in eine ehrenvolle akademische Tätigkeit einführen wird (... ?) (...)".

1 Wü LB Stuttgart.
2 Also *nach* Reyschers Entlassung.
3 Siehe ZDR 13, 3 und dazu oben 180.
4 Merkel, Paul Johannes (1819—61), vgl. Landsberg N. 233—5, T. 533—6.
5 Dies geschah nicht, vielmehr trat *O. Stobbe* 1857 nach *Wildas* Tod ein.
6 Also Merkel, der 1851 in K. ao.Prof. geworden war.
7 Vielleicht: „Redaktionsarbeit", Satzschluß unleserlich
8 Leider einige völlig unleserliche Worte.

i) *Brief von Georg Beseler vom 19. November 1853*[1]*:*

(...)
„Es ist eine sehr verdienstvolle Arbeit[2], welche dem Herrn Gerber, der eben die unjuristische Natur der deutschen Gewere deduziert hat, sehr ungelegen kommen wird. Es ist freilich bequemer, eine selbständige deutsche Rechtsbildung zu leugnen, anstatt sie unbefangen in den Quellen aufzusuchen und zur wissenschaftlichen Erkenntnis zu bringen. (...).
Suchen Sie doch namentlich die jungen Kräfte, Maurer, Siegel, (... ?) u.s.w. für die Zeitschrift anzuwerben. (...)".

[1] Wü LB Stuttgart.
[2] Der Schutz des Eigenthums und des Besitzes nach älterem deutschen Rechte, von Delbrück, ZDR 14 (1854) 207—62.

j) *Vorlesungen Reyschers*

Tabelle der wichtigsten Vorlesungen Reyschers. Die Hörerzahlen nach dem Hörerverzeichnis (Univ. archiv Tüb.). Sie schwanken zwischen 3 und 62.
Die Zahlen für jeweils alle Juristen eines Semesters nach der Tabelle bei Klüpfel: Uni. Tübingen, a. E.

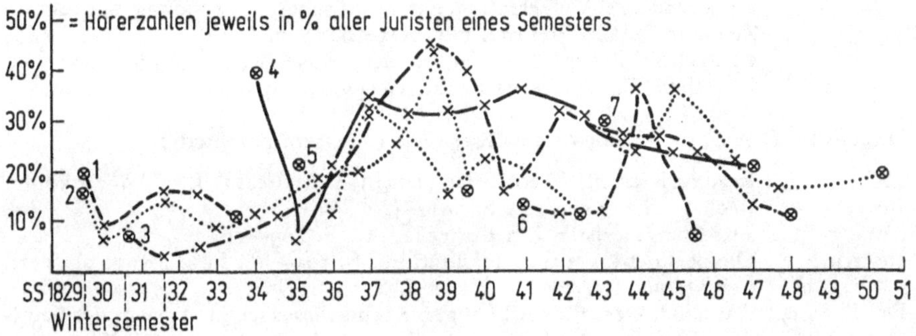

⊗ = Anfang/Ende einer Vorlesung
× = Vorlesung

1. Enzyklopädie ⊗ – – – × – – – × – – – – ⊗
2. Naturrecht ⊗ · · · · × · · · · × · · · · · · · · · ⊗
3. Deutsches Privatrecht ⊗ — · — × — · — ⊗
4. Württ. Privatrecht ⊗ ——— × ——— ⊗
5. Lehensrecht ⊗ · · · · · · · × · · · · · · × · · · · · ⊗
6. Kirchenrecht ⊗ – – – × – – – × – – ⊗
7. Staatsrecht ⊗ · · · · · · · × · · · · · · · × · · · · · · ⊗

k) *Beachtliche Artikel in den „Hallischen Jahrbüchern" (1838—1842)*

Im folgenden sind einige bedeutsame Artikel der „Hallischen" bzw. „Deutschen Jahrbücher" zusammengestellt, vgl. über die Jb. oben 24—7.

HALLISCHE JAHRBÜCHER 1838:

Warnkönig:	Die französischen Rechtsschulen und ihre Reform, in Sp. 553—71.
„— — f":	Das Wollen der historischen Schule und ihr Vollbringen, in Sp. 1617—32, zu ZgeschRw 9 (1836).
„S.":	Das Werden des ALR's, sein Kampf und sein Sieg, in Sp. 1777—1800; Simon jun. vermutet Koselleck: Preußen S. 23 Fn 1, als Verfasser.
„S.":	Das ALR und die philologisch-antiquarische Rechtsschule zu Berlin, in Sp. 2017—48.
„S.":	Schule und Wissenschaft des preußischen Rechts, in Sp. 2217—38.

HALLISCHE JAHRBÜCHER 1839:

„L. S.":	Rez. zu Christiansen, Die Wissenschaft der römischen Rechtsgeschichte im Grundrisse, in Sp. 1601—48, wohl durch Lorenz Stein.
anonym:	Rez. zu Eduard Gans, Das Erbrecht in weltgeschichtlicher Entwicklung, in Sp. 1641—53.
Bluntschli:	Die neueren Rechtsschulen der Juristen überhaupt und die historische Schule insbesondere, in Sp. 1905—60 (mit Unterbrechungen).

HALLISCHE JAHRBÜCHER 1840:

anonym:	Über Eduard Gans, in Sp. 900—4.
v. Beaulieu:	A. F. J. Thibaut. Eine Charakteristik, in Sp. 1009—32.
A. Ruge:	Zur Kritik des gegenwärtigen Staats- und Völkerrechts. 1.: Kritik des Völkerrechts mit praktischer Anwendung auf unsere Zeit von G. Ch. Freiherr. von Gagern, 1840. 2.: Rechtsphilosophie von Hegel, Neue Ausgabe, 1840, in Sp. 1201—44.
anonym:	Zeitschrift für deutsches Recht, 1. Jgg., in Sp. 1641—8.

HALLISCHE/DEUTSCHE JAHRBÜCHER 1841, (Bd. 1. 2., sep. paginiert):

„S.":	Rez. zu Kierulff, Theorie des gemeinen Civilrechts I, und Warnkönig, Rechtsphilosophie, in I S. 391—4.
„Rtg":	Zur Charakteristik von Rottecks, in I S. 409—20.
anonym:	Die berliner (!) Juristenfakultät, in I S. 501—18, für A. Ruge als Verf. s. Wigands Convers.lex. II, 1845, S. 77 Sp. 1.
Dr. L. Stein:	Zur Charakteristik der heutigen Rechtswissenschaft: System des heutigen römischen Rechts von Savigny, in II S. 365—99 (mit Unterbrechungen).

DEUTSCHE JAHRBÜCHER 1842:

„S.":	Rez. zu Friedrich Bitzer, Philosophie des Privatrechts, in S. 236—39.
L. Stein:	Zur Charakteristik der heutigen Rechtswissenschaft: Lehrbuch des (...) peinlichen Rechtes, von Feuerbach, hg. von Mittermaier, in S. 276—96.
anonym:	Rez. zu Puchta, Cursus der Institutionen I, in S. 433—40.
R. Köstlin:	Rez. zu P. Pfizer, Gedanken über Recht, Staat und Kirche, 1842, in S. 983—1023.

l) *Kodifikationsschriften, besonders zwischen 1821 und 1865*

1821 *Schrader:* Civilgesetzbuch für Württemberg.
1822 *Eichhorn:* Rechtsgeschichte IV.
1825 *Ancillon:* Staatsverfassungen (B. I.)[1].
1826 *zu Rhein:* Über Gesetzgebung.
1827 *Chr. L. Runde:* Patriotische Phantasien, Abh. 17; *Thibaut*: Notwendigkeit, 2. A.
1828 *Savigny*: Beruf, 2. Aufl.; *Puchta*: Gewohnheitsrecht I; *Reyscher*: Bedürfnisse; *Bentham/Dumont*: Codification (Fn III 430), rez. von *Mittermaier*, Schunck 8, 249—82 und *Vollgraff*, Hd. Jb. 1830 II 120—50.
1829 *Elvers*: Wahrer Beruf; *C. G. Wächter*: Rez. zu Reyscher; *Duncker*: Standpunkte (B. I.).
1830 *Warnkönig*: Bericht zu England, Krit. Z. Ausl. 2; *Bentham/Benecke*: Grundsätze (Fn III 431); *Vollgraff*: Gesetzgebung; *J. Meyer*: De la codification, rez. *Warnkönig*, Krit. Z. Ausl. 3.
1831 *Weiske*: Gesetzbuch; *Roßhirt*: Codification (in seiner Zeitschrift).
1834 *Albrecht*: Aequitas; *Scheurlen*: Gesetzbücher.
1835 *C. Wolf*: Gesetzgebung (B. I.).
1836 *Minnigerode*: Gesetzgebung; *A. Müller*: Fortbildung der Gesetzgebung; *W. H. Puchta*: Verbesserungen (ZCP 9); *Mittermaier*: Engl. Codification, Krit. Z. Ausl. 8.
1837 *W. H. Puchta*: Reform (ZCP 10); *Puchta*: Gew.recht II.
1839 *M. S. Mayer*: Gesetzgebung; *Reyscher*: Daseyn.
1840 *Purgold*: Gesetzgebungswissenschaft; *Savigny*: Beruf, 3. A.; *Thibaut*: Notwendigkeit, 3. A.; *Gerstäcker*: Gesetzgebungskunst (B. I.).
1841 *A. Müller*: Gesetzgebung.
1842 *Bitzer*: Zukunft (ZDR 7); *Günther*: Gesetz; *Christ*: Nationalgesetzgebung.
1843 *Beseler*: Volksrecht; *Sonnenschmidt*: Allg. Gesetzgebung.
1844 *Fischer*: Rechtsreform; *Rödinger*: Nat. Rechtserzeugung; *R. Schmid*: Rez. zu Beseler, Volksrecht (Krit. Jb.).
1845 *Chr. L. Runde*: Gemeines Recht; *Elvers*: Nat. Standpunkt; *Falck*: Allg. Betrachtungen.
1846 *Purgold*: Codificationsfrage (B. I.); *Thöl*: Volksrecht.
1847 *Gaupp*: Zukunft; *Unger* (A.A.Z).
1848 *Wydenbrugk*: Nationalgesetzgebung; *v. Held*: Nationalgesetzgebung; *Heimbach*: Civilgesetzgebung; *Geib*: Reform; *Platner*: Allg. Gesetzbuch (ZDR 12); *Oelsner*: Denkwürdigkeiten; *Mittermaier*: Gesetzgebung (AcP 31); *Bruns*: Besitz, Vorrede.
1850 *Christ*: Verwirklichung.
1853 *Sintenis*: Civilgesetzbücher.
1854 *Noellner*: Gesetzgebung.
1855 *Noellner*: Gesetzgebung, 2. A.
1856 *Bornemann*: Rechtsentwicklung.
1857 *Noellner*: Einheitsbestrebungen.
1860 *Roth*: Arch. f. prakt. Rechtsw. 8, S. 3ff.
1862 *C. G. Wächter*: Art. Gesetzgebung, STL, 3. A. (hier zuerst).
1865 *C. Seitz*: Reform.
1874 *R. Sohm:* Codificationsfrage (GrünhutsZ I)
1876 *Bethmann-Hollweg*: Gesetzgebung und Rechtswissenschaft.
1877 *Brinz*: Rechtswissenschaft und Gesetzgebung.

[1] *Enslin* u.a.: Bibliotheca Juridica, 1840–77 (ND Aalen, Scientia).

m) *Stellungnahme des Finanzministeriums Stuttgart zur Statutarrechtssammlung, vom 4.6.1839*[1]

„Stuttgart, den 4. Juni 1839
Note/des Finanzministeriums/
an/das k. Justizministerium/
in Betreff/der Bitte des Professor Reyscher/
zu Tübingen, um Unterstützung der/von ihm
herauszugebenden Sammlung/altwürttembergischer
Statutarrechte.

Von dem k. Ministerium des Innern ist dem Unterzeichneten die verehrliche Note des k. Justizministeriums, betreffend das angeschlossene Gesuch des Professors Reyscher samt den über diesen Gegenstand bereits abgegebenen Äußerungen des k. Ministeriums der auswärtigen Angelegenheiten u. des Innern zugekommen. Indem er diese Noten samt Beilagen dem k. Justizministerium übergibt, beehrt er sich, demselben zu erwidern, daß Professor Reyscher schon vor einiger Zeit bei dem Finanzministerium eine Bitte um Erlaubnis zur Einsicht der Archive und Registraturen des Finanzdeparments zum Behufe der Untersuchung württ. Local-Rechte, wobei derselbe jedoch mehr die Statuten in Oberschwaben im Auge zu haben schien, übergeben hat, daß jedoch der Unterzeichnete Anstand nahm, dieser Bitte in solcher Ausdehnung zu entsprechen[2].

Der Unterzeichnete ist nämlich der Ansicht

1., daß überhaupt die Veröffentlichung alter Urkunden über solche fast in jedem einzelnen Orte verschiedene, in das Privatrecht der Einzelnen eingreifende Partikularverhältnisse als *ein Gewinn für die Wissenschaft nicht anzusehen seyn kann,* dagegen aber

2., wie die Erfahrung der neueren Zeit nur zu sehr gelehrt hat, durch die Bekanntmachung der Urkunden früherer Jahrhunderte, bei deren meistens dunklem Inhalt, und nachdem sich im Verlauf der Zeit nicht schon ein anderes festes Rechtsverhältnis gebildet hat, sehr häufig Ansprüche der Einzelnen zu deren eigenem Nachtheil, da sie dieselben durchzusetzen nicht vermögen, erregt *und dadurch die Grundherrschaften, insbesondere aber die Finanzverwaltung in Prozesse verwickelt werden,* deren Zahl infolge der bedauerlichen Umtriebe einiger bekannten Advocaten[3], sowie der neuen Gesetzgebung über Ablösung gutsherrschaftlicher Leistungen, ohnedies in fortwährendem Zunehmen begriffen ist. Aus diesen Rücksichten, deren näherer Erörterung und Belegung er bei den im wesentlichen übereinstimmenden Ansichten der Min. der ausw. Angelegenheiten und des Innern sich enthalten zu dürfen glaubt, kann der Unterz. sich nur gegen das, dem Interesse der Finanzverwaltung überhaupt, und insbesondere bei den in Folge der Ablösungsgesetze erwachsenen Differenzien entgegenlaufende Vorhaben des Professors Reyscher aussprechen und ist der Ansicht, daß nicht nur für eine Unterstützung desselben von Seiten der Staatskasse kein Grund vorliege, sondern, daß auch die *Erlaubnis der Einsicht in Archive* in der verlangten Ausdehnung, womit zugleich das Zugeständnis von den einseitig[4] ausgewählten nach freier Willkür des Bittstellers Gebrauch zu machen, fast nothwendig verbunden wäre, sehr erhebliche Bedenken erregen müßte.

In keinem Falle dürfte jedoch dem Gesuche desselben, sein beabsichtigtes Werk für sämtliche Central- und Bezirksstellen auf Kosten des Staats anzuschaffen, entsprochen werden, da die Auswahl der zur Veröffentlichung bestimmten Urkunden hiebei ganz allein dem Herausgeber *ohne alle Controlle,* welche ohne die ausgedehntesten Arbeiten gar nicht möglich wäre, überlassen bliebe, überdies aber im allgemeinen *ohne Nutzen wäre,* und für die Ämter nur dazu dienen könnte, hinsichtlich des jetzigen Rechtszustandes *Zweifel und Mißverständnisse zu erregen.*

Der Unterzeichnete erlaubt sich daher, das k. Justizministerium zu ersuchen, in dem zu entwerfenden gemeinschaftlichen Berichte jedenfalls diese Ansicht des Unterzeichneten gefälligst ausheben zu wollen.
Sich damit [empfehlend]

Herdegen"

1 HStA Stuttgart, E 143, Bü 3420, Schreiben 4, Abschrift vom Original, Kursiven von mir. Diese Stellungnahme ging im wes. unverändert in den Gesamtbericht der Regierung ein, vgl. HStA aaO.

2 Dieser Vorgang in HStA R 27, Benutzerakte Reyscher, vom 29. 12. 1832 — 25. 6. 1833. Das Finanzministerium lehnte schon damals zunächst völlig ab, um dann unter einschneidenden Auflagen zuzustimmen, die das Werk zu umständlich machten: Nur wenig veröffentlichen, Abschrift unter spezieller Aufsicht im Archiv, Vorlage nicht aller Urkunden, Manuskriptvorlagepflicht und absolutes Kassationsrecht.

3 Hierzu zählt wohl der sog. „wilde Tafel", d.i. *J. F. Gottlob Tafel*, 1801—74, Advokat in Stuttgart, Mitglied d. Vorparlaments und d. Nationalversammlung 1848, des Reichstags und der württ. 2. Kammer (vgl. Schwarz: Biogr. Hdb. der dt. Reichstage, 103), Hg. des „Hochwächter" mit *Joh. Fr. Rödinger*, 1800—68, Advokat in Stuttgart, Mitglied d. Vorparlaments und der Nationalversammlung 1848. Beide waren schon 1832 in die württ. 2. Kammer gewählt worden, aber auf Druck der Regierung wegen früherer burschenschaftlicher Aktivitäten und Festungsstrafen ausgeschlossen worden. *Tafel* war im übrigen unterlegener Gegenkandidat *Reyschers* 1849 in Mergentheim (vgl. Erinnerungen 93, 178). Beide finden in der württ. Geschichtslit. kaum Erwähnung, eine mehrfach zu beobachtende Einseitigkeit (gar nichts etwa bei Marquardt, Dehlinger, Weller, Schwäb. Lebensbilder, auch ADB, Brockhaus, gestreift ohne näheres bei Grube: Landtag 516).

4 Wohl im Sinne von „alleine", ohne bes. Mitwirkung.

n) *Persönliches, vertrauliches Schreiben des Außenministers von Beroldingen an den Archivdirektor von Kauffmann, vom 11. 1. 1833*[1]

Erwähnt Rückgabe von Urkundenabschriften, Erledigung des Reyscherschen Gesuchs zur Statutarrechtssammlung, mißbilligt den Versuch Reyschers, die Benutzungsgenehmigung für die Gesetzessammlung einfach auf die Statuten zu erstrecken und fährt fort: „Auch muß ich Euer Hochwohlgeboren im Vertrauen darauf aufmerksam machen, daß Professor Reyscher in einer kürzlich von ihm herausgegebenen publicistischen Schrift[2] sich erlaubt hat, von dem k. Ministerium vollzogene ahste [allerhöchste] Verfügungen seiner Königlichen Majestät einer rücksichtslos tadelnden Kritik zu unterwerfen, und Schriftsteller, welche auf solche Weise gleich einer feindseligen Parthie (!) sich der Regierung gegenüberstellen, eine Begünstigung von Seiten der letztern nicht verdienen, vielmehr denselben die Benützung des k. Archivs, wenn ja, nur mit vorsichtiger Beschränkung gestattet werden kann. (...)"

Beroldingen"

1 HStA Stuttgart, R 27, Benutzerakte Reyscher, Schreiben 12

2 Publicistische Versuche, 1832 (Nr. 7)

PERSONEN- UND SACHVERZEICHNIS

I. Personenverzeichnis

Das Verzeichnis enthält keine lebenden Autoren. Die Zahlen verweisen auf die Seiten, daneben hochgestellt (z. B. 200[111]) oder allgemein (200 Fn) auf Fußnoten. Es wurde nach Möglichkeit untergliedert. Die Unterstichworte sind in etwa nach sachlicher Zusammengehörigkeit geordnet. Verweise auf wichtige oder zusammenfassende Fundstellen wurden teilweise an den Anfang gezogen. Durchbrechungen der aufsteigenden Zahlenfolge dienen stets der Betonung der vorgezogenen Fundstellen. Für Reyscher selbst siehe das Sachverzeichnis.

Albrecht, W. E.
  zum Hann. Gutachten 105[166]
  u. ZDR 106, 110
  und Gaupp 122
Albrecht, C. A. 120[270], 150, 167, 189
Aristoteles 276
Austin, J. 272, 320

Baco 342
Belser, C. 88
Benfey, Th. 276 Fn
Bennigsen, R. von 73
Bentham, J. 151, 273, 320
Bergbohm, K. M.
  Naturrecht-HS 121[274]
  „Schlupfwinkel" 203
  Philosophen/Rechtsphilosophie 218[190]
  Kantianer im 19. Jhdt 309 Fn
  zur HS 337
Beseler, G.
  über Reyscher 9, 189
  und Reyscher 377ff, 393ff
  ZDR-Mitarbeit 105, 185
  über die ZDR 115, 125
  vorsichtiger als Reyscher 128f, 117, 379
  Leben 116
  zur HS 121[274], 139 Fn, 335, 156, 379
  historisch-philosophisch? 156, 379
  Juristenrechtstheorie 159, 340, 377ff
  Wissenschaft und Politik 172
  Rechtsquellenlehre 378
  und Romanisten allg. 379, 394
  „System d. dt. Privatrechts" 170
  „Volksrecht" (1843) im Kontext 197, 366
Beseler, G. — Fortsetzung
  Antrittsrede im Kontext 150
  Nationaldemokratisch? 130
  politisch 116, 170, 172, 197, 379
  und Gerber 180, 183
  und Hegel 48
  zu den Gött. Sieben 104, 189 Fn
  zu germanisch-romanisch 91 Fn
Bitzer, Fr. 347
Bluntschli, J. C.
  und Hall. Jahrbücher 24
  und ZDR 110, 128
  vorsichtiger als Reyscher 127f
  und Reyscher 382, 60
  zu Kant 306
  und Gerber 181 Fn
  zur HS 139 Fn, 233 Fn, 243, 335, 339
Blume, Fr. 174 Fn
Boekh, A. 275
Böhmer, J. H. 352
Bolley, Hch. 96, 99
Bornemann, Fr. W.
  zur ZDR 112, 119, 125
  in der Literatur 114f
  und Reyscher 382, 119, 125
  zur HS 139 Fn, 141 Fn, 335, 340
Bruns, C. G.
  Verf. in Hall. Jb.? 26 Fn
  hegelianisch 49
  zu germanisch-romanisch 91[77]
  HS-Inkonsequenz 139 Fn
  zum gem. dt. Recht 164
Burke, Edm. 247, 315
Bursian, C. 276 Fn

Carové 347f

Christ, Anton 176—8
Christiansen, J. 189, 398
Cotta, G. 260

Dahlmann, Dorothea 59
Dahlmann, Fr. Chr.
  und Reyscher 59, 61, 293
  zum Widerstandsrecht 64[304]
  zum Hann. Gutachten 102, 189
  Kieler Blätter 132
  Wissenschaft u. Politik 175
  zur Jury 123, 250 Fn
Dalwigk, K. F. 112
Danz, W. 109
Dilthey, W. 140, 275, 277

Eichhorn, K. Fr.
  und Reyscher 159, 47[181], 188
  und ZDR 106, 109
  politisch 130 Fn
  und „Symbolik" 89
  und „Statutarrechte" 94
  Nekrologe 188
  zum ALR 321, 217 Fn
  und Gerber 183, 188 Fn
  und Möser 247
  und Schelling 272
  und HS/Savigny 46 Fn, 110 Fn, 191 Fn, 340, 129ff, 329
  Gesetzgebungslehre 325
  und Puchta/Gewohnheitsrecht 329
  Natur der Sache 352
  Rechtsquellenlehre 386
Eisenlohr, Th. 59
Eschenmayer, K. A. 50
Esmarch, K. 91[77]

Falck, N. N.
  und Reyscher 382, 71, 153
  und ZDR 109f
  Eranien 112
  Kieler Blätter 132
  politisch 131
  Enzyklopädie 153
  und Hegel 317, 48
  positivistisch 298
  Juristenrecht 340
Feuerbach, P. J. A.
  und Reyscher 138, 88
  zur HS 137, 346f, 281, 233, 252 Fn, 338
  Geschichte/Dogmatik 233, 281
Feuerbach, P. J. A. — Fortsetzung
  Savigny geschichtlich 137
  Rechnen mit Begriffen 252 Fn
  Volksbegriff der HS 338
  bürgerlich-freiheitlich 342
  Juristenrollen 365
  und Montesquieu 290
  und Thibaut 136f, 281, 342
  Bedeutung der Philologie 278
  zur Jury 249
  als Kantianer 307, 309 Fn
Fichte, I. H. (jun.) 50, 59
Fichte, J. G. (sen.) 315f, 88, 155
  und Reyscher 315f
  bei Savigny 299 Fn
  Korporationslehre 304
Fischer, H. 349 Fn
Fischer, K. Ph. 50
Fox, Ch. J. 267
Frensdorff, F. 109
Fries, J. Fr. 307f
Fueter, E. 277

Gans, Ed.
  und Reyscher 334, 332
  HS-Kritik 332, 334, 337, 340, 346, 150
  Savigny-Schelling 332
  bedeutende Wirkung 334, 346
  Volksbegriff/„Volksgeist" 336f
  und Montesquieu 291
  elitär? 340
Gärtner 166, 347f
Garve, Chr. 277
Gaupp, E. Th.
  und Reyscher 389, 110
  zur Gewere 122f
  zur Natur der Sache 354 Fn
  Wort „Volksrecht" zuerst 107[184]
Geib, G. 60
Gerber, K. Fr.
  und Reyscher 180f, 182f, 380f, 157, 96[106], 125 Fn
  Reyschers Nachfolger 71, 157, 381
  und Germanistik 180f
  sein „Privatrecht" 381
  zum gem. dt. Recht 157, 165
  Natur der Sache 380
  ges. Menschenverstand 380
  formalistisch/konservativ 180—3, 167 Fn, 381
Gervinus, G. G. 62, 174

Gierke, O.
zu Reyscher 8, 109[197], 6
zur Germanistik 129ff, 145, 109
nationale Optik 245
Glück, Chr. Fr. 29
Gmelin, Emma 59
Gneist, R. 249
Goethe, J. W.
zur Teleologie und Kant 302, 21
und Savigny 219 Fn
Historismus 277
Gönner, N. Th.
Einheitsgrundsatz 45
und Reyscher 45, 199, 296, 325
Volksbegriff der HS 337
Gesetzgebung/Rechtsbegriff 325
Gonzenbach 105
Grimm, J.
und Reyscher 9, 89, 90, 92, 94, 105 Fn, 106, 171ff
zu „Symbolik" 89f, 92
zu „Statutarrechte" 94
zum Hann. Gutachten 105[166]
ZDR-Mitarbeit 106, 109
Wissenschaft u. Politik 171ff, 177
Ästhetizismus/Schelling 272
Naturrechtliches 339
Gros, K. H.
und Reyscher 87—9, 153, 265
als Kantianer 307, 310, 318, 265
Lückenlehre 298

v. Hahn, Fr. 91[77]
Hartmeyer, M. 81[21], 28
Hasse, J. Chr. 109, 112
Hauber 59
Hauff, W. 16, 20, 258
Haug, K. F. 59
Hedemann, J. W. 135 Fn
Heffter, A. W. 110, 263, 97[120]
Hegel, G. W. F.
und Reyscher 345ff, 317f, 287—9, 48ff, 117—9
in Reyschers Studium 48—50
in „Bedürfnisse" 317f
in „Begriff" 166
zur ZDR 117—9
in „Daseyn" 1839 155
allg. 1828 317f
„Landstände" 287—9
Gruppendenken 288, 313
und Fries 307 Fn
Hegel, G. W. F — Fortsetzung
und HS 346, 217 Fn, 20 Fn
Hegewisch, Fr. 132, 175
Heimbach, K. W. (sen.) 184
Heine, H. 144, 260
Heise, G. A. 85
Hepp, F. C. T. 66
Herder, J. G.
Organologie/Kant 47, 302
Savigny 219 Fn, 302
Volksbegriff 256
Historismus 277
Herbart, J. Fr. 307
Hermann, G. 59
Herrmann, E. 164
Heyne, Chr. G. 275
Hofacker, Chr. Fr. 45, 160, 182
Hoffmann, K. H. L. 59
Homeyer, G.
und ZDR 109
und „Statutarrechte" 94
zu Eichhorn und HS 110 Fn
Höpfner, L. J. F. 298
Hübner, G. 165 Fn
Hufnagel, K. Fr. 99
Hugo, G.
im „Naturrechtsgrundriß" 88
Trennungsgrds./Hofacker 160, 97f
politisch 314 Fn, 298 Fn
zur Bezeichnung „HS" 191 Fn
als Kantianer 309ff, 307f
Kantbild 305
Politik-Recht/Positivist 297f, 356
Politik — Philosophie 299, 311 Fn
zum Staatsrecht 311
zum Widerstandsrecht 312
Verständnis von Gesetzgebung 325
zur Natur der Sache 352, 354
Lückenlehre 355
und Malblanc 29
Theorie und Praxis 366
philosoph. Bildung 153
Hume, D.
bei Hugo 153, 308
bei Kant 303

Jacobson, H. Fr. 184
Jaup, K. H. 178, 250 Fn
Jhering, R.
Parall. bei Reyscher 362, 333, 181, 390
zu Savigny 126[293], 130[317], 222 Fn
HS — Inkonsequenz 139 Fn

Jhering, R. — Fortsetzung
HS — lebensfremd/praxisfremd 340
HS — konservativ 329
und Gerber 181
und Puchta 121

Kade, E. 104 Fn
Kant, I.
und Reyscher 297ff, 88, 153—5, 21, 81[21], 47f
zweispurige Wirkung 303ff, 314
und Hugo 308ff
seine praktische Philosophie 299ff
liberale Wirkung 303ff, 153f, 299
Widerstandslehre 312
Korporationslehre 314
Gesetzgebungslehre 320
und Savigny 302, 330
und Pfizer 265
wird utilitär 272, 350
als politischer Philosoph 303 Fn
Kerner, J. 283ff
Kessler, Hch. 283ff, 289
Kierulff, J. Fr.
und Reyscher 347f, 189, 166, 380
HS — Kritik 139 Fn, 335, 252 Fn
Kirchmann, J. 16
Klein, E. F. 308
Klüber, J. L. 60, 82, 104[116]
Körner, Th. 18, 257
Köstlin, Chr. R.
in Hall. Jb. 25, 26f Fn
und Reyscher 349
über Württemberg 268
Kraut, W. Th. 110, 85
Kuntze, J. E. 181

Lancizolle, K. W. von 110
Landsberg, E.
zu Reyscher 5f, 77, 108, 148
und liberale Jurisprudenz 7, 134 Fn, 114
zum ZDR-Programm 108, 148
zum Nachmärz allg. 72, 181 Fn
bes. positive Urteile 36[119]
zu Gerber 181 Fn
zu Malblanc 29
zu Mittermaier/Savigny 7
Le Bret, Albrecht 53, 258ff
Le Bret, Joh. Fr. 17
Leibniz, G. W. 99, 252 Fn, 342
List, Fr. 283ff.

Locré 292

Malblanc, J. Fr. 28—30, 45f
Malchus 250
Martin, Chr. 102
Marx, K. 298
Maucler, Freiherr v. 55, 93[87], 262
Maurenbrecher, R.
und Reyscher 110, 159, 371, 393
Juristenrechtstheorie 340, 368
Maurer, G. L. 109f, 249
Mayer, H. 4f, 64
Mayer, M. S. 110, 183, 279
Meinecke, Fr. 275, 277
Merkel, P. J. 396
Michaelis, Adolf 22ff, 46, 101
Mittermaier, C. J. A.
und Reyscher 372f, 335, 340, 353, 171ff, 189, 96, 165, 94[88], 95[98]
über ihn 7
Methode 335, 179, 233
und ZDR 106, 109, 110f
und HS 335, 340, 179
in Lübeck 179
gem. dt. Recht 353, 177 Fn
und Natur der Sache 353
Wissenschaft und Politik 171ff
politisch 131ff, 178f, 373
Englandbild 165
Grundherrliche Rechte 95[98]
realistisch 189, 177, 362
Mohl, Hugo 59
Mohl, Robert
und Reyscher 10—2, 392, 189, 8, 78f, 81, 101, 103[157], 164, 390
seine Erinnerungen 11
zu „Publ. Versuche“ 79, 81
Hann. Gutachten 101
Widerstandslehre 103[157]
und ZDR 110f
zu Eichhorn 188 Fn
zu Pfizer 263, 265
und Schrader 279
Statutarrechtsstreit 101
Montesquieu 195, 290, 320
Morstadt, K. E. 95[97]
Möser, J. 167 Fn, 247, 277, 280, 342
Moser, Rudolph 95[97]
Mühlenbruch, Chr. F. 232
Müller, Adam 247

Napoleon I. 258, 260

Nicolai, Fr. 269, 272
Niebuhr, B. G. 234, 275f
Notter, Fr. 9

Oncken, H. 65[310], 64[297]
Ortloff, Fr. 111

Pernice, L. W. A. 110f
Pertz, G. H. 171ff
Pfeiffer, B. W. 105[188], 185
Pfizer, P. A.
und Reyscher 262ff, 54, 79 Fn, 75f, 154
Kantianer 154
Handelsschiedsgerichte 75f
Einheit-Freiheit 143 Fn
zum Bundesrecht 79 Fn
Pfordten, L. K. H. von der 166
Phillips, G. 111, 141[368], 143, 372
Platon 276f
Puchta, G. F.
über Reyscher u. a. 9
und Reyscher 125f, 371, 119f, 142, 335, 166f, 170 Fn, 340
zur ZDR 119f, 125
zur „alten dt. Freiheit" 142
und Gerber 183
Volksbegriff 227, 326, 328, 338
politisch 166f, 335
und Eichhorn 329
und Schelling 272, 328
Rechtsbegriff 326
Juristenrolle 371, 340
Puchta, W. H. 109, 111
Pütter, J. St. 351f, 354, 386, 98, 159

Quenstedt, Fr. A. 59

Ranke, L. 277, 152
Rehberg, A. W. 307 Fn, 315, 324, 342
Reinhold, C. L. 297f
Richthofen, K. O von 188 Fn
Riecke, K. V. 68
Rochau, A. L. von 65
Rödinger, J. Fr. 401
Rogge, C. A. 23, 109, 131
Rosenberg, H. 65 Fn
Roth, P. 108, 141 Fn
Rothacker, E. 140, 275, 277
Rotteck, K. 265, 143 Fn, 139[361], 7[42]
Rousseau, J. J. 303, 320, 366 Fn
Ruck, E. 5

Ruge, A. 16, 169, 334, 337, 339, 346
Rümelin, G. 267ff
Runde, Chr. L. 109, 164
Runde, J. Fr. 188 Fn, 352, 354, 385f

Sachße 105[188]
Sarwey, O. 13, 265
Savigny, Fr. C. von — und Reyscher:
allgemein 247ff, 389f, 189
bezügl. Formalismus 360—3, 356, 243f, 224f, 136ff
konträrer Lebensbezug 196, 200f, 208, 217, 225f, 247ff, 356, 360f, 168
und Philosophie 218f, 245f, 251, 272, 281, 327f
und Kant 299 mit 302, 330, 306ff, 314
und Schelling 316f mit 328f, 331
versch. Volksbegriffe 227f, 337f, 256
Rolle des Juristen 253f, 223ff, 246, 366ff
Elitarismus 339f, 196, 220ff, 223ff, 366ff
Richterbild/Praxis 252, 362
Probl. eines „prakt. Systems" 44, 97f
und HS-Praxis/Leben 340
Gesetzgebungslehren 251, 213ff
Kodifikat.argumente 215ff, 323f, 326
zum code civil 201f
Systemdenken 253, 236ff, 240, 243ff, 383
Vollständigkeitsideal 242f, 355, 384
Methode 387 mit 230, 241 ff, 281
Rolle der Geschichte 278—81, 254, 228ff, 236, 243f, 383
Wissenschaftsbegriff 245f, 253, 382—4
Wi'schaft und Politik 174 Fn mit 175, 298, 211 Fn
und „Positivismus" 354f, 332, 298,
Geschichts-/Naturmetaphysik 326ff, 331—35
zum formalen Rechtsbegriff 326, 341
geschichtl. Rechtsbegriff 325ff, 359f, 341, 356
Doppelnatur d. Rechts 359f
Idealbild vom Recht 256
und HS – Inkonsequenz 335—7, 216
und HS – Naturrecht 339
und Freiheit/Selbstbestimmung 341f, 337f, 248, 250f, 254, 256, 279f, 296f, 166

Savigny und Reyscher — Fortsetzung
politisch 231f, 210ff, 330f, 221f, 196, 166, 339, 282f, 248f, 225f, 218f, 147, 136, 130f, 33f[110]
„heutiges röm. Recht" 126
zur Rezeption 162f, 223, 235[312]
zur Gutsherrschaft 204 mit 82, 94
Einbeziehung des Staatsrechts 255, 311, 220, 214
Öff. u. Mündlichkeit 249f
im Verh. zu Gerber 182f
und Aufklärung 279f, 296f
Montesquieuverwendung 290f
Frankreich-/Englandbild 255
Rechtssprache 252, 238, 76 Fn, 295, 363f
Rechnen mit Begriffen 252, 384
usus modernus 255
Bildungsideal 296, 278
Savigny, Fr. C. von (vgl. soeben)
und Eichhorn (s. bei Eichhorn)
und Möser 247, 277
und Kant 302, 330
und Hugo 310f
Autoritäten im „Beruf" 342
und Schelling 331f, 328, 272, 225 Fn, 213[156]
und Klassik 219 Fn
und Herder 219 Fn, 277
Wendung ins Romantische? 212 Fn
Entstehung des „Beruf" 211 Fn
Methodenlehre 211, 242
Wertskala 211
Lebensbezug 208, 217, 225
Metaphysik 326ff, 331ff, 281, 243, 233, 209
Antithetik als Basis 207f, 242, 124
Grenzen 209
geschichtlich 274f, 278, 281
Freiheit 143
philosophisch 299 Fn, 298 Fn, 241 Fn
systematisch 241 Fn, 242, 346
lebendig 209, 206
wahr 120, 206
willkürlich 142 mit 206, 195
Volk/-sgeist 107[184], 338, 227
„System"-Rezensionen 163
Schelling, F. W. 316f, 328, 331f, 272, 50, 88, 155, 305, 307
Scheuerlen, K. Fr. (auch Scheurlen) 27f, 46f, 279
Schildener, K. 109
Schiller, Fr. 219 Fn
Schlegel, Fr. 210
Schleiermacher, F. D. E. 277
Schlosser, J. G. 277, 342, 365
Schmalz, Th. 298, 311 Fn
Schmid, Reinhold 110f, 210 Fn
Schmidt, C. A. 91[77]
Schnabel, Fr. 213, 141 Fn, 131 Fn, 147 Fn
Schönfeld, W. 3, 1[7], 114, 145, 48, 317
Schrader, Ed. 31—5, 46f, 229, 258, 274, 279, 296, 33f (politisch)
Schubert, F. W. 306
Schulze, J. 265
Schwab, G. 59
Schwerin, Cl. v. 135 Fn
Siegen, H. J. 13, 120[270], 148 Fn, 151, 340
Sigwart, H. Chr. W. 20—2, 47, 50, 153, 315
Stadelmann, R. 135, 133 Fn
Stahl, Fr. J.
und Reyscher 14, 155, 168, 183, 328, 335
Metaphysik 335
und Hegel 317
Kantbild 305
Stein, L.
und Reyscher 346ff, 149, 166, 189, 126
in Kiel 72
und Savigny 126, 137[351], 160[492], 148[405], 334
Stern, J. 146
Stobbe, O. 105, 109[197]
Stölzel, A. 115, 192
Strauß, D. F. 49, 268
Struve, G. von 81

Tafel, J. F. G. 401
Thibaut, A. F. J.
und Reyscher 293ff, 373ff, 194, 199, 281, 285, 342, 352
allg. im Vormärz 130ff, 151
ungeschichtlich 136, mit 234
und Savigny/HS 130ff, 136, 281f, 332, 334, 340, 342, 132[326]
affektgeladen 282 Fn
Kieler Blätter 132
Rechnen mit Begriffen 252 Fn
utilitär 272
Gesch./Dogmatik 281

Thibaut, A. F. J. — Fortsetzung
und Montesquieu 291
positivistisch? 298
als Kantianer 307
bei Hugo 310 Fn
zur Natur der Sache 352
politisch 294ff, 375, 130ff
Thöl, Hch. 111, 165, 182, 395
Thomasius, Chr. 88, 320, 352
Thudichum, Fr. 12f, 93
Troeltsch. E. 140, 275, 277
Türk, K. Fr. 92
Twesten 132

Uhland, L. 59
Unger, F. W. 220, 91[77]

Vilmar, A. 10
Vischer, Fr. Th. 49, 50, 58, 83[77], 268
Volz, W. L. 59

Wächter, C. G. — und Reyscher:
allg. 343f, 35—46, 375—7, 189
Lehrer Reyschers 35—9, 46
Beider „Privatrecht" 39—46, 99
Methodisch 41—5, 99, 233, 387f
bei Landsberg 77, 36 mit 5f
zu „Bedürfnisse" 84, 79, 196, 376, 380
zu „Statutarrechte" 94, 101
Maßstab für Bolley 99
Göttinger Sieben/Gutachten 104
und ZDR 110f
als Technokrat 99f, 167, 376
Lückenlehre 355f, 343
Rechtsquellen 375ff
Juristenrolle 375ff
Wissenschaftsbegriff 375ff
Rechtsbegriff 343f
Wächter, C. G. (vgl. soeben)
und Hall. Jb. 25f, auch Fn
Entlassung 1851 70
Leben 35ff
Technokrat/Etatist/Positivist 99f, 167, 376, 343f
politisch 35Fn, 44, 70, 104, 167
gg. polit. Wiederbelebung d. Rechts 196, 376, 380
Gesch./Dogmatik 233, 41ff

Wächter, C. G. — Fortsetzung
röm. Recht liberal 158, 179
gem. dt. Recht 164, 343
Realismus 189, 376
und Schrader 279, 37
und K. Th. Welcker, 37, 343
Wächter-Spittler, K. 30, 47, 153, 315
Wahl, Ad. 4[28]
Walz 59
Wangenheim, Freiherr von 250, 271, 283
Warnkönig, L. A. 110, 125 Fn, 183, 185, 280, 306, 310, 325, 353, 382, 398
Weber, A. D. 29, 298, 351f
Wegele, Fr. 276 Fn
Weiske, J. 159, 340, 368
Welcker, K. Th.
und Reyscher 344f, 373, 296 (unten), 88, 121 Fn, 142, 154, 178, 331, 334, 340, 352, 386
und Savigny/HS 121[274], 131 Fn, 132, 142, 178, 252 Fn, 244, 332, 334, 340, 366, 386
Entlassung 66
und Martin 103 Fn
Kieler Blätter 132
alte dt. Freiheit 142
in Frankfurt 178
Rechnen mit Begriffen 252 Fn
positivistisch? 298
Kantbild 305
und Hegel 317
zum Gewohnheitsrecht 386
Juristenrecht 366, 340
Natur der Sache 352
Wenck, C. Fr. 291, 295, 334
Wilda, W. E. 71, 105, 108 Fn, 185, 120[270], 122f, 128f, 137, 150, 249, 382
Winckelmann, J. J. 219 Fn
Wohlhaupter, E. 134 Fn
Wolf, Fr. A. 234, 275f
Wolff, Chr. 303, 320, 352
Wolzendorff, K. 103[156], 312ff
Wurm, C. F. 174

Zachariä, C. S. 95, 103[156]
Zachariä, H. A. 187[666]
Zoepfl, Hch. 96, 382
Zycha, A. 135 Fn

II. Sachverzeichnis

Fundstellen zur Verwendung bestimmter Worte in den Quellen, z. B. „geschichtlich", sowie zu sonstigen Ausdrücken aus der Zeit sind durch Kursive abgehoben. Im Personenverzeichnis finden sich anhand der Unterstichworte weitere Sachbezüge. Durchbrechungen der aufsteigenden Zahlenfolge dienen stets der Betonung der vorgezogenen Fundstellen.

Ablösungsgesetzgebung 18, 93 Fn, 94f, 401
Allg. bürgerl. Gesetzbuch (1811) 200
Allgemeines Landrecht (1794) 200, 214 217 Fn, 321
Alte deutsche Freiheit 91, 142, 220 Fn, 254, 261, 280f
Archiv für civil. Praxis 111, 148
Aufklärung
- bei Reyscher 47, 88, 271f, 279, 293, 296f, 314f, 381, 390
- bei Malblanc 29
- und Geschichte 234, 277ff

Augsburger Allgemeine Zeitung 259

Beamtentum liberal 145, 261
Bedürfnis 202, 390
Bildungsideal 296, 278
Bundesrecht und Landesrecht
- Verhältnis 65, 79f, 271
- Druck d. Großmächte 71, 78, 282

Bürger/bürgerlich 294f
Bürgerfreunde (1815ff) 283ff
Bürgerliche Prämissen
- bei Reyscher 360ff, 364f, 168f, 227, 239, 251, 261, 286, 294, 341, 368f, 379f, 381
- bei A. Christ 178
- bei Thibaut 294
- bei Feuerbach 342
- s. bei Eichhorn u.a. — politisch

Burschenschaft 20, 51, 258, 260

Code Civil 201f, 258, 260

Dogmatik/Geschichte s. Geschichte
Doppelnatur des Rechts 355ff, 359, 209, 333

Einheit und Freiheit s. Freiheit
Einheitsgrundsatz 44f, 85, 97f, 107, 155f, 156ff, 182, 184, 237, 388
Eisenbahnen und Recht 73, 183f
Englandbild 291f, 165, 176, 255, 260f

Feuerreiter 20, 51, 258
Form und Inhalt 237
Formalismus 137, 167, 182, 244, 356, 360, 381f
formelles-materielles Element 357
Frankreichbild 291f, 201, 165, 260
Freiheit s. *alte deutsche Freiheit*
Freiheit und Einheit 20, 52, 143f, 149, 261, 271
Freiheit und Notwendigkeit 156, 175, 218, 241, 248, 285, 326, 332, 342, 344
Freiheit/Willkür 142
freiheitlich/national 143ff
Freiheitskriege 18, 143f, 196, 211

Gemeines deutsches Recht 149, 157ff, 163ff, 167, 343
Generationswechsel 1830ff 152, 371
Germanisch-romanisch 91f, 142
Germanisten nach 1850 180ff, vgl. 362
Germanisten und Politik 134, 136
Germanisten-Romanisten-HS 129ff, 91[77], 148, 182f, 230, 254
- am Beisp. Wächter/Reyscher 42ff
- am Beisp. Puchta/Reyscher 119f
- sog. Barbareivorwurf 220 Fn

Germanistenversammlungen 4, 10, 60, 62, 170, 179
Geschichte 274ff
- bei Sigwart 21f
- bei Malblanc 30
- bei Reyscher 40f, 86f, 228ff, 254, 383
- bei Savigny 230ff, 243, 274ff, 278, 326ff

Geschichte und Dogmatik 40f, 233, 281
Geschichte und Politik 141f, 281
- bei Reyscher 86, 92, 142, 158, 162f, 249, 254, 279ff, 285, 297
- exemplarisch bei J. A. L. Z. 123f
- beim Rezeptionsurteil 162f
- Verbindung aus Aufklärung 279
- bei Hegel 287
- bei J. Grimm 92

geschichtlich 274, 199[58]

Gesetzessammlung 55f, 84f
Gesetzgebung 324f
Gesetzgebung
bei Reyscher 198ff, 239f, 251, 324f
bei Savigny 203ff
Gesunder Menschenverstand 77, 272, 350, 368f, 380, 384
Gewohnheitsrecht 322, 342, 386
Göttinger Sieben 61, 101ff, 174
Grundherrschaft 82, 94f, 204

Hallische Jahrbücher 24ff, 117, 125, auch Anhang k
Handelsschiedsgerichte 75f, 168, 176, 364
Hannoversche Gutachten 101ff
Hegelianer 24ff, 48f, 118f, 166, 347f
historisch 199[58], 274
Historische Schule 139 Fn, 191 Fn
Historische Schule
vgl. bei Savigny
in Tübingen 31, 100, 49
finanzielle Seite 32
und Germanisten 129ff
Vorgeschichte 138, 191
Konsequenz? 139, 335ff
Konzept im „Beruf" 207ff, 230ff
Wissenschaftsglaube 208
Entwicklungsglaube 208
und Kant 302, auch 330
und Hugo 310
und Romantik 331, 272, 328
Historische Schule in der Kritik
Nwe 120 mit Fn, 150f
Mikrologie/antiquarisch 27, 346
naturrechtl. Erbe 121, 166, 244, 339
konservativ 130 Fn, 166, 339, 232
formalistisch/lebensfremd 137, 340
inkonsequent 139, 216, 230, 335f
konsequent 139, 335f
einseitig 155, 159, 182, 327, 336, 383
unpraktisch 160, 340, 374
mystisch 210, 333f
quietistisch 232, vgl. konservativ
metaphysisch 326ff
elitär 339, 370, 296
positivistisch/prinziplos 346, 332, 298
Historische Schule politisch 339
s. bei Savigny u.a. — politisch
bei Schrader-Savigny 34, 274
bei Eichhorn-Savigny 130
bei Falck 131
dadurch „schul"reif 139
in ihren Wertungen 210ff, 212
Historismus 140, 234, 274ff

innere Notwendigkeit 205, 217, 220, 222
Junges Deutschland 151, 248, 253
Juristenrecht 209, 340[210]
Juristenrecht 159, 223ff, 340, 367ff, 385
Juristenrolle 210, 223ff, 365ff, 370ff
Juristentag (1860) 73
Juristische Person 187

Kantvorstellungen 304ff
Kieler Blätter (1815—19) 132, 293
Kirche 143f
Klassik 219 Fn
Kodifikation/-sfrage 191[3], 205[101]
Kodifikation 33f, 83f, 191ff, 286, 324
Kodifikationsstreit 130, 191f, 294, auch Anhang l
Konkordat (Württ. 1861) 63
Korporationslehre 288, 313
Kurhessische Frage (1850) 63

Laienjustiz 75f, 196 Fn, 249, 287
Leben/Freiheit 25[66]
Leben/lebendig
bei Reyscher 194, 201[72], 168, 65 Fn
bei Savigny 206, 209, 225
bei Feuerbach 137[351]
bei Hall. Jb. 25[66]
Lebensbezug
bei Reyscher bes. 74ff, 194, 247ff, 360ff, 390; im „Privatrecht" 44; in „Gesetzessammlung" 56; bei Problemwahl 73f; Charakterzug 74ff; in „Einheit" 161; in „Begriff" 168f; gegen Gerber 182, 381; Haupttopos in „Bedürfnisse" 194; konkreter 195f, 202; der Gesetzgebung 200f, 217, 324; gegen Savigny 217, 225f, 245f, 340; bei Wissenschaft 223ff, 246, 367f, 383ff; bei Geschichte 235, 383; bei System 237ff, 245, 383; generell in „Bedürfnisse" 247ff; gegen Pfizer 266; bürgerlich 360ff; gegen Beseler 378; bei NdS 385; bei Methode 388; generell 390
bei Maurenbrecher 371f
bei Thibaut 374, 294f

bei Wächter 376, 189
bei Savigny u.a. s. Pers. verz.
Liberale Richtung
bei Reyscher bes. 52, 64ff, 78ff, 86, 281ff, 303ff, 360ff, 389; weiter 44, 72, 74, 81, 86, 143, 152, 157f, 168, 178, 190, 227, 240, 249f, 255, 257, 260, 262ff, 271f, 273, 290, 292f, 295, 319, 338, 341f, 349f, 379, 387
bei Kant 305, 310
nach 1830 verstärkt 150ff
als selbständige kontinuierl. Strömung 131, 133ff, 143, 145, 146 Fn, 150ff, 273, 295, 362
weiter 7, 66f, 72, 74, 124
vgl. bei politische Bezüge
Lückenproblem 243, 343, 353ff, 356, auch 27, 33

Mainzer Zentralkommission (1819ff) 51
Methode
bei Reyscher allg. 387f, 281
synchronistische 32 Fn
synthetische s. bei Einheitsgrds.
pragmatische 108, 122, 377, 387
geschichtliche 107, 122, 156, 159, 228ff, 241ff, 274ff, 328, 336
ungeschichtliche 136f
Wandel nach 1850 181
systematische 236ff, 240ff, 241 Fn
philosophische 30, 100, 156, 241 Fn, 244, 356
Nwe 98 Fn

Nation 283 (als Ersatz für *Volk*)
national 143, 145, 147
Nationale Richtung
bei Reyscher bes. 107, 143, 168f, 389f; weiter 42f, 56, 72, 158, 271, 273, 379
bei ZDR 107
bei Bornemann 113
bei Beseler 117, 379
Einigkeit darin 125
freiheitlich/nicht imperial 143ff, 158, 168f, 235, 271, 389f
Nationalsozialismus/Volksgeist 329
Nationalverein 63f, 73, 127
Nationalversammlung 1848 60, 65
Natur der Sache 116, 155f, 168, 184, 343, 351ff, 358, 380, 385, 387f
natürlich 199[57], 206
natürliche Rechtsbildung 217f, 281
Naturrecht 31, 87f, 152f, 243, 343, 354, 385
nothwendig 194, 206

öffentliche Meinung 364
öffentliches Recht 214, 220, 255, 311f
Öffentlichkeit u. Mündlichkeit 249
organisch 205f

Partikularrecht 7, 44f, 47, 96
Petitionsrecht 81
Philologie 234, 275f
Philosophie u. Juristen
Reyscher bes. 152ff, 218, 244, 254, 297ff, 315ff, 345ff, 356; weiter 49, 88, 239, 245, 326ff, 383
Kanteinfluß 49f, 154, 218, 297ff, 302, 330
Hegeleinfluß 49f, 345ff, s. Hegelianer, Hall. Jb.
bei Hugo 153, 309ff
bei Welcker 154, 344f, 305
allg. Abhängigkeit 218, 326ff
bei HS 326ff, vgl. bei Savigny
Philosophie und Politik 297f, 211 Fn
philosophisch-kritisch 211[147], 241[344], 298[768]
philosophisch-systematisch 241[344], 299[779]
Politische Bezüge bei Reyscher
bes. 51f, 60ff, 79ff, 131, 166ff, 171ff, 190, 226ff, 250, 281ff, 342, 362
politische Wiederbelebung d. Rechts 38, 84, 193, 196, 220ff, 226f, 248f, 375f, 380
Position der Mitte 52f[220], 66, 227, 251, 271, 284, 389
vgl. bei Geschichte, bei Wiss.schaft, bei Philosophie
im Studium 51f; Übersicht der Politica 60ff; inhaltlich 64ff; Reaktion nach 1850 69ff; in „Publ. Versuche" 79ff, 65 Fn; im „Geschichtsgrundriß" 86; in „Grundherrl. Rechte" 94; allg. als Germanist 128ff, 131ff; in „Einheit" 158; in „Begriff" 166ff; in Frankfurt 1846 171ff; gegen Gerber 180f, 381; allg. in seinen Schriften 189; als charakteristisch 190, 342; beim Lebensbezug 196, 248, 250; bei Gesetzgebung 213f, 218, 240, 251, 324; bei System 240ff,

245; beim öff. Recht 255; gegen Pfizer 264f; aus Aufklärung 272, 314; oppositionell 281ff; gegen Etatisten 322f; im Volksbegriff 338; gegen Hegel 349f; beim Rechtsbegriff 360ff; gegenüber nach 1850 362; gegen Beseler 379; bei Autonomiebegriff 387
Politische Bezüge
vgl. soeben und jeweils im Pers.-verz. — politisch große Bedeutung 212f, 231f, 334f, 390, 12
bei Hall. Jb. 25
allg. Linien 52, 128ff
exemplarisch bei J.A.L.Z. 123f
machen HS „schul"reif 139
Lage 1830ff 150ff
und Formalismus 167 mit Fn
viele polit. Juristen 228 Fn
in Württemberg 267ff
bei Geschichte, s. dort
Wandel nach 1850 362
Positivismus 332
Positivismus
bei Wächter 37, 40, 344
bei HS 332, 298
aus Trennung von krit. Philos. 298
nicht bei Reyscher 354
nach 1850 verschärft 362
Praktische Richtung bei Reyscher
bes. 30, 42ff, 87, 107f, 161, 190, 244ff, 390
vermittelndes Zentrum 30, 155f, 161, 169, 184, 248, 390
als Schreiber 19, 257; im „Privatrecht" 42ff; im Studium 47, 258; entspricht politischem Bezug 53; bei Gesetzessammlung 56; als Motto 77; im „Geschichtsgrundriß" 87; in „Zweck" 107f; gegen L.Stein 126; in Themenwahl 149; in „Daseyn" 156; in „Einheit" 161; in „Begriff" 169; charakteristisch 190; bei Geschichte 235, 383; bei System 237, 244f, 246, 383; aus Aufklärung 272; gegenüber HS 340; bei Lückenproblem/NdS 355; bei Wissenschaft 367; vgl. mit Thibaut 374,; bei Methode 387
Praktische Richtung (vgl. soeben)
bei Michaelis 27
bei Malblanc 29f
bei Mohl 31 Fn
bei Schrader/Savigny 34
bei C.G. Wächter 43ff, 46
in Tübingen 47, 30
bei Bornemann 113f
bei Beseler 117, 377
nicht bei Savigny 224f
bei Romanisten 232
Pressefreiheit 81

Reales Recht 356ff, 362, 390
Realismus der Liberalen? 65f
Rechnen mit Begriffen 252
Rechtsbegriff 320ff
formaler 320ff, 341, 343
geschichtlicher 325ff, 359, 209
realer 356ff, 362
pluralistischer 350ff, 358f, 363
Doppelnatur, s. dort
Rechtsquellenlehre 250, 326, 384ff
Rechtschulen 190
Rechtschulen
geschichtliche 139, 191 mit Fn, 310
ungeschichtliche 136f
Rechtsprache, s. Sprachideal
Rechtsprechung 167, 252, 285
Rechtssicherheit als Ideal 193, 376
Rechtswirklichkeit des Vormärz 148
Reformbeamtentum 145, 261
Revolution des Geistes 304, 47
Revolution, französische 210f, 304
Rezeptionsurteil 45, 162, 223, 235
Romanisten, s. Germanisten-Rom.
politisch 136
praktische 232
Römisches Recht und deutsches Recht
s. bei Einheitsgrds.
prinzipiell 91
politisch 142, 221
bei Reyscher 157, 182, 235
bei Christ 178
Rumpfparlament 1849 63

Schreiberstand 19
Sprachideal 76, 238, 252, 295, 306[824], 363
Symbole im Recht 89f
System
bei Malblanc 29
bei Reyscher/Savigny 236ff, 243ff, 253, 383f

System/Aggregat 90, 343
System des heutigen deutschen Rechts 85
System des heutigen röm. Rechts 126
System, praktisches 44f, 161, 388
systematisch, s. philosophisch-syst.
Statutarrechte 82, 93f, 100f

Telegraphenrecht 73
Theorie und Praxis 160f, 224f, 366
Tübingen/Universität 25f, 47f, 30, 104[166]
(Tübinger) Kritische Zeitschrift für
Rechtswissenschaft 23

usus modernus 45, 237, 239, 255, 390

Verfassungskämpfe/Württ. 62f, 283ff
Vollständigkeitsideal 242ff, 384, 355
Volk 227, 80[18], 326
Phobie der Zensur 227 Fn
Nation als Ersatz benutzt 283
Aufwertung vor 1800 256
Volk im polit. Sinne 326, 227, 338
Volksbegriff
bei Reyscher 65, 80 Fn, 107, 176f, 227, 256, 338; konkrete Basis 195f, 202, 360ff
allg. 337f, 227, 256, 140f
mehrdeutig 140f, 256
verinnerlicht bei Savigny 107, 196, 204, 225, 227, 360
Wirkung Savignys 204, 337
entscheidende Differenzen 337f, 227
Volksbewußtseyn 227, 107[184]
Volksfreunde (1815ff) 283ff
Volksgeist 227, 326, 329 338 (Gans)
Volksleben 227, 80[18], 256
Volksrecht 107 Fn
Volksrecht-Juristenrecht 366
Volksrecht-Juristenrecht
bei Wächter-Reyscher 44
bei Savigny-Reyscher-Beseler 197
allg. 366ff
Volksüberzeugung 326
Vorlesungstil 85

wahr 120, 206
Widerstandslehre 64 Fn, 65, 103, 265, 312
Willkür 142, 206, 195, 243
wirkliches Recht 209
Wissenschaft und Politik
vgl. Geschichte und Politik, pol. Bezüge
allg. 170ff, 297f, 211 Fn
bei Reyscher 65 Fn, 86, 158, 170ff, 175, 253, 297f, 383f
Pressionen 13 Fn, 61, 70, 78, 82
Personalunionen 228 Fn
Wissenschaftsvorstellungen 223ff, 245f, 253, 295, 365ff, 382ff
Württemberg im Vormärz 257ff

Zeitschrift für deutsches Recht 105ff, 72, 148
Zeitschr. f. gesch. Rechtswissenschaft 111
Zensur 78, 103, 89
Zollverein 261, 266

FSC
www.fsc.org
MIX
Papier | Fördert
gute Waldnutzung
FSC® C083411

Kolibri 360 GmbH
Ferdinand-Jühlke-Straße 7
99095 Erfurt, Deutschland
produktsicherheit@kolibri360.de